Medical Humanities

Edited by Vincent Barras, Mariacarla Gadebusch Bondio,
Martina King, Susanne Michl

Volume 4

Henriette Voelker

Doing Patient

Psychotherapeutisches Schreiben in der DDR

Schwabe Verlag

Zugl.: Berlin, Humboldt-Universität zu Berlin, Philosophische Fakultät, Dissertation, 2023, u. d. T.: Doing Patient. Psychotherapeutische Selbstberichte aus der DDR.

Die Veröffentlichung wurde gefördert aus dem Open-Access-Publikationsfonds der Humboldt-Universität zu Berlin.

Die zugrunde liegende Forschung wurde gefördert durch die Deutsche Forschungsgemeinschaft (DFG) – 411115568.

Bibliografische Information der Deutschen Nationalbibliothek
Die Deutsche Nationalbibliothek verzeichnet diese Publikation in der Deutschen Nationalbibliografie; detaillierte bibliografische Daten sind im Internet über http://dnb.dnb.de abrufbar.

Abbildung Umschlag: Stiftung Deutsches Rundfunkarchiv, DDR-Rundfunk, DRAB-H 004167, DEFADokumentarfilm «Neurosen – Krank durch Überforderung?», 09.03.1976, Standbild mit Zeitstempel: 10:24:43:21.
Gestaltungskonzept: icona basel gmbH, Basel
Cover: Kathrin Strohschnieder, stroh design, Oldenburg
Korrektorat: Anna Ertel, Göttingen
Layout: icona basel gmbh, Basel
Satz: 3w+p, Rimpar
Druck: Hubert & Co., Göttingen
Printed in Germany
Herstellerinformation: Schwabe Verlag, Schwabe Verlagsgruppe AG, Grellingerstrasse 21, 4052 Basel, info@schwabeverlag.ch
Verantwortliche Person gem. Art. 16 GPSR: Schwabe Verlag GmbH, Marienstraße 28, 10117 Berlin, info@schwabeverlag.de
ISBN Printausgabe 978-3-7965-5238-0
ISBN eBook (PDF) 978-3-7965-5239-7
DOI 10.24894/978-3-7965-5239-7
Das eBook ist seitenidentisch mit der gedruckten Ausgabe und erlaubt Volltextsuche. Zudem sind Inhaltsverzeichnis und Überschriften verlinkt.

rights@schwabe.ch
www.schwabe.ch

Inhalt

Vorwort

Der vorliegende Band knüpft an das Interesse der Medical Humanities für die facettenreichen Erfahrungen und Erzählungen von Patient:innen im Rahmen von Erkrankung und medizinischer Behandlung an. Im Mittelpunkt dieser Untersuchung steht die Wirkung, die ein solches Erzählen auf das Selbstverhältnis und Selbstverständnis von Patient:innen hat. Der Band nähert sich dem Anliegen von einer medizinhistorischen Warte. Dafür untersucht er Patient:innenperspektiven auf psychisches Leiden und dessen Behandlung in der DDR sowie dessen Verarbeitung durch selbstreflexives therapeutisches Schreiben im Kontext der institutionalisierten Psychotherapie.

Die Idee zu dieser Arbeit entstand im Kontext des psychiatriehistorischen Forschungsprojekts «Retrieving Alternatives. Pluralism in Practice in European Psychiatry, 1950–1980» am Institut für Geschichte der Medizin und Ethik in der Medizin der Berliner Charité. Teil dessen war die Auswertung historischer Krankenakten der Psychiatrischen und Nervenklinik der Charité aus der DDR-Zeit, die von der Bibliothek und Sammlung Medical Humanities im Historischen Psychiatriearchiv der Charité verwaltet werden. Aus diesen Akten galt es medizinische Praktiken zu rekonstruieren. Der Vergleich mit anderen europäischen Institutionen gewährte Einblicke in die Vielfalt von Diagnostik und Therapie vor der internationalen Standardisierung durch Klassifikationssysteme wie ICD und DSM. In Anbetracht der institutionellen Natur der Dokumentation war unsere Erwartung, dass deren zentrale Akteure aus dem medizinischen Fachpersonal stammen würden. Umso stärker erstaunten uns sogenannte Tagesberichte von Psychotherapie-Patient:innen, die seit den 1970er Jahren ihren Klinikaufenthalt zu relevanten Teilen selbst dokumentierten.

Die Analyse dieses Materials schließt in mehrfacher Hinsicht an zentrale Themen des interdisziplinären Feldes der Medical Humanities an: Der Polyfonie historischer Patient:innenstimmen Raum zu geben, ermöglicht ein differenzierteres Verständnis subjektiver Krankheitserfahrung. Zudem regt eine medizinhistorische Perspektive auf das Material zum Nachdenken darüber an, wie institutionelle und gesellschaftliche Erwartungen von und an Patient:innen deren Rolle im Gesundheitswesen formen. Dies steuert zur Exploration des Nexus von Medizin und Gesellschaft bei.

Das titelgebende Konzept «doing patient» operationalisiert diese Analyse und versteht sich zugleich als weitergehender konzeptioneller Vorschlag für die

Untersuchung der Subjektdispositionen von Patient:innen. Der Ansatz betont die Relevanz alltäglicher Praktiken für die Konstitution des Selbstverhältnisses von Patient:innen. Somit lenkt er den Blick auf praxeologische Facetten von Subjektivierung und bietet einen Ausgangspunkt für die Analyse sozialer Rollen und Settings im medizinischen Kontext. Das Konzept amalgamiert dabei historische und soziologische Fragestellungen in einem interdisziplinären Ansatz und bietet darüber hinaus Anknüpfungspunkte zu Fragen der klinischen Praxis.

In diesem Band wird uns das Konzept für eine medizinhistorische Betrachtung dienen, die ein Schlaglicht auf Therapeutisierungsprozesse im Kontext des DDR-Gesundheitswesens wirft und damit konkurrierende Sichtweisen auf Gesundheitsverantwortung im Staatssozialismus sichtbar macht. Die weitere Nutzung des Konzepts muss jedoch nicht auf historische Fragen oder narrative Praktiken beschränkt bleiben. Ein erweiterter Blick auf medizinische Praktiken unter dem Aspekt der Selbstkonstitution lädt auch zur Reflexion über aktuelle Technologien in Prävention, Diagnostik und Therapie ein. Man denke etwa an die wachsende Zahl zugelassener digitaler Gesundheitsanwendungen, die Menschen zur Selbstbeobachtung und zu gesundheitsbewusstem Verhalten anleiten und die Individualisierung der Gesundheitsverantwortung fördern. Der Fokus auf therapeutische Sinnkonstruktionen kann zudem dazu anregen, sich mit Diskrepanzen und Harmonisierungsmechanismen zwischen medizinischen Deutungsmustern und den Krankheitsnarrativen von Patient:innen zu beschäftigen. Dies gewinnt mit der zunehmenden Komplexität biomedizinischer Erklärungen an Bedeutung und stellt zugleich ein zentrales Anliegen der Medical Humanities dar.

1. Einleitung

> Meine Gefühle auf dem Weg in die Charité waren zwiespältiger Art. Auf der einen Seite riß ich mich schwer von meiner Frau los, auf der anderen Seite war ich glücklich, endlich auf dem Weg der Genesung zu sein. Das letztere Gefühl dominierte. Beklemmt, in Erwartung dessen, was mich hier erwartet, trat ich durch den Eingang der Station 4/5. Beklemmt, aber trotzdem froh über meinen Entschluß.[1]

Diese Sätze formulierte ein Mann unmittelbar nach seiner Aufnahme für eine gruppenpsychotherapeutische Behandlung an der Charité im August 1976. Die Stationen 4 und 5 bildeten die Psychotherapieabteilung der Psychiatrischen und Nervenklinik,[2] die sich in einem der hinteren, abgelegenen Flügel des unweit der Berliner Mauer gelegenen Backsteinbaus befand. Dort hatte der Mann die Zeilen am Abend mit Kugelschreiber auf Blankopapier verfasst und den nicht beschriebenen Teil des Blattes händisch abgetrennt. Dann hatte er den Bericht gefaltet und in einen kleinen Postkasten neben einem Büro der Psychotherapeut:innen eingeworfen. Am nächsten Morgen leerten die Therapeut:innen[3] den Postkasten und entnahmen ihm diesen und weitere als «Tagesberichte» überschriebene Zettel, die von anderen Mitgliedern der Therapiegruppe stammten. Eilig gingen sie die Texte durch, bevor das Stationsgeschehen sie für den restlichen Tag einnahm. Im November 1977 konnten sie beispielsweise lesen:

> Erster Tag. Ich stelle fest: Ich habe mich gut darauf vorbereitet. Es ist alles wie ich es mir vorgestellt habe. Natürlich, am ersten Tag gearbeitet. [...] Die Patienten. Gott sei Dank, normale Leute. Wie komme ich bloß darauf, daß hier Irre rumlaufen? Und ich hatte Angst davor, über komisches Verhalten lachen zu müssen. Aber komisch verhalten sich nur die Normalen. [...] Ich war fleißig [und] habe den Küchendienst für Nichtanwesende übernommen. Nun befürchte ich, alle denken ich mach sowas gerne. Ich machs bloß weils ja einer machen muß. [...] Die Hygiene war abwesend. Nun ja, es war kein warmes Wasser da. Jetzt bin ich (kalt) geduscht [und] mache einen halbwegs gepflegten Eindruck. [...] Wovon man keine Ahnung hat, davor hat man Angst. Was ist das: kommu-

---

1 HPAC, 429/76M, Tagesbericht vom 23.08.1976. In den Quellenzitaten dieser Arbeit werden die alte Rechtschreibung und die Originalschreibweise hinsichtlich Abkürzungen, Zeichensetzung und etwaiger Rechtschreibfehler weitgehend beibehalten.

2 Im Folgenden: Nervenklinik.

3 Da sowohl Ärzt:innen als auch Psycholog:innen als Psychotherapeut:innen tätig waren, nutzt die Arbeit übergreifend den Begriff «Therapeut:innen».

> nikative Bewegung? Ich habe schon Albdrücken. Aber falls mich die beiden Damen Nachts [sic] nicht stören, die tropfende Heizung tuts ohnehin, werde ich selig …[4]

Auf die Bitte, «diese Aufzeichn[ungen] wieder zurückzubekommen», gingen die Therapeut:innen nicht ein. Einmal gelesen, zogen die Therapeut:innen die Berichte auf Plastikheftstreifen auf und ordneten sie den betreffenden Krankenakten zu. Im Laufe des Klinikaufenthalts häuften sich die täglichen Berichterstattungen zu chronologisch geordneten Konvoluten an. In den Krankenakten überdauerten sie den Zusammenbruch der Deutschen Demokratischen Republik (DDR), den Wechsel der Klinikleitung und die Kommerzialisierung des Krankenhausbetriebs. Sie wanderten mit den Akten zunächst in den Keller der Nervenklinik, wo man sie vergaß, bis sie um die Jahrtausendwende in das Historische Psychiatriearchiv der Charité (HPAC) übernommen wurden. Nun dienen sie wieder der Forschung, keiner psychiatrisch-neurologischen, sondern der historischen. Wie entwickelte sich die Psychotherapie an der Charité zur DDR-Zeit? Mit welchen Methoden wurden die Patient:innen behandelt? Wie gingen die Patient:innen miteinander um? Wie war der Alltag einer Psychotherapieabteilung organisiert? Kurzum: Das Material, das die Patient:innen produzierten, gibt als historische Quelle Aufschluss darüber, wie Psychotherapie in der DDR in der Praxis betrieben wurde. Die vorliegende Untersuchung will aber nicht bei der Beschreibung der Alltagspraktiken stehen bleiben.

Wir erhalten auch Aufschluss darüber, wie sich psychisch Kranke in der DDR im Rahmen eines psychotherapeutischen Prozesses mit sich selbst und ihrer Rolle als Patient:innen im Kontext einer sozialistischen Gesellschaft[5] beschäftigt haben. Auf dieser Grundlage untersucht die vorliegende Arbeit, wie das Verfassen von Tagesberichten in der institutionalisierten Psychotherapie der 1970er Jahre als Praktik eingesetzt wurde, die das Verhältnis der Patient:innen zu sich selbst zu formen suchte.[6] Mit der Figur des *doing patient*[7] wird analysiert, auf welche Weise und mit welchen historisch-spezifischen Dispositionen sich Patient:innen während ihres Aufenthalts und mit Wirkung darüber hinaus als therapeutische Subjekte konstituierten und konstituieren sollten.

---

4 Hier und im Folgenden: HPAC, 607/77F, Tagesbericht vom 24.11.1977.

5 Die Eigenbezeichnungen «sozialistische Gesellschaft» und «sozialistischer Staat» werden im Folgenden als Referenzen auf das Selbstverständnis der DDR verwendet.

6 Sie ließe sich mit Foucault zugleich als Selbsttechnologie ansehen, vgl. Foucault 2005, S. 968.

7 Diese Figur ist Karen Noltes Vorschlag entlehnt, die Pflegegeschichte aus praxeologischer Perspektive zu beleuchten und im Sinne eines *doing nurse* zu untersuchen, wie Praktiken ein berufsspezifisches Selbstbewusstsein von Pflegenden herstellten, vgl. Nolte 2012.

1.1 Forschungsstand

Die *eine* Psychotherapie hat es in der DDR nicht gegeben. Wie Marion Sonnemoser betont, war sie nicht zentralistisch, sondern multizentrisch organisiert.[8] Eines dieser Zentren war die Nervenklinik der Charité.[9] Deren Leitung hatte der Psychiater Karl Leonhard (1904–1988) zwischen 1957 und 1970 übernommen.[10] Zwei Jahre später etablierte er eine Psychotherapiestation, auf der Patient:innen mit Neurosen mit seiner sogenannten Individualtherapie behandelt wurden.[11] Berichte von Zeitzeug:innen über die Psychotherapie an der Charité beschränken sich überwiegend hierauf.[12] Wie Henry Malach zeigt, nahm diese Methode konzeptuell manche Entwicklungen der späteren Verhaltenstherapie vorweg.[13] Alexa Geisthövel machte darauf aufmerksam, dass Leonhards Engagement für die Institutionalisierung der Psychotherapie paradoxerweise gerade den ehedem abgelehnten psychodynamischen Methoden an der Charité den Weg bereitete.[14] Zwar wissen wir dank Rainer Herrn von den frühen Spuren psychoanalytischer Arbeit in der Nervenklinik vor dem Nationalsozialismus.[15] Wie man Neurosen in den 1950er Jahren behandelte, besonders aber wie sich die Psychotherapie an der Charité in den 1970er Jahren weiterentwickelte, das heißt nach dem Ende von Leonhards Amtszeit als Klinikdirektor, blieb bisher weitgehend unklar. Die vorliegende Arbeit untersucht die Etablierung psychodynamischer Therapieansätze an der Charité zu DDR-Zeiten. Sie trägt damit zur Erforschung der Geschichte der Psychotherapie in Ostdeutschland bei und füllt zugleich eine Leerstelle in der Geschichte der Institution. Dafür wenden wir uns der Rezeption der sogenannten Intendierten dynamischen Gruppenpsychotherapie[16] nach Kurt Höck (1920–2008) sowie der späteren Wiederkehr psychoanalytisch orientierter Einzeltherapien zu.

Von allen Psychotherapieformen, die in der DDR entwickelt wurden, lässt sich über die dynamische Gruppenpsychotherapie am ehesten sagen, dass sie «stilbildend» oder gar «DDR-typisch» gewesen sei.[17] Zuweilen wird sie gar als

---

8 Vgl. Sonnemoser 2009b.

9 Zu deren Geschichte vgl. u. a. Hess 2005.

10 Zu seinem Werdegang vgl. Leonhard 1995.

11 Zur Therapie vgl. Leonhard 1959; Leonhard 1963.

12 Vgl. u. a. Neumärker 2011.

13 Vgl. Malach 2009.

14 Vgl. Geisthövel 2019.

15 Vgl. Herrn 2013.

16 Diese Bezeichnung nutzte Höck in seiner Promotion B (entspricht der Habilitation), vgl. Höck 1978. Zuvor findet sich bereits der Begriff «dynamische Gruppenpsychotherapie». Dies ist auch der Quellenbegriff aus den Akten des HPAC und er wird daher in dieser Arbeit übernommen.

17 Geisthövel 2019, S. 222.

«wichtigste Psychotherapiemethode» der spätsozialistischen Versorgungslandschaft bezeichnet, die in den 1980er Jahren eine «Monopolstellung» erreicht habe.[18] Diese Position verdeckt häufig die Geschichte anderer Verfahren, wie die der Verhaltenstherapie oder Gesprächstherapie, die es in der DDR ebenfalls gab.[19] In der geschichtswissenschaftlichen Aufarbeitung der Psychiatrie in der DDR fanden alle diese Methoden zunächst eher wenig Beachtung. Auch als sich in den Jahren nach dem Zusammenbruch der DDR Fragen nach einem etwaigen politischen Missbrauch der Psychiatrie aufdrängten, spielte die Psychotherapie eine untergeordnete Rolle.[20]

Die Verdrängung der Psychoanalyse hingegen fand bereits in den 1990er Jahren wissenschaftliche Aufmerksamkeit. Wie Heike Bernhardt darstellte, zeichnete man den als bürgerlich stilisierten Sigmund Freud (1856–1939) zu Beginn der 1950er Jahre als den vermeintlich unwissenschaftlichen Gegenspieler Iwan Petrowitsch Pawlows (1849–1936).[21] Der ideologische Pawlowismus, mit seiner Hochzeit zwischen 1953 und 1958, bedingte die Vertreibung von Psychoanalytiker:innen.[22] In der Folge konnten keine psychoanalytischen Einrichtungen etabliert und Lehranalysen nicht offen durchgeführt werden. Sandra Schmitt machte vor wenigen Jahren darauf aufmerksam, dass sich die Psychotherapie in dieser Zeit aber zunehmend unabhängig von der Psychiatrie professionalisierte und sich zu einer eigenständigen Fachrichtung entwickelte.[23] 1960 gründete sich die Gesellschaft für ärztliche Psychotherapie in der DDR (GäP), in der psychotherapeutische Strömungen aus Psychiatrie und Innerer Medizin zusammenliefen.[24] Dass es einigen Therapeut:innen seit den 1970er Jahren schließlich doch gelang, psychoanalytisches Denken in der DDR zu rehabilitieren, zeigte Bernhardt gemeinsam mit Regine Lockot zur Jahrtausendwende.[25]

Inwiefern die dynamische Gruppenpsychotherapie als psychoanalytisch bezeichnet werden könne, war in den 1990er Jahren Gegenstand fachpolitischer Debatten. Gerade Therapeut:innen der sogenannten alten Bundesländer kritisierten diesen Anspruch, während Vertreter:innen der sogenannten neuen Bundesländer auf die Rückgewinnung psychoanalytischer Anleihen unter erschwer-

18 Sonnemoser 2009a, S. 264; vgl. Sonnemoser 2009b.

19 Vgl. Frohburg 2004.

20 Vgl. Süß 1999.

21 Vgl. Bernhardt 1998.

22 Zum Pawlowismus vgl. Dörre 2020; Balz 2019; Busse 1998. Der Pawlowismus entstammte der Sowjetunion, wo man unter Stalins Regime die Lehren Pawlows über die «höhere Nerventätigkeit», über Erregungs- und Hemmungsprozesse sowie über die klassische Konditionierung in Medizin, Biologie und Psychologie verbindlich zu machen suchte.

23 Vgl. Schmitt 2018, S. 229.

24 Vgl. König 2011c.

25 Vgl. Bernhardt/Lockot 2000a.

ten gesellschaftlichen Bedingungen verwiesen.[26] Ein ähnlicher diskursiver Strang entwickelte sich nach der Wende um eine etwaige politische Grundierung des therapeutischen Konzepts. Besonders Therapeut:innen der alten Bundesländer kritisierten die kollektivierenden Strukturen der Therapie und ihre vermeintliche Orientierung an sozialistischer Ideologie. Manche spitzten ihre Kritik so weit zu, dass die dynamische Gruppenpsychotherapie Patient:innen in das repressive Staatssystem der DDR hätte einpassen wollen.[27] Dem hielten Therapeut:innen der neuen Bundesländer die konzeptuelle Autoritätskritik entgegen, die sie zum Teil als «revolutionär» und den politischen Umbruch vorbereitend verstanden. Allerdings schätzten einige von ihnen die Wirkung zwischen Einpassung und Ermutigung zum Aufbegehren ambivalent ein.[28] Bisherige Diskussionen um die dynamische Gruppenpsychotherapie hoben vor allem auf konzeptuelle Aspekte ab.

Im Anschluss an die Befunde von Christine Leuenberger lässt sich resümieren, dass sich die dynamische Gruppenpsychotherapie je nach historischem Kontext unterschiedlich perspektivieren ließ.[29] Galt es in der DDR, ihren psychoanalytischen Gehalt aus ideologischen Gründen zu verdecken, war dieser nach der Wende für die zur Debatte stehende Anerkennung in der Fachcommunity und bei den Krankenkassen hervorzuheben. Wirkte der kollektivierende Charakter von Gruppenformaten in der DDR legitimierend und eröffnete damit auszulotende Handlungsspielräume für die Therapeut:innen, erschien ihr autoritätskritischer Gehalt für deren biografische Erzählung nach der Wende anschlussfähiger.

Inzwischen erlebt die Aufarbeitung der DDR-Psychiatriegeschichte eine neue Konjunktur. Gegenwärtig ist dabei ein intensiviertes Interesse an der Geschichte der Psychotherapie zu beobachten. In diesem Zuge erschienen beispielsweise Aufsätze zur Entwicklung der Psychotherapie an der Nervenklinik der Karl-Marx-Universität in Leipzig unter den Klinikdirektor:innen Dietfried Müller-Hegemann (1910–1989) und Christa Kohler (1928–2004).[30] Ersterer versuchte, eine «rationale Psychotherapie» umzusetzen, Letztere entwickelte das Konzept der «Kommunikativen Psychotherapie». Im Mittelpunkt des Interesses steht aber die dynamische Gruppenpsychotherapie.[31] Aktuell beforscht die Jenaer Arbeitsgruppe um Bernhard Strauß die Geschichte der Psychotherapie in der DDR im Kontext des Verbundprojekts «Seelenarbeit im Sozialismus».[32] Monika Storch zeigte mit Zitationsanalysen beispielsweise kürzlich Netzwerke zwischen

26 Vgl. u. a. Härdtle/Schneider 1999; Froese 1999. Zusammenfassend zur Debatte vgl. Gallistl et al. 2022, S. 431.

27 Vgl. Gallistl et al. 2022, S. 431.

28 Vgl. u. a. Geyer/Senf 2001.

29 Vgl. u. a. Leuenberger 2001.

30 Vgl. Steinmetz et al. 2018; Dörre 2020.

31 Vgl. Malich 2019.

32 Vgl. u. a. Strauß et al. 2022b. Aus dem Verbundprojekt ging kürzlich außerdem ein gleichnamiger Band hervor, vgl. Strauß et al. 2022a.

Therapeut:innen in der DDR auf[33] und konnte zeigen, dass die dynamische Gruppenpsychotherapie in der Bundesrepublik (BRD) fast nicht rezipiert wurde, während ostdeutsche Psychotherapeut:innen über die methodischen Entwicklungen im Westen durchaus im Bilde waren.[34] Neben der Literaturanalyse widmet sich die Arbeitsgruppe einem umfassenden Oral-History-Projekt mit lebensgeschichtlichen Interviews von Therapeut:innen als Zeitzeug:innen.

Bisher konzentrierten sich sowohl Debatten unter Fachvertreter:innen als auch die historische Forschung zur Psychotherapie in der DDR, zumal zur dynamischen Gruppenpsychotherapie, maßgeblich auf konzeptuelle Aspekte und die Perspektiven der Therapeut:innen. Nicht zuletzt bedingt durch die Quellenlage werden zwei entscheidende Perspektiven vernachlässigt: die Perspektiven von Patient:innen[35] und der Blick in die Praxis.[36] Mit der Auswertung der Tagesberichte als historische Quellen leistet die vorliegende Arbeit hier einen substanziellen Beitrag. Ein Vorteil der Praxisorientierung liegt darin, dass sie anders als bisweilen ideologisch überformte Konzeptliteratur eher Einblicke in ambivalente Alltagserfahrungen von DDR-Bürger:innen erlaubt.[37] Auf diese Weise lassen sich beispielsweise die bisher unterbelichteten indirekten Auswirkungen der staatlichen Repression auf die Psychotherapie adressieren.[38]

Außerdem verknüpfen die Befunde die Geschichte der Psychotherapie mit der Patient:innengeschichte der DDR. Im Zuge der Aufarbeitung fanden Ansichten sächsischer Psychiatrie-Patient:innen bereits Mitte der 2000er Jahre Beachtung.[39] Viola Balz zeigt mit einer Mikrostudie über einen Patienten der Nervenklinik der Charité, wie Patient:innen in den 1960er Jahren als Konsument:innen agieren konnten, das heißt, wie sie Behandlungsmöglichkeiten auswählten und In-

33 Vgl. Storch et al. 2020.

34 Vgl. Storch et al. 2022.

35 Dass Patient:innenperspektiven in der Medizingeschichte stärkere Beachtung finden sollten, forderte Mitte der 1980er Jahre bereits Roy Porter, vgl. Porter 1985. Seither hemmte das Quellenproblem allerdings entsprechende Bemühungen in der medizinhistorischen Forschung. Monika Ankele griff für einen Einblick in Alltagspraktiken und die Lebenswelt von Psychiatrie-Patient:innen um 1900 jenseits von Krankenakten auf künstlerische Objekte der Sammlung Prinzhorn zurück, vgl. Ankele 2009. Ein Band, den Philipp Osten herausgab, widmet sich vorwiegend textlichen Selbstzeugnissen wie autobiografischen Dokumenten, Tagebüchern, Briefen und Bittschriften von Patient:innen aus dem 16. bis zum 20. Jahrhundert, vgl. Osten 2010. Der Band macht besonders auf das Paradoxon der institutionellen Überformung und Unfreiheit von Selbstzeugnissen einerseits und dem Ausdruck selbstbestimmten und reflektierten Handelns andererseits aufmerksam.

36 Die historische Praxeologie erlaubt der Kulturgeschichte, über Muster des Tuns und Sprechens den vergangenen Alltag zu untersuchen, vgl. programmatisch Haasis/Rieske 2015a.

37 Zur Alltagsgeschichte der DDR vgl. Fulbrook 2008a.

38 Vgl. Gallistl et al. 2022, S. 433.

39 Vgl. Mitzscherlich/Müller 2006; Müller 2022.

formationen einforderten.[40] Fanny Le Bonhomme wählt für ihre Untersuchung das gleiche Setting und diskutiert, wie Patient:innen politisch-ideologische Aspekte in der Nervenklinik der 1960er Jahre thematisieren konnten, weil sich ihr Wort durch die Pathologisierung befreite.[41] Florian Bruns untersucht Eingaben als Partizipationsmöglichkeit von Patient:innen im Gesundheitswesen. Von ihm erfahren wir von den spezifischen Erwartungen und Hoffnungen, die kranke Menschen an Staat und Gesundheitswesen richteten.[42] Die Eingaben geben außerdem Aufschluss über Mangelerfahrungen und die Grenzen des für Patient:innen Akzeptablen, aber auch des Sagbaren. Zugleich macht Bruns auf die weitgehende Unterbelichtung von Patient:innenperspektiven in der Medizingeschichte der DDR aufmerksam und betont dabei den Wert «ereignisnaher» Quellen.[43] Diesem Desiderat kommt die historische Forschung aktuell nach. Markus Wahl verweist beispielsweise auf die ambivalenten Alltagserfahrungen von Patient:innen zwischen Eigeninitiative und staatlicher Eingrenzung.[44] Nominell schloss der umfassende Versorgungsanspruch des Fürsorge- und Erziehungsstaates die Eigeninitiative von Patient:innen aus. Dass tradierte Hierarchien zwischen Ärzt:innen und Patient:innen häufig bestehen blieben, führt Wahl auch auf das Profilierungsbedürfnis der Ärzt:innenschaft und eine verbreitete Erwartungshaltung von Patient:innen bezüglich der Anleitung durch Expert:innen zurück.[45] Diese Passivität sei durchaus im Interesse der SED-Führung gewesen, da ihr ein eigensinniges Verhalten von Patient:innen gefährlich erschien. So verwundere es auch nicht, dass Funktionär:innen in der Breite die Gründung von Selbsthilfegruppen und Patient:innenorganisationen verhinderten.

Die vorliegende Arbeit eröffnet Einblicke in die Polyfonie oft gegensätzlicher und konfligierender Patient:innenstimmen. Als Mikrostudie erlaubt sie, die Komplexität und Graustufen der Alltagserfahrungen im lokalen Rahmen zu untersuchen. Damit lassen sich dem gesundheitspolitischen Paternalismus zuwiderlaufende Entwicklungen aufzeigen, die die Widersprüchlichkeiten der DDR-Geschichte unterstreichen.[46] Mit dem Blick auf psychodynamische Therapien und das therapeutische Schreiben lässt sich untersuchen, wie sich der Versuch, Menschen zu therapeutisch informierter Selbstsorge anzuleiten, zum Fürsorge- und Erziehungsanspruch des Regimes verhielt. Dabei ergibt die Untersuchung der Charité mehr als nur eine Fallstudie. Zwar verfügte sie als Prestigeobjekt des DDR-Gesundheitswesens über diverse materielle, personelle und finanzielle Pri-

40 Vgl. Balz 2013.

41 Vgl. Le Bonhomme 2016.

42 Vgl. Bruns 2012.

43 Vgl. Bruns 2016; Bruns 2022.

44 Vgl. Wahl 2020c.

45 Vgl. Wahl 2020a, S. 20.

46 Eine solche Entwicklung zeigt bspw. Anja Werner, die auf die gelungene Selbstorganisation gehörloser Patient:innen hinweist, vgl. Werner 2020.

vilegien und ist deswegen nicht unbedingt ein Anschauungsbeispiel, das für die Praxis in der Breite repräsentativ wäre. Allerdings – und hier liegt der Gewinn dieses Zugangs – lässt sich anhand der Nervenklinik, eine der psychotherapeutischen Leitinstitutionen,[47] zeigen, wie man psychotherapeutische Konzepte beispielgebend umgesetzt hat. Daran wird deutlich, wie sich konzeptuelle Zielsetzungen und politische Linien in der Praxis zueinander verhielten.

Mit der soziologisch grundierten Frage, wie Praktiken zur Formierung therapeutischer Subjekte beitrugen, schließt die Arbeit außerdem an die Forschung an, die eine diskursive Hinwendung der Psy-Wissenschaften zum Subjekt in den 1970er Jahren feststellt. Die Entwicklung von Wissenschaften und Politik war dabei eng verwoben. Brigitte Studer und Heiko Haumann machen grundlegend darauf aufmerksam, dass Subjektivierung entgegen totalitarismustheoretischer Annahmen bereits im sowjetischen Stalinismus zur Herrschaftslegitimation beitrug.[48] Das meint bei ihnen die Aneignung gesellschaftlicher Normen durch Interaktionen und Praktiken. Daher sei die politische Prägung des Selbstverhältnisses der Sowjetbürger:innen durchaus ein Anliegen der kommunistischen Partei gewesen, die die Vision des «neuen Menschen» verfolgte. Stefan Busse betont jedoch mit Blick auf die DDR, dass es primär Propaganda und systematische Erziehung gewesen seien, die in den frühen Jahren der DDR das sozialistische Bewusstsein des neuen Menschen hervorbringen sollten.[49]

In den 1960er Jahren profitierten Psycholog:innen und Psychiater:innen, wie Greg Eghigian herausstellt, von dem neuen politischen Kurs Walter Ulbrichts (1893–1973).[50] Nach dem Mauerbau gab die Sozialistische Einheitspartei Deutschlands (SED) das «Neue Ökonomische System» bekannt, ein poststalinistisches Reformprojekt im Bereich Ökonomie, Recht, Gesundheits- und Bildungswesen. Technische Innovation, Wissenschaftsglaube, Kreativität und Expert:innenwissen sollten das Potenzial der Menschen erschließen und schließlich den Sozialismus realisieren helfen. Insofern nahm man einen politischen Nutzen von Psychologie und Psychiatrie für die Entwicklung des Sozialismus an, der ihren Vertreter:innen neue Handlungsspielräume gewährte.[51] Andersherum dienten sich auch Vertreter:innen der Psy-Wissenschaften dem neuen Kurs an.[52] Neuroleptika und das Ende der massenhaften Personalflucht nach 1961 erlaubten unterdessen, über

47 Dass Mitarbeiter:innen der Nervenklinik diese in den 1970er Jahren selbst als psychiatrische «Leitinstitution» ansahen, zeigt Alexa Geisthövel am Beispiel der Gerichtspsychiatrischen Abteilung, vgl. Geisthövel 2020b.

48 Vgl. zeitlich früher Studer/Haumann 2006.

49 Vgl. Busse 2004, S. 228.

50 Vgl. Eghigian 2004, S. 193.

51 Vgl. Eghigian 2002.

52 In Reaktion auf das Neue Ökonomische System erschien ein Band von Psycholog:innen, der mögliche Synergien der Psychologie mit dem sozialistischen Aufbau aufzeigen sollte, vgl. Vorholzer/Rum 1966.

Psychiatriereformen nachzudenken und die institutionelle Versorgung langfristiger zu planen. 1963 präsentierten Sozialpsychiater:innen die sogenannten Rodewischer Thesen, die erste deutsche Psychiatrie-Reformagenda.[53] Sie zielte unter anderem auf den Ausbau ambulanter Versorgungsstrukturen ab. Die Umsetzung wurde jedoch politisch verschleppt.

Anfang der 1960er Jahre begannen Vertreter:innen des Marxismus-Leninismus, eine eigene Vorstellung der «sozialistischen Persönlichkeit» zu entwickeln. Im Sinne eines «revolutionär neu kollektivistischen, egalitären und politisch mobilisierten Bewusstseins» sollte sie das Fortschreiten des Sozialismus begleiten.[54] Eine egalitäre sozialistische Ordnung erfordere demnach veränderte soziale Werte und deren Internalisierung. Am Beispiel der forensischen Psychiatrie macht Eghigian darauf aufmerksam, dass sich Politik und Wissenschaft vor diesem Hintergrund bereits in den 1960er Jahren um einen Zugriff auf das Selbstverhältnis der DDR-Bürger:innen bemühten, was er als Psychologisierung des «sozialistischen Selbst» fasst.[55] Hier verknüpften sich der politische und der psy-wissenschaftliche Bewusstseinsdiskurs.

Dieser Bewusstseinsdiskurs wandelte sich in den Psy-Wissenschaften im Laufe der 1960er Jahre, vor allem aber in den 1970er Jahren zu einem Persönlichkeitsdiskurs. Insbesondere die Psychologie machte zunehmend «Zugeständnisse an das Subjekt», die auch mit der politischen Orientierung auf individuelle Bedürfnisse in der Honecker-Ära korrelierten.[56] Man verstand das Subjekt in Abkehr vom Reflexdenken nun weniger als Spiegelbild seiner gesellschaftlichen Umwelt und insbesondere im Hinblick auf die politisch-ideologische Prägung mehr als eigenständigen «Innenraum und Handlungsort, in den hinein die gesellschaftlichen in subjektive Sollanforderungen erst zu transformieren» waren.[57] Der Persönlichkeitsdiskurs, der auch in Pädagogik, Soziologie und Philosophie geführt wurde, war «eng an politische Idealsetzungen einer ‹sozialistischen Persönlichkeit› gebunden».[58] Die Formung «allseitig entwickelter sozialistischer Persönlichkeiten» wurde ein zentraler Bestandteil von Reformplänen, Hauptanliegen der Bildungsreform von 1965 und Kernelement der Beschlüsse des VII. Parteitags 1971 mit der Absicht, den Sozialismus weiterzuentwickeln.

Seit den 1970er Jahren war ein gesellschaftlicher Wandel zu einer verstärkten «Kultivierung von Subjektivität» zu beobachten, die in Maßen auch den do-

---

53 Vgl. Hanrath 2002; Hennings 2015.

54 Eghigian 2004, S. 197.

55 Ebd. In den 1960er Jahren seien Straftaten in Strafgesetz und Gesundheitspolitik zunehmend als Ausdruck von Pathologien begriffen worden, wobei die Therapie schrittweise an Bedeutung gegenüber der Strafe zu gewinnen begann. Juristen und Strafverfolgungsbeamte standen dieser Entwicklung jedoch kritisch bis ablehnend gegenüber, vgl. ebd., S. 194.

56 Guski-Leinwand/Nussmann 2021, S. 117 f.

57 Busse 2004, S. 276.

58 Ebd., S. 227.

minanten Kollektivismus relativierte.[59] Verena Lehmbrock wies darauf hin, dass sich die SED unter Honecker einer Imagination des Individuums zuwandte, die diesem individuelle Handlungsmacht und Verantwortlichkeit zusprach.[60] Sie untersuchte das sogenannte sozialpsychologische Training für Führungskräfte der Planwirtschaft, das sich grundsätzlich der Produktivitätssteigerung im sozialistischen System verpflichtet sah und an die Praxis einer kollektivierenden Regierung anknüpfte. Allerdings zeigte sie auch auf, dass die gruppendynamische Methode individualisierende Facetten aufwies und neue Modi der Selbstexploration erlaubte. Diese Facetten harmonierten durchaus mit Honeckers Politik, die politische Legitimität herzustellen suchte, indem sie «individuelle Konsum- und Wohlfahrtsbedürfnisse» befriedigte.[61] Die so zu erreichende Zufriedenheit wiederum sollte die Herausbildung einer sozialistischen Subjektivität fördern.

Inwiefern lässt sich der Befund, dass Psy-Wissenschaften und Parteipolitik die Subjektivität der DDR-Bürger:innen als Objekt ihrer Sorge teilten, auf das Gesundheitswesen übertragen? Die Gesundheitspolitik setzte seit den 1970er Jahren vermehrt auf eine risikoindividualisierende Präventionsstrategie.[62] Dass die Präventionspolitik zunehmend den Lebensstil und die Eigenverantwortung der «sozialistischen Patienten» für die Minimierung psychischer Gesundheitsrisiken in die Pflicht nahm, verdeutlicht Viola Balz am Beispiel von öffentlicher Alkoholprävention und Gesundheitsfilmen.[63] Anders als Eghigian resümiert Balz, dass die Gesundheitserziehung seit Mitte der 1970er Jahre weniger die Formung sozialistischer Persönlichkeiten fokussierte und stattdessen eine «neue Innerlichkeit» propagierte. Psychische Prozesse und «psychologische Geständnispraktiken» seien nun als «neue Form des Regierens» hervorgetreten, wovon sie auf (eigentlich neoliberale) «Gouvernementalitätsstrategien» in diesem Sektor der sozialistischen Gesellschaft schließt.[64] In Ratgebern und Populärmedien fanden sich außerdem zunehmend psychologische und psychotherapeutische Inhalte, die vor allem beim Thema Stress die Aufmerksamkeit der Individuen auf die eigene Psyche lenken sollten.[65] Wie Maik Tändler betont, nahm diese mediale Aufmerksamkeit aber kein dem bundesrepublikanischen «Psychoboom» vergleichbares Ausmaß an.[66]

---

59 Geyer/König 2011, S. 473.

60 Vgl. Lehmbrock 2022, S. 11.

61 Vgl. ebd., S. 12.

62 Zur Entwicklung des politischen Anspruchs an die Gesundheitsprävention und die gesellschaftliche Praxis vgl. Linek 2016.

63 Balz 2020a; Balz 2020b.

64 Balz 2020b, S. 185. Vergleichbar argumentiert Stefan Offermann für den staatlichen Umgang mit Herz-Kreislauf-Erkrankungen, vgl. Offermann 2019. Lehmbrock stellt sie dagegen für die DDR-Wirtschaft in Abrede, vgl. Lehmbrock 2022.

65 Vgl. u. a. Arend 2019.

66 Vgl. Tändler 2019.

Die Haltung des Individuums zu sich selbst interessierte nicht nur in der Prävention, sondern auch in der Behandlung psychischer Störungen. Sandra Schmitt zeigt am Beispiel des ostdeutschen psychiatrischen Diskurses um die Schizophrenie, dass subjektzentrierte Ansätze seit den 1970er Jahren in Psychiatrie und Psychotherapie auch ohne staatliche Instruktionen an Bedeutung gewannen.[67] Richtungsweisend formuliert sie das «Aufkommen einer neuen Subjektkultur» in der ostdeutschen Psychiatrie.[68] Dies bringt sie mit einem neuerlichen Fokus auf die Lebensgeschichte sowie mit der Entwicklung eines stärker psychologisch konzipierten «spezifischen Selbst- und Krankheitsverständnisses» in Verbindung.[69] In den 1970er Jahren keimten zudem neue Reformbemühungen auf, die sich in den «Brandenburger Thesen» von 1973/74 artikulierten.[70] Die neue Agenda bezog sich auf die innere Demokratisierung der Anstaltspsychiatrie und schloss an das Konzept der «therapeutischen Gemeinschaft» nach Maxwell Jones (1907–1990) an.[71] Schmitt zufolge wurde diese «Psychologisierung und Sozialpsychiatrisierung» begleitet von individualisierenden Strategien zur «Aktivierung des Selbstführungspotentials» der Patient:innen.[72]

Dass man die Patient:innen an der Charité schreiben ließ, gibt uns im Anschluss an diese diskursive Verschiebung Aufschluss über die Hinwendung der Psychotherapie zur Lebenswelt der Patient:innen. Besonders aber können wir rekonstruieren, wie man Patient:innen einen therapeutischen Blick auf sich selbst entwickeln ließ. Über die diskursive Rekonstruktion hinaus können wir so explorieren, wie Patient:innen Praktiken zur Selbstführung tatsächlich anwandten und wie diese Praktiken auf die Patient:innen und ihre soziale Umwelt zurückwirkten. Schließlich lässt sich so diskutieren, wie sich die neoliberal belegte psychotherapeutische Anleitung zur Selbstführung[73] im Spannungsfeld des umfassenden Fürsorge- und Erziehungsanspruchs des sozialistischen Systems und der gesundheitspolitisch geforderten Selbstsorge als Gemeinwohlpflicht perspektivieren lässt.

Zusammenfassend liefert die Arbeit erstens einen Überblick über die Etablierung psychodynamischer Therapieansätze an der Charité. Dabei erweitert sie die laufende Rekonstruktion der psychotherapeutischen Versorgungslandschaft in der DDR um eine bislang nur unzureichend beleuchtete, weil auf die Einflusssphäre Karl Leonhards reduzierte Institution. Zweitens erlaubt der Fokus auf Tagesberichte als historische Quellen neue Perspektiven auf die dynamische Grup-

67 Hier und im Folgenden: Schmitt 2018, S. 201–271.

68 Ebd., S. 255.

69 Hier bezieht sich Schmitt auf Weise/Thom 1966.

70 Vgl. Schirmer et al. 1976; Hess 2011e; Kumbier/Haack 2018a.

71 Vgl. Jones 1953; Jones 1968.

72 Schmitt 2018, S. 263; hier bezieht sich Schmitt auf Balz/Klöppel 2015, S. 566 f.

73 Vgl. u. a. Rose 1996.

penpsychotherapie. Die bestehende Forschung zum Konzept und zur Rolle der Therapeut:innen lässt sich um die Facetten der Alltagspraxis und die zeitgenössischen Ansichten von Patient:innen erweitern. Indem die Arbeit den Patient:innen in das Spannungsfeld zwischen therapeutisch informierter Selbstsorge und paternalistischem Fürsorgeanspruch des Staates folgt, knüpft sie drittens an die Patient:innengeschichte der DDR an. Dabei entwickelt die Arbeit Beobachtungen einer diskursiven Wendung der Psy-Wissenschaften zum Subjekt weiter, indem sie das therapeutische Schreiben als Praktik in den Mittelpunkt stellt. Mit einem praxeologischen Subjektverständnis – dem *doing patient* – lässt sich aufzeigen, wie diese Praktik Patient:innen zu therapeutischen Subjekten formte. Damit nähern wir uns viertens und abschließend den Wirkweisen neoliberal konnotierter Selbstführungstechniken im Sozialismus an.

1.2 Forschungsfragen und Aufbau

Um den Wandel der psychotherapeutischen Kultur einzuordnen, fragen wir zunächst nach der Verfügbarkeit psychotherapeutischer Angebote. Dazu richten wir den Blick auf die Versorgungslage: Wo und in welchem Umfang hatten die DDR-Bürger:innen Zugang zu Psychotherapien (Kapitel 2)? Anhand einer Analyse der Sozialstruktur der Charité-Patient:innen wird diskutiert, an welche Klientel sich das Behandlungsangebot richtete und inwiefern der Zugang zu Psychotherapien auch im «Arbeiter-und-Bauern-Staat» privilegiert war (Kapitel 3).

Das therapeutische Schreiben zeigt, wie neue selbstreflexive Alltagspraktiken die institutionelle Verbreitung psychodynamischer Ansätze in der DDR begleiteten. Der Blick in den Mikrokosmos der Institution lässt uns nachvollziehen, wie und mit welchen Auswirkungen solche subjektivierenden Praktiken umgesetzt wurden. Inwiefern formte das Schreiben Patient:innen zu therapeutischen Subjekten? Auf welche Weisen konstituierten sich Patient:innen *vice versa* mittels psychotherapeutischer Praktiken als Subjekte?

Die folgenden fünf Kapitel untersuchen die Auswirkungen des Schreibens auf die Patient:innen und das soziale Gefüge und loten so dessen vielfältige Implikationen aus: Wie leitete das Schreiben die Patient:innen dazu an, eine therapeutische Biografie zu entwickeln (Kapitel 4)? Inwiefern und unter welchen Gesichtspunkten sollten sich Patient:innen in der und durch die Therapie selbst beobachten, anpassen und steuern (Kapitel 5)? Die Abteilung vertrat außerdem den reformerischen Anspruch, eine «therapeutische Gemeinschaft» zu sein. Wie setzte man das Konzept im sozialistischen Setting in die Praxis um und welche Anforderungen ergaben sich daraus an die Rolle der Patient:innen (Kapitel 6)? Welche geschlechtsspezifisch codierten Fühl- und Verhaltensweisen privilegierte das Schreiben und implizierte sie damit als Anforderung an das therapeutische Subjekt (Kapitel 7)? Wie ging man in der Abteilung mit politisch-ideologischen

Aspekten um und wie wirkte sich die Drohkulisse der staatlichen Überwachung auf die Selbsterzählung der Patient:innen aus (Kapitel 8)? Abschließend skizziert die Arbeit einen Ausblick auf Entwicklungslinien der Psychotherapie in den 1980er Jahren (Kapitel 9).

Bei der Untersuchung psychotherapeutischer Praxis lassen sich, jenseits tradierter und vielfach beforschter Differenzen, einige Parallelen zwischen Ost und West aufzeigen. So ist zu diskutieren, inwiefern sich in dem therapeutischen Interesse am Selbstverhältnis der Patient:innen etwas spezifisch Sozialistisches ausmachen lässt. Doch der praxeologische Zugriff erlaubt gegenüber einer diskursiven Rekonstruktion auch, Anklänge einer «Therapeutisierung des Selbst» jenseits des üblichen neoliberalen Settings zu perspektivieren.[74]

1.3 Schauplatz und Schreibort. Die Psychotherapieabteilung der Charité

Psychotherapeutische Praktiken im DDR-Gesundheitswesen zu studieren, erfordert die Wahl eines ergiebigen Untersuchungsgegenstandes. Einige wenige Institutionen stachen aus der Versorgungslandschaft der 1970er Jahre heraus, die über spezialisierte Psychotherapieabteilungen mit einer meist längeren Tradition, einem hohen Qualifikationsniveau und vergleichsweise privilegierten materiellen und personellen Kapazitäten verfügten. Dazu zählten beispielsweise die Psychotherapieabteilung der Karl-Marx-Universität Leipzig und das Ostberliner Haus der Gesundheit (HdG). Insbesondere dessen Neurosenklinik in Berlin-Hirschgarten war für die Entwicklung und Praxis der dynamischen Gruppenpsychotherapie maßgeblich. Der Verbleib der dortigen Verwaltungsunterlagen und Krankenakten ist allerdings unbekannt, sodass historische Untersuchungen auf wissenschaftliche Publikationen limitiert sind. Die Nervenklinik der Charité war ein weiterer DDR-weit bekannter Referenzpunkt im Bereich Psychotherapie sowie eine zentrale Institution des Gesundheitswesens. Weil sich hieran zeigen lässt, wie man therapeutische Konzepte beispielgebend umgesetzt hat, und aufgrund des einzigartigen Quellenbestandes stellt sie den Schauplatz dieser Arbeit.

Die psychodynamische Neuausrichtung der Nervenklinik mag unterdessen überraschen, da die Charité seit Wilhelm Griesinger (1817–1868) als Hort einer biologistischen Psychiatrie galt. In dieser Tradition stand auch Karl Leonhard,

74 Vgl. Geisthövel/Streng 2019, S. 296 ff. Bisher habe der Ansatz der Therapeutisierung vor allem dazu beigetragen, die Zirkulation von Therapie jenseits der Heilberufe zu untersuchen. Geisthövel und Streng plädieren einerseits dafür, «Therapie» wieder stärker medizinisch zu denken und medizinhistorische Debatten in die Erforschung von Selbstverhältnissen miteinzubeziehen. Andererseits regen sie an, den Blick wieder mehr auf die Institutionen zu richten, wodurch im vorliegenden Fall insbesondere die «(Um-)Verteilung von agency» an Patient:innen diskutierbar wird, ebd.

der die Klinik zwischen 1957 und 1970 leitete. Er wird der Wernicke-Kleist-Leonhard-Schule zugeordnet, die eine neurobiologische Perspektive in der Psychopathologie vertritt. Allerdings erlangte Leonhard mit seinem Team in den 1960er Jahren weitreichende Bekanntheit mit dem Konzept der Individualtherapie.

1970 übernahm der gesundheitspolitische Funktionär und Arzt Karl Seidel (*1930) die Leitung der Einrichtung. 1973/74 führte Helmut Kulawik (1941–1993) zusätzlich die dynamische Gruppenpsychotherapie ein. So entwickelten sich zwei Stationen mit unterschiedlichen methodischen Schwerpunkten, die in der Psychotherapieabteilung zusammenliefen. Die Charité war als Universitätsklinik und Prestigeobjekt des DDR-Gesundheitswesens privilegiert.[75] Die Adaption der dynamischen Gruppenpsychotherapie und, wie sich im Folgenden zeigen wird, auch das therapeutische Schreiben waren aber kein singuläres Phänomen. Vielmehr gehörten sie zu einem Trend, der durch eine junge Generation engagierter Psychotherapeut:innen immer mehr Einrichtungen in der DDR erfasste.

1.4 Quellen

Die Arbeit basiert maßgeblich auf psychiatrischen Krankenakten der Charité. Das HPAC verwaltet die überlieferten Krankenakten der Nervenklinik aus der Zeit von 1887 bis 1979.[76] Kurz vor Abschluss der Untersuchung wurden außerdem die Jahrgänge 1982 bis 1990 für die Forschung verfügbar gemacht.[77] Die ersten Krankenakten mit Tagesberichten stammen aus dem zweiten Halbjahr 1974. Seitdem und bis nach 1990 schrieben Psychotherapie-Patient:innen an der Charité. Der Fokus liegt hier jedoch auf der Zeit des Direktorats von Karl Seidel, sodass sich der Untersuchungszeitraum auf die Jahre 1974 bis 1978 erstreckt. Die Krankenakten der Folgejahre 1979 bis 1990 wurden für den abschließenden Ausblick (Kapitel 9) gesichtet.

Krankenakten und Tagesberichte als historische Quellen

Krankenakten haben eine repetitive Struktur und sind aus einem im 19. Jahrhundert einsetzenden Formalisierungsprozess hervorgegangen.[78] Die vorliegenden Ak-

75 Vgl. Janssen 2012.

76 Vgl. Hess 2010c; Klöppel 2009. Das Archiv entstand durch doppelte Aktenführung in Klinik und Administration, vgl. Ledebur 2011.

77 Die Jahrgänge 1980 und 1981 sind nicht überliefert.

78 Vgl. Hess 2010b. Die «Irrenabteilung» war in den 1820er Jahren die erste an der Charité, die Krankenakten anlegte. Die anderen Abteilungen vermerkten «für alle Kranken gemeinsam Tag für Tag die auffälligen Beobachtungen und erforderlichen Anordnungen in einem großen Journal», vgl. Hess 2016a, S. 52.

ten versammeln personenbezogene Dokumente verschiedener Autor:innen und Herkünfte. Die Struktur der Krankenakten der 1970er Jahre ist überwiegend deckungsgleich mit derjenigen der 1960er Jahre.[79] Auf dem Aktendeckel finden sich Basisdaten der Patient:innen, die Diagnose und eine Aktensignatur. Der stereotype Aufbau umfasst ein administratives Datenblatt, ein Überweisungsschreiben, einen handgeschriebenen Lebenslauf und die Anamnese mit Vorgeschichte und Entwicklung der Beschwerden sowie den Ergebnissen einer kurzen neurologischen Untersuchung. Die Verlaufsdokumentation beinhaltet in der Regel als notationswürdig erachtete Abweichungen von der Norm des Stationsalltags und längere Aussprachen. Es schließen sich diverse Befunde und Korrespondenzen und schließlich ein Heftstreifen mit Tagesberichten an, die die Patient:innen verfassten. Deren Zahl variierte zwischen einer Handvoll bis zu mehreren Hundert Seiten. Abschließend liegen den Krankenakten eine Kurve und eine Epikrise mit einigen Durchschlägen bei.

Historische Krankenakten erlauben Einblicke in die Arbeitsorganisation der Klinik, in Wissensgenerierung, Aufzeichnungstechniken oder Auswirkungen theoretischer Konzeptionen und psychiatrischer Wissenshorizonte auf die klinische Praxis. Die Akten dokumentieren einerseits die Lebens- und Leidensgeschichte der Patient:innen, andererseits die Geschichte ihres Klinikaufenthalts, stets aus Sicht der Institution.[80] Diese Perspektive ist neben individuellen Auffassungen der Autor:innen stark von zeit- und ortsspezifischen Krankheitsvorstellungen geprägt. Selbstzeugnisse von Patient:innen, wie Briefe oder Notizen, selektierte im Regelfall das Personal, das die Ordnungshoheit über die Akten innehatte. Die Tagesberichte entstanden zwar auf therapeutisches Geheiß, aber die Schreibpraktik ritualisierte die Aufnahme von Selbstzeugnissen. Im vorliegenden Fall bemaß sich die Überlieferung daher nicht mehr primär an der ärztlichen Einschätzung.

Die Schreibpraktik setzte Schreibutensilien und Sprache voraus und dokumentierte sich zugleich in der Materialität des Papiers. Die Patient:innen schrieben meist mit handelsüblichen Kugelschreibern auf situativ verfügbares Papier.[81] Die Praktik zeigt sich alltäglich und formlos und erinnert kaum an offizielle Korrespondenz. Weil Vordrucke fehlten, erhielten die Schreibenden relative Gestaltungsfreiheit. Selten zeichneten sie oder verfassten sie Gedichte (vgl. Abb. 1). Der Umfang der Konvolute variiert stark. Die Länge des täglich Geschriebenen changiert zwischen einem Satz und mehrseitigen Ausführungen, während Zeitraum und Frequenz der Berichterstattung ebenfalls variabel sind. Die Patient:innen schrieben meist erst wenige Tage nach ihrer Aufnahme und wichen gelegentlich

79 Vgl. die Quellenkritik der HPAC-Akten der 1960er Jahre bei Le Bonhomme 2016, S. 453–456.

80 Vgl. hier und im Folgenden: Meier 2008.

81 Ein Patient verfasste seine Tagesberichte beispielsweise auf blassem Notenpapier aus seinem Betrieb für Instrumentenproduktion, vgl. HPAC, 615/76M.

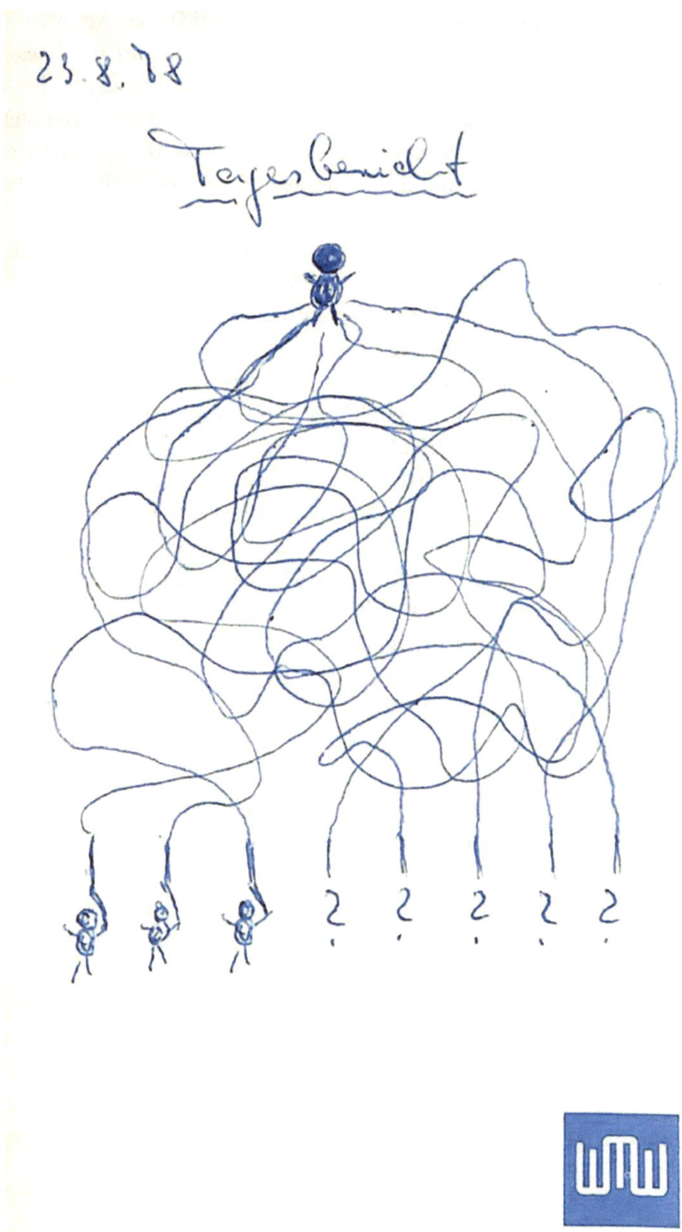

Abbildung 1: HPAC, 337/78M, Zeichnung, Tagesbericht vom 23.08.1978.

vom täglichen Rhythmus ab. Fehlende Berichte erklären sich teils aus Rückgaben an die Patient:innen[82] und Aktenschwund bei der Ablage.

Die variierenden Papiergrößen ermöglichten es, unterschiedlich große Mengen an Text zu produzieren, und scheinen dies auch in unterschiedlichem Maße eingefordert zu haben. Manche Patient:innen trennten die unbeschriebenen Teile ab. Sie nutzten den Rest für kommende Berichte und vermieden womöglich auch den Eindruck eines kaum beschriebenen Blattes, um nicht vermeintliche oder tatsächliche Erwartungen der Therapeut:innen an die Menge des Geschriebenen zu enttäuschen. Dagegen konnte ein komplettes DIN-A4-Blatt mit knapper Beschriftung am oberen Rand eine kritische Stellungnahme unterstreichen.[83]

Mittig gefaltet, sind manche Berichte auf der Außenseite an die Therapeut:innen adressiert. Mit der Leerung des Postkastens gingen die Berichte in deren Verfügungsbereich über. Die Therapeut:innen ordneten sie den Krankenakten zu und zogen sie chronologisch auf farbige Plastikheftstreifen auf. So mussten sie beim Sammeln nicht in die innere Struktur der Krankenakte eingreifen. Die Therapeut:innen produzierten so personenbezogene Konvolute mit einem chronologischen Verlauf, der den Patient:innen in seiner Gesamtheit vorenthalten blieb. Das gesamte medizinische Personal hatte aber grundsätzlich Zugriff auf die Krankenakten.[84] Auf die Rezeption durch die Therapeut:innen finden sich kaum Hinweise. In einigen wenigen Fällen finden sich Kommentare oder Verweise («Vgl. Tagesberichte!»[85]) in der Verlaufsdokumentation der Krankenakten. Selten unterstrichen sie Teile oder hinterließen kurze Kommentare auf Berichten, die als Aufhänger für Gespräche gedient haben könnten. Doch gilt hier wie für

---

82 Beispiel: HPAC, 268/77M, Tagesbericht vom 28.07.1977. Ein anderer hielt die Tagesberichte ganz zurück und entschloss sich erst kurz vor der Entlassung zur Abgabe. Er band sie mit einer Stoffschleife zusammen und überschrieb sie mit «Gesammelte Werke», vgl. HPAC, 362/78M, Tagesberichte vom 11.–22.10.1978.

83 Eine Patientin wollte nicht schreiben, vgl. HPAC, 356/74F, Tagesbericht vom 04.11.1974. Sie verlieh ihrer Ansicht Ausdruck, indem sie knapp auf ein kariertes A4-Blatt schrieb, dass weitere Berichte sie zum Lügen nötigen würden. Auch einzelne Worte auf einem sonst leeren Blatt konnten deren Aussagekraft unterstreichen. Eine Patientin schrieb groß «Depressionen» auf eine A5-Seite, HPAC, 622/77F, Tagesbericht vom 08.03.1978.

84 Weil medizinisches Personal fehlte, waren seit 1957 Psycholog:innen als Therapeut:innen auf der Psychotherapiestation tätig, vgl. Rzesnitzek 2015, S. 378. In der dynamischen Gruppenpsychotherapie traten sie vorrangig als Anleiter:innen für das autogene Training und als Autor:innen testdiagnostischer Befunde hervor. Es ist unklar, ob die Psycholog:innen die gruppenpsychotherapeutische Weiterbildung absolvierten. Zum Personal gehörten auch eine Physiotherapeutin, ein Fürsorger und wenige Schwestern.

85 Beispiel: «Am Freitag geknickte Stimmung, wäre am liebsten im Bett geblieben, fuhr dann wie besprochen nach Hause, dort viel geweint. (Vgl. Tagesberichte!). Seit gestern wieder aufsteigende Tendenz. Heute Besuch des EM. Verarbeitet Rückschlag jetzt adäquat, wieder optimistisch», HPAC, 577/74F, Verlaufsdokumentation, Eintrag vom 28.11.1974.

Krankenakten allgemein: Dokumentiert wurden primär Abweichungen von der Norm.

Zusammengenommen erstellten die Therapeut:innen mit den Krankenakten und deren systematischer Ablage in der Klinik eine Art Datenbank aus subjektiven Perspektiven auf die Psyche und die Therapie an der Charité. Eine solche Datensammlung hätte sich für die wissenschaftliche Auswertung aufgedrängt und hätte die Patient:innen selbst zu einem Faktor der Wissensproduktion erheben können.[86] Doch Spuren wissenschaftlichen Arbeitens finden sich in dem Material ebenso wenig wie wissenschaftliche Publikationen, die auf die Tagesberichte aus den 1970er Jahren Bezug nehmen.[87]

Tagesberichte als Selbstzeugnisse

Seit Roy Porter Mitte der 1980er Jahre die Forderung nach einem Perspektivwechsel in der Medizingeschichte popularisierte, entwickelte sich mit der Patient:innengeschichte ein lebhaftes Forschungsfeld. Besondere Aufmerksamkeit erfuhr die Geschichte von Psychiatrie-Patient:innen.[88] Ihre Perspektive zu erforschen, wird durch eine Quellenproblematik erschwert, die der medizinischen Dokumentationspraxis inhärent ist: Das institutionelle Schriftgut stammt fast ausschließlich aus der Feder der Behandelnden. Mit der Mikrogeschichte und der Geschichte «von unten» teilt die Patient:innengeschichte dagegen ein Interesse an autobiografischen Texten und Selbstzeugnissen.[89] Diese Ansätze versprechen dabei weniger einen Zugang zum unmittelbaren und unverfälschten «Ich», sondern zielen auf die Untersuchung narrativer Sinnkonstruktionen und Konstruktionen des historischen Subjekts im Text ab.[90] Die Tagesberichte bieten sich insofern zur Erforschung der Patient:innengeschichte der DDR an.

In der deutschsprachigen Forschung zu Selbstnarrativen hat sich der engere Begriff des «Selbstzeugnisses» gegenüber dem des «Ego-Dokuments» durchgesetzt.[91] So bezeichnet die Arbeit daher auch die Tagesberichte. Allerdings brachte die Diskussion um Ego-Dokumente das Moment der unfreiwilligen Aussage über sich selbst ein, das in manch sozialer Konstellation für die Tagesberichte bedeut-

86 Vgl. Falk 2018.

87 Ebenso waren den befragten Psychotherapeut:innen keine Forschungsvorhaben mit oder über die Tagesberichte bekannt. Ausschnitte von Therapietagebüchern nutzt aber Ehle 1992.

88 Vgl. Brückner et al. 2019.

89 Vgl. Ulbrich et al. 2015, S. 1.

90 Vgl. Rutz 2002.

91 Benigna von Krusenstjern grenzte das Selbstzeugnis u. a. dadurch ab, dass die Verfasser:innen selbst handelnd oder leidend in Erscheinung träten und eine «Selbstthematisierung durch ein explizites Selbst» vorläge, von Krusenstjern 1994, S. 463.

sam war.[92] Außerdem unterscheidet die Tagesberichte von Selbstzeugnissen, dass sie – anders als Autobiografien, Tagebücher oder Reiseberichte – zunächst nicht aus eigenem Antrieb verfasst wurden. Dagegen schärft die Unterscheidung von Selbstzeugnissen nach dem Grad der expliziten Thematisierung des Selbst den Blick dafür, dass die Konvolute zwischen Selbsterkundung und kritischer Einordnung des Stationsgeschehens changieren.

Die Nutzbarkeit von Selbstzeugnissen für die Patient:innengeschichte ist nicht unumstritten, denn aus ihnen erwächst ein Dilemma. Einerseits erlauben sie, Handlungsmächtigkeit und Ansichten von Patient:innen herauszuarbeiten. Andererseits konfrontieren sie uns mit jenen Strukturen, denen jedes Handeln und die Subjektivität der Patient:innen unterworfen scheinen. Alexandra Bacopoulos-Viau und Aude Fauvel haben diesen «unmöglichen Kompromiss» zwischen Porters und Michel Foucaults Sichtweisen auf Patient:innen aufgezeigt.[93] Philipp Osten zufolge fänden sich Protagonist:innen einer solchen «Geschichte von unten», so man poststrukturalistischen Annahmen folge, «tatsächlich ganz ‹unten›, am Boden der Geschichte, und über ihnen erhebt sich das Gerüst, das sie zu dem werden ließ, was sie sind».[94] Institutionelle Strukturen neigen dazu, die Ansichten der Patient:innen im Text zu überformen. Diesen Zwiespalt gilt es bei der Analyse der Tagesberichte zu beachten.

Zudem wirft die Quellengattung forschungsethische Fragen nach der Verwendbarkeit von sensiblem Material auf. Daher bindet diese Arbeit zwar Patient:innenstimmen ein, um ihnen einen angemessenen Platz in der Geschichtsschreibung einzuräumen. Um die Persönlichkeitsrechte der Patient:innen zu wahren, vermeidet sie aber zusätzlich zur Pseudonymisierung umfassendere individuelle Fallgeschichten.[95]

Zwar waren die Tagesberichte adressiert, doch im Konvolut erinnert ihre Form an Tagebücher. Reckwitz charakterisiert das Tagebuchschreiben als Praktik eines bürgerlichen Subjekts im 18. und 19. Jahrhundert, wobei sich bei der Niederschrift täglicher Beobachtungen kumulativ ein «Book of the Self» ergebe.[96] Im Laufe des 20. Jahrhunderts fand das Tagebuchschreiben weitere gesellschaftliche Verbreitung. In der chronologischen Notation täglicher Erlebnisse und Gedanken ohne notwendige innere Kohärenz liegen Ähnlichkeiten zu den Tagesberich-

92 Vgl. Schulze 1996, S. 28. Beispielhaft sind Verhörprotokolle, aber auch die Anamnese in Krankenakten.

93 Vgl. Bacopoulos-Viau/Fauvel 2016.

94 Osten 2010, S. 8.

95 Die Angaben zu einzelnen Zitaten beschränken sich auf die Aktensignatur, die lediglich Auskunft über die Geschlechtsangaben bei der Aufnahme und das Aufnahmejahr der Personen gibt.

96 Reckwitz 2006, S. 179. Das Tagebuchschreiben setzte mit Renaissance und Aufklärung ein. Erst seit dem 18. Jahrhundert und besonders seit Freud finden sich darin weitreichende «Ich-Analysen», vgl. Rutz 2002.

ten. Es ließe sich fragen, inwiefern die bürgerliche Tradition der Tagebücher die Selektion privilegierter Personengruppen für die Therapie begünstigte. Nicht zuletzt stand auch die Psychotherapie schon in der ersten Hälfte des 20. Jahrhunderts in der Kritik, bürgerlichen Schichten vorbehalten zu sein.

Tagesberichte als therapeutische Erzeugnisse

Die Tagesberichte lassen sich auch therapeutisch verorten. Irene Jung macht darauf aufmerksam, dass der bundesrepublikanische «Psychoboom» der 1970er Jahre mit einem «neuartige[n] große[n] Interesse an den psychologischen Funktionen des Schreibens» einherging.[97] Indem der «Psychoboom» auf den Eindruck zunehmender Selbstentfremdung geantwortet habe, spiegelte er ein «gesteigertes Bedürfnis nach sogenannter Authentizität der Erfahrungen, nach Lebenssinn, nach Selbstentfaltung».[98] Darin erschien das Schreiben als Methode der «Selbstbefreiung», «Selbsterkenntnis» oder «Selbstfindung». In diesem Zuge entstanden die therapeutischen Strömungen der «Poesietherapie» und der «Bibliotherapie».[99] Während die Bibliotherapie die Rezeption von Literatur in den Mittelpunkt stellt, will die Poesietherapie fiktionales Schreiben therapeutisch wirksam machen. Etwa in der Annahme bewusster und unbewusster Einflüsse im Schreibprozess nimmt dieser Zugang Anleihen bei Ideen der Psychoanalyse.[100] Am Rande interessiert diese Strömung auch das reflexive Schreiben als «Nachdenken über die eigene Person und über persönliche Erlebnisse» mit dem Ziel, «sich über innere und äußere Vorgänge klar zu werden und Vorkommnisse zu verarbeiten».[101] Jenseits dessen kommt therapeutisches Schreiben gegenwärtig bei der historischen Aufarbeitung zum Einsatz, etwa von Gewalterfahrungen in DDR-Kinderheimen.[102]

---

97 Vgl. Jung 1989, S. 11 ff.

98 Hier und im Folgenden: ebd., S. 13.

99 Vgl. Petzold/Orth 1985.

100 Vgl. Jung 1989. Vertreter:innen der Methode sehen darin den «Wendepunkt in der Geschichte des Therapeutischen Schreibens». War es zuvor primär deskriptiv, richtete es sich «mit und nach Freud [...] vor allem auf Selbsterkenntnis», Heimes 2015, S. 15. Noch gegenwärtige Ansätze zum fiktionalen therapeutischen Schreiben beziehen sich bei assoziativen Schreibmethoden auf Freud, vgl. Betz-Michels 2013, S. 244.

101 Ebd., S. 244.

102 Bei der «Testimonial Therapie» entstehen schriftliche Dokumente über die Lebensgeschichte. Sie wird insbesondere zur Verarbeitung politischer Gewalt genutzt und kam in Chile bereits in den 1970er Jahren zum Einsatz, vgl. das vom Bundesministerium für Bildung und Forschung (BMBF) geförderte Projekt «Testimony. Erfahrungen in DDR-Kinderheimen, Bewältigung und Aufarbeitung», https://www.testimony-studie.de/bedeutung-testimony (Stand: 12.04.2022).

Auch in der DDR nutzte man die Bibliotherapie. In den 1960er Jahren galt sie an der Leipziger Psychiatrischen Universitätsklinik als «psychotherapeutische Hilfsmethode».[103] In der Bezirksnervenklinik Uchtspringe schätzte man Ende der 1970er Jahre «die Rolle des Buches bei der Betreuung geropsychiatrischer Patienten».[104] Wenngleich sich die Bibliotherapie in ihrer wissenschaftlichen Entwicklung noch in einem «frühen Entwicklungsstadium» befunden habe, habe «in einigen soziotherapeutisch orientierten Nervenkliniken der DDR die Beschäftigung des Kranken mit Literatur bereits zum klinischen Alltag» gehört.[105] In den 1980er Jahren nutzte man die Bibliotherapie auch in der Behandlung alkoholabhängiger Menschen.[106]

Über die Poesietherapie wurde dagegen nicht wissenschaftlich publiziert. Seit den 1970er Jahren finden sich aber einige wenige Publikationen über den Gebrauch von Selbstzeugnissen. Eine rezipierte den frühen psychotherapeutischen Einsatz von Tagebüchern durch Netkatschev in Moskau 1909.[107] Bei der Gruppenbehandlung von «Stotterern» habe er von den Patient:innen «handgeschriebene Krankengeschichten» als Ausgangspunkt für unterrichtende Gespräche genutzt. Er habe sie auch dazu angehalten, ihre Ansichten über das Gehörte sowie ihr Befinden zwischen den Gruppensitzungen in einem Tagebuch zu notieren. Die Patient:innen hatten in den Sitzungen ihre Einträge zu verlesen und zu diskutieren. Jenaer Pulmologen setzten Mitte der 1970er Jahre Oktavheft-Tagebücher bei der Behandlung von Asthma bronchiale mit autogenem Training ein.[108] Darin sollten die Patient:innen Anfälle, Medikamentengebrauch, Übungseinheiten und ihr Befinden dokumentieren. Die Therapeut:innen lasen die Tagebücher, zogen sie zur Klärung offener Fragen und zur wissenschaftlichen Auswertung heran.[109] Der tschechoslowakische Psychologe Stanislav Kratochvíl (*1932) berichtete 1976 in der DDR, dass er Tagebücher in einer «therapeutischen Gemeinschaft» im ostmährischen Kroměříž einsetzte. Dort behandelte er Patient:innen mit Neurosen im Rahmen einer stationären Psychotherapie. Die Tagesberichte dienten der «Inventarisation eigener Gedanken und gleichzeitig [der] alltägliche[n] Kommunikation zwischen Patienten und dem Personal, das die Tagebücher im Laufe des Vormittagsdienstes durchliest».[110] 1982 publizierte

103 Vgl. Tögel 1964.

104 Vgl. Oechel 1978.

105 Ebd., S. 159.

106 Vgl. zu Uchtspringe Drees 1987, S. 764 f.; vgl. zum Kreiskrankenhaus Güstrow Hübener 1989, S. 93 f.

107 Vgl. hier und im Folgenden: Eichhorn/Stern 1977, S. 580.

108 Vgl. Schaeffer/Freytag-Klinger 1975.

109 Vgl. ebd., S. 402, 406.

110 Kratochvíl 1976, S. 225. Außerdem beinhaltete die Hausordnung die Punkte: «8. Schreib ins Tagebuch täglich deine Gedanken!» und «12. Schreibe deinen Lebenslauf auf und verlies ihn innerhalb von 14 Tagen nach deiner Aufnahme!».

er erneut in der DDR über den Einsatz von Tagebüchern in der Therapie «funktioneller Sexualstörungen».[111] Beide Eheleute sollten darin «ihre Meinungen und Gefühle im Verlauf der Therapie» eintragen.[112] Kratochvíl zog die Inhalte der Tagebücher für ein tieferes Verständnis der Patient:innenperspektiven und des Therapieverlaufs heran. Mindestens seit den 1980er Jahren verfassten Patient:innen auch in der Therapie des Alkoholismus in der DDR Lebensberichte, persönliche Tagebücher und Abschlussberichte.[113]

Auch jenseits wissenschaftlicher Publikationen lässt sich zeigen, dass Patient:innen auch außerhalb der Charité zu schreiben begannen. Vergleichbare Techniken nutzte man in der Ostberliner Neurosenklinik in Hirschgarten unter der Leitung von Kurt Höck,[114] der mit Kratochvíl in engem Austausch stand.[115] Ein ehemaliger Patient publizierte in seiner Autobiografie seine ambivalenten Reflexionen darüber.[116] Eine Psychotherapeutin, die in einer Magdeburger Poliklinik ambulante Gruppentherapien durchführte, schildert Ähnliches. Ihre Patient:innen erhielten «die Hausaufgabe, einen Lebenslauf zu schreiben und täglich Tagebuch über das in der Therapie Erlebte, über das Befinden und über die Schlafqualität zu führen».[117] Aus einer Krankenakte der Charité ging Vergleichbares über das psychiatrische Großkrankenhaus im sächsischen Großschweidnitz hervor.[118] Ein Patient brachte von dort drei kleine Hefte mit, in denen er täglich seine Behandlung dokumentiert hatte (vgl. Abb. 2).[119] Das Material enthält viele Unterstreichungen in verschiedenen Farben, die die Hefte zugleich als Arbeitsdo-

111 Vgl. Kratochvíl 1982. Weiterführend zur dortigen Therapie von Sexualstörungen vgl. Lišková 2018.

112 Kratochvíl 1982, S. 282.

113 Vgl. Hübener 1989, S. 94.

114 Vgl. Hess 2011b, S. 372 f. Schon in den 1960er Jahren malten die Patient:innen außerdem ihre Träume und besprachen die Bilder in Chefarztvisiten am Bett, vgl. Höck 1969d.

115 Vgl. Hausner et al. 1975.

116 Vgl. Marquardt 2014, S. 78–85. Sven Marquardt (*1962) beschreibt seinen Weg in die Gruppentherapie in Hirschgarten, die er überwiegend positiv erinnert. Dort wurde er «zum Tagebuchschreiben […] angehalten». Er wehrte sich dagegen, die Tagebücher abzugeben. Seine Therapeutin «versteht und lässt mir die Freiheit. Sie ist nicht Schwester Ratched aus ‹Einer flog über das Kuckucksnest›». Über seine ersten Zeilen berichtet Marquardt: «Die ersten Sätze in meinem Tagebuch schreibe ich an einem Nachmittag, ich sitze am Tisch in unserem Zimmer, die Sonne scheint herein. ‹Morgen fahre ich nach Hause. Was soll ich noch hier?›, steht da plötzlich auf einer eben noch leeren Seite.» Es habe ihm freigestanden, die Therapie abzubrechen, aber er entschied: «Ich bleibe, mache weiter, schreibe weiter».

117 Weise 2011, S. 403. Dort behandelte man mit der dynamischen Gruppenpsychotherapie sowie komplementär mit der Kommunikativen Bewegungstherapie und Gestaltungstherapie.

118 Vgl. HPAC, 52/78M.

119 In den mit «Autogenes Training» überschriebenen Heften widmet sich der Autor seinen Symptomen und seinem Erleben des Klinikaufenthalts, verhaltenstherapeutischer Maßnahmen und der Elektrokonvulsionstherapie.

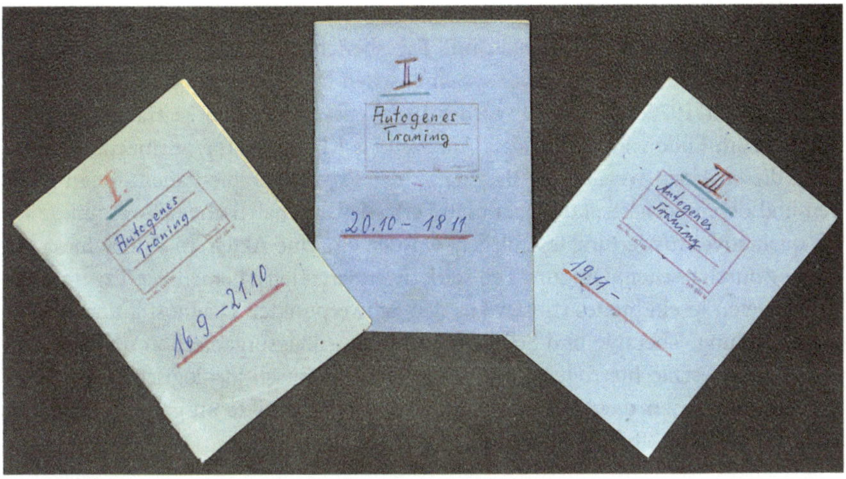

Abbildung 2: HPAC, 52/78M, Außenansicht dreier Oktavhefte, angefertigt im psychiatrischen Krankenhaus Großschweidnitz, 1977.

kument der dortigen Therapeut:innen ausweisen. In den 1970er Jahren ließ man auch Patient:innen im psychiatrischen Krankenhaus Arnsdorf während der Behandlung von Alkoholabhängigkeit Selbstreflexionen verfassen.[120] Die Hinwendung zu dieser therapeutischen Methode war kein Ostberliner Einzelfall, sondern lässt sich über die DDR verteilt und über deren Ostgrenze zur ČSSR hinaus belegen. Schreibpraktiken finden sich seit den 1970er Jahren in Universitätskliniken, psychiatrischen Großkrankenhäusern und Polikliniken, in stationären und ambulanten Settings. Insofern lassen sich die Quellen aus der Charité als Teil eines intensivierten therapeutischen Interesses am Schreiben ansehen, das psychotherapeutische Strömungen in Ost und West teilten.

Auswertung

Eine stichprobenweise Annäherung an den HPAC-Bestand gab ersten Aufschluss über die diagnostischen und Behandlungspraktiken auf verschiedenen psychiatrischen Stationen zwischen den 1950er und 1970er Jahren.[121] Erkenntnisse über die Entwicklung der Psychotherapie ließen sich mit einer engmaschigeren und geziel-

---

120 Vgl. Wahl 2020b.

121 Aus drei Stichproben von je 100 Krankenakten für die Jahre 1952, 1962 und 1972 wurden jeweils die psychiatrischen Krankenakten selektiert und gesichtet.

ten Durchsicht psychotherapeutischer Krankenakten systematisch verdichten.[122] Nachdem sich erste Krankenakten mit Tagesberichten aus den 1970er Jahren gefunden hatten, ließen sich in einer systematischen Durchsicht des gesamten Archivbestandes der 1970er Jahre 174 solcher Krankenakten für den Zeitraum bis 1978, also bis zum Ende von Karl Seidels Amtszeit als Klinikdirektor, ausmachen.[123] Anhand dieser Akten wurden die Basisdaten der Psychotherapie-Patient:innen erhoben und deren Sozialstruktur quantitativ erfasst. Um analytische Schwerpunkte für die qualitative Auswertung festzulegen, wurden einzelne Akten im Sinne eines *close reading* durchgesehen. Die zum Teil stark divergierenden Themen der Tagesberichte mündeten in ein breites Cluster aus den Schwerpunkten Diagnostik und Krankheitserzählung, Therapie und Selbstbeobachtung, Alltagsorganisation und Psychiatriereform, Geschlechterrollen sowie Umgang mit politisch-ideologischen Aspekten. Schließlich wurden diese Akten anhand der Schwerpunkte ausgewertet und mit Blick auf die Subjektbildung durch das Schreiben analysiert.

Kontextualisierungsquellen

Zeitgenössische Publikationen wie Monografien, Sammelbände und wissenschaftliche Zeitschriften sowie retrospektive Darstellungen von Psychotherapeut:innen halfen dabei, die Entwicklung der psychotherapeutischen Versorgungslandschaft zu untersuchen. Darüber hinaus erlaubten sie, die Charité darin zu verorten und angewandte Psychotherapiemethoden zu kontextualisieren.[124] Ergänzend fanden sich Bestände zur Nervenklinik im Universitätsarchiv der Humboldt-Universität zu Berlin (HU UA), darunter Verwaltungs- und Personalakten. Hier waren ebenfalls Unterlagen der Gesellschaft für Psychologie der DDR (GfP) einzusehen. Hinzu kamen Archivalien des Bundesarchivs Berlin-Lichterfelde (BArch), insbesondere aus Abgaben des Ministeriums für Gesundheitswesen und der GäP. Eine Recherche im Deutschen Rundfunkarchiv (DRA) erlaubte einen Einblick in audiovisuelle Medien, die sich mit psychischer Gesundheit und Psychotherapie in den 1970er Jahren befassten. Ein Dokumentarfilm präsentierte die Psychotherapie an der Charité im Untersuchungszeitraum und floss in die Analyse mit ein. Schließlich wurden die Psychotherapieabteilung betreffende Akten der Bundesbehörde für die Stasi-Unterlagen (BStU) eingesehen. Die von Isabel Atzl und Volker Hess publizierten Inter-

---

122 Dazu wurden Stichproben von je zehn Akten für die Jahre 1957, 1959, 1961, 1963, 1965, 1968, 1970, 1974, 1976 und 1978 durchgesehen. Sie wurden durch weitere unsystematische Akteneinsichten ergänzt.

123 Die Akten sind nach dem Jahr der letzten Aufnahme sortiert. Wurden Patient:innen nach 1978 erneut aufgenommen, sind ihre Akten daher nicht enthalten. Die angegebene Zahl der Akten weicht folglich von der Zahl schreibender Patient:innen und der Gesamtzahl der Psychotherapie-Patient:innen ab.

124 Vgl. Geyer 2011 f.

views mit Klinikpersonal gaben ergänzende Hinweise auf das Alltagsgeschehen.[125] Hinzu kam ein Zeitzeug:innen-Interview mit einer Psychotherapeutin aus der ehemaligen DDR.[126]

1.5 Theoretischer Bezugsrahmen

Für die qualitative Analyse nimmt die Arbeit die Perspektive der historischen Praxeologie ein. Die soziologische Herangehensweise an die Erforschung von Praktiken erlaubt Methoden wie die «teilnehmende Beobachtung» und somit eine fundierte «dichte Beschreibung».[127] Historische Praktiken entziehen sich diesem Zugang, sodass Feldforschung und Ethnografie im Wesentlichen verunmöglicht werden. Der Vollzug vergangener Praktiken entbehrt in der Rückschau des materiellen Körpers. Dagegen dokumentiert sich die Existenz der Urheber:innen und die Art, wie sie das Material produzierten und formten, in der Materialität der Quellen. Das Geschriebene präsentiert sich als «Spur einer ‹körperlichen Bewegung in Raum und Zeit›».[128] Nichtsdestotrotz bleibt die historische Praxeologie zurückgeworfen auf die «Grundüberzeugung einer Lesbarkeit vergangener Praxis durch die Analyse erhaltener dinglicher Materialitäten», hier der Tagesberichte.[129]

Praktiken lassen sich als «sozial geregelte, typisierte, routinisierte Form des körperlichen Verhaltens» verstehen.[130] Historisch sind sie «als rekonstruierbare (Alltags-)Muster vergangenen menschlichen Tuns und Sprechens» zu betrachten.[131] Praktiken sind nicht mit einmaligen Handlungen gleichzusetzen, da ihre Verlaufsformen «überindividuelle Gültigkeit» haben und sie wiederholt, «kollektiv geteilt, gemeinsam vollzogen» werden.[132] Die Schreibpraktik lässt sich in «intersubjektive, interobjektive und selbstreferenzielle Aspekte»[133] unterteilen. Die

---

125 Vgl. Atzl/Hess 2005.

126 Das Interview wurde am 14.12.2021 geführt. Die Befragung von Zeitzeug:innen aus der Charité gestaltete sich als Herausforderung, da zentrale Akteur:innen der Psychotherapie inzwischen verstorben sind oder keine Aussagen über die Anliegen der Arbeit treffen konnten.

127 Vgl. Geertz 1973.

128 Hess 2015; bezogen auf Hoffmann 2010.

129 Haasis/Rieske 2015b, S. 29.

130 Reckwitz 2006, S. 36. Die Arbeit unterscheidet außerdem «Praktik» und «Praxis». Eine Vielzahl einzelner Praktiken lässt sich in ihrer Gesamtheit als psychotherapeutische Praxis zusammenfassen.

131 Haasis/Rieske 2015b, S. 16.

132 Ebd., S. 33.

133 «[...] das heißt, Praktiken im Umgang zwischen Personen (zum Beispiel mündliche Kommunikation, Sexualität), im Umgang mit Objekten (zum Beispiel Handwerk, Haushalt) und im Umgang des Subjekts mit sich selbst (‹Technologien des Selbst›)», Reckwitz 2015, S. 36 f.

Rekapitulation des eigenen Erlebens macht ein selbstreferenzielles Element aus. Der Schreibvorgang band interobjektiv Schreibutensilien und Mobiliar ein. Und wie der amerikanische Psychologieprofessor Arthur Burton bereits in den 1960er Jahren feststellte, sind solche Dokumente immer mit der Vorstellung eines «fantasierten ‹anderen›» geschrieben.[134] Die Adressat:innen machten die Schreibpraktik somit zugleich intersubjektiv. Sie lasen – sicherlich mit einer Art *medical gaze* –, reagierten, machten Notizen und hefteten die Blätter schließlich in die betreffenden Krankenakten, bevor sich die Prozedur am Folgetag wiederholte.

Als soziale Praktik handelte es sich «weniger um eine isolierbare Einzeltätigkeit als um ein Bündel von Aktivitäten».[135] Im Rückgriff auf Bourdieus Vorstellung einer generativen Grammatik der Handlungsmuster lässt sich verstehen, wie darin etablierte und routinemäßige Praktiken wie Schreiben, Lesen und Archivieren zusammenliefen und durch ihre Rekombination im therapeutischen Setting einen neuen Sinnzusammenhang herstellten.[136] Auf diese Weise ließe sich die Praktik auch als Rekombination der Schriftprobe oder des von Patient:innen verfassten Lebenslaufs als traditionelles Element der psychiatrischen Diagnostik mit der gesprächstherapeutischen Auseinandersetzung auffassen.[137]

Bei der Wiederholung bildeten sich Routinen aus, die durch ein implizites Verinnerlichen von Know-how oder durch explizite Reflexion begleitet wurden. Viele Patient:innen entwickelten entsprechende Schreibroutinen. Beinhalteten ihre Berichte zu Beginn des Aufenthalts noch stichpunktartige Listen und kurze Sätze über die Tätigkeiten am Tag, etablierten die Schreibenden mit der Zeit einen eigenen Schreibstil.[138] Eine Frau schrieb etwa gleich initial, dass ihr «nicht ganz klar» sei, was sie berichten solle, aber sie «werde versuchen – da es jetzt gefordert wird – etwas zu Papier zu bringen».[139] Mit der Zeit aber begannen die Patient:innen zu «wissen», wie sie aus dem Bericht Nutzen ziehen konnten, welchen Umfang er haben sollte, welche Aspekte sie thematisieren und auf welche Weise sie sie formulieren sollten. Dieses praktische Wissen erlangten sie durch

134 Burton 1965, S. 13.

135 Geisthövel/Hess 2017, S. 18 f.

136 Mit dem Begriff der generativen Grammatik griff Bourdieu auf Noam Chomsky zurück. Demnach ließen sich eine endliche Anzahl etablierter Praktiken zu einer endlichen Zahl an Möglichkeiten kombinieren, wobei sich durch die Rekombination neue Handlungsoptionen und Praktiken eröffneten. Hierauf baute Bourdieu seine Theorie des Habitus als System verinnerlichter Muster auf, vgl. Bourdieu 1979.

137 Zu Handschriften in der psychiatrischen Diagnostik vgl. u. a. Woolner 2020.

138 Dazu zählte beispielsweise die Auswahl der Inhalte, ihrer Reihenfolge und der durchschnittlichen Textlänge in Abhängigkeit von der Größe des verfügbaren Papiers.

139 HPAC, 493/78F, Tagesbericht vom 04.10.1978. Ähnlich HPAC, 438/76F, Tagesbericht vom 07.08.1976 und 08.08.1976.

Wiederholung, Austausch und Beobachtung anderer.[140] Zum anderen explizierten manche selbst Art und Wirkung des Schreibens und legten damit Rechenschaft über die Reflexion ihres Handelns ab. Eine Patientin schrieb zunächst, sie habe «Zweifel, was gehört in einen Tagesbericht und was nicht», die sie «keinen [Bericht] zustande bringen» ließen.[141] Am Abend erinnere sie sich kaum noch an ihre Gedanken zu den Gruppengesprächen. Wenig später jedoch verkündete sie: «Heute versuche ich einen neuen Stil. Sofort, wie mich ein Problem ereilt[,] werde ich zum Schreiber greifen».[142]

Die Arbeit legt ein praxeologisches Subjektverständnis zugrunde, nach dem sich das Subjekt durch Praktiken konstituiert und durch diese konstituiert und aufrechterhalten wird. Praktiken zu rekonstruieren und unter dem Subjektaspekt zu befragen, bedeutet, «zu fragen, in welcher Richtung sie ‹subjektivieren›, das heißt, welche Dispositionen eines zugehörigen Subjekts sie nahelegen und über welche Wege ihnen diese Modellierung eines entsprechenden Körpers, eines Wissens und einer Psyche gelingt».[143] Dabei setzen soziale Praktiken «ihnen entsprechende Subjektformen voraus, adressieren sie und bringen sie – jedenfalls im Idealfall [...] – hervor».[144] Die Arbeit legt einen doppelten Subjektbegriff nach Foucault zugrunde: «Es bezeichnet das Subjekt, das der Herrschaft eines anderen unterworfen ist und in seiner Abhängigkeit steht; und es bezeichnet das Subjekt, das durch Bewusstsein und Selbsterkenntnis an seine eigene Identität gebunden ist.»[145] Der Begriff umfasst einerseits die Einordnung der Patient:innen in die klinische Hierarchie. Dabei impliziert schon der Begriff «Patient:in» eine hierarchisierende Zuschreibung.[146] Andererseits deutet er auf das Selbstverhältnis der Patient:innen als therapeutische Subjekte, das über ihren Aufenthalt hinaus wirksam bleiben konnte.

---

140 Beispiel: «Ich schrieb z. B. in der vergangenen Woche keinen Tagesbericht und fragte die anderen Gruppenmitglieder, was sie denn so viel schrieben, sagte, bei mir gäbe es nichts Neues, ich könne mich nur wiederholen. Die Ursache dieser Haltung ist jedoch einfach die, daß ich glaube[,] meine Berichte seien nicht genug, bei den Therapeuten könne von mir ein schlechtes Bild entstehen, ich könne meinen eigenen Ansprüchen nicht genügen. Diese Einstellung ist vorhanden, obwohl ich weiß, worauf es bei der Abfassung der Tagesberichte ankommt und worauf nicht», HPAC, 582/76M, Tagesbericht vom 10.01.1977.

141 HPAC, 439/76F, Tagesbericht vom 17.08.1976.

142 Ebd., Tagesbericht vom 19.08.1976.

143 Reckwitz 2008, S. 135. Die Analyse nimmt Anleihen bei der Erforschung historischer Selbstzeugnisse, bei der Praktiken als «Rahmen und Träger von Selbstkonstruktionen» erscheinen, Haasis/Rieske 2015b, S. 21.

144 Reckwitz 2015, S. 36 f.

145 Foucault 2005, S. 275.

146 Der Begriff funktioniert nur in unterordnender Relation zu den Behandelnden und impliziert eine passive Haltung, aus der die «Patientengeschichte» sie herauszulösen versucht, vgl. Brückner et al. 2019. Hier wird der Begriff bewusst genutzt, weil er die spezifische Position von Patient:innen im medizinischen System abbildet.

Subjektivierung meint unterdessen den «permanenten Prozess, in dem Gesellschaften und Kulturen die Individuen in Subjekte umformen, sie damit zu gesellschaftlich zurechenbaren, auf ihre Weise kompetenten, mit bestimmten Wünschen und Wissensformen ausgestatteten Wesen ‹machen›: das *doing subject*».[147] Dabei verinnerlicht das Subjekt ausgewähltes praktisches Wissen, in dem sich auch «generelle kulturelle Codes niederschlagen».[148] Die Subjektivierung vollzieht sich innerhalb des idealtypischen Rahmens der Subjektform. Sie bezeichnet «kulturelle Typisierungen, Anforderungskataloge und zugleich Muster des Erstrebenswerten».[149] Wie Andreas Reckwitz expliziert, lässt sich der Ansatz auf «medizinische Praktiken und Arzt- und Patientensubjekte» als spezifische Subjektformen übertragen.[150] Hieran knüpft die Figur des *doing patient* an, die das therapeutische Schreiben als Teil eines Subjektivierungsprozesses versteht. Die materielle Überlieferung der Praktik erlaubt Rückschlüsse darauf, nach welchen idealtypischen Anforderungen sich dieser Prozess richtete.

147 Reckwitz 2017b, S. 125.
148 Reckwitz 2008, S. 136 f.
149 Ebd., S. 140.
150 Ebd., S. 141.

2. Psychotherapeutische Versorgung in der DDR. Eine Annäherung

«Ost-untypisch» sei es gewesen, in der DDR zum «Seelenklempner» zu gehen, und um «Nachschlageliteratur» war es «schlecht bestellt».[151] So beschreibt ein ehemaliger Patient, der in den 1980er Jahren eine stationäre Gruppenpsychotherapie in der Neurosenklinik Berlin-Hirschgarten begann, in seiner Autobiografie seinen Eindruck von der gesellschaftlichen Verbreitung psychotherapeutischer Angebote und Inhalte. Von der Möglichkeit, sich in der Spezialklinik an der Müggelspree im Südosten Berlins behandeln zu lassen, hatte er eher zufällig über Kontakte seiner Mutter erfahren. Doch wie stand es um die psychotherapeutische Versorgungssituation in der DDR? Wo und in welchem Umfang hatten DDR-Bürger:innen Zugang zu Psychotherapien?

Um einen ersten Überblick über die Entwicklung der Versorgungslage in den vier Jahrzehnten der DDR zu erhalten, ist ein kleinteiliges Vorgehen notwendig. Dies hat zum Hintergrund, dass keine statistischen Erhebungen über das psychotherapeutische Angebot angestellt wurden und vergleichbare retrospektive Studien fehlen. Zunächst werfen wir einen Blick darauf, wo Menschen mit Neurosen in den 1950er und frühen 1960er Jahren eine spezifische Behandlung erhielten und welche Methoden dafür zur Verfügung standen (Kapitel 2.1). Bestandserhebungen der gerade gegründeten GäP geben dabei Aufschluss über die regionale Konzentration psychotherapeutischer Angebote. Dann wenden wir uns zwei Faktoren zu, die in den Folgejahren zu einer Dynamisierung der Psychotherapieentwicklung in der DDR beitrugen. Beide waren an das HdG sowie die Person Kurt Höcks gebunden: die Entwicklung der dynamischen Gruppenpsychotherapie (Kapitel 2.2) und der Entwurf des sogenannten abgestuften Systems der Diagnostik und Therapie neurotisch-funktioneller Störungen, das eine umfassende psychotherapeutische Grund- und weiterführende spezialisierte Versorgung im DDR-Gesundheitswesen anvisierte (Kapitel 2.3). Ausgehend von dieser Konzeption lotet das Kapitel aus, inwiefern sich der Zugang zu psychotherapeutischer Versorgung seit den 1970er Jahren veränderte und welche Position die Nervenklinik der Charité in der Versorgungslandschaft einnahm (Kapitel 2.4).

151 Vgl. Marquardt 2014, S. 54.

2.1 Die Versorgungslage in den 1950er und 1960er Jahren

Wo fanden Patient:innen mit Neurosen in der eben gegründeten DDR therapeutischen Rat? Viele Psychiatrien waren am Ende des Zweiten Weltkriegs in einer desaströsen Lage, Gebäudeschäden und Plünderungen waren nicht selten dramatisch. Hinzu kam die Abwanderung medizinischen Personals in den 1950er Jahren. Letzteres betraf die Psychotherapie in besonderer Weise: Bemühte man sich um eine psychoanalytische Behandlung, gestaltete sich die Suche zunehmend schwerer. Der ideologische Pawlowismus bedingte die Emigration der meisten nach dem Krieg noch verbliebenen Psychoanalytiker:innen in den Westen.[152] Prospektive Patient:innen fanden also immer seltener ärztliche Ansprechpartner:innen in privater Niederlassung und hatten sich stattdessen an die gesundheitspolitisch geförderten Polikliniken zu wenden.[153] Auch in stationären Einrichtungen waren vereinzelt Therapeut:innen zu finden. Während sich Psychotherapie und Psychiatrie in der ersten Hälfte des 20. Jahrhunderts vorwiegend getrennt und in gegenseitiger Abgrenzung entwickelt hatten,[154] begünstigte die Gesundheitspolitik langfristig die Konzentration stationärer psychotherapeutischer Spezialabteilungen zur Behandlung von Neurosen unter dem institutionellen Dach der Psychiatrie. Dies wirkte der traditionellen Verankerung der Psychotherapie in der Praxis niedergelassener Ärzt:innen massiv entgegen.

Fündig wurden prospektive Patient:innen beispielsweise in der neu aufgebauten ambulanten Abteilung an der Magdeburger Poliklinik West. Einer klassischen Psychoanalyse konnte man sich «während der Zeit ideologischer Verneinung und Verdammung» offenbar einzig bei Alexander Beerholdt (1883–1976) in Leipzig unterziehen, der auch weiterhin Lehranalysen durchführte.[155] Mit suggestiven Methoden, wie Hypnose und autogenem Training,[156] behandelte man Patient:innen in der Medizinischen Poliklinik der Universität Jena. Von dort aus gaben Gerhard Klumbies (1919–2015) und Hellmuth Kleinsorge (1920–2001) wichtige Impulse zur Verbreitung dieser Methoden.[157] Als Vertreter internisti-

152 Dort erlangte die Freud'sche Psychoanalyse zwischen den späten 1950er und frühen 1970er Jahren wieder «eine institutionelle und organisatorische Basis», Tändler 2016, S. 93.

153 Vgl. Arndt 2009.

154 Vgl. Tändler 2016, S. 48 ff.

155 Bernhardt/Lockot 2000b, S. 24.

156 Suggestive Therapien zielen darauf ab, das Empfinden oder die Vorstellung der Patient:innen durch Suggestion gezielt zu beeinflussen. Autogenes Training ist ein autosuggestives Verfahren, bei dem die Proband:innen sich selbst durch Suggestion zu Ruhe- und Wärmeempfindungen führen.

157 Vgl. Kleinsorge/Klumbies 1962b. Es sei an dieser Stelle außerdem auf das Promotionsvorhaben von Linda Reichel an der Friedrich-Schiller-Universität Jena zum Thema «Die Hypnose als suggestologisches Psychotherapie-Verfahren im Kontext der DDR» hingewiesen. Das auto-

scher Psychotherapie waren neben den Jenensern auch Hans-Walter Crodel (1919–2017) in Halle/Saale und Helmut Born (1914–2013) in Dresden tätig. Wer sich an ein psychiatrisches Krankenhaus wandte, fand neben der oft prekären Ausstattung nur selten dezidierte Psychotherapiestationen vor. Diese Krankenhäuser boten, konform mit der pawlowistischen Linie, autogenes Training und Schlaftherapie an. Der Leipziger Psychiater Dietfried Müller-Hegemann unternahm im Zeichen des Pawlowismus den Versuch, eine rationale Psychotherapie zu entwickeln, und wandte an der Leipziger Universitätsklinik prominent die Schlaftherapie an. Wie wir in Kapitel 3 sehen werden, griff man auch an der Charité auf die Schlaftherapie zurück. Die dortige Nervenklinik gehörte neben der Universitätsnervenklinik Leipzig auch zu den ersten Institutionen, die eine eigene Psychotherapiestation einrichteten. Seit 1959 konnten sich Patient:innen hier individualtherapeutisch behandeln lassen.

Für den Versorgungsstand interessierte sich auch die 1960 gegründete GäP. Statistische Erhebungen über psychotherapeutische Behandlungskapazitäten in der DDR der 1950er Jahre fehlten jedoch. Möglicherweise deswegen machte sich die GäP zwei Jahre nach Gründung daran, mit einem Fragebogen den Status quo psychotherapeutischer Beratungs- und Behandlungsstellen in der DDR zu erheben.[158] Dazu befragte man Institutionen nach ihrer psychotherapeutischen Arbeit, insbesondere nach praktizierenden Therapeut:innen und nach den angewandten Methoden. Personen aus 31 Einrichtungen meldeten sich darauf zurück, wobei dies sicherlich keine lückenlose Erfassung aller psychotherapeutisch Tätigen in der DDR darstellte. Viele kamen aus Kreis- und Bezirkskrankenhäusern, Fachkrankenhäusern für Psychiatrie und Neurologie, Polikliniken sowie Universitätskliniken. Dagegen meldete sich nur ein niedergelassener Arzt zurück. Die politisch bedingte Verankerung der Psychotherapie in Behandlungszentren zeichnet sich hier also bereits ab.

Bezüglich der angewandten Methoden standen Suggestivtherapie, Hypnose, Schlaftherapie, Bildhaftes Gestalten, Jugendtherapie und Gruppentherapie zur Auswahl. Einzelgespräche ließen sich bemerkenswerterweise gar nicht erst angeben. Die Bezeichnungen waren außerdem wenig präzise, wie die Angaben der Charité auf dem Fragebogen («AT, Hypn., Grupp., BG»[159]) vermuten lassen, während dort auf einer spezialisierten Station die Individualtherapie praktiziert wurde. Es fällt auf, dass vor allem Methoden verbreitet waren, die nicht im Widerspruch zum Pawlowismus standen. Die meistverbreiteten Methoden waren Hypnose und autogenes Training, wobei sich besonders Letzteres zur Behandlung in Gruppen anbot

gene Training galt in der DDR meist als eigenständige psychotherapeutische Behandlung, vgl. Starke 1976, S. 343.

158 Vgl. BArch, DQ123/21, Gesellschaft für ärztliche Psychotherapie, Psychotherapeutische Beratungsstellen in der DDR, Stand 01.05.1962.

159 Ebd.

Abbildung 3: BArch, DQ123/21, Gesellschaft für ärztliche Psychotherapie, Karte psychotherapeutischer Beratungsstellen in der DDR, Stand 01.05.1962.

und auch in Verbindung mit Gruppentherapien genannt wurde. Allerdings bot nur noch das Fachkrankenhaus Stadtroda Schlaftherapie an.

Die GäP legte außerdem eine Karte der psychotherapeutischen Beratungsstellen in der DDR an (vgl. Abb. 3). Die Mehrzahl der behandelnden Institutionen befand sich in dieser Zeit im Zentrum und im Süden der DDR, während in den Nordbezirken nur in Greifswald eine Beratungsstelle verzeichnet war.[160] An-

160 Ein ehemaliger Kollege Höcks betonte in diesem Zusammenhang retrospektiv, dass sich die Psychotherapie in der DDR fortlaufend aus zwei Lagern speiste, einem psychiatrischen und einem internistischen, vgl. Kruska 2011a. Beide Seiten seien 1960 in der GäP zusammengeführt

sonsten konzentrierten sich die psychotherapeutischen Behandlungsmöglichkeiten in den frühen 1960er Jahren überwiegend in den Städten mit Universitätskliniken und medizinischen Hochschulen sowie im sächsischen Bergbaugebiet.[161] Die Einrichtungen der Wismut AG standen der Allgemeinheit aber nicht offen.

Auch wenn sich eine langsame Institutionalisierung der Psychotherapie abzeichnete, blieb das Angebot hinter der Nachfrage zurück. Diese Diskrepanz thematisierten auch die Forderungen der Rodewischer Thesen von 1963.[162] Die sozialpsychiatrische Reformagenda sprach sich unter anderem für die breitere Anwendung psychotherapeutischer Verfahren und den Ausbau ambulanter Versorgungsstrukturen aus. In diesem Sinne sei die psychotherapeutische Versorgung weiter auszubauen. Die Rodewischer Thesen wirkten sich weniger auf die ambulante psychotherapeutische Versorgung aus als auf ein «hohes professionelles Einzelengagement».[163] Dies deckt sich mit der verbreiteten Auffassung, dass die hinter den Rodewischer Thesen stehenden reformerischen Ambitionen schließlich politisch gewollt versandeten.

Nichtsdestotrotz lassen sich in den 1960er Jahren bemerkenswerte konzeptuelle Entwicklungen beobachten, die die Versorgungslage zu verbessern und die methodische Auswahl für die Patient:innen zu verbreitern begannen. Spezialist:innen fanden sich jetzt vor allem in den psychotherapeutischen Zentren in Leipzig, Uchtspringe, Jena, Erfurt,[164] Halle/Saale, Dresden und schließlich Ostberlin. Christa Kohler (1928–2004), nun Leiterin der Leipziger Psychotherapieabteilung, entwickelte Ende der 1960er Jahre ein eigenes Therapiekonzept, die

---

worden, hätten jedoch eine divergierende regionale Dominanz entwickelt. Die internistische Tradition habe vor allem in den südlichen Bezirken der DDR dominiert. Dazu zählte er u. a. Höck, Kleinsorge und Klumbies. Hieraus entwickelten sich Kruska zufolge auch Arbeiten zur Psychosomatik. Zu den Psychiater:innen gehörten beispielsweise Karl Leonhard, Harro Wendt, Dietfried Müller-Hegemann oder Alexander Mette.

161 In Augustusburg im Erzgebirge gab es beispielsweise seit den 1950er Jahren eine Schlaftherapieklinik mit dem einschlägigen Namen «I. P. Pawlow», vgl. Röhrborn 2006, S. 77. Seit Mitte der 1960er Jahre schwenkte man dort auf Gruppentherapie um. Nachdem der Chefarzt die Ausbildung bei Höck absolviert hatte, bot er später auch dynamische Gruppenpsychotherapie an. Eine ähnliche Entwicklung findet sich am Versorgungskrankenhaus der Wismut «Dr. Georg Benjamin». Seit 1955/56 habe man auf der «Pawlow-Station» Schlaftherapie und rationale Psychotherapie nach Müller-Hegemann praktiziert. Ab den 1970er Jahren habe es dann eine spezielle «Klinik für funktionelle Erkrankungen» gegeben, in der die dynamische Gruppenpsychotherapie sowie Musiktherapie nach Schwabe angewandt wurden.

162 Vgl. u. a. Kumbier et al. 2013; Hennings 2015.

163 Abu Zahra 2015, S. 126. Im Gegensatz zu Leipzig habe in Ostberlin aber kein «von der Universität ausgehendes, vernetzendes ambulantes Versorgungssystem» bestanden.

164 1969 startete die psychoanalytisch interessierte und vom übrigen Personal kritisch beäugte Erfurter Selbsterfahrungsgruppe an der dortigen Medizinischen Hochschule. Diese richtete sich aber nicht an Patient:innen, vgl. Ott/Geyer 1972; Geyer 2011b.

«Kommunikative Psychotherapie».[165] In diesem Kontext entwickelte Anita Wilda-Kiesel[166] die «Kommunikative Bewegungstherapie» und Christoph Schwabe (*1934) ein musiktherapeutisches Methodensystem.[167] Harro Wendt (1918–2006) richtete 1965 an der Bezirksnervenklinik Uchtspringe in einem separaten Haus eine Psychotherapieabteilung ein, die mit psychodynamischer Einzeltherapie arbeitete.[168] Die Hallenser Universitätsnervenklinik begann, psychotherapeutisch zu arbeiten, und auch das Krankenhaus Dresden Neustadt erhielt eine eigenständige Psychotherapieabteilung. Am HdG in Ostberlin trat unterdessen Kurt Höck als ein zentraler Akteur für die psychotherapeutischen Belange der DDR hervor: Er begründete die dynamische Gruppenpsychotherapie und war auch an der Vorbereitung eines psychotherapeutischen Versorgungsmodells für das Gesundheitswesen beteiligt.

2.2 Die dynamische Gruppenpsychotherapie

Das HdG gilt als Entstehungsort der dynamischen Gruppenpsychotherapie. Entwicklung, Distribution und Popularisierung der Therapieform gehen wesentlich auf Kurt Höck und seine Kolleg:innen zurück. Er war ärztlicher Leiter des HdG, der größten Ostberliner Poliklinik und DDR-weit bekannten Institution für Psychotherapie am Alexanderplatz. Höck gibt an, bereits seit 1958 Gruppenpsychotherapie praktiziert zu haben, «wobei im Laufe der Zeit bestimmte methodische Aspekte stärker akzentuiert» worden seien.[169] Nicht zuletzt in Ermangelung anderer Quellen verfolgen wir die Entwicklung der dynamischen Gruppenpsychotherapie im Folgenden über Höcks Werdegang.

Entwicklung der dynamischen Gruppenpsychotherapie am HdG

Das HdG beherbergte seit 1949 eine psychologische Beratungsstelle.[170] Infolge der ersten Berlin-Krise 1948/49 und der zunehmenden Teilung der Stadt waren zahlreiche Ärzt:innen in die westlichen Stadtteile abgewandert. Kurt Höck, der während des Zweiten Weltkriegs Medizin studiert hatte, folgte einem Aufruf

165 Vgl. Kohler 1968; Steinmetz et al. 2018.

166 Geburtsdatum unbekannt.

167 Vgl. Wilda-Kiesel 2011b; Schwabe 2011b.

168 Vgl. Tögel 2011, S. 196.

169 Höck/König 1976, S. 153.

170 Das HdG wurde 1923 als Ärztehaus der Versicherungsanstalt Berlin und der Vereinigten Ortskrankenkassen als ambulante Einrichtung mit verschiedenen Fachbereichen gegründet. In der Sowjetischen Besatzungszone (SBZ) wurde das HdG 1947 als erste Ostberliner Poliklinik wiedereröffnet.

des HdG an die verbliebenen Ärzt:innen.[171] Nach kurzer Tätigkeit in der Röntgen- und der EKG-Abteilung begann er, als Arzt den Psychologen Hermann Tillmann[172] bei dessen Narkoanalysen in der Psychotherapieabteilung zu unterstützen.[173] Er arbeitete in der psychologischen Beratungsstelle mit, wo in «unbekümmert-optimistischer Arbeitsweise» die verschiedensten analytischen Therapieformen erprobt worden seien.[174] Dies veranlasste Höck, sich ab 1949 einer psychoanalytischen Ausbildung am Westberliner Institut für Psychopathologie und Psychotherapie bei den «Neopsychoanalytikern» Harald Schultz-Hencke (1892–1953) und Werner Schwidder (1911–1970) zu unterziehen.[175] In diesem Rahmen erlernte Höck autogenes Training und Hypnose bei Johannes Heinrich Schultz (1884–1970) persönlich. Nach den Ereignissen am 17. Juni 1953 musste Höck seine psychoanalytische Weiterbildung in Westberlin abbrechen.[176]

Höck hatte das HdG bereits 1950 verlassen und war bis 1956 als Assistenzarzt in der Inneren Medizin an der Charité tätig.[177] Allerdings bat ihn Ehrig War-

171 Höck wuchs in Hinterpommern in einem sozialdemokratischen Elternhaus auf. Zwischen 1939 und 1945 studierte er Medizin in Greifswald. Während des Zweiten Weltkriegs war er im Lazarettdienst tätig. Nachdem Höck 1946 aus der Kriegsgefangenschaft entlassen worden war, entschied er sich in der Hoffnung auf ein neues System sozialer Gerechtigkeit, in die SBZ zu ziehen. In Ostberlin absolvierte er an der Charité und in Buch eine Facharztausbildung für Innere Medizin, vgl. Sommer 2000, S. 356 f.

172 Lebensdaten unbekannt.

173 Vgl. Seidler 2009.

174 Sommer 2000, S. 360.

175 Harald Schultz-Hencke und Werner Kemper (1899–1975) waren im Nationalsozialismus nicht wie viele ihrer jüdischen Kolleg:innen zur Emigration gezwungen worden. So konnten sie neben dem Institut für Psychopathologie und Psychotherapie 1946 eine Poliklinik mit der Bezeichnung «Zentralinstitut für psychogene Erkrankungen» gründen. Das Institut lag im britischen Sektor und hatte durch seine Ausbildungsfunktion Einfluss auf das gesamte Stadtgebiet, vgl. Hanrath 2002, S. 229. Höck beschrieb Harald Schultz-Hencke als einflussreichen Lehrer für seine theoretische Bildung, aber auch für sein praktisches Vorgehen, bspw. den Aufbau der Krankengeschichten, vgl. Lockot 2000a, S. 288 ff. Die Neopsychoanalyse hatte sich bereits früh von der Freud'schen Psychoanalyse entfernt. Nach dem Krieg führte die Anwesenheit ihrer Vertreter:innen in der Deutschen Psychoanalytischen Gesellschaft dazu, dass die Internationale Psychoanalytische Vereinigung diese nicht aufnehmen wollte, vgl. Tändler 2016, S. 72.

176 Er kommentierte dies später: «Damals wie heute kam bei uns die Behinderung nicht so sehr von der politischen Seite, sondern sie kam von den Psychiatern und Psychologen, die jetzt das Ideologische kauften. Die traten als Linke auf, so daß das dazu führte, daß wir mit denen konkurrieren mußten», Lockot 2000a, S. 287. Weitere Gründe für Kurt Höcks Abbruch kurz vor Abschluss seiner psychoanalytischen Ausbildung waren der zeitliche und der finanzielle Aufwand nach der Geburt seiner zweiten Tochter 1953, vgl. Sommer 2000, S. 364.

177 Dort setzte er bei Prof. Brugsch seine Facharztausbildung fort, vgl. Sommer 2000, S. 364.

tegg (1897–1983)[178] 1956 gemeinsam mit weiteren am HdG verbliebenen Psychoanalytiker:innen, die Leitung der Psychotherapieabteilung zu übernehmen und sie aus einer existenzbedrohlichen Krise zu führen. Anders als politisch durch die Pawlow-Kampagne und das Leitbild der Leipziger Schule nach Müller-Hegemann gewollt, war die Psychotherapieabteilung im HdG ihrer psychodynamischen Ausrichtung verpflichtet geblieben.[179] Viele ausgebildete Psychoanalytiker:innen hatten das HdG jedoch wegen der restriktiven politischen Linie und der ungewissen Zukunft ihres Fachgebiets gen Westen verlassen. Ökonomische und personelle Schwierigkeiten hatten die Abteilung mit ihren tiefenpsychologischen Einzelbehandlungen bei den vorgesetzten Behörden in Misskredit gebracht.[180]

Kaum berufen, begann Höck, die Psychotherapieabteilung zu reorganisieren. Zunächst aus pragmatischen Gesichtspunkten drängte er auf die Einrichtung erster Therapiegruppen, um den Patient:innendurchlauf zu erhöhen und Wartezeiten zu verkürzen. Dabei spielten I. H. Schultz' Neurosenlehre sowie dessen autogenes Training und die neoanalytischen Konzepte Schultz-Henckes eine zentralere Rolle als die Lehre Freuds.[181] Schultz-Henckes Konzepte fokussieren Persönlichkeitseigenschaften im Sinne psychischer Strukturmodelle und gestörter psychischer Entwicklungen, deren Bedingungen in der frühen Kindheit und in der Umwelt verortet wurden. Eine vorsichtige Distanzierung von der klassischen Psychoanalyse war auch in der BRD zu beobachten, wurde in der DDR aber durch politische Diffamierung verstärkt.[182] Höck betonte allerdings retrospektiv, dass er selbst von der Umgestaltung der Einrichtung überzeugt gewesen sei. Es sei keine Folge staatlicher Repression, sondern der Notwendigkeit geschuldet gewesen, durch Umstrukturierung die Wartezeiten von bis zu zwei Jahren deutlich zu reduzieren.[183]

1957 wurde Höck ärztlicher Leiter des HdG. Nach Petra Sommer war eine solche Doppelfunktion als ärztlicher Direktor einer großen medizinischen Institution und Leiter einer untergeordneten Psychotherapieabteilung in der DDR nicht selten.[184] Die repräsentative Position sei notwendig gewesen, um Psychotherapien im Kleinen durchsetzen und betreiben zu können, was deren Verbreitung «an einflussreiche Ärzte in machtvollen Positionen» band. Höcks Mitarbeit

178 Ehrig Wartegg stammte aus Leipzig, war Psychologe und entwickelte ein projektives Verfahren, das als «Wartegg-Zeichentest» vor allem in psychoanalytischen Behandlungen angewandt wurde, vgl. Lockot 2000b.

179 Die Psychodynamik befasst sich mit dem Wirken innerseelischer Kräfte und ist in diesem Sinne der Psychoanalyse eng verwandt.

180 Vgl. Malich 2019, S. 301; Sommer 2000, S. 367.

181 Vgl. Malich 2019, S. 301.

182 Vgl. ebd., S. 302.

183 Vgl. Sommer 2000, S. 368.

184 Vgl. hier und im Folgenden: ebd., S. 375.

in der Gewerkschaftsgruppe Ärzte Berlin und seine Erfolge als Bezirksarzt von Groß-Berlin 1961/62 bei der Bekämpfung der Ruhrepidemie stärkten seine öffentliche Position. Da er selbst kein SED-Mitglied war, erforderte sein Engagement ausgeprägte diplomatische Fertigkeiten.

Zwischen 1956 und 1966 gestaltete Höck die Klinik um. Um die Behandlung effizienter zu gestalten, erlernten die Patient:innen nun in Gruppen von bis zu 30 Personen das autogene Training. Weil sich das Gruppenformat bewährte, ersetzte es zunehmend die Einzeltherapien. Die Gruppen waren zunächst eher homogen und symptomorientiert, später heterogener zusammengesetzt. Seit 1960 führte man mehrheitlich geschlossene Gruppenbehandlungen durch.[185] In den 1970er Jahren empfahl das HdG wieder primär offene Gruppen.[186] Höck begründete die Abkehr von psychoanalytisch orientierten Einzeltherapien mit Zweckmäßigkeit, aber auch damit, dass «auf diesem Wege die Institution, auch die analytisch orientierte Psychotherapie – so würd' ichs [sic] nennen – hier bei uns überleben konnte und sich ausbreiten und Fuß fassen konnte».[187] Seinem Narrativ zufolge opferte Höck die tiefenpsychologische Einzelbehandlung dem Überleben psychoanalytischer Traditionen am HdG.[188]

Unterdessen befasste er sich mit Gruppendynamik und analytischer Gruppenpsychotherapie. Insbesondere gruppendynamische Arbeiten des Psychologen Kurt Lewin (1890–1947)[189] und die therapeutischen Konzepte von Samuel Slavson (1890–1981) und Raoul Schindler (1923–2014) beeinflussten ihn. Christa Ecke betont, dass Höck außerdem von der «Frustrations-/Aggressions-Theorie von Miller und Dollard sowie von Salters Mikrokosmos» fasziniert gewesen sei.[190] Höck nutzte die Therapiegruppen, um gruppendynamische Prozesse zu beobachten, insbesondere bei unstrukturierten Gruppensitzungen, die Verunsi-

---

185 Vgl. Kruska 2011a.

186 Diese Gruppen bestanden dauerhaft und nahmen ein neues Mitglied auf, wenn ein anderes entlassen wurde. Die älteren Gruppenmitglieder fungierten als «Co-Therapeuten» und trieben die Gruppe entsprechend voran, Höck/König 1976, S. 153. Die Erfahrungen hätten ergeben, dass die Teilnehmenden am besten gemischtgeschlechtlich und nicht nach Symptomen und Persönlichkeitsstrukturen zusammengestellt werden sollten. Gruppengrößen von acht bis zwölf Teilnehmenden hätten sich bewährt.

187 Lockot 2000a, S. 298.

188 Vgl. Sommer 2000, S. 369.

189 Die Rezeption von Lewins Begrifflichkeiten war in der DDR umstritten. In Jena führte sie zu einem folgenschweren Meinungsstreit, als die dortigen Sozialpsychologen eine Dissertation akzeptierten, die nach Meinung der Kritiker:innen Lewins Begriffe des Autoritären, des Demokratischen und des Laissez-faire unkritisch aufgegriffen habe, vgl. Lehmbrock 2022, S. 9.

190 Ecke 2011. Sie schätzt kritisch ein, dass diese Ausrichtung der Therapie und der Ausbildung später eine Atmosphäre verliehen habe, «die von Angst, Aggression und Widerstand getragen war» und die ihr noch lange angehaftet habe.

cherung unter den Gruppenmitgliedern auslösten. Diese Beobachtungen präzisierte er später im Konzept der dynamischen Gruppenpsychotherapie.[191]

Auf diese Weise machte die Gruppendynamik in der DDR eine bemerkenswerte Karriere im klinischen Kontext. Sie fand sich, wie Verena Lehmbrock zeigt, auch als Ausdruck einer Psychologisierung im Kontext des sozialpsychologischen Trainings für Führungskräfte in der Planwirtschaft wieder.[192] Darin lassen sich Parallelen zu westlichen Entwicklungen erkennen.

In der BRD rezipierte man seit den frühen 1960er Jahren ebenfalls die von Lewin in den USA entwickelte sozialpsychologische Methode. Allerdings erhob man in der BRD den Anspruch, sie «zur Demokratisierung des Alltagslebens» einzusetzen.[193] Die Teilnehmenden der sogenannten *sensitivity trainings* sollten Aggressionen und autoritäres Verhalten abbauen, indem sie ihr Verhalten wechselseitig beobachteten und rückspiegelten. Mit dieser Ausrichtung sprachen die Veranstaltungen vor allem Pädagog:innen an. Außerdem kam es in der ersten Hälfte der 1970er Jahre neben einem allgemein ansteigenden Interesse an der Gruppendynamik zu einer überraschenden Adaption für die Ausbildung von Geistlichen durch die christliche Kirche. Allerdings blieb die akademische Anerkennung aus. Die politisierte 68er-Bewegung bezweifelte das gesellschaftsverändernde Potenzial der Gruppendynamik wegen ihrer konformierenden und harmonisierenden Tendenzen. Nicht zuletzt verlor sich der Demokratisierungsfokus in der Praxis auch zunehmend zugunsten einer Emotionalisierung, die die Selbsterfahrung und Ausbildung der Persönlichkeit der Teilnehmenden in den Mittelpunkt stellte. Seit Ende der 1970er Jahre drang die Gruppendynamik in die westdeutschen Wirtschaftskreise ein.

191 Vgl. Sommer 2000, S. 372 f.

192 Vgl. Lehmbrock 2022. Manfred Vorwerg (1933–1989) entwickelte das sozialpsychologische Training an der Universität Jena zur Verbesserung sozialer Fähigkeiten am Arbeitsplatz und mit dem Ziel, die Produktivität zu steigern und die Arbeitsbedingungen zu humanisieren. Es sei allerdings nicht als Kopie der westlichen Gruppendynamik anzusehen, sondern habe sich verschiedener «global zirkulierender Komponenten» aus Ost und West bedient. Das sozialpsychologische Training sah, anders als die dynamische Gruppenpsychotherapie, nicht vor, dass Teilnehmende von sich aus die Führung der Gruppe von den psychologischen Expert:innen übernahmen. Allerdings bediente man sich bei psychodramatischen Rollenspielen, sicherlich inspiriert durch Vorwergs engen Kontakt mit Jacob Levy Moreno (1890–1974). Die fehlenden Verheißungen von Selbstdemokratisierung und Liberalisierung unterschieden das sozialpsychologische Training weiterhin von westlichen Methoden. Die liberale Rationalität der Gruppendynamik aber habe sich im Sinne eines «Eigen-Sinns» der Methode in der Praxis durchaus reaktivieren lassen. Ebenso hatte Vorwerg weniger Vorbehalte, die Methode als «Verhaltensmodifikation» zu bezeichnen. Dass die Methode an die Prinzipien der Regierung durch Kollektive und die Erziehung der Erzieher:innen anknüpfte, unterschied sie von der westlichen Praxis.

193 Tändler 2016, S. 399; vgl. hier und im Folgenden: ebd.

Der gesellschaftspolitische Anspruch war es nicht, der in der DDR die Rezeption der Gruppendynamik im klinischen Sektor beförderte.[194] Es bestanden jedoch bereits in den frühen 1960er Jahren persönliche Verbindungen zwischen den ostdeutschen Psychotherapeut:innen um Höck und den westdeutschen Akteur:innen der Gruppenpsychotherapie und Gruppendynamik, wie Annelise Heigl-Evers (1921–2002) und Helmut Enke (1927–2011), die sich auf die klinische Anwendung konzentrierten.

In seiner Funktion als Bezirksarzt im Jahr 1962 erwirkte Höck die Etablierung einer stationären Einrichtung für Psychotherapie.[195] Seit 1964 ergänzte die stationäre Neurosenklinik in Berlin-Hirschgarten die Poliklinik des HdG. Situiert in einem Anwesen mit zwei Häusern an der Müggelspree ermöglichte es die neue Klinik nun, bis zu 28 Patient:innen gemeinsam gruppenpsychotherapeutisch zu behandeln.[196] Ziel war es, eine neue Form von Institution zu schaffen, von der die Therapeut:innen stolz behaupten konnten: «Die Struktur, der Arbeitsablauf, die gesamte Atmosphäre der Klinik unterscheiden sich wesentlich von dem üblichen Klinikmilieu.»[197]

Die Patient:innen wurden in drei gemischtgeschlechtlichen Gruppen behandelt, die um zwei Wochen zeitversetzt jeweils für eine Dauer von sechs Wochen in der Klinik blieben. Sie lebten dort in Anlehnung an das sozialpsychiatrische Konzept der «therapeutischen Gemeinschaft» als Hausgruppe zusammen (Kapitel 6).[198] Die Sitzungen der Gruppenpsychotherapie fanden täglich (außer sonntags) für eine Stunde statt. In verschiedenen Großgruppenformaten diskutierten Therapeut:innen und Patient:innen darüber hinaus gemeinsam die Entwicklungen der einzelnen Therapiegruppen. Neben der Morgengymnastik waren die Patient:innen dazu angehalten, Sport zu treiben. Außerdem hatten sie im Wechsel Arbeits-, Beschäftigungstherapie oder Hausdienst, wobei sie sich und die Klinik im Wesentlichen selbst versorgten.[199] Die Patient:innen schrieben in Hirschgarten einen «emotionalen Lebenslauf» und Tagebücher, die die Therapeut:innen lasen.[200] Den Therapeut:innen zufolge sollten die Patient:innen während ihres Aufenthalts einen Gruppenzusammenhalt entwickeln. Dieser habe ih-

194 Vorwerg stellte dagegen explizit die Vorzüge des sozialpsychologischen Trainings für die Implementierung des Neuen Ökonomischen Systems unter Walter Ulbricht heraus, vgl. Lehmbrock 2022, S. 4. Allerdings nutzten Psycholog:innen das sozialpsychologische Training in seiner Ambivalenz auch als individualisierendes Werkzeug der Selbsterkundung, vgl. ebd., S. 13.

195 Vgl. Hess 2011c.

196 Die Villa in der Wißler Straße hatte zuvor dem Filmunternehmen UFA gehört und befand sich in einem renovierungsbedürftigen Zustand. Die Mitarbeiter:innen des HdG waren an der Instandsetzung beteiligt, vgl. Hess 2011b.

197 Höck/König 1976, S. 154.

198 Vgl. Enke 1967.

199 Vgl. Höck/König 1976, S. 155.

200 Vgl. Hess 2011b. Wie es zur Einführung dieser Schreibpraktiken kam, ist nicht bekannt.

nen erlaubt, gemeinsam sogenannte Fehlhaltungen zu bearbeiten und auch im folgenden Jahr eine gemeinsame ambulante Gruppenpsychotherapie mit der gleichen Bezugsgruppe fortzuführen.[201] Parallel bot das HdG auch rein ambulante Behandlungen in der Poliklinik an, für die in der Regel zwei Jahre veranschlagt wurden.[202]

Ablauf einer dynamischen Gruppenpsychotherapie

Für die dynamische Gruppenpsychotherapie sollten sich die Patient:innen zu festgesetzter Zeit «in einem möglichst ansprechend eingerichteten Raum» einfinden und dort «in bequemen Stühlen und Sesseln meist um einen Tisch» Platz nehmen.[203] Bereits im Vorgespräch hatten sie erfahren, dass ihre Beschwerden mit psychischen «Konflikten und Fehlreaktionen» zusammenhingen, was einen ersten Anlass zur Selbstbefragung gegeben haben dürfte. In der ersten Sitzung lernten sie die «Grundregeln» kennen. Dazu gehörte die verbindliche Schweigepflicht (die Probleme anderer nicht nach außen zu tragen). Von den Therapeut:innen hörten sie außerdem, dass alle Patient:innen gleichermaßen unter Schwierigkeiten in bestimmten Lebenssituationen litten. Empfanden sie diese Erkenntnis als entlastend und erleichterte sie ihnen den Austausch mit Mitpatient:innen, so war dies therapeutisch gewünscht. Stellten Patient:innen nach der Vorstellungsrunde Fragen, gaben die Therapeut:innen sie in die Gruppe zurück und versuchten so, ein explizites Autoritätsgefälle zu vermeiden und die Anwesenden zu aktivieren.

Ein zentrales Element war die Haltung der Therapeut:innen. Ihre Zurückhaltung orientierte sich an gruppendynamischen Konzepten. Anders als bei Beratungen oder verhaltenstherapeutischen Methoden sollten die Patient:innen nicht gezielt Anleitung, Zuspruch, Ermutigung oder Bestätigung, Informationen oder Themenvorgaben erhalten. Stattdessen sollten sie selbst den gruppendynamischen Prozess in Gang bringen, während die Therapeut:innen ein «extrem abwartendes und zurückhaltendes Verhalten» an den Tag legten.[204] Fühlten sich Patient:innen in ihren Erwartungen an die Therapeut:innen enttäuscht, so war das ebenso therapeutisch gewünscht wie die daraus resultierende Verunsicherung. Wenn ihnen eine Autoritätsfigur keine Anleitung gab, sollten sie ihre Haltung zu ebendieser überdenken. Stattdessen galt es, sich einander zuzuwenden. So begann sich die soziale Gruppe zu formieren. Schon diese Zuwendung sollte

201 Höck betonte, dass diese Form der ambulanten Nachbehandlung (wöchentliche Gruppensitzung für ein bis eineinhalb Jahre) auch in anderen Einrichtungen abhängig von den «örtlichen Bedingungen» praktiziert worden sei, vgl. Höck/König 1976, S. 156.

202 Vgl. ebd., S. 153.

203 Hier und im Folgenden: ebd.

204 Hier und im Folgenden: ebd., S. 151.

einen therapeutischen Effekt haben: Vielen Patient:innen gelinge es mithilfe der zwischenmenschlichen Kontakte in der Behandlung, auch außerhalb der Klinik ein soziales Netz aufzubauen.

Im idealtypischen Verlauf durchlebten die Patient:innen mehrere «dynamische Phasen» der Gruppenentwicklung, in denen sie sich je charakteristisch verhielten.[205] In ihrer hauseigenen Zeitschrift, den *Psychotherapieberichten*,[206] beschrieben die Mitarbeiter:innen des HdG in den 1980er Jahren fünf Phasen: Anwärmphase, Abhängigkeitsphase, Aktivierungsphase, Kippprozess und Arbeitsphase. Der «Kippprozess» war als quasirevolutionäres Moment zentral: Dabei verwarf die Gruppe die Autorität der Therapeut:innen und eines der Gruppenmitglieder übernahm die Führung. Dieses Moment sollte starke Auswirkungen auf das Miteinander der Gruppenmitglieder haben: Ihre Funktionsverteilung änderte sich und eine neue Binnengliederung entstand. Die Gruppe bildete im Idealfall eine eigene Identität mit spezifischen Inhalten, geteilten Normen und einem zunehmenden Zugehörigkeitsbedürfnis ihrer Mitglieder aus.

Erst die Identifikation mit der Gruppe ermöglichte aus konzeptueller Sicht die eigentlich therapeutische Arbeit, bei der die Patient:innen bisherige und alternative Verhaltensweisen ausprobieren konnten. Die Gruppe spiegelte die verschiedenen Reaktionen einer durchschnittlichen sozialen Umwelt. So sollten Patient:innen ihr eigenes «Fehlverhalten» erkennen, das meist in sozialer «Abhängigkeit» und «mangelnder Selbstverantwortlichkeit» bestanden habe.[207] Diese Selbstverantwortlichkeit galt es sich anzueignen und dabei die Autorität der Therapeut:innen zu übergehen. Außerdem, so die Therapeut:innen, motiviere das Gruppengefüge die Patient:innen dazu, «neue […] adäquate […] Normen und Werthierarchien» zu verinnerlichen.[208] Zwar konkretisierten sie an dieser Stelle nicht, was unter adäquaten Normen zu verstehen sei. Wir werden uns in Kapitel 5 aber den Normen und Idealvorstellungen zuwenden, die die Therapie den Patient:innen an der Charité vermittelte und die diese beim Schreiben verinnerlichten. Das Konzept jedenfalls verfolgte einen Ermächtigungsansatz und leitete die Patient:innen zugleich zu sozialer Reflexion und Adaption an. Hier deutet sich eine paradoxe Gleichzeitigkeit von individualisierenden und kollektivierenden Tendenzen in der sozialistischen Adaption der Gruppendynamik an.[209]

205 Dazu beziehen sich die Autoren offen auf die Erkenntnisse des britischen Psychoanalytikers Wilfred Bion (1897–1979).

206 Die sogenannten *Psychotherapieberichte* gingen seit 1979 aus der psychotherapeutischen Abteilung des HdG hervor. Die Zeitschrift erschien bis 1988 mehrfach jährlich.

207 Geyer/Senf 2001, S. 234.

208 Höck/König 1976, S. 154.

209 Vgl. Lehmbrock 2022.

Eine Besonderheit der Gruppe seien veränderte Übertragungsmechanismen gegenüber der Einzeltherapie. Während die Patient:innen ihre Emotionen und Affekte dort nur auf die Therapeut:innen übertrugen, erlaube die Gruppe gleichzeitige Projektionen auf verschiedene Gruppenmitglieder. Von anderen psychoanalytisch orientierten Gruppenpsychotherapien sei die dynamische Gruppenpsychotherapie allerdings abzugrenzen.[210]

2.3 Ein psychotherapeutisches Versorgungsmodell für das Gesundheitswesen

Aus dem HdG stammte außerdem ein Modell für die Verankerung der psychotherapeutischen Versorgung im Gesundheitswesen der DDR.[211] Höck skizzierte gemeinsam mit Werner König (*1935), seinem vormaligen Kollegen und Oberarzt am HdG, ein zweistufiges Versorgungssystem, das eine bedeutende Initiative zur Verbreitung der Psychotherapie darstellte. Das «abgestufte System der Diagnostik und Therapie neurotisch-funktioneller Störungen» setzte auf niedrigschwellige ambulante Diagnostik und Behandlungsmethoden in der Grundversorgung durch Allgemeinmediziner:innen. Integriert mit einem weiterführenden stationären Versorgungsangebot in spezialisierten Einrichtungen sollte so eine flächendeckende Versorgung gewährleistet werden.

Das Konzept fußte auf Ergebnissen des groß angelegten und vom Ministerium für Gesundheitswesen geförderten Forschungskomplexes «Nervale und psychische Störungen und Krankheiten» (1971–1975) unter der Leitung von Karl Leonhard.[212] Das Projekt umfasste fünf Teilprojekte zum Schwerpunkt «Methodologie, Ursachenforschung und Prophylaxe von psychosozialen Fehlentwicklungen und Fehlhaltungen» sowie vier Teilprojekte zum Schwerpunkt «Früherfassung und Beeinflussung cerebro-vaskulärer Insuffizienz». An dem ersten Schwerpunkt waren aus der Nervenklinik der Charité Hans Szewczyk (1923–1994) und Bärbelies Bergmann[213] beteiligt und darüber hinaus Dietfried Müller-Hegemann und Kurt Höck. Letzterer leitete am HdG das Teilprojekt «Funktionell und psychisch bedingte Störungen im Krankengut des ambulanten Gesundheitswesens».[214] Dessen im Antrag formuliertes Ziel war es, «differentialdiagnos-

210 Bei der Gruppenanalyse stehe die Gruppe als Ganzes im Zentrum und in der psychoanalytischen Gruppenpsychotherapie erfolge die Psychoanalyse des Einzelnen in der Gruppe, wobei der Dynamik der Gruppe kein besonderer Wert zuerkannt werde. Der psychoanalytische Gehalt der Therapie ist, wie eingangs dargestellt, allerdings noch immer umstritten.

211 Vgl. König 2011a, S. 257.

212 Vgl. BArch, DQ1/23571, Ministerium für Gesundheitswesen der DDR, Forschungsprojekt «Nervale und psychische Störungen und Krankheiten».

213 Lebensdaten unbekannt.

214 Hess 2011d, S. 176.

tische Untersuchungen zwischen neurotischen Entwicklungen und organischen Erkrankungen» durchzuführen und Verfahren zu entwickeln, die «jeden Arzt in die Lage [...] versetzen» würden, psychische Ursachen oder Anteile eines Krankheitsbildes zu ermitteln.[215] Im Zuge dieser Forschung entstanden Siebtestverfahren, die in das abgestufte System eingehen sollten.[216] 1976 publizierten Höck und König dieses «gesundheitspolitisch anspruchsvolle[...]» System, das praktische Lösungen für das existente Gesundheitswesen anbieten wollte.[217] Wie sollte dieses System den Zugang der DDR-Bürger:innen zu psychotherapeutischer Versorgung verbessern?

Diagnostik und Therapie der ersten Stufe

Das abgestufte System sah vor, dass sich Patient:innen entlang eines verästelten Systems aus Diagnostik und Therapie bewegten, an deren Knotenpunkten je eine medizinische Intervention stand. Mit diffusen Beschwerden wandten sich die Patient:innen zuerst an Allgemeinmediziner:innen – ihre erste Anlaufstelle im Gesundheitswesen. Diese Ansprechpersonen sollten inzwischen darin geschult sein, Neurosen zu erkennen und ihren Schweregrad einzuschätzen. Hier befanden sich die Patient:innen am ersten Knotenpunkt, an dem sie – so sie zwischen 18 und 60 Jahre alt waren – noch vor dem Erstgespräch einen sogenannten Beschwerdefragebogen (BFB) ausfüllten. Beim Ausfüllen dieses ersten Siebtests befragten sich die Patient:innen selbst zu 88 körperlichen und psychischen Beschwerden, von denen 63 als «neurosenrelevant» galten. Hierauf folgten das Erstgespräch und eine Untersuchung, bei der etwaige organische Ursachen der angegebenen Beschwerden ausgeschlossen werden sollten.

Lieferte der Test erste Hinweise auf eine Neurose und waren organische Ursachen ausgeschlossen, bewegten sich die Patient:innen weiter entlang der vorgesehenen Bahnen. Am nächsten Knotenpunkt erhielten sie den sogenannten Verhaltensfragebogen (VFB), der beim Ausfüllen wiederum Anhaltspunkte zur Introspektion lieferte.[218] Dieser Fragebogen lieferte den Ausgangspunkt für die

215 Vgl. BArch, DQ1/23571, Ministerium für Gesundheitswesen der DDR, Forschungsprojekt «Nervale und psychische Störungen und Krankheiten».

216 Vgl. Hess 2011d, S. 174.

217 Geyer 2011 g, S. 243. Zum Konzept vgl. Höck/König 1976, S. 25 ff.

218 Die beiden Fragebögen sind die ersten und in den 1970er Jahren einzigen psychologischen Tests, die in der DDR entwickelt und offiziell verlegt wurden, vgl. Höck/Hess 1974. Die Version für Kinder erschien vier Jahre darauf, vgl. Höck et al. 1978. Weitere Varianten wurden entwickelt für psychotherapeutische Fachabteilungen in skalierter Form (BFB-B) und zur Verlaufskontrolle (BFB-C) sowie für Kleinkinder (BFB-KK), vgl. Höck/Hess 1976. Das Testprinzip des BFB galt als vergleichbar mit dem bundesrepublikanischen Vela-Fragebogen und der HHM-Beschwerdeliste (HHM steht für Hamburg, Heidelberg, München). Die Gültigkeit des

Exploration im zweiten Gespräch. Ziel dieser Exploration war ein sogenanntes Pathobiogramm.[219] Dieses stellte zeitliche, dynamische oder symptomspezifische Zusammenhänge zwischen Symptomatik und Lebenssituationen her. Die Patient:innen sollten über Beruf, Familie und Beziehungen, langanhaltende körperliche Erkrankungen und ihre wirtschaftliche Lage Auskunft geben, aber, so Höck und König, auch über weltanschauliche und religiöse Konflikte. Während die Patient:innen die im Fragebogen angegebenen Beschwerden und Verhaltensweisen mit ihrer Lebenserzählung in Beziehung setzten, klassifizierten die Allgemeinmediziner:innen deren pathologische Formen nach aufsteigender Schwere.

Ihre Diagnostik entschied darüber, entlang welcher Bahnen sich die Patient:innen im weiteren Verlauf bewegen sollten. Diagnostizierten sie «nachhaltige Affektreaktionen» oder die etwas schwereren «funktionell fixierten Reaktionen»,[220] verblieben die Patient:innen bei ihnen in Behandlung. Bei schwerwiegenderen Neurosen mit einer «primären» oder «sekundären Fehlentwicklung» erfolgte hingegen eine Überweisung an Spezialist:innen.

Verblieben die Patient:innen in der Therapie der «ersten Stufe», behandelten die Mediziner:innen sie mit sogenannten symptomzentrierten Therapien. Höck hatte deren Unterscheidung von sogenannten persönlichkeitszentrierten Therapien für schwerwiegendere Neurosen angeregt.[221] In der symptomzentrierten Therapie band man die Patient:innen beispielsweise in das konfliktzentrierte Einzelgespräch oder die Gesprächstherapie nach Carl Rogers und Reinhard Tausch (1921–2013) ein.[222] Viele lernten ergänzend autogenes Training oder unterzogen sich einer Hypnose. Außerdem griffen die Ärzt:innen auf aus der Ver-

Tests wurde durch den Abgleich mit dem Maudsley Medical Questionnaire, einem Neurosefragebogen nach Eysenck, überprüft. Man griff einen internationalen Trend auf, der seine Vorbilder v. a. in westlichen Ländern hatte, vgl. Höck/König 1976, S. 58 f. Der VFB sollte die Ergebnisse des BFB präzisieren, indem er Störungen von Verhaltensweisen erfragte, aber auch mit einer Einstellungsskala (ähnlich einer Lügenskala) bewusste Verfälschungen auszuschließen versuchte. Der VFB enthielt 42 Fragen zu «neurotischem» Verhalten und zwölf Fragen einer Lügenskala, vgl. ebd., S. 60.

219 Für das Pathobiogramm geben Höck/König keine Quelle an, sodass unklar bleibt, wen sie hier rezipierten.

220 Hier und im Folgenden: Höck/König 1976, S. 65 ff.

221 Vgl. ebd., S. 73.

222 Vgl. ebd., S. 84–124. Rogers Ansatz der klientenzentrierten Therapie traf im Zuge des bundesrepublikanischen «Psychobooms» auf reges Interesse, vgl. Elberfeld 2019/2020. In der DDR griff die Arbeitsgruppe um Johannes Helm (*1927) an der Humboldt-Universität zu Berlin diesen Ansatz auf, vgl. Helm/Frohburg 1972. Daneben wurde die Methode allerdings auch durch das MfS missbraucht, vgl. Maercker/Guski-Leinwand 2018.

haltenstherapie entlehnte Methoden wie die systematische Desensibilisierung[223] und bei sexueller Impotenz auf Methoden der Individualtherapie nach Leonhard zurück.

Auch die Gruppenbehandlung war eine Option für die Patient:innen. Hier unterschied Höck «Gruppentherapie» und «Gruppenpsychotherapie», wobei er nur Erstere zur ersten Stufe rechnete.[224] Die Gruppentherapie sollte der «psychophysischen Beeinflussung» der Patient:innen dienen. Zu den Methoden zählten Suggestion, Information, «psychophysische Aktivierung» sowie künstlerisch-darstellende Behandlungsformen.[225] Da die Gruppenkonstellation die Wirkung von Therapiemaßnahmen verstärke, empfahl Höck vor allem autogenes Training und «themenzentrierte, leiterzentrierte Gesprächsgruppen». Psychodynamische Formen der Gruppentherapie, die «Gruppenpsychotherapie im engeren Sinne», hätten sich dagegen nicht für die Allgemeinpraxis geeignet, da sie erhebliche Kenntnisse und Erfahrung voraussetzten.

Diagnostik und Therapie der zweiten Stufe

Hatten die Ärzt:innen in der Grundversorgung eine schwerere Neurosenform diagnostiziert, schickten sie ihre Patient:innen auf einen anderen Pfad. Diese Patient:innen verblieben nicht in ihrer Behandlung, sondern bewegten sich auf die zweite Stufe des Systems. Dazu sollten sich die Patient:innen zur ambulanten oder stationären Therapie in psychotherapeutischen Fachabteilungen einfinden. In der Diagnostik erwartete die Patient:innen ein Vorgehen, das ihnen bereits aus der ersten Stufe vertraut war: Sie füllten Fragebögen aus und schilderten ihre Beschwerden und ihre Lebensgeschichte im Gespräch.

Zur weiteren Diagnostik empfahl Höck eine skalierte Form des Beschwerdefragebogens (BFB-B) sowie eine Abwandlung der Verlaufsdiagnostik (BFB-C) und den sogenannten 470-Fragen-Test. Letzterer ist eine in der DDR entwickelte Adaption des international erfolgreichen Persönlichkeitstests Minnesota Multiphasic Personality Inventory (MMPI).[226] Der Test untersuchte das Verhältnis

223 Die Methode ist Teil der Verhaltenstherapien und beinhaltet die progrediente Konfrontation mit gefürchteten oder gemiedenen Situationen oder Themen mit dem Ziel der Desensibilisierung.

224 Hier und im Folgenden: Höck/König 1976, S. 124 ff.

225 Darunter fallen auch Psychopantomime, Konfliktspiel und Psychodrama. Die Psychophysik befasst sich mit Wechselwirkungen zwischen subjektivem Erleben und äußeren, materiellen Reizen.

226 Im Original enthält der MMPI 14 Standardskalen, davon zehn klinische Skalen sowie vier Validitätsskalen. In der DDR wurde eine zusätzliche «GN-Skala» entwickelt, die den sogenannten Globalneurosewert ermitteln sollte. Dieser bezeichnet die Schwere der Neurose unabhängig

der Proband:innen zu den «wesentlichsten [sic] Umweltbezügen».[227] Gemeint sind Einstellung und Haltung zu Gesellschaft, Arbeit, Religion, Interessen, Familie, Eltern, Intimsphäre, zur eigenen Person (Selbstwerterleben) und Kontaktbestrebungen zur Umwelt. Der Test sollte die Persönlichkeitsstruktur der Patient:innen abbilden und bestimmte «Fehlhaltungen» aufzeigen. In der DDR wurde der Test unter ideologischen Vorzeichen angepasst. Gegenüber dem Original seien «49 problematische Fragen – insbesondere aus dem religiösen Bereich – [...] eliminiert» worden.[228] Zwar stand mit dem 470-Fragen-Test eine Alternative zur Verfügung, doch wurde auch der MMPI in der Diagnostik psychotherapeutischer Spezialabteilungen, für Forschungen zur Psychopathologie und zur Effektivitätsmessung psychotherapeutischer Behandlungen weiterhin eingesetzt.[229] Ähnlich wie bei den Tests der ersten Stufe ist davon auszugehen, dass die Fragebögen die Patient:innen zur Beschäftigung mit ihren Beschwerden, ihrer Lebensgeschichte und ihren Einstellungen anregten und damit auch jenseits ihrer quantitativen Ergebnisse das folgende Gespräch vorbereiteten.

In der sogenannten neurosenpsychologischen Exploration mit den spezialisierten Therapeut:innen sollten die Patient:innen dann Erlebnisse der frühen Kindheit, ihr Elternhaus und ihre Jugendentwicklung rekapitulieren. Konnten die Therapeut:innen dabei eine konkrete auslösende Situation einkreisen, diagnostizierten sie eine der leichteren Neurosenformen oder eine prognostisch günstige sogenannte primäre neurotische Fehlentwicklung. Andernfalls diagnostizierten sie eine schwerere Form, die sogenannte sekundäre Fehlentwicklung. Am Ende sollte eine sogenannte Strukturdiagnose stehen, die hysterische, zwanghafte, depressive und schizoide Züge unterschied.[230] In jedem Fall aber sollten die Patient:innen in der spezialisierten Behandlung verbleiben.

In der persönlichkeitszentrierten Therapie sollten die Patient:innen «bewußt und aktiv» an ihrem Erleben und Verhalten arbeiten.[231] Aus Sicht der Therapeut:innen war es elementar, dass sich die Patient:innen auf eine langwierige

---

vom individuellen Persönlichkeitsprofil. Der Wert sollte unter anderem helfen, Behandlungsergebnisse einzuschätzen.

227 Höck/König 1976, S. 128.

228 Ebd., S. 129. Höck und König führen hierzu aus: «Diese Fragebogenadaptation wurde ebenfalls wie die Neuentwicklung der Siebtestverfahren (BFB und VFB) z. T. innerhalb des Forschungsprojektes des Ministeriums für Gesundheitswesen ‹Psychische und nervale Störungen und Krankheiten› in Angriff genommen, sie erschien uns trotz Zeit- und Kostenaufwand unbedingt gerechtfertigt, da eine Neuentwicklung eines anspruchsvollen praktikablen Persönlichkeitsverfahrens aus persönlichkeits-theoretischen und methodologischen Gründen noch eine jahrelange Forschungsarbeit in Anspruch nehmen dürfte», ebd., S. 129.

229 Vgl. Höck/Hess 1972a; Höck/Hess 1972b; Höck 1969c.

230 Es sollte sich dabei lediglich um eine phänomenologische Unterscheidung handeln, die nicht den Anspruch einer allgemeingültigen Typologie erhob, vgl. Höck/König 1976, S. 140 ff.

231 Hier und im Folgenden: ebd., S. 146.

Therapie einstellten und auf «andere Heilungserwartungen» verzichteten. Dem Konzept zufolge sollten hierfür vorzugsweise neopsychoanalytisch orientierte Gruppenverfahren statt Einzelbehandlungen zum Einsatz kommen. Dies sei ökonomischer und entspreche eher dem wissenschaftlichen Kenntnisstand.[232] Viele Patient:innen hätten, so Höck und König, allerdings Bedenken gegenüber der Gruppenbehandlung, weil sie sich nicht vor anderen öffnen wollten oder fürchteten, in der Gruppe nicht ausreichend beachtet zu werden. Bei der parallelen Behandlung mit Einzel- und Gruppentherapie befürchteten Höck und König aber, dass sich viele Patient:innen ihre Probleme «für ihr Einzelgespräch aufhoben», obwohl bei zunehmender Vertrautheit der Gruppe von ihnen erwartet werde, diese Probleme in die Gruppe zu tragen.[233] Um das Gruppenformat dennoch fruchtbar zu machen, sollten sie Einzelbehandlungen nur ergänzend oder bei individueller Indikation erhalten.[234] In letzterem Fall erhielten sie eine «gezielte Kurztherapie», die, anders als Verhaltenstherapien und die Individualtherapie, nicht auf das Symptom, sondern auf «die Fehlhaltung selbst» abzielen sollte. Von der Freud'schen Psychoanalyse unterscheide sich diese Kurztherapie «durch die begrenzte Zielstellung, die größere aktive Einflussnahme des Arztes und den stärkeren Realbezug».[235] Die ambulante oder stationäre dynamische Gruppenpsychotherapie sei daher die Methode der Wahl, in die der Durchlauf der Patient:innen durch das «abgestufte System der Diagnostik und Therapie» münden sollte, wenn die vorigen Maßnahmen keine ausreichende Besserung herbeigeführt hätten.

Zusammengefasst sollten Patient:innen durch die ärztliche Grundversorgung Zugang zu grundlegenden und spezialisierten psychotherapeutischen Angeboten erhalten. Es fällt auf, dass psychologische Psychotherapeut:innen in Beratungsstellen nicht berücksichtigt wurden und das Modell primär auf der medizinischen Versorgung fußte. Das System setzte allerdings nicht nur die Verbreitung der Siebtests und die Fortbildung der Ärzt:innen in der Grundversorgung voraus, sondern auch den Aufbau stationärer Behandlungskapazitäten für die dynamische Gruppenpsychotherapie, um die überwiesenen Patient:innen aufnehmen zu können.

---

232 Ebd., S. 150.

233 Ebd.

234 Etwa «als Einleitung» vor der Gruppenpsychotherapie bei «starker Ichlabilität» und «Kontaktschwäche». Anderen hälfen Einzelaussprachen neben der Gruppenpsychotherapie kurzzeitig bei Kontaktschwierigkeiten mit der Gruppe, ebd.

235 Ebd., S. 149.

2.4 Die Versorgungslage seit den 1970er Jahren

Inwiefern wurde dieses Modell in der Breite umgesetzt? Bisher liegen auch für die 1970er und 1980er Jahre keine statistischen Daten zur psychotherapeutischen Versorgung vor. Daher greifen wir auf Angaben aus historischen Arbeiten zu einzelnen Institutionen zurück und führen sie mit ersten zeitgenössischen Erhebungen über den Psychotherapiebedarf zusammen.[236] Trotz der naturgemäß heterogenen Datenlage lässt sich daran ein Trend nachvollziehen. Wie wir sehen werden, hatte die stationäre Behandlung daran einen gewichtigen Anteil.[237]

Behandlungskapazitäten in den 1970er Jahren

13 Jahre nach den Rodewischer Thesen, im Jahr 1976, gab es nach Angabe von Höck und König «etwa 15 größere Spezialeinrichtungen», in denen Patient:innen eine dynamische Gruppenpsychotherapie machen konnten.[238] Betrachten wir zunächst psychotherapeutische Angebote in Ostberlin. Die seit 1964 bestehende Neurosenklinik des HdG in Berlin-Hirschgarten mit 28 Betten praktizierte seit jeher nach Höcks Methode. Das katholische Krankenhaus St. Joseph Weißensee verfügte seit 1969 über eine Psychotherapieabteilung. Dort entwickelte sich ab 1971 eine «neue, therapeutisch orientierte Psychiatrie», die unter anderem auf «Ergotherapie, Musiktherapie, Arbeits-, Licht- und Gruppentherapie» setzte.[239] Im Krankenhaus Berlin-Herzberge wurde die dynamische Gruppenpsychotherapie 1972 mit einer neu eingerichteten Psychotherapiestation mit 24 Betten eingeführt.[240] Das Wilhelm-Griesinger-Krankenhaus in Berlin-Wuhlgarten hatte seit 1966 eine eigene Psychotherapieabteilung, die seit 1973 die dynamische Gruppenpsychotherapie nutzte.[241] Das Bezirkskrankenhaus Berlin-Buch richtete 1974 eine «therapeutische Gemeinschaft unter gruppendynamischen Gesichtspunkten» ein.[242] Auch dort griff man auf die dynamische Gruppenpsychothera-

236 Dem qualitativen Wandel und dem persönlichen Engagement Einzelner innerhalb der jeweiligen Institutionen kann auf diesem Wege kaum Genüge getan werden. Zu Berichten jeweiliger Zeitzeug:innen vgl. Geyer 2011 f.

237 Die Querschnittsbereiche von Psychotherapie und Innerer Medizin respektive Gynäkologie bleiben dabei weitgehend unberücksichtigt, verdienten aber eine gesonderte Untersuchung.

238 Höck/König 1976, S. 152.

239 Schwanke o. D., S. 41. Theoretische Ausrichtung und Konzeption dieser Gruppentherapie sind in der vorhandenen Literatur nicht dokumentiert. Die konfessionellen Krankenhäuser waren nicht Teil des staatlichen Gesundheitswesens der DDR, erhielten z. T. Unterstützung aus der BRD und hatten auch hinsichtlich der therapeutischen Gestaltung größeren Spielraum. Ein weiteres Beispiel hierfür ist das Diakoniewerk in Halle.

240 Vgl. Loos 2014.

241 Vgl. Kruska/Kruska 2011.

242 Eichhorn/Busch 1979, S. 143 f.

pie zurück.[243] Die Nervenklinik der Charité hatte ab 1959 eine Psychotherapiestation mit ca. 50 Betten für die Individualtherapie und seit 1974 eine weitere Station für die dynamische Gruppenpsychotherapie.[244]

Es ist zu vermuten, dass Bürger:innen Ostberlins durch die beschriebene Versorgungsdichte einen überdurchschnittlich guten Zugang zu psychotherapeutischen Behandlungen hatten. Mitte der 1970er Jahre standen in Ostberlin über 100 psychotherapeutisch orientierte Behandlungsplätze in stationären Einrichtungen zur Verfügung. Mehr noch: In allen stationären psychiatrischen Einrichtungen in Ostberlin fanden Patient:innen bis Mitte der 1970er Jahre eine psychotherapeutisch spezialisierte Station oder Abteilung vor. In mindestens fünf der sechs Institutionen behandelte man mit Höcks Methode. Die Charité gehörte mit dem HdG sicherlich zu den renommiertesten Ostberliner Einrichtungen für Psychotherapie. Eine solitäre Entwicklung war die Einführung der dynamischen Gruppenpsychotherapie dort aber nicht.

Wie entwickelte sich unterdessen die stationäre Versorgung in den Bezirken der DDR? Der Rückgriff auf Sekundärliteratur erlaubt keine umfassenden Angaben zu Zahl und Ausrichtung aller Psychotherapieabteilungen. Allerdings lohnt ein beispielhafter Blick in die drei Nordbezirke Rostock, Neubrandenburg und Schwerin. Hier verzeichnete die GäP Anfang der 1960er Jahre nur eine Beratungsstelle in Greifswald. Diese Situation änderte sich nun: Die Universitätsklinik Rostock und die Bezirksnervenklinik Schwerin richteten 1972 respektive 1975 Psychotherapieabteilungen ein.[245] In Rostock praktizierte man in der Abteilung mit 24 Betten Einzel- und Gruppengespräche in Anlehnung an die Gesprächstherapie nach Rogers und Tausch. In Schwerin eröffnete 1975 eine Klinik für funktionelle Störungen und Neurosen. Über Ueckermünde ist bekannt, dass sich erst Hans Eichhorn (1942–2016) in den 1980er Jahren für die Etablierung der Psychotherapie einsetzte.[246] Für das Bezirkskrankenhaus Stralsund-West und etwaige weitere Behandlungsstellen fehlen solche Angaben. Einwohner:innen der drei Nordbezirke konnten sich also an eine steigende Zahl von Institutionen wenden, doch befanden sich diese zunächst ausschließlich im urbanen Raum, und ihre Zahl war nach wie vor niedriger als die im bevölkerungsreicheren Süden der DDR.

Wie gestaltete sich die Entwicklung in anderen Bezirken? Hier seien zumindest einige Beispiele angeführt.[247] Am Kliniksanatorium Heinrich-Heine in Potsdam-Neu Fahrland entstand 1974 die erste psychosomatische Abteilung der

243 Vgl. Brüll 2011.

244 Vgl. Geisthövel 2019.

245 Vgl. Geyer 2011d, S. 248.

246 Vgl. Bernhardt/Lockot 2000b, S. 14.

247 Über die lokalen Entwicklungen in diversen Einrichtungen publizierten weiterführend einige Zeitzeug:innen, vgl. Geyer 2011f.

DDR unter der Leitung von Dieter Seefeldt.[248] Für die Klinik sprach aus Sicht der Patient:innen, dass sie bei der Aufnahme keinen – gegebenenfalls stigmatisierenden – Psychiatriestempel in ihren Sozialversicherungsausweis erhielten (Kapitel 6). Die Universitätsnervenkliniken in Leipzig und Halle/Saale sowie die Medizinische Hochschule Erfurt setzten ihr psychotherapeutisches Angebot fort. Zum Teil baute man, wie im Fall Erfurts, tagesklinische Angebote aus. Auch an anderer Stelle wuchs das ambulante poliklinische und tagesklinische Therapieangebot. In Leipzig etwa entwickelte sich die Psychotherapieabteilung der Poliklinik Nord zur Fachpoliklinik für Psychotherapie. Die Magdeburger Poliklinik Nord und die Dresdner Poliklinik Blasewitz boten ambulante Psychotherapien an. Letztendlich verbesserte sich das psychotherapeutische Angebot in den 1970er Jahren für viele DDR-Bürger:innen durch einen deutlichen Ausbau der Behandlungskapazitäten. Eine wohnortnahe Behandlung war für Menschen aus ländlichen Gebieten und den Nordbezirken aber weiterhin schwerer zu haben als für jene aus den südlicher gelegenen Ballungsräumen.

Psychotherapeutische Aus- und Weiterbildung

Der Auf- und Ausbau von Versorgungsangeboten korrelierte mit der Verbreitung der dynamischen Gruppenpsychotherapie. Das ist ein deutliches Indiz dafür, dass die Gruppenpsychotherapie ein integrales Element des psychotherapeutischen Angebots darstellte. Die wachsende Zahl an Publikationen steigerte die Bekanntheit. Maßgeblich war jedoch das ausgebaute Ausbildungsangebot für Nachwuchstherapeut:innen. Auch Helmut Kulawik war als Ausbilder tätig.[249] Die ersten gruppenpsychotherapeutischen Seminare fanden ab 1971 statt.[250] Seit 1974 begann die Ausbildung mittels sogenannter Selbsterfahrungskommunitäten.[251] Dies bezeichnete die gemeinschaftliche Selbsterfahrung, die zum Teil in Ferienheimen in ländlichen Regionen stattfand.[252] Mehr als 200 Ärzt:innen und Psycholog:innen sollen auf diese Weise ausgebildet worden sein,[253] andere Quellen sprechen von über 300.[254] Die *Psychotherapieberichte* unterstützten in den 1980er Jahren die Weiterbildung.[255] Wie Annette Simon schildert, handelte es

248 Vgl. Seefeldt 2011.

249 Vgl. Ott/Geyer 2011, S. 490.

250 Das erste Seminar fand 1971 in Bad Schandau statt, weitere folgten 1972 in Werbellinsee, 1973 in Berggießhübel und Stecklenberg.

251 Vgl. Seidler 2009, S. 69.

252 Vgl. Sonnemoser 2009b.

253 Vgl. Sonnemoser 2009a.

254 Vgl. Anonym 1996, S. 89.

255 Zwischen 1979 und 1984 bestand ein Forschungsprojekt am HdG, bei dem eine Therapiegruppe auf Video aufgenommen wurde. Die Aufnahmen sollten mit verschiedenen Forschungs-

sich um die einzige Möglichkeit, in der DDR eine psychodynamische Selbsterfahrung zu machen.[256]

Inge Frohburg betont, dass dieses Ausbildungsangebot in einem «bemerkenswerten Gegensatz» zu der an Universitäten kaum verankerten Psychotherapieausbildung stand.[257] Allerdings bildete sie gemeinsam mit Johannes Helm seit den 1970er Jahren Psychologiestudierende an der Humboldt-Universität zu Berlin in Gesprächspsychotherapie aus.[258] Außerdem boten sie, zunächst über die GäP und die GfP, postgraduale Weiterbildungskurse an, die in den 1980er Jahren auch für die Anerkennung als «Fachpsychologe der Medizin» obligatorisch wurden. Hier hatte man sich «aus wissenschaftstheoretischen Gründen» gegen die Vermittlung psychoanalytischer Kenntnisse und in diesem Zuge auch gegen die Vermittlung der dynamischen Gruppenpsychotherapie gewandt.[259] Auf diese Weise wurden – ähnlich wie in der BRD – psychodynamische Therapieansätze eher von ärztlicher Seite vertreten, während die Gesprächspsychotherapie überwiegend von Psycholog:innen rezipiert wurde.[260] Deren Rolle für die psychotherapeutische Versorgung, insbesondere im Rahmen staatlich ausgebauter Beratungsstellen, ist allerdings nicht ausreichend erforscht.[261]

Daneben intensivierten sich in den 1970er Jahren die Tätigkeiten der GäP, insbesondere in deren Sektionen und Regionalgesellschaften. Die Gründung immer neuer Sektionen begleitete die Ausdifferenzierung des psychotherapeutischen Methodenarsenals.[262] Die Sektionen organisierten Tagungen und Weiterbildungsveranstaltungen. 1978 wurde der «Facharzt für Psychotherapie» als Zweitfacharzt anerkannt, worauf 1989 der entsprechende Erstfacharzt folgte.[263] Die 1962 gegründete GfP erwirkte außerdem 1981 die Einführung der Ausbildung zum «Fachpsychologen der Medizin».[264] In diesem Sinne kam es zu einer

---

ansätzen untersucht werden, vgl. Bernhardt et al. 2000, S. 400 f. Die Berichte der 1980er Jahre beinhalten die sogenannten Verbatimprotokolle über komplette Sitzungen mit Äußerungen der Gruppenmitglieder. Sie dienten auch als Good-Practice-Beispiel für die Weiterbildung.

256 Rückblickend schätzt sie diese Selbsterfahrungsgruppen ambivalent ein und kritisiert, dass es sich um ein «sehr regressives Angebot» gehandelt habe, bei dem «man nicht aufgefangen wurde», Simon 2022, S. 216.

257 Frohburg 2022, S. 224.

258 Vgl. Petersen 2001.

259 Vgl. Frohburg 2022, S. 226.

260 Vgl. Tändler 2016, S. 130.

261 Zur Klinischen Psychologie vgl. Rösler 2011.

262 Vgl. Kapitel 5. Diese Ausdifferenzierung gleicht jedoch nicht dem bundesrepublikanischen Trend, bei dem laufend neue Therapieverfahren unterschiedlichster Couleur auf einem umkämpften Markt in Konkurrenz zueinander traten, vgl. Tändler 2016, S. 31.

263 Vgl. Sonnemoser 2009b.

264 Die Bezeichnung war mit ärztlichen Psychotherapeut:innen bzgl. Weiterbildung und Status gleichberechtigt, vgl. Strauß et al. 2022b, S. 6.

bemerkenswerten Dynamisierung in der psychotherapeutischen Qualifikation und Versorgung. Wie verhielten sich diese Entwicklungen zum Psychotherapiebedarf?

Erste zeitgenössische Bedarfserhebungen

Das «abgestufte System» entstand in Reaktion auf eine als unzureichend empfundene Versorgungssituation. Als sie das Modell 1976 der Öffentlichkeit präsentierten, wussten Höck und König bereits, dass es erst weiterer Fortbildungsarbeit bedürfe, um das Angebot auch etablieren zu können. Quantitativ fasste man dies aber zunächst nicht.

Im Jahr 1979 erhob eine Untersuchung den Psychotherapiebedarf für Patient:innen mit neurotischen Störungen. Darin bemerkten die Autor:innen, dass der Bedarf den Zeitgenoss:innen bisher «genaugenommen [...] völlig unbekannt» gewesen sei.[265] Die Studie untersuchte mithilfe eines klinisch-epidemiologischen Fragebogens alle Patient:innen eines Leipziger Stadtbezirks und des Kreises Eilenburg im Bezirk Leipzig, die innerhalb eines halben Jahres eine nervenärztliche Behandlung aufsuchten.[266] Daraus leitete man einen erheblichen Bedarf ab: Die Situation sei «unbefriedigend». Zwischen Angebot und Bedarf bestehe eine «große Diskrepanz».[267] Es gebe zu wenige Behandlungsstätten und in den möglichen Behandlungsbereichen (Allgemeinmedizin, Innere Medizin und Psychiatrie) sei die Qualifikation der Therapeut:innen nicht ausreichend. Die vorhandenen Spezialeinrichtungen wiederum genügten «praktischen Ansprü-

265 Bach et al. 1979, S. 589.

266 Vgl. ebd., S. 590. Die Studie lässt aus, um welches halbe Jahr in den 1970er Jahren es sich handelt. Etwa 50 Prozent der Patient:innen seien mit Neurosen diagnostiziert worden. Psychotherapiebedürftig seien dagegen 80 Prozent, der Studie nach auch Patient:innen mit Schizophrenien, Psychosen und Alkoholismus. 60 Prozent der Patient:innen lebten in der Stadt. Dem standen nur 40 Prozent Patient:innen aus dem ländlichen Raum gegenüber. Die Studie führt zur Erklärung längere Distanzen zur Versorgungsstelle, stärkere Vorurteile gegenüber der Behandlung, Abdeckung des Bedarfs durch Hausärzt:innen und «psychohygienisch günstigere Lebensbedingungen» an.

267 Hier und im Folgenden: ebd., S. 592. Die Studie schlägt vor allem vor, in den psychiatrischen Ambulanzen auf psychotherapeutische Qualifizierung des Personals zu setzen. Die Autor:innen fügen hinzu: «Was die Spezialabteilungen [...] angeht, so müßten sie u. E. eine Ausweitung ihrer Kompetenz erfahren. Einmal sollten sie nicht wie bisher ausschließlich auf Neurosen konzentriert sein, sondern sich für Zustände nach Psychosen und bestimmte Suchten (neurotischer Genese) zuständig fühlen. Zum anderen sollten sie eine Art Supervision über die Psycho- und Soziotherapie psychiatrischer Abteilungen übernehmen – was ja auch möglich ist, da sie oft in psychiatrischen Bezirkskrankenhäusern angesiedelt sind», ebd. Außerdem befänden sie sich «teilweise in Isolation», was durch die Verbreiterung des Kompetenzbereichs abgebaut werden könnte.

chen» nicht, seien «relativ isoliert» und existierten «ein wenig am Bedarf vorbei». Das «abgestufte System» bezeichneten die Autor:innen noch immer als «Vorschlag».[268] Von einer umfassenden Implementierung gingen sie also nicht aus.

Die neue Aufmerksamkeit entwickelte sich ähnlich wie in der BRD. Dort machten Therapeut:innen in einem «Legitimationsdiskurs» über ihre Profession bereits seit Ende der 1960er Jahre immer wieder auf einen kontinuierlich ansteigenden Psychotherapiebedarf aufmerksam.[269] Einen Versorgungsmangel stellte auch die Psychiatrie-Enquête Mitte der 1970er Jahre fest. Darin lässt sich das Drängen auf humanere Behandlung in den Psychiatrien sehen, aber auch eine Ausweitung des psychotherapeutischen «Interventionsanspruchs» und der als psychotherapiebedürftig geltenden psychischen Zustände.[270] In der DDR mag ein solcher Bedarf seltener geäußert worden sein und die Gesundheitspolitik nur mittelbarer beeinflusst haben. Dennoch ist auch für die DDR festzustellen, dass sich die Bemühungen um eine bessere Behandlungssituation mit Bestrebungen verbanden, die Stellung der Psychotherapie und ihrer Expert:innen im Gesundheitswesen durch öffentliche Aufmerksamkeit zu konsolidieren.

Entwicklungen der 1980er Jahre

Auch in den 1980er Jahren stand der Ausbau der psychotherapeutischen Versorgung auf der Agenda der organisierten Psychotherapeut:innen in der DDR. So machte man die Umsetzung des abgestuften Systems beispielsweise beim «Lehrgang für Ärzte in Weiterbildung und Fachärzte für Psychotherapie» in Sonderhausen vom 23. bis 27. November 1981 zum Thema.[271] Es wäre von Interesse für die künftige Forschung, inwiefern die Berufsverbände der Psy-Wissenschaftler:innen und Therapeut:innen mit ihren Bedarfsäußerungen Einfluss auf die politische Entscheidungsfindung und Bedarfsplanung nahmen.

Die zusammengetragenen Daten zeigen jedenfalls einen weiteren Ausbau der Versorgungsstrukturen. Neben den bereits erwähnten Einrichtungen etablierten und erweiterten in den 1980er Jahren noch die Klinik für Psychotherapie und Psychosomatik im Diakoniewerk Halle und die Psychotherapieabteilung der Jenaer Universitätsnervenklinik ihr Behandlungsangebot. Manche Krankenhäuser zogen in den späten 1980er Jahren nach und richteten zum Teil auch notdürftig Spezialbereiche für Psychotherapie ein. Auf diese Weise wurde, wenn auch nur vereinzelt, Psychotherapie auch auf dem Lande angeboten. Das Fachkrankenhaus für Psychiatrie Lübben im Bezirk Cottbus nutzte beispielsweise ab 1987 neun von

268 Ebd., S. 594.

269 Tändler 2016, S. 92.

270 Ebd.

271 König 2011b, S. 270.

28 Betten einer gerontopsychiatrischen Frauenstation, um dort stattdessen Patient:innen mit Neurosen nach Höcks Methode zu behandeln.[272] Die Klinik Teupitz baute den Keller eines Klinikhauses zu einem Klubraum um, der zwischen 1989 und 1990 für eine tagesklinische Gruppenpsychotherapie genutzt wurde.[273] 1990 schätzte Heinz Schepank (1930–2018)[274] die Zahl der Psychotherapiebetten in der DDR auf 760, verteilt auf 35 Kliniken mit einer Spanne meist zwischen 20 und 40 Betten.[275] Viele dieser Kliniken arbeiteten seiner Angabe zufolge nach Höcks Konzept.

Zwischenfazit

Im Laufe der Jahrzehnte verbesserte sich die psychotherapeutische Versorgungslage für die DDR-Bürger:innen kontinuierlich. In den 1970er Jahren kamen besonders viele Psychotherapieabteilungen hinzu, die wegen des Weiterbildungssystems und des Trends zur Öffnung für psychodynamische Ansätze entsprechend überwiegend nach Höcks Methode arbeiteten. Diese Psychotherapieabteilungen waren häufig in separaten Gebäuden oder Gebäudeteilen psychiatrischer Kliniken untergebracht und entwickelten zum Teil eine gewisse Eigenständigkeit gegenüber der psychiatrischen Versorgung. Dass viele Psychiatrien in Krankenhausbauten im Pavillonstil untergebracht waren und sich Psychotherapieabteilungen leicht in entlegene Flügel oder gar andere Häuser auslagern ließen, mag diese Separierung begünstigt haben. Das «abgestufte System» sollte unterdessen dazu beitragen, dass ein Psychotherapiebedarf bei Patient:innen bereits in der Grundversorgung festgestellt und sie gegebenenfalls in spezialisierte Institutionen überwiesen werden konnten. Patient:innen sollten also vereinfachten Zugang zu Angeboten der sogenannten zweiten Stufe erhalten. Zu diesen Angeboten zählte auch die therapeutische Behandlung an der Nervenklinik der Charité. König zufolge wurde das Modell «nicht nur von der Grundbetreuung, sondern auch von den tiefenpsychologisch orientierten Psychotherapeuten interessiert aufgegriffen».[276] Er schätzt rückblickend ein, dass es gelang, das System in der Grundbetreuung umzusetzen und damit auch die Position der GäP erheblich zu stärken.

---

272 Vgl. Böhme 2010, S. 12.

273 Vgl. Teupitz 2003, S. 111.

274 Gründungsdirektor des Zentralinstituts für Seelische Gesundheit in Mannheim und Professor für Psychosomatische Medizin und Psychoanalyse an der Medizinischen Fakultät Mannheim der Universität Heidelberg.

275 Vgl. Heinz Schepanks Beitrag zur stationären Psychotherapie in Dührssen et al. 1990, S. 155. Den Zahlen stellte er zwischen 4500 und 5000 Psychotherapiebetten in der BRD gegenüber.

276 Hier und im Folgenden: König 2011a, S. 257.

In politischer Hinsicht lässt sich die Ausweitung der psychotherapeutischen Versorgung als Teil des staatlichen Anspruchs lesen, eine kostenfreie und umfassende Gesundheitsversorgung für die DDR-Bürger:innen bereitzustellen. Sicherlich erleichterte überdies Honeckers sozialpolitischer Kurs diese Entwicklung. Andererseits ist die Verbreitung psychotherapeutischer Angebote vor dem Hintergrund bemerkenswert, dass viele Funktionär:innen noch bis in die späten 1980er Jahre davon ausgingen, dass das Fortschreiten des Sozialismus die Psychotherapie ohnehin überflüssig machen würde.

Dennoch überstieg der Bedarf bis mindestens Ende der 1970er Jahre das Angebot im ambulanten und stationären Sektor. Bei genauerem Hinsehen zeigt sich die Versorgungslage bis zuletzt äußerst heterogen: Es gab Zentren mit höherer Versorgungsdichte, während in anderen Regionen kaum Institutionen mit qualifiziertem Personal vorhanden waren. Dabei ist ein Süd-Nord-Gefälle korrelierend mit der Bevölkerungsdichte und der Verteilung der Wirtschaftsschwerpunkte (industriell geprägter Süden gegenüber agrarisch geprägtem Norden) ebenso wie ein – nicht DDR-spezifisches[277] – Stadt-Land-Gefälle zu beobachten. Eine psychotherapeutische Behandlung zu erhalten, konnte für DDR-Bürger:innen also jenseits von Informationsbarrieren auch aufgrund der Kapazitäten eine Herausforderung darstellen. Bürger:innen aus ruralen Gebieten mussten sich, sofern sie eine Überweisung erhielten, außerdem auf wohnortferne Behandlungen einstellen. Dennoch lässt sich aus der institutionellen Expansion der Psychotherapie folgern, dass die Zahl der Psychotherapie-Patient:innen in der DDR in den 1970er Jahren deutlich anstieg.

277 Das psychotherapeutische Angebot konzentrierte sich auch in der BRD auf die Städte, vgl. Tändler 2016, S. 165.

3. Entwicklung und Zugänglichkeit der Psychotherapie an der Charité

Am Ende ihres Aufenthalts schrieb eine Patientin in ihrem Tagesbericht:[278] «Für mich war der Aufenthalt in der Charité meine letzte Hoffnung. Ich bin sehr dankbar, daß man mir hier ein bißchen weiter geholfen hat.»[279] Viele Jahre hatte sie einen hohen Leidensdruck erduldet und in der Nähe ihres Wohnortes keine psychotherapeutische Behandlung erhalten können. Nach einem Krankenhausaufenthalt wurde sie an die Nervenklinik der Charité überwiesen, weil sich die behandelnden Ärzt:innen von der spezialisierten Behandlung Besserung versprachen. Es ist offenkundig, dass die Charité als medizinisches Prestigeobjekt DDR-weit bekannt und anerkannt war.[280] Dass sie in den 1970er Jahren auch ein renommierter Referenzpunkt für psychodynamische Behandlung war, ist angesichts deren langanhaltender Diskreditierung hingegen weniger selbstverständlich.

Wie etablierten sich psychodynamische Behandlungsansätze an der Charité (Kapitel 3.1)? Und unter welchen Voraussetzungen konnten DDR-Bürger:innen in den 1970er Jahren Zugang zu solch einer Behandlung erhalten? Um dieser Frage nachzugehen, eruieren wir anhand von Überweisungsschreiben typische Wege in die Behandlung (Kapitel 3.2). Die Basisdaten der Patient:innen wiederum geben uns Aufschluss über deren Sozialstruktur[281] (Kapitel 3.3). Woran bemaß sich die Wartezeit und wie lange blieben die Patient:innen in Behandlung (Kapitel 3.4)? Aufbauend auf diesen Befunden lässt sich diskutieren, an wen sich psychotherapeutische Angebote richteten und inwiefern der Zugang zu ihnen

278 Eine zusammenfassende Darstellung der Kapitel 3–5 ist im *Medizinhistorischen Journal* erschienen, vgl. Voelker 2023b.

279 HPAC, 42/76F, Tagesbericht vom 27.04.1976.

280 Bruns zeigt anhand von Eingaben, dass Patient:innen «aus der ostdeutschen Provinz» auch jenseits der Psychotherapie große Hoffnungen auf die Behandlung in der Charité setzten und es zugleich äußerst schwierig war, dort eine Behandlung zu erhalten, vgl. Bruns 2012, S. 355.

281 Der Begriff Sozialstruktur meint die Ordnung einer Gesellschaft, beispielsweise nach soziodemografischen Merkmalen. In diesem Fall wird der Begriff auf die kleinere Personengruppe der Patient:innen bezogen, deren Zusammensetzung nach den verfügbaren Basisdaten biologisches Geschlecht, Alter, Wohnort und Berufstätigkeit aufgeschlüsselt wird.

privilegiert war (Kapitel 3.5). Diese Frage ist durchaus brisant: Nicht zuletzt sicherte das sozialistische Versprechen auf Gleichbehandlung allen DDR-Bürger:innen gleichermaßen Zugang zu medizinischer Versorgung zu – auch an Prestigeeinrichtungen wie der Charité.

3.1 Von der Schlaftherapie zur Traumarbeit. Psychotherapie an der Charité

Traditionell war die Nervenklinik der Charité, nicht zuletzt dank Wilhelm Griesinger, für die biologistische Ausrichtung der Psychiatrie bekannt. Vor diesem Hintergrund überrascht, dass dieselbe Einrichtung in den 1970er Jahren ein bekannter Referenzpunkt für psychodynamische Therapien wurde. Wie konnten sich psychodynamische Ansätze an der Charité etablieren?

Psychoanalytische Ansätze in der ersten Hälfte des 20. Jahrhunderts

Erste psychotherapeutische Ambitionen an der Charité fallen in die Zeit zwischen 1904 und 1912, als Theodor Ziehen (1862–1950) Direktor der Nervenklinik war.[282] Bemerkenswerterweise fanden sich zuerst psychoanalytische Ansätze in der Inneren Medizin an der Medizinischen Klinik und erst danach in der Nervenklinik.[283] Nach dem Ersten Weltkrieg etablierte sich die Psychoanalyse in Berlin weitgehend außerhalb der Kliniken und differenzierte sich außerdem in ein immer breiter werdendes Spektrum psychotherapeutischer Ansätze aus.

Auch Ziehens Nachfolger, Karl Bonhoeffer (1868–1948), war der Psychoanalyse gegenüber distanziert eingestellt. Er leitete die Nervenklinik zwischen 1912 und 1938. In den 1920er Jahren ließen sich dennoch die ersten an der Charité beschäftigten Psychiater:innen am 1920 gegründeten Berliner Psychoanalytischen Institut ausbilden.[284] 1923 unternahm der spätere Greifswalder Ordinarius Hanns Schwarz (1898–1977) trotz Bonhoeffers Skepsis einen psychotherapeutischen Behandlungsversuch bei einer Psychiatrie-Patientin, über den er auch promovierte.[285] Weitere Behandlungsversuche Ende der 1920er Jahre sind von der Psychoanalytikerin Edith Vowinckel (1894–1982), insbesondere in der Kinderbeobachtungsstation der Nervenklinik, bekannt.[286] Während die therapeutische

282 Zur Entwicklung der Dokumentationspraxis an der Nervenklinik vor 1945 vgl. Dohrmann 2015.

283 Vgl. Herrn 2013, S. 79.

284 Vgl. ebd., S. 85.

285 Zu dessen Wirken in Greifswald vgl. Fischer/Schmiedebach 1999.

286 Vgl. Herrn 2013, S. 90 f.; zur Kinderbeobachtungsstation vgl. Fuchs et al. 2012.

Wirksamkeit der Psychoanalyse an der Charité offiziell weiterhin als unbewiesen galt, war die Hypnose als Therapieform in den 1920er Jahren anerkannt.[287] Nichtsdestotrotz gab es einige, darunter auch weibliche psychoanalytisch orientierte Psychiater:innen an der Charité. Seit Ende der 1920er Jahre seien deren erste psychoanalytisch orientierte Behandlungsversuche in der Nervenklinik «still» geduldet worden, sodass sich in den überlieferten Krankenakten der frühen 1930er Jahre manche Spuren psychoanalytischer Arbeit finden.[288]

Die Entwicklung von Psychotherapie und Psychoanalyse wurde im Nationalsozialismus gewaltsam unterbrochen.[289] Die Deutsche Psychoanalytische Gesellschaft verlor durch Emigration und Vertreibung massiv an Substanz. Psychoanalyse wurde – nicht zuletzt mit der Ächtung Freuds und seiner Werke – zunehmend nur noch im Verborgenen praktiziert.[290] Schließlich verschwand die tiefenpsychologische Psychotherapie im Nationalsozialismus aber nicht, sondern wurde «zentralisiert und ‹arisiert›».[291] Wie sich die psychotherapeutischen Ansätze an der Charité im Verlauf der NS-Herrschaft, also in der Spätzeit Bonhoeffers und unter der Leitung des österreichischen Psychiaters und überzeugten Nationalsozialisten Maximinian de Crinis (1889–1945),[292] entwickelten und ob sie überhaupt weiter bestanden, ist bisher ungeklärt.

Erste Bemühungen um die Institutionalisierung der Psychotherapie in der Nachkriegszeit

Während des Zweiten Weltkriegs hatte die Bausubstanz der Charité unter den Luftangriffen und Kämpfen in Berlin gelitten. In der unmittelbaren Nachkriegszeit sollte die Funktionsfähigkeit der Charité wiederhergestellt und das Personal

287 Vgl. Herrn 2013, S. 93.

288 Ebd., S. 98 f.

289 Die Psychologie im Dritten Reich erlebte massive Einschnitte durch das «Gesetz zur Wiederherstellung des Berufsbeamtentums» von 1933, die erzwungene Emigration und Ermordung jüdischer Fachvertreter:innen. Zugleich professionalisierte sich die deutsche Psychologie im Kontext der Wehrmachtspsychologie, vgl. Geuter 1988.

290 Vgl. Malach 2009, S. 36. Zur Entwicklung der Psychoanalyse im Nationalsozialismus vgl. Lockot 2002. Carl Gustav Jung (1875–1961) übernahm 1933 den Vorsitz der 1927 in der Weimarer Zeit gegründeten Allgemeinen Ärztlichen Gesellschaft für Psychotherapie, vgl. Zeller 2001. Wenig später kam es zur Gründung der Deutschen Allgemeinen Ärztlichen Gesellschaft für Psychotherapie unter Vorsitz Matthias Heinrich Göring, einem Cousin Hermann Görings (1893–1946).

291 Tändler 2016, S. 67.

292 Er war Mitglied der Nationalsozialistischen Deutschen Arbeiterpartei und der Schutzstaffel. 1938 wurde er an die Charité berufen und zeichnete in den Folgejahren für den systematischen Krankenmord mitverantwortlich, vgl. Roelcke 2008, S. 98.

Abbildung 4: BArch, Bild 183-S91935, Heinz Funck, Die Psychiatrische und Nervenklinik der Charité, 11.01.1950.

entnazifiziert werden.[293] Die Nervenklinik war in Teilen von Brandbomben zerstört und der Abschluss des Wiederaufbaus sollte noch einige Jahre in Anspruch nehmen, wie Trümmerhaufen vor dem Klinikgebäude auf einem Foto von 1950 verdeutlichen (vgl. Abb. 4). Die Renovierungsarbeiten sorgten unter anderem dafür, dass Teilen der Klinik neue Funktionen zugewiesen wurden. Es wird sich zeigen, dass dies Ende der 1950er Jahre die Einrichtung einer Psychotherapiestation begünstigte.

1948/49, noch zur Zeit der Sowjetischen Besatzungszone, soll es bereits Bemühungen darum gegeben haben, an der Charité eine größere psychotherapeutische Einrichtung zu installieren.[294] Kurt Höck zufolge sind diese gescheitert; wie es zu der Initiative kam und warum sie misslang, gibt er allerdings nicht an.[295] Lockot und Bernhardt zufolge hat sich Alexander Mette (1897–1985) nach dem Krieg um eine «Berufung als Psychoanalytiker an die Berliner Charité» bemüht.[296] Harald Schultz-Hencke habe sich außerdem für den «Lehrstuhl für Psy-

293 Vgl. Schagen/Schleiermacher 2016, S. 189.

294 Zwischen 1945 und 1949 stand die Klinik unter kommissarischer Leitung von Christel Heinrich Roggenbau (1896–1970) und Jürg Zutt (1893–1980).

295 Vgl. Höck 1969a, S. 161.

296 Hier und im Folgenden: Bernhardt/Lockot 2000b, S. 20.

chotherapie der Charité» interessiert, ihn aber bereits nach zwei Wochen auf Druck der Deutschen Psychoanalytischen Gesellschaft abgeben müssen.

Suggestive Therapien und Schlaftherapie unter dem Eindruck des Pawlowismus

Die Bemühungen um eine Institutionalisierung der Psychotherapie an der Charité ebbten mit der Gründung der DDR wieder ab. Über die psychiatrische Praxis zwischen 1949 und 1957, der Zeit von Rudolf Thieles (1888–1960)[297] Direktorat der Nervenklinik, ist bisher wenig bekannt.[298] Insbesondere war bislang nicht bekannt, wie sich der ideologische Pawlowismus der 1950er Jahre auf die Behandlung von Neurosen in der Nervenklinik der Charité auswirkte. Mit der Pawlow-Kampagne blieben zur Behandlung von Neurosen vor allem suggestive Therapien wie autogenes Training und Hypnose sowie Schlaftherapie öffentlich vertretbar. Ein Psychoanalytiker resümierte retrospektiv: «Von nun an ‹heilte› man Neurosen in einem alles zudeckenden Schlaf, durch die überall einzurichtende Pawlow'sche Schlaftherapie.»[299]

Die von mir eingesehenen Krankenakten von 1957 zeigen, dass autogenes Training und suggestive Hypnose unter Thiele zur therapeutischen Praxis gehörten.[300] Außerdem fanden sich Hinweise auf die Anwendung der Pawlow'schen

297 Über ihn ist im Vergleich zu seinen Nachfolgern wenig bekannt. Seit 1926 Privatdozent, war er zwischen 1929 und 1938 außerordentlicher Professor für Psychiatrie und Neurologie an der Friedrich-Wilhelms-Universität Berlin, vgl. UA HU, Lautarchiv der Humboldt-Universität zu Berlin, «Biografie, Rudolf Thiele». Sein Lehrstuhl an der Universität Greifswald wurde ihm im Rahmen der Entnazifizierung 1946 entzogen, vgl. Kumbier/Haack 2018b. Er galt aufgrund seiner Tätigkeit als beratender Psychiater der Wehrmacht und seiner Haltung zum «Gesetz zur Verhütung erbkranken Nachwuchses» als politisch belastet. Als Schüler Bonhoeffers wurde er 1948 als Professor mit vollem Lehrauftrag an die Charité berufen. 1949 wurde er hier zum ordentlichen Professor ernannt und setzte im Folgenden die psychiatrisch-neurologische Tradition der Institution fort. Eine posthume Schrift zu seinem 80. Geburtstag aus der Nervenklinik beschränkte sich auf Thieles Verehrung seines Lieblingsdichters, vgl. Donalies 1969.

298 Rzesnitzek stellte bei der Untersuchung von «Schock-Therapien» und Psychochirurgie fest, dass unter Thiele Elektroschocktherapie, «Opiumkuren» und eine sedierende «Mixtura nervina» angewandt wurden. Leukotomien seien an der Nervenklinik nie durchgeführt worden, vgl. Rzesnitzek 2018, S. 293 f.

299 Ludwig 2010, S. 120.

300 Die Behandlung erfolgte vor Leonhards Amtsantritt in der Nervenklinik. In der Akte der ersten Patientin heißt es, die Behandlung habe «in Ruhigstellung und zahlreichen psychotherapeutischen Aussprachen» bestanden, in die die Ärzt:innen «auch den Ehemann und Übungen der konzentrativen Selbstentspannung im Sinne des autogenen Trainings nach I. H. Schultz einbauten», HPAC, 766/57F, Epikrise vom 10.01.1958; im Fall einer anderen Patientin begründete man den Verzicht auf suggestive Methoden wie Hypnose oder autogenes Training mit der Persönlichkeitsstruktur der Patientin: Diese «ermöglicht nur erzieherisch-führende Behand-

Schlaftherapie an der Charité. Die bisher früheste bekannte Anwendung einer «Schlafkur» an der Nervenklinik lässt sich auf 1952 datieren.[301] Die bislang letzten bekannten Beispiele stammen von 1957/58. Sie belegen diese Praxis bis kurz nach dem Ende von Thieles Direktorat.[302] Es ist anzunehmen, dass psychodynamische Ansätze unter dem Eindruck des Pawlowismus kaum Platz an der Charité fanden. Eine weiterführende Untersuchung, insbesondere zur Praxis der Schlaftherapie an der Charité und ihrer Relation zur Pawlow-Kampagne, ist nach wie vor ein Desiderat. In jedem Fall lässt sich festhalten, dass das Ende der Schlaftherapie an der Charité mit dem Abklingen des Pawlowismus in der DDR zusammenfiel.

Die Individualtherapie

Für die Entwicklung der Psychotherapie an der Charité nahm Karl Leonhard, Klinikdirektor zwischen 1957 und 1969, eine Schlüsselstellung ein. Auch prägte er das öffentliche Bild der Nachkriegspsychiatrie an der Charité am nachhaltigsten. Wissenschaftlich war der in Frankfurt am Main ausgebildete Psychiater außerordentlich produktiv und machte sich insbesondere mit seiner Klassifikation

---

lungsweisen», HPAC, 765/57F, Epikrise vom 29.02.1958. Genaueres geht aus der Akte nicht hervor. Über Umfang und Anwendungsgebiete des autogenen Trainings und der suggestiven Hypnose an der Charité der 1950er Jahre ist weiter nichts bekannt.

301 Der Ehemann einer Patientin erklärte sich in einem Schreiben «mit allen Untersuchungen und Schlafkur bei [seiner] Frau [...] einverstanden», HPAC, 422/52F, Einverständniserklärung, 06.07.1952. Die Akte enthält keine Hinweise, ob die «Schlafkur» tatsächlich durchgeführt wurde. Bereits in den 1920er und 1930er Jahren nutzte man Schlafkuren mit dem Barbiturat Somnifen zu Behandlung von Schizophrenien, vgl. Herrn 2013, S. 88.

302 Eine Patientin befand sich zwischen Dezember 1957 und Januar 1958 wegen einer Neurose in stationärer Behandlung. Zur Ablenkung habe man die Patientin «zur Küchenarbeit herangezogen». Fünf Tage nach ihrer Aufnahme begann man eine «Dauerschlaftherapie» mit «Propaphenin (150 mg), Kalypnon: 3 Tbl.», HPAC, 746/57F, Verlaufsdokumentation, Eintrag vom 11.12.1957. Bei den Medikamenten handelt es sich um ein Antidepressivum und ein Barbiturat. Durch die Schlaftherapie seien zwar «sämtliche Klagen verschwunden». Nach Ende der zweiwöchigen Therapie habe sich die Patientin aber in «verwirrtem Zustand» befunden. Offenbar befanden die Psychiater:innen die Therapie nicht für erfolgreich; jedenfalls erhielt sie wenig später ein Neuroleptikum mit der Bezeichnung «T-57» – dem Namen des Merck-Produkts Decentan aus dessen klinischer Erprobungsphase. Die Behandlung einer weiteren Patientin wurde in deren Epikrise als «Propaphenin-Kalypnon-Schlummerkur» bezeichnet. Der Verlauf zeigt auf, dass die Patientin über Nebenwirkungen der Therapie klagte, doch die Ärzt:innen bezeichneten ihre Klagen als Behauptungen und «bunte», aber «affektarme» Beschreibungen «hypochondrischer Sensationen», HPAC, 765/57F, Verlaufsdokumentation, Eintrag vom 16.01.1958.

der Psychosen einen Namen.[303] Neben seinen nosologischen[304] Arbeiten entwickelte Leonhard ein Konzept für die «Individualtherapie der Neurosen», das die Psychotherapie an der Charité für die folgende Dekade prägen und beschränken sollte.

Leonhards Werdegang ist nicht zuletzt aufgrund seiner Autobiografie im Detail bekannt.[305] In den frühen 1930er Jahren sammelte er in der Arbeitstherapie nach Hermann Simon (1867–1947) mit schizophrenen Patient:innen reichlich Erfahrungen, die seinem therapeutischen Verständnis zugrunde liegen.[306] Arbeit, Sport und Spiel bildeten die Kernelemente von Leonhards Individualtherapie. Im Erleben der eigenen Leistungsfähigkeit, einer Strukturierung des Tages und der Ablenkung von der Introspektion sah er einen gewinnbringenden Ansatz seines eigenen Therapiemodells.

Bereits 1955 wurde der Schüler Karl Kleists (1879–1960) an die Medizinische Akademie Erfurt berufen, 1957 folgten das Ordinariat für Psychiatrie und Neurologie an der Humboldt-Universität zu Berlin und die Leitung der Nervenklinik der Charité. Im Klinikalltag war er stets präsent und verschaffte sich einen weitreichenden Gestaltungsspielraum. 1964 lehnte Leonhard einen Ruf in den Westen ab und erhielt im Gegenzug weitere Privilegien für seinen Verbleib an der Charité – auch über seine Emeritierung hinaus.[307] Bis zu seinem Tod 1988 arbeitete er weiter wissenschaftlich in der Klinik, war aber nicht mehr in den Stationsalltag eingebunden.[308]

In seinen Memoiren beschreibt Leonhard, dass er eine psychotherapeutische Behandlung eigentlich für alle Patient:innen der Nervenklinik für angebracht

303 Vgl. u. a. Leonhard 1957; Leonhard 1970. Einer seiner wissenschaftlichen Gegenspieler war der Hallenser Psychiater Helmut Rennert (1920–1994) mit seinem Modell der Universalgenese der endogenen Psychosen, vgl. Kumbier 2020a.

304 Nosologie meint die Lehre von den Krankheiten, ihre Beschreibung und Systematisierung.

305 Vgl. Leonhard 1995. Karl Leonhard wurde am 21.03.1904 im bayrischen Edelsfeld als Sohn eines Pfarrers geboren. Nach dem Schulabschluss studierte er zwischen 1923 und 1928 Medizin in Erlangen. Danach war Leonhard als Assistenzarzt an der Psychiatrischen und Nervenklinik der Universität Erlangen und ab 1931 an der Heil- und Pflegeanstalt Gabersee in Oberbayern tätig.

306 In Gabersee wurde die Arbeitstherapie praktiziert, von der sich Leonhard beeindruckt zeigte, vgl. ebd., S. 28 f.

307 Dass er auch über seine Emeritierung im Jahr 1969 hinaus an der Klinik tätig bleiben konnte, sicherte Leonhard bereits im Zuge des von ihm abgelehnten Rufs nach Frankfurt klinikintern ab, vgl. HU UA, Personalakten der Charité, Personalakte Karl Leonhard, Prof. Kurt Schröder an den Direktor Nervenklinik Karl Leonhard, 03.07.1964; ebd., Kurt Schröder an den Direktor der Nervenklinik Karl Leonhard, 13.08.1964.

308 Zur Nervenklinik unter Karl Leonhard vgl. Le Bonhomme 2016. Die Rede zu seiner akademischen Trauerfeier am 13.05.1988 hielt der damalige Klinikdirektor Heinz A. F. Schulze, vgl. BArch, MfS, HA II, Nr. 25823.

hielt. Daher habe er die Einrichtung einer psychotherapeutischen Station «zunächst auch gar nicht für nötig» gehalten.[309] Ihm sei aber deutlich geworden, dass die psychotherapeutische Behandlung von «psychotisch Kranken» und «leichtere[n] Neurosen» sich doch deutlich unterscheiden müsse. Als die letzten Kriegsschäden beseitigt waren und über die Nutzung des hinteren Abschnitts der Klinik beraten wurde, habe er entschieden, dort «neurotische Patienten» zu behandeln.[310] Die neue Station mit der Nummer 5 öffnete 1959 und umfasste etwa 50 Betten. Maßgeblich war Oberärztin Bärbelies Bergmann an deren Einrichtung beteiligt.[311] Wegen des starken Mangels an Ärzt:innen gelang es Leonhard zunächst nicht, alle neu entstandenen Stellen zu besetzen. Daher entschied er, drei Psychologinnen und einen Psychologen anzuwerben, die er in seinem Konzept der Individualtherapie schulte. Diese Mitarbeiter:innen zählte er fortan zu den Säulen der psychotherapeutischen Praxis.[312]

Im gleichen Jahr veröffentlichte Karl Leonhard erstmals die Konzeption der Individualtherapie.[313] Gedacht war sie zur Therapie fein differenzierter Neurosenformen. 1963 publizierte Leonhard mit seinen Mitarbeiter:innen einen Sammelband, der die Erfahrungen mit der therapeutischen Konzeption an der Charité bilanziert.[314] Die Individualtherapie weist in ihrem Vorgehen einige Parallelen zur Verhaltenstherapie auf, wobei «die theoretische Unterbauung» des Verfahrens laut Leonhard «völlig anders» sei.[315] Die Individualtherapie bestand aus einem Set therapeutischer Maßnahmen mit dem therapeutischen Gespräch als Kernelement. Bei der Interaktion mit den Patient:innen sollte sich die taktische Gesprächsführung an der Persönlichkeitsstruktur orientieren. Den Patient:innen sollten außerdem einige Handlungsentscheidungen abgenommen werden. Beispielsweise durften sie Krankheitssorgen nicht thematisieren, mussten zur Desensibilisierung unangenehme Situationen aushalten oder Arbeitsaufträge erledi-

309 Hier und im Folgenden: Leonhard 1995, S. 69.

310 Vgl. ebd., S. 70.

311 Vgl. HU UA, Personalakten der Charité, Personalakte Karl Leonhard, Vorschläge zur Auszeichnung mit der Meissner-Plakette, undatiert, zwischen 1959 und 1961.

312 Vgl. Leonhard 1995, S. 70; vgl. weiterführend Rzesnitzek 2015.

313 Vgl. Leonhard 1959.

314 Vgl. Leonhard 1963. Außerdem reagierte Leonhard mit dieser Publikation auf Kritik an der ersten Publikation von 1959, vgl. Geisthövel 2019, S. 227.

315 Leonhard 1995, S. 73. Malach verglich die Individualtherapie mit der frühen Verhaltenstherapie und kam zu dem Schluss, «beide Richtungen gingen von grundverschiedenen Menschenbildern und Methodologien aus, gelangten aber zu weitgehend übereinstimmenden klinischen Vorgehensweisen», Malach 2009, S. 99. Er verwies außerdem auf eine «vergleichsweise frühe Orientierung auf in-vivo Expositionen», ebd., S. 100. Außerdem habe die Behandlungsweise von Zwangsstörungen Entwicklungen der britischen Verhaltenstherapie vorweggenommen.

gen.[316] Von besonderer Bedeutung war ein Programm zur körperlichen Konditionierung durch Gymnastik, Sport, Spiele und Arbeitsaufgaben. Leonhard selbst fasste die Therapieformen mit «Ablenkung, Belastung, Gewöhnung und Umerziehung» zusammen.[317] Mit der Lösung sozialer Konflikte im Lebens- und Arbeitsumfeld war eine Fürsorgerin betraut.[318]

Die Individualtherapie wurde von einigen Schüler:innen Leonhards über die 1960er Jahre und bis zum Ende der DDR an der Charité praktiziert.[319] Nach Leonhards Angaben sind zwischen 1959 und 1969 knapp 2100 Patient:innen an der Charité psychotherapeutisch behandelt worden.[320] Außerhalb der Charité ist bislang keine systematische Anwendung der Individualtherapie bekannt. Wie Geisthövel betont, war die Therapie innerhalb der DDR-Psychiatrie ein «Solitär, der aufgrund der herausgehobenen Stellung der Charité-Klinik und ihres Leiters zwar nicht ignoriert werden konnte, aber auch nicht das Zeug zum Modell hatte».[321] Leonhards Vorgehen bei der Behandlung sexueller Impotenz wurde jedoch – nicht zuletzt, weil es konzeptuell deutlich einfacher umzusetzen war – für den DDR-weiten Gebrauch empfohlen.[322]

In den 1960er Jahren war Leonhard im psychotherapeutischen Alltag sehr präsent. Auf ihn ging nicht nur die Individualtherapie zurück; die Krankenakten zeugen auch davon, dass er selbst diagnostizierte, Therapiegespräche führte und sich über den Fortgang der Behandlungen informierte. Seinem Urteil wurde vonseiten der behandelnden Ärzt:innen und Psycholog:innen großes Gewicht zugesprochen. Im September 1969 wurde Leonhard emeritiert, nahm aber bis zum Februar 1970 die kommissarische Leitung der Klinik wahr.[323] In der Folgezeit war er zwar noch forschend an der Nervenklinik tätig, zog sich aber aus dem therapeutischen Geschehen zurück.

---

316 Vgl. Geisthövel 2019, S. 230.

317 Vgl. Leonhard 1963.

318 Vgl. Voelker 2023a.

319 Vgl. Schmieschek 1990; Neumärker 2011.

320 Vgl. Geisthövel 2019, S. 229.

321 Ebd., S. 222, 231.

322 Vgl. Höck/König 1976, S. 123 f. Dieses Vorgehen basierte darauf, ein Paar zu sexueller Interaktion zu ermutigen, ihm aber den Koitus zu verbieten. Weil dieses Verbot psychischen Druck aus der Situation nehme, kämen die Paare ganz von allein nach einiger Zeit in die Behandlung und gestünden, gegen das Verbot des Koitus verstoßen und die Sorgen bzgl. sexueller Impotenz überwunden zu haben.

323 Vgl. HU UA, Personalakten der Charité, Personalakte Karl Leonhard, Prof. Dr. G. Ließ, Direktor des Bereichs Medizin der HU Berlin, an den Rektor der HU Berlin Herrn Prof. Dr. Wirzberger, 18.08.1969.

Öffnung für psychodynamische Therapien

Erst Leonhards Emeritierung ließ an der Nervenklinik Raum für eine therapeutische Neuausrichtung entstehen. Sein Nachfolger wurde der SED-Funktionär Karl Seidel.[324] Seine Berufung stand in engem Zusammenhang mit einer politisch intendierten engeren ideologischen Führung der Psychiatrie in der DDR.[325] Tatsächlich ist Seidel einer breiteren Öffentlichkeit vor allem durch sein späteres Amt als Leiter der Abteilung Gesundheitspolitik im ZK der SED und seine Tätigkeit für das Ministerium für Staatssicherheit (MfS) bekannt.[326] Vor diesem politischen Hintergrund ist es bemerkenswert, dass er die Öffnung der Nervenklinik für psychodynamische Ansätze protegierte.

Seidel hatte sich kurz vor seinem Amtsantritt in Berlin an der Medizinischen Akademie Dresden habilitiert. In Dresden verband ihn sein Feld der Suizidforschung mit dem Psychiater Helmut Kulawik.[327] Seidel setzte sich dafür ein, dass Kulawik 1973 von Dresden als Oberarzt an die Nervenklinik kommen konnte. Sie brachten nicht nur Konzepte zur Suizidprävention nach Berlin, sondern hatten auch beide ein ausgeprägtes Interesse an den in der DDR noch überwiegend tabuisierten psychoanalytischen Therapieansätzen. Im Prozess der Öffnung hin zu psychodynamischen Psychotherapien hielten Seidel und Kulawik auf dem achten Jahreskongress der GäP 1976 ein gemeinsames Grundsatzreferat mit Signalwirkung, in dem sie für die Psychotherapie eine stärkere Erforschung des Unbewussten einforderten.[328] In der GäP soll der Vortrag eine Diskussion um die Anwendung psychoanalytisch orientierter Therapieverfahren ausgelöst haben.[329]

Bei seiner Arbeit in der Nervenklinik war Seidel mehr um die institutionelle Weiterentwicklung der Nervenklinik und seine politischen Tätigkeiten bemüht,

324 Karl Seidel wurde am 18.12.1930 in Nürnberg geboren. 1949 schloss er die Schule ab und arbeitete für ein Jahr als Krankenpfleger. Seit 1950 studierte er Humanmedizin an der Karl-Marx-Universität Leipzig, wo er 1956 über Bronchialkarzinome promoviert wurde. In den 1960er Jahren war er zunächst an der Neurologisch-Psychiatrischen Klinik der Karl-Marx-Universität Leipzig tätig. 1963 wechselte Seidel an die Medizinische Akademie Dresden «Carl Gustav Carus» und habilitierte sich dort 1967, vgl. Seidel 1967. 1968 wurde Seidel zum Hochschuldozenten für Psychiatrie und Neurologie berufen.

325 Vgl. Balz/Klöppel 2015, S. 555. Die Autorinnen weisen darauf hin, dass Seidels ehemaliger Vorgesetzter Ehrig Lange wegen seiner CDU-Angehörigkeit und seines guten Rufs im Westen nicht für den Posten als Direktor der Nervenklinik berücksichtig worden sei.

326 Vgl. Bundesstiftung Aufarbeitung 2009; 1978 wurde er stellvertretender Leiter der Abteilung Gesundheitspolitik, 1981 deren Leiter. Außerdem war er seit 1980 Mitglied im Rat für medizinische Forschungen. Zu seiner Tätigkeit für das MfS vgl. Süß 1999, S. 318 f.

327 Vgl. Grashoff 2018, S. 183; weiterführend Grashoff 2006.

328 Vgl. Geyer 2011d, S. 251.

329 Vgl. ebd., S. 252. Kulawik trat dabei als einer der größten Befürworter hervor. Weniger drängend soll sich Kulawiks Mentor Harro Wendt positioniert haben.

als dass er aktiv Einfluss auf das Klinikgeschehen genommen hätte.[330] Sein Engagement verhalf der Klinik unter anderem zu modernster Technik, wie dem ersten Computertomografen der DDR. Tatsächlich trat Seidel in den Krankenakten der 1970er Jahre nur in Ausnahmefällen als Akteur in Erscheinung. Das unterscheidet ihn deutlich von seinem überaus präsenten Vorgänger. In den wenigen entsprechenden Fällen im Rahmen meiner Stichprobe war weniger sein medizinischer Rat gefragt als der Einsatz seines persönlichen Netzwerkes – etwa als er einem Patienten einen Arbeitsplatz in einer ministeriell unterstellten Einrichtung vermitteln sollte.[331] Ob die Patient:innen der Psychotherapie überhaupt Seidels Bekanntschaft machten, ist unklar. Seidels Einsatz für die Psychotherapie war ein anderer: Er gab Kulawik den Raum, psychodynamische Therapieansätze in der Nervenklinik zu etablieren.[332] Seine Amtszeit endete 1978. Ab diesem Zeitpunkt ging Seidel hauptamtlich der Gesundheitspolitik nach.

Helmut Kulawiks Rolle für die Psychotherapie an der Charité

Leitfigur der Psychotherapie an der Charité der 1970er Jahre war ohne jede Frage Helmut Kulawik.[333] Kulawik war Arzt und vor seiner Tätigkeit in Berlin an der Medizinischen Akademie Dresden tätig.[334] Dort schloss er 1970 die Facharztausbildung in Neurologie und Psychiatrie ab. Unterbrochen wurde seine Ausbildung

---

330 Vgl. u. a. Erices 2020, S. 76.

331 «Da das Naturkundemuseum [...], wo 1 freie Biologenstelle vorhanden, dem MHF untersteht, will sich Prof. Seidel über das MHF unterstützend einschalten», HPAC, 181/76M, Verlaufsdokumentation, Eintrag vom 07. 05. 1976.

332 Darüber legen seine Publikationen Rechenschaft ab, vgl. bspw. Seidel/Kulawik 1978; Seidel/Kulawik 1981.

333 Zu seiner Person wurde bisher nicht wissenschaftlich publiziert, aber sein Werdegang erschließt sich aus seiner Personalakte, vgl. HU UA, Personalakten der Charité, Personalakte Helmut Kulawik. Kulawik wurde am 02. 05. 1941 im oberschlesischen Neustadt (heute Prudnik) als zweites von drei Kindern eines Pfarrers und einer Hausfrau geboren. Noch während des Zweiten Weltkriegs kam er mit seiner Familie nach Boßdorf bei Wittenberg. Bei Kriegsende ging die Familie nach Senftenberg in der Lausitz, wo Kulawik 1959 die Oberschule mit dem Abitur abschloss.

334 Er nahm das Studium der Humanmedizin an der Karl-Marx-Universität Leipzig auf. Nach dem Physikum 1962 wechselte Kulawik an die Medizinische Akademie Dresden «Carl Gustav Carus» und schloss 1965 mit dem Staatsexamen ab. Im gleichen Jahr wurde er mit der Arbeit «Das Verhalten der I/t-Kurven von Normalpersonen bei wiederholter serienmäßiger Reizung des Nerv-Muskel-Systems», betreut von Doz. Dr. Edel, promoviert. In Dresden war er ein Jahr Pflichtassistent in Chirurgie, Innerer Medizin und Neurologie. Anschließend erhielt er im August 1966 die Approbation als Arzt. Nun begann Kulawik die Ableistung des allgemeinärztlichen Jahres in der Neurologisch-Psychiatrischen Klinik an der Medizinischen Akademie Dresden. Im August 1967 fing er an gleicher Stelle als Assistenzarzt an.

1968 von einem mehrwöchigen Sondereinsatz bei der Nationalen Volksarmee (NVA). Die DDR hatte während des Prager Frühlings Truppen an der Grenze zur ČSSR zusammengezogen, war aber nicht direkt an der Niederschlagung der Reformbewegung beteiligt. Seit April 1967 baute Kulawik eine Beratungsstelle für Suizidgefährdete in Dresden auf, die landesweit die erste ihrer Art war und als «Modelleinrichtung» galt.[335] Seit August 1970 arbeitete er als Facharzt für Neurologie und Psychiatrie an der Dresdner Neurologisch-Psychiatrischen Klinik.

Kulawik begann sich verstärkt für Psychotherapie zu interessieren und fand hierfür in Harro Wendt in Uchtspringe einen Mentor. Weil in Dresden keine Oberarztstelle frei wurde, folgte er 1972 dem Ruf Karl Seidels an die Nervenklinik der Charité. Als Oberarzt wurde ihm dort die Leitung der Psychotherapieabteilung anvertraut. Bereits hier zeichnete sich ab, dass Karl Seidel zu einem wichtigen Förderer werden würde. Er verfasste Stellungnahmen und Gutachten für Kulawik, um ihn bei der Universitätsverwaltung als geeignetsten Kandidaten zu präsentieren.

In seiner Berliner Zeit als Oberarzt qualifizierte sich Kulawik laufend weiter.[336] 1976 habilitierte er sich an der Medizinischen Fakultät der Humboldt-Universität zu Berlin zum Thema Suizidversuch.[337] Im Mai 1977 erhielt er die Lehrbefugnis für das Fachgebiet Neurologie und Psychiatrie und wurde im Februar 1978 zum Hochschuldozenten berufen. Nach einer dreijährigen Weiterbildung erhielt Kulawik im Januar 1979 die Anerkennung zum Zweitfacharzt für Psychotherapie. Im September des gleichen Jahres ernannte ihn der Rektor der Humboldt-Universität zu Berlin zum Leiter der Abteilung für Psychiatrie und zum ordentlichen Professor für Neurologie und Psychiatrie.

Kulawik war besonders in der Aus- und Weiterbildung engagiert.[338] An der Charité war er Sonderbetreuer für ausländische Studierende, hielt seit 1975 eine fakultative Vorlesung im Fachgebiet Neurosenlehre und Psychotherapie und erarbeitete ein Lehrskript für Medizinstudierende.[339] Außerdem hielt er im Rahmen der psychotherapeutischen Weiterbildung Problemfallseminare an der Nervenklinik ab. Nachdem das Ministerium für Hoch- und Fachschulwesen die Psychotherapieabteilung der Nervenklinik als Weiterbildungseinrichtung in der Psychotherapie bestätigt hatte, übernahm Kulawik 1981 die Rolle des Weiterbil-

---

335 HU UA, Personalakten der Charité, Personalakte Helmut Kulawik, Beurteilung durch Prof. Ehrig Lange, 03. 09. 1973.

336 Dafür stand er unter anderem in engem Kontakt mit Harro Wendt in Uchtspringe.

337 Vgl. Kulawik 1976.

338 Schon in Dresden hatte er 1972 die zentrale Weiterbildungswoche für psychiatrische Gesundheitsfürsorger:innen beim Institut für Weiterbildung mittlerer Fachkräfte des Ministeriums für Gesundheitswesen konzipiert.

339 Es fanden sich in manchen Tagesberichten Hinweise darauf, dass er Patient:innen seinen Studierenden in der Lehre vorstellte, vgl. HPAC, 477/77F, Tagesbericht vom 21. 09. 1977.

dungsleiters. Im gleichen Jahr vertrat er den Lehrstuhl für Psychiatrie der Nervenklinik der Charité.

Neben seiner Tätigkeit innerhalb der Nervenklinik war Kulawik in der GäP aktiv. Zwischen 1975 und 1976 leitete er dort die «Berliner Arbeitsgruppe Psychotherapie», bevor er bis 1979 erster Sekretär im Vorstand wurde. Seit 1982 war er Vorstandsmitglied der neu gegründeten Sektion «Dynamische Einzeltherapie». In dieser Funktion leitete er zwischen 1984 und 1987 auch entsprechende Kurse.[340] Darüber hinaus brachte Kulawik seine Expertise in die politische Meinungsbildung ein. So war er seit 1979 Mitglied der Zentralen Fachkommission für Psychotherapie an der Akademie für ärztliche Fortbildung der DDR.

Da Kulawik parteilos war und zudem Sohn eines Pfarrers, waren seine gesellschaftspolitische Organisation in der Freien Deutschen Jugend (FDJ), dem Freien Deutschen Gewerkschaftsbund (FDGB) und der Gesellschaft für Deutsch-Sowjetische Freundschaft (DSF) sowie die Förderung durch Seidel als hohes Parteimitglied von entscheidender Bedeutung für seinen Werdegang.[341] So hob Seidel – neben Kulawiks wissenschaftlicher Qualifikation – stets dessen Einsatz als Reserveoffizier und in gesellschaftspolitischen Organisationen hervor. Um der Skepsis von Parteifunktionär:innen gegenüber der Kirche zu begegnen, betonte er, Kulawik habe sich «wohl auch ideologisch völlig von den Kindheitserziehungseinflüssen gelöst», die er in einem Pfarrhaushalt erfahren habe.[342] Er stehe der Partei nahe und sein Verhalten sei von einer «marxistisch-leninistischen Einstellung» bestimmt. Auf Empfehlung der Klinik erhielt Kulawik im Laufe seiner Tätigkeit außerdem eine Reihe von Geldprämien und Auszeichnungen.[343]

---

340 Vgl. Maaz 2011b, S. 227.

341 Während seines Studiums war Kulawik Kulturfunktionär einer FDJ-Seminargruppe. 1965 trat er dem FDGB bei und zwischen 1967 und 1973 war er Mitglied der Assistentenkommission der Medizinischen Akademie Dresden. Von 1974 bis 1979 war Kulawik Beauftragter des Klinikdirektors für Zivilverteidigung. 1976 trat Kulawik außerdem der DSF bei. Er nahm an der marxistisch-leninistischen Weiterbildung für promovierte Wissenschaftler:innen teil, wobei der Besuch des sogenannten Parteilehrjahrs auch für Parteilose in seiner Stellung verpflichtend war.

342 Hier und im Folgenden: HU UA, Personalakten der Charité, Personalakte Helmut Kulawik, Gutachten von Karl Seidel zur Empfehlung Helmut Kulawiks für die Berufung als Hochschuldozent für Psychiatrie und Neurologie, 14. 06. 1977.

343 Zuvor hatte er die Aufbaunadel der Nationalen Front in Silber (1959) und eine urkundliche Auszeichnung «Für hervorragenden Einsatz während der Reservistenübung der NVA im Sommer 1968» (1968) erhalten. Zwischen 1973 und 1982 wurde er viermal als Mitglied eines «Kollektivs der sozialistischen Arbeit» ausgezeichnet, was sich auf die Psychotherapieabteilung bezog. 1979 wurde Kulawik außerdem «Aktivist der sozialistischen Arbeit».

Einführung der dynamischen Gruppenpsychotherapie und Ausweitung der Abteilung

In den 1970er Jahren führte Kulawik die dynamische Gruppenpsychotherapie mit ergänzenden therapeutischen Komponenten ein. Es ist nicht abschließend geklärt, wo Kulawik erstmals mit dem Verfahren in Berührung kam. Anzunehmen ist jedoch, dass er die Methode bei Kurt Höck selbst erlernte. Unter Seidel war die Psychotherapiestation bereits 1972 in die Bereiche 5a und 5b unterteilt worden. Nach Kulawiks Ankunft findet sich zwischen 1973 und 1974 die Bezeichnung «Station 4/5» auf den entsprechenden Aktendeckeln. Ab 1975 wurden die beiden Stationen dann getrennt geführt. Die Trennung war offenbar das Resultat zweier divergierender Psychotherapieansätze. Den Krankenakten ist zu entnehmen, dass die Station 4 vorwiegend individualtherapeutisch arbeitete, während der Fokus der Station 5 auf der dynamischen Gruppenpsychotherapie lag. So stammen die Tagesberichte von 1975 bis 1977 ausschließlich von Station 5. Erst ab 1978 finden sich zusätzlich Tagesberichte von Station 4 (vgl. Tabelle 1). Dass auch Patient:innen der Station 4 zu schreiben begannen, ist ein Hinweis darauf, dass der Einsatz von Tagesberichten inzwischen als bewährt galt. Indem Infrastrukturen für die Individualtherapie geschaffen wurden, bereitete diese «ausgerechnet der ehedem bekämpften analytischen Psychodynamik mit ihrem Fokus auf der frühkindlichen Entwicklung den Weg».[344]

Tabelle 1: Anzahl der Tagesbericht-Konvolute in Abhängigkeit von der Stationszuteilung.

Station	1974	1975	1976	1977	1978
Station 4/5 (undifferenziert)	7	0	0	0	0
Station 4	0	0	0	0	26
Station 5	1	28	44	25	43

Aus der historischen Forschung ist über die psychotherapeutische Ausrichtung der Klinik seit den 1970er Jahren wenig bekannt. Sie lässt sich aber zeitgenössischen wissenschaftlichen Publikationen entnehmen.[345] Anlässlich des 30-jährigen Bestehens der Psychotherapieabteilung der Nervenklinik berichtete Helmut Kulawik über die Entwicklung der dortigen Therapiemethoden in den 1970er und 1980er Jahren.[346] Er erklärte, dass Hansgeorg Schmieschek, der als Psychologe schon unter Karl Leonhard tätig war, seit Beginn der 1970er Jahre Gruppengespräche einsetzte. Sie hätten «zur Bearbeitung neurotischer Fehlhaltungen zu-

344 Geisthövel 2019, S. 213 f.

345 Vgl. Kulawik 1990; Kulawik/Schmaus 1982.

346 Vgl. Kulawik 1990.

sätzlich zur Anwendung der Individualtherapie» gedient und seien «in Abhebung etwa von der psychoanalytischen Gruppenpsychotherapie» sozialpsychologisch orientiert gewesen.[347]

Gemeinsam hatten Schmieschek und Kulawik 1974 auf einem Psychotherapie-Symposium postuliert, dass Neurosen «fallspezifisch» zu behandeln seien. Sie verwiesen darauf, dass bei der Individualtherapie die «Übung und Ablenkung vom Symptom im Vordergrund stehen» sollten und die «Korrektur neurotischer Fehlhaltungen durch Anwendung von Gruppenpsychotherapie in Gang gesetzt werden» könne.[348] In der Folge habe vor allem der Einfluss Kurt Höcks Kulawik zur Vertiefung und Erweiterung «analytisch orientierter Neurosenauffassung und Psychotherapie» geführt.[349]

Die unterschiedliche Ausrichtung der Therapiestationen entsprach Arbeitsschwerpunkten, nicht aber einer rigorosen Trennung methodischer Ansätze. Wie später gezeigt wird, finden sich in der Praxis der Station 5 viele individualtherapeutische Elemente wieder (Kapitel 5). Tatsächlich dokumentieren wissenschaftliche Publikationen sogar Versuche, beide Schwerpunkte therapeutisch gewinnbringend miteinander zu verknüpfen.[350] Sicherlich verlief dieses Neben- und Miteinander nicht ohne Reibung,[351] da Karl Leonhard, der weiterhin an der Klinik weilte, psychodynamischen Ansätzen und der Gruppenpsychotherapie gegenüber kritisch eingestellt war. Er befürchtete – wie er später einräumte – therapeutische Versäumnisse, wenn die individuellen Neurosenformen in der Gesprächsführung in den Gruppen vernachlässigt würden.[352]

Andere Mitglieder der Nervenklinik standen der therapeutischen Integration optimistischer gegenüber. Kulawik und eine Assistentin werteten Anfang der 1980er Jahre aus, wie Elemente der Individualtherapie und der dynamischen Gruppenpsychotherapie in der Abteilung zusammengewirkt hatten.[353] Im Unter-

---

347 Ebd., S. 14.

348 Hier und im Folgenden: ebd.

349 In seinem Psychotherapie-Lehrbuch gibt Kulawik an, wer seine psychotherapeutische Arbeit prägte: «Die eigene Ausrichtung kommt nicht von ungefähr, sie wurde wesentlich gefördert von meinem langjährigen Lehrer, Herrn Prof. Dr. Seidel, nachdem schon mein erster klinischer Lehrer, Herr OMR Prof. Dr. E. Lange, meinem gegenwärtigen Denken und Tun entscheidende Impulse gegeben hatte. Wichtig war für mich auch die Bekanntschaft mit zwei Fachkollegen, mit Herrn OMR Doz. Dr. Kurt Höck und mit Herrn MR Dr. W. König [...]», Kulawik 1984b, S. 7.

350 Vgl. Seidel/Kulawik 1981.

351 Vgl. Atzl/Hess 2005.

352 Vgl. Leonhard 1979.

353 Vgl. Kulawik/Schmaus 1982, S. 642. Seit 1968 bestand auf der Psychotherapiestation ein Lochkartensystem über Diagnose, Persönlichkeitszüge, Ausgangserlebnisse, subjektive und objektive Krankheitsdauer, Alter der Patient:innen, Dauer des stationären Aufenthalts, Therapieerfolg, Vorbehandlungen, Konflikte und «iatrogene Schädigung» für die statistische Auswer-

suchungszeitraum von 1968 bis 1978 seien insgesamt 1293 Patient:innen psychotherapeutisch behandelt worden: 688 davon im Zeitraum von 1968 bis 1973 mit der Individualtherapie und weitere 605 zwischen 1974 und 1978 mit einer «dynamisch orientierten Konzeption».[354] Die statistische Auswertung ergab unter anderem, dass die Kombination aus dynamischer Gruppenpsychotherapie und Individualtherapie katamnestisch erfolgreicher schien als die Individualtherapie allein.[355] Patient:innen, die kombiniert behandelt wurden, seien seltener erneut aufgenommen worden. Daraus leiteten die Autor:innen ab, dass die Individualtherapie allein die «Patienten in ihrer neurotischen Struktur» weniger verändere.[356] Die Kombination hätte zwar zum Teil eine verlängerte Therapiedauer bedingt.[357] Dennoch habe sich die Organisation der stationären Psychotherapie zwischen 1974 und 1978 «als ökonomischer erwiesen», da «doppelt so viele Patienten pro Behandlungsjahr und pro vorhandenem Bett aufgenommen» worden seien und die Zahl der Patient:innen pro Therapeut:in stieg.[358]

Hinwendung zur psychodynamischen Einzeltherapie

Auch in den 1980er Jahren spielte Helmut Kulawik eine zentrale Rolle für die Psychotherapie. Für die Klinikleitung galt dies hingegen nicht mehr. Heinz A. F. Schulze (1922–2015) folgte Karl Seidel 1978 als Direktor der Nervenklinik.[359]

tung. Dieses Lochkartensystem ist nicht überliefert. Die Autor:innen gingen von einer «Hypothese der geringeren Effektivität bei Methodenkombination» aus. Diese Vorannahme wurde damit begründet, dass «symptomorientierte Verfahren [Individualtherapie] [...] den Patienten vorwiegend passiv handeln [ließen], da er von seinem Therapeuten in seinen Handlungen und Entscheidungen aktiv geleitet wird, während die persönlichkeitszentrierte Therapie die aktive Mitarbeit des Patienten» fordere, ebd.

354 Ebd.

355 Ebd., S. 643.

356 Ebd., S. 644.

357 Manchmal seien sie nacheinander angewendet worden. Die dynamische Gruppenpsychotherapie sei aber auf acht Wochen limitiert gewesen und da sich die Gesamtheit der Patient:innen «aus chronischen und erheblich chronifizierten Fällen» zusammengesetzt habe, habe man eine Mindestdauer von zwölf Wochen Psychotherapie mit diesen Methoden auch kaum unterschreiten können, vgl. ebd., S. 644.

358 Kulawik/Schmaus 1982, S. 643.

359 Heinz A. F. Schulze wurde am 06.02.1922 in Perleberg geboren. Anders als viele Mediziner:innen, die auch in der DDR häufig aus Akademiker:innenfamilien kamen, stammte Schulze aus einem Handwerker:innenhaushalt. Er setzte in der Familie durch, das Abitur ablegen zu dürfen, und begann, mit einiger Verzögerung durch den Einsatz im Zweiten Weltkrieg und eine anschließende Kriegsgefangenschaft, 1949 ein Medizinstudium an der Humboldt-Universität zu Berlin, vgl. Anonym 2017. 1960 wurde er mit Leitung und Neuaufbau der Abteilung für klinische Neuroanatomie und Gehirnpathologie betraut. Schulze saß ab 1971 der Berliner Ge-

Während seiner bis 1987 andauernden Amtszeit waren die Leiter der Abteilungen fachlich verantwortlich, sodass Schulze als Neurologe kaum Einfluss auf die Entwicklung der Psychotherapie nahm. Kulawik begann sich unterdessen für die psychodynamische Einzeltherapie zu interessieren. Seit 1979/80 sei an der Charité neben der Individualtherapie «vornehmlich eine psychodynamische Therapie angewendet [worden] in Gestalt einer dynamischen Gruppenpsychotherapie in geschlossenen Gruppen oder in Gestalt einer psychodynamischen Einzelpsychotherapie» im Sinne seiner Kurztherapie, schrieb Kulawik im Rückblick.[360] 1982 empfahl er bei speziellen Indikationen zudem eine Kombination aus dynamischer Gruppenpsychotherapie und psychodynamischer Einzelbehandlung.[361] 1984 erschien sein Leitfaden *Psychodynamische Kurztherapie.*[362] Daneben publizierte er zum Traum in der Psychotherapie und in der Wendezeit zur Psychosomatik.[363] Insbesondere die Traumarbeit gewann schließlich Bedeutung für die psychotherapeutische Praxis der Charité (Kapitel 9).

sellschaft für Psychiatrie und Neurologie vor und leitete ab 1974 die nationale Gesellschaft für Psychiatrie und Neurologie. Außerdem wurde er Chefredakteur der Zeitschrift *Psychiatrie, Neurologie und medizinische Psychologie*, vgl. Kumbier 2020b, S. 152. Dass Schulze als systemtreu galt, half ihm beim Aufstieg zum Klinikdirektor, vgl. Erices 2020, S. 76. «1964 trat er der SED bei. Darüber hinaus gehörte er der APO (Abteilungsparteiorganisation der SED) Leitung der Nervenklinik der Charité an. Von 1968 bis 1969 besuchte er die Universitätsparteischule und ab 1973 einen Zweijahres-Lehrgang zur marxistisch-leninistischen Weiterbildung für Hochschullehrer. [...] Schulze arbeitete von 1978 bis zu seiner Emeritierung 1987 als IMS ‹Schumann› mit dem Ministerium für Staatssicherheit zusammen», Kumbier 2020b, S. 152 f. Er war ein Schüler Karl Leonhards und Oskar Vogts (1870–1959). Damit spezialisierte er sich auf Neurologie und erhielt mit der Einführung selbstständiger Lehrstühle für Psychiatrie, Neurologie sowie Kinder- und Jugendpsychiatrie 1989 auch den entsprechenden Lehrstuhl an der Charité. Schulze verstarb am 23.04.2015 in Berlin.

360 Kulawik 1990, S. 15.

361 Vgl. Kulawik 1982, S. 227.

362 Vgl. Kulawik 1984a. Karl Seidel würdigte das und attestierte: «In den vergangenen Jahren hat er durch seine Tätigkeit eine große Vielfalt von neuen, dem internationalen Stand entsprechenden, therapeutischen Formen in die klinische Routine der genannten Abteilung eingeführt. Es ist dadurch gelungen, den spezifischen Charakter der bestehenden Abteilung zu wahren und durch neue therapeutische Elemente in der Qualität der hochspezialisierten medizinischen Betreuung zu entwickeln», HU UA, Personalakten der Charité, Personalakte Helmut Kulawik, Auszeichnungsantrag von Karl Seidel für Doz. Dr. sc. Med. Kulawik, Helmut mit der Medaille «Aktivist der sozialistischen Arbeit» zum 01.05.1978.

363 Vgl. Kulawik 1984b; Kulawik 1985; Kulawik 1991.

Zwischenfazit

In den 30 Jahren des Bestehens der DDR machte die therapeutische Ausrichtung der Nervenklinik einen erstaunlichen Wandel durch. Dominierten in den 1950er Jahren Therapiemethoden, die sich in die Pawlow-Kampagne einfügen ließen, öffnete sich die Nervenklinik seit den 1970er Jahren für psychodynamische Therapieansätze. Zwischen 1974 und 1978 liefen an der Charité zwei Entwicklungslinien zusammen: Einerseits hatte Karl Leonhard eine Psychotherapiestation etabliert, die mit ihren verhaltenstherapeutischen Anklängen eher der traditionellen Ausrichtung der Klinik entsprach. Andererseits zogen der Direktorenwechsel und die Einstellung Kulawiks eine – sicherlich nicht konfliktfreie – methodische Öffnung nach sich. Dies entsprach einem Trend zur Verbreitung der dynamischen Gruppenpsychotherapie in der DDR (Kapitel 2). Eine wachsende Zahl von Einrichtungen arbeitete mit dem Konzept und richtete das Versorgungssystem zunehmend am «abgestuften System der Diagnostik und Therapie der Neurosen» aus. Die Verbreitung psychodynamischer Therapieansätze wurde an der Charité von vielen Berufsgruppen getragen, darunter Ärzt:innen, Psycholog:innen, Pflegende, Krankengymnast:innen und Fürsorger:innen. Auch wenn die historische Betrachtung gerne die männlichen Klinikdirektoren und Leitfiguren der Psychotherapie in den Mittelpunkt rückt, so stellten Frauen einen wesentlichen Anteil des Personals in der Abteilung oder waren sogar in der Mehrheit.

3.2 Wege in die psychotherapeutische Behandlung

Patient:innen kamen in aller Regel nicht direkt über die Aufnahme in die Nervenklinik, sondern sie wurden von ihren behandelnden Ärzt:innen überwiesen. Im Wesentlichen gab es drei Wege in die Klinik. Der direkteste war die Aufnahme über die Poliklinik der Nervenklinik.[364] Meist findet sich in der Krankenakte der Vermerk «Kommt über unsere Poliklinik» mit einem Verweis auf deren vorläufige Diagnose über der Dokumentation des Aufnahmegesprächs.[365]

Ein zweiter Weg führte über die Überweisung aus einer ambulanten Behandlung andernorts, also über andere Polikliniken und Ambulatorien. Häufig war dort eine Diagnostik vorgenommen und eine Behandlung eingeleitet worden. Wie das folgende Überweisungsschreiben aus dem städtischen Krankenhaus in Berlin-Prenzlauer Berg zeigt, finden sich in einigen Überweisungsschreiben Angaben über die Verwendung von Siebtests nach Höck und Hess, wie sie im «abgestuften System» vorgesehen waren:

364 Wie lange die Patient:innen dort zuvor in Behandlung waren, ließe sich durch eine weiterführende Auswertung der separat geführten Akten der Poliklinik erschließen.

365 Beispiel: HPAC, 28/76F.

Mit der Pat. wurden konfliktzentrierte Einzelgespräche und Erlernung des autogenen Trainings vereinbart. Die Besserung der Symptomatik unterlag starken Schwankungen in Abhängigkeit der Beziehung zum Therapeuten. Mit dem autogenen Training wurden keine Fortschritte erzielt. Mit der Pat. wurde ihre Abhängigkeit vom Therapeuten durchgesprochen. Sie ließ sich auf eigenen Wunsch für eine stationäre Psychotherapie überweisen.

BFB und VFB im Neurosebereich. 470-F-Test (Überarbeitete Form des MMPI nach Höck u. Hess) L = 7; F = 7; K = 19; Hd = 31; D = 34; Hy = 40; Pp = 32; Mf = 30; Pa = 10; Pt = 31; Sc = 31; Ma = 22; Si = 26 (T-Werte).[366]

In Ausnahmefällen wurden die ausgefüllten Testbögen des BFB und VFB mit der Bitte um Weiterbehandlung an die Charité übersandt und in der Krankenakte dokumentiert (vgl. Abb. 5). An dem obigen Beispiel ist außerdem bemerkenswert, dass die Überweisung auf eigenen Wunsch erfolgte, die Patientin also über die Möglichkeit dieser Behandlung informiert schien. Einige waren zuvor bereits in mehrjähriger Behandlung. Gelegentlich erlernten sie dort autogenes Training, die am häufigsten ambulant praktizierte Psychotherapiemethode.[367] Häufig waren die Patient:innen vor der Aufnahme zusätzlich oder alternativ mit psychotropen Medikamenten behandelt worden (darunter Antidepressiva, Tranquilizer und Barbiturate).[368] Viele Patient:innen wurden erst nach einer über Jahre erfolglosen, meist medikamentösen Behandlung überwiesen, anhaltenden Leidensdruck und Arbeitsunfähigkeit vorausgesetzt.[369]

Ein dritter Weg führte über Voraufenthalte in anderen psychiatrischen Kliniken, in der Regel in Landes- oder Bezirkskrankenhäusern für Neurologie und Psychiatrie. In einem Teil der Fälle war dort nur eine stationäre Diagnostik erfolgt. In anderen Fällen waren die Patient:innen ohne Besserung länger stationär in Behandlung gewesen. Oft war eine psychotherapeutische Behandlung mangels Qualifikation oder Kapazitäten vor Ort nicht durchzuführen. Manche Überwei-

366 HPAC, 369/76F, Überweisungsschreiben eines Diplom-Psychologen des Städtischen Krankenhauses Berlin-Prenzlauer Berg vom 18.03.1976. Ein ähnlich lautendes Überweisungsschreiben von gleicher Stelle, dem zufolge «der Abschluss des autogenen Trainings […] ohne Erfolg» geblieben sei, findet sich in HPAC, 429/76M.

367 Vgl. u. a. Marks 2018.

368 Das bestätigen auch Bach et al. 1979, S. 591 f.: «Zunächst sei festgestellt, daß in relativ hohem Maße Psychopharmaka – vor allem Ataraktika – zur Anwendung kommen. Diese Therapie begründet sich einmal durch die Notwendigkeit, symptomatisch vorzugehen, um den Patienten wenigstens partiell Hilfe zu bieten. In dem Maße, wie es gelang, ein psychotherapeutisches, vor allem gruppentherapeutisches System […] aufzubauen, tritt dieser Aspekt in den Hintergrund.»

369 Beispiel: HPAC, 410/78F, Überweisungsschreiben einer Kreispoliklinik Forst (Lausitz) vom 18.05.1978.

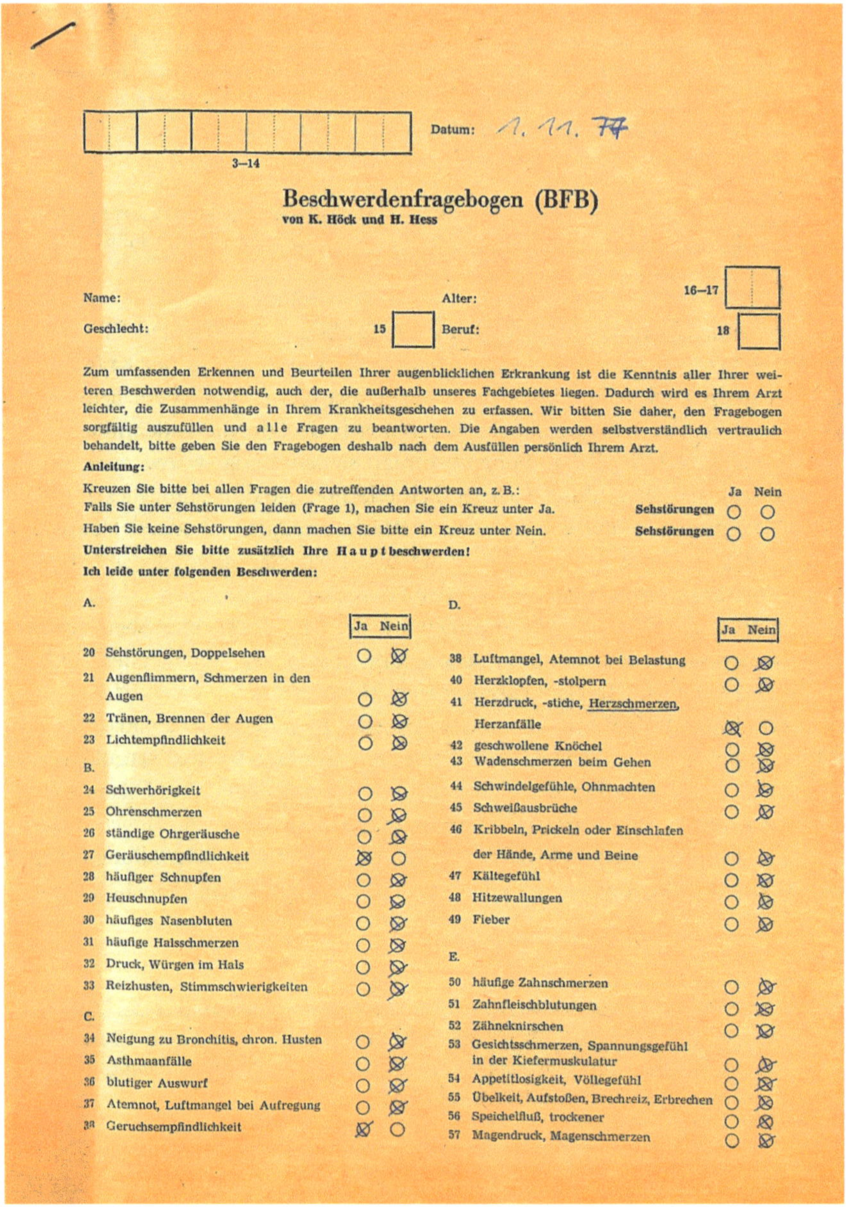

3–14

Datum: 1. 11. 77

Beschwerdenfragebogen (BFB)

von K. Höck und H. Hess

Name: Alter: 16–17

Geschlecht: 15 Beruf: 18

Zum umfassenden Erkennen und Beurteilen Ihrer augenblicklichen Erkrankung ist die Kenntnis aller Ihrer weiteren Beschwerden notwendig, auch der, die außerhalb unseres Fachgebietes liegen. Dadurch wird es Ihrem Arzt leichter, die Zusammenhänge in Ihrem Krankheitsgeschehen zu erfassen. Wir bitten Sie daher, den Fragebogen sorgfältig auszufüllen und alle Fragen zu beantworten. Die Angaben werden selbstverständlich vertraulich behandelt, bitte geben Sie den Fragebogen deshalb nach dem Ausfüllen persönlich Ihrem Arzt.

Anleitung:

Kreuzen Sie bitte bei allen Fragen die zutreffenden Antworten an, z. B.:

		Ja	Nein
Falls Sie unter Sehstörungen leiden (Frage 1), machen Sie ein Kreuz unter Ja.	Sehstörungen	○	○
Haben Sie keine Sehstörungen, dann machen Sie bitte ein Kreuz unter Nein.	Sehstörungen	○	○

Unterstreichen Sie bitte zusätzlich Ihre Haupt beschwerden!

Ich leide unter folgenden Beschwerden:

		Ja	Nein
A.			
20	Sehstörungen, Doppelsehen	○	⊗
21	Augenflimmern, Schmerzen in den Augen	○	⊗
22	Tränen, Brennen der Augen	○	⊗
23	Lichtempfindlichkeit	○	⊗
B.			
24	Schwerhörigkeit	○	⊗
25	Ohrenschmerzen	○	⊗
26	ständige Ohrgeräusche	○	⊗
27	Geräuschempfindlichkeit	⊗	○
28	häufiger Schnupfen	○	⊗
29	Heuschnupfen	○	⊗
30	häufiges Nasenbluten	○	⊗
31	häufige Halsschmerzen	○	⊗
32	Druck, Würgen im Hals	○	⊗
33	Reizhusten, Stimmschwierigkeiten	○	⊗
C.			
34	Neigung zu Bronchitis, chron. Husten	○	⊗
35	Asthmaanfälle	○	⊗
36	blutiger Auswurf	○	⊗
37	Atemnot, Luftmangel bei Aufregung	○	⊗
38	Geruchsempfindlichkeit	⊗	○
D.			
38	Luftmangel, Atemnot bei Belastung	○	⊗
40	Herzklopfen, -stolpern	○	⊗
41	Herzdruck, -stiche, Herzschmerzen, Herzanfälle	⊗	○
42	geschwollene Knöchel	○	⊗
43	Wadenschmerzen beim Gehen	○	⊗
44	Schwindelgefühle, Ohnmachten	○	⊗
45	Schweißausbrüche	○	⊗
46	Kribbeln, Prickeln oder Einschlafen der Hände, Arme und Beine	○	⊗
47	Kältegefühl	○	⊗
48	Hitzewallungen	○	⊗
49	Fieber	○	⊗
E.			
50	häufige Zahnschmerzen	○	⊗
51	Zahnfleischblutungen	○	⊗
52	Zähneknirschen	○	⊗
53	Gesichtsschmerzen, Spannungsgefühl in der Kiefermuskulatur	○	⊗
54	Appetitlosigkeit, Völlegefühl	○	⊗
55	Übelkeit, Aufstoßen, Brechreiz, Erbrechen	○	⊗
56	Speichelfluß, trockener	○	⊗
57	Magendruck, Magenschmerzen	○	⊗

Abbildung 5: HPAC, 409/78M, Übersandter Beschwerdefragebogen nach Höck und Hess, Seite 1, 01.11.1977.

sungsschreiben legitimierten sich mit dem Hinweis auf das einzigartige therapeutische Angebot an der Charité.[370]

Welche Wege respektive Umwege manche Kranken bis zur Aufnahme zur psychotherapeutischen Behandlung zurückzulegen hatten, unterstreicht ein Überweisungsschreiben der Neurologischen Klinik des Krankenhauses der Volkspolizei Berlin. Die Bitte um Übernahme wurde mit fundierter Kenntnis von Leonhards Klassifizierung begründet:

> Es handelt sich bei [der Patientin] um eine langandauernde, bereits chronifizierte senso-hypochondrische Entwicklung bei einer primär sensitiv-paranoischen Persönlichkeit mit demonstrativen Strukturanteilen. Die langjährige iatrogene Fixierung des Krankheitsbildes sowie die soziale Isolierungstendenz, die bei der Pat. besteht, rechtfertigen nach unserer Meinung den Versuch einer soziotherapeutisch orientierten Gruppenpsychotherapie. Trotz der oft im Vordergrund stehenden demonstrativen Ausgestaltung des subjektiven Beschwerdebildes ist ein erheblicher Leidensdruck erkennbar, der auch für eine therapeutische Zugänglichkeit spricht. Wir haben der Pat. eine Behandlung in Ihrer Klinik angetragen, es besteht grundsätzliches Einverständnis und Bereitschaft zur längerdauernden stationären Psychotherapie. Wir möchten Sie bitten, den Fall unserer Patientin zu prüfen, da in ihrem Heimatbezirk Neubrandenburg keine entsprechenden Möglichkeiten existieren.[371]

Gelegentlich ebneten auch persönliche Kontakte den Weg, wie ein Überweisungsschreiben aus Kulawiks früherer Wirkstätte in Dresden zeigt:

> Wir wären Ihnen sehr dankbar, wenn Sie die Patn. sobald wie möglich einberufen könnten, da sie in unserem Einzugsbereich wohnt, ständig neue Probleme aufwirft und wir die hiesigen psychotherapeutischen Möglichkeiten auf dem Weißen Hirsch nicht für ausreichend halten, zumal die Patn. gelegentlich auch Suicidabsichten geäußert haben soll. Ihre abnorme Entwicklung lässt sich bis in die Kindheit zurückverfolgen. Herr Kollege [...] wies mich auf Ihr freundliches Angebot hin, gelegentlich auch geeignete Patienten aus Dresden aufnehmen zu wollen. Mit vielem Dank und ganz herzlichen persönlichen Grüßen [...].[372]

Dass die Wurzeln ihrer Beschwerden in die Kindheit zurückzuverfolgen seien, trug hier dazu bei, die Patientin als «geeignet» erscheinen zu lassen. Die Überweisung in die Psychotherapiestation war an eine Neurosediagnose gebunden, wie die untenstehende Auswertung des Krankenaktensamples zeigt. Oft boten sich vor Ort keine geeigneten Möglichkeiten. Umgekehrt belegen diese Befunde auch, dass es eine große, kaum sichtbare Anzahl an Patient:innen gab, die in Er-

370 Beispiel: HPAC, 288/78M, Überweisungsschreiben, undatiert.

371 HPAC, 42/76F, Überweisungsschreiben des Krankenhauses der Volkspolizei Berlin, Neurologische Klinik, vom 01.09.1975.

372 HPAC, 179/77F, Überweisungsschreiben der Medizinischen Akademie «Carl Gustav Carus» Dresden, adressiert an Helmut Kulawik, vom 03.12.1976.

mangelung psychotherapeutischer Angebote über viele Jahre medikamentös behandelt wurden.

In einem Einzelfall gelang es einem Patienten, seine Aufnahme über eine Eingabe an das Zentralkomitee der SED zu erwirken, das sich nach Eingang des Schreibens an Karl Seidel wandte.[373] Dass Karl Seidel in den 1980er Jahren als Leiter der Abteilung Gesundheitspolitik beim ZK der SED auf ebendiesem Wege Patient:innen Zugang zu Behandlungen in der Charité ermöglichte, zeigte Florian Bruns.[374]

Einen Sonderfall stellen außerdem Patient:innen dar, die infolge oder in Zusammenhang mit einer Straftat zur Behandlung in die Psychotherapieabteilung verlegt wurden. Im untersuchten Sample fanden sich drei Akten von Männern aus dem Jahr 1978, auf die dies zutrifft. Ein Patient hatte laut Epikrise 1977 einen Diebstahl begangen und wurde forensisch-psychiatrisch beurteilt. Wie die Beurteilung lautete und ob er explizit deswegen behandelt wurde, bleibt unklar.[375] Auch in der Epikrise einer anderen Akte wurde die Relation der Behandlung zu einer nicht näher definierten Straftat nur implizit offenbar:

> Der Pat. nahm für wenige Tage an einer geschlossenen Gruppe teil und bestand dann auf Entlassung, da seine Lebenssituation völlig ungeklärt sei. In der Gruppe war seine aggressive Gehemmtheit und Verleugnung eigener Wünsche andeutungsweise erkennbar geworden. Er selbst sah einen Zusammenhang zur Straftat und bat um eine Beratung, wonach er sich um Beistand durch einen Anwalt bemühen will und sich möglicherweise auch einer gerichtspsychiatrischen Begutachtung stellt.[376]

In einem Fall lag aber bereits der Durchschlag eines Gutachtens «Betr.: Strafverfahren […] wegen mehrfachen sexuellen Mißbrauches von Kindern» der Krankenakte bei.[377] Erstellt hatte es Ehrig Lange (1921–2009), Obermedizinalrat und Direktor der Neurologisch-Psychiatrischen Klinik und Poliklinik der Medizinischen Akademie «Carl Gustav Carus» Dresden.[378] Das Gutachten bescheinigt einen «Krankheitswert[…] einer schwerwiegend abnormen Entwicklung der Persönlichkeit», sodass eine «tatbezogen erhebliche Verminderung der Zurechnungsfähigkeit gemäß § 16 StGB» vorliege. Daher sei ein «langfristig anzusetzende[r] intensive[r] Versuch einer umfassenden Psychotherapie» erforderlich, wobei Medikamente das «natürliche[…] Sexualbegehren[…]» vorübergehend

373 Vgl. HPAC, 319/75M.

374 Vgl. Bruns 2012, S. 356.

375 HPAC, 566/78M, Epikrise vom 04.03.1979.

376 HPAC, 338/78M, Epikrise vom 21.07.1978.

377 Zur gerichtspsychiatrischen Begutachtungspraxis in der DDR vgl. Geisthövel 2020b.

378 HPAC, 391/78M, Gutachten vom 07.04.1978, nach Untersuchung in der Gerichtspsychiatrischen Spezialabteilung der Neurologisch-Psychiatrischen Klinik der Medizinischen Akademie «Carl Gustav Carus» Dresden zwischen dem 06.03.1978 und dem 25.03.1978, im Folgenden: S. 22 ff.

dämpfen sollten. Weil es mit zunehmendem Alter schwieriger werde, die Behandlung erfolgreich durchzuführen, sollte die Psychotherapie alsbald aufgenommen werden. Das Gutachten macht auch darauf aufmerksam, dass die stationäre Behandlung kapazitätsmäßig schwierig werden würde, da es in der DDR noch nicht genügend «Spezialeinrichtungen mit der Qualifikation für solche schwierigen Behandlungen» gebe. Die Empfehlung, eine Psychotherapie anzuordnen, begründet das Gutachten weiterhin mit der «exhibitionistischen Entfaltung» des Begutachteten und seiner «normabweichenden Lustbindung auf Mädchen im strafrechtlichen Schutzalter», wodurch er «für sich und für die Gesellschaft eine erhebliche Gefahr in sich» trage. Der Krankenakte zufolge wurde der Patient in das gruppenpsychotherapeutische Programm der Station aufgenommen, weitere Bezüge zur Straftat fanden sich allerdings kaum. Es ist fraglich, inwiefern dieses Gutachten und die im Folgenden eingeleitete Psychotherapie Ausdruck einer «‹Therapeutisierung› sozialer Devianz» in der DDR waren.[379] Die Ausdehnung psychotherapeutischer Behandlungen auf straffällig gewordene Personen in der DDR stellt weiterhin ein Forschungsdesiderat dar.[380]

3.3 Die Patient:innen

Nun, da wir wissen, wie Patient:innen in die Nervenklinik kamen, wenden wir uns der Frage zu, wer überhaupt Patient:in der Nervenklinik wurde. Dabei interessieren nicht die individuelle Identität, sondern Aussagen über die geschlechtliche Zusammensetzung, die Altersstruktur, die Herkunft und die Berufsgruppen der Patient:innen. Diese Erhebung liefert die Grundlage, um später zu diskutieren, ob psychotherapeutische Angebote eine spezifische Zielgruppe hatten und ob der Zugang zu psychotherapeutischer Behandlung auch im «Arbeiter-und-Bauern-Staat» privilegiert, das heißt bestimmten demografischen Gruppen vorbehalten war. Zu diesem Zweck wurden die Basisdaten auf den Deckeln der 174 untersuchten Krankenakten systematisch erfasst (vgl. Abb. 6). Dazu zählen der Behandlungszeitraum sowie gegebenenfalls frühere Aufenthalte in der Charité, die Station, die Diagnose und der verwendete Diagnoseschlüssel.[381]

379 Geisthövel/Hess 2017, S. 17.

380 Zur Lage in der BRD vgl. Streng 2011.

381 Aus diesen Jahren gibt es, anders als bei der Mehrzahl älterer Krankenakten, keine Mappen mit Vordruck auf der Außenseite. Hier sind die Felder handschriftlich angelegt und auf wenige Angaben reduziert. Die Konfession wurde erwartungsgemäß nicht mehr erfasst.

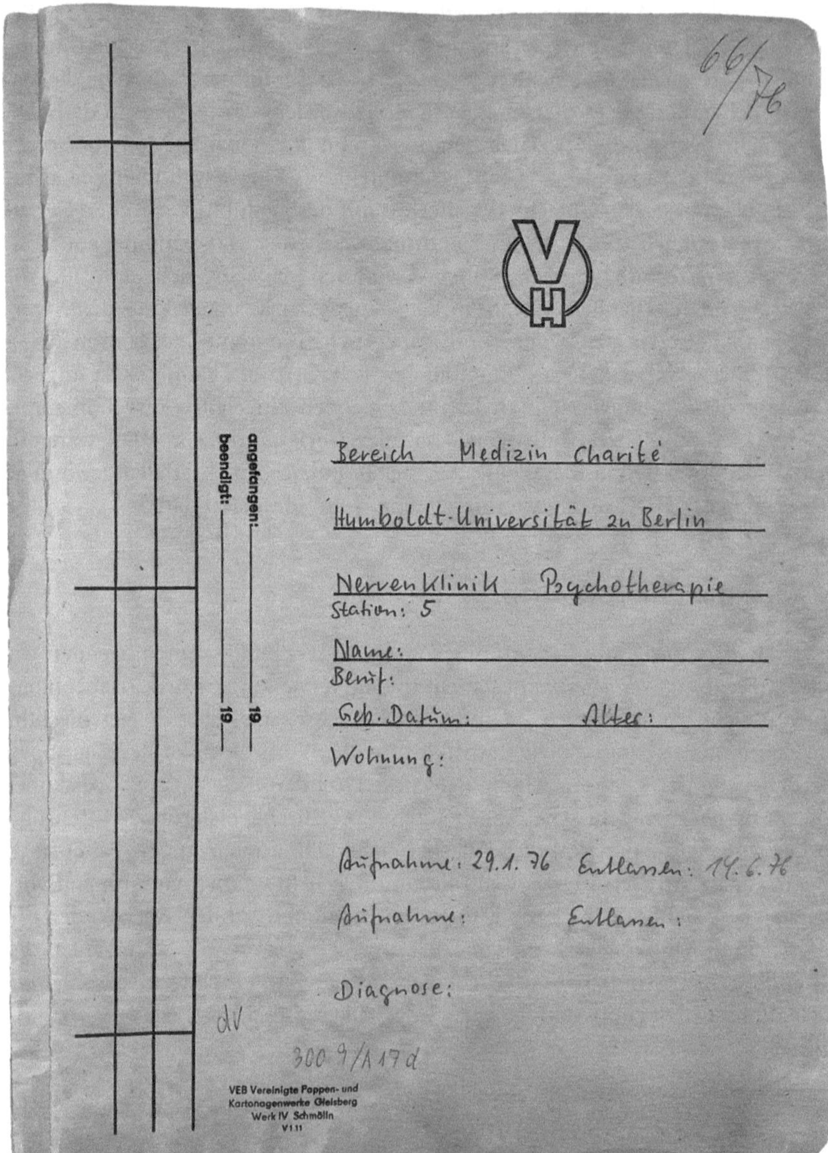

Abbildung 6: HPAC, 66/76F, Beispielhafter Aktendeckel einer Krankenakte aus der Psychotherapieabteilung.

Geschlecht

War ein Geschlecht bei der Aufnahme in die Psychotherapie bevorzugt, oder war die Zusammensetzung der Gruppen ausgeglichen? Das Sample umfasst 85 Frauen und 89 Männer (vgl. Tabelle 2). Die Geschlechterverteilung war also überwiegend ausgeglichen. Es lässt sich auf diesem Weg keine Häufung oder Selektion aufgrund etwaiger geschlechtsspezifischer Codierung von psychischer Vulnerabilität feststellen. Die Behandlung beider Geschlechter auf gemeinsamen Stationen entspricht sozialpsychiatrischen Forderungen der Zeit und bricht mit der tradierten Trennung männlicher und weiblicher Patient:innen in psychiatrischen Anstalten. Ob sich die Geschlechterzusammensetzung der Gruppen bei grundsätzlicher Offenheit spontan ergab oder forciert wurde, lässt sich nicht mit Sicherheit feststellen. Therapeut:innen der Neurosenklinik Berlin-Hirschgarten verwiesen allerdings darauf, dass sie die Gruppen ausgewogen zusammenzustellen versuchten.[382] Das hier untersuchte Sample legt eine ähnliche Praxis nahe. Allerdings hätten sich am HdG den Therapeut:innen zufolge zunehmend mehr Frauen für die Psychotherapie angemeldet und daher länger auf Therapieplätze warten müssen als Männer.[383] Da die nicht angenommenen oder verschobenen Überweisungen aus der Charité nicht überliefert sind, lässt sich eine ähnliche Situation hier nur mutmaßen.

Tabelle 2: Verteilung der Krankenakten mit Tagesberichten, abhängig vom Jahr der Aufnahme und vom Geschlecht der Patient:innen.

Jahr	Frauen	Männer	Gesamt
1974	4	4	8
1975	13	15	28
1976	20	24	44
1977	16	9	25
1978	32	37	69
Gesamt	85	89	174

382 «Obwohl vereinzelt erfolgreiche Behandlungsverläufe mit geschlechtshomogenen Gruppen berichtet werden, werden diese Gruppen im allgemeinen jedoch geschlechtsgemischt durchgeführt», Höck/König 1976, S. 152.

383 Vgl. Ecke 2011, S. 442. 1958 hätten sich noch ungefähr gleich viele Frauen und Männer für die psychotherapeutische Behandlung angemeldet. In den 1970er Jahren habe sich das Verhältnis aber bereits zu einem Überhang von Frauen verschoben. 1982 habe es bei den Anmeldungen eine «Zwei-Drittel-Mehrheit» von Frauen gegeben.

Alter

Wie alt waren die Patient:innen zum Zeitpunkt ihrer Behandlung? Waren bestimmte Alterskohorten besonders stark vertreten? Die Spanne umfasst Patient:innen im Alter von 16 bis 59 Jahren. Das Alter der Behandelten bewegte sich aber überwiegend zwischen 20 und 50 Jahren, wobei Männer im Schnitt etwas älter waren als Frauen (vgl. Tabelle 3). Häufig waren Frauen in ihren Dreißigern und Männer in ihren Dreißigern und Vierzigern. Auf die Aufnahme jugendlicher Patient:innen wurde überwiegend verzichtet. In den wenigen verzeichneten Fällen merkten die betreffenden Patient:innen selbst an, dass sich ihr Erfahrungshorizont aufgrund ihres Alters von dem der älteren Patient:innen unterscheide. Die jüngeren Patient:innen fanden sich nach eigenen Angaben in den Unterhaltungen der Gruppenstunden nicht wieder und konnten von der Auseinandersetzung mit ihren Mitpatient:innen nicht entsprechend profitieren. Zum Teil äußerten sich auch ältere Patient:innen kritisch, weil sie den Rat jüngerer Mitpatient:innen nicht als hilfreich empfanden.[384] Vermutlich veranlassten diese Erfahrungen die Therapeut:innen dazu, keine jugendlichen Patient:innen mehr aufzunehmen. An anderer Stelle passte Agathe Israel (*1949) die dynamische Gruppenpsychotherapie seit Ende der 1970er für Jugendliche an.[385]

Personen, die älter als 50 Jahre alt waren, wurden aufgrund ihres Alters zum Teil anderswo für eine Psychotherapie abgelehnt und nun an der Charité aufgenommen.[386] Menschen nach dem 60. Lebensjahr blieb die Psychotherapie hier aber ebenfalls verschlossen. Der Aktenbestand enthält keine Nachweise über abgelehnte Patient:innen, sodass unklar bleibt, ob ältere Patient:innen nicht überwiesen oder aktiv abgelehnt wurden. Bei den Akten angenommener Patient:innen finden sich aber gelegentlich Verweise darauf, dass die überweisenden Ärzt:innen die Psychotherapie für angemessen hielten, da die Patient:innen noch jung seien und die Therapie mit Blick auf die folgende Berufstätigkeit indiziert sei. Ein ausreichender Erfahrungshorizont und das arbeitsfähige Alter waren Aufnahmekriterien für die Psychotherapie der Charité.

384 Beispiel: HPAC, 304/78F, Tagesbericht vom 14.06.1978.

385 Vgl. Sauer/Steinitz 2001. Israel stellte dafür nonverbale Therapiekomponenten stärker in den Fokus, vgl. Israel 2011.

386 Beispiel: HPAC, 8/78M, Überweisungsschreiben vom HdG vom 18.10.1977. Dieses dokumentiert die Ablehnung des Patienten für die Therapie in der Neurosenklinik in Berlin-Hirschgarten.

Tabelle 3: Altersstruktur der schreibenden Patient:innen, abhängig vom Geschlecht.

Alter	Frauen	Männer	Gesamt
bis 20	3	1	4
20–29	22	23	45
30–39	40	30	70
40–49	19	29	48
50–59	1	6	7
60 +	0	0	0
Gesamt	85	89	174

Wohnort

Woher kamen die Patient:innen? Knapp die Hälfte waren Einwohner:innen Ostberlins (N = 82), die andere Hälfte Einwohner:innen der 14 Bezirke (N = 91). Außerdem begaben sich zwei Personen aus Westberlin in psychotherapeutische Behandlung an der Charité. Aus der BRD kamen keine weiteren Patient:innen. Für die Auswertung wurden die Wohnortangaben auf den Deckeln der Krankenakten der Bezirksgliederung der DDR zugeordnet (vgl. Tabelle 4). Es zeigt sich eine deutliche Häufung von Patient:innen aus den angrenzenden Bezirken Potsdam (N = 22) und Frankfurt (N = 17). Es liegt nahe, dass die geografische Nähe zu dieser Häufung beitrug. Außerdem kam eine beachtliche Anzahl aus dem weiter entfernten Bezirk Dresden (N = 18), was sicherlich durch die persönlichen Kontakte von Seidel und Kulawik mitbedingt war. Außerdem kamen einige aus dem psychotherapeutisch deutlich unterversorgten Bezirk Neubrandenburg (N = 8) und weitere aus dem Bezirk Karl-Marx-Stadt (N = 7). Dass es kaum Patient:innen aus Halle und Leipzig auf der Station gab, mag dagegen am vergleichsweise großen Versorgungsangebot in diesen Gegenden gelegen haben. Außerdem deuten auffällige Häufungen von Patient:innen aus den gleichen kleineren Ortschaften darauf hin, dass die Therapie den lokalen Ärzt:innen besonders bekannt war und direkte Verbindungen nach Berlin bestanden oder die Therapie unter Patient:innen weiterempfohlen wurde.

Die Charité nahm also Patient:innen über ihren lokalen Versorgungsbereich hinaus auf. Das mag zum einen durch ihren Status als Universitätspsychiatrie bedingt gewesen sein. Es waren aber auch andere psychotherapeutische Spezialabteilungen aus ihrem eigentlichen lokalen Versorgungsbereich gelöst worden und konnten Patient:innen unabhängig von ihrem Wohnort aufnehmen, wie es der Leipziger Sozialpsychiater Klaus Weise 1990 mit Blick auf mögliche Privilegierungen kritisierte.[387]

Tabelle 4: Wohnorte der Patient:innen nach DDR-Bezirken (zzgl. Westberlin).

Bezirk	Patient:innen
Ostberlin	81
Potsdam	22
Dresden	18
Frankfurt	17
Neubrandenburg	8
Cottbus	7
Karl-Marx-Stadt	7
Gera	5
Leipzig	2
Rostock	1
Magdeburg	1
Erfurt	1
Halle	1
Suhl	1
Schwerin	0
Westberlin	2

Beruf und soziale Stellung

Um einen Überblick über die soziale Stellung der Patient:innen zu erhalten, wurden ihre Berufsangaben in 14 Kategorien sortiert (vgl. Tabelle 5). Es zeigen sich dabei Schwerpunkte, die im Zusammenhang mit der hier untersuchten Schreibpraktik von besonderem Interesse sind. Mehr als ein Drittel der Patient:innen ($N \geq 58$) verfügte über eine akademische Bildung.[388] Verglichen mit der Akademiker:innenquote der DDR, die 1970 bei 2,06 Prozent der Gesamtbevölkerung lag, ist dieser Anteil überproportional hoch.[389] Dazu zählen Personen mit wissenschaftlicher Tätigkeit ($N = 19$), Ingenieur:innen und andere akademisch qualifi-

387 Vgl. Weise 1990.

388 Es ist nicht auszuschließen, dass auch Angehörige anderer Berufsgruppen eine Hochschule oder Universität besucht hatten.

389 Vgl. Köhler et al. 2001, S. 91.

zierte Berufe (N = 23), Lehrer:innen (N = 15)[390] sowie einige Vertreter:innen aus der Gruppe der medizinischen Berufe (N = 10). Hinzu kommen die Student:innen (N = 5). Außerdem arbeitete eine große Gruppe mit schriftlichen Dokumenten. Dazu gehörten die Sachbearbeiter:innen und Angestellten mit Bürotätigkeiten (N = 34) sowie die leitenden Angestellten (N = 19). Sie machen ein knappes weiteres Drittel der behandelten Patient:innen aus.

Tabelle 5: Berufsangaben der Patient:innen nach Berufsfeldern.

Berufsfelder	Patient:innen
Sachbearbeiter:innen und Angestellte (Bürotätigkeiten)	34
Ingenieur:innen und andere akademisch qualifizierte Berufe	23
Handwerk, Bau, Produktion, Landwirtschaft	21
Wissenschaftliche Tätigkeit (wissenschaftliche Mitarbeiter:innen und Professor:innen)	19
Leitende Angestellte	19
Lehrer:innen / Erzieher:innen	16 (15/1)
Medizinische Berufe	10
Serviceberufe	7
Student:innen	5
Kreativberufe	5
Hausfrauen	5
Invalidenrentner:innen	5
Schüler:innen	3
Militärangehörige	2

Es gibt in dem Sample folglich eine signifikante Häufung von Menschen mit hoher akademischer Bildung sowie von Menschen mit professionell bedingter Textaffinität. Die Zahlen legen nahe, dass man die Behandlung mit der dynamischen Gruppenpsychotherapie für diese Personengruppen als besonders geeignet ansah. Es ist denkbar, dass die Anforderung an die Patient:innen, täglich einen selbstreflexiven Bericht anzufertigen, diesen Eindruck verstärkte. Auch in der historischen Rückschau entschieden häufig Grenzlinien von Ständen und Herrschaft darüber, wer Zugang zu biografischen oder autobiografischen Selbstthe-

390 Psychotherapeut:innen aus der DDR machen rückblickend darauf aufmerksam, dass diese Berufsgruppe unter großem politischem Druck stand, was zu häufigerer Psychotherapiebedürftigkeit geführt habe, vgl. Geyer 2022, S. 202; Simon 2022, S. 218. Wie sich in Kapitel 8 zeigen wird, waren weltanschauliche Konflikte auch Thema in der psychotherapeutischen Behandlung einzelner Lehrer:innen an der Charité.

matisierungsformen erhielt.[391] Offenbar schlugen sich auch in der sozialistischen Gesellschaft tradierte Vorstellungen klassenspezifischer Praktiken nieder. Ein Ausschlusskriterium waren fehlende akademische Bildung oder berufliche Textaffinität aber nicht. In dem Sample finden sich auch ein «Kranfahrer», eine «Fußpflegerin», ein «Steinsetzer» oder eine «Kantinenkraft». Offen bleibt, inwiefern die Patient:innen Teil politischer Funktionseliten waren. Zwar waren einige Patient:innen für staatliche Organe tätig und trugen in dieser Position zum Funktionieren des Staates bei (Kapitel 8); Hinweise darauf, ob überproportional viele von ihnen in diesen Institutionen zu den zentralen Entscheidungsträger:innen gehörten und aus diesem Grund für eine Therapie ausgewählt wurden, ließen sich bei der Aufnahme der Basisdaten jedoch nicht gewinnen.[392]

Darüber hinaus wurden Personen, die als intelligent galten, für die Therapie als besonders geeignet angesehen. Eine Patientin wurde im Überweisungsschreiben beispielsweise aufgrund ihrer Intelligenz und Kontaktfreudigkeit für die dynamische Gruppenpsychotherapie vorgeschlagen:

> Da eine psychotherapeutische Behandlung in Jena aus territorialen Gründen nicht möglich ist, wären wir Ihnen sehr dankbar, wenn Sie die Behandlung der Patientin übernehmen könnten. Die intelligente und kontaktbereite Patientin ist für eine solche Behandlung ausgesprochen motiviert.[393]

Intelligenz wurde offenbar mit Introspektionsfähigkeit und dem Vermögen, psychische Vorgänge zu verbalisieren, assoziiert. Daran schlossen sich manches Mal Mutmaßungen über den Therapieerfolg an. Dass ausbleibender Erfolg entsprechend mit geringeren intellektuellen Fähigkeiten assoziiert werden konnte, zeigt ein Fall von 1976:

> Kein Therapieerfolg, da Pat. Psychogenese seiner Beschwerden nicht akzeptiert und auf dem ‹Unfallschaden› beharrt. Außerdem geringer Leidensdruck, Pat. hat sich bei uns ausgesprochen wohl gefühlt. Hinzu kommt die intellektuelle Minderbegabung des Pat., die eine hinreichende Einflußnahme auf sein Fehlverhalten verhinderte.[394]

Die im vorangegangenen Kapitel eingeführte Leipziger Studie von 1979 macht ähnliche Beobachtungen und liefert mögliche Erklärungen. Die Studie erfasst unter anderem die Zusammensetzung von Psychotherapie-Patient:innen nach beruflicher Qualifikation. Sie bemerkt, dass sich die psychotherapeutischen Abteilungen des Bezirkskrankenhauses und der Universitätsklinik Leipzig von den

---

391 Vgl. Hahn 1987.

392 Eine ausführliche Analyse der Lebensberichte aller Patient:innen im Hinblick auf ihre berufliche Situation und politische Organisation könnte hierzu weitere Hinweise liefern.

393 HPAC, 85/77F, Überweisungsschreiben der Medizinischen Poliklinik des Bereichs Medizin der Friedrich-Schiller-Universität Jena vom 23.11.1976.

394 HPAC, 201/76M, Verlaufsdokumentation, Eintrag vom 26.05.1976.

anderen psychiatrischen Stationen «durch den wesentlich höheren Anteil von höherqualifizierten Patienten» unterscheiden.[395] Es komme auf mehreren Ebenen «zu einer Selektion der höherberuflich qualifizierten Schichten im Hinblick auf das Aufsuchen einer Psychotherapie bzw. überhaupt einer Behandlung»: Sie könnten ihre Beschwerden besser artikulieren und entgingen so eher der «somatisierenden Betrachtung der Beschwerden durch die erstbehandelnden Ärzte». Außerdem sei der «Aufnahmemodus (Einsichten in die Ambulanzunterlagen der Überweisenden, Lebensläufe, Fragebogen usw.)» von Psychotherapieeinrichtungen mit Barrieren versehen, die «von Höhergebildeten» leichter zu überwinden seien. Durch die bessere personelle und materielle Ausstattung psychotherapeutischer Spezialabteilungen ergebe sich die «absonderliche Situation», dass es von «sozialen Kriterien und subjektiven Entscheidungen der Ärzte» abhänge, ob Patient:innen in der Psychiatrie oder in der Psychotherapie behandelt werden.

Die Diagnose als Aufnahmekriterium

Wonach entschied sich, welche schwerpunktmäßige Behandlung Patient:innen an der Charité erhielten – und ob das selbstreflexive Schreiben Teil dieser Behandlung wurde? Wie die Durchsicht der Akten zeigt, hing das von der Form der diagnostizierten Neurose ab. Dementsprechend wurden die Patient:innen einer der beiden Stationen 4 und 5 mit entweder individualtherapeutischem oder gruppenpsychotherapeutischem Schwerpunkt zugeteilt. Die Therapeut:innen unterschieden zwischen primären und sekundären Fehlentwicklungen. Auf die Station 4 kamen vorrangig Personen mit der Diagnose «sekundäre Fehlentwicklung». Sie zeigten Symptome wie Stottern, Situationsphobien oder «Schreibkrämpfe», für deren Behandlung sich Karl Leonhards Individualtherapie bewährt hatte. Auf der Station 5 wurden hingegen Patient:innen mit «primärer Fehlentwicklung» gruppenpsychotherapeutisch behandelt. Patient:innen mit anderen Diagnosen, etwa mit Depressionen oder Schizophrenie, fanden sich hier nicht. Zudem finden sich auch in den durchgesehenen Krankenakten der anderen Stationen keine Tagesberichte oder Hinweise auf psychotherapeutische Behandlungen. Eine systematische psychotherapeutische Behandlung war an der Charité zu dieser Zeit Personen vorbehalten, bei denen eine Neurose diagnostiziert wurde. Diese Diagnose war DDR-weit ein Aufnahmekriterium für psychotherapeutische Behandlungen. Das schränkte den Zugang psychiatrischer Patient:innen zur psychotherapeutischen Versorgung ein.

395 Hier und im Folgenden: Bach et al. 1979, S. 593.

3.4 Wartezeiten und Therapiedauer

Wie lange warteten Patient:innen auf eine psychotherapeutische Behandlung an der Charité? Wann Patient:innen aufgenommen wurden, hing erwartungsgemäß von der Verfügbarkeit von Therapieplätzen ab. Die Vergabe wurde über eine Warteliste organisiert, deren Überfülle zum Teil monatelange Wartezeiten bedingte. Nicht selten drängten Patient:innen auf ihre Aufnahme oder bekundeten auch nach langen Verzögerungen noch Interesse an der Therapie. Akutbehandlungen oder Zwangseinweisungen gab es in der Abteilung in der Regel nicht. Der Aufenthalt war freiwillig und konnte durch die Patient:innen abgebrochen werden.[396]

Mitte der 1970er Jahre wurden diverse Räume der Nervenklinik wegen schlechten baulichen Zustands renoviert. Es kam dabei immer wieder zu zeitweiligen Einschränkungen der Bettenkapazität. Aus einem Briefwechsel zwischen zwei Oberärzten aus dem Februar 1972 betreffs «Rekonstruktionsmaßnahmen im Hinterhaus» geht hervor, dass zum einen «Heizungsrekonstruktionsmaßnahmen der Küchen des Mitteltraktes, der Verteiler- sowie der Werkküche im Keller, der Küchen der Stationen 3, 5 [Psychotherapiestation; Anm. Verf.] u. 6 sowie der Lehrlingsküche im 2. OG vorgesehen» waren sowie «die malermäßige Renovierung der Räume des Hinterhaus-Westflügels».[397] Letztere begann auf der Station 6, mit den «Stamm-Räumen» der Gerichtspsychiatrischen Abteilung und einem ärztlichen Dienstzimmer, da diese Räume sich in einem besonders schlechten Zustand befunden hätten. Wann es zur Renovierung der übrigen Räume im Hinterhaus kommen sollte, war noch unklar, da die restlichen Arbeiten im Vorderhaus noch nicht abgeschlossen waren. Der Statistische Jahresbericht der Medizinischen Fakultät (Charité) der Humboldt-Universität zu Berlin von 1973 zeigt zwar, dass zwischen 1970 und 1972 die Bettenkapazität der Nervenklinik mit 279 stabil blieb (vgl. Tabelle 6); die Zahl der anteiligen Psychiatriebetten sank jedoch von 209 (1970/71) auf 181 (1972). Wie viele davon Psychotherapiebetten waren, geht aus dem Bericht nicht hervor.[398]

---

396 Ein kleiner Teil der Patient:innen erwirkte die Entlassung in Absprache mit den Therapeut:innen, andere verließen die Klinik ohne Rücksprache. Der überwiegende Teil der Patient:innen führte die Therapie allerdings zu Ende. Eine Patientin wurde außerdem von ihrem Arbeitgeber zur Psychotherapie gedrängt, vgl. HPAC, 121/77F.

397 HPAC, Konvolut Dr. Seige, Brief an Herrn Oberarzt Dr. Neumann, Klinikbeauftragter für Medizinische Betreuung, vom 17.02.1972, betr. weiterführende Rekonstruktionsmaßnahmen im Hinterhaus.

398 Vgl. Humboldt-Universität zu Berlin 1973. Die Angaben zu «Leistungen und Einnahmen durch die Arbeitstherapie der Nervenklinik» enthalten aber den Hinweis auf das «Absinken der Leistungen durch weniger für die Arbeitstherapie einsetzbare Patientinnen und bettenmäßige Reduktion der [psychiatrischen] Station 6».

Tabelle 6: Durchschnittliche Bettenkapazität der Nervenklinik pro Jahr sowie anteilig für die Psychiatrie; Zusammenstellung aus den Statistischen Jahresberichten des Bereichs Medizin (Charité) der Humboldt-Universität zu Berlin von 1973, 1976 und 1978.

Bereich	1970	1971	1972	1973	1974	1975	1976	1977	1978
Nervenklinik	279	279	279	279	279	279	228	219	219
davon Psychiatrie	209	209	181	181	181	181	160	105	135

Später war auch die Psychotherapieabteilung von den Bauarbeiten betroffen. 1976 sank die Zahl der Psychiatriebetten weiter auf 160 und 1977 auf 105. In dieser Zeit finden sich in den Tagesberichten immer wieder Verweise auf schlafraubende Geräusche. So kündigte beispielsweise im Sommer 1976 ein Patient seinen Therapieabbruch an: «Abermals war es mir nicht möglich nachts durchzuschlafen. Der Geräuschpegel der Baumaschinen ist unzumutbar.»[399]

Die Einschränkung der Bettenkapazität führte vermehrt zur Ablehnung von Patient:innen, wie dieses Antwortschreiben von Helmut Kulawik auf ein Aufnahmegesuch im Dezember 1974 belegt:

> Leider muß ich Ihnen dazu mitteilen, daß wir Ihre Patientin für eine stationäre Psychotherapie bei uns nicht vormerken konnten. Durch eingeschränkte Bettenkapazität infolge Bauarbeiten sind leider Wartezeiten von mehreren Monaten entstanden, und bis zur Aufnahme bei uns ergeben sich häufig vermeidbare Chronifizierungen. Wir sehen uns deshalb gezwungen, die Aufnahme auswärtiger Patienten so lange zu sperren, bis die seit langem angemeldeten Patienten bei uns behandelt worden sind. Wir bitten Sie, Ihre Patientin in der regional nächsten Einrichtung (etwa in der Psychotherapeutischen Abteilung des Krankenhauses Dresden-Neustadt, Dresden – Weißer Hirsch) zur Behandlung anzumelden.[400]

Die Aufnahme erfolgte schließlich im Juli 1976. Inzwischen hatte auch die psychotherapeutische Abteilung an der Karl-Marx-Universität Leipzig die Aufnahme der Patientin abgewiesen. Auch von dort hieß es:

> Im jetzigen Zeitpunkt wären wir auch gar nicht in der Lage, Sie hier stationär zur Behandlung aufzunehmen, da wegen baulicher Maßnahmen unsere medizinische Betreuung stark eingeschränkt werden mußte. Außerdem liegen dermaßen viele Anmeldungen zur

399 HPAC, 438/76M, Tagesbericht vom 27.08.1976; ähnlich: «Es war ein sehr schlechtes schlafen [sic!], wegen den [sic!] Lärm von der Baustelle», HPAC, 430/76M, Tagesbericht vom 24.08.1976; «Am frühen Morgen durch Baulärm geweckt worden. Folge: Herzschmerzen und ‹vibrieren› in der Bauchdecke», HPAC, 499/76M, Tagesbericht vom 29.09.1976.

400 HPAC, 414/76F, Antwortschreiben der psychotherapeutischen Abteilung auf ein Aufnahmegesuch, 10.12.1974.

> Behandlung vor, daß wir nur noch Patienten aus dem Bezirk Leipzig und der Karl-Marx-Universität übernehmen können.[401]

Die Aufstellung zur Bettenkapazität der Nervenklinik zwischen 1970 und 1978 zeigt einen sinkenden Anteil der Psychiatriebetten. Zu einer signifikanten Einschränkung kam es 1977, was die geringe Zahl der in diesem Jahr aufgenommenen Männer erklärt. Die demgegenüber starke Zunahme schreibender Patient:innen 1978 erklärt sich durch die Ausweitung der Schreibpraktik auf die Station 4. 1978 wurde zudem begonnen, Patient:innen in gemeinsamen Kohorten zu behandeln, die zusammen aufgenommen und entlassen wurden.[402]

Wie lange blieben die Patient:innen nach ihrer Aufnahme schließlich in psychotherapeutischer Behandlung? Die Aufenthaltsdauer variierte zwischen etwa zwei und sechs Monaten, lag im Mittel aber bei drei Monaten. Damit lag die durchschnittliche Aufenthaltsdauer auf der psychotherapeutischen Station etwas über dem Durchschnitt der Psychiatrie (vgl. Tabelle 7). Der Statistische Jahresbericht von 1973 zeigt, dass die durchschnittliche Verweildauer in der gesamten Psychiatrie nach dem Ende des Direktorats von Karl Leonhard von 116,2 Tagen (1970) auf 65,5 (1971) bzw. 70,9 Tage (1972) fiel.[403] In diese Durchschnittswerte gingen aber die Hospitalisationen aller Patient:innen der Nervenklinik ein, sodass auch kurze Akutaufenthalte von wenigen Tagen und (für eine Universitätsklinik) lange Aufenthalte von zum Teil über einem Jahr einflossen. Charakteristisch für eine Therapiestation war, dass sich die durchschnittliche Aufenthaltsdauer aus dem therapeutischen Konzept ergab. Im Vergleich zu Patient:innen der psychiatrischen Stationen wurden die Psychotherapie-Patient:innen außerdem selten mehrfach aufgenommen. In dem Sample wurden neun Personen zwei Mal und eine Person drei Mal für eine Behandlung aufgenommen.[404]

401 HPAC, 414/76F, Schreiben des Bereichs Medizin der Karl-Marx-Universität Leipzig, Abteilung für Psychotherapie und Neurosenforschung (K. Weise), Leipzig, 21. 11. 1975.

402 «Die Nachbetreuung der geschlossenen Gruppe erfolgt in vereinbarten Zeitabständen hier», HPAC, 185/78F, Epikrise vom 31. 05. 1978.

403 Vgl. Humboldt-Universität zu Berlin 1973.

404 Es gibt eine Reihe von Fällen, in denen ein zweiter Aufenthalt nach einer Beurlaubung etwa für die Weihnachtsfeiertage in der Akte vermerkt wurde. Da es sich dabei nicht um eine neuerliche Aufnahme handelt, wurden diese Personen nicht einbezogen.

Tabelle 7: Durchschnittliche Verweildauer in Tagen in der Nervenklinik pro Jahr sowie anteilig in der Psychiatrie; Zusammenstellung aus den Statistischen Jahresberichten des Bereichs Medizin (Charité) der Humboldt-Universität zu Berlin von 1973, 1976 und 1978.

Bereich	1970	1971	1972	1973	1974	1975	1976	1977	1978
Nervenklinik	87,4	56,4	52,4	(fehlt)	48,3	45,0	44,4	30,7	43,8
davon Psychiatrie	116,2	65,5	70,9	(fehlt)	68,9	66,8	70,4	79,9	62,7

3.5 War der Zugang zur Psychotherapie privilegiert?

Zur Wende kritisierte der Leipziger Sozialpsychiater Klaus Weise (1929–2019) die psychotherapeutische Versorgungslage in der DDR.[405] Nicht nur sei die Zahl vorhandener Therapieplätze unzureichend gewesen. Die wenigen Behandlungen seien auch privilegiert vergeben worden. Weise sah sich an das «YAVIS-Syndrom» erinnert. Der US-amerikanische Psychologe William Schofield (1921–2006) hatte das Akronym für «young, attractive, verbal, intelligent, successful» erstmals 1964 formuliert, um jene Eigenschaften zu erfassen, die Therapeut:innen an ihren Klient:innen besonders schätzten.[406] Man würde unterstellen, dass diese Patient:innen von der Therapie besonders profitierten, und sie daher privilegiert behandeln. Diese Kritik hat über die DDR hinaus Tradition: Bereits in der ersten Hälfte des 20. Jahrhunderts wurde moniert, dass die Psychoanalyse als privatärztliche Praxis einer gehobenen Klientel vorbehalten bleibe, während sich die Psychotherapie nur mit neurotischen Störungen befasse.

Weises Kritik betraf auch die Verhältnisse an der Charité. Tatsächlich zeigt die Altersverteilung eine Häufung jüngerer Patient:innen im Alter zwischen 20 und 50 Jahren.[407] Außerdem hatten Menschen, die älter als 60 Jahre waren, keinen Zugang zur Psychotherapie. Auch ein überdurchschnittliches Bildungsniveau war offenbar ein Zugangskriterium. Personen mit akademischer Bildung, in Leitungspositionen stehend oder vertraut mit dem professionellen Umgang mit Texten wurden überproportional häufig Therapieplätze zugesprochen. In dieser Begünstigung mag auch die Vorstellung einer bürgerlichen Tradition des Tage-

405 Vgl. Weise 1990. Dieser Sammelband war eigentlich eine längerfristig geplante Ost-West-Kooperation unter der Federführung von Achim Thom und Erich Wulff, die Veränderungen in der Psychiatrie mit einem «Systemvergleich» zeigen sollte. Allerdings wurde das Projekt 1990 «von der Geschichte überholt», vgl. Beyer 2022, S. 66.

406 Vgl. Schofield 1964.

407 Inwiefern die Selektion an Äußerlichkeiten gebunden war, bleibt unklar. Die Krankenakten zeigen anhand handschriftlicher Vermerke, dass die Entscheidung über die Aufnahme meist in Reaktion auf das Überweisungsschreiben fiel und seltener nach persönlicher Vorstellung bei den stationär behandelnden Therapeut:innen an der Charité.

buchschreibens fortgewirkt haben. Es liegt nahe, dass die tatsächlichen oder vermeintlichen Anforderungen des selbstreflexiven Schreibens Bildung und Intelligenz als Differenzkategorien verschärften. Personen aus Ostberlin hatten durch die geografische Nähe einfacher Zugang zum therapeutischen Angebot der Charité. Der lokale Versorgungsauftrag verhinderte aber nicht die Aufnahme von Patient:innen aus anderen Teilen der DDR. Das Geschlecht war kein Ausschlusskriterium, solange die entsprechenden Bettenkapazitäten nicht durch Renovierungen eingeschränkt waren. Zusammenfassend lässt sich an der Charité ein Trend zur Privilegierung des Zugangs zu der inzwischen etablierten psychodynamischen Therapie im Sinne das YAVIS-Syndroms bestätigen.

Ein Aufnahmekriterium blieb die Indikation, die sich auf das Spektrum neurotischer Störungen beschränkte. Dies schloss weite Teile der psychiatrischen Patient:innen von einer psychotherapeutischen Behandlung aus, die aber womöglich auch personell kaum hätte geleistet werden können. Diese Patient:innen sahen sich in den Psychiatrien mit zum Teil dramatischen Versorgungslagen und verfallender Bausubstanz konfrontiert. Dagegen ließe sich mit Blick auf die Psychotherapieabteilungen fragen, inwiefern die Kategorie «Neurose» das Potenzial hatte, immer weitere Lebensprobleme psychotherapiebedürftig erscheinen zu lassen (Kapitel 4). Die geringe Zahl der Psychotherapieplätze allerdings erforderte die Selektion von Patient:innen. Dabei orientierte man sich zunächst am Leidensdruck. Darüber hinaus richteten sich psychotherapeutische Angebote auch im «Arbeiter-und-Bauern-Staat» an eine eher bildungsbürgerliche Klientel. Darin lässt sich eine Parallele zur BRD und damit ein systemübergreifendes Phänomen sehen.[408]

408 In der BRD waren Psychotherapien durch ihre Anerkennung als Kassenleistung allgemein zugänglich. Allerdings stellt Tändler mit Blick auf die Popularisierung der Psychologie die These auf, «dass der schichtspezifische ‹therapeutische Habitus› vor dem Hintergrund des spätmodernen, flexiblen Kapitalismus zu einer neuen Form des kulturellen Kapitels aufgestiegen ist», Tändler 2016, S. 147.

4. Die psychotherapeutische Biografiebildung

Im Frühsommer 1974 erhielt ein Patient die schriftliche Zusage, dass er Ende Juli eine psychotherapeutische Behandlung an der Charité beginnen könne. Als er auf die Station 4/5 kam, durchlief er eine diagnostische Routine, an deren Ende eine vorläufige Diagnose stand. Auf dem Aktendeckel fixierte man die Diagnose aber erst bei der Entlassung, was die Wahl eines anderen Stiftes für den Eintrag belegt: «Hypochondrische Neurose bei übergenau-übernachhaltiger Persönlichkeit mit ängstlichen und emotiven Zügen im Sinne einer sekundären neurotischen Fehlentwicklung, 300.7 / A17d.»[409] Solche komplexen Diagnosen waren die Regel auf der Therapiestation.[410] Dieser psychopathologischen Einordnung gingen diagnostische Praktiken voraus, die Patient:innen auch dazu anleiteten, eine therapeutische Biografie herauszubilden. Zum Arsenal diagnostischer Praktiken zählten das Verfassen von Lebensberichten, die Exploration im Sinne einer mündlichen Befragung der Patient:innen und die Testdiagnostik. Ergänzend wurden körperliche und Laboruntersuchungen durchgeführt, die dem Ausschluss organischer Erkrankungen dienten und daher an dieser Stelle außen vor bleiben.[411]

---

409 HPAC, 340/74M, Diagnoseeintrag auf dem Aktendeckel.

410 Neurosen sind ein anschauliches Beispiel für die historische Wandelbarkeit psychopathologischer Kategorien, vgl. u. a. Ulrich 2020. Das Auftauchen des Neurosebegriffs wird meist auf die 1770er Jahre datiert und auf den schottischen Mediziner William Cullen (1710–1790) zurückgeführt, der sie als Erkrankung der Nerven ohne organische Schädigung verstand. Sigmund Freud hatte maßgeblich Anteil am weiteren Wandel der Kategorie.

411 Es finden sich häufig Laborbefunde von Blutuntersuchungen der Abteilung Klinische Biochemie auf DIN-A7-Blättern mit Vordruck. Lediglich Angaben zu den Patient:innen, die diagnostische Fragestellung und die erhobenen Werte trug man händisch ein. Das erste Blutbild entstand bei der Neuaufnahme, das zweite zur Kontrolle. Es handelte sich um Routineuntersuchungen zum Ausschluss organischer Auffälligkeiten. Die Abteilung führte eine Lipid-Elektrophorese zum Ausschluss von Fettstoffwechselstörungen durch und bestimmte den Kalium-, Natrium- und Calciumgehalt des Blutserums. Außerdem untersuchte man vor Ort Urinproben und trug die Ergebnisse händisch in einen Vordruck ein. Ebenfalls vor Ort untersuchte man die Blutsenkgeschwindigkeit und hielt die Ergebnisse auf einem in quadratische Stücke gerissenen orange-gelben Papierbogen fest. Der Test diente als Suchverfahren bei Verdacht auf entzündliche Erkrankungen und maß die Senkung nach einer und nach zwei Stunden, bspw. «BSG 4/12» (= nach 1 Stunde 4 mm, nach 2 Stunden 12 mm), vgl. HPAC, 181/76M, Befund der Blutsenkungsuntersuchung vom 06.04.1976. Außerdem wurden in der Hautklinik serologische Unter-

Zunächst widmen wir uns dem Lebensbericht. Wie formte strukturiertes Schreiben den Blick der Patient:innen auf ihre Lebenserzählung (Kapitel 4.1)? Das therapeutische Gespräch verdichtete die selektierte und reorganisierte Biografie und rekurrierte dabei implizit auf psychoanalytische Denkweisen (Kapitel 4.2). Vor diesem Hintergrund scheint fraglich, wie sich die neue standardmäßige Testpraxis in den Ansatz einer solchen individualisierenden Diagnostik einfügte (Kapitel 4.3). Mit Blick auf die anschließende Behandlung explorieren wir, inwiefern Patient:innen psychotherapeutische Deutungsmuster verinnerlichten und auf sich selbst anzuwenden begannen (Kapitel 4.4). Diesen individualisierenden Erzählformen steht der Versuch der Therapeut:innen gegenüber, psychisches Leid zu klassifizieren. Welche Auswirkungen hat diese Spannung auf die vergebenen Diagnosen und inwiefern war die psychopathologische Entität der «Neurosen» im Gegenzug geeignet, breitenwirksam die psychotherapeutische Indikation auszuweiten (Kapitel 4.5)? Abschließend arbeitet das Kapitel die These heraus, dass die Biografiebildung für die Herausbildung des therapeutischen Subjekts zentral war, den psychologischen Blick auf das Selbst trainierte und auf diese Weise Selbstverhältnisse der Patient:innen prägte (Kapitel 4.6).

4.1 Der Lebensbericht. Biografiebildung durch strukturiertes Schreiben

Unmittelbar nach ihrer Aufnahme sollten die Patient:innen eigenständig einen sogenannten Lebensbericht verfassen und bei den Therapeut:innen einreichen. Folgender Auszug vom Anfang einer Verlaufsdokumentation zeigt, dass die Patient:innen noch einige Tage vor Beginn der Gruppengespräche zu schreiben beginnen sollten: «23.8.76: Stat[ionäre] Aufn[ahme], Erste Maßn[ahme]: Lebens-

suchungen zur Syphilis-Diagnostik durchgeführt. Während diese Untersuchungen mindestens bis in die 1940er Jahre noch vor Ort durchgeführt wurden, fanden sie nun nur noch an der Hautklinik statt, vgl. weiterführend Hulverscheidt et al. 2016. Die Syphilis-Diagnostik war bedeutsam, da die Krankheit bei Fortschreiten zur Neurolues eine Reihe neurologischer und psychiatrischer Symptome bedingen kann, vgl. u. a. Wulf 2020. Hinzu kamen Untersuchungen anderer Kliniken der Charité, bspw. Elektrokardiogramme, Befunde der Orthopädie oder Elektroenzephalogramme. Während diese Befunde zwischen den Krankenakten variieren, enthalten nahezu alle einen zweiseitigen Vordruck für Befunde der ärztlichen Untersuchung in der Nervenklinik. Bei der Routineuntersuchung erfasste man den «Internen Status» (Thorax, Abdomen), den «Neurologischen Status» (Kopf, Hirnnerven, Extremitäten, Rumpf) und den «Psychischen Status». Aus den Befunden der körperlichen Untersuchungen lässt sich eine fortgeschrittene Institutionalisierung und Professionalisierung der Labordiagnostik sowie eine enge Verzahnung spezialisierter Subinstitutionen der Charité erkennen.

bericht schreiben lassen, tgl. Tagesberichte, Fußgymnastik; 30.8.: ab Morgen tgl. Gruppenpsychotherapie.»[412]

Schreibakt

Die Lebensberichte finden sich in den Krankenakten meist als zweites Dokument nach einem maschinengeschriebenen Aufnahmeblatt mit den Stammdaten der Patient:innen. Die ersten ausführlichen Darstellungen über Leben und Psyche der Patient:innen stammen somit von den betreffenden Personen selbst. Lebensberichte schrieb man auch auf der Station 4. In der Regel waren sie handschriftlich verfasst, nur in Ausnahmefällen findet sich ein maschinell getippter Text.[413] Die Länge variierte von selten unter vier bis zu über 25 Seiten.[414] Einleitende Stichworte vor dem jeweiligen Absatz geben Aufschluss über thematische Vorgaben. Die Patient:innen sollten sich zu «Elternhaus», «Schule», «Beruf», «Partner», «Krankheiten», «Eigencharakteristik» und «Erwartungen an die Behandlung» äußern.[415] Was passiert bei dieser Art strukturiertem Schreiben? Wie entsteht neue Bedeutung beim Clustern der eigenen Erinnerungen nach möglichen Entstehungsmomenten von Krankheit? Und wie wird aus dem Schreiben ein therapeutischer Prozess?

Wir sollten uns hierbei den Schreibakt vergegenwärtigen: Aus ihren Lebensläufen – das heißt aus der Gesamtheit ihrer Lebensereignisse – wählten die Patient:innen entsprechende Ereignisse aus und vergegenwärtigten sie sich im Prozess des Schreibens. Die Auswahl geschah unter therapeutischem Vorzeichen und richtete die Aufmerksamkeit der Verfasser:innen gezielt auf die Relevanz der gewählten Zusammenhänge für die kommende Behandlung. Damit verfassten sie, den oben angeführten Punkten entsprechend, die erste Version ihrer therapeutischen Biografie. Mit Alois Hahn meint die Biografie eine «selektive Vergegenwärtigung».[416] Im Schreibakt riefen sich die Patient:innen die oben angeführten Aspekte ihrer Lebensläufe, das heißt der Gesamtheit ihrer Lebensereignisse, ins Bewusstsein und fixierten sie als therapeutische Biografie im Lebensbericht.

Motive

Warum ließ man Patient:innen Lebensberichte anfertigen? In den Lebensberichten finden sich gelegentlich Unterstreichungen, die Therapeut:innen bei der Lek-

412 HPAC, 430/76M, Verlaufsdokumentation, Einträge vom 23.08.1976 und 30.08.1976.

413 Vgl. bspw. HPAC, 468/75M.

414 Vgl. bspw. HPAC, 579/76F bzw. HPAC, 92/75M.

415 Vgl. HPAC, 100/75M, Lebensbericht.

416 Hahn 1987, S. 13.

türe häufig mit Rotstift vornahmen. Da bislang keine entsprechenden Publikationen bekannt sind, handelt es sich wahrscheinlich nicht um Exzerptstellen wissenschaftlicher Arbeit. Auch ein diagnostisches Interesse am Nachweis einer Pathologie in Handschriften im Sinne der Grafologie, wie es in Teilen der deutschen und französischen Psychiatrie des ausgehenden 19. Jahrhunderts bestand, ist hier wie auch in den Tagesberichten auszuschließen.[417] Es scheint eher, dass die Unterstreichungen helfen sollten, die Problemlage der Betroffenen zu verstehen und Anhaltspunkte für einen unbewussten Konflikt ausfindig zu machen. Manchmal finden sich ergänzend Kommentare am Textrand, etwa Hinweise auf die Persönlichkeitsstruktur («aggressiv gehemmt?») oder auf den Kontext der Beschwerden («beschwerdefrei in Freizeit!»).[418] Gelegentlich tauchen die unterstrichenen Worte als inhaltliche Anknüpfungspunkte in der Exploration wieder auf. Die Lebensberichte sollten den Therapeut:innen also zu Informationen über den psychodynamischen Konflikt verhelfen.

In dieser Hinsicht waren die Lebensberichte keineswegs ein Novum an der Charité. Schon unter Carl Westphal (1833–1890), der der Klinik zwischen 1869 und 1890 vorstand, wurden Patient:innen der Psychiatrie aufgefordert, ihre eigenen Lebensläufe zu verfassen.[419] Hier erhofften sich Ärzt:innen ätiologische Informationen, nahmen aber keine Unterstreichungen in den Aufzeichnungen ihrer Patient:innen vor. Dieses Vorgehen wurde nicht durchgängig bis in die 1970er Jahre fortgeführt. Zur DDR-Zeit war die Schreibpraktik kein lokales Phänomen der Charité. In einer Magdeburger Poliklinik beispielsweise verfassten Psychotherapie-Patient:innen Lebensberichte und in der Neurosenklinik in Berlin-Hirschgarten einen «emotionalen Lebenslauf», der allerdings «unsystematisch» sein sollte.[420]

Anders als unter Westphal sollte das Verfassen von Lebensberichten nun ebenso Wirkung auf die Patient:innen entfalten. Eine Magdeburger Psychotherapeutin, die mit der Methode gearbeitet hatte, beschrieb rückblickend die therapeutische Intention.[421] Die Behandelten sollten im Rahmen des strukturierten Schreibens zunächst beginnen, über sich selbst zu reflektieren. Sie sollten ihre Lebensgeschichte anhand vorgegebener Kategorien Revue passieren lassen und sich etwaige problematische Zusammenhänge in Erinnerung rufen. Dazu habe auch die Reflexion der eigenen emotionalen Entwicklung («War ich schon immer so verletzlich?») und der Genese gegenwärtig bestehender Konfliktsituationen gehört. Außerdem sollten die Patient:innen ihre Erwartungen an die Therapie verbalisieren. Häufig hätten sie erwartet, dass ein bestehender Konflikt durch die

---

417 Vgl. Kammer 2013; Woolner 2020.

418 HPAC, 65/77M, Lebensbericht.

419 Vgl. Dohrmann 2015, S. 85 f.

420 Hess 2011b, S. 375.

421 Vgl. Zeitzeug:innen-Interview am 14. 12. 2021.

Therapeut:innen binnen weniger Tage gelöst werden könnte. Da sei es wichtig gewesen, durch die Korrektur des Bildes eine gemeinsame Arbeitsgrundlage zu schaffen, denn die Therapie habe Eigenengagement und einige Zeit erfordert.

Für eine solche therapeutische Dimension der Lebensberichte sprechen auch die Effekte, die das strukturierte Schreiben bei manchen zeitigte. Einer Patientin zufolge sei es «gar nicht so einfach, über sich selbst zu schreiben», wenngleich es auch eine «Anregung [biete], mehr über seine eigene Vergangenheit nachzudenken».[422] Die Auseinandersetzung mit ihrer Lebensgeschichte empfanden manche als Anstrengung. Sie «rührt viele Dinge auf», wie es eine andere Patientin formulierte.[423] Einer schrieb, er habe die Darstellung genutzt, um sich über seine «Vorstellungen über das Ziel der Heilbehandlung» klar zu werden.[424] Sich über das eigene Anliegen in der Psychotherapie bewusst zu werden, beschrieben manche als gewinnbringend.[425]

Erwartungen an die Therapie

Die Erwartungen, die die Patient:innen zu Beginn an die Therapie formulierten, lesen sich ganz überwiegend hoffnungsvoll. Eine Frau schrieb, frühere Behandlungen hätten ihr nicht helfen können und nun setze sie ihre «ganze Hoffnung» in die psychotherapeutische Behandlung, da sie gerne wieder sein wolle «wie früher, selbstsicher und optimistisch».[426] Viele versprachen sich erwartungsgemäß, dass ihr Leidensdruck gemindert würde. Dazu zählte die Besserung körperlicher Schmerzen, quälender Ängste und von Schlafstörungen. Die Aussage eines Patienten, dass er in der Therapie «natürlich beharrlich mitarbeiten werde», legt außerdem nahe, dass den Patient:innen schon vor dem Verfassen des Lebensberichts Erwartungen an ihre Eigeninitiative und -verantwortung kommuniziert wurden.[427]

Auffällig ist, dass sich neben der Vorstellung, die Therapie behandle eine Erkrankung, auch Erwartungen auf die «Normalisierung» sozialer Beziehungen, den Abbau individueller «Schwächen» sowie das Erreichen von Authentizität

422 HPAC, 477/77F, Tagesbericht vom 15.09.1977.

423 HPAC, 304/78F, Tagesbericht vom 24.05.1978.

424 HPAC, 392/78M, Tagesbericht vom 05.09.1978.

425 Einem Patienten wurde, wie er später beschrieb, erst im Laufe der Therapie deutlich, dass sich seine Erwartungen nicht mit seiner Erfahrung der Therapie deckten: «Meine gestrige Enttäuschung hat ihren Grund darin gehabt, daß ich mit übertriebenen, zu großen Erwartungen zur ersten Gruppenstunde gegangen bin. Als ich die stationäre Behandlung antrat, hatte ich übrigens die gleichen übertriebenen Vorstellungen», HPAC, 14/75M, Tagesbericht vom 29.01.1975.

426 HPAC, 577/74F, Lebensbericht.

427 HPAC, 430/76M, Lebensbericht.

und Selbstverwirklichung richteten. Hinsichtlich der Verbesserung eigener sozialer Fähigkeiten schrieb ein Patient: «In Bezug auf die Psychotherapeutische Behandlung habe ich die Erwartung, zu lernen, normale zwischenmenschliche Kontakte aufzunehmen und unbefangen studieren zu können.»[428] Für manche sollte die verbesserte soziale Anpassungsfähigkeit auch den Weg zurück in ein Arbeitsverhältnis ebnen.[429] Einige kamen bereits mit einer gewissen Intention zur Arbeit am Selbst in die Klinik. Eine Patientin formulierte unter anderem die Hoffnung, mithilfe der Therapie «noch mehr zu sich selbst finden» und «einige Schwächen abbauen (Gedächtnis, Sprechen, Zerstreutheit)» zu können.[430] Ein anderer schrieb weiter, er sei in der Charité, um «zu lernen, mich so zu zeigen und zu geben, wie ich bin».[431]

Die Patient:innen setzten eine psychotherapeutische Behandlung in den 1970er Jahren verstärkt mit dem Ideal von Authentizität in Verbindung. Das Versprechen, sich mit der eigenen Singularität und Authentizität zu befassen, mag nicht zuletzt Anziehungskraft gehabt haben, weil es eine subjektorientierte Alternative zu den kollektivierenden Strukturen der DDR versprach. Hier lässt sich eine Parallele zu bundesrepublikanischen Entwicklungen ziehen, wo individuelle Therapien und Selbsterfahrungsgruppen immer stärker als «Techniken der Identitätsbildung» und «Selbstfindungsprozeduren» fungierten.[432]

Die Therapeut:innen lasen die Erwartungen ihrer Patient:innen und reagierten auch darauf. An dem folgenden Beispiel lässt sich zeigen, dass sie im Rahmen der Exploration auf den Lebensbericht zurückkamen, etwa wenn die künftigen Patient:innen den Zweck der Therapie infrage stellten, da sie ihre Beschwerden nicht auf psychische Ursachen zurückführten. Ein Patient schrieb, er stehe «sehr skeptisch» zu der Behandlung, da er «die quälenden Schmerzen als organische Erkrankung der Wirbelsäule ansehe und nicht als neurotische Schmerzen».[433] Auf diesen Vorbehalt reagierten die Therapeut:innen mit einem «Gespräch über Diskrepanz des org. Befundes u. der geklagten Beschwerden», bei dem der Patient von der Psychogenese überzeugt werden sollte. Sie resümierten, der «neurotische Überbau wird vom Pat. zögernd akzeptiert».[434]

428 HPAC, 14/75M, Lebensbericht.

429 «Diese Besserung müßte mich wieder in die Lage versetzen, soz. Kontakt zu anderen Menschen aufzunehmen. Daraus leitet sich auch eine Wiederaufnahme einer geregelten Arbeit ab», HPAC, 100/75M, Lebensbericht.

430 HPAC, 607/77F, Lebensbericht.

431 HPAC, 348/78M, Lebensbericht.

432 Hahn 1982, S. 429.

433 HPAC, 232/76M, Lebensbericht.

434 Ebd., Biographische Anamnese vom 06.05.1976.

Schreiben als Biografiebildung

Was verrät die Auswahl der Items über die Form der Biografiebildung? Zwar interessiert sich das Muster der Lebensberichte für das Elternhaus und das Erleben in der Schulzeit; ein psychoanalytischer Fokus auf die psychosexuelle Entwicklung in der frühen Kindheit tut sich hingegen kaum auf. Eine traditionelle psychoanalytische Ausrichtung hätte stärker einen archimedischen Punkt fokussiert, der geeignet erschien, den weiteren Lebensverlauf der Patient:innen aus den Angeln zu heben. Stattdessen hatten die Lebensberichte den Lebenslauf in dessen zeitlicher Gesamtheit im Blick und betonten gerade auch Aspekte, die in die Gegenwart hineinwirkten. Insofern interessierten sich die Therapeut:innen für auslösende und aggravierende Situationen wie für psychodynamische Konfliktkonstellationen, auf die sich die kommende Arbeit im «hic et nunc» beziehen ließ.

Wenn die Patient:innen ihren Lebensbericht abfassten, kam dies auf den ersten Blick einer angeleiteten Bestandsaufnahme der eigenen Lebens- und Leidensgeschichte gleich, die auf die Vergegenwärtigung von Schlüsselmomenten abzielte. Tatsächlich spielte sich beim Schreibprozess etwas Bemerkenswertes ab: Er lässt sich nicht darauf reduzieren, dass Patient:innen eine Liste vorgegebener Stichworte abarbeiteten. Vielmehr hinterlegte der Schreibvorgang die Lebenserzählung mit einem neuen Raster, anhand dessen die bisherige Selbsterzählung in Sinneinheiten zerteilt wurde. Diese Elemente konnten in Diagnostik und Therapie neu zueinander in Beziehung gesetzt werden. Der Ordnungsprozess der Biografiebildung[435] vermochte neue therapeutische Bedeutung zu generieren. In diesem Sinne entfaltete die Schreibszene,[436] also das Ineinandergreifen von Sprache, Materialität und Gestik beim Schreibprozess, eine gewisse Eigenmächtigkeit.

Die Konstruktion der therapeutischen Biografie und die rekonstruktive Persönlichkeitsbildung waren im Vergleich zur traditionellen Psychoanalyse niedrigschwelliger. Die Patient:innen nahmen den ersten Schritt der Biografiebildung mit einer Mischung aus pädagogischer Anleitung und psychodynamischem Ansatz selbst vor. Das Verfassen des Lebensberichts markierte den Startpunkt einer Entwicklung, bei der die Patient:innen zu therapeutisch informierten Expert:innen ihrer selbst werden sollten. Mit ihrer Vorauswahl an Informationen bereiteten die Patient:innen außerdem das Aufnahmegespräch vor. Wie trug diese Vorauswahl im zweiten Schritt zur Verdichtung der neuen Ordnung einer therapeutischen Biografie bei?

435 Vgl. Winkel 2008.
436 Vgl. Campe 2012.

4.2 Die Exploration. Verdichtung der therapeutischen Biografie

Im August 1976 wurde eine Patientin aufgenommen, mit der man schon bald eine Exploration durchführte.[437] Ein solches Gespräch durchliefen alle Patient:innen zu Beginn ihres Aufenthalts. Ein Ziel der Befragung von Patient:innen durch die aufnehmenden Ärzt:innen war, diagnostisch und therapeutisch relevante Informationen über die Vorgeschichte der Patient:innen in Erfahrung zu bringen und für den Fortgang der Therapie zu dokumentieren. Außerdem sollte dieses Gespräch den therapeutischen Prozess anstoßen. Das Beispiel der Patientin zeigt, wie die Exploration zur Verdichtung jener biografischen Erzählung beitrug, die die Patient:innen in ihren Lebensberichten entworfen hatten.

Die Exploration

Die Therapeut:innen notierten das Gespräch auf sechs DIN-A4-Seiten in der Krankenakte der Patientin, gleich hinter ihrem Lebensbericht.[438] Hier handelte es sich, wie in den meisten Krankenakten, um das Gespräch mit der ausführlichsten Dokumentation. In der Regel folgten alle Explorationen einem gesetzten Muster. Der Dokumentenkopf enthält einige Informationen über das Aufnahmeprozedere: Nach dem Datum der stationären Aufnahme und dem Namen der aufnehmenden Ärztin erfahren wir, dass die Patientin von einer Diplom-Psychologin aus einem Bezirkskrankenhaus im Süden der DDR für eine Psychotherapie an die Nervenklinik überwiesen worden war. Als Überweisungsdiagnose hatte diese einen «psychogenen Symptomenkomplex bei familiären Schwierigkeiten einer stark leistungsstrebigen, geltungsbetonten, stimmungslabilen Pat. mit neurozirkulatorischer Dystonie» angegeben. Vor Gesprächsbeginn erfahren wir außerdem den Beginn der bescheinigten Arbeitsunfähigkeit.

Die Frage nach «jetzigen Beschwerden» eröffnete das Gespräch. Spiegelstriche listeten die stichwortartigen Antworten auf: «Schlafstörungen», «Gereiztheit», «sehr wechselhafte Stimmung», «Abgespanntheit nach Arbeitstag», Probleme mit der «Konzentrationsfähigkeit» und eine Neigung zum Grübeln und Weinen. Allgemein umfasste das diagnostische Schlagwort «Neurose» vielfältige Symptomenkomplexe, sodass sich die Angaben zwischen den Akten zum Teil

437 Hier und im Folgenden: vgl. HPAC, 439/76F, Exploration vom 02.08.1976.

438 Es ist nicht abschließend zu klären, wie das Gespräch in Text transformiert wurde. Meist findet sich die gleiche Handschrift in blauer Tinte, die sich nicht zweifelsfrei zuordnen ließ. In Ausnahmefällen liegen den Krankenakten kurze Notizzettel bei, die wie Gesprächsnotizen aus der Exploration anmuten, vgl. HPAC, 620 A/77F. Sie sind in einer anderen Handschrift verfasst und zeigen auch Unterstreichungen. Es ließe sich daraus schließen, dass das Gespräch rückwirkend für die Krankenakte diktiert wurde.

stark unterscheiden. Schlafprobleme und Konzentrationsstörungen waren häufig, aber auch körperliche Schmerzen und Ängste wurden angegeben. Außerdem schilderten die Patient:innen den Therapeut:innen hier erstmals konkret ihre Beschwerden. Sie wurden der Befragung vorangestellt, um im Fortgang Hinweise auf pathogene unbewusste Prozesse zu erarbeiten.

Stichwortartige Sätze hielten in distanziertem Konjunktiv fest, wie die Patientin die «Entwicklung der Beschwerden» beschrieb. Äußerungen der Therapeut:innen finden sich lediglich als knappe eingeklammerte Frageworte jeweils vor der Aussage der Patientin. Die Dokumentation rückte eine zwei Jahre zurückliegende Operation in den Mittelpunkt, die die Patientin zunächst ohne Sorge verarbeitet habe. Als erneut Schmerzen auftraten, hätten sich allerdings Schlafstörungen eingestellt. Dass sich die Patientin daraufhin «intensiv beobachtet» habe, interpretierte man als auffälligen Marker ihrer psychischen Entwicklung. Damit vertiefte die Exploration die im Lebenslauf begonnene Beschäftigung mit früheren Erkrankungen und hob die therapeutische Bedeutung dieses Elements hervor. Mit Blick auf das soziale Umfeld und mögliche familiäre Konfliktlagen wandte sich die Befragung dann nacheinander dem Verhältnis zum Ehemann der Patientin und ihrer Sichtweise auf die Kindererziehung zu. Man versuchte, einen Kristallisationspunkt in der Entwicklung der Beschwerden ausfindig zu machen und einen ersten Einblick in die Dynamik der sozialen Beziehungen der Patientin zu erlangen.

Die «biografische Anamnese» stellte den umfangreichsten Abschnitt innerhalb der Exploration dar und legte besonderes Augenmerk auf die Entwicklung in Kindheit und Jugend, auf die Erziehung und das Verhältnis zu den einzelnen Elternteilen. In diesen Schwerpunkten lassen sich Versatzstücke einer psychoanalytisch orientierten Anamnese erkennen, ohne dass sie allerdings eine Hinwendung zur psychosexuellen Phasenentwicklung offenbar werden ließen. Man interessierte sich für die Geburt und frühkindliche Entwicklung der Patientin, die «regelrecht» verlaufen seien. Dann befragte man die Patientin nach den Rollen der Elternteile in ihrer Erziehung. Die Exploration stellte einen Zwiespalt heraus: die Patientin habe im Vorschulalter darunter gelitten, dass in der Erziehung «keine Einigkeit» zwischen der fürsorglichen und verständnisvollen Mutter und dem wechselhaften und leistungsorientierten Vater bestanden habe. Ihren Schulabbruch führte die Patientin auf Überforderung durch zwei stark erkrankte Elternteile und Angst vor den Abiturprüfungen zurück. Allerdings habe sie ihren Schulabgang «später sehr bedauert». Die Dokumentation machte außerdem explizit, dass die Patientin den Schulabbruch bereits in ihrem Lebensbericht aufgegriffen und diskutiert habe. Die Exploration legte also neben der durchgemachten Operation weiteres Gewicht auf Kindheits- und Jugenderfahrungen, die im Lebensbericht präsentiert worden waren. Im Fortgang näherte sich die Unterhaltung der Gegenwart und skizzierte einen beruflichen Konflikt wenige Jahre vor der Aufnahme, nachdem die Patientin zunächst Hausfrau gewesen sei und dann eine neue Tätigkeit aufgenommen habe. In anderen Krankenakten ab 1977 finden sich in diesem Abschnitt häufig Fragen zur Sexualität.[439] Dem Fortgang der biografischen Anamnese liegt die psychoanalytisch beeinflusste Vorstellung zugrunde, dass sich frühes, insbesondere traumatisches Erleben auf den Fortgang der Lebensgeschichte und unbewusst auch auf das Verhalten in der Gegenwart auswirke.

Eine Verdachtsdiagnose und ein Therapieplan schlossen die Exploration ab. Die Verdachtsdiagnose lautete: «Neurasthenisches Syndrom durch Selbstüberforderung (Geltungsanspruch) im Rahmen einer Tendenzneurose auf der Grundl. einer prim. psych. Fehlentwicklung (Pendelerziehg. Mutter – verwöhnend, Vater fordernd) bei demonstrativ-übernachhaltiger + st[immungs] lab[iler] P[ersönlichkeit] in Ehekonflikt.» Damit glich die Verdachtsdiagnose weder der Überweisungsdiagnose noch der auf dem Aktendeckel vermerkten Entlassungsdiagnose. Als eine Art Arbeitsgrundlage schloss sie biografische Aspekte ein, die therapeutisch relevant erschienen, darunter Kindheitserfahrungen und aktuelle soziale Konflikte. In die Verdachtsdiagnose floss außerdem das Ergebnis des Persönlichkeitsfragebogens nach Leonhard ein (Kapitel 4.3). In manchen Fällen ergänzte eine Differenzialdiagnose die Verdachtsdiagnose. Der Therapieplan umfasste in diesem Fall «Kreislaufgymn[astik], Fuß → Schwung[gymnastik], Volleyball, TT [Tischtennis], Gestalt[un]g, Musikther[apie], Gruppe ab 5.8., Psychodrama.» Dass die Patient:innen Tagesberichte schreiben sollten, war gelegentlich ebenfalls im Therapieplan vermerkt.

Wie der Lebensbericht befasste sich die Exploration mit der Konstruktion einer therapeutischen Biografie. Die Patient:innen hatten ihre Lebenserzählung beim Schreiben bereits in einzelne Elemente zerlegt, die das mündliche Gespräch jetzt aufnahm. Dafür kam erneut ein gesetztes Muster zum Einsatz («jetzige Beschwerden», «Entwicklung der Beschwerden», «biographische Anamnese», später «Sexualität»), mit dem die Therapeut:innen die Selbstthematisierung der Patient:innen gezielt lenkten. Im Gespräch nahmen die Patient:innen eine weitere Auswahl und Gewichtung lebensgeschichtlicher Aspekte vor und konsolidierten die Biografie.

Der «neurosenpsychologisch relevante Konflikt»

Die Exploration mündete meist in die Explikation eines sogenannten neurosenpsychologisch relevanten Konflikts. Dieser Begriff wurde ausschließlich von Therapeut:innen verwendet und findet sich nicht in den Tagesberichten. Basierend auf der therapeutischen Biografie benannte er eine den Patient:innen vermeintlich oder tatsächlich unbewusste Spannungssituation, die aus therapeutischer

439 Fragen nach Spiritualität und religiöser Orientierung blieben dem politischen Kontext entsprechend aus.

Sicht ihre Symptomatik bedingte. Insofern ist der Begriff dem Konzept der psychodynamischen Konflikte entlehnt. In unserem Beispiel war er bereits in der Verdachtsdiagnose durch den Passus «Selbstüberforderung (Geltungsanspruch)» abgedeckt.

Die Anamnese eines anderen Patienten endete mit: «Neurosenpsychol. rel. Konflikt: 1.) Hohes eig. Anspruchsniveau ↔ Realität 2.) Anklammerungstendenzen (Mutter, EF) ↔ Selbstbehauptung.»[440] Das Beispiel vereint die beiden häufigsten Varianten festgestellter Konflikte. Besonders häufig findet sich der Widerspruch zwischen einem hohen Anspruch an die eigenen Leistungen und der Unmöglichkeit, diesen zu realisieren.[441] Seltener findet sich eine Variante, bei der die Betroffenen stark soziale Nähe suchten und zugleich nach Eigenständigkeit strebten.[442] Andere Konflikte wurden äußerst selten benannt.[443]

Den Umgang mit dem «neurosenpsychologisch relevanten Konflikt» in der Therapie veranschaulicht das Beispiel eines Patienten, der unter einem «Schreibkrampf» litt. Er konnte also nicht mit entspannter Handhaltung schreiben. Seine Therapie bestand zum Teil aus Übungseinheiten und so verfasste auch er handschriftliche Tagesberichte. Einem Bericht zufolge sei ihm deutlich geworden, dass er «weniger wegen des noch vorhandenen Restes [seines] Schreibkrampfes [...] als viel mehr wegen psychischer Störungen» hier sei.[444] Außerdem hätte er «gern etwas deutlicher [seine] Störungen diskutiert, um aktiv an ihrer Beseitigung [mit]wirken zu können». Die Therapeut:innen gingen darauf ein und suchten das Gespräch. Dem Patienten zufolge erhielt er dabei den Hinweis, dass er seine Probleme allein erkennen müsse und dass ihm «nichts fertig ‹sortiert›» werde.[445] Nun suchte er «natürlich an [sich] noch stärker herum», folgerte, er müsse «aus vielen Hinweisen zur Lösung finden», und sah die «Gefahr», er «höre etwas heraus oder hinein was gar nicht drinsteckt». Wenige Wochen später notierten die Therapeut:innen in der Verlaufsdokumentation dann, der Patient sei in den

440 HPAC, 515/76M, Exploration vom 04.10.1976.

441 Beispiel: «Neurosenpsychologisch relevanter Konflikt: Diskrepanz zwischen Anspruchsniveau (tüchtig sein, Geltung, Erfolg haben, evtl. Perfektionismus) und den Möglichkeiten der Realisierung», HPAC, 400/75M, Exploration vom 12.09.1975; «Anspruch ↔ Möglichk. der Realisierung. Anspruch resultierend aus eig. Me. u. Wunsch sich durch Leistung zu bestätigen (bei eig. Unsicherheit). → Selbstüberforderung», HPAC, 401/76F, Exploration vom 15.07.1976; «Eig. hohes Anspruchsniveau in Diskrepanz zur Realität, dabei starkes Geltungsbedürfnis», HPAC, 468/75M, Exploration vom 30.10.1975.

442 Beispiel: «Anklammerungstendenzen ↔ Selbstbehauptung», HPAC, 584/75F, Exploration vom 29.09.1975.

443 Bspw. sah eine Epikrise den Konflikt in einer «sozialen Isolierungstendenz und Zurückgezogenheit, mangelndem Erleben und Akzeptieren eigener Wünsche bei vermehrter Zuwendung zum eigenen Körper», HPAC, 469/77M, Epikrise vom 07.02.1978.

444 Hier und im Folgenden: HPAC, 391/75M, Tagesbericht vom 11.09.1975.

445 Hier und im Folgenden: ebd., Tagesbericht vom 16.09.1975.

Gruppengesprächen sehr aktiv und habe «viele neue Erkenntnisse bezüglich [seines] neurosen-psychol. relevanten Konfliktes» gewinnen können.[446] Die widerstreitenden Tendenzen des «Konfliktes» sollten also von den Patient:innen im Laufe der Therapie erst selbst erfahren, benannt und schließlich durch Anpassung bearbeitet werden.

Zuweilen war der «neurosenpsychologisch relevante Konflikt» auch ein zentraler Befund der Epikrise.[447] Im letzten Jahr des Untersuchungszeitraums verzichtete man häufiger auf die initiale Angabe eines solchen Konflikts. Ein Grund könnte die stark repetitive Form der Konfliktbezeichnungen in den Vorjahren sein. Möglicherweise überließ man die detaillierte Beschreibung auch stärker den Patient:innen. In einer Verlaufsdokumentation von 1978 hieß es beispielsweise, der Patient sehe selbst «folgende Wurzeln seiner Gehemmtheit: Er hat einerseits hohe Ansprüche (bes. auch hinsichtlich seiner sozialen Geltung), andererseits fühlt er sich ‹minderwertig›. Er erlebt, daß letztere Gefühle real nicht zu begründen sind, und daß er für seine Ansprüche eintreten muß.»[448] Letztendlich glich jedoch auch diese Beschreibung deutlich den zuvor ärztlich herausgestellten Konflikten.

4.3 Die Testdiagnostik als quantifizierendes Moment

Neben den erzählenden Ansätzen des Lebensberichts und der Exploration wurden in der Diagnostik auch verschiedene Tests genutzt. Wie fügte sich dieser quantifizierende Ansatz in das ansonsten individualisierende diagnostische Modell der Nervenklinik ein?

Der Persönlichkeitstest nach Leonhard und die Rehabilitation der Testdiagnostik

Vielen Akten liegt eine gesonderte DIN-A5-Karte bei (vgl. Abb. 7).[449] Darauf findet sich eine händisch aufgezeichnete Matrix. Mit Kreuzen und Kreisen verzeichneten Therapeut:innen darin die Antworten ihrer Patient:innen auf 114 Ja/Nein-Fragen und zählten die Ergebnisse am Rand zusammen. Die Werte ergaben sich aus einem Fragebogen, den die Patient:innen kurz nach der Exploration erhielten. Aus den Werten schlossen die Therapeut:innen auf die Ausprägung bestimmter Persönlichkeitsmerkmale. Auffällige Werte markierten sie mit Rotstift

446 Ebd., Verlaufsdokumentation, Eintrag vom 09.10.1975.

447 Beispiel: HPAC, 232/76M, Epikrise vom 21.10.1976.

448 HPAC, 348/78M, Verlaufsdokumentation, Eintrag vom 18.08.1978.

449 Die Frequenz nahm 1978 ab. Dem Test verwandte Fragen fanden sich aber in den Explorationen.

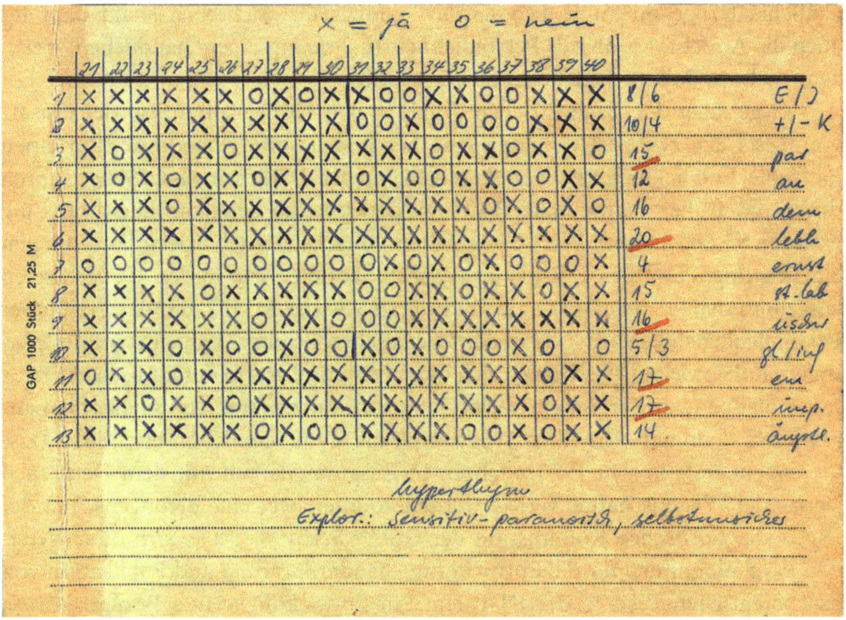

Abbildung 7: HPAC, 391/76M, Auswertungskarte des Fragebogens zur Erfassung der akzentuierten Persönlichkeitszüge nach Karl Leonhard.

und schließlich glichen sie das Testergebnis schriftlich mit dem sogenannten explorativen Eindruck ab. Die resultierenden Angaben gingen in die Diagnosestellung ein.

Wie die Patient:innen auf den Fragebogen reagierten, ist nicht überliefert, denn häufig begannen sie erst später, Tagesberichte zu schreiben. Über den Hintergrund des Tests aber ließ sich in Erfahrung bringen, dass ihn Leonhards Mitarbeiter:innen an der Charité entwickelt hatten. Dazu nutzten sie Fragen, die Leonhard typischerweise in der Exploration einsetzte, um die Persönlichkeitszüge seiner Patient:innen zu ergründen. Der Fragebogen kam schon Anfang der 1970er Jahre zum Einsatz. In einer Anamnese von 1973 hieß es, im Anschluss an eine «Kurzexploration der Primärpersönlichkeit» sei «zur Vermeidung weiterer längerer Gespräche [ein] Fragebogen (erweiterten nach Leonhard) gegeben» worden.[450] Offenbar bewährte sich diese Form der Zeitersparnis in den Augen der Therapeut:innen. Jedenfalls finden sich in den Krankenakten der Folgejahre regelmäßig entsprechende Auswertungsbögen. Nach über einem Jahrzehnt praktischer Anwendung wurde dieser «Fragebogen zur Erfassung akzentuierter Per-

450 HPAC, 390/73F, Anamnese, undatiert, August 1973.

sönlichkeitszüge im Sinne Leonhards» publiziert.[451] Sicherlich stand dahinter auch die Absicht, Leonhards Persönlichkeitstheorie mit einem handlichen Werkzeug mehr praktische Bedeutung zu verschaffen.

Gegenüber der diagnostischen Praxis in den 1960er Jahren war der Einsatz von Tests aus zweierlei Gründen eine bemerkenswerte Neuerung. Zum einen hatte die Entwicklung der Testdiagnostik in der DDR seit den 1950er Jahren durch das frühere sowjetische Pädologie-Dekret eine deutliche Einschränkung erfahren.[452] Sogenannte West-Tests galten zunächst als tabuisiert. Forschungen zur Leistungs- und Persönlichkeitsdiagnostik konnten erst in den 1970er Jahren aufgenommen werden. Während West-Tests wie der MMPI und das Freiburger Persönlichkeitsinventar (FPI) in der forensischen Begutachtung eine immer zentralere Rolle spielten,[453] schienen sich diagnostische Tests in der klinischen Praxis nur schleppend zu verbreiten. Viele Therapeut:innen waren auf Raubkopien angewiesen, denn auf offiziellem Weg waren die Testbögen kaum erhältlich. Dass die ersten Tests in den 1970er Jahren in Zusammenarbeit mit dem Deutschen Verlag der Wissenschaften verlegt werden konnten, war eine Errungenschaft der Psychodiagnostischen Kommission der GfP.[454] Seit 1967 setzte sich dieser Kreis von Psycholog:innen für die Entwicklung, Standardisierung und Publikation von psychologischen Tests in der DDR ein. Ein Entwicklungs- und Bezugszentrum etablierte sich allerdings erst 1981 als Psychodiagnostisches Zentrum an der Humboldt-Universität zu Berlin.[455] Zum anderen lehnte auch Karl Leonhard selbst, allerdings aus anderen Gründen, die Testdiagnostik weitgehend ab.[456] Unter seiner Anleitung kamen in den 1960er Jahren meist lediglich Ausschnitte aus Theodor Ziehens Abhandlungen über die Intelligenzprüfung zum Einsatz.[457] Vor dem Hintergrund seiner detaillierten Persönlichkeitstheorie bestand aus der Perspektive Leonhards keine Notwendigkeit für Persönlichkeitstests. Stattdessen legte er großen Wert auf eine detaillierte Exploration.

451 Vgl. Littmann/Schmieschek 1982.

452 Vgl. Sprung/Sprung 1995; Rzesnitzek 2020, S. 168 ff.

453 Vgl. Geisthövel 2020b, S. 210.

454 Vgl. HU UA, Gesellschaft für Psychologie der DDR, GfP/198, Psychodiagnostische Kommission der DDR.

455 Für eine Übersicht aller weiteren bis 1986 in der DDR publizierten Verfahren vgl. Humboldt-Universität zu Berlin 1986.

456 Unter Karl Leonhard übernahmen die Psycholog:innen vorwiegend therapeutische Aufgaben, vgl. Atzl/Hess 2005, S. 44.

457 Vgl. Ziehen 1908.

Patient:innenperspektiven auf die Testsituation

Umso mehr fällt ins Auge, wie Patient:innen psychodiagnostische Testsituationen einige Tage nach ihrer Aufnahme schilderten. Manche äußerten positive Erfahrungen. Eine bemerkte, sie habe durch einen Konzentrationstest «einen gehörigen Antrieb» erhalten, und interpretierte dies als psychischen Trainingseffekt des Tests.[458] Einem Patienten habe ein Reaktionstest «Spaß gemacht» und er resümierte, dass er «mit dessen Ergebnis [...] zufrieden sein kann».[459] Außerdem sei er der Meinung, «daß solche experimentellen Methoden stärker angewendet werden sollten in der Praxis der Abteilung, um ein objektiveres Bild vom Zustand der Patienten zu erhalten». Ein anderer Patient wünschte sogar explizit, auf Konzentrationsfähigkeit getestet zu werden.[460] Seinem Vorschlag im Tagesbericht folgte fünf Tage später tatsächlich ein Test. Der Patient aber habe, vermutlich aufgrund des Ergebnisses, «eine Enttäuschung erlebt».[461] Ob und in welcher Modalität Patient:innen über die Ergebnisse informiert wurden, ist unbekannt. Ein anderer Patient teilte mit, er «habe heute einen Intelligenztest mitgemacht, war aber mit [seinem] Ergebnis nicht ganz zufrieden».[462] Ob es sich um eine subjektive Einschätzung oder das numerische Ergebnis handelte, bleibt unklar.

Andere Schilderungen lesen sich kritischer. Ein Patient schrieb, dass er die Testsituation als «sehr anstrengend» empfunden habe.[463] Manche Referenzen beziehen sich auf interne Organisationsschwierigkeiten. Am selben Tag berichteten zwei Patient:innen, dass sie zeitgleich zum Psychodrama eingeteilt und zu einem psychologischen Test einbestellt worden seien, und forderten nun die Entscheidung für einen Zeitplan ein.[464] Außerdem sahen sich viele beim Testen in einer Prüfungssituation, in der es gute Leistungen zu erbringen galt. Die Patient:innen reagierten unterschiedlich, doch häufiger negativ darauf. 1977 schrieb ein Patient, der Test habe ihn «völlig verwirrt» und Kopfschmerzen ausgelöst, die ihm die Teilnahme an der späteren Gruppentherapie erschwert hätten.[465] Ein anderer berichtete, beim Test habe er «Zahlen addieren» müssen, wobei er «furchtbar müde» geworden sei und am liebsten seinen Bleistift in die Ecke geschmissen und sich ins Bett gelegt hätte.[466] Aus einem Bericht erfahren wir, dass die Tests

458 HPAC, 607/77F, Tagesbericht vom 14.12.1977.

459 Hier und im Folgenden: HPAC, 503/76M, Tagesbericht vom 28.01.1976; ähnlich HPAC, 252/77M, Tagesbericht vom 06.07.1977.

460 Vgl. HPAC, 615/76M, Tagesbericht vom 06.01.1977.

461 Ebd., Tagesbericht vom 11.01.1977.

462 HPAC, 503/76M, Tagesbericht vom 02.02.1976.

463 HPAC, 479/76M, Tagesbericht vom 11.02.1976.

464 Vgl. HPAC, 83/76F, Tagesbericht vom 09.03.1976; HPAC, 105/76M, Tagesbericht vom 09.03.1976.

465 HPAC, 429/76M, Tagesbericht vom 10.01.1977.

466 HPAC, 599/76M, Tagesbericht vom 16.12.1976.

nicht immer in Einzelsituationen durchgeführt wurden. Der Schreiber beklagte sich darin, dass ihm gegenüber ein schnell rechnender Mann gesessen habe und er sich dadurch unter Druck gesetzt sah.[467] Es trat schließlich ein Effekt ein, den Kritiker:innen der Testdiagnostik zu vermeiden gesucht hatten: Die Proband:innen erlebten Sorge vor sozialer Abwertung, wenn sie befürchteten, nicht der instrumentell gesetzten Norm kognitiver Fähigkeiten zu entsprechen. Ironischerweise trat dieses Leistungsdenken im diagnostischen Kontext mit dem Import westlicher quantifizierender Verfahren auf. Außerdem verdeutlichen die Reaktionen die ambivalente Färbung des klinischen Raumes durch Fürsorge einerseits und als Ort, an dem sich das Individuum bewähren musste, andererseits.

Ein letztes Beispiel zeigt, wie die Erfahrung der Proband:innen als Ausgangspunkt dienen konnte, lebensgeschichtliche Ereignisse mit psychischen Vorgängen und kognitiven Eigenschaften in Verbindung zu setzen. Ein Mann berichtete, er habe sich einem Test unterziehen müssen, «bei dem es um die Überprüfung der Kopfrechenfähigkeit ging».[468] Seine Leistung schätzte er als «sehr schlecht» ein, er könne das aber nicht begründen. Andere Aufgaben habe er lösen können, doch das Rechnen, zumal unter Zeitdruck, erzeuge in ihm «etwas wie eine gedankliche Barriere». Die Zahlen verschwämmen vor seinen Augen, ihm kämen «völlig unsinnige» Ergebnisse in den Sinn, er schweife mit den Gedanken ab und schaue dabei aus dem Fenster, ohne aber völlig zu vergessen, dass er eigentlich rechnen sollte. Es sei, als erzwinge sich sein Gehirn eine Pause. Einige Minuten später sei es für kurze Zeit weitergegangen, doch dann habe «der ganze Vorgang wieder von vorn» begonnen. Schon lange beschäftige und belaste ihn der Gedanke daran, zu langsam zu arbeiten. Dass er sich nicht auf Zahlen konzentrieren könne, trage großen Anteil daran. Bei der Arbeit erwüchsen ihm immer wieder Probleme daraus. Seine Tätigkeit erfordere die schnelle Beurteilung von Messergebnissen und es sei essenziell, durch «überschlägliche Berechnungen die Tendenz der Meßreihen zu erkennen». Dazu sei er aber nur unter großer Anstrengung und keinesfalls in kurzer Zeit in der Lage. Die Erfahrung beim Test nutzte der Patient zur Selbstbefragung und setzte seine andauernden Probleme am Arbeitsplatz mit kognitiven Prozessen in Verbindung. So regten Tests als diagnostisches Instrument zur Selbstthematisierung an.

Testdiagnostische Verfahren und ihre Verwendung

Was erfahren wir aus den Akten über die angewandten Verfahren, die Dokumentation der Ergebnisse und deren Verwendung? Explizit für diesen Zweck

467 Vgl. HPAC, 142/77M, Tagesbericht vom 05.04.1977.

468 Hier und im Folgenden: HPAC, 252/77M, Tagesbericht vom 12.07.1977.

eingesetzte Diplom-Psycholog:innen fertigten in den Tagen nach der Exploration einen «psychologischen Befund» an. Dies geschah nicht mit der gleichen Regelmäßigkeit wie das restliche Aufnahmeprozedere. In einer Interviewszene eines DEFA-Dokumentarfilms von 1976 ist zu erkennen, dass an der Nervenklinik inzwischen ein Labor für Klinische Psychologie eingerichtet worden war.[469] Es ist anzunehmen, dass die Testdiagnostik dort durchgeführt wurde. Die Befunde zur «Beurteilung der geistigen Leistungsfähigkeit» waren schreibmaschinengeschriebene DIN-A4-Seiten mit standardisiertem Aufbau.[470] Darauf wurden die angewandten Tests aufgeführt. Ein Fließtext beschrieb knapp das Verhalten der Proband:innen bei der Untersuchung. Eine Patientin habe sich etwa «der Untersuchung bereitwillig» unterzogen und sei «offensichtlich um gute Leistungen bemüht» gewesen.[471] In der folgenden Erläuterung der Testergebnisse war die standardmäßige Erhebung und Bezifferung des Intelligenzquotienten eine deutliche Neuerung gegenüber der Intelligenzprüfung unter Karl Leonhard. Der Befund schloss mit einer knappen Einordnung der Ergebnisse in Relation zum zugrunde gelegten Durchschnittswert.

Zu den angewandten Verfahren gehörten Intelligenz-, Konzentrations- und Persönlichkeitstests. Die Intelligenzprüfung wurde meist mit dem LPS (HORN)[472] durchgeführt. Für die Aufmerksamkeitsprüfung kamen unter anderem der Test d2,[473] der Pauli-Test[474] und der DCS[475] zum Einsatz. Für die Persönlichkeitstest nutzten die Psycholog:innen vor allem das Psychopathologische

469 Vgl. Stiftung Deutsches Rundfunkarchiv, DDR-Rundfunk, DRAB-H 004167, DEFA-Dokumentarfilm «Neurosen – Krank durch Überforderung?», 09.03.1976; die Interviewszene mit dem Fürsorger zeigt im Hintergrund den Eingang zum «Labor für klinische Psychologie».

470 Der Kopf des Dokuments enthielt das Datum, den Namen der Patient:innen, die «Fragestellung», das Untersuchungsdatum (oft auf zwei Tage verteilt) und die angewandten Verfahren.

471 HPAC, 360/76F, Psychologischer Befund vom 29.05.1976.

472 Das Akronym steht für «Leistungsprüfsystem»; es handelt sich um einen Intelligenztest mit Ergebnisangabe als IQ. Das Verfahren geht zurück auf Wolfgang Horn und wurde 1962 publiziert.

473 Es handelt sich um einen Leistungstest zur Prüfung der Aufmerksamkeit und Konzentration. Das Verfahren geht zurück auf Rolf Brickenkamp und wurde 1962 publiziert. Die Anwendung bot sich durch einen geringen Materialaufwand und leichte Duplizierbarkeit an.

474 Es handelt sich um einen Test zur Prüfung von Konzentration, Aufmerksamkeit und Vigilanz durch Auswertung fortlaufenden Addierens. Das Verfahren wurde in den 1970er Jahren von Wilhelm Arnold publiziert und geht zurück auf eine Arbeit von R. Pauli (1936) zum Kraepelin'schen Arbeitsversuch.

475 Es handelt sich um einen Test zu Gedächtnis und Merkfähigkeit durch Nachlegen von Merkmalsreihen aus dem Gedächtnis.

Kurzverfahren (PPKV) und in Ausnahmefällen den Q-Sort-Test,[476] das FPI,[477] den HAWIE[478] oder RAVEN-Matrizen.[479] Beim Psychopathologischen Kurzverfahren handelt es sich um eine Kurzform des MMPI, der in den 1970er Jahren von Jürgen Mehl in der DDR für einen «Staat sozialistischer Ordnung» adaptiert wurde.[480]

Die Anwendung von Intelligenz- und Konzentrationstests war überwiegend defizitorientiert. Das heißt, die Therapeut:innen forderten einen psychologischen Befund zur Bestätigung an, wenn sie bereits ein Ergebnis unterhalb der Norm vermuteten. Selten gab es allerdings Ausnahmen, bei denen besondere Begabungen festgestellt werden sollten.[481] Die Ergebnisse aus den psychologischen Untersuchungen finden sich gelegentlich in den Epikrisen wieder. Unter dem Abschnitt «Befunde» hieß es dort beispielsweise: «Testpsychologische Untersuchung (LPS, Test d2, Pauli-Test und IST): Zusammenfassend läßt sich aus den Untersuchungen ableiten, daß die Pat. über ein durchschnittliches intellektuelles Leistungsvermögen verfügt, wobei besonders attraktive Aufgaben gegenüber monotonen von ihr gut bewältigt werden können.»[482]

Tests in der Selbsterzählung

Insgesamt steht die standardisierte Testpraxis für eine Psychologisierung und das Bemühen um eine Objektivierung der Diagnostik in der Nervenklinik. Dass sich die Zuständigkeitsbereiche von Psycholog:innen in den 1970er Jahren in der Nervenklinik tendenziell zur Testdiagnostik verschoben, fällt angesichts der ge-

---

476 Der Test misst Selbstkonzepte und dient der Erfolgskontrolle in der Psychotherapie. Das Verfahren geht zurück auf Carl Rogers, der es erstmals in den 1950er Jahren zu diesem Zweck anwandte.

477 Das Verfahren wurde in der BRD entwickelt und erstmalig 1970 publiziert.

478 Das Akronym steht für «Hamburg Wechsler Intelligenztest für Erwachsene»; der Test wurde 1956 unter dieser Bezeichnung in der BRD als deutsche Version der «Wechsler Adult Intelligence Scale» eingeführt.

479 Das Verfahren ist auch bekannt als «Ravens Progressive Matrizen»; der Intelligenztest kommt ohne Sprache aus, indem die Proband:innen im Multiple-Choice-Verfahren das fehlende Teil einer Matrix mit optischen Mustern zuordnen. Das Verfahren von 1936 geht zurück auf John C. Raven.

480 Vgl. Mehl/Henning 1974. PPKV und 470-F-Test waren zwei verschiedene in der DDR gebräuchliche Abwandlungen des MMPI. Der PPKV wurde oft auf gesonderten DIN-A5-Blättern ausgewertet. Aus einer Kombination von Skalenwerten folgerten die Psycholog:innen beispielsweise «das Vorliegen umfassender Anpassungsstörungen bei einer im Erleben und Verhalten abnorm ausgerichteten Persönlichkeit», HPAC, 599/76M, «PPKV-Interpretation» vom 25.01.1977.

481 Vgl. bspw. HPAC, 479/76M, Psychologischer Kurzbefund vom 19.02.1976.

482 HPAC, 652/76F, Epikrise vom 14.03.1977.

genläufigen Entwicklung der Klinischen Psychologie in der BRD «vom Test zur Therapie» ins Auge.[483] Unterdessen reibt sich der Versuch der Objektivierung mit dem individualisierenden Ansatz von Lebensbericht und Exploration und sorgt dafür, dass sich das Testen kaum in die übrige diagnostische Praxis einordnen lässt.

Wie fügen sich die beiden Ausrichtungen zusammen, zumal vor dem Hintergrund der zeitlichen Diskrepanz zwischen Aufnahme und psychologischem Befund? Lieferten die Tests einen weiteren Deutungsbaustein, der sich in die biografische Selbsterzählung der Patient:innen integrieren ließ? Oder reorganisierte das Moment des Testens das biografische Erzählen, indem es vergangene Konflikte aus einer Leistungsperspektive überprüfte? Beides scheint möglich und hing davon ab, wie sich die Testergebnisse zur bisherigen biografischen Erzählung verhielten. Trugen die Testergebnisse zur Erklärung bisher unverständlicher Konfliktlagen bei, konnten Patient:innen und Therapeut:innen sie produktiv in die biografische Erzählung integrieren. Dagegen konnten normabweichende Ergebnisse zu einer Neubewertung bis dato harmonisch erlebter biografischer Erzählelemente anleiten. In beiden Fällen mag von Bedeutung sein, dass der am häufigsten diagnostizierte «neurosenpsychologisch relevante Konflikt» jenen zwischen hohen Ansprüchen an eigene Leistungen und der Unmöglichkeit, sie zu realisieren, betraf. Normabweichungen in quantifizierenden Tests konnten dieses Konfliktmuster in der biografischen Erzählung bestätigen oder die Erzählung unter dieser Prämisse neu organisieren.

4.4 Reorganisation der Selbsterzählung nach therapeutischen Deutungsmustern

Ein Patient war bereits mit einer Neurose diagnostiziert worden, als er kurz nach seiner Aufnahme schrieb: «Es fällt mir schwer, mich daran zu gewöhnen, daß ich krank sein soll, obwohl ich nichts als Unlust verspüre.»[484] Die Identifikation und Bezeichnung «pathologischer» und «gesunder» Zustände verlief nicht notwendigerweise synchron zwischen Therapeut:innen und Patient:innen und ebenso ver-

483 Die Persönlichkeitstests wurden meist von einem Diplom-Psychologen durchgeführt, der schon länger in der Klinik tätig war als die Diplom-Psycholog:innen und Praktikant:innen, die die psychologischen Befunde ausstellten. Insgesamt zeigt sich im Vergleich der psychotherapeutischen Krankenakten der 1960er und 1970er Jahre, dass sich die Kompetenzbereiche der Psycholog:innen weniger ausweiteten, als es dem bundesrepublikanischen Narrativ nach zu erwarten gewesen wäre. Die neu etablierte Testdiagnostik wurde ein den Psycholog:innen vorbehaltener Aufgabenbereich. Eine Tendenz zur Trennung ärztlicher und psychologischer Kompetenzsphären im Spiegel wissenschaftlicher Publikationen konstatiert auch Wiegmann 2018, S. 107.

484 HPAC, 207/76M, Tagesbericht vom 22.04.1976.

hielt es sich bei der Deutung von Symptomen. Erst im Laufe der Behandlung sollte das therapeutische Subjekt die Diagnose für sich annehmen, zugrunde liegende psychotherapeutische Erklärungsmodelle übernehmen und in eine neue Selbsterzählung einbinden. Wie prägte das psychopathologische «Klassifiziert-Werden» die Selbstwahrnehmung der Patient:innen?[485] Wie verinnerlichten Patient:innen psychotherapeutische Deutungsmuster, die ihre therapeutische Biografie verbindlich zu machen suchten?[486] Wie reorganisierten sie ihre Selbsterzählung auf Grundlage dieser Deutungsmuster?

Zunächst ist zu fragen, woran sich eine solche Verinnerlichung festmachen ließe. Drei Merkmale kommen infrage: Das erste bezeichneten die Therapeut:innen häufig als «Akzeptanz der Psychogenese». Die Patient:innen sollten ein klinisches Deutungsangebot übernehmen, das sie befähigte, von sich aus Symptome mit psychischen Ursachen zu erklären. Dazu griffen die Patient:innen zweitens therapeutische Erklärungsmodelle und Fachtermini auf. Drittens bezogen sie Kindheits- und Jugenderfahrungen in ihre Erzählungen über die Genese der Symptomatik ein. In einem solchen Subjektivierungsprozess sind nicht alle einzelnen Akte vorherbestimmt. Vielmehr eröffnete die soziale Interaktion zwischen Therapeut:innen und Patient:innen einen Spielraum, innerhalb dessen Letztere ihre Selbsterzählung anlegen konnten. Wie gestalteten sich also Prozesse der Verinnerlichung und der Aushandlung? Wie offenbarte sich demgegenüber misslingende Subjektivierung und wie gingen die Therapeut:innen damit um?

Aushandlung der Leidensursachen

Für viele Betroffene war die «Psychogenese» ihrer Symptome keine Selbstverständlichkeit. Deren Integration stellte einen länger währenden Prozess dar, in dem sie verschiedene Deutungsmuster reflektierten und gegeneinander abwogen. Viele frühe Einträge erinnern in ihrer Form an den folgenden, auch wenn die Berichte psychische und körperliche Empfindungen gleichermaßen abdeckten: «Am Tage ist der psychische Zustand jetzt nicht mehr ganz so labil wie in den letzten Tagen. Insgesamt aber Stagnation. Nachts mehrfach aufgewacht und jedesmal [sic] voller innerer Unruhe und Vibration.»[487] Nicht immer deuteten Patient:innen also sogleich ihre Symptome. Häufiger listeten sie ihre Beschwerden

485 Zum Einfluss des Klassifizierens auf die Klassifizierten vgl. insbesondere Hacking 2012. Anders als in der vorliegenden Untersuchung bezieht Hacking allerdings auch mit ein, wie sich die Veränderung der Klassifizierten in sogenannten *looping effects* wieder auf die Betrachtung der Klassifizierten auswirkt.

486 Wie Hahn über die «Biografiegeneratoren» ausführt, bringt jede Institution auf bestimmte Weise «die Individuen zur Befassung mit sich selbst» und lässt «die im jeweiligen Kontext erzeugten Bilder dann verpflichtend werden», Hahn 1987, S. 18.

487 HPAC, 499/76M, Tagesbericht vom 19.12.1976.

zunächst lediglich auf. Es liegt nahe, dass die Therapeut:innen ihre Patient:innen darum baten, ihre Beschwerden zu schildern.[488] Andererseits war dies als grundlegender Bestandteil von Sprechstundenbesuchen die vermutlich vertrauteste Form der Interaktion im medizinischen System. Die Patient:innen berichteten regelmäßig über ihr Befinden und so lässt sich dessen Entwicklung in der jeweiligen Tagesbericht-Sammlung chronologisch nachvollziehen.

Die Patient:innen konnten sich mit solchen Mitteilungen medizinisch rückversichern. Frustration und Freude über ihre Entwicklung niederzuschreiben, erfüllte Mitteilungsbedürfnisse und half, sich gegebenenfalls der subjektiven Besserung bewusst zu werden. Ein Patient notierte etwa, er habe das Gefühl, «daß der Gesundungsprozeß weitere Fortschritte» mache, weil seine Schmerzen in der linken Brust- und Bauchseite nachgelassen hätten.[489] Die Entwicklung der Beschwerden fand außerdem Eingang in die Epikrise. In einem Fall heißt es: «Im Laufe der Behandlung nahmen zunächst die körperlichen Beschwerden ab, da sich der Pat. ihnen nicht mehr so zuwendete.»[490]

Zwei Punkte sind hinsichtlich der Rezeption der Tagesberichte von Interesse. Zum einen interessierte die Therapeut:innen, wie ihre Patient:innen ihre Beschwerden einschätzten, da sie Formen ängstlicher Beobachtung der Symptomatik als Anzeichen einer Pathologie oder zumindest als aggravierenden Faktor ansahen. Die Tagesberichte gaben Aufschluss über das Verhältnis der Patient:innen zu ihrem Empfinden und konnten als Indikator für eine solche Pathologie gelten. Zum anderen liegt nahe, dass die Therapeut:innen die Entwicklung körperlicher Beschwerden anhand der Tagesberichte bewerteten und sich ihr Wissensstand aus dem Gelesenen speiste. Immerhin entstanden die Epikrisen einige Wochen nach Entlassung, sodass die Tagesberichte im Sinne eines Beschwerdeprotokolls als Gedächtnisstütze für die abschließende Therapiebeurteilung gedient haben könnten. Nicht zuletzt ersetzten die Tagesberichte häufig die Verlaufsdokumentation ganz oder teilweise, was eine solche Nutzung umso wahrscheinlicher macht.

---

488 In Magdeburg hatten die Patient:innen in der ambulanten Gruppenpsychotherapie die «Hausaufgabe, einen Lebenslauf zu schreiben und täglich Tagebuch über das in der Therapie Erlebte, über das Befinden und über die Schlafqualität zu führen», Weise 2011, S. 403. Das suggerieren auch zwei Notizen eines Berliner Patienten, der zunächst seine spezifischen Beschwerden in Abhängigkeit von den Tätigkeiten am Tag dokumentierte. Ihn quälten «die täglich auftretenden Schmerzen in den Lendenwirbeln» und er könne «noch keine größere Belastbarkeit als Dauerzustand ohne erhöhte Schmerzen ertragen», HPAC, 232/76M, Tagesbericht vom 13.05.1976. Wenige Tage später schrieb er, er «möchte nicht mehr täglich die Art und Stärke der Schmerzen die ich habe immer wieder mitteilen. Nur wenn ich weniger oder keine Schmerzen habe», HPAC, 232/76M, Tagesbericht vom 19.05.1976.

489 HPAC, 503/76M, Tagesbericht vom 16.12.1975.

490 Ebd., Epikrise vom 13.04.1976.

Annäherungen an den «neurosenpsychologisch relevanten Konflikt»

Die Patient:innen erfuhren nicht von den detailreichen Abstufungen ihrer Diagnose, denn dies hätte eine Erklärung des «neurosenpsychologisch relevanten Konfliktes» erfordert. Dessen Dynamik sollten die Patient:innen aber erst selbst erschließen. Im Lauf der Therapie, insbesondere in Visiten und Gruppengesprächen, wurde ihnen dafür ein Schema nahegebracht, anhand dessen sie sich selbst befragen sollten. Demnach seien ihre Symptome psychischen Ursprungs und ließen sich nicht durch somatische Therapien, sondern ausschließlich psychotherapeutisch behandeln. Die Patient:innen waren darüber informiert, dass sie unbewusste Konflikte hätten, zu deren Aufdeckung es im Laufe der Therapie kommen solle. Sie erfuhren, dass Patient:innen mit «Neurosen» in bestimmten Situationen «Fehlhaltungen» zeigen würden, die zu sozialen Problemen oder Symptomen führen könnten und die – einmal erkannt – durch gezielte Arbeit am Selbst behoben werden könnten.

Vor diesem Hintergrund begannen viele, zumal mit Fortlaufen der Therapie, Bezüge zwischen ihren Symptomen und diesem Schema herzustellen. Meist zu Beginn der Therapie fragten sich Schreibende, ob ihre Symptome tatsächlich keine körperlichen Ursachen hätten. Während es der eingangs zitierten Person schwerfiel, sich an das Kranksein «zu gewöhnen»,[491] schrieb eine andere, sie wisse inzwischen, dass sie «organisch nicht krank» sei.[492] Doch da sie noch nicht wisse, was sie «falsch mache», könne sie ihr Verhalten nicht ändern. Mit Bezug auf ein bestimmtes Symptom glaube sie außerdem nicht, dass es «durch Fehlverhalten» auftrete. Die Therapeut:innen unterstrichen den letzten Teil mit rotem Fettstift. Sie sahen hier noch den Bedarf, Überzeugungsarbeit zu leisten, damit die Patientin die Psychogenese als Erklärung annahm. Außerdem zeigt sich, dass das zu verinnerlichende Schema eine Vorstellung persönlicher Defizite generierte, an denen Patient:innen zu arbeiten hätten. Dies drückt sich in dem wiederholten Gebrauch von Begriffen wie «Fehlhaltung» und «Fehlverhalten» aus.

Patient:innen, die das Deutungsmuster annahmen, verbalisierten Zusammenhänge zwischen Symptomen und psychischem Empfinden. Einer schrieb, er habe zuletzt «hin und wieder starke Kopfschmerzen verspührt [sic] deren Ursache [er] im Zusammenhang mit [seinem] Problem sehe».[493] Eine Patientin erklärte sich wiederkehrende Kopfschmerzen damit, dass für sie nach den «in dieser Woche gewonnenen Erkenntnissen der innere und äußere Kampf begonnen» habe.[494] Ein anderer deutete dasselbe Symptom als «Ausdruck einer inneren

491 HPAC, 207/76M, Tagesbericht vom 22.04.1976.

492 Hier und im Folgenden: HPAC, 414/78F, Tagesbericht vom 04.08.1978.

493 HPAC, 435/76M, Tagesbericht vom 14.10.1976.

494 HPAC, 477/77F, Tagesbericht vom 29.–30.10.1977.

Spannung auf die [...] Besuchszeit» und auf die «Erwartung des Erscheinens (pünktlichen!)» seiner Gattin.[495] Wieder eine andere verstand das Symptom der Kopfschmerzen als «eine Folge einer Auseinandersetzung mit [einer Mitpatientin] am Vorabend», wobei sie gemerkt habe, dass sie auf Unterstellungen überempfindlich reagiere.[496] Manche arbeiteten explizite Verbindungen zwischen Auslösern und körperlichen Erscheinungen heraus. Da sich seine Symptome zu Hause verstärkten, vermutete einer, dass seine Anspannungen und Schmerzen «offenbar mit bestimmten Orten (Plätzen) verbunden» seien.[497] Für eine andere war dagegen «eine direkte Zuordnung Umwelteinfluß – Beschwerden [...] nur z. T. erkennbar».[498]

In einigen Fällen verbanden Patient:innen den Weg zur Symptomfreiheit mit Vorstellungen von Selbstfindung und Authentizität. Eine Patientin schrieb:

> Ich nehme alles begierig auf, was hier gesagt wird, um für mich Lösungen und neue Wege zu finden. Und doch glaube ich, bin ich noch nicht zu mir selbst durchgedrungen. Ich weiß nicht, was mit mir ist. Warum lassen die Schmerzen und die Angst nicht wenigstens mal zeitweilig nach, wenigstens in den Zeiten, wo ich allen Grund hätte, entspannt und glücklich zu sein?[499]

Ein anderer befragte seine Schlafroutinen allgemeiner auf eine mögliche Pathologie: «Ich gehe als Letzter ins Bett und stehe als Erster auf, eine Situation, die ich von zu Hause kenne; ob das sympthomatisch [sic] ist?»[500] Während die Therapeut:innen in diesem Fall nicht reagierten, zeigt ein ähnliches Beispiel, dass sie manche Deutungen von Patient:innen aufnahmen. Ein Mann schilderte, ihm sei die Idee gekommen, dass sein «abnormales Schlafbedürfnis gar nicht existiert», sondern er sich vielmehr «das Schlafen als Fähigkeit zur Flucht vor der Realität im Laufe der Jahre antrainiert habe».[501] In der Verlaufsdokumentation vom Folgetag findet sich die Notiz «Schreibt im Tagesbericht: ‹Ist mein vieles Schlafen = Flucht?› ⟶ Ermunterung, dies in Gruppe zu bringen».[502]

Wenn Patient:innen auf das Erklärungsmodell des unbewussten Konflikts zurückgriffen, lässt sich beobachten, wie sie auf der Grundlage psychotherapeutischer Deutungsmuster neue Selbsterzählungen herausbildeten. Ein Patient beschrieb seinen Traum: «Befinden unverändert: labile Stimmung, körperliche Beschwerden und schlechter, durch unangenehme Träume gestörter Schlaf. In den

495 HPAC, 145/78M, Tagesbericht vom 29.03.1978.
496 HPAC, 185/78F, Tagesbericht vom 01.05.1978.
497 HPAC, 499/76M, Tagesbericht vom 12.10.1976.
498 HPAC, 179/77F, Tagesbericht vom 04.04.1977.
499 Ebd., Tagesbericht vom 02.06.1977.
500 HPAC, 392/78M, Tagesbericht vom 19.09.1978.
501 HPAC, 515/76M, Tagesbericht vom 14.11.1976.
502 Ebd., Verlaufsdokumentation, Eintrag vom 15.11.1976.

Träumen geht es häufig darum, daß ich gestellten oder selbstgesetzten Anforderungen nicht gerecht werde.»[503] Auf diese Weise beschreibt er den meistdiagnostizierten «neurosenpsychologisch relevanten Konflikt» zwischen Ansprüchen und Realisierungsmöglichkeiten an sich selbst und impliziert in der Auseinandersetzung mit seinem Traumerleben dessen Bedeutung für seine Lebensrealität.

Fachtermini in der Selbstbeschreibung

Ein Patient von 1977 setzte sich mit den therapeutischen Erklärungsmodellen auseinander und übernahm sogleich einige Fachtermini. Zunächst verbalisierte er Zweifel daran, dass seine Schmerzen keine körperlichen Ursachen hätten:

> Sie haben heute früh bei der Visite gesagt, meine Beschwerden wären reine subjektive Empfindungen und keine objektiv vorhandenen Schmerzen. Wie sollen diese subjektiven Empfindungen entstanden sein? Ich würde mir das doch nie mit aller Gewalt einbilden, daß ich nun da oder da Schmerzen habe. Ich habe mir doch alle Schmerzen mit Gewalt durch das Stimme verstellen erzeugt. Sie sind nach und nach immer stärker aufgetreten, weil ich mich immer und immer wieder so gequält habe. Die Muskeln sind doch auch verhärtet und man kann die Vibrationen an den Beinen sogar sehen.[504]

Doch bereits vier Tage später hatte er seine Perspektive geändert, das therapeutische Erklärungsmodell angenommen und rang nun damit, eine neue Erzählung zu entwickeln: «Mein Symptom ist zwar nur die Folge meiner Fehlhaltung, aber es ist zur Zeit das größte Hindernis für mich, mit klaren Gedanken zu neuen Ansichten zu kommen.»[505] Zweifel begleiteten den Autor dennoch durch seinen Aufenthalt, da ihm die Kenntnis des Modells als solches nicht bei der Bewältigung seiner Symptome half. Hierzu schrieb er:

> Ich bilde mir ein, in etwa den theoretischen Gang zu kennen: Angst / Fehlhaltung → Verkrampfung im Gespräch → zunehmende Verkrampfung – hochgeschaukelt. Aber wie oft ging ich locker ins Gespräch hier und alles kam genauso. Ich habe manchmal Angst, daß mir hier von meinen Beschwerden nur ein Teil geglaubt wird. Im Prinzip ist es ja auch egal für die Ursachenforschung, wie hoch die Wirkung ist. Aber es macht mich kaputt, immer wie betäubt herumzulaufen.[506]

Dazu habe ihm der Oberarzt allerdings geschildert, «daß es völlig uninteressant sei, die Funktionsweise eines Ottomotors zu analysieren, wenn er kaputt ist. Es sei wichtig zu wissen, wie man ihn in Gang kriegt.»[507]

503 HPAC, 499/76M, Tagesbericht vom 30.11.1976.
504 HPAC, 199/77M, Tagesbericht vom 16.05.1977.
505 Ebd., Tagesbericht vom 20.05.1977.
506 Ebd., Tagesbericht vom 14.06.1977.
507 Ebd., Tagesbericht vom 30.06.1977.

Es fällt auf, dass eine ganze Reihe von Schreibenden mit Fortschreiten der Therapie zunehmend auf psychologisch-psychiatrische Fachsprache zurückgriff. Verbreitet war die Nutzung der Begriffe «Fehlhaltung», «Störung» und «Neurose», wenn die Patient:innen über die Suche nach der Ursache ihrer Beschwerden berichteten, wie zwei Ausschnitte aus einer Tagesbericht-Sammlung zeigen. Deren Autor schrieb: «Wenn ich auch ‹meine Fragen› gefunden habe, so muß ich doch sicherlich noch sehr lange (vielleicht Jahre) meine Schwierigkeiten bekämpfen.» Außerdem glaube er, dass er grundsätzlich «die Anlagen zum Entstehen einer Neurose» habe und damit leben müsse.[508] In einem früheren Tagesbericht habe er die Vermutung geäußert, «daß nicht mein Schreibkrampf, sondern andere Störungen und ihr Erkennen und Bekämpfen für mich wichtiger sind».[509] Diese Vermutung finde er nun nicht nur bestätigt, sondern er habe auch bemerkt, dass sich sein Schreiben völlig ausreichend gebessert habe. Ein anderer Patient schrieb, er sehe nach seiner Entlassung «keinen Weg, künftig solchen neurotischen und neurasthenischen (?) Erscheinungen zu widerstehen».[510] Ein Patient griff auf Fachbegriffe zurück, als er Zweifel an der Wirksamkeit der Psychotherapie formulierte:

> Ist es möglich eine Kernneurose so mir nichts, dir nichts wegzuwischen? Zweimal eine Stunde wöchentlich tuschen auf dem Papier, täglich die Viertelstunde Schwunggymnastik, ein paar Gespräche in der ‹Gruppe› und schwuppdiwupp bist du eine blitzneue Persönlichkeit? Geht denn das? Frau Dr. [...] sagte doch selbst auf meine Frage: die Persönlichkeitsstruktur ist nicht zu ändern. Und da ‹der Fehler›, die Ur-Sache, der Ursprung bei mir im Konstitutionellen liegt (und nicht in äußeren Einflüssen) werd ich wohl immer ‹mit der Krankheit leben müssen› ... Und doch das Gefühl: Du bist anders als vor sechs Wochen. Was ist nun wirklich mit dir los? Was ist los und was ist fest? Was kann noch alles passieren, – im Positiven wie im Negativen?[511]

Kindheits- und Jugenderlebnisse

Das dritte Merkmal, an dem sich zeigt, wie Patient:innen mit psychotherapeutischen Deutungsmustern zu arbeiten begannen, ist die Aufnahme von Kindheits- und Jugenderlebnissen in die Deutung der eigenen Symptomatik. Wie ein oben bereits zitierter Patient betonte, konnten Lebensbericht und Exploration die Beschäftigung mit der eigenen Vergangenheit initiieren.[512] Ein anderer Patient, der unter Zwangsgedanken litt, resümierte beispielsweise nach einer Psychodrama-Stunde: «Meine Meinung ist die das [sic] die Ursache meiner Krankheit in mei-

508 HPAC, 391/75M, Tagesbericht vom 19.10.1975.
509 HPAC, 391/75M, Tagesbericht vom 22.10.1975.
510 HPAC, 499/76M, Tagesbericht vom 15.11.1976.
511 HPAC, 237/76M, Tagesbericht vom 27.07.1976.
512 Vgl. HPAC, 477/77F, Tagesbericht vom 15.09.1977.

ner Kindheit liegt, die Auslösung jedoch durch die Lärmgeschichte stark begünstigt wurde.»[513] Was unter der «Lärmgeschichte» zu verstehen sei, setzte er voraus und implizierte damit ein vertrautes Verhältnis zu den Therapeut:innen. Der Einbezug von Kindheitserfahrungen zeigt, wie die Patient:innen biografische Elemente unter dem Eindruck der Psychotherapie neu zueinander in Beziehung setzen und dadurch Bedeutung generieren konnten.

Misslingende Subjektivierung und die Vertrauensfrage

Es wäre verfehlt anzunehmen, dass die anvisierte Form der Subjektivierung, das heißt die Übernahme von Deutungsmustern und das aktive Herausbilden therapeutisch-biografischer Sinnzusammenhänge, stets gelungen wäre und zu homogenen Ergebnissen geführt hätte. Abweichungen finden sich bei Patient:innen, die das Psychogenese-Modell gänzlich ablehnten. Nicht selten verbanden sich hiermit Vertrauensfragen. Fühlten sich Patient:innen mit ihren Beschwerden nicht ernst genommen, warfen manche die Vermutung auf, ihnen würde nicht geglaubt oder gar «Simulation» unterstellt. Versperrten sich Patient:innen der Verinnerlichung psychotherapeutischer Deutungsmuster, konnte dies zu einer sogenannten ungebesserten Entlassung führen.

Eine Patientin habe der Therapie laut Epikrise «wohl aufgeschlossen und vertrauensvoll gegenüber»[514] gestanden. In ihren Tagesberichten schilderte sie immer wieder körperliche Beschwerden wie Kopfschmerzen und Übelkeit. Über die psychischen Hintergründe ihrer Symptome äußerte sie sich wiederholt skeptisch. Beispielsweise schrieb sie:

> Heute, am Sonntag, hatte ich wieder Übelkeit, Schwindelgefühl, Herzbeschwerden und Durchfall. Ich habe mich gar nicht wohl gefühlt und meine Stimmung ist wieder einmal nicht die beste. Manchmal weiß ich wirklich nicht, was ich von der Sache halten soll. Ich finde keine Erklärung dafür, daß die Beschwerden so plötzlich und eigentlich ohne jeden Anlaß auftraten. Dann ist auch immer gleich wieder die Unsicherheit da. Ich bin trotzdem an die frische Luft gegangen, war aber teilweise so benommen, daß ich das Gefühl hatte, ich sei von meiner Umgebung regelrecht isoliert.[515]

Sie selbst vermutete, dass ihre Kopfschmerzen vor allem mit dem Absetzen eines Migränemedikaments zusammenhingen:

513 HPAC, 615/76M, Tagesbericht vom 15. 12. 1976.

514 HPAC, 66/76F, Epikrise vom 28. 07. 1976.

515 Ebd., Tagesbericht vom 08. 02. 1976.

> Seit ich hier bin, habe ich überhaupt wieder sehr viel Kopfschmerzen. Ich weiß nicht, ob das auch mit dem Absetzen von ‹Divascan› zusammenhängen kann. Ich habe bisher ständig das Medikament genommen (seit Juni 1975), seit ich hier bin nicht mehr.[516]

Es zeichnet sich nicht ab, dass die Therapeut:innen auf diesen Hinweis eingegangen wären. In ihrer Epikrise heißt es: «Das Befinden der Pat. wechselte stark, sie war nur selten ohne Beschwerden. Die Entlassung erfolgte zu einem Zeitpunkt, da die Pat. selbst zur Arbeit drängte, sie war trotz ihrer gelegentlichen Beschwerden recht optimistisch.»[517]

In anderen Fällen zeigt sich deutlicher, wo Ansichten der Patient:innen und Therapeut:innen nicht harmonierten. Kurz nach der Aufnahme zeigte sich ein Patient zunächst optimistisch und drückte sein Wohlbefinden in der Klinik aus. Er habe «normal fest» geschlafen und seine «ersten Gedanken waren positiver Natur».[518] Er freute sich, in der Klinik «endlich geborgen zu sein», und befand, «die Aussprache (offene) mit den anderen Mitpatienten» tue ihm gut. Kurz vor seiner Entlassung zeigte er sich allerdings stark unzufrieden mit den durchgeführten diagnostischen Maßnahmen und zog damit das therapeutische Deutungsangebot in Zweifel:

> Meine Mutter ist gestorben, weil sie zu den Ärzten zu viel Vertrauen hatte. Ich bitte Sie bzw. verlange von Ihnen, daß alle erdenklichen Untersuchungen an mir angestellt werden, um endlich meine Problematik erkennen zu lassen. Wenn auch das nichts hilft, muß ich mir Gedanken wegen Berufswechsel [sic] machen, weil ich ansonsten wahrscheinlich gesundheitlich kaputt gehe.[519]

Eine Patientin thematisierte die Vertrauensfrage in einem Gedicht, das sie zwischen November 1974 und April 1975 verfasste und vermutlich als Tagesbericht abgab.[520] Darin verhandelt sie Diskrepanzen zwischen dem individuellen Krankheitsempfinden und ärztlichen Einschätzungen in der Psychotherapie, die sie in der Figur des «Simulanten» verdichtete:

516 Ebd., Tagesbericht vom 03.02.1976.

517 Ebd., Epikrise vom 28.07.1976.

518 Hier und im Folgenden: HPAC, 429/76M, Tagesbericht vom 24.08.1976.

519 Ebd., Tagesbericht vom 30.01.1977.

520 HPAC, 581/74F, Gedicht, undatiert, zwischen November 1974 und April 1975, entstanden auf den Psychotherapiestationen 4/5.

Der Simulant

Die Treppe mußt ich laufen,
wurde nicht einmal getragen.
Na morgen ist Visite, werd ich alles, alles sagen.

Herr Doktor, hier piekt es,
und da ahn ich's.
Und da unten, ja, da auch.
Nein, Herr Doktor, nein das kitzelt.
O weh, o weh, o weh mein Bauch!

Kriege nicht einmal 'ne Spritze,
keinen Tropf, ich armer Mensch!
Wie ich blass im Bette sitze,
wie ich die Medizin verwünsch!

Was, das Herz liegt an der Galle?
Die Patienten staunen alle!
Frechheit mir noch zuzuraunen:
Und Ihr Geist, der liegt im Daumen.

Alle sind hier gegen mich,
keiner will was ehrlich tun,
nur die Ärzte wundern sich,
können Tag und Nacht nicht ruhn,
wegen diesem unbekannten Simulanten.

Die Autorin verweist mit ihrem Gedicht darauf, dass sich die therapeutische Einschätzung und die Wahrnehmung der Patient:innen nicht immer deckten. Dass ihnen ihre Beschwerden nicht geglaubt würden, beschäftigte einige jener Minderheit von Patient:innen, die das Modell der Psychogenese für sich nicht als passend empfanden. Wie zentral dieser Punkt aber für die therapeutische Beurteilung der Psychotherapie war, zeigt die folgende Epikrise von 1977: «Insgesamt ist der Therapieerfolg zurückhaltend einzuschätzen, da wesentliche Voraussetzungen für eine psychotherapeutische Behandlung nicht vorlagen (geringer Leidensdruck, nicht Akzeptieren der Psychogenese).»[521] Abweichende Krankheitserzählungen wurden nicht berücksichtigt.

Dass Einzelpersonen die psychotherapeutischen Deutungsmuster für sich nicht als passend ansahen und daraufhin keine entsprechende Selbsterzählung ausbildeten, lässt sich als «unintendiertes Misslingen» der Subjektivierung verstehen.[522] Die Nutzung der Schreibtechniken zur bisweilen künstlerischen Artikulation von Vertrauensfragen ist daneben als «Neuinterpretation» der Praktik

521 HPAC, 469/77M, Epikrise vom 07.02.1978.

522 Hier und im Folgenden: Reckwitz 2015, S. 44.

lesbar. Darin ist nach Reckwitz nicht «das autonome Individuum mit seiner *agency* zu reaktivieren».[523] Vielmehr sei das Individuum in verschiedene, überlappende Subjektformen eingebunden, die miteinander konfligieren könnten. Idiosynkrasien der Einzelnen ergäben sich durch ihre jeweiligen «Subjektgeschichten», also durch die «eigene Körper-/Geist-Geschichte, deren Konsequenzen für die biographische (Re-)Produktion unabsehbar» seien.[524]

Psychotherapeutische Deutungsmuster in der Subjektivierung

Indem Lebensbericht und Exploration den Patient:innen erlaubten, ihre Lebensgeschichte zu zerlegen und biografisch zu rekombinieren, stellten sie die Weichen für ihre kommende Selbstbefragung in Tagesberichten. Außerdem stellte die Biografiebildung eine situative Ordnung lebensgeschichtlicher Elemente her, mit der sich therapeutische Deutungsmuster verbanden. Das Verhältnis der Patient:innen zu diesen Deutungsmustern offenbart sich als spannungsreich: Zum einen sollten sie diese Deutungsmuster in einer Art pädagogischem Top-down-Prozess verinnerlichen. Zum anderen sollten die Muster sie befähigen, mit einem therapeutischen Blick auf das eigene Leben und Erleben selbst Bedeutung zu generieren. In diesem Sinne erscheint Subjektivierung als soziales Konstrukt, bei dem das therapeutische Subjekt das «fremde» neurosenpsychologische Modell in die Selbsterzählung integrierte und diese dabei produktiv reorganisierte. So zielte die Therapie darauf ab, ein spezifisches Selbstverständnis des Subjekts zu erwirken, das Symptome durch psychische Prozesse erklärbar machte und über den stationären Aufenthalt hinaus anhielt. Die Subjektivierung war theoretisch aufgeladen, aber auch normativ – denn ihr Gelingen trug zur Einschätzung von Erfolg und Misserfolg der Therapie bei. Zudem griff diese Selbstbildung der populären und impliziten Verbreitung psychoanalytischen Gedankenguts vor, das jenseits des Eisernen Vorhangs bereits weit um sich gegriffen hatte und die Menschen dazu brachte, «einen verborgenen Sinn in einem Krankheitssymptom» zu vermuten.[525]

523 Ebd., S. 41.

524 Ebd., S. 44. Wie Reckwitz betont, könne sich «gerade die Gestaltung der Biografie [...] als ein Ort idiosynkratischer Sinnstrukturierung erweisen», vgl. ebd., S. 45.

525 List 2014, S. 56.

4.5 Neurosediagnostik zwischen Klassifikation und Individualisierung

Zu Beginn dieses Kapitels begegnete uns ein Patient, der die folgende Diagnose erhalten hatte: «Hypochondrische Neurose bei übergenau-übernachhaltiger Persönlichkeit mit ängstlichen und emotiven Zügen im Sinne einer sekundären neurotischen Fehlentwicklung, 300.7 / A17d.»[526] Auch dieser Patient durchlief die diagnostischen Praktiken und sollte sich dabei mit einer individualisierten Lebens- und Leidenserzählung zum therapeutischen Subjekt transformieren. Wie die Diagnose zeigt, steht diesem Prozess der Versuch gegenüber, ein psychopathologisches Label für sein Leiden zu finden. Wie verhielten sich Versuche der Klassifizierung gegenüber der individualisierten therapeutischen Erzählung? Und inwiefern war die klassifizierende Praxis auf der anderen Seite geeignet, zur Verbreitung der psychotherapeutischen Indikation beizutragen?

Leonhards Neurosen- und Persönlichkeitstheorie

Wie oben genannter Fall deutlich macht, beschränkte man sich nicht darauf, die Leiden der Patient:innen unter der Kategorie «Neurose» zu subsummieren. Vielmehr legte man die «Neurosen» mithilfe verschiedener Diagnoseelemente als breites psychopathologisches Spektrum an, in dem es das Individuum zu verorten galt.[527] Die obige Diagnose lässt sich beispielhaft in sechs Elemente zerlegen. Die «hypochondrische Neurose» entsprang der Nosologie Karl Leonhards, die «senso- und ideohypochondrische», «hysterische» und «anankastische» Neurosen zu unterscheiden wusste.[528] Sie sah die Neurose als «psychische Entwicklung», die bei Betroffenen Krankheitsgefühle und somatische Symptome verursacht. Die Entstehung und Natur der Neurose könne unterschiedlicher Art sein. Grundlage jeder neurotischen Entwicklung sei die Neurosebereitschaft, eine Disposition in den Wesenszügen der Menschen. Ereigne sich im Leben einer betreffenden Person ein Konflikt,[529] könne es zu einer sogenannten abnormen psychi-

526 HPAC, 340/74M, Diagnoseeintrag auf dem Aktendeckel.

527 Häufungen lassen sich durch die Breite dieses Spektrums kaum beobachten, sodass eine quantitative Auswertung wenig gewinnbringend erscheint.

528 Vgl. Leonhard 1959. Die «anankastische» Neurose lässt sich als Zwangsstörung verstehen. Die «hysterische» Neurose unterstellt den Betroffenen im Rückgriff auf Bonhoeffers Hysteriebegriff einen «Willen zur Krankheit». Schließlich unterschied Leonhard noch die «ideohypochondrische» Neurose, bei der Betroffene eine starke Angst vor körperlicher Erkrankung entwickelten oder von solcher überzeugt seien, und die «sensohypochondrische» Neurose, bei der körperliche Symptome ohne organische Ursache im Vordergrund stünden.

529 Hier ist kein innerpsychischer oder psychodynamischer Konflikt, sondern ein «äußerer», das heißt sozialer Konflikt gemeint. Die Auslöser, Kristallisationspunkte der «neurotischen Ent-

schen Reaktion kommen. Dabei schaukelten sich, so Leonhard, ihre Affekte bis zur «neurotischen Entwicklung» auf.[530] Für eine angepasste Gesprächsführung sei es unerlässlich, die Beschaffenheit der neurotischen Entwicklung zu verstehen.[531] Das gelinge aber nur, wenn die Persönlichkeit der Patient:innen und ihr sozialer Konflikt, also der Kristallisationspunkt der folgenden Entwicklung, durchschaut würden.

Die Begriffe der «übergenau-übernachhaltigen Persönlichkeit» und der «ängstlichen und emotiven Züge», die in der oben zitierten Diagnose Verwendung finden, entstammen Karl Leonhards Persönlichkeitslehre.[532] Wesenszüge umfassen nach Leonhard ein breites Spektrum und werden von ihm als «normale» Eigenschaften bezeichnet. Die Persönlichkeitsstruktur und die Wesenszüge ergäben noch keine Krankheit, sondern definierten lediglich eine «individuelle Persönlichkeit».[533] Wie das obenstehende Beispiel der «übergenau-übernachhaltigen Persönlichkeit mit ängstlichen und emotiven Zügen» verdeutlicht, fanden

---

wicklung», könnten Leonhard zufolge vielfältig sein. Es könne sich um tragische oder einschneidende Erlebnisse im Leben der Patient:innen handeln, wie etwa um den Verlust von Angehörigen. Sie könnten aber auch das Berufsleben betreffen: Unter- oder Überforderung am Arbeitsplatz, unpassende Tätigkeiten und soziale Konflikte mit Kolleg:innen oder Vorgesetzten. Eine häufige Thematik aus den Krankenakten der 1960er Jahre waren lange bestehende Ehekonflikte, soziale Unstimmigkeiten in der Familie, unglückliche Wohnraumsituationen oder Schulprobleme der Kinder. Risikofaktoren könnten ebenfalls bestehende somatische Leiden oder plötzliche starke Krankheitsfälle im sozialen Umfeld sein. In wenigen Fällen brauchte es nach Leonhard kein spezifisches auslösendes Moment für eine neurotische Entwicklung. Gegebenenfalls trage eine Reihe ungünstiger äußerer Faktoren lediglich zur Chronifizierung bereits bestehender Beschwerden bei. Nichtsdestotrotz solle der Identifikation des Konflikts in der Therapie Aufmerksamkeit gewidmet werden.

530 Viele Betroffene suchten dann, teils jahrelang, vergeblich Hilfe bei Allgemeinmediziner:innen oder Internist:innen. Aus Leonhards Perspektive sollten diese Personen psychotherapeutisch behandelt werden, doch dazu fehlten in der DDR der 1950er Jahre meist noch die entsprechenden Einrichtungen.

531 Unter dem Direktorat von Karl Leonhard in den 1960er Jahren erhielten die Patient:innen der Station schon kurz nach der Aufnahme eine so bezeichnete «Chefdiagnose». Dieser Begriff, gefolgt von Karl Leonhards diagnostischem Urteil, ist in vielen Krankenakten zu finden und ist ein Zeichen seiner persönlicher Präsenz im Klinikalltag. Die Therapeut:innen hatten ihre Gesprächsführungstaktik daran auszurichten.

532 Vgl. Leonhard/Bergmann 1964.

533 Die Ausprägung eines Wesenszugs könne jedoch pathologische Ausmaße annehmen. Daraus resultiere eine «psychopathische Persönlichkeit». Damit meinte Leonhard grobe Persönlichkeitseigenheiten, die auch ohne ungünstige Umweltbedingungen soziale Schwierigkeiten bedingten. Der Begriff der «Psychopathie» wurde in den Krankenakten der psychotherapeutischen Abteilung seit den 1960er Jahren fast nicht mehr verwendet. Je nachdem, als wie stark ausgeprägt die Persönlichkeitsstrukturen betrachtet wurden, kam aber das beschreibende Adjektiv der «psychopathischen Ausprägung» zum Einsatz. Zur Entwicklung des Psychopathiebegriffs vgl. Geisthövel 2020a.

diese Persönlichkeitsstrukturen – häufig kombiniert[534] – Eingang in die Diagnosen der Abteilung. «Persönlichkeitsstörungen» finden sich als Diagnose im Sample aber nur in Ausnahmefällen. Die Epikrise einer solchen Akte erläuterte, dass man die individualtherapeutische Prognose bei sogenannten abnormen Persönlichkeiten ungünstig einschätzte.[535]

Die Neurosendefinition von Bad Elster und Kurt Höcks Unterscheidung der primären und sekundären psychischen Fehlentwicklungen

Die «sekundäre neurotische Fehlentwicklung» ging auf Kurt Höck zurück, der sie in die sogenannte offizielle Neurosendefinition der DDR eingebracht hatte. Diese Neurosendefinition ging aus der fünften Jahrestagung der GäP vom 9. bis 11. Juni 1969 in Bad Elster hervor.[536] Hintergrund waren Forderungen von SED-Vertreter:innen infolge des Symposiums «Sozialismus, wissenschaftlich-technische Revolution und Medizin» von 1968.[537] Sie verlangten von den Psychotherapeut: innen, «die Ursachen unterschiedlicher fachlicher Auffassungen in den eigenen Reihen zu klären und auf der Grundlage einer dialektisch-materialistischen Betrachtung gemeinsame wissenschaftliche Positionen des Fachgebietes zu erarbeiten».[538] Die Antwort musste den Forderungen der Partei entsprechen, aber auch von der Mehrheit der Psychotherapeut:innen getragen werden. Ein Tagungsteilnehmer resümiert allerdings retrospektiv: «Besonders ideologisch fiel die Antwort nicht aus.»[539] Verabschiedet wurde die Definition von Neurosen als «funktionelle Erkrankungen durch erlebnisbedingte Störungen der cerebralen Reizverarbeitung in Form von a.) nachhaltigen vegetativen Affektreaktionen, b.) nachhaltig bedingt-reflektorischen Störungen oder c.) psychischen Fehlentwicklungen».[540] Die Definition sei ein Kompromiss gewesen, wobei die Formen auf die «Jenaer Schule» (a), auf Müller-Hegemann (b) sowie auf Höck und Leonhard (c) zurückgingen. Insbesondere hätten Uneinigkeiten zwischen Höcks und

534 Zum Thema «Kombiniert abnorme Wesenszüge in neurotischen Reaktionen» habilitierte sich Leonhards Oberärztin Bärbelies Bergmann 1961, vgl. Bergmann 1961.

535 Vgl. HPAC, 320/76M, Epikrise vom 21. 10. 1976.

536 Vgl. Geyer 2011a, S. 144. Auf der Tagung wurde die Grundstruktur der Gesellschaft beschlossen, also deren Aufteilung in Sektionen, Arbeitsgemeinschaften und Regionalgesellschaften. Diese Grundstruktur sollte für die weitere Entwicklung der Psychotherapiemethoden in der DDR prägend sein.

537 Vgl. Misgeld 1969.

538 Geyer 2011c, S. 149.

539 König 2011c, S. 158.

540 Geyer 2011c, S. 150.

Leonhards Vorstellungen von psychischen Fehlentwicklungen bestanden.[541] Schließlich sollte die Definition vor allem der Verständigung dienen und nicht der Festschreibung spezifischer Erkenntnisse.[542]

Während Karl Leonhards Bezeichnungen «psychischer Fehlentwicklungen» in den 1960er Jahren in der Nervenklinik weitgehend unangefochten blieben, mischten sich im Nachgang der Tagung von Bad Elster und der prominenten Publikation ihrer Ergebnisse[543] Höcks Vorstellungen von der «Ätiopathogenese der Fehlentwicklung» in die verwendeten Diagnosen. Höck unterschied «primäre» und «sekundäre Fehlentwicklungen». Ein ehemaliger Kollege Höcks vermutet, dass diese Differenzierung in der Auseinandersetzung mit Karl Leonhard entstanden sei:

> Die Neurosen auf der Grundlage primärer Fehlentwicklungen entsprechen dem, was Höck aus der Krankheitslehre Schultz-Henckes übernommen hat [mit Blick auf die entscheidende Rolle der frühen Kindheit; Anm. d. Verf.]. Neurosen auf der Grundlage sekundärer neurotischer Fehlentwicklungen sind in erster Linie dadurch gekennzeichnet, dass die Fehlentwicklung nach Auftreten eines Symptoms einsetzt. Im Vergleich zu den primären Fehlentwicklungen ist die auslösende Situation objektiv schwerer und damit auch bewusster.[544]

Das Sample verdeutlicht, dass die meisten Patient:innen der gruppenpsychotherapeutischen Station eine «primäre psychische Fehlentwicklung» diagnostiziert bekamen.[545] Bei der Suche nach dem Ursprung der Beschwerden standen hier also Kindheitserlebnisse stärker im Mittelpunkt als auf der individualtherapeutisch geprägten Station.

Konkurrierende Diagnoseschlüssel

Neben der Diagnose finden sich zwei Zahlen- und Buchstabenkürzel. Die «300.7» basiert auf der Internationalen statistischen Klassifikation der Krankheiten und verwandter Gesundheitsprobleme (International Classification of Diseases, ICD) der Weltgesundheitsorganisation (WHO).[546] Die in der DDR publizierte Fassung trug den Titel «Handbuch der Internationalen Statistischen

541 Vgl. König 2011c, S. 158.

542 Vgl. ebd.

543 Vgl. Wendt et al. 1971.

544 König 2011c, S. 160.

545 So waren es bspw. 1976 28 Personen gegenüber vier Personen mit «sekundärer Fehlentwicklung», neun Personen mit «primärer» sowie «sekundärer Fehlentwicklung» und zwei Personen ohne solche Zuordnung.

546 Dabei handelte es sich zunächst um die ICD-8, die 1965 in Genf verabschiedet wurde. 1976 folgte die ICD-9.

Klassifikation der Krankheiten, Verletzungen und Todesursachen».[547] Unter dem Code «300» waren die «Neurosen» klassifiziert, die mit den Anhängseln 0–9 genauer definiert werden konnten.[548] Es ist davon auszugehen, dass dieser Schlüssel vor allem statistischen Erhebungen mit dem Anspruch internationaler Vergleichbarkeit diente, da er sich auch auf dem sogenannten Meldebogen, der ersten Seite der Krankenakte, wiederfindet. Außerdem musste der ICD-Code für die Arbeitsunfähigkeitsmeldung angegeben werden.[549] Im weiteren Verlauf des Aufenthalts spielte er allerdings keine Rolle. Das Kürzel «A17d» war ein nervenklinikinterner Klassifikationscode, den Leonhard für seine diagnostischen Auffassungen angelegt hatte und der schon seit 1960 in Gebrauch war. Der Schlüssel findet sich im Einband eines Diagnosebuches der Klinik, das ausschließlich Männer im Aufnahmezeitraum von 1968 bis 1974 verzeichnete.[550] Er unterschied «A. Psychiatrische Krankheiten» (Nr. 1–20), «B. Psychiatrisch-neurologische Krankheiten» (Nr. 21–38) und «C. Neurologische Krankheiten» (Nr. 39–55).[551] Demnach handelte es sich um eine «psychiatrische Krankheit», im Speziellen eine «psychische Reaktion» im Sinne «hypochondrischer Reaktionen und Entwicklungen». So banal sie auch scheinen mögen: Das Nebeneinander der Diagnoseschlüssel bildet ab, dass sich internationale und nationale Standardisierungstendenzen noch im Wandel befanden, bevor die ICD und insbesondere das amerikanische Klassifikationshandbuch DSM (Diagnostic and Statistical Manual of Mental Disorders) die internationale Standardisierung der Psychiatrie besiegelten.[552]

547 Vgl. Ministerium für Gesundheitswesen 1983.

548 Im Einzelnen wurden unterschieden: «Angstneurose», «Hysterische Neurose», «Phobische Neurose», «Zwangsneurose», «Depressive Neurose», «Neurasthenie», «Neurotisches Depersonalisationssyndrom», «Hypochondrische Neurose», «Sonstige Neurosen» und «N. n. bez.» (= Nicht näher bezeichnet), vgl. ebd., S. 273–275. In wenigen Ausnahmefällen finden sich in dem Sample auch Diagnosen mit dem Schlüssel «301» für «Persönlichkeitsstörungen».

549 Ein Kreisgutachter aus dem Bezirk Karl-Marx-Stadt schrieb bspw. 1977 an die Psychotherapieabteilung der Charité: «Von der Verwaltung des VEB [...] wurde ich beauftragt, Sie, Frau Kollegin, um eine kurze prognostische Auskunft über den oben genannten Patienten zu ersuchen. Dem Betrieb geht es darum, ob bei dem Patienten, der am 30.11.1976 unter der Diagnose-Nummer 300 arbeitsunfähig gemeldet wurde, mit weiterer Einsatzfähigkeit in absehbarer Zeit zu rechnen wäre (Personal-Planung)», HPAC, 615/76M, Schreiben des Kreisgutachters vom 05.05.1977.

550 Vgl. HPAC, Diagnosebuch M 01.15. Im Deckel des Diagnosebuchs wurde außerdem notiert, dass «Diagnosen-Karteikarten» Erläuterungen zu dem Schlüssel enthielten. Dies verweist auf Leonhards extensive nosologische Arbeiten und zeigt, dass der zweite Schlüssel interner Statistik und Forschung diente.

551 Neurosen finden sich bei Leonhard unter den psychiatrischen Krankheiten, unter 17. «Psychische Reaktionen», 18. «Organneurosen», 19. «Paranoische Reaktionen» und 20. «Sexuelle Perversionen und Sexualneurosen».

552 Für eine kritische Perspektive auf die neuere Entwicklung des DSM, insbesondere bzgl. der Ausweitung diagnostischer Kategorien, vgl. Frances 2013.

Diagnosen zwischen Individualität und Klassifikation

Die Diagnosen lassen sich als Verdichtung nosologischer Deutungskonkurrenz auf klinikinterner, lokaler, nationaler und internationaler Ebene lesen. Den Betroffenen wurden dabei den Akten zufolge die Diagnosen nicht in ihren Details übermittelt. Vielmehr verbanden sich mit ihnen zwei Aspekte, die für das Selbstverhältnis des therapeutischen Subjekts konstitutiv werden sollten. Die Definition von Bad Elster suchte zwar auch auf biologische Grundlagen der Neurosen zu verweisen; mit Leonhards und Höcks Deutungsangeboten verband sich aber primär die Aufforderung, auftretende Symptome als psychische Vorgänge zu deuten und nicht von einer körperlichen Erkrankung im engeren Sinne auszugehen. Lebensgeschichtliche Ereignisse spielten in beiden Modellen eine Rolle, sei es im Sinne frühkindlicher Erfahrungen oder als eine kürzer zurückliegende lebenspraktische Problemstellung, die in der Gegenwart fortwirke. Nach diesem Muster galt es die Selbsterzählung zu reorganisieren. Die vielgliedrigen Diagnosen, die zu regelrechten Ungetümen heranwachsen konnten, zeigen aber auch ein Spannungsverhältnis auf: Man versuchte, im diagnostischen Prozess der Individualität der Persönlichkeiten und Lebensläufe gerecht zu werden und Patient:innen zugleich zu klassifizieren und damit in weniger breite Kategorien einzupassen.

Eine Ausweitung des psychotherapeutischen Interventionsbereichs?

In längerer Tradition beschränkte sich der psychotherapeutische Zuständigkeitsbereich in den Institutionen der DDR weitgehend auf Neurosen.[553] Insofern ist die Kategorie der Neurosen von besonderem Interesse für die Frage, ob und inwiefern sich Vorstellungen von Psychotherapiebedürftigkeit ausweiteten. Inwiefern war also die offizielle Neurosendefinition der DDR dazu geeignet, vormals nicht als pathologisch eingestufte Phänomene therapiebedürftig erscheinen zu lassen? Verschiedene Stimmen aus der Nervenklinik zeigten sich besorgt über einen solchen Trend in der DDR. Helmut Kulawik äußerte dazu Mitte der 1980er Jahre: «Wenn man die Neurosen als erlebnisbedingte Störungen der Person-Umwelt-Beziehung definiert, dann hat man damit einer Inflation des Neurosebegriffs Tür und Tor geöffnet.»[554] Seiner Einschätzung nach entfaltete die Definition das Potenzial, eine wachsende Bandbreite von Empfindungen und sozialen Verhältnissen als pathologisch und somit psychotherapiebedürftig erscheinen zu lassen.

---

553 Vereinzelt unternahm man Versuche, die dynamische Gruppenpsychotherapie bei Patient:innen mit Psychosen einzusetzen. Band 5 der Zeitschrift *Psychotherapie und Grenzgebiete* widmete sich 1983 entsprechend dem Thema «Psychotherapie in der Psychiatrie».

554 Kulawik 1984a, S. 10.

Zwei Äußerungen untermalen die Tendenz zur breiter gefassten Indikation von Psychotherapien. Leonhard stand der Gruppenpsychotherapie grundsätzlich kritisch gegenüber, da er ihr eine neurosenspezifisch abgestimmte Gesprächsführung in Abrede stellte.[555] Zugleich gewann die Gruppenpsychotherapie in der Charité gegenüber der von ihm entwickelten Individualtherapie an Gewicht. Seine Kritik diente möglicherweise vorrangig der Verteidigung seines Verfahrens. Dennoch wird klar, dass Leonhard die gruppenpsychotherapeutisch behandelten Patient:innen nicht für «krank» hielt:

> Sofern man Zeit dazu hat, habe ich nichts dagegen, wenn die psychotherapeutische Fähigkeit dafür eingesetzt wird, in Gruppengesprächen den Menschen dazu zu verhelfen, besseren zwischenmenschlichen Kontakt zu finden und mit den Konflikten, die das Leben mit sich bringt, besser fertig zu werden. Die wichtigere Aufgabe besteht aber meines Erachtens für einen psychotherapeutisch tätigen Arzt darin, echte Kranke zu heilen, d. h. echte Neurosen zu behandeln, wie – ich zähle auf – Zwangsneurosen, Situationsphobien, Nosophobien, Erwartungsneurosen, Beschäftigungsneurosen, psychogenen Tic, psychogene Impotenz, Anorexia nervosa sowie hysterische Fehlhaltungen. Gruppentherapie ist bei diesen echten Neurosen fast zwecklos.[556]

Stattdessen lese man von «Studentenbetreuung» oder von der Gruppenbehandlung von «Müttern mit retardierten Kindern», die zusammen Theater spielten, läsen oder malten. Dazu äußerte Leonhard seine «große Besorgnis», dass «durch die Ausweitung der Gruppentherapie die Behandlung echter Neurosen vernachlässigt» werde.[557]

Helmut Kulawik stellte in den 1980er Jahren dar, die Definition von 1969 bedürfe «weiterer Präzisierungen», weil die diagnostische Kategorie der Neurosen zu unspezifisch gefasst sei. Dazu unterstrich er «im wesentlichen unbewußte intrapsychische Konflikthaftigkeit als wesentliches Kennzeichen neurotischer Gesundheitsstörungen».[558] Diese intrapsychische Konflikthaftigkeit sei die Indikation für die von ihm später entwickelte psychodynamische Einzeltherapie. Allerdings – und dies förderte etwas paradox zu seinen eigenen Beobachtungen die Ausweitung der Psychotherapieindikation – entspräche sie nicht zwangsläufig einem «krankheitswertigen Leiden» im Sinne einer Neurose.[559]

Nun waren die Diagnosen an der Charité deutlich spezifischer, als es die Definition von Bad Elster vorsah. Außerdem waren, wie in den vorigen Kapiteln deutlich gemacht wurde, die Behandlungskapazitäten stark begrenzt und es musste selektiert werden, wer überhaupt eine Psychotherapie erhalten konnte. Dies steht einer «inflationären» Nutzung des Neurosebegriffs sicherlich entge-

555 Vgl. Leonhard 1979.
556 Leonhard 1995, S. 71.
557 Ebd., S. 72.
558 Kulawik 1984a, S. 10.
559 Ebd.

gen. Nichtsdestotrotz ist anzunehmen, dass die psychopathologische Kategorie offener gehandhabt wurde als in der Dekade zuvor und damit bei geeignet erscheinenden Personen Symptome wie Schlaf- und Konzentrationsstörungen oder soziale Herausforderungen eher als psychotherapiebedürftig erscheinen ließ.

4.6 Die Biografiebildung des therapeutischen Subjekts

Die Analyse diagnostischer Praktiken hat gezeigt, wie die Individuen therapeutisch selektierte Biografien herausbildeten, die damit verbundenen Deutungsmuster verinnerlichten und auf die Selbstbeobachtung anwandten. Wie Le Bonhomme aufzeigt, lässt sich die an der Nervenklinik praktizierte Form der Anamnese nach Alois Hahn als «Biografiegenerator» verstehen.[560] Dabei bilde das Individuum Formen des Gedächtnisses aus, «die symbolisch seine gesamte Vita thematisieren».[561] Der «Lebenslauf» umfasst nach Hahn die Gesamtheit aller Ereignisse und Erlebnisse des Individuums mit unendlich vielen Elementen. Dagegen stelle die Biografie eine «selektive Vergegenwärtigung» dar.[562] Unter einem bestimmten Aspekt, hier der Frage nach der Genese psychischen Leids, erfolge bei der Biografiebildung eine «systematische und umfassende Rekonstruktion der Lebensgeschichte».[563] Der institutionelle Kontext, hier die Psychotherapieabteilung, bestimme die Muster, nach denen Elemente des Lebenslaufs für die Biografie selektiert und geordnet werden.[564] Damit formten die Individuen anhand der Relevanzkriterien des medizinischen Systems eine spezifische «Teilbiografie».[565]

Diese Biografie musste nicht in sich geschlossen sein. Zwar zerlegte der diagnostische Prozess die Selbsterzählung in Elemente, die rekombiniert den biografischen Entwurf trugen und in ihrer neuen Ordnung Bedeutung generierten. Zur Bearbeitung akut auftretender Krisen ließen sich aber, dem «Bedarf an Sinnstiftung»[566] entsprechend, fluide weitere Erfahrungen einbeziehen. Zu den zu verinnerlichenden Deutungsmustern zählte die Akzeptanz der Psychogenese, gleich ob die Symptomatik eher psychischer oder körperlicher Ausprägung war. Die Patient:innen sollten biografische Wendepunkte für die Psychogenese ausmachen und daraus ein therapeutisches Narrativ der eigenen Vergangenheit entwickeln.

560 Vgl. Le Bonhomme 2016, S. 455; bezogen auf Hahn 1987.

561 Hahn 1987, S. 12. Dieser Prozess ließe sich bspw. bei der Beichte, der Psychoanalyse, bei Tagebüchern und Memoiren, bei Formen der medizinischen Anamnese oder bei Geständnissen vor Gericht beobachten.

562 Ebd., S. 13.

563 Winkel 2008.

564 Vgl. Hahn 1987, S. 17.

565 Hahn 1982, S. 427.

566 Ebd., S. 430.

So übten die Patient:innen einen therapeutischen Blick auf ihre Lebensgeschichte und ihre Symptome ein.

Indem sie regelmäßig Tagesberichte schrieben, verinnerlichten die Patient:innen diesen Blick und legten zugleich Rechenschaft darüber ab. Ihre Tagesberichte handelten Krankheitsvorstellungen aus, wobei sich abzeichnet, dass sich die Beurteilung an der Vereinbarkeit des Geschriebenen mit dem therapeutischen Bezugsrahmen bemaß. Dessen Verinnerlichung war daher ein normativ aufgeladener Teil des Subjektivierungsprozesses.

Gewiss steht der hier beobachtete Fokus auf die Biografiebildung nicht für sich allein. Ähnliche Tendenzen finden sich in der Behandlung der Alkoholabhängigkeit, wie Viola Balz mit einer Analyse von Gesundheitsfilmen aus den 1970er und 1980er Jahren zeigt.[567] Zunehmend habe die Behandlung «psychologische Geständnispraktiken und ein aufkommendes biografisches ‹Psycho-Narrativ›» fokussiert, das die Patient:innen schließlich selbst übernommen hätten.[568] Damit sei die Alkoholabhängigkeit «von einer individuellen Persönlichkeitsschwäche zu einem psychischen Problem verschoben» worden. Hier sollten die Patient:innen in der Therapie eine Erzählung der Abhängigkeit in ihre Lebenserzählung integrieren.[569] Darin liegt eine Parallele zu westlichen Gruppen der Anonymen Alkoholiker, die mit ähnlichen Praktiken arbeiteten.

Indem der Prozess der Biografiebildung und der Symptomdeutung mit den neuen Schreibpraktiken stärker auf die Patient:innen verlagert wurde, gewann ihr Wort an Bedeutung. Folgt man dem Medizinsoziologen David Armstrong, war die Aufwertung der «Ansichten der Patienten» auch jenseits der DDR ein Phänomen der 1970er Jahre.[570] Expert:innen hätten sich von den Ansichten der medizinischen «Laien» zunehmend versprochen, dass sie als diagnostische und therapeutische Werkzeuge dienen könnten.[571] Die Interaktion zwischen Ärzt:innen und Patient:innen sollte nicht mehr dazu dienen, ein Objekt dem untersuchenden Blick zu unterziehen, sondern eine Begegnung zwischen zwei Subjekten darstellen.[572] Die Aufwertung der Patient:innenperspektive lässt sich an

567 Vgl. Balz 2020a.

568 Hier und im Folgenden: ebd., S. 261.

569 Balz stellt auch eine «diagnostische[...] Fremdbezeichnung» (in diesem Fall: Alkoholiker:in) heraus, die eine Patientin im Film mit der therapeutisch selektierten biografischen Erzählung auf sich selbst anzuwenden begann, vgl. ebd., S. 258.

570 Hier und im Folgenden: Armstrong 1987, S. 202. Die Entwicklung hatte Parallelen in der Soziologie, die sich seit den 1970er Jahren zunehmend für subjektive Krankheitserfahrungen interessierte.

571 Die Worte der Patient:innen hätten «einen stärkeren Eigenwert» erhalten und man habe «Gefahren von leitenden Fragen» zu vermeiden gesucht, ebd. In diesem Zuge sei man von dem Verdacht der Simulation abgekommen und habe den Menschen, dessen Person und soziale Situation umfassender zu verstehen versucht.

572 Vgl. ebd., S. 203 f.

einer veränderten Explorationspraxis festmachen.[573] Anders als in den 1960er Jahren wurden nicht mehr regelhaft Angehörige zwecks «Objektivierung» befragt. Die Aussagen der Patient:innen standen stärker für sich, wenngleich sie in der Aktenführung weiterhin Objekt der Selektion und des diagnostischen Blicks waren.

Die Tagesberichte zeigen, wie die psychopathologische Klassifikation auf die Patient:innen zurückwirkte. Beim Schreiben verknüpften sie Symptome mit ihrem psychischen Geschehen. Die Therapien gaben dafür weiterführende Anhaltspunkte, wie das folgende Kapitel darlegt. Im Laufe des Aufenthalts wurde den Patient:innen psychologisches Wissen über Entstehung und Wirkung von Neurosen vermittelt, mithilfe dessen sie sich selbst beobachten sollten. Den Tagesberichten kam eine Schlüsselfunktion zu: Sie ließen die Patient:innen einen diagnostischen Blick auf die eigene Lebensgeschichte und eigene Symptome entwickeln, der über die Beschreibung der Beschwerden und die Reproduktion einer vorgegebenen Diagnose hinausging und zu den Grundpfeilern des therapeutischen Subjekts gehören sollte.

573 Für das Zusammenwirken der Schreibpraktiken mit reformerischen Ansätzen vgl. Kapitel 6.

5. Der therapeutische Blick auf das Selbst

Im Sommer 1977 schrieb ein Patient, er habe damit begonnen, sich «einzelne alltägliche Situationen zu suchen, in denen [er] bisher regelmäßig ein Verhalten gezeigt habe, das [ihm] zwar sehr mißfallen hat, das [er] aber meist gar nicht oder nur mit großer Anstrengung» habe verändern können. Er überlege, wie er sich bisher benommen habe und wie er sich eigentlich verhalten wolle. Dann wirke er auf sein Verhalten ein, indem er versuche, sich «gerade so zu bewegen, wie [er] es bisher nicht getan habe, aber immer tun wollte». «Spannungen und Hemmungen» wolle er vermindern, indem er sich sage, «daß das Ganze nur eine Übung sei und [er] nicht erwarten könne, daß es [ihm] gelingt, [sich] von einem Tag zum anderen zu ändern». Zukünftig wolle er sein tägliches Leben nicht mehr als etwas sehen, dem er «nur mit Zwang und Verkrampfung gegenübertreten kann», sondern als «eine Art Übungsfeld, auf dem es für [ihn] etwas zu lernen gibt». Dieses Beispiel zeigt, wie Patient:innen im Laufe der Behandlung ein therapeutisches Selbstverhältnis entwickelten. Der Autor beobachtete sein eigenes Verhalten und Empfinden und suchte therapeutischen Idealvorstellungen entsprechend zu intervenieren. Auf welche Weise trugen die Behandlung und das therapeutische Schreiben dazu bei, Individuen zu therapeutischen Subjekten zu modellieren?

Das folgende Kapitel zeichnet nach, wie Patient:innen ein therapeutisches Selbstverhältnis antrainiert wurde. Dazu griff man einerseits auf etablierte individualtherapeutische Methoden zurück, die Ähnlichkeiten mit der späteren Verhaltenstherapie aufweisen. Wie fügten sich diese Methoden in den neuen Behandlungsansatz, der nicht mehr auf individuelle Gesprächsführung, Ablenkung und Gewöhnung fokussierte (Kapitel 5.1)? Andererseits prägten in den 1970er Jahren neu eingeführte gruppenpsychotherapeutische Methoden die «Komplexbehandlung der Neurosen».[574] Welche Idealbilder und Anforderungen ließen sie für das therapeutische Subjekt konstitutiv werden (Kapitel 5.2)? Und wie trug schließlich das Schreiben in Wechselwirkung mit den Therapien zur Herausbildung eines therapeutischen Blicks auf das Selbst bei (Kapitel 5.3)?

574 Zum Begriff vgl. Kulawik/Weder 1982.

5.1 Von der Ablenkung zur Selbstbeobachtung

Welche Therapien die Patient:innen zu welchem Zeitpunkt wahrzunehmen hatten, war einer großen Tafel mit Magnetsteinchen im Flur oder Gemeinschaftsraum der Abteilung zu entnehmen.[575] Die Tafel deckte das gesamte therapeutische Spektrum der Station ab: Sport, Arbeitstherapie, autogenes Training, Übungsmaßnahmen, Gruppengespräche, Psychodrama, Kommunikative Bewegungstherapie, Musiktherapie, Gestaltungstherapie. Ein Patient schrieb, angesichts der Bandbreite der Methoden falle es ihm schwer, «über die Vielzahl der Übungen die Übersicht zu gewinnen und keine der Übungen, für die [seine] Teilnahme vorgesehen ist, auszulassen».[576] Uns erlauben die seit den 1970er Jahren angefertigten Therapiepläne erste Einblicke in die Diversifizierung des therapeutischen Angebots. Meist finden sie sich als kurze Listen am Ende der Exploration. In wenigen Fällen informieren detaillierte tabellarische Zeitpläne über den formalen Ablauf des Therapiealltags.

Der Therapieplan eines Patienten von Station 5 aus dem Jahr 1976 zeigt, dass Sport einen wesentlichen Anteil ausmachte (vgl. Abb. 8).[577] Daneben finden wir Hinweise auf individuelle Übungen, wie «Lesen mit [einer Mitpatientin]». Enthalten sind auch Angaben über geplante Veranstaltungen «laut Kulturplan», die Durchführung «geselliger Nachmittage» und Sitzungen eines «Patientenrates». Ein anderer Wochenplan der Station 4 stammt aus dem Jahr 1978, nachdem das Therapieprogramm dieser Station der gruppenpsychotherapeutischen Ausrichtung der Station 5 stärker angeglichen worden war (vgl. Abb. 9). Wir erfahren von einer täglichen Gesprächsgruppe. Außerdem fanden je einmal wöchentlich Psychodrama und autogenes Training statt, je zweimal wöchentlich Kommunikative Bewegungstherapie und Gestaltungstherapie und dreimal pro Woche Arbeitstherapie. Einmal wöchentlich traf man sich außerdem zur Abteilungsvisite und zur sogenannten Patientenvollversammlung.[578] Die Gruppenpsychotherapie an der Charité lässt sich folglich nicht auf eine *talking cure* im Stuhlkreis reduzieren, sondern bestand aus einer variablen Kombination verschiedener Methoden. Die Diversifizierung des Methodenrepertoires bildet das zentrale Element der Psychotherapieentwicklung in der DDR der 1970er Jahre. An der Charité verbanden sich in diesem Zuge therapeutische Einflüsse aus anderen Einrichtungen mit der lokalen Praxis der Individualtherapie.

575 Vgl. HPAC, 584/75F, Tagesbericht vom 21.10.1975; HPAC, 469/77M, Tagesbericht vom 12.12.1977.

576 HPAC, 252/77M, Tagesbericht vom 15.06.1977.

577 Vgl. hier und im Folgenden: HPAC, 237/76M, Therapieplan von Station 5.

578 Zu den Gremien der Patient:innenvertretung vgl. Kapitel 6.

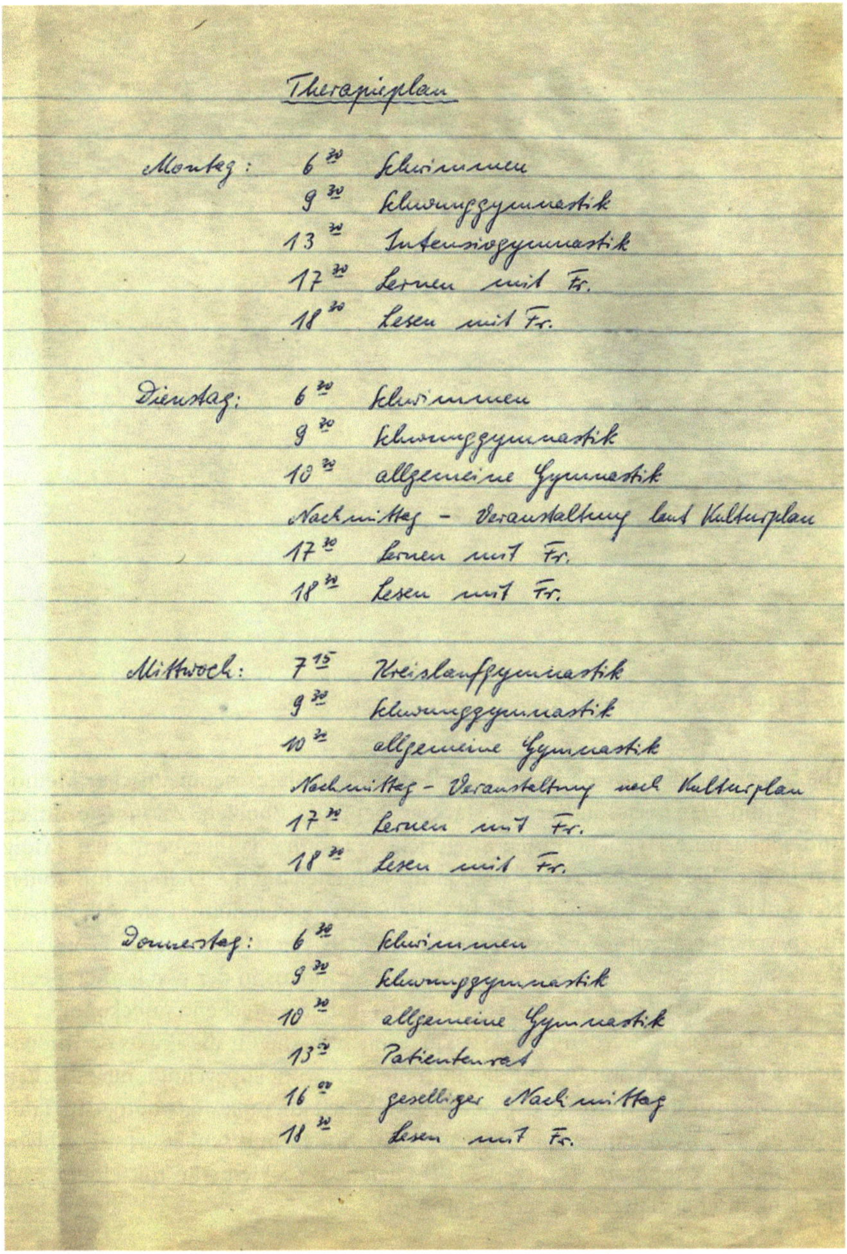

Therapieplan

Montag: 6^{30} Schwimmen
9^{30} Schwunggymnastik
13^{30} Intensivgymnastik
17^{30} Lernen mit Fr.
18^{30} Lesen mit Fr.

Dienstag: 6^{30} Schwimmen
9^{30} Schwunggymnastik
10^{30} allgemeine Gymnastik
Nachmittag – Veranstaltung laut Kulturplan
17^{30} Lernen mit Fr.
18^{30} Lesen mit Fr.

Mittwoch: 7^{15} Kreislaufgymnastik
9^{30} Schwunggymnastik
10^{30} allgemeine Gymnastik
Nachmittag – Veranstaltung nach Kulturplan
17^{30} Lernen mit Fr.
18^{30} Lesen mit Fr.

Donnerstag: 6^{30} Schwimmen
9^{30} Schwunggymnastik
10^{30} allgemeine Gymnastik
13^{30} Patientenrat
16^{00} geselliger Nachmittag
18^{30} Lesen mit Fr.

Abbildung 8: HPAC, 237/76M, Therapieplan von Station 5 von 1976.

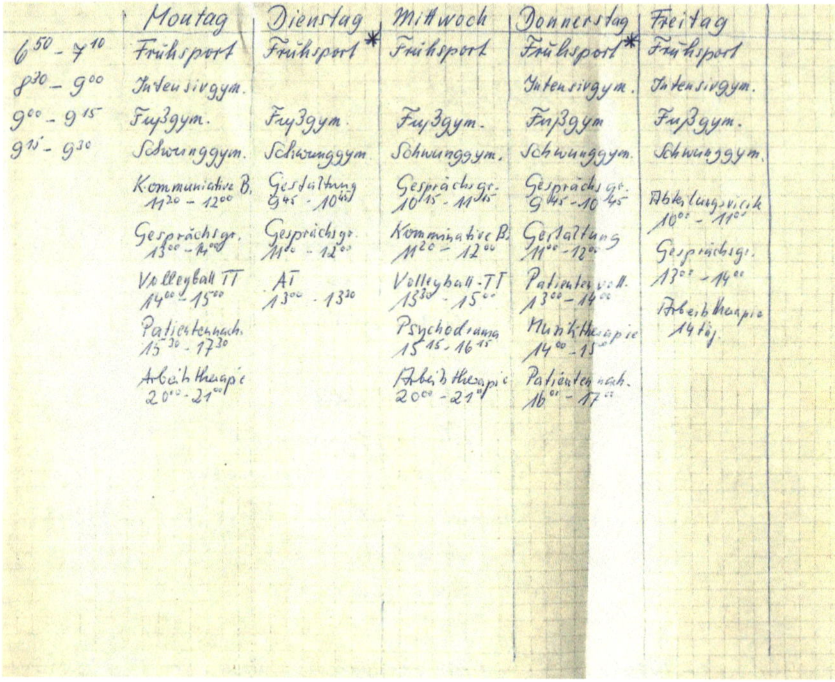

	Montag	Dienstag	Mittwoch	Donnerstag	Freitag
6^{50} - 7^{10}	Frühsport	Frühsport *	Frühsport	Frühsport *	Frühsport
8^{30} - 9^{00}	Intensivgym.			Intensivgym.	Intensivgym.
9^{00} - 9^{15}	Fußgym.	Fußgym.	Fußgym.	Fußgym	Fußgym.
9^{15} - 9^{30}	Schwunggym.	Schwunggym.	Schwunggym.	Schwunggym.	Schwunggym.
	Kommunikative B. 11^{20} - 12^{00}	Gestaltung 9^{45} - 10^{45}	Gesprächsgr. 10^{15} - 11^{15}	Gesprächsgr. 9^{45} - 10^{45}	Abteilungsvisite 10^{00} - 11^{00}
	Gesprächsgr. 13^{00} - 14^{00}	Gesprächsgr. 11^{00} - 12^{00}	Kommunikative B. 11^{20} - 12^{00}	Gestaltung 11^{00} - 12^{00}	Gesprächsgr. 13^{00} - 14^{00}
	Volleyball TT 14^{00} - 15^{00}	AT 13^{00} - 13^{30}	Volleyball-TT 13^{30} - 15^{00}	Patientenvoll. 13^{00} - 14^{00}	Arbeitstherapie 14 Uhr
	Patientennach. 15^{30} - 17^{30}		Psychodrama 15^{15} - 16^{15}	Musiktherapie 14^{00} - 15^{00}	
	Arbeitstherapie 20^{00} - 21^{00}		Arbeitstherapie 20^{00} - 21^{00}	Patientennach. 16^{00} - 17^{00}	

Abbildung 9: HPAC, 52/78M, Wochenplan der Station 4 von 1978.

Die Individualtherapie gilt als eine Vorläuferin verhaltenstherapeutischer Methoden[579] und war insbesondere auf stark ausgeprägte Phobien, Zwangsstörungen und sogenannte Hypochondrien ausgerichtet. Leonhards therapeutischer Erfolg war in der DDR in Fachkreisen anerkannt, wenngleich seine Therapie nur an der Nervenklinik praktiziert wurde.[580] In den 1960er Jahren dominierte sein Ansatz die psychotherapeutische Forschung und Praxis der Charité. Wie Leonhards Konzepte über seine Emeritierung im Jahr 1969 hinaus in der psychotherapeutischen Praxis der Nervenklinik fortwirkten, ist bisher weitgehend unbekannt.

Im Folgenden werden fünf Aspekte beleuchtet, die für die Praxis der Individualtherapie zentral waren und die auch auf der gruppenpsychotherapeutischen Station fortgeführt wurden: der Sport, die Arbeitstherapie, das autogene Training, die Konfrontation mit gemiedenen Situationen und schließlich die Ablehnung der Psychopharmakotherapie. Wie liefen diese Elemente mit einem psychodynamischen Therapieansatz zusammen?

579 Vgl. Malach 2009.

580 Beispielsweise äußerte Kurt Höck mit Blick auf Leonhards katamnestische Erhebungen anerkennend, dass in «fast jedem Fall die völlige Wiederherstellung der Arbeitsfähigkeit erreicht werden» konnte, Höck 1969a, S. 162.

Sport. Von der körperlichen Konditionierung zur Selbstbeobachtung

Bereits in den 1960er Jahren setzte Leonhard ein umfassendes Sportprogramm von drei bis vier Stunden am Tag ein. Es bestand vorrangig aus Gymnastikgruppen und gemeinsamem Ballsport. Die therapeutische Absicht war, die Patient:innen «körperlich genügend zu belasten», damit sich die Einzelnen davon überzeugen könnten, «daß unter der Belastung keine neuen Beschwerden auftreten, sondern daß [sie] sich im Gegenteil zunehmend wohler» fühlten.[581] Das Erleben der eigenen Belastbarkeit, die körperliche Konditionierung und die Ablenkung von sonst drängender Introspektion sollten kurativ wirken. Aussetzen durften die Patient:innen unter Leonhards Weisungen nicht, denn ihnen solle «von vorne herein die Entscheidung darüber genommen werden, ob [sie] krank [seien] oder nicht». Die Selbstreflexion während des Sports strebte Leonhards Konzept explizit nicht an.

Auch im Tagesablauf der schreibenden Patient:innen nahm Sport einen großen Raum ein. Den Erwartungen an ihr physisches Engagement entsprechend machten viele von ihnen Angaben über ihr tägliches Sportpensum. Die meisten begannen ihren Tag mit Frühsport im Gymnastikraum oder an warmen Tagen im Hof der Klinik.[582] Es gab verschiedene Formen, wie Fuß-, Schwung-, Kreislauf- oder Intensivgymnastik sowie Anfänger- und Fortgeschrittenengruppen. Die Durchführung oblag einer Physiotherapeutin, die bei Bedarf von Patient:innen vertreten wurde.[583] Anstelle der Gymnastik schwammen manche Patient:innen frühmorgens in einer nahe gelegenen Schwimmhalle.[584] Eine Patientin setzte sich zum Ziel, angstfrei zu schwimmen, und dokumentierte ihren Fortschritt in den Tagesberichten.[585] So konnte Sport als Konfrontationsmaßnahme im Sinne des individualtherapeutischen Ansatzes fungieren.

Tagsüber betrieben die Patient:innen gemeinsam Ballsport. Das ganze Jahr über konnte Tischtennis gespielt werden, da im Keller der Nervenklinik ein separater Raum dafür vorgesehen war. Vielen Patient:innen gefiel die Sportart trotz mehrstündigen täglichen Spiels und zuweilen dadurch auftretender Beschwerden

581 Hier und im Folgenden: Leonhard 1963, S. 140.

582 Vgl. HPAC, 65/77M, Tagesbericht vom 14.02.1977. Hinweise und Stellungnahmen zur Gymnastik finden sich bspw. in HPAC, 435/76M, Tagesbericht vom 27.08.1976; HPAC, 232/76M, Tagesbericht vom 17.05.1976; HPAC, 66/76F, Tagesbericht vom 04.02.1976; HPAC, 479/76M, Tagesbericht vom 02.02.1976.

583 Vgl. HPAC, 439/76F, Tagesbericht vom 08.08.1976.

584 Beispiel: HPAC, 15/76M, Tagesbericht vom 15.01.1976; HPAC, 599/76M, Tagesbericht vom 09.12.1976.

585 Vgl. HPAC, 620 A/77F, Tagesbericht vom 14.12.1977.

gut.[586] Ein Patient teilte sogar freudig mit, dass er nun in seinem «Wohngebiet [...] einem Tischtennisverein beigetreten» sei.[587] Auf dem Klinikgelände, auf den Grünflächen zwischen den Gebäudeflügeln, konnte bei ausreichend gutem Wetter auch Volleyball und Federball gespielt und gekegelt werden.[588] Vereinzelt gibt es außerdem Hinweise darauf, dass an Wochenenden gemeinsame «Sportvormittage» der psychotherapeutischen Abteilung und der psychiatrischen Stationen stattfanden, die die Patient:innen je einer Station selbst organisierten.[589] Solche Ereignisse boten eine seltene Gelegenheit für engeren Kontakt zwischen psychotherapeutischen und psychiatrischen Patient:innen.

Unverändert blieb die Erwartung, dass die Patient:innen sich am Sport bestmöglich beteiligten. Ihr sportliches Engagement konnte als Marker für die Therapiemotivation gesehen werden und das galt auch in den Augen mancher Patient:innen. Eine Patientin schrieb, der «Aufenthalt in der Charité» sei ihre «letzte Hoffnung», sodass sie dankbar sei, dass man ihr helfe.[590] Eine Mitpatientin dagegen wisse die Therapie nicht recht zu schätzen, da sie behaupte, der Sport sei «alles Quatsch», davon sei man «schon längst abgegangen». Weil die Autorin aber Engagement – auch sportlicher Art – für angezeigt hielt, habe sich das ganze Zimmer bemüht, «sie [die Mitpatientin] eines besseren [sic] zu belehren». So verstärkten die Patient:innen untereinander moralische Verhaltensvorstellungen und setzten ihre Tagesberichte zugleich als Medium sozialer Kontrolle ein.

Dass man von den Patient:innen in hohem Maße sportliche Betätigung erwartete, verband sich über die therapeutische Begründung hinaus mit gesellschaftlichen Erwartungen an das Individuum. Sport sollte im Sinne der sozialistischen Ideologie zur Persönlichkeitsentfaltung beitragen. Zwar richtete sich die Sportförderung in der DDR maßgeblich auf den Leistungssport, in dem internationale Erfolge das Image des «Arbeiter-und-Bauern-Staates» aufbessern sollten. Doch auch der Breitensport stand in dem Licht, zur Entwicklung des Sozialismus beizutragen.[591] Es ist aufgrund von Leonhards politischer Distanz zum Sozialismus nicht davon auszugehen, dass er diese Korrelation konzeptionell beabsichtigt hatte. Die wohltuende Wirkung körperlicher Bewegung ist bis heute systemübergreifend anerkannt. Nichtsdestotrotz trug die sportliche Ausrichtung seit den 1960er Jahren dazu bei, die Psychotherapien legitim erscheinen zu lassen.

586 Ein Patient klagte beispielsweise über Unterarmschmerzen nach tagelangem intensivem Tischtennisspiel, vgl. HPAC, 468/77M, Tagesbericht vom 27.11.1977.

587 HPAC, 429/76M, Tagesbericht vom 26.01.1977. Positive Äußerungen finden sich außerdem bspw. in HPAC, 435/76M, Tagesbericht vom 16.09.1976; HPAC, 420/76F, Tagesbericht vom 27.07.1976.

588 Beispiel: HPAC, 468/74M, Tagesbericht vom 18.11.1974.

589 HPAC, 430/76M, Tagesbericht vom 28.08.1976; HPAC, 435/76M, Tagesbericht vom 28.08.1976.

590 Hier und im Folgenden: HPAC, 42/76F, Tagesbericht vom 27.04.1976.

591 Vgl. u. a. Litz 2007.

Außerdem kreuzten sich gesellschaftliche Erwartungen und therapeutische Ideale im Umgang der Patient:innen mit sich selbst.

Manche beschrieben es in den 1970er Jahren als hilfreich, ihre eigene Belastbarkeit zu erleben, und unterstrichen damit Leonhards therapeutische Intention.[592] Im Konzept nach Höck erhielt der Sport jedoch noch weitreichendere Bedeutung. Die Folge einer «gehemmten Persönlichkeit» könne demnach eine «gehemmte expansive Motorik» sein, die durch den Sport «korrigiert» werden könne.[593] Die Steigerung der physischen Leistungsfähigkeit wirke sich positiv auf das geistige Wohlbefinden aus und die Patient:innen könnten beim Sport im sozialen Bereich Kontaktstörungen überwinden. Schließlich wirke sich der Sport nach Höcks Lesart auch günstig auf die «Passivität und Bequemlichkeitshaltung» aus, die viele Patient:innen als Folge ihrer «Fehlentwicklung» zeigten. Dabei wurde sportliche Beteiligung normativ mit Fleiß und Engagement verbunden. Ähnlich verlautbarten auch Therapeut:innen an der Charité, Bequemlichkeit nicht zu dulden.[594]

Daneben verlieh das Schreiben dem Sport eine weitere Bedeutung. Die Patient:innen beobachteten ihr Verhalten und Empfinden beim Sport und reflektierten darüber im Schreibprozess. Der Aufschrieb eines Patienten, der «beim Volleyball leichte Schwankungen der Gefühle» beobachtete, bringt das auf den Punkt.[595] Ausführlicher wurde eine Patientin, die in einem Tagesbericht ihre Emotionen beim Sport beobachtete und ihre Schlussfolgerungen auf Situationen des Arbeitslebens übertrug. Beim Tischtennisspiel habe sie «sehr starke Aggressionen entwickelt» und diese beim Abendessen an ihren «Tischgenossen ausgelassen».[596] Sie habe sich «über jeden Ball geärgert», den sie verschlug, und bewusste Spielfehler nicht abstellen können. Ihre «eigene Unfähigkeit und Ohnmacht» mache ihr «sehr zu schaffen», doch dies sei auch ein Problem an ihrem Arbeitsplatz: «Dort kann ich aber meinen Ärger nicht so zeigen wie ich es hier manchmal mache und was in der Gruppe Ärger hervorruft.» Ähnliche Berichte gibt es beispielsweise über das Kegeln auf dem Klinikgelände.[597] Das Schreiben zog auch dort eine reflexive Ebene ein, wo Selbstbeobachtung in der vorigen Dekade noch vermieden werden sollte, und deutete die therapeutische Wirkung der Maßnahmen um: Nun erschienen sie als Ausgangspunkt für thera-

592 Vgl. HPAC, 119/77M, Tagesbericht, undatiert.

593 Hier und im Folgenden: Burkhardt 1969, S. 172.

594 Beispiel: «Beim Aufwachen denke ich sofort an den Vorfall gestern in der Gesprächsgruppe (die in meiner Erinnerung scharfe Stimme von Dr. [...] ‹Ich dulde nicht, daß in meiner Gruppe Ratschläge gegeben werden in Richtung Bequemlichkeit›)», HPAC, 420/76F, Tagesbericht vom 07.08.1976.

595 HPAC, 100/75M, Tagesbericht vom 20.03.1975.

596 Hier und im Folgenden: HPAC, 620 A/77F, Tagesbericht vom 06.01.1977.

597 Vgl. HPAC, 468/74M, Tagesbericht vom 18.11.1974.

peutische Selbsterkundung, die sich auch über den Moment des Sporttreibens hinaus auf biografische und Alltagserfahrungen richtete.

Vielen ging es aber nicht nur um eine bloße Erhellung und ein tieferes Verständnis für die eigene Psychodynamik. Ein weiterer Aspekt waren Versuche, das eigene Verhalten zu korrigieren und veränderte Verhaltensweisen im therapeutischen Umfeld auszuprobieren. Die Tagesberichte wiederum hielten dazu an, die Auswirkungen laufend zu beobachten. Das Beispiel eines Patienten mag dies verdeutlichen, der schrieb:

> [...] Kegeln war für mich gute Therapie. Es hat mir immer viel Freude gemacht, ja es war immer ein kleines Erfolgserlebnis. Außerdem habe ich mich bei ‹Ratten› stark über mich selbst aufgeregt und habe versucht dagegen anzugehen. Wir haben dann Volleyball gespielt, was für das Kegeln ein guter Ersatz war. Dort gibt es für mich zwar weniger Freude, aber ich glaube mehr Therapie.[598]

Das Schreiben leitete zur Selbstreflexion an und transformierte damit eine Beschäftigung, die bei Leonhard noch primär der körperlichen Konditionierung, Ablenkung und Vermeidung von Introspektion dienen sollte, in einen Ausgangspunkt für Selbstbeobachtung und Verhaltenskorrektur.

Arbeitstherapie. Vom Erleben der Arbeitsfähigkeit zur Selbstreflexion

Leonhards Konzept der Individualtherapie legte großen Wert auf berufliche Rehabilitation. Hierzu wollte man Patient:innen ihre Belastbarkeit und Arbeitsfähigkeit im Rahmen der Therapie vor Augen führen. Daher betraute man sie während ihres Klinikaufenthalts mit Arbeitsaufgaben. Es gab an der Nervenklinik verschiedene Formen der Arbeitstherapie für die psychiatrischen und psychotherapeutischen Stationen. Leonhard war schon in den 1930er Jahren in der Heil- und Pflegeanstalt Gabersee mit der Arbeitstherapie nach Hermann Simon in Kontakt gekommen und zeigte sich rückblickend beeindruckt von den positiven Umschwüngen, die diese für die Behandlung bewirkt habe.[599] Simon begründete die moderne Arbeitstherapie in der Psychiatrie, bei der Patient:innen Arbeitsaufgaben verordnet bekamen, nach deren erfolgreicher Bewältigung man sie mit jeweils anspruchsvolleren Aufgaben innerhalb oder außerhalb der Klinik betraute. Eine Vergütung sah Simons System nicht vor.[600]

598 Ebd., Tagesbericht vom 18.11.1974.

599 Vgl. Leonhard 1995, S. 30 f.

600 Vgl. Brückner/Fabri, «Simon, Hermann», in: Biographisches Archiv der Psychiatrie, https://biapsy.de/index.php/de/9-biographien-a-z/144-hermann-simon (Stand: 16.06.2022). Zu seinem Konzept vgl. Simon 1929.

In vielen psychiatrischen Institutionen der DDR griff man bereits kurz nach dem Zweiten Weltkrieg erneut auf Formen der Arbeitstherapie zurück, insbesondere in der Anstaltspsychiatrie.[601] Ähnliches lässt sich auch für die Charité belegen. Der Statistische Jahresbericht der Medizinischen Fakultät von 1968 zeigt, dass aus der Nervenklinik heraus Arbeiten für einen externen «Volkseigenen Betrieb» geleistet wurden.[602] Pro Jahr seien zwischen 1966 und 1968 etwa 1,5 Millionen sogenannte Fernsehröhren-Sockelbestiftungen vorgenommen worden, die der Klinik um die 7000 Mark Erlös im Jahr einbrachten. Außerdem arbeiteten Patient:innen in erheblichem Umfang innerhalb der Klinik. Ihre Arbeit registrierte der Statistische Jahresbericht in Stunden. Zu diesen Arbeiten gehörten «Stationsküchenarbeit», «Stationsreinigung», «Hausreinigung», «Schreibmaschinenarbeit», «Schreibarbeiten», «Botengänge und Transportarbeiten», «gärtnerische Arbeiten» und «sonstige Außenarbeiten». Die Arbeiten wurden in unterschiedlichem Umfang durchgeführt: «Stationsreinigung» hatte beispielsweise den höchsten Umfang mit 15 450 Stunden (1968). Was das für die einzelnen Patient:innen bedeutete, lässt sich kaum errechnen, da nicht alle und nicht alle gleichermaßen in die Arbeitstherapie eingebunden waren. Gerechnet auf eine Person mit einer 40-Stunden-Woche entspräche der Umfang der «Stationsreinigung» knapp siebeneinhalb Jahren Arbeit. Insgesamt umfassten die Arbeiten innerhalb und für die Nervenklinik in diesem Jahr 80 750 Stunden, was knapp 39 Jahren Vollzeitbeschäftigung einer Person entspräche. Für andere Kliniken erledigten Patient:innen «Tupfer- und Mullagenarbeiten», wobei eine Randnotiz Aufschluss darüber gibt, dass diese vorrangig auf der offenen psychiatrischen Frauenstation erledigt wurden. Aus der Aufstellung geht nicht hervor, welchen Anteil des angegebenen Stundenkontingents die Psychotherapie-Patient:innen in der Individualtherapie erbrachten. Die Aufgabenbeschreibungen in einzelnen Psychotherapieakten der 1960er Jahre fallen aber alle in den Bereich «Leistungen für die Nervenklinik».

Leonhards Schriften decken sich mit diesem Eindruck. Er ging davon aus, dass drei bis vier Stunden täglicher Sport und Gymnastik nicht ausreichten, um einem körperlich gesunden Menschen seine Leistungsfähigkeit zu demonstrieren. Daher suchte sein Team «dauernd weitere Möglichkeiten der körperlichen Tätigkeit», beispielsweise Besorgungen in der Stadt, die Patient:innen zu Fuß erledigen mussten.[603] Wenn nichts zu besorgen war, machten sie auch so längere Wege, arbeiteten im Garten oder erledigten Hausarbeiten in der Abteilung. So leisteten sie für die Klinik «viel produktive Arbeit», sollten aber stets vor Augen geführt bekommen, dass die Arbeit therapeutisch sei und nicht zum Vorteil der Therapeut:innen «statt zu ihrem verlangt werde». Die oben zitierte Statistik mag

601 Vgl. Armbruster/Jarisch 2014.

602 Vgl. Humboldt-Universität zu Berlin 1968.

603 Hier und im Folgenden: Leonhard 1963, S. 141.

eine andere Sprache sprechen, weil sie zeigt, wie die Nervenklinik von der Arbeit der Patient:innen profitierte; doch Leonhard konstatierte über die Individualtherapie: «Etwas, was nach Arbeitstherapie im engeren Sinne aussieht, scheue ich, weil dabei dem Patienten doch zu leicht der menschlich verständliche Widerspruch auftritt, gearbeitet hätten sie zu Hause schon genug.»[604] Außerdem erhielten die Patient:innen für ihre Arbeit niemals einen Lohn, denn sie sollten das «Gefühl behalten, daß sie [den Therapeut:innen] dankbar sein müssen, nicht [diese] ihnen». Schließlich verdiene «ja auch sonst der Arzt Dank und Belohnung [...], nicht aber der Patient». Das unterscheide seine «Belastungstherapie» von der Arbeitstherapie. Leonhards Ansatz folgte einer Rationalität der psychischen Ablenkung und körperlichen Konditionierung. Arbeitsaufgaben, auch wenn er sie nicht als Arbeitstherapie verstanden wissen wollte, sollten das psychische Befinden positiv beeinflussen. Die Individualtherapie transportierte die Vorstellung, dass ein gesundes Leben ein Leben in Arbeit sei. So war auch das Therapieziel die Entlassung in ein Arbeitsverhältnis.

Auch wenn Leonhard die Therapie nicht nach ideologischen Maßstäben entworfen hatte, habe seine «individualisierende Therapie», wie Geisthövel beschreibt, nicht dem «sozialistischen Kollektivitätsprogramm» widersprochen: Die «sozialistische Persönlichkeit» wurde als «Säule des gesellschaftlichen Aufbaus» betrachtet und das «‹Innenleben› der Subjekte hier wie andernorts als wichtige gesellschaftliche Ressource» angesehen.[605] Henry Malach hat gezeigt, dass Leonhard in der DDR gerade für seine arbeitstherapeutischen Komponenten zur Auszeichnung als «Verdienter Arzt des Volkes» vorgeschlagen wurde.[606] Psychotherapien konnten demnach auch von außen ideologisch aufgeladen oder als politisch konform interpretiert werden, ohne dass dies konzeptionell beabsichtigt war. Schließlich lassen sich Arbeitstherapien auch im Sinne des sozialistischen Ideals der Werktätigkeit lesen.

Dem Statistischen Jahresbericht von 1978 zufolge wurde die Arbeitstherapie auch in den 1970er Jahren weiter praktiziert.[607] Zum Jahr 1976 stellte man allerdings die Tätigkeit für externe Betriebe ein. Auch die Arbeiten für die Nervenklinik und andere Bereiche der Charité nahmen an Umfang deutlich ab. Arbeiten für die Nervenklinik umfassten zwischen 1975 und 1978 zwischen mindestens 18 136 (1977) und maximal 23 890 (1975) Stunden jährlich. Das entspricht weniger als einem Viertel der geleisteten Stunden im Jahr 1968. In der Gruppenpsychotherapie kamen aber weiterhin arbeitstherapeutische Maßnahmen zum Einsatz, die dem obigen Therapieplan zufolge auch als solche bezeichnet wurden.

---

604 Hier und im Folgenden: ebd.

605 Geisthövel 2019, S. 222.

606 Malach 2009, S. 95.

607 Vgl. hier und im Folgenden: Humboldt-Universität zu Berlin 1978, hier S. 52 f.

Nach Kurt Höck ging es bei Arbeitstherapien im Kontext der dynamischen Gruppenpsychotherapie nicht mehr primär darum, den Patient:innen ihre Arbeitsfähigkeit vor Augen zu halten. Ziel sei nun stattdessen, innerhalb der Klinik «möglichst wirklichkeitsgetreue Modellsituationen zu schaffen, die alle jene Konfliktbereiche enthalten, denen der Patient laufend ausgesetzt ist, und die er aufgrund seiner bisherigen Fehlentwicklung nicht bewältigen konnte».[608] So lasse sich auch der «ökonomische Aufwand für Hilfspersonal» gering halten. Im Vordergrund aber stünden die Erkenntnisse, die Therapeut:innen aus der Verhaltensbeobachtung ziehen könnten, und die Möglichkeit für Patient:innen, ihre «Fehlhaltungen, Fehleinstellungen und Fehlerwartungen» selbst zu erleben und Änderungen zu erproben.[609]

Über die zu verrichtenden Tätigkeiten entschieden die Ärzt:innen und Psycholog:innen im Kontext der Psychotherapie. Einige Tagesberichte legen Zeugnis darüber ab, dass die Aufgaben weiterhin in den Bereich «Leistungen für die Nervenklinik» fielen. Ein Patient klagte über Rückenschmerzen durch körperlich belastende Arbeit in der Gärtnerei.[610] Andere harkten Laub und hackten Unkraut, wenngleich manche von ihnen lieber Arbeiten «technischer Art» verrichten wollten.[611] Die Arbeit im Klinikarchiv erwähnten besonders viele, doch manche empfanden sie als «stupide» und mussten sich gegenseitig dazu ermuntern, die Arbeit zu bewältigen.[612] Ungewöhnlicher ist der Kommentar eines Patienten, der den Abend mit «Tupferlegen mit Unterhaltung u. Musik» verbracht hatte – diese Tätigkeit war sonst vorrangig von Patient:innen der psychiatrischen Stationen verrichtet worden.[613] Der gleiche Patient arbeitete auch für das Labor der Klinik und empfand die Tätigkeit als positiv: «Ich muß sagen, die Arbeit im Labor macht mir immer noch Spaß. Jedenfalls gehe ich nicht unwillig dort hin. Ich habe das Gefühl ich werde gebraucht und tue etwas Nützliches.»[614] Eine andere Patientin hielt ihren Einsatz in der Kinderbetreuung auf einer kinderpsychiatrischen Station «für eine sinnvolle Ergänzung des Therapieplanes» und teilte mit, sie bereite ihr Freude.[615] Gelegentlich arbeiteten Einzelne im eigenen Interesse, etwa an ihrer Promotion oder bei einer freiwilligen Tätigkeit im Naturkundemuseum, das unweit der Klinik lag.[616]

Den Arbeitstherapien schenkten die Therapeut:innen in der Dokumentation deutlich weniger Aufmerksamkeit als der Frage der beruflichen Rehabilitati-

608 Höck 1969b, S. 170.
609 Ebd., S. 171.
610 Vgl. HPAC, 201/76M, Tagesbericht vom 11.05.1976.
611 HPAC, 469/77M, Tagesbericht vom 26.10.1977.
612 HPAC, 477/77F, Tagesbericht vom 27.10.1977.
613 HPAC, 464/77M, Tagesbericht vom 07.11.1977.
614 Ebd., Tagesbericht vom 21.11.1977.
615 HPAC, 622/77F, Tagesbericht vom 19.01.1978.
616 Beispiel: HPAC, 181/76M, Tagesbericht vom 10.05.1976.

on. Die berufliche Perspektive sollte noch während des Aufenthalts durch einen Fürsorger und unter Mitwirkung der Patient:innen geklärt werden. Dabei konnte das Engagement bei der Arbeitssuche ein Kriterium normativer Verhaltensbewertung durch das Klinikpersonal sein. Über eine Patientin hieß es beispielsweise, sie sei «in der vergangenen Woche (endlich!) aktiver hinsichtl. der Bemühungen um einen neuen Arbeitsplatz» gewesen.[617] Wenn ein Arbeitsplatz gefunden sei, könne sie aufgrund ihres Wohlbefindens entlassen werden. Kurz vor dem anvisierten Arbeitsbeginn habe der Oberarzt in Reaktion auf einen Tagesbericht der Patientin eine «unangemessene Hinwendung zu Beschwerden» beobachtet, denn die Patientin wolle «vor [der] Arbeit ‹kneifen›» und weiche über Beschwerden aus.[618] Ihr sei verdeutlicht worden, dass sie mit der Myopie[619] leben könne und es möglich sei, «etwas zu leisten», also einer Erwerbstätigkeit nachzugehen. An ihrem Beispiel wird deutlich, dass sich die Patient:innen mit deutlichen Erwartungen an die eigene Arbeitshaltung innerhalb und außerhalb der Klinik konfrontiert sahen. Ähnliches befand auch Kurt Höck über die Wirkung der Arbeitstherapie im Rahmen der dynamischen Gruppenpsychotherapie: «Es wird weniger direkt, sondern mehr atmosphärisch an [die] Eigenaktivität, Bereitschaft zur Mitarbeit appelliert.»[620]

Die Arbeitstherapie zeigt, wie sich Methoden neu kontextualisieren ließen, ohne ihre eigentliche Verfasstheit zu ändern. In den 1960er Jahren sollten Arbeitsaufträge den Patient:innen vorrangig ihre eigene Leistungsfähigkeit vor Augen halten, sie ablenken und konditionieren. In den 1970er Jahren fuhr man den Umfang auf die gesamte Klinik gesehen zwar deutlich herunter, die Qualität der Tätigkeiten blieb aber im Wesentlichen erhalten. Folgt man Höcks Einschätzung, diente die Arbeitstherapie nun vor allem dazu, ein soziales Setting zu schaffen, in dem Therapeut:innen ihre Patient:innen beobachten konnten und das Anhaltspunkte für deren Selbstbeobachtung und Verhaltensadaption bot. In ihren Reflexionen nahmen Patient:innen die Arbeitstherapie allerdings nur selten zum Ausgangspunkt einer umfassenderen Selbstbefragung. Es ist dennoch denkbar, dass die Arbeitstherapie Situationen aufwarf, die Aufhänger für Gruppengespräche lieferten.

617 HPAC, 369/76F, Verlaufsdokumentation, Eintrag vom 03.09.1976.

618 Hier und im Folgenden: ebd., Gesprächsnotiz in der Verlaufsdokumentation, Eintrag vom 05.10.1976.

619 Erst zum Ende ihres Klinikaufenthalts hatte man festgestellt, dass der Grund für ihre Beschwerden eine bis dahin unbekannte Kurzsichtigkeit und kein psychischer Konflikt war. Sie verblieb dennoch in der Nervenklinik und man setzte die Therapie bis zur Vermittlung in Arbeit fort.

620 Höck 1969b, S. 171.

Autogenes Training. Autosuggestion zwischen Therapie und Psychotechnik im Alltag

Das autogene Training galt in der DDR als zentrales Mittel zur Behandlung und Prävention psychischer Störungen.[621] Es handelt sich um ein Entspannungsverfahren, das im Gegensatz zur tiefenpsychologischen oder suggestiven Hypnose auf Autosuggestion fußt. Die Methode unterscheidet die Grund- und Mittelstufe, die auf die Beeinflussung des vegetativen Nervensystems und spezifischer Organe abzielen, von der psychoanalytisch konzipierten Oberstufe. Vor allem die Übungen der Grund- und Mittelstufe (Ruhe, Schwere, Wärme, Atem, Sonnengeflecht, Herz und Stirnkühle) und ihre repetitiven Formeln sind noch in der Gegenwart stark verbreitet.[622]

Die Methode geht auf den Psychiater Johannes Heinrich Schultz zurück.[623] Dieser begann bereits vor dem Ersten Weltkrieg, das autogene Training zu entwickeln. Seine Erlebnisse im Ersten Weltkrieg stärkten Schultz' Interesse an Psychotherapie, speziell an Hypnose und Suggestion. Sein Konzept publizierte er erstmalig 1932.[624] Aufgrund seiner Verstrickung in nationalsozialistische Verbrechen[625] schlug ihm nach dem Ende des Zweiten Weltkriegs einige Kritik entgegen.[626] Dies behinderte allerdings nicht Schultz' weitere wissenschaftliche Tätig-

621 Vgl. Marks 2018, S. 18.

622 Im Rahmen der psychosomatischen Grundversorgung nach den Psychotherapierichtlinien von 2009 wird die Unterstufe des autogenen Trainings in Deutschland gesetzlich als Psychotherapiemethode anerkannt.

623 1908 approbiert, studierte Schultz bis kurz vor dem Ersten Weltkrieg Psychiatrie bei Otto Binswanger (1852–1929) in Jena. 1919 wurde er in Jena als Professor für Neuropathologie tätig, später in Dresden und Berlin.

624 Vgl. Schultz 1932.

625 Als Mitglied der paramilitärischen Unterorganisation Nationalsozialistisches Kraftfahrtkorps war Schultz mit dem nationalsozialistischen Regime verstrickt. Da Schultz in erster Ehe mit einer Jüdin verheiratet gewesen war, konnte er kein offizielles NSDAP-Mitglied werden. Er war enger Mitarbeiter Matthias Heinrich Górings (1879–1945) am Deutschen Institut für psychologische Forschung und Psychotherapie (bestand 1936–1945), das in Anlehnung an seinen Leiter auch «Göring-Institut» genannt wird. Zu dessen Geschichte vgl. Cocks 1985. Schultz leitete die dortige Poliklinik und verfügte über ein vom Reichsluftfahrtministerium finanziertes Extrabüro, vgl. Lockot 2002, S. 333. Im Rahmen seiner Tätigkeit beteiligte sich Schultz an der Homosexuellenverfolgung und diagnostizierte Störungen, deren tödlicher Konsequenzen er sich bewusst gewesen sein soll. Das «Gesetz zur Verhütung erbkranken Nachwuchses» von 1933 war der Ausgangpunkt für die systematischen Krankenmorde im Namen nationalsozialistischer Ideologie. Johannes Heinrich Schultz habe nicht nur von den Mordaktionen gewusst, er habe sie auch im Rahmen seiner Tätigkeit am Göring-Institut öffentlich gutgeheißen und war durch die diagnostische Tätigkeit indirekt daran beteiligt, vgl. ebd., S. 221.

626 Vgl. Cocks 1985, S. 235.

keit oder das Fortleben des autogenen Trainings in Ost und West.[627] Das Ministerium für Volksbildung erklärte zwei seiner Bücher in den 1950er Jahren zu auszusondernder Literatur.[628] Dennoch wurde das autogene Training in der DDR schon früh rezipiert, da es den Erfordernissen der Pawlow-Kampagne entsprach. 1953 erschien dort Konstantin Platonows populärwissenschaftliche Publikation *Suggestion und Hypnose im Lichte der Lehre I. P. Pawlows.*[629] Erst mithilfe von Pawlows Lehre seien der Doktrin zufolge Suggestion und Hypnose überhaupt zu verstehen und wissenschaftlich zu begründen. Es macht den Anschein, dass der praktische Nutzen und die Anschlussfähigkeit des autogenen Trainings an die sowjetische Wissenschaftsideologie bei der Bewertung des Verfahren die problematische Vergangenheit seines Entwicklers überwogen.

In der frühen DDR griffen Gerhard Klumbies und Hellmuth Kleinsorge an der Universitäts-Poliklinik Jena das autogene Training wieder auf.[630] Klumbies präsentierte 1952 die Ablationshypnose, eine Form der «Hypnose ohne Hypnotiseur», bei der die Hypnose durch Auslösen eines «bedingten Reflexes» selbst erlernt wurde. Klumbies' und Kleinsorges Engagement ließ Jena zu einem Zentrum für suggestive psychotherapeutische Methoden werden. Zugleich gehörte Suggestion als wissenschaftliche Behandlungsmethode fortan zu den Kompetenzen psychiatrischer und psychotherapeutischer Spezialist:innen. Zu deren Verbreitung gaben Kleinsorge und Klumbies in den 1950er Jahren bereits Fortbildungskurse zu autogenem Training, Hypnose und Ablationshypnose. Ihre Veröffentlichungen gehören zu den frühen psychotherapeutischen Monografien der DDR.[631]

Auch in der Nervenklinik der Charité wurde das autogene Training unter Rudolf Thiele bereits in den 1950er Jahren praktiziert. Bei einer sondierenden Durchsicht fanden sich beispielsweise Angaben über die therapeutische Abwägung des autogenen Trainings in Krankenakten von 1957.[632] Zu Beginn von Leonhards Amtszeit spielte das autogene Training in den durchgesehenen Krankenakten keine Rolle und auch in seinen Publikationen lehnte er Hypnose und

627 Im Juni 1959 gründete er bspw. mit der Deutschen Gesellschaft für ärztliche Hypnose eine westdeutsche Sektion der International Society for Clinical and Experimental Hypnosis.

628 Vgl. Ministerium für Volksbildung 1953. Es handelte sich um Schultz 1940; Schultz 1942.

629 Vgl. Platonov 1953.

630 Vgl. hier und im Folgenden: Krause 2011.

631 Vgl. Kleinsorge/Klumbies 1959; Kleinsorge/Klumbies 1962a; Kleinsorge/Klumbies 1962b. In *Technik der Relaxation* begegneten Kleinsorge und Klumbies Vorwürfen einer «Mechanisierung der Psychotherapie». Offenbar traf das Buch auf großes Interesse; die zu Übungszwecken mitgelieferte Schallplatte soll in öffentlichen Bibliotheken schnell vergriffen gewesen sein, vgl. Krause 2011, S. 336.

632 Vgl. HPAC, 766/57F. In einem anderen Fall wurde auch eine hypnotische Behandlung in Betracht gezogen, vgl. HPAC, 765/57F.

«Suggestivmaßnahmen irgend einer [sic] sonstigen Art» ab.[633] Wie es dazu kam, dass sich das autogene Training in den späten 1960er Jahren dann doch vermehrt in den Krankenakten findet, ist bislang unbekannt. In den 1970er Jahren finden sich Hinweise auf die breite Anwendung der Methode in der Klinik. Zu dieser Zeit verbreitete sich das autogene Training in der DDR durch Anleitungen mit hoher Auflage und öffentliche Empfehlungen schrittweise in der breiteren Bevölkerung.[634] Seit Mitte der 1970er Jahre berichtete das Fernsehen dokumentarisch über die Methode.[635] In den 1980er Jahren kamen vereinzelte Sendungen hinzu, die autogenes Training zum Mitmachen in ostdeutsche Wohnzimmer brachten.[636]

Über die Praxis des autogenen Trainings an der Charité der 1970er Jahre geben Karten Aufschluss, die in seltenen Fällen den Krankenakten beigelegt waren (vgl. Abb. 10). Eine Psychologin aus dem HdG empfahl die «schriftliche Fixierung der Fortschritte bzw. Schwierigkeiten, die beim Erlernen des Trainings auftraten».[637] Dies sei «zweckmäßig», um den Therapeut:innen «einen besseren Überblick zu geben». Die Protokolle sollten aber nicht mit den Patient:innen besprochen werden, damit keine «Wettbewerbsatmosphäre» aufkomme. Die Therapeut:innen in der Charité dokumentierten entsprechend die Frequenz der Übungen und deren Erfolge. Die Abbildung zeigt die Karte einer Patientin, die drei Einheiten am Tag bei täglicher Wiederholung der Schwere- und Wärmeübung absolvierte.[638] Die Karte verzeichnet manchmal zwei Durchgänge bei einem Übungstermin und enthält Angaben dazu, wie stark die Patientin Schwere und Wärme empfand.[639] Die «besonderen Bemerkungen» erläuterten, warum manche Übungstermine verpasst wurden, weniger effektiv waren, oder sie gaben an, dass die Patientin beim Üben eingeschlafen sei. Mit Vorder- und Rückseite deckt die Karte einen Zeitraum von etwa eineinhalb Monaten täglicher Übung ab.[640]

633 Leonhard 1963, S. 17.

634 Vgl. König / di Pol / Scheffer 1976; Arend 2019.

635 Vgl. Stiftung Deutsches Rundfunkarchiv, DDR-Rundfunk, DRAB-H 001613, Berichte der neuen Fernseh-Urania, «Gibt es übernatürliche Erscheinungen?», 08.10.1975; Stiftung Deutsches Rundfunkarchiv, DDR-Rundfunk, DRAB-H 599417, Umschau, «Autogenes Training», 01.04.1975.

636 Vgl. Stiftung Deutsches Rundfunkarchiv, DDR-Rundfunk, DRAB-H 025686, AHA-Sondersendung, «AT – Autogenes Training», 24.08.1987.

637 Hier und im Folgenden: Linsener 1969, S. 164.

638 «F, M, A» = früh, mittags, abends; «S, W» = Schwere, Wärme.

639 «A, B» = Durchgänge; «+» = Empfinden von Wärme und Schwere.

640 Ob vorher oder nachher weiter geübt wurde, bleibt unklar. Da vielen Krankenakten keine Karten beiliegen, obwohl die Tagesberichte die Teilnahme am autogenen Training belegen, bleibt unklar, ob die Dokumentation für alle Übenden vorgenommen wurde. Es liegt nahe, dass die Karten bei der anleitenden Therapeutin verblieben.

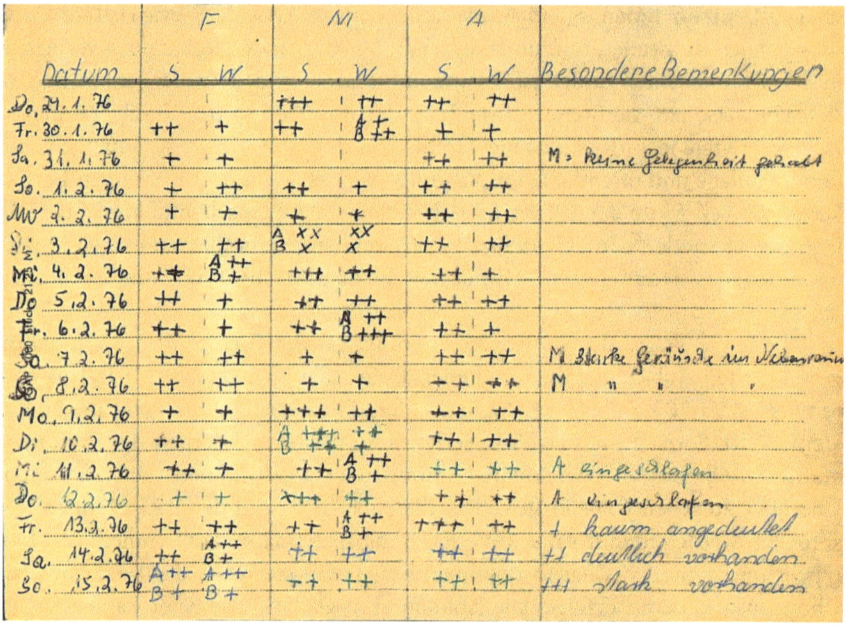

Abbildung 10: HPAC, 42/76F, Karte für das autogene Training, Vorderseite.

In einem Tagesbericht beschrieb die betreffende Patientin, dass sie eine «Einzeleinführung» durch eine Psychologin erhalten habe.[641] Danach fand das autogene Training unter deren Anleitung im Bett liegend in den Schlafräumen statt. Dazu gab es sogenannte AT-Visiten, bei denen etwa auf die richtige Formulierung der aufzusagenden Formeln hingewiesen wurde.[642] Manche stießen sich daran, dass sie das autogene Training zu den Terminen «auf Kommando» ausführen sollten.[643] Andere empfanden die Frequenz als «übertrieben».[644] Vielfach hoben die Patient:innen neben ihren Fortschritten auch die positive Wirkung hervor.[645] Manche baten sogar darum, in das autogene Training aufgenommen zu werden, etwa da sie es für eine sinnvolle therapeutische Ergänzung hielten, um durch «Angst od. Unsicherheit» ausgelösten «Verspannungen» zu begegnen.[646] Umge-

641 HPAC, 42/76F, Tagesbericht vom 29.01.1976; vgl. auch HPAC, 15/76M, Tagesberichte vom 14.01.1976 und 19.01.1976.

642 Vgl. HPAC, 487/78F, Tagesbericht vom 11.10.1978.

643 HPAC, 199/77M, Tagesbericht vom 02.06.1977.

644 HPAC, 142/77M, Tagesbericht vom 05.04.1977.

645 Beispiele: HPAC, 625/76M, Tagesbericht vom 20.12.1976; HPAC, 647/75F, Tagesbericht vom 21.01.1976.

646 HPAC, 479/76M, Tagesbericht vom 18.02.1976.

kehrt zeigt dies, dass nicht alle Patient:innen das autogene Training erlernten oder permanent in das Übungsprogramm eingebunden waren.

Die Therapeut:innen beobachteten und kommentierten auch hier das Engagement. Ein Patient berichtete, er habe einen «Tadel» ausgesprochen bekommen, weil er sich «beim AT im Besonderen und bei der Therapie im Allgemeinen nicht genug Mühe gebe».[647] Er habe sich das sehr zu Herzen genommen, sei daher niedergeschlagen und wünsche sich, generell emotional distanzierter auf Kritik reagieren zu können. Damit ist sein Bericht ein Beispiel für die Abstraktion von Therapieerfahrungen, zeugt aber auch von institutionellen Erwartungen.

Über die Klinikroutine hinaus erprobten viele autosuggestive Methoden, um psychische Herausforderungen in ihrem Lebensalltag zu bewältigen.[648] Ein Patient hatte am vorausgegangenen Tag «mehrere Male Mißempfindungen» erlebt, die er mit «einigen privaten Ereignissen in Zusammenhang» brachte. Diese habe er jedoch «durch Ruheformulierungen relativ schnell überwinden» können.[649] Ein anderer berichtete, er habe bei einer «Bahnfahrt [...] ein starkes Angst- und Unruhegefühl» erlebt.[650] Daraufhin habe er «versucht im Sitzen das AT durchzuführen». Auch wenn er Schwere und Wärme nur spärlich empfunden habe, «vergingen die aufgetretenen Beschwerden kurz danach» und er habe dann «mit einem Fahrgast eine längere Unterhaltung» führen können. In der Zusammenschau mit der gesellschaftlichen Verbreitung der Methode zeigen solche Darstellungen, wie sich das autogene Training von einer klinischen Methode zu einer Psychotechnik zur Alltagsbewältigung wandelte. Den Patient:innen bot es ein einfaches Werkzeug zur Intervention, um innere Unruhe und unerwünschte Gefühlsregungen zu beherrschen. Dennoch bemerkten auch einige Patient:innen selbst, dass die Anwendung des autogenen Trainings Grenzen aufwies und nicht jede Lebenslage zu bewältigen half.[651]

Therapeutischer Eklektizismus am Beispiel von Konfrontationsmaßnahmen

Bemerkenswerterweise griff man im psychodynamischen Therapiearrangement auch auf Konfrontationsmethoden zurück. Ähnlich wie bei den verhaltenstherapeutischen Ansätzen nutzte die Individualtherapie die Exposition, also die Konfrontation mit gemiedenen Situationen, als Maßnahme zur Gewöhnung und zum Abbau von Hemmungen und Ängsten. Einige Patient:innen berichten von der Fortführung dieses Ansatzes in den 1970er Jahren. Häufig suchten die Betroffe-

647 HPAC, 468/74M, Tagesbericht vom 27.02.1975.
648 Beispiel: HPAC, 92/75M, Tagesbericht vom 11.03.1975.
649 HPAC, 246/75M, Tagesbericht vom 20.08.1975.
650 Hier und im Folgenden: HPAC, 319/75M, Tagesbericht vom 15.08.1975.
651 Beispiel: HPAC, 499/76M, Tagesbericht vom 01.11.1976.

nen gemiedene Orte auf wie große Plätze, gedrängte Einkaufszentren, hohe Bauwerke, Tunnel oder öffentliche Verkehrsmittel.[652] Auch Gruppenausflüge am Wochenende konnten für Einzelne diese Wirkung entfalten, etwa als ein Patient mit ausgeprägter Höhenangst den Müggelturm in Berlin-Köpenick erklomm.[653] In den Tagesberichten beschrieben manche Autor:innen, welche Schwierigkeiten und Symptome beim Üben auftraten, und sie dokumentierten ihre Fortschritte. Insbesondere auf der Station 4, die mit individualtherapeutischem Schwerpunkt arbeitete, übten die Patient:innen nach Vorgabe. Manchmal erhielten sie einen Wochenplan mit Orts- und Zeitangaben und einer Beschreibung, wie die Übung auszuführen sei. Beispielsweise sollte ein Patient Schreibwarenläden besuchen, sich darin eine Weile aufhalten und sich nach der Knetmasse «Suralin» erkundigen.[654] Dies korreliert auch mit verhaltenstherapeutischen Methoden, die in den 1970er Jahren in Ausbildung und Praxis an Gewicht gewannen. So stellt Inge Frohburg dar, dass eine Gruppe Studierender der Klinischen Psychologie in dieser Zeit in Berlin-Mitte für «ein gewisses Aufsehen» gesorgt habe, weil sie sich «in verschiedenen Läden nach besonders raren Artikeln» erkundigten, «sich diese zeigen und sehr ausführlich erklären ließen», sie aber schließlich doch nicht kauften.[655] Hintergrund war, dass sie eigene Erfahrungen mit dem verhaltenstherapeutischen Selbstsicherheitstraining sammeln sollten. Auch auf der Station 5 fanden sich solche Maßnahmen, allerdings nicht mit der gleichen Systematik und meist ohne vergleichbare Therapiepläne. Dass Maßnahmen, die auf Gewöhnung abzielten, in ein psychodynamisches Behandlungskonzept aufgenommen wurden, zeugt von einem therapeutischen Eklektizismus, der bewährte Elemente nicht ausschloss.

Verzicht auf Medikamente in der Psychotherapie

In den 1950er Jahren veränderte die Einführung von Psychopharmaka die psychiatrische Praxis so stark, dass rückblickend von einer «psychopharmakologischen Revolution» gesprochen wird.[656] Diese Entwicklung erfasste auch die Psychiatrie in der DDR, und die Nervenklinik der Charité war davon nicht ausgenommen.[657] Während auf den psychiatrischen Stationen in zunehmendem Maße Psycho-

652 Beispiele: HPAC, 66/76F, Tagesbericht vom 02.03.1976; HPAC, 479/76M, Tagesbericht vom 12.02.1976; HPAC, 119/77M, Tagesbericht, undatiert; HPAC, 433/78F, Tagesbericht vom 09.09.1978.

653 Vgl. HPAC, 479/76M, Tagesbericht vom 12.02.1976.

654 Vgl. HPAC, 392/78M, Wochenplan für Einkaufstests, Woche vom 04.–10.09.1978.

655 Frohburg 2022, S. 228.

656 Vgl. bspw. Henckes 2016.

657 Zur Einführung und Anwendung von Psychopharmaka in der DDR vgl. u. a. Hess 2007; Klöppel/Balz 2010; Balz 2013.

pharmaka zum Einsatz kamen, lehnte Karl Leonhard deren Anwendung bei Patient:innen mit neurotischen Störungen ab.[658] Er betonte, auch Beruhigungsmittel und Schlafmittel sollten als «passive Methoden» keine Anwendung in der Individualtherapie finden.[659] Außerdem bestärke die Einnahme von Medikamenten den Eindruck des körperlichen Krankseins. Der Verzicht auf Medikamente lässt sich anhand der Fieberkurven der Krankenakten bestätigen.

Nach Leonhards Emeritierung 1969 wurden Beruhigungsmittel schrittweise in die klinische Praxis eingeführt.[660] In der Psychotherapie wirkte Leonhards Einfluss allerdings noch länger nach.[661] Auch als in den 1970er Jahren Benzodiazepine (Tranquilizer) zugelassen wurden, hielten die Therapeut:innen an der Charité an dieser Leitlinie im Rahmen der Psychotherapie fest. Viele Patient:innen hatten vor ihrer Aufnahme Faustan (Diazepam) verordnet bekommen. An der Charité wurden die Medikamente abgesetzt, unabhängig davon, ob die Patient:innen sich die Medikamente selbst besorgt oder sie verschrieben bekommen hatten. So hieß es manchmal bereits am Ende der Exploration, eine der therapeutischen Maßnahmen sei, «hier keine Medikamente» zu geben.[662]

Außerdem überprüfte man, ob Medikamente für anderweitige Erkrankungen weiterhin notwendig seien. Eine Patientin notierte, dass ihr das Absetzen bei der Bewältigung ihrer Symptome helfe: «Heute erhielt ich die Mitteilung, daß ich keine Medizin mehr einnehmen soll. Ich bin sehr froh drüber, weil durch die tägliche Einnahme ich wieder und wieder an den Linksschenkelblock erinnert wurde.»[663] Ein anderer erklärte, durch den Verzicht auf Medikamente leichter von der «Psychogenese» ausgehen zu können: «Trotzdem bin ich jetzt nach 14 Tagen zu der Erkenntnis zurückgelangt, daß der größte Teil meiner Beschwerden psychischen Ursprungs ist, bestärkt darin hat mich die Tatsache des Abklingens dieser ohne Einnahme von Medikamenten.»[664] Schließlich empfahl manche Epikrise, auch bei der Weiterbehandlung andernorts auf Medikation zu verzichten.[665]

658 Er hielt Psychopharmaka in der psychiatrischen Diagnostik grundsätzlich für hinderlich, da sie die Symptomatik unterdrückten und insbesondere Gestik und Mimik einschränkten, die er vor allem bei Psychosen für einschlägige Störungsmerkmale hielt. In den 1960er Jahren finden sich Antidepressiva und Neuroleptika aber häufig im Behandlungsplan von Patient:innen mit Psychosediagnosen.

659 Leonhard 1963, S. 17.

660 Vgl. Hoheisel 2012.

661 Hinweise auf den therapeutischen Gebrauch von Psychopharmaka, insbesondere von Benzodiazepinen, fanden sich bei einer sondierenden Durchsicht von Krankenakten der Folgejahre erst Mitte der 1980er Jahre.

662 HPAC, 652/76F, Exploration vom 08.12.1976.

663 HPAC, 584/75F, Tagesbericht vom 20.10.1975.

664 HPAC, 20/78M, Tagesbericht vom 24.01.1978.

665 Vgl. bspw. HPAC, 15/76M, Epikrise vom 13.07.1976.

Während des Aufenthalts war es den Patient:innen der psychotherapeutischen Abteilung untersagt, ohne Absprache Schlafmittel oder Tranquilizer einzunehmen. Ein Patient beichtete, während eines Wochenendes bei Verwandten Faustan zur Beruhigung genommen zu haben.[666] Dieser Fall hatte keine in der Krankenakte erkennbaren Konsequenzen. An anderer Stelle ist jedoch ersichtlich, dass manche Therapeut:innen jene Patient:innen kritisch beäugten, die sich über das Verbot der Medikamenteneinnahme hinwegsetzten. In einer Epikrise heißt es, eine Patientin habe in der Therapie versucht «auszuweichen, was sich in ihrer abwartenden passiven Haltung in der Gruppe und heimlicher Medikamenteneinnahme zeigte».[667] Diese negative Wertung geht auch aus der weiteren Schilderung hervor, nämlich dass sie «mitleiderregend» über ihre Probleme berichtet habe und ihre «Geltungsansprüche» und «Überempfindlichkeit bei Kritik» zur Sprache gekommen seien. Die Patient:innen bezogen nur selten Stellung zu dieser Vorgabe der Klinik. Manche berichteten, sich bei psychischer Labilität versucht zu fühlen oder unter dem Medikamentenverbot zu leiden, wenn sie in den vollen Patient:innenzimmern keinen Schlaf fanden.[668]

Zusammenfassend stand der Verzicht auf Tranquilizer in der Psychotherapie der Entwicklung innerhalb der Psychiatrie, aber auch der allgemeinen Entwicklung hin zu deren gesellschaftlicher Verbreitung in der DDR entgegen. Einiges deutet darauf hin, dass die Verbreitung von Tranquilizern im Sinne eines Therapieersatzes mit der mangelnden therapeutischen Bedarfsdeckung korrelierte.[669] Im Gegenzug substituierte die Psychotherapie an der Charité den Tranquilizer-Konsum der Patient:innen.

Abschließend lässt sich festhalten, dass alle fünf Aspekte (Sport, Arbeitstherapie, Konfrontation, autogenes Training, Verzicht auf Psychopharmaka) Kontinuitäten individualtherapeutischer Praxis in einem eklektizistischen Behandlungszugang darstellten. Allerdings erhielten sie im Kontext des psychodynamischen Gesamtkonzepts eine neue Rahmung und dienten nun vorrangig

666 Vgl. HPAC, 246/75M, Tagesbericht vom 14.07.1975.

667 Hier und im Folgenden: HPAC, 315/76F, Epikrise vom 02.10.1976.

668 Vgl. HPAC, 499/76M, Tagesbericht vom 07.01.1977; HPAC, 85/77F, Tagesbericht vom 19.02.1977.

669 Seit den späten 1960er Jahren habe sich Balz und Klöppel zufolge eine «ganz eigene Rationalität der Medikamentenversorgung in einer sozialistischen Gesellschaft» entwickelt, «in der die Schwerfälligkeit der zentralistischen Planung den Mangel an Präparaten einerseits und das Überangebot anderer, meist im Inland oder in RGW-Staaten produzierter Arzneimittel nicht verhindern konnte». Der Psychopharmakaverbrauch sei seit Ende der 1960er Jahre dennoch enorm angestiegen. Sie seien vor allem von Allgemeinärzten bei erschöpfungsbedingten Erkrankungen des vegetativen Nervensystems verschrieben worden, die Frauen durch die Doppelbelastung von Familie und Beruf in besonderem Maße betroffen hätten, vgl. Balz/Klöppel 2015, S. 550 f.

als Ausgangspunkt der Selbstbeobachtung und als Werkzeuge zur eigenverantwortlichen Intervention der Patient:innen.

5.2 Selbsterfahrung in der Gruppenpsychotherapie

Zu den individualtherapeutischen Elementen kam eine Reihe neu eingeführter Methoden hinzu. Zentral waren die Gruppengespräche, daneben standen außerdem Psychodrama, Kommunikative Bewegungstherapie, Musiktherapie und Gestaltungstherapie auf dem Programm. Wie formten diese Methoden das Verhältnis des Individuums zu sich und anderen? Welche handlungsleitenden Ideale trugen sie an die Patient:innen heran?

Bewusstwerdung durch Gruppengespräche

Die Gruppengespräche, von den Patient:innen meist schlicht «Gruppenstunde» genannt, fanden täglich für eine Stunde statt und stellten als verbale Austauschplattform das Herzstück der dynamischen Gruppenpsychotherapie dar. Zwei Therapeut:innen, in der Regel der Oberarzt und eine meist weibliche ärztliche Kollegin, leiteten die stuhlkreismäßige Sitzung in einem Gemeinschaftsraum.[670] Hier wurden Anliegen besprochen, die Patient:innen aus ihrem Alltag in die Therapie brachten, aber auch Probleme des stationären Aufenthalts, aus denen sich therapeutische Erkenntnis abstrahieren ließ.

Die Diskussionen in den Gruppenstunden wurden weder in der Verlaufsdokumentation noch in den Tagesberichten kohärent aufgezeichnet, weil es sich um implizites Wissen aller Beteiligten handelte. Es ist möglich, dass die Therapeut:innen separate, nicht überlieferte Aufzeichnungen führten. Weil der eigentliche Gesprächsverlauf unzugänglich bleibt, erscheinen manche Themen eher schlagwortartig: Beispielsweise war «Unsicherheit»[671] der thematische Fokus einer Stunde, doch wir erfahren nichts weiter über die Hintergründe.

670 Mindestens drei Ärztinnen und ein Arzt fungierten im Untersuchungszeitraum als Co-Therapeut:innen. Über sie war ungleich weniger in Erfahrung zu bringen als über den Oberarzt. Von keiner der Ärztinnen konnten wissenschaftliche Publikationen ausfindig gemacht werden. Von zwei Ärztinnen sind nur die Nachnamen bekannt und das Universitätsarchiv der Humboldt-Universität zu Berlin verfügt nicht über ihre Personalakten. Eine von ihnen verbrachte das letzte Jahr ihrer Facharztausbildung für Neurologie und Psychiatrie in der Psychotherapieabteilung und lernte in diesem Zusammenhang die psychotherapeutischen Verfahren beider Stationen kennen und praktizieren, vgl. HU UA, Personalakten der Charité, Personalakte E.

671 HPAC, 66/76F, Tagesbericht vom 08.03.1976.

Einem Tagesbericht lässt sich entnehmen, dass Bilder als Aufhänger für die Gesprächsrunde dienen konnten.[672] Die Teilnehmenden sollten verbalisieren, welche Gefühle die Betrachtung bei ihnen auslöste. Meistens aber thematisierten die Gruppenstunden das Problem eines Individuums, das die betreffende Person selbst vortrug und das in der Runde gemeinsam diskutiert und analysiert wurde. Davon sollten sowohl die Vortragenden als auch die Mitpatient:innen profitieren, die in der Diskussion Parallelen zu sich selbst ziehen konnten. Wenn Patient:innen erstmals über ihre Probleme sprachen, kostete sie die Darlegung meist Überwindung.[673] In manchen Fällen beschrieben Patient:innen sogar «Angst» vor diesem «ersten Schritt», den Eindruck, dass man von ihnen «etwas fordert bzw. erwartet, was [sie] nicht erfüllen» könnten, und Zweifel, «daß die Gruppe [...] helfen» könne.[674] Eine Patientin formulierte, dass ihr die Stunden schließlich doch «viele Denkanstöße» und Einsichten lieferten, «wie die anderen Menschen auf [ihre] Äußerungen reagieren».[675] Die Erkenntnisse aus der Gruppe bezog sie auf ihren Lebenskontext und folgerte, sie müsse «daraus lernen um in [ihrem] neuen Betrieb nicht den selben [sic] Fehler zu machen». Nur selten äußerten die Zuhörenden, dass ihnen die vorgebrachten Themen fremd seien oder «wie Probleme aus einer anderen Welt» vorkämen.[676] Häufiger stellten die Schreibenden mit einer gewissen Erleichterung fest, «daß auch andere Patienten ähnliche Probleme haben».[677] Die Anteilnahme hatte für manche Betroffene einen befreienden Effekt. Ein Patient berichtete:

> Auch heute war zunächst eine offensichtliche Rat- u. Verständnislosigkeit festzustellen. Tief ergriffen war ich, mit welchem tiefen Verständnis- u. Einfühlungsvermögen dann [ein Mitpatient] meine Situation darlegte. Ich erkannte mich in seinen Worten praktisch selbst wieder. Ich hätte nicht geglaubt, daß sich ein fremder Mensch so vollständig in meine Gedanken u. Gefühlswelt hineinversetzen könnte. Schon diese Erkenntnis war für mich viel wert.[678]

Gleichzeitig nahmen einige Zuhörende die Problemschilderungen ihrer Mitpatient:innen zum Anlass für eine Selbstanalyse. Eine Patientin legte dar, dass sie «doch aus den geführten Gesprächen immer wieder Lehren ziehen» könne, mit denen sie ihre «falschen Verhaltensweisen verändern» könne, und führte im gleichen Zug ihre Symptome auf «ungesunden Ehrgeiz» zurück.[679] Einer anderen

672 In diesem Fall trug das Bild den Titel «Gemächlich gen Norden», vgl. HPAC, 477/77F, Tagesbericht vom 31.10.1977.

673 Vgl. bspw. HPAC, 435/76M, Tagesbericht vom 09.09.1976.

674 HPAC, 66/76F, Tagesbericht vom 23.03.1976.

675 Hier und im Folgenden: HPAC, 444/77F, Tagesbericht vom 15.09.1977.

676 HPAC, 625/76M, Tagesbericht vom 09.11.1976.

677 HPAC, 435/76M, Tagesbericht vom 21.09.1976.

678 HPAC, 515/76M, Tagesbericht vom 28.10.1976.

679 HPAC, 477/77F, Tagesbericht vom 03.10.1977.

Patientin gab das Gruppengespräch Einsicht, warum sie «zu Hause so oft erregt, aggressiv und oftmals ungerecht handle».[680] Eine Patientin befasste sich mit einem häufig diskutierten Thema, dem Streben nach «Vollkommenheit». Sie resümierte, dass sie im Gruppengespräch begriffen habe, dass es in der «Realität unmöglich» sei, vollkommen zu werden, dass das «‹Anderssein› gerade das Interessante an einem Menschen» ausmache und es wichtig sei, «zu erkennen, wann das eigene Leistungsvermögen erschöpft» sei, und danach zu handeln.[681] Hieran zeigt sich außerdem, wie sich das Schema des «neurosenpsychologisch relevanten Konflikts» (zwischen Anspruch und Realisierungsmöglichkeiten) in den Themen der Gruppenstunden niederschlug.

Eine Kehrseite solcher Selbstanalysen legte eine Patientin dar, die fragte: «Warum beziehe ich auf einmal alles auf mich selbst?»[682] Sie könne kaum noch Distanz zu den Problemen anderer halten, sehe alles in Zweifel gestellt und resümierte: «Ich sehe Gespenster!» Ein anderer beklagte sich, er «analysiere [...] ja nur noch und alles» und ziehe dabei «immer mehr an den Haaren herbei».[683] Schließlich kam ihm aber auch der Gedanke, dass «man dieses Psychologisieren unter Umständen als Waffe benutzen und Menschen, die davon wenig oder keine Ahnung haben, in eine beabsichtigte falsche Richtung führen kann».[684]

Ein Patient fasste recht technisch und prägnant zusammen, wie die Therapie auf ihn wirkte. Ihm werde «der Zusammenhang zwischen [seinen] Beschwerden und den Fehlhaltungen immer klarer», doch bemerke er auch, «welcher selbsterzieherische Aufwand nötig [sei], um in der Kindheit erworbene Eigenschaften, die die Ursache allen Übels sind, positiv zu verändern».[685] Nach der Gruppenstunde bestünden für ihn noch Unklarheiten «zum Komplex ‹Gefühlsäußerung›», da er «dieses verklemmte ‹Nichtsäußernkönnen›» zur Bewältigung seiner Problematik noch überwinden müsse. Die Bezugnahmen auf Kindheitserfahrungen belegen den psychoanalytischen Einfluss. Allerdings verweist der Bericht auch darauf, dass die Therapie den Patienten zur eigenverantwortlichen Selbstbeobachtung und Intervention zur Linderung seines Leids anhielt.

Die Patient:innen waren darüber informiert, dass das Therapieziel das «Erkennen [ihres] Fehlverhaltens»[686] sei, was die Bewusstwerdung zuvor unbewusster Konfliktlagen voraussetze. Diese Information konnte verunsichern. Eine Patientin schrieb nach dem Gruppengespräch, ihr sei «nicht klar, nach welchem Grundproblem bzw. -konflikt» sie suchen müsse oder ob sie «überhaupt suchen»

680 HPAC, 66/76F, Tagesbericht vom 11.03.1976.
681 HPAC, 477/77F, Tagesbericht vom 17.10.1977.
682 Hier und im Folgenden: HPAC, 258/77F, Tagesbericht vom 08.–09.06.1977.
683 HPAC, 615/76M, Tagesbericht vom 11.01.1977.
684 Ebd., Tagesbericht vom 24.01.1977.
685 Hier und im Folgenden: HPAC, 582/76M, Tagesbericht vom 15.12.1976.
686 HPAC, 207/76M, Tagesbericht vom 20.05.1976.

müsse.[687] Bisher habe sie immer geglaubt, ihre «Probleme bzw. Konflikte» zu kennen und bloß keinen Ausweg zu sehen. Eine schrieb, sie würde am liebsten «jeden Tag ein volles Programm haben, damit es recht bald zur Aufdeckung [ihrer] nichterkannten Schwierigkeiten und Probleme kommt» und sie schnellstmöglich wieder nach Hause zurückkehren könne.[688] Ein anderer Patient formulierte am Ende seines Aufenthalts die Sorge, dass er «nicht mehr lang Gelegenheit hab[e], danach zu forschen, worum es [ihm] hier jetzt» gehe.[689]

Die Therapeut:innen vermittelten außerdem im Gruppengespräch, dass die Patient:innen «aus eigener Kraft und Überzeugung zu einer veränderten Einstellung zu [ihrer] Umwelt kommen» müssten.[690] So finden sich wiederkehrend Äußerungen über den Fortgang der «Selbsterkenntnis» durch die Gruppengespräche in den Reflexionen der Patient:innen.[691] Immer wieder nutzten sie therapeutische Terminologie und übernahmen dabei das Diktum der Eigenverantwortlichkeit. Einer schrieb eindrücklich, er erkenne «zunehmend Fortschritte» und komme «nach weiteren Überlegungen und Einschätzungen zu einer veränderten Einstellung gegenüber [seiner] Umwelt».[692] Er zweifle weniger an den Gruppengesprächen als noch zu Beginn der Therapie und hoffe nun, «bis Ende des Monats die Kraft gefunden zu haben, [seine] Umweltprobleme mit Erfolg selbst lösen zu können».

Selbsterkundung, Bewusstwerdung und Verhaltenskorrektur waren zentrale Muster in der Selbstbetrachtung vieler Patient:innen, wie das folgende Beispiel untermalt:

> Ich bin dankbar, daß ich durch die Gruppengespräche, besonders durch das Infragestellen meines Charakters, meiner zwischenmenschlichen Bezüge, die Möglichkeit habe, mich richtiger und schneller selbst zu erkennen. Ich muß mich selbst besser begreifen lernen, meine Wirkung auf andere, meine nächsten Angehörigen, kontrollieren. Ich muß mich um ein schnelleres Bewußtwerden meiner Fehlhaltungen bemühen, ich muß sie vermeiden lernen![693]

In den Verlaufsdokumentationen finden sich gelegentlich Referenzen auf Erkenntnisfortschritte in der Gruppenstunde. Ein Patient habe «in der Gruppe erkannt, daß sein Versagen an zu hohe Erwartungen, für die er selbst nichts tun wolle, geknüpft» sei.[694] Auch der Eindruck, den die anderen Gruppenmitglieder über die betreffende Person gewannen, konnte Eingang in die Dokumentation

687 Hier und im Folgenden: HPAC, 66/76F, Tagesbericht vom 09.03.1976.
688 HPAC, 28/76F, Tagesbericht vom 17.02.1976.
689 HPAC, 15/76M, Tagesbericht vom 22.03.1976.
690 HPAC, 232/76M, Tagesbericht vom 14.06.1976.
691 HPAC, 477/77F, Tagesbericht vom 30.09.1977.
692 Hier und im Folgenden: HPAC, 232/76M, Tagesbericht vom 16.06.1976.
693 HPAC, 228/77F, Tagesbericht vom 03.05.1977.
694 HPAC, 499/76M, Verlaufsdokumentation, Eintrag vom 04.12.1976.

finden. Dazu hieß es, in der Gruppe sei der Eindruck entstanden, dass der Patient «sich selbst höher schätzt als andere, er bringe Mitmenschen wenig entgegen u[nd] verhalte sich oft rücksichtslos, die eig[enen] Interessen vertretend → damit stoße er andere ab».[695] Über einen anderen Patienten hieß es, er erkenne das «Ausweichverhalten» bei einer «hyst[erischen] Mitpat[ientin]» in der Gruppe und analysiere es «bis ins kleinste Detail», sehe dabei aber «wohl noch nicht [die] Parallele zum Eigenverhalten».[696] Wenig später habe die Gruppe festgestellt, er sei «übermäßig empfindsam» und möchte «überdurchschnittl[ich] leisten, um Anerkennung zu bekommen», worin die Therapeut:innen «Geltungsanspruch» und eine «geringe Frustrationstoleranz» ausmachten.[697]

Die Berichte thematisierten die eigentlichen Gruppenstunden oft eher im Hinblick auf die Organisation. Manche Kritiken beschränkten sich darauf, dass die Durchführung der Stunde «noch nicht ideal» sei.[698] Andere hielten sie für «uninteressant»[699] oder fanden, «das ewige gezwungene Gespräch [werde] zum Albtraum».[700] Ein Patient machte seinem Ärger Luft, als er schrieb, der Arzt suche «durch Spitzfindigkeiten etwas in [seine] Worte zu deuten, wofür die Grundlage fehlt», und befand, er bekomme das «Gespräch aufgezwungen».[701] Eine Patientin wisse «einfach nicht recht», worüber sie sprechen solle, und sie wolle nicht zum Selbstzweck sprechen.[702] Eine andere kritisierte, der Oberarzt spreche wie ein Vater zu seiner Tochter, und erinnerte sich, dass ihr «Vati genauso [ihren] Arm gepackt» habe, «wenn seine Tochter ungezogen war».[703]

Treffend bemerkte einer, dass die Meinungen «über die Art der Durchführung» auseinandergingen.[704] Tatsächlich finden sich viele anerkennende Kommentare, wie der einer Patientin, die die Gruppenstunde nicht nur «sehr interessant» fand, sondern anmerkte, sie finde die Art, «wie Oberarzt Kulawik die Verhaltensweise [eines Mitpatienten] so aufzeigte [...] einfach klasse».[705] Eine andere lobte seine Gesprächsführung, weil sie «dadurch neue Ansatzpunkte zum Nachdenken finde».[706] Später faszinierte es sie, wie es der Oberarzt schaffe, in jeder Gruppenstunde «das Innerste eines Menschen zu erkennen». Ihr gelinge es hingegen nicht immer, «das Richtige zu finden», da sie «kein ‹Fachmann› auf

695 Ebd., Verlaufsdokumentation, Eintrag vom 11.11.1976.
696 HPAC, 232/76M, Verlaufsdokumentation, Eintrag vom 25.05.1976.
697 Ebd., Verlaufsdokumentation, Eintrag vom 01.06.1976.
698 HPAC, 288/78M, Tagesbericht vom 14.–16.07.1978.
699 HPAC, 312/78M, Tagesbericht vom 29.08.1978.
700 HPAC, 493/78F, Tagesbericht vom 05.10.1978.
701 HPAC, 15/76M, Tagesberichte vom 22.01.1976 und 26.01.1976.
702 HPAC, 477/77F, Tagesbericht vom 25.10.1977.
703 HPAC, 121/77F, Tagesbericht vom 17.03.1977.
704 HPAC, 435/76M, Tagesbericht vom 28.09.1976.
705 HPAC, 444/77F, Tagesbericht vom 20.10.1977.
706 HPAC, 477/77F, Tagesbericht vom 20.09.1977.

dem Gebiet der Psychologie» sei.[707] Die Einschätzungen der Patient:innen sollen uns nicht zu einer moralischen Bewertung der Therapien oder gar der Therapeut:innen führen; vielmehr ist grundlegend festzustellen, dass Bewertungen überhaupt Teil der Tagesberichte waren und einen relevanten Teil hiervon ausmachten. Die Kritiken waren häufig situationsbezogen und sind weniger als konsistente Einstellungen über den Therapieverlauf hinweg zu lesen. Bisweilen changieren Einschätzungen sogar innerhalb der Konvolute. Inwiefern reagierten die Therapeut:innen auf Kritik?

Ein wesentlicher Punkt betraf die Komplexität der Gruppenstunden, die intellektuelle Herausforderung, aus dem Gesprochenen Erkenntnisse zu abstrahieren, und resultierende Hemmungen, sich am Gespräch zu beteiligen. Ein Patient empfand das Gruppengespräch als «Rätselstunde»,[708] während seine Mitpatientin am darauffolgenden Tag kritisierte, es sei «intellektuelle Polemik, wenn in Bildern gesprochen wird, zu denen [sie] keine konkreten Bezugspunkte habe».[709] Es verwirre sie, sie könne nicht folgen und bekomme Angst, dass sie die verbleibende Therapiezeit nicht ausreichend nutze. Stattdessen sollten lieber «konkrete Beispiele besprochen [...] und an ihnen Fehlhaltungen erläutert» werden. Die Therapeut:innen hoben hier verwandte Aussagen hervor, während sich sonst nur selten Spuren ihrer Rezeption finden. Sie unterstrichen beispielsweise: «Die heutige Gruppenstunde zeigte mir wieder, wie schwierig es ist, daß [sic] Richtige für sich zu entnehmen»;[710] oder: «Die Vielzahl der hochgesponnenen Psychoanalysen verwirrt.»[711] Die Äußerungen der Patient:innen und Unterstreichungen der Therapeut:innen stammen alle aus dem November 1977. Verwandte Äußerungen finden sich aber auch in anderen Monaten.[712] Die Häufung gleichlautender Kritiken führte jedenfalls zu einer uns überlieferten Reaktion der Therapeut:innen und belegt damit die Rezeption der Tagesberichte. Inwiefern die Therapeut:innen die Gespräche nach der Lektüre der Tagesberichte anpassten, verschließt sich aber dem historischen Zugriff. Jenseits dessen ist es möglich, dass die Eindrücke von den Schwierigkeiten der Patient:innen in der Gruppenstunde die Präferenz der Therapeut:innen für akademisch gebildete Patient:innen stärkten.[713]

---

707 Ebd., Tagesbericht vom 03.11.1977.

708 HPAC, 468/77M, Tagesbericht vom 20.11.1977.

709 Hier und im Folgenden: HPAC, 620 A/77F, Tagesbericht vom 21.11.1977.

710 HPAC, 468/77M, Tagesbericht vom 23.11.1977.

711 HPAC, 607/77F, Tagesbericht vom 28.11.1977.

712 Eine Patientin merkte im März 1977 an, das Gruppengespräch erscheine ihr «an manchen Stellen vom intellektuellen Grad zu hoch» und ihre eigene Meinung komme ihr daher «zu primitiv» vor, vgl. HPAC, 121/77F, Tagesbericht vom 07.03.1977. Einem anderen Patienten fiel «die Erkenntnis der Zusammenhänge von charakterlichen Eigenschaften und Äußerungen gegenüber der Umwelt schwer[...]», vgl. HPAC, 207/76M, Tagesbericht vom 15.07.1976.

713 Vgl. Kapitel 3.

Die Artikulation von Kritik aufseiten der Patient:innen ließe sich auch als therapeutisch gewollte Aktion lesen, da die Therapie zu Selbstermächtigung und Autoritätskritik ermutigen sollte. Insofern wäre die Kritik als Manifestation des forcierten gruppendynamischen Prozesses anzusehen. Doch inwiefern spiegeln die Akten die vorgesehenen gruppendynamischen Phasen wider? Einem therapeutisch geschulten Auge erschlösse sich die phasenweise Entwicklung möglicherweise aus der Gegenüberstellung verschiedener Berichte. In der vorliegenden Arbeit lassen sich nur implizite und explizite Bezüge auf die Gruppendynamik berücksichtigen. Was lässt sich unter dieser Prämisse über den «Kippprozess» und das Hinwirken der Therapie auf die Eigenverantwortlichkeit der Patient:innen erfahren?

Es gibt zwar gelegentlich Einträge über die Gruppendynamik in Verlaufsdokumentationen. Das häufigste Beispiel ist, dass die betreffende Person in der Gesprächsstunde aus Sicht der Therapeut:innen eine der Positionen Alpha, Beta, Gamma und Omega in der Gruppe einnahm.[714] Referenzen auf die therapeutische «Phase», in der sich die Gruppe befand, finden sich dort allerdings nicht. Es ließe sich folgern, dass es sich um nicht notationswürdiges Hintergrundwissen der Therapeut:innen handelte oder dass es separat notiert wurde. Es ließe sich ebenso schließen, dass das Phasenmodell in der therapeutischen Praxis eine geringere Relevanz entfaltete als in der Konzeption. Dort war der «Kippprozess», bei dem sich die Gruppe in einem quasirevolutionären Akt gegenüber den Therapeut:innen behauptete, ein zentrales Element. In den durchgesehenen Krankenakten fand er hingegen keine explizite Erwähnung. Es ist unklar, ob Kulawik die eigene therapeutische Erfahrung dahin führte oder ob er von jeher auf den Begriff des «Kippprozesses» verzichtete; jedenfalls beschreibt er in seinem Lehrbuch von 1984 ein gruppendynamisches Konzept, das mit den drei Intervallen «Abhängigkeitsphase», «Phase der Auseinandersetzung» und «Arbeitsphase» auskommt.[715] Doch auch seine Darstellung geht davon aus, dass sich indirekte und direkte Äußerungen der Patient:innen in der «Abhängigkeitsphase» stets auf die Therapeut:innen richten. Diese sollen sich aber den etwaigen Führungserwartungen der Gruppenmitglieder verweigern und so – in einer gewissen Analogie zum «Kippprozess» – den Eintritt in die «Phase der Auseinandersetzung» forcieren. In dieser Phase müssten sich die Gruppenmitglieder selbst der Führung widmen und ein Mitglied müsse seine sogenannten Führungsansprüche gegenüber den Therapeut:innen durchsetzen.[716]

714 Die Unterscheidungen knüpfen an die Arbeit des österreichischen Psychotherapeuten, Psychoanalytikers und Psychiaters Raoul Schindler an, vgl. Hess 1969.

715 Vgl. Kulawik 1984b.

716 Ebd., S. 38 f. In der dritten Phase, der «Arbeitsphase», formiere sich eine dynamische Rangstruktur und ein «intragruppales Spannungsfeld». Die Therapeut:innen hätten nun die Aufgabe, die Interaktionen mit der Gruppe und zwischen den Einzelnen zu interpretieren.

Das bewusst zurückhaltende oder gar provokative Verhalten der Therapeut:innen, mit dem sie Reaktionen der Patient:innen forcierten, lässt sich dagegen aus manchen Tagesberichten herauslesen. Eine Patientin bezeichnete es als «die Kulawik-Methode im Gruppengespräch: Man wird angegriffen [und] damit herausgelockt. Man wird nicht schonend auf etwas hingewiesen, sondern kräftig an einer wunden Stelle provoziert.»[717] Anders als ihre Wortwahl vermuten ließe, beurteilte sie das Vorgehen positiv, da es «wichtiger» sein könne, «sich gegenseitig [zu] verunsichern» und «die möglicherweise aggressiven Regungen zu zeigen», als aufeinander einzugehen. Ein Patient machte sich Gedanken darüber, warum ihn der Oberarzt provokant als «Kind» bezeichnet habe, wo man Kindern doch ihre Fehler verzeihe, «weil sie es ja nicht besser wissen können».[718] Damit implizierte er, dass ihm in der Therapie Verantwortung für vermeintliche Fehler zugesprochen würde. Eine andere Patientin begab sich nach kurzer Verwunderung über das Verhalten des Oberarztes in eine Beobachtungssituation: «Interessant: Therapeutenmethodik, ich werde abwarten [und] versuchen zu verstehen dann urteilen. Es wäre müßig zu sagen[,] es war falsch oder seine Art verletzt [die] menschl[iche] Würde. Abwarten.»[719] Eher implizit lässt sich dieses Vorgehen auch aus dem Bericht eines Patienten entnehmen, der im Gespräch gefragt hatte, wie er seine Probleme «beseitigen» oder «mindern» könne.[720] Er beklagte, dass sich der Oberarzt «gleich ganz aus der Diskussion zurückgezogen» habe. Zwei Tage darauf sei ihm in der Zusammenfassung des Gruppengesprächs deutlich gemacht worden, dass er «Fehlerwartungen gegenüber den Therapeuten»[721] habe, die entgegen seinen Wünschen keine Lösung für seine Probleme vorschlagen würden.

Der emanzipative Fokus der Therapie geht aus dem Bericht einer Patientin hervor, die ihre Angst formulierte, «sich selbst zu stellen im Leben und sich selbst [zu] verteidigen und für sich ein[zu]stehen».[722] Darin liege die Ursache ihrer Probleme. Sie wolle sich überwinden und diese Angst bekämpfen, wobei ihr zurückgewonnenes Selbstvertrauen helfen werde. Auch dass der Umgang mit Autoritäten in der Gruppe diskutiert wurde, lässt sich den Tagesberichten gelegentlich entnehmen. Eine Patientin reflektierte, sie «gehöre ja auch zu denen, die immer versuchen, keine Fehler zu machen bzw. ihre Gefühle in bestimmten Situationen unterdrücken (Autoritätspersonen), um nicht anzuecken».[723] Damit implizierte sie außerdem, eine weniger devote Haltung gegenüber Autoritäten

717 Hier und im Folgenden: HPAC, 18/77F, Tagesbericht vom 10.02.1977.

718 HPAC, 615/76M, Tagesbericht vom 15.02.1976.

719 HPAC, 607/77F, Tagesbericht vom 25.11.1977.

720 Hier und im Folgenden: HPAC, 15/76M, Tagesbericht vom 27.01.1976.

721 HPAC, 15/76M, Tagesbericht vom 29.01.1976.

722 HPAC, 444/77F, Tagesbericht vom 03.11.1977.

723 HPAC, 477/77F, Tagesbericht vom 24.10.1977.

anzustreben. Auch hier boten die Tagesberichte Raum für kritische Haltungen gegenüber den Therapeut:innen und forderten sie – konzeptionell verankert – sogar ein. Es ist dabei allerdings eine ambivalente Haltung der Patient:innen erkennbar, bei der die einen sich im positiven Sinne herausgefordert sahen und die anderen problematisierten, dass ihnen als vulnerablen Individuen kaum Schutz geboten worden sei oder sie persönlich verletzt worden seien.

Nach der Gesprächsstunde mussten die Teilnehmenden einen Fragebogen, den sogenannten Soziogrammzettel, ausfüllen.[724] Diese Fragebögen dienten den Therapeut:innen zur Einschätzung der Gruppendynamik sowie der gruppenübergreifenden sozialen Dynamik innerhalb der Abteilung.[725] Die Antworten wurden in der Gruppe nicht veröffentlicht und es ist unklar, ob die Auswertung erläutert wurde. Immerhin bezeichneten manche den Fragebogen als «komische[n] Zettel»[726] oder fühlten sich von der Praktik «befremdet».[727] Die Soziogrammzettel sind nicht überliefert, aber den Tagesberichten lassen sich drei Fragen entnehmen. Der Zettel erfragte, wen man «am meisten auf dem Boden [der] Realität empfunden» habe,[728] wessen Verhalten in der Stunde am stärksten gestört habe und mit wem man nach der Gruppenstunde nicht zusammen sein wolle.[729] Weil manche dieser Fragen eine negative Bewertung von Mitpatient:innen einschlossen, sorgten sich Einzelne im Nachhinein über ihre Angaben. Einige Bericht erläutern oder revidieren daher die Antworten.[730] Manche Patient:innen fühlten sich von dem Zettel «überfordert» und sahen sich daher zu wahllosen Eintragungen gezwungen.[731]

Die Gruppengespräche sollten unbewusste Konflikte aufdecken helfen, indem die Patient:innen sich gegenseitig zuhörten und diskursiv Parallelen zu ihrer Lebensrealität herstellten. Über die Diskussion sollten die Gespräche kathartische Wirkung entfalten. Das therapeutische Schreiben katalysierte den Vorgang der Bewusstwerdung, indem es die Selbstanalyse unter dem durchaus schwammigen Vorzeichen der Selbsterkenntnis förderte. Die beständige gegenseitige und Selbstbeobachtung und deren schriftliche Fixierung trainierten einen therapeutischen

724 Zum Begriff «Soziogrammzettel» vgl. u. a. HPAC, 429/76M, Tagesbericht vom 03.12.1976.

725 Vgl. Hess 1969. Einem Bericht zufolge gab es auch Gesprächsgruppen, in denen es vor allem um die Einschätzung des Verhältnisses zwischen den einzelnen Therapiegruppen und zwischen den Therapiegruppen und ihren Therapeut:innen ging, vgl. HPAC, 461/78M, Tagesbericht vom 14.12.1978.

726 HPAC, 444/77F, Tagesbericht vom 04.11.1977.

727 HPAC, 402/78M, Tagesbericht vom 12.09.1978.

728 HPAC, 620 A/77F, Tagesbericht vom 21.11.1977.

729 HPAC, 582/76M, Tagesbericht vom 25.11.1976.

730 Beispiele: HPAC, 429/76M, Tagesbericht vom 03.12.1976; HPAC, 444/77F, Tagesbericht vom 04.11.1977.

731 HPAC, 420/76F, Tagesbericht vom 27.07.1976.

Blick auf die eigenen Gedanken, Gefühle und das Verhalten in sozialen Beziehungen.

Psychodrama. Die Katharsis und der Gruppenboom in der DDR

Das Psychodrama geht zurück auf Jakob Levy Moreno. Inspiriert vom Stegreiftheater entwickelte er seit den 1920er Jahren eine Methode, bei der «das Nachspielen belastender Erlebnisse und das Ausagieren von Konflikten eine kathartische Wirkung habe und die Chance berge, neue Erfahrungen zu machen und andere Verhaltensweisen zu erproben».[732] Die Szene sollte in einer Gruppensituation aufgeführt werden, an der eine Hauptperson, Nebenrollen und Publikum beteiligt waren. Am Ende tauschten sich alle Beteiligten über ihre Eindrücke aus und die Therapeut:innen arbeiteten die auftretenden Probleme mit der Gruppe heraus. Morenos Einführung erschien 1959 erstmals auf Deutsch.[733] Obwohl er mit Freuds Ansätzen vertraut war, gehörte er keiner psychotherapeutischen Schule an und gilt als «Vordenker der Humanistischen Psychologie und der postanalytischen Gruppentherapie».[734]

Das Psychodrama gehörte auf der Station 5 bereits seit den frühen 1970er Jahren zum Therapiealltag und seinen Ergebnissen widmeten die Therapeut:innen auffällige Aufmerksamkeit. Ob sie am Psychodrama teilnehmen sollten, erfuhren die Patient:innen über die Magnettafel der Abteilung. Alle Eingeteilten sollten sich im Vorfeld eine Situation überlegen, die sich spielen ließe. Einige äußerten, ihnen falle die Suche nach geeigneten Themen schwer.[735] Zu Beginn stellten die Patient:innen die Themen vor und entschieden gemeinsam, welche der Situationen gespielt werden sollte. Die gleiche Szene konnte in unterschiedlichen Besetzungen gespielt werden, wobei der Rollenwechsel erkenntnisfördernd wirken sollte. Nach Bedarf wurde die Zeit ausgedehnt, was eine Patientin als «sehr effektiv für alle Beteiligten» empfand.[736]

Aus manchen Krankenakten gehen die Inhalte hervor. Einem Verlauf zufolge verzeichnete ein Patient «erste Erfolge», nahm «etwas aktiver am Gruppengespräch» teil und spielte im Psychodrama einen «Konflikt mit Tochter».[737] Er «fühlte sich mißachtet, als [seine] Tochter ihn nicht formell grüßte, sondern gleich ein Gespräch beginnen wollte». Da habe er gesagt, er habe keine Zeit, und sich zurückgezogen. Im Psychodrama habe er Denkanstöße dazu erhalten, dass

732 Hier und im Folgenden: Elberfeld 2019/2020, S. 141.

733 Vgl. Moreno 1959.

734 Elberfeld 2019/2020, S. 140 f.

735 Vgl. bspw. HPAC, 420/76F, Tagesbericht vom 27.07.1976.

736 HPAC, 543/76F, Tagesbericht vom 17.11.1976.

737 Hier und im Folgenden: HPAC, 323/75M, Verlaufsdokumentation, Eintrag vom 13.06.1975.

sein Verhalten «unklug» sei. Die Therapeut:innen merkten an, dass die dahinterstehende Frage «Warum [hat er] Mißachtung empfunden?» noch nicht bearbeitet worden sei.

Die Therapeut:innen widmeten den Szenen große Aufmerksamkeit und notierten Inhalte und Schlussfolgerungen als Gedankenstütze. Auffällig ist der Gegensatz zu den nur fragmentarisch erwähnten Gruppengesprächen. Im Fall des Konflikts zwischen Vater und Tochter kamen die Denkanstöße von anderen Gruppenmitgliedern. Ein anderer Patient habe sein spielerisch dargestelltes Verhalten gegenüber seinem Sohn mit «Besorgnis um das Wohl des Kindes» begründet, doch die Therapeut:innen deuteten die Szene als «Machtkampf» und schrieben diese Lesart nieder.[738] Dadurch sei dem Patienten erstmals «eine Einsicht» über sein autoritär wahrgenommenes Verhalten «vermittelt [worden], die er auch akzeptiert». Manche Patient:innen befassten sich von selbst mit der Behauptung gegenüber Autoritäten. Eine resümierte nach dem Psychodrama, sie wolle diesen gegenüber künftig keine «Rückzieher» mehr machen.[739] Vonseiten der Therapeut:innen wurde der Methode besonders dann Gewicht zugesprochen, wenn durch sie «Konflikte [...] im Psychodrama kathartisch aufgedeckt» werden konnten oder sich «eine Erhellung der Psychodynamik» der Patient:innen ergab.[740] Das Psychodrama erschien insofern gewinnbringend für die therapeutische Bewusstwerdung. Mit dieser Intention wurde das Psychodrama manchmal schon anfänglich eingeplant. So hieß es am Ende einer Exploration: «Therapeutische Zielstellung: Herantasten → Aggressionen ausleben, evtl. kathartisch, z. B. Psychodrama. Lernen auch Schuld bei sich selbst zu sehen → reales Selbstbild, Diskrepanz erkennen.»[741] Man schätzte auch die Möglichkeit, mit der Methode Erkenntnisvorgänge auf die Patient:innen zu verlagern. Die Schreibszene verstärkte die Reflexion, indem Beobachtungen an sich und anderen in ein vertieftes Verständnis der eigenen Psyche übersetzt werden konnten.

Nicht immer deckte sich die Einschätzung der Therapeut:innen im Verlauf mit den Angaben der Patient:innen. Beispielsweise hob eine Akte hervor, dass die Gruppe auf eine gespielte Situation mitfühlend und verständnisvoll reagiert und der Patient erlebt habe, dass «solche Gedanken – die er sich sonst gar nicht zugestehen mochte – in seiner Situation verständlich [und] nicht verurteilenswert sind».[742] Der Patient schätzte jedoch ein, dass ihn diese Sitzung des Psycho-

738 Hier und im Folgenden: HPAC, 246/75M, Verlaufsdokumentation, Eintrag vom 27.08. 1975.

739 HPAC, 477/77F, Tagesbericht vom 28.09.1977.

740 HPAC, 577/74F, Epikrise vom 07.02.1975; HPAC, 92/75M, Verlaufsdokumentation, Eintrag vom 21.03.1975.

741 HPAC, 92/75M, Exploration vom 12.12.1974.

742 HPAC, 150/75M, Verlaufsdokumentation, Eintrag vom 04.06.1975.

dramas «nicht befriedigt» habe, da sie «zu flach» gewesen sei.[743] Viele Patient:innen beschrieben dagegen einen fortschreitenden Erkenntnisvorgang. Eine Patientin fasste prägnant zusammen, dass ihr das Nachspielen eines beruflichen Erlebnisses und die folgende Aussprache in der Gruppe «Zusammenhänge in [ihrer] charakterlichen Eigenschaft deutlich gemacht» hätten.[744] So sei sie immer wieder in Schwierigkeiten geraten und müsse künftig «eine andere Einstellung zu [ihrer] Umwelt zu finden». Hier zeigt sich die Ausrichtung auf selbstverantwortliche Verhaltensmodifikation. Fanden Patient:innen im Psychodrama «Ähnlichkeiten zwischen den angesprochenen und eigenen Verhaltensweisen», regte das viele zur Selbstreflexion an.[745] Viele Patient:innen schätzten das Psychodrama bei der Erkundung ihrer psychodynamischen Konflikte. Einer beschrieb es als «sicher [...] geeignete Methode[,] um Ursachen aufzuspüren»,[746] andere empfanden es als «wirkungsvoll und aufschlußreich»[747] oder als Methode von «hohem emotionalen Einfluß»,[748] die eine «Situation des Umdenkens» auslösen könne.

Kritische Stimmen fühlten sich etwa vom Therapeuten unverstanden oder vom Psychodrama selbst «unbefriedigt».[749] Eine Patientin äußerte, sie könne nicht verstehen, warum man mit der Auseinandersetzung mit einer schmerzlichen Vergangenheit «so gequält» werde.[750] Die Angst einer Patientin, eine «unpassende Reaktion» beim Spiel zu zeigen und damit die «Gruppe vor den Kopf» zu stoßen oder den Oberarzt zu verärgern, zeugt zudem von Erwartungsdruck.[751]

Diverse psychotherapeutische Einrichtungen der DDR arbeiteten mit der Methode. Das HdG nutzte ein «Konfliktspiel», das auf Morenos Überlegungen basierte und bei der «Konfliktverarbeitung und -bewältigung» helfen sollte.[752] Das Psychodrama wurde seit den 1960er Jahren im Wilhelm-Griesinger-Krankenhaus in Berlin-Wuhlgarten und mindestens seit den 1970er Jahren in der Psychotherapieabteilung in Berlin-Buch angewendet.[753] Ähnliches ist über das Bezirkskrankenhaus Brandenburg-Görden und die Medizinische Akademie Dresden bekannt.[754] Es war außerdem Teil der Ausbildung in den sogenannten

743 HPAC, 150/75M, Tagesbericht vom 05.06.1975.

744 Hier und im Folgenden: HPAC, 232/76M, Tagesbericht vom 02.06.1976.

745 HPAC, 340/74M, Tagesbericht vom 13.11.1974.

746 HPAC, 320/78M, Tagesbericht vom 19.07.1978.

747 HPAC, 439/76F, Tagesbericht vom 25.08.1976.

748 Hier und im Folgenden: HPAC, 625/76M, Tagesbericht vom 15.12.1976.

749 HPAC, 348/78M, Tagesbericht vom 02.08.1978.

750 HPAC, 500/78F, Tagesbericht vom 13.09.1978.

751 HPAC, 121/77F, Tagesbericht vom 22.03.1977.

752 Schubert 1969, S. 168.

753 Vgl. Kruska/Kruska 2011, S. 180; Brüll 2011, S. 399.

754 In den 1960er Jahren nutzte man bspw. in Brandenburg-Görden eine an Morenos Psychodrama angelehnte Variante des Stegreifmärchenspiels, vgl. Lehmann 1968. An der Medizini-

Selbsterfahrungskommunitäten.[755] Es ist anzunehmen, dass sich die Methode auf diesem Weg verbreitete. Das Psychodrama steht beispielhaft für die wachsende Popularität der Selbsterfahrung in der DDR der 1970er Jahre. Im Vergleich zu den anderen Therapien, die an der Charité angewendet wurden, finden sich zum therapeutischen Psychodrama allerdings wenige zeitgenössische und retrospektive Publikationen.[756] Die Gründung einer eigenen Sektion in der inzwischen umbenannten Gesellschaft für Psychotherapie, Psychosomatik und medizinische Psychologie erfolgte erst 1989.[757] Hinweise auf andere Formen der Institutionalisierung gibt es bisher nicht.[758] In der Sozialpsychologie rezipierte man das Psychodrama umfassender. Manfred Vorwerg, der 1974 in Leipzig Professor für Persönlichkeitspsychologie geworden war, bildete auch Therapeut:innen aus.[759]

Elberfeld ordnet das Psychodrama in seinem Vorschlag einer Systematik der therapeutischen Arbeit in und mit Gruppen den «Selbsterfahrungsgruppen» zu. Deren Schwerpunkt habe auf dem «Gemeinschaftserlebnis und der Freilegung des authentischen Selbst» gelegen und sie seien damit «emblematisch [...] für den Gruppenboom der 1970er-Jahre» in westlichen Gesellschaften gewesen.[760] Insofern stehen der Popularität des Psychodramas im Westen ein wachsendes Interesse und die praktische Bedeutung für die Psychotherapie in der DDR gegenüber.

Kommunikative Bewegungstherapie als nonverbale Selbsterfahrung

Ein weiterer Teil des Programms war die sogenannte Kommunikative Bewegungstherapie. Sie geht auf Anita Wilda-Kiesel zurück, die die Methode an der

---

schen Akademie in Dresden fand eine Abwandlung des Psychodramas Eingang in die Psychotherapie von Kindern, vgl. Krauss et al. 1977.

755 Vgl. Kruska 2011b, S. 285.

756 Eine schätzte am sogenannten Konfliktspiel, dass Patient:innen durch das Einnehmen verschiedener Rollen ihre «Problemlage objektivieren» könnten. Indem sie verschiedene Vorschläge ausprobierten, könnten sie zu differenzierteren Problemlösungen kommen, ihre Affekte ausleben und erhielten sie die Möglichkeit zur Realitätskontrolle ihrer Erwartungen an Reaktionen anderer, vgl. Schubert 1969, S. 169.

757 Vgl. Geyer 2011e, S. 473.

758 Für einige Dresdner Psychotherapeut:innen sei es erst Ende der 1980er Jahre durch einen Münchener Trainer möglich geworden, eine Psychodramaausbildung zu machen, vgl. Lobeck 1990.

759 Vgl. Lehmbrock 2022, S. 8.

760 Elberfeld 2019/2020, S. 152. Er unterscheidet «Selbsthilfegruppen», «Gruppentraining» und «Gruppentherapien im engeren Sinne», die der Behandlung psychischer Störungen dienen sollten.

Universitätspsychiatrie in Leipzig entwickelte.[761] Die Therapie arbeitet mit Elementen der Gymnastik, stellt verschiedene Handlungs- und Reaktionssituationen her und interessiert sich im Wesentlichen für den nonverbalen Kontakt. Auch hier war Ziel der Therapie, dass die Teilnehmenden «eigene Fehlverhaltensweisen erkennen und sie [...] korrigieren bzw. neue Verhaltensmuster erlernen».[762] Alle Patient:innen sollten unabhängig vom Grad der Selbstsicherheit und Fitness teilnehmen können.[763] Die Therapeut:innen sollten nicht autoritär auftreten, auch wenn es «leichter [sei], eine Gruppe über die festgelegte Zeitspanne zu kommandieren».[764] Wilda-Kiesel legte Wert darauf, dass die Patient:innen lernten, «über ihre Wahrnehmung zu sprechen, auf die Berichte der anderen in der Gruppe zu hören und sie mit eigenen Erfahrungen zu vergleichen».[765] Neben dem antiautoritären und emotional reflektierenden steht ein emanzipativer Ansatz, der an die Grundsätze der dynamischen Gruppenpsychotherapie anschlussfähig war.

Im Januar 1967 fand in Leipzig ein von Kohler initiiertes internationales Symposium zu «Problemen der Bewegungstherapie unter psychotherapeutischem Aspekt» statt. Wie das von Höck angestoßene Symposium zur Gruppenpsychotherapie 1966 galt auch diese Zusammenkunft von Vertreter:innen aus Ost und West den Teilnehmenden als «Meilenstein».[766] In den 1970er Jahren entwickelten sich Gruppenbewegungstherapien in der DDR und BRD ähnlich.[767] Nun publizierten Kohler und Wilda-Kiesel erstmals einen Leitfanden.[768] 1986 folgte Wilda-Kiesels Monografie.[769] Seit den späten 1960er Jahren wurden regel-

761 Vgl. Wilda-Kiesel 1986. Christa Kohler, die spätere Leiterin der Leipziger Psychotherapieabteilung und Begründerin der Kommunikativen Psychotherapie, unterstützte Wilda-Kiesel, da sie sowohl verbale als auch nonverbale Methoden für den Zugriff auf das «komplexe biopsychosoziale menschliche Geschehen» schätzte, Wilda-Kiesel 2011c, S. 187; vgl. Kohler 1968; Steinmetz et al. 2018. Grundlage für die gemeinsame Arbeit sei Kohlers Ausgangspunkt einer «gestörten sozialen Kommunikation» und das «soziale Bedürfnis nach Kommunikation» gewesen. Gemeinsam beobachteten sie die «Verfestigung von Verhaltensmustern im Bereich des Bewegungsapparates, die bei über längere Zeit bestehender emotionaler Gestimmtheit» entstünde. Daraus leiteten sie eine mögliche «Umkehr des Geschehens» durch «Harmonisierung der Bewegungen des neurotischen Patienten in der Bewegungstherapie» ab, vgl. Wilda-Kiesel 2011b, S. 187.

762 Cordes et al. 1983, S. 70.

763 Kohler 1968, S. 116.

764 Ebd., S. 127.

765 Wilda-Kiesel 2011b, S. 189.

766 Ebd., S. 190.

767 Beispielsweise gründete sich in der BRD Mitte der 1970er Jahre ein Arbeitskreis für Konzentrative Bewegungstherapie. Diese Methode hatte Helmuth Stolze bereits Ende der 1950er Jahre auf den Lindauer Psychotherapiewochen vorgestellt, vgl. Stolze o. D.

768 Vgl. Kohler/Wilda-Kiesel 1972.

769 Vgl. Wilda-Kiesel 1986.

mäßig Weiterbildungen für Physiotherapeut:innen angeboten, die ihre Tätigkeit in psychiatrischen und psychotherapeutischen Einrichtungen, in Ambulanzen sowie in Kur- und Rehabilitationseinrichtungen vorbereiteten.[770] Schließlich entstand in Zusammenarbeit mit dem Institut für Weiterbildung mittlerer medizinischer Fachkräfte ein Konzept für die Weiterbildung zum «Fachphysiotherapeuten für funktionelle Störungen und Neurosen», die ab 1972 angeboten wurde.[771] Bis zum Ende der DDR wurden auf diesem Weg ca. 600 Personen qualifiziert. An der Nervenklinik der Charité arbeiteten mehrere Personen in der sogenannten Badeabteilung/Physiotherapie, darunter die leitende Physiotherapeutin (seit 1960) und eine medizinische Bademeisterin (seit 1967).[772] Ob ihnen die Durchführung der Kommunikativen Bewegungstherapie oblag und ob sie das Fortbildungsangebot in Leipzig besucht hatten, blieb bei der Recherche unklar.

An der Charité fand die Therapie im Gymnastikraum statt.[773] Für die Therapie gab es Sportgeräte wie Medizinbälle, Springseile, Turnbänke, Ringe, Stöcke und eine Sprossenwand. An der Therapie, die häufig nur «die Kommunikative» genannt wurde,[774] nahmen zwischen zwölf und 15 Personen teil. Den Therapieplänen zufolge dauerte eine Einheit zwischen 40 und 60 Minuten. Einige Elemente waren Vertrauensübungen, darunter «Anlehnübungen»[775] oder solche, bei denen sich die Teilnehmenden mit verbundenen Augen von anderen führen lassen sollten.[776] Andere Übungen trainierten den körperlichen Ausdruck von Empfindungen und Gedanken. Beispielsweise sollten Teilnehmende darstellen, was sie unter einem gewählten Begriff verstanden,[777] oder bei einer «Modenschau» einen Gegenstand oder ein Kleidungsstück an sich präsentieren.[778] In einer anderen Stunde sollten sie darstellen, wie sie ihre achtjährige Tochter weckten.[779] Häufig erforderten die Übungen Paarbildungen. Ein Patient beschrieb, ein Mitpatient sei

---

770 Vgl. hier und im Folgenden: Wilda-Kiesel 2011a, S. 332. Die erste fünftägige Weiterbildung zur Bewegungstherapie bei funktionellen Störungen fand 1968 in der psychotherapeutischen Abteilung der Universitätspsychiatrie in Leipzig statt und richtete sich an Krankengymnast:innen. Zu den Teilnehmer:innen gehörten Krankengymnast:innen aus den psychiatrischen Institutionen in Leipzig und Umgebung sowie aus Dresden und Berlin. Die Weiterbildung wurde wegen guten Erfolgs mehrfach wiederholt.

771 Vgl. ebd., S. 331.

772 Vgl. HPAC, Vorl. Nr. 4, 59, Personalkartei der Psychiatrischen- und Nervenklinik der Charité der 1970er und 1980er Jahre.

773 Vgl. Stiftung Deutsches Rundfunkarchiv, DDR-Rundfunk, DRAB-H 004167, DEFA-Dokumentarfilm, «Neurosen – Krank durch Überforderung?», 09.03.1976; vgl. auch Kapitel 6.

774 Beispiel: HPAC, 468/77M, Tagesbericht vom 20.12.1977.

775 HPAC, 625/76M, Tagesbericht vom 11.01.1977.

776 Vgl. HPAC, 258/77F, Tagesbericht vom 14.06.1977.

777 Vgl. HPAC, 477/77F, Tagesbericht vom 20.09.1977.

778 Vgl. HPAC, 142/77M, Tagesbericht vom 06.04.1977.

779 Vgl. HPAC, 28/76F, Tagesbericht vom 18.02.1976.

häufig «übriggeblieben»; doch er musste «nicht als Strafe in die Ecke [...], sondern [wurde] als ‹Hilfs-Therapeut› echt einbezogen».[780] Am Ende der Stunde sollten die Teilnehmenden einen Zettel ausfüllen, um die Stunde zu reflektieren.[781]

Die Tagesberichte fokussierten häufig eine Aufgabe, bei der die Patient:innen eine «Reihenfolge nach Sympathie der einzelnen Gruppenmitglieder» festlegen sollten.[782] Manche kritisierten, dass es in «so kurzer Zeit wohl kaum real möglich [sei,] so etwas zu empfinden».[783] Man befürchtete einerseits, andere Personen zu verletzen,[784] und andererseits, dass die «immer wieder geforderte öffentliche Kundgebung von Sympathie und Antipathie zu den Mitpatienten [...] kaum ein gesundes Klima unter den Patienten hervorbringen»[785] könne. Patient:innen, denen keine Sympathie entgegengebracht wurde, drückten ihren Schmerz in den Tagesberichten aus. Eine habe einen «Schock» erlebt, weil sie «die meisten schlechten Punkte» bekommen hatte. In ihr habe sich alles zusammengezogen, sie «bekam Herzschmerzen» und dachte bei sich: «Alles ist wie im Betrieb».[786] Zugleich hofften die Betroffenen, in den Gruppenstunden mehr über die Hintergründe zu erfahren, um diese schmerzliche Erfahrung therapeutisch nutzbar machen zu können. Schließlich rahmte die Kommunikative Bewegungstherapie den gemeinsamen Aufenthalt. Über die letzte Stunde vor der Entlassung der Gruppenmitglieder schrieb ein Patient: «Das wortlose Verabschieden in der kommunikativen Bewegungstherapie hat mich stark berührt: Freude [und] Wehmut haben mich regelrecht erfüllt. Das war wohl der eigentliche Abschied von der Gruppe.»[787]

Die Patient:innen schätzten die Therapie unterschiedlich ein. Für den einen bedeutete sie «nur sportliche Betätigung»,[788] anderen erschien die Therapie erkenntnisreich. Manche klagten über Schmerzen bei den Übungen, etwa aufgrund von Rückenleiden.[789] Einige empfanden die Therapie als ungewohnt und fühlten

780 HPAC, 620 A/77F, Tagesbericht vom 20.12.1977.

781 Vgl. HPAC, 416/78F, Tagesbericht vom 18.08.1978. Die Rückmeldungen sind nicht erhalten.

782 HPAC, 477/77F, Tagesbericht vom 23.09.1977.

783 HPAC, 625/76M, Tagesbericht vom 09.11.1976; ähnlich HPAC, 258/77F, Tagesbericht, undatiert.

784 Vgl. HPAC, 477/77F, Tagesbericht vom 23.09.1977.

785 HPAC, 468/77M, Tagesbericht vom 15.11.1977.

786 Hier und im Folgenden: HPAC, 652/76F, Tagesbericht vom 18.01.1977; ähnlich HPAC, 515/76M, Tagesbericht vom 28.10.1976.

787 HPAC, 317/78M, Tagesbericht vom 24.08.1978.

788 HPAC, 92/75M, Tagesbericht vom 30.01.1975.

789 Vgl. HPAC, 66/76F, Tagesbericht vom 12.02.1976.

sich anfänglich albern.[790] Eine fand die Gewöhnungsphase instruktiv zur Bewältigung von Lebenssituationen, «die man spontan ‹beherrschen› muß, ohne vorher zu üben und lange zu überlegen».[791] Ein anderer schätzte an der Therapie die Möglichkeit, sich durch die Albernheit einmal «ungezwungen und unbelastet» vorzukommen.[792] Manche fürchteten, für die anderen könne «jede Geste eine Offenbarung» sein und «nicht mit Worten relativiert werden».[793] Eine Patientin befand gar, dass sie sich nach intimen Gesprächen vorgekommen sei «wie ein Röntgenbild [...] ohne menschliche Würde».[794] Zwar zeige «die Sache an sich [...] dem Therapeuten was», aber aus ihrer Sicht sei «diese Methode [...] verletzend».[795] Knapper fand einer die Therapie «teilweise [...] sehr unangenehm»[796] und ein anderer wollte gar «nie wieder hingehen».[797] Dass man «mit den Gruppenmitgliedern auf Körperfühlung gehen muß» und dabei beobachtet wurde, störte einen anderen Patienten.[798]

Als weiterer Kanal der Selbsterfahrung lieferte auch die Bewegungstherapie Anlass zur Selbsterkundung. Bei einer Vertrauensübung öffnete eine Patientin die Augen früher als gefordert. Sie fragte sich, warum sie Angst hatte, «wo doch die anderen sich meistens sicher fühlten», und schloss daran Fragen an ihre Integration in die Therapiegruppe an.[799] Ein anderer erkannte, er sehne sich nach Freundschaften, die er bisher nicht hatte.[800] Wieder ein anderer fühlte sich durch kompetitives Denken im Alltag angespannt und wollte künftig auf mehr Gelassenheit achten.[801] Manchen erschloss sich im Rahmen der Bewegungstherapie die Außenwirkung ihres Verhaltens. Ein Patient empfand sein Verhalten selbst als «bewußt zärtlich», doch die Gruppe spiegelte ihm, es sei «brutal».[802] Später reflektierte er sein Verhalten in verschiedenen Therapien und zog Parallelen zu seinem Alltag. Seine «aggressive Veranlagung» in der Klinik führte er auf «innere Unruhe und Unzufriedenheit» zurück, die durch «die Suche nach dem ‹Du›», also nach einem authentischen Selbst in der Psychotherapie, ausgelöst worden

790 Vgl. bspw. HPAC, 477/77F, Tagesbericht vom 20.09.1977; HPAC, 410/78F, Tagesbericht vom 07.08.1978.

791 HPAC, 179/77F, Tagesbericht vom 11.10.1977.

792 HPAC, 14/75M, Tagesbericht vom 29.01.1975.

793 HPAC, 18/77F, Tagesbericht vom 01.02.1977; ähnlich HPAC, 258/77F, Tagesbericht, undatiert.

794 HPAC, 607/77F, Tagesbericht vom 28.11.1977.

795 Ebd., Tagesbericht vom 02.12.1977.

796 HPAC, 100/75M, Tagesbericht vom 20.03.1975.

797 HPAC, 142/77M, Tagesbericht vom 06.04.1977.

798 HPAC, 65/77M, Tagesberichte vom 16.02.1977 und 20.02.1977.

799 HPAC, 419/78F, Tagesbericht vom 20.09.1978.

800 Vgl. HPAC, 615/76M, Tagesbericht vom 12.01.1977.

801 Vgl. HPAC, 246/75M, Tagesbericht vom 25.06.1975.

802 HPAC, 92/75M, Tagesbericht vom 06.02.1975.

sei.[803] Dieses Empfinden versuchte er wiederum mit autogenem Training zu lindern. So begann er, sein Verhalten psychologisch informiert zu beobachten, und setzte therapeutische Methoden zur Selbstregulation ein.

Aus einigen Äußerungen lässt sich auf idealtypische Muster schließen, an denen sich die Individuen orientieren sollten. Eine Patientin stellte sich nach Schwierigkeiten bei der Sympathie-Antipathie-Übung selbst die «Aufgabe», «Gefühle ausdrücken [zu] lernen».[804] Das therapeutische Ideal emotionaler Expressivität kam zu Erwartungen an Engagement und physische Aktivität hinzu. Ein Patient schrieb, er sei «überrascht», dass ein Mitpatient für «seine große Bequemlichkeit in Schutz genommen wurde», und forderte, dass dieser mehr Hinweise erhalten sollte, um ihn «etwas aus seiner jetzigen passiven Rolle» herauszulocken.[805] Ein anderer befürchtete nach der Bewegungstherapie, er könne «zu schwach und zu willenlos [sein,] um hier gesund wegzugehen».[806] Zudem zeigt die Kommunikative Bewegungstherapie, wie Modi der Selbsterfahrung zur Selbstbefragung in Tagesberichten veranlassten.

Die Musiktherapie als Randerscheinung des Therapiekomplexes

Die Musiktherapie an der Charité war zunächst eher eine Randerscheinung des neuen «komplextherapeutischen» Methodensystems. Es blieb unklar, wer sie durchführte und ob dafür eine eigene Stelle vorgesehen war. Möglicherweise übernahmen auch Musiktherapeut:innen anderer Einrichtungen die Therapiestunden an der Charité.[807] Im Vergleich zu den anderen Therapien finden sich zur Musiktherapie nur selten Notizen in den Tagesberichten. Meldungen über ihr Nichtstattfinden, zum Teil wegen Raummangels,[808] sind häufiger als Reflexionen hinsichtlich ihrer Wirkung.

Die Methoden umfassten passives Musikhören und aktives Musizieren, meist Singen.[809] Bei der Instrumentalimprovisation konnten die Patient:innen ihren Gefühlen nonverbal Ausdruck verleihen.[810] Eine Übung bestand beispielsweise darin, den Emotionsausdruck des Gegenübers beim Musizieren zu benennen,

803 Ebd., Tagesbericht vom 11.03.1975.

804 HPAC, 171/75F, Tagesbericht vom 25.03.1975.

805 HPAC, 468/77M, Tagesbericht vom 20.12.1977.

806 HPAC, 615/76M, Tagesbericht vom 06.01.1977.

807 Wolfgang Goldhan berichtete bspw. über seine Arbeit in den 1970er Jahren am Wilhelm-Griesinger-Krankenhaus in Berlin-Wuhlgarten. Diese erfolgte zunächst unter der Leitung von Dietfried Müller-Hegemann und ab 1973 unter Werner König, vgl. Goldhan 2011.

808 Vgl. HPAC, 449/74M, Tagesbericht vom 28.11.1974.

809 Vgl. HPAC, 42/76F, Tagesbericht vom 29.01.1976.

810 Vgl. HPAC, 500/78F, Tagesbericht vom 13.09.1978; HPAC, 246/78M, Tagesbericht vom 31.05.1978.

was zum Erstaunen eines Patienten auch häufig gelang.[811] Wie bei allen Therapieformen fiel die Rezeption der Musiktherapie ambivalent aus. Die einen beschrieben sie als «Stunde der Qual» oder sahen darin «keinen Sinn».[812] Andere empfanden sie als erfreulich, entspannend und erkenntnisreich.[813]

Die Musiktherapie zeigt, wie Therapeut:innen die Tagesberichte zur Kontrolle des Therapieverlaufs heranzogen. Ein Patient schrieb nach der reaktiven Musiktherapie: «Durch den Händel in der Musiktherapie und die meiner Meinung nach lockere und konstruktive Mitarbeit im Psychodrama unterstützt, hielt diese Zuversicht den ganzen Tag über an.»[814] Die Verlaufsdokumentation rezipierte seinen Bericht. Der Patient gewinne «wieder ‹Oberwasser›: durch die Musik (bei der ‹reakt. Musiktherapie› fühlte er sich ermutigt, s. auch den Tagesbericht)».[815]

Angestoßen wurde die Musiktherapie durch Impulse aus der Leipziger Universitätspsychiatrie. Sie gingen maßgeblich von dem Musiker, Musikpädagogen und Musikwissenschaftler Christoph Schwabe aus, der dort in den 1960er Jahren ein «musiktherapeutisches Methodensystem» entwickelte.[816] Er kam 1960 mit dem Auftrag an die Psychotherapieabteilung, die Musiktherapie als Teil einer neuen «komplexen Psychotherapie» zu entwickeln.[817] Kohler protegierte die weitere Entwicklung der Musiktherapie in Leipzig.[818] Schwabe wandte dort eine Gruppensingtherapie an und publizierte über seine Erfahrungen und ihre Entwicklung.[819] Er band rezeptive musiktherapeutische Methoden ein, die an Harro Wendts Arbeiten zur Schlaftherapie anschlossen.[820] Schwabes erste umfassende Darstellung der Musiktherapie erschien 1969 in der DDR, dann in der BRD und in Polen.[821] Im Frühjahr 1969 fand in Leipzig eine Tagung der GäP mit Teilnehmer:innen aus Ost und West zum Thema «Theorie und Praxis der Anwendung von Musik in der Psychotherapie» statt.[822] Schwabe schätzte ein, die Veranstal-

---

811 Vgl. HPAC, 408/78M, Tagesbericht vom 20.09.1978.

812 HPAC, 577/74F, Tagesbericht vom 05.12.1974; HPAC, 415/78F, Tagesbericht vom 20.07.1978.

813 Vgl. bspw. HPAC, 479/76M, Tagesbericht vom 29.01.1976; HPAC, 416/78F, Tagesbericht vom 16.08.1978.

814 HPAC, 339/78M, Tagesbericht vom 16.08.1978.

815 Ebd., Verlaufsdokumentation, Eintrag vom 16.08.1978.

816 Vgl. Schwabe 2011b. In dieser Zeit erschien auch dessen Dissertation, vgl. Schwabe 1967. 1976 habilitierte Schwabe als erster Deutscher zu einem musiktherapeutischen Thema.

817 Schwabe 2011b, S. 190.

818 Vgl. ebd., S. 195.

819 Vgl. u. a. Schwabe 1964.

820 Wendt 1960, S. 41 ff.

821 Vgl. Schwabe 1969; Schwabe 2011b, S. 192.

822 Aus der Tagung ging ein Sammelband hervor, vgl. Schwabe 1971a; Schwabe 1971b.

tung sei ein «großer Erfolg» gewesen.[823] Sie habe dem Konzept der Leipziger Musiktherapie zu breiter Bekanntheit verholfen und damit zu einer «richtungsweisenden Position im internationalen Maßstab».

Es gelang in der DDR allerding nicht, ein Berufskonzept für Musiktherapeuten zu entwickeln. Obwohl es vom Ministerium für Gesundheitswesen beantragt wurde, habe der GäP-Vorstand dessen Umsetzung verhindert.[824] Dennoch gründete sich dort 1969 eine entsprechende Sektion. Sie trug durch Wochenlehrgänge zur Verbreitung der Musiktherapie bei und hatte «einen relativ großen Freiraum hinsichtlich der Gestaltungs- und Durchführungsbedingungen».[825] Zeitgleich entstand eine Arbeitsgemeinschaft bei der Gesellschaft für Rehabilitation in der DDR, die in den folgenden Jahren viele Lehrgänge anbot.[826] Andererseits fehlte es bei der GäP offenbar für Berufsgruppen, die Musiktherapie (letztlich auch Bewegungs- und Gestaltungstherapie) praktizierten, an Vermittlungsangeboten für psychotherapeutische Basiskenntnisse.[827] Dass die Zahl der Interessierten stieg und keine formalisierte Berufsausbildung möglich war, verkomplizierte die Lage. Außerdem hatte die Musiktherapie in der ärztlichen Psychotherapie einen schweren Stand.[828]

An der Charité konnte die Musiktherapie nicht kontinuierlich angeboten werden. Dass sie wegen Raummangels ausfiel, korreliert mit dem Status der Musiktherapie in der DDR: Anderen Therapien gegenüber wurde der Musiktherapie eine geringere Priorität eingeräumt. Es scheint, dass ihr auch die Patient:innen vergleichsweise wenig Aufmerksamkeit schenkten und sie, anders als etwa die Bewegungstherapie, seltener zum Anlass für Selbstreflexion nahmen.

823 Hier und im Folgenden: Schwabe 2011b, S. 194.

824 Vgl. Schwabe/Reinhardt 2011, S. 321.

825 Ebd., S. 322. Der erste Wochenlehrgang zum Thema «Aktive Gruppenmusiktherapie» wurde 1971 mit 24 Teilnehmenden ausgerichtet. Die Methodenlehrgänge basierten auf Selbsterfahrung, waren kostengünstig und fanden in gewerkschaftseigenen Ferienhäusern statt. Beispiele für Musiktherapien in anderen Einrichtungen finden sich auch im Sample der Charité-Patient:innen, vgl. HPAC, 400/75M, Epikrise des Bezirkskrankenhauses Neuruppin vom 29.08. 1973.

826 Vgl. Schwabe 2011b, S. 194.

827 Vgl. Schwabe/Reinhardt 2011, S. 322.

828 Bei der Auswahl von Trainer:innen für die Ausbildung in Gruppenselbsterfahrung für die dynamische Gruppenpsychotherapie wurde beispielsweise auf musiktherapeutische Eignung verzichtet, vgl. Hess 2011a, S. 280.

Gestaltungstherapie. Autoritätskritik, authentisches Selbst und emotionale Expressivität

In den 1970er Jahren leitete der Fürsorger eine Gestaltungstherapie. In einer gemeinsamen Publikation mit Helmut Kulawik beschreibt er, sie solle den Gruppenprozess «katalysieren, das Gruppenerlebnis besser bewußt machen und den Mitgliedern der Gruppe die bis dahin unbewußte Konflikthaftigkeit verdeutlichen».[829] Aufgeworfene Themen könnten in der Gruppensitzung besprochen werden. Auch bei der Gestaltungstherapie galt Zurückhaltung als Maßgabe für die Therapeut:innen. Zu den Methoden gehörten «Maltherapie (therapeutisches Malen oder Tuschen)», «Bildmontage», «Gruppenschmieren», «‹Turmbau›», «Mosaiktechniken», «Materialkonfrontation» und «Kreative Techniken» (insbesondere Modellieren mit Ton).[830] Die Maltherapie sollte in die erste Therapiehälfte fallen, Gruppenaufgaben in die zweite.

Wo die Gestaltungstherapie stattfand, blieb im Rahmen der Untersuchung unklar. Gelegentlich waren andere Therapeut:innen bei der Besprechung der kreativen Produkte anwesend.[831] In Einzelfällen vertraten Patient:innen den Fürsorger, wenn er durch außerklinische Einsätze verhindert war.[832] Die Patient:innen nahmen überwiegend Bezug auf die Maltherapie. Hier gab es vier Bereiche, aus denen die Therapeut:innen das Thema der Stunde auswählten: das «Selbstbild», darunter beispielsweise das Thema «Wie ich bin und wie ich sein möchte»; «Gruppenthemen», etwa «Wir Männer – ihr Frauen»; Themen zur «Auseinandersetzung mit den Therapeuten», wie «Meine Therapeuten als Tiere dargestellt»; und schließlich der Blick in die Zukunft kurz vor der Entlassung.[833]

Nur in Ausnahmefällen sind kreative Arbeiten in den Krankenakten erhalten. Abgesehen von wenigen Ausnahmen (vgl. Abb. 11) wurden die Bilder aus den 1970er Jahren nicht überliefert; aus den 1980er Jahren finden sie sich aber in größerem Umfang in den Krankenakten. A4-Malereien mit Wassermalfarben waren den Tagesberichten zufolge die häufigste Form der Gestaltung. Gelegentlich erwähnten die Patient:innen andere Methoden, beispielsweise das Bedrucken von Tischdecken.[834] Auch Renovierungsarbeiten wurden im Rahmen der Gestaltungstherapie durchgeführt.[835]

---

829 Kulawik/Weder 1982, S. 672.

830 Hier und im Folgenden: ebd., S. 675.

831 Vgl. ebd., S. 672.

832 Vgl. HPAC, 232/76M, Tagesbericht vom 18.–19.06.1976.

833 Kulawik/Weder 1982, S. 673.

834 Vgl. HPAC, 438/76F, Tagesbericht vom 24.08.1976.

835 Vgl. bspw. HPAC, 477/77F, Tagesbericht vom 20.09.1977; HPAC, 413/78F, Tagesbericht vom 19.08.1978.

Abbildung 11: HPAC, 579/76F, Malerei einer Patientin aus der Gestaltungstherapie zu inneren Konflikten, angefertigt auf der Station 5 im Dezember 1976, kein Titel.

Viele Patient:innen empfanden die Gestaltungstherapie als Bereicherung.[836] Einer verbalisierte Schwierigkeiten, die diskutierten Probleme kreativ darzustellen, sodass er dasitze «wie die Kuh vorm neuen Tor».[837] Wiederholte Kritik betraf die Darstellung von Menschen als Tiere.[838] Die Renovierungsarbeiten wurden ebenfalls unterschiedlich beurteilt. Eine Patientin zweifelte deren therapeutische Wirkung an, da sie «keinen Zusammenhang mit der Lösung [ihrer] eigenen Probleme, weshalb [sie] eigentlich hier» sei, erkannte.[839] Eine andere fand hingegen den «Einsatz aller Gruppenmitglieder [...] großartig» und berichtete, die Gruppe sei mit ihrem «Werk» zufrieden.[840]

Häufiger kam es zu Konflikten zwischen Patient:innen und Fürsorger. Eine störte, dass die versprochene Zurückhaltung bei der Bewertung der Bilder nicht eingehalten worden sei, «obwohl vorher gesagt wurde, daß es nicht auf künstlerische Fähigkeiten ankommt».[841] Der Verlauf der Gestaltungsstunde wurde oft als implizites Wissen vorausgesetzt. Daher erfährt man wenig über die Hintergründe der Konflikte. Eine Patientin schrieb, dem Fürsorger seien in der Gestaltungstherapie «wohl die Argumente ausgegangen, da hat er sich im Ton einfach vergriffen», sodass sie auf eine Entschuldigung hoffe.[842] Hier nutzten Patient:innen die Tagesberichte als Korrektiv. Das stärkte ihre Position im sozialen Gefüge, denn die Meinungsbildung beschränkte sich nicht mehr auf den Austausch zwischen den Therapeut:innen. Außerdem lassen sich die Kritiken als therapeutisch anvisierte Auflehnung lesen.

Manche Konfliktschilderungen geben Aufschluss über therapeutische Ideale. Entgegen seinen Mühen habe der Fürsorger einem Patienten unterstellt, er habe bei der Darstellung «realer» Gefühle «gekniffen».[843] Eine Patientin habe beim Zeichnen einer «Gewitterstimmung» gelacht, was der Fürsorger nicht habe verstehen können. Ihre Entgegnung – «Ich soll mich doch so zeigen, wie ich in Wirklichkeit bin»[844] – verdeutlicht die Idealisierung von Authentizität. Dementsprechend sollte ein Patient einmal «mehr von [sich] zeigen», wogegen er

836 Vgl. bspw. HPAC, 468/75M, Tagesbericht vom 11.11.1975.

837 HPAC, 142/77M, Tagesbericht vom 21.04.1977.

838 Vgl. bspw. HPAC, 500/78F, Tagesbericht vom 07.08.1978; HPAC, 377/78M, Tagesbericht vom 23.11.1978. Eine Patientin hielt das «Darstellen von Menschen als Tiere [...] mit einem entsprechenden Text für eine witzige Festzeitung» für angemessen, aber nicht als «Charakteristik für einen Menschen», HPAC, 258/77F, Tagesbericht vom 16.06.1977. Die Darstellung von Ärzt:innen als Nachtigall, Katze oder Elefant sei aus ihrer Sicht unzulässig.

839 HPAC, 477/77F, Tagesbericht vom 20.09.1977.

840 HPAC, 293/78F, Tagesbericht vom 18.06.1978.

841 HPAC, 369/76F, Tagesbericht vom 29.06.1976.

842 HPAC, 607/77F, Tagesbericht vom 13.12.1977.

843 HPAC, 461/78M, Tagesbericht vom 23.11.1978.

844 HPAC, 401/76F, Tagesbericht vom 17.08.1976.

einwandte, er habe in seinem «Bild sehr viel von [sich] wiedergegeben».[845] Das Streben nach Authentizität war ein wiederkehrendes Motiv, wenngleich es sich bei der Authentizität nicht um einen Quellenbegriff handelt. Eine Patientin stellte in der Gestaltungstherapie fest, dass «im Laufe der Zeit [...] [ihr] ‹Ich› in den Pflichten (die [sie sich] selbst stelle und wähle) untergegangen» sei.[846] Außerdem fehle ihr Selbstvertrauen, da sie ihr Handeln an den Wünschen ihrer Mitmenschen ausrichte. Sie resümierte: «Die Gestaltungsstunde hat mir fast immer Spaß gemacht[,] aber den tieferen Sinn habe ich heute erst erkannt.»

Die Gestaltung gab Anlass zur Beobachtung der eigenen Stimmung. Ein Patient beschrieb «starkes Ansteigen der inneren Spannung».[847] Danach war er «sehr depressiv gestimmt, verbunden mit Aggressionsgefühlen, Angst [und] unangenehmen Phantasien». Ein anderer beobachtete vor der ersten Sitzung «eine[...] gewisse[...] Erwartungsspannung, die sich in Kopfschmerzen und Herzdruck äußerte».[848] Thematisierten Berichte die Wirkung der Gestaltungstherapie, ging es meist um emotionale Expressivität. Patient:innen sollten eine Verbindung zur eigenen Gefühlswelt aufbauen, indem sie eine Zeichnung der eigenen Stimmung anfertigten. Einem fiel es zuerst schwer, «eine bestimmte Stimmung» an sich festzustellen.[849] Mit der Zeit thematisierten die Schreibenden vermehrt ihre Emotionen. Einer war beeindruckt, «mit Pinsel und Tusche Gefühle zum Ausdruck bringen» zu können.[850] Besonders «erschüttert» habe ihn, wie andere «weinten, als sie ihre Bilder erläuterten». Eine habe die «Deutung von Liebe und Haß [in] der selbstgefertigten Zeichnung» aufgewühlt.[851] Die Idealisierung emotionaler Expressivität in der Gestaltungstherapie steht in Einklang mit Kulawiks Einschätzung, dass das «Gefühl» zu den Grundwerten der Gruppenpsychotherapie gehört.[852]

Weiterhin trug die Gestaltungstherapie zur Selbsterkundung bei. Weil er beim Vergleich seiner Zeichnungen bedrückt war, folgerte ein Patient, «dieses übergenaue [sic]», sein «Ehrgeiz» störe ihn «fast in jeder Situation».[853] Eine Patientin erkannte, dass sie sich «gern verschließe und Einflüssen von draußen gern aus dem Wege gehe».[854] Ein anderer folgerte, er könne seine Probleme «nur aus eigener Kraft» bewältigen, doch der Weg dahin müsse ihm «erst noch offenbar

845 HPAC, 599/76M, Tagesbericht vom 06.01.1977.

846 Hier und im Folgenden: HPAC, 439/76F, Tagesbericht vom 21.10.1976.

847 Hier und im Folgenden: HPAC, 100/75M, Tagesbericht vom 18.03.1975.

848 HPAC, 145/78M, Tagesbericht vom 28.03.1978.

849 Hier und im Folgenden: HPAC, 14/75M, Tagesbericht, undatiert, 1975.

850 HPAC, 409/78M, Tagesbericht vom 12.09.1978.

851 HPAC, 232/76M, Tagesbericht vom 11.05.1976.

852 Zu den drei Grundwerten gehören daneben «Aktion» und «Interaktion», Kulawik 1991, S. 58.

853 HPAC, 14/75M, Tagesbericht vom 06.02.1975.

854 HPAC, 413/78F, Tagesbericht vom 25.07.1978.

werden».[855] Hier blieb der Zusammenhang zur Gestaltungstherapie vage. Manche beschrieben die Bewusstwerdung jedoch detaillierter. Eine Patientin war «kreuzunglücklich», weil sie ihre Zeichnung nicht habe erklären können.[856] Sie «hatte es förmlich rausfließen lassen und stand hilflos [und] begriffsstutzig davor». Ihren Mitpatienten habe sie «nicht als Kind oder gar Säugling gesehen», sondern er habe ihr «imponiert – und nun das!». Sie habe ihm gegenüber Sympathie ausdrücken wollen und «dazu mußte er zum liebenswürdigen Kind gemacht werden, weil es mir schwerfällt, einem (dem) Mann gegenüber [Sympathie] auszudrücken». Aus ihrer intuitiven kreativen Darstellung suchte sie nun Erkenntnisse über ihr Sozialverhalten abzuleiten.

Jenseits der Charité etablierte sich die Gestaltungstherapie bis in die frühen 1970er Jahre kaum. Kulawik zufolge hatte die tiefenpsychologisch orientierte Interpretation bildnerischer Darstellungen bis dato durch ihr «weithin spekulative[s] Vorgehen» Skepsis bei Psychotherapeut:innen in der DDR ausgelöst.[857] Die Tiefenpsychologie betrachte «die Gestaltung als Ausdruck unbewußter pathogener Faktoren» und diese «richtigen und wichtigen Teilerkenntnisse» seien nun – da jüngst «kritische Einschätzungen der Psychoanalyse als Wissenschaftstheorie vorgenommen worden sind» – stärker in der Praxis zu nutzen. Erst die Öffnung für das Unbewusste habe demnach Wege für die interpretative Gestaltungstherapie eröffnet. Andererseits lässt sich argumentieren, dass die Gestaltungstherapie mit der Vorstellung schöpferischer Tätigkeit in den erzieherischen Idealvorstellungen sozialistischer Ideologie korrelierte.[858] Eine solche Verbindung findet sich allerdings nirgends explizit.

Der erste hauptamtliche und nicht medizinische «Hochschulkader» zum Aufbau einer Musik- und Gestaltungstherapie war Schwabe in Leipzig.[859] Seine Ansätze publizierte er unter anderem im Kontext der Beschäftigungstherapie in Kohlers *Kommunikative Psychotherapie*.[860] Retrospektiv habe es, so Schwabe, in anderen Kliniken an Einsicht und personellen Ressourcen zur Verbreitung der Gestaltungstherapie gefehlt.[861] Ein eigenes Berufsbild wurde in der DDR nicht

855 HPAC, 515/76M, Tagesbericht vom 14.10.1976.

856 Hier und im Folgenden: HPAC, 620 A/77F, Tagesbericht vom 22.11.1977.

857 Hier und im Folgenden: Kulawik/Weder 1982, S. 671 f.

858 Beispielsweise heißt es im «Gesetz über die Teilnahme der Jugend der Deutschen Demokratischen Republik an der Gestaltung der entwickelten sozialistischen Gesellschaft und über ihre allseitige Förderung in der Deutschen Demokratischen Republik», dem Jugendgesetz der DDR, vom 28.01.1974 in § 27 (1): «Anliegen und Aufgabe der Jugendlichen ist es, ihr Leben kulturvoll zu gestalten, ihre Freizeit sinnvoll zu nutzen, sich kulturell-künstlerisch zu betätigen und schöpferisch an der Entwicklung von Kultur und Kunst mitzuwirken.»

859 Vgl. Geyer 2011c, S. 145.

860 Vgl. Kohler 1968, S. 139–154. Seit Anfang der 1970er Jahre nutzte Schwabe den Begriff «Gestaltungstherapie».

861 Vgl. Schwabe 2011c, S. 339.

etabliert. Stattdessen erweiterte man 1962 die Berufskonzeption für die Arbeitstherapie um die «funktionell-organische Rehabilitation», die der Beschäftigungstherapie eine andere Ausrichtung gab und die Professionalisierung der Gestaltungstherapie einschränkte.[862] 1979 kam es kurzzeitig zur Gründung der Sektion «Soziotherapeutische Methoden» bei der GäP, die unter anderem Musik-, Bewegungs-, Biblio- und Gestaltungstherapie umfasste, sich allerdings nicht lange hielt.[863] Schwabe kritisierte, dass Höck zur Unterbewertung der Gestaltungstherapie in der DDR beigetragen habe. Er habe zwischen «Gruppentherapien» (wie der Gestaltungstherapie) und «Gruppenpsychotherapien» unterschieden und Erstere durch diese Distinktion abgewertet.[864] So urteilte Schwabe rückblickend:

> Die Geschichte der Gestaltungstherapie ist nicht nur die tragisch zu nennende Geschichte einer verkannten und damit unterentwickelt gebliebenen Psychotherapieform. Sie ist auch die Geschichte einer unterentwickelten Akzeptanzqualität unterschiedlicher Berufsvertreter innerhalb eines nach wie vor hierarchisch ausgerichteten medizinischen Berufsbildes.[865]

5.3 Die therapeutische Subjektivierung

Nachdem wir das therapeutische Arrangement erschlossen haben, schließen sich Fragen nach der Wirkweise des Schreibens an. Wie nutzten die Therapeut:innen die Tagesberichte? Wie veränderte und verstärkte das Schreiben die Wirkung der therapeutischen Elemente? Welche therapeutischen Ideale und Normen verinnerlichten die Patient:innen beim Schreiben? Und wie trug der Schreibprozess dazu bei, Patient:innen in therapeutische Subjekte zu transformieren?

Welche Funktionen boten Tagesberichte für ihre Rezipient:innen? Zunächst erfüllten sie organisatorische Bedürfnisse. In der Alltagskommunikation boten die Berichte Raum für Terminabsprachen und Anfragen nach Einzelgesprächen.[866] Dass die Patient:innen die Therapien bewerteten, bedeutete im Umkehrschluss, dass die Tagesberichte eine Art Evaluation offerierten.[867] Patient:innen schreiben zu lassen, war außerdem ein schreibökonomisches Werkzeug. Anders als in typischen

862 Vgl. Schwabe 2011a, S. 234.

863 Vgl. Geyer 2011d, S. 255.

864 Vgl. Schwabe 2011c, S. 343.

865 Ebd., S. 344.

866 Beispiel: «Ich möchte darum bitten[,] das Gespräch über diesen Tagesbericht nicht in der Gruppe[,] sondern im Einzelgespräch zwischen den Therapeuten und mir zu führen», HPAC, 400/75M, Tagesbericht vom 02.11.1975; vgl. ähnlich HPAC, 400/75M, Tagesbericht vom 04.11.1975. In wenigen Fällen wurde diesen Anfragen nach Einzelgesprächen stattgegeben, vgl. HPAC, 615/76M, Tagesbericht vom 15.02.1976.

867 Den Akten ließ sich kaum entnehmen, inwiefern die Therapeut:innen auf dieses Feedback eingingen.

psychiatrischen Krankenakten[868] bildeten die Verlaufsdokumentationen nicht das Herzstück der Akte. Häufig waren sie äußerst knapp verfasst. In manchen Krankenakten fehlten die Einträge vollständig.[869] Vermerke wie «Verlauf s. Tagesberichte»[870] zeigen, dass einige Patient:innen ihre Akte gewissermaßen selbst schrieben und diese Aufgabe von ihren Therapeut:innen übernahmen. Eine Zeitzeugin fügte zu den Funktionen hinzu, dass vergleichbare «Tagebücher» in der ambulanten Gruppenpsychotherapie als morgendliche Vorinformation über Befinden und Therapiefortschritt einzelner Patient:innen fungierten.[871] Den Therapieverlauf bei gleichzeitiger Behandlung vieler Patient:innen evaluieren zu können, war nach Darstellung dieser Zeitzeugin ein wichtiger Vorteil. Die Aufzeichnungen ihrer Patient:innen hätten zudem Aufhänger für Gruppengespräche geliefert.[872] Ähnlich kamen in Hirschgarten «Tagebücher» als «Tagebuch-Visite» zum Einsatz.

Wie wirkte die Schreibpraktik mit den Therapien zusammen? Zum einen trug sie in den 1970er Jahren zur Neukontextualisierung individualtherapeutischer Elemente bei. Während die Station 4 weiter mit individualtherapeutischem Fokus arbeitete, beeinflusste Leonhards Konzept auch die Alltagspraxis der gruppenpsychotherapeutisch orientierten Station 5. Sport, Arbeitstherapie, autogenes Training, Konfrontationstherapie und die Ablehnung der Psychopharmakotherapie blieben als Elemente des therapeutischen Alltags erhalten und wurden mit einem gewissen Eklektizismus in das psychodynamische Therapiearrangement integriert. Diese Elemente fokussierten auf Gewöhnung, Ablenkung und Konditionierung, wodurch die Symptome in den Hintergrund treten sollten. Nun aber galt es, die soziale Umwelt in der Klinik als therapeutische Modellsituation nutz-

868 Diese enthalten regelhaft einen Journalbogen oder eine Verlaufsdokumentation, in denen Ärzt:innen ihre Beobachtungen über das Verhalten der Patient:innen notieren. Meist finden sich Notizen über Abweichungen von der Norm, die wiederum vorrangig Rückschlüsse auf die Einschätzungen der Schreibenden zulassen.

869 Wie häufig auf die Verlaufsdokumentation verzichtet wurde, wurde für diese Arbeit nicht quantifiziert.

870 HPAC, 228/77F, Verlaufsdokumentation; vgl. ähnlich HPAC, 142/77M.

871 Vgl. hier und im Folgenden: Zeitzeug:innen-Interview am 14.12.2021. Die Patient:innen schrieben ihre Tagesberichte am Abend zu Hause und gaben sie ab, wenn sie wieder für die Therapie in die Poliklinik kamen. Am Morgen waren die Therapeut:innen bemüht, die dort so bezeichneten «Tagebücher» rasch zu lesen. So konnten sich die Therapeut:innen einen Überblick über Befinden und Therapiefortschritt vieler Patient:innen zugleich verschaffen. Was die Patient:innen in der Zwischenzeit taten, erinnert die Zeitzeugin nicht.

872 Manchen sei es leichter gefallen, sich schriftlich zu äußern, als vor der Gruppe erstmalig über ein herausforderndes Thema oder soziale Konflikte zu sprechen. Wenn Patient:innen einem Thema auswichen, habe man mit einer Referenz auf das Gelesene anregen können, dass Patient:innen ihre Probleme in der Gruppe ansprachen und sie dadurch bewältigen konnten. Je nach Motivation für die Therapie hätten die Patient:innen diese Anreize aufgegriffen. Wenn sie nicht darüber sprechen wollten, sei das aber kein Grund für einen Abbruch der Therapie gewesen. Eher ließen sich so Gespräche über Abwehrmechanismen einleiten.

bar zu machen. Das therapeutische Schreiben offerierte ein selbstreflexives Moment und katalysierte den Wandel der Behandlungselemente zu Ausgangspunkten der Selbstbeobachtung. Mit dem autogenen Training bekamen die Patient:innen außerdem ein Werkzeug an die Hand, das sich intervenierend an die Observation anschließen ließ.

Die neu eingeführten gruppentherapeutischen Methoden einte neben dem nominellen Verzicht auf therapeutische Autorität, dass sie den Teilnehmenden mit dem Ziel der Bewusstwerdung verschiedene Zugänge zur Selbsterfahrung offerierten: durch Gespräche, Schauspiel, Bewegung, Musik oder kreatives Gestalten. In der Diversifizierung dieser Zugänge liegt gleichzeitig eine Parallele zu westlichen Entwicklungen.[873]

Für die Patient:innen galt es – die Existenz eines «authentischen Selbst» voraussetzend –, eigenverantwortlich und engagiert nach Kenntnis der eigenen Charaktereigenschaften und Wertvorstellungen, vor allem aber nach einem tieferen Verständnis der eigenen Psychodynamik zu streben. Diese «Suche nach dem ‹Du›», so ein Patient treffend, begleitete die meisten Patient:innen durch ihren Aufenthalt.[874] Das Schreiben bot Raum für Reflexion, förderte Empathie und erlaubte, Erkenntnisse über soziale Dynamiken auf das eigene Leben zu übertragen. Diese Praktik verstärkte die Selbstbeobachtung und den Prozess der Bewusstwerdung. So sei ein Patient beim Wochenendbesuch von seiner Ehefrau gefragt worden, «ob denn [seine] Behandlung nur darauf gerichtet sei[, sich] selbst zu beobachten».[875]

Die Behandlung trug normative Verhaltensvorstellungen und therapeutische Ideale an die Patient:innen heran. Zentral war die Eigenmotivation, eng gekoppelt an Arbeitswilligkeit, Fleiß und sportliches Engagement. «Bequemlichkeit» war unterdessen stark negativ besetzt. Es ist anzunehmen, dass diese Normenkonstellation das Geschriebene zuweilen überformte und zugleich durch das Schreiben verinnerlicht wurde. Extensive Darstellungen des Sportes lassen sich etwa als Tätigkeitsbericht und als Erfüllen therapeutischer Erwartungen lesen. Therapeutische Erwartungen an sportliches Engagement, Arbeitseinsatz, kulturelle Interessen und künstlerisches Schaffen decken sich mit sozialistischen Idealbildern. Wenig deutet aber darauf hin, dass diese Muster gezielt der Erziehung zu «sozialistischen Persönlichkeiten» dienen sollten. Vielmehr zeigen sich Korrelationen zwischen Ideologie und Vorstellungen therapeutischer Wirksamkeit, die eher implizit zur Legitimierung der Therapie beigetragen haben dürften.

---

873 Allerdings kamen in der BRD ständig neue Methoden auf den Markt, deren Vertreter:innen sich voneinander abzugrenzen und immer neue therapeutische Visionen zu zeichnen suchten. Demgegenüber blieb das therapeutische Arsenal in der DDR vergleichsweise stabil.

874 HPAC, 92/75M, Tagesbericht vom 11.03.1975.

875 HPAC, 391/75M, Tagesbericht vom 12.10.1975.

Die umfassenden Bewertungen der Therapien widersprechen unterdessen nicht notwendigerweise politischen Gewohnheiten. Die individualisierten Stellungnahmen lassen sich mit dem Eingabewesen vergleichen: In beiden Fällen richtete sich eine schriftliche Kritik an hierarchisch höher gestellte Instanzen. Hier wie dort zielte die Kritik auf konkrete Anlässe ab und gab Aufschluss über Ansichten und Grenzen des Tolerierbaren der Patient:innen.[876] Anders als beim Eingabewesen gaben die Therapeut:innen die Erwartungen der Patient:innen aber häufig an diese zurück und übertrugen ihnen so gezielt Eigenverantwortung.

Schließlich – und das verbindet die therapeutische Neuausrichtung in der DDR mit dem breiteren westlichen Selbstentfaltungsdiskurs – erfuhren Vorstellungen von Authentizität, Empathie, emotionaler Reflexivität und Expressivität im Untersuchungszeitraum eine massive Aufwertung.[877] Vergleichbare Werte hielt in der BRD zunächst das linksalternative Milieu hoch und kontextualisierte sie mit gesellschaftspolitischen Aspekten.[878] Dabei richteten sich Ideale wie «Selbsterkenntnis» und «Selbstverwirklichung» vor allem gegen die entfremdeten gesellschaftlichen Verhältnisse, in denen zu leben man annahm. Therapeutische Impulse forderten beispielsweise Mitglieder linker Kommunen oder Erziehende in Kinderläden zur kritischen Selbstbeobachtung auf. Spätestens mit dem Aufschwung der Humanistischen Psychologie und ihr verwandter Methoden richteten sich Aufrufe zur Erkundung der eigenen Psyche und Emotionalität auch an eine breite mittelständische Klientel.

In der DDR stand man «Selbstverwirklichung» und «Selbsterkenntnis» als Selbstzweck skeptisch gegenüber, wie Lehmbrock am Beispiel des sozialpsychologischen Trainings zeigte. Stattdessen verknüpfte man diese Ziele mit der Maßgabe, das Individuum in seiner Kollektivbindung zur Erfüllung seiner gesellschaftlichen Pflichten zu befähigen.[879] In diesem Sinne wurde nach Lehmbrock global zirkulierendes psychologisches Wissen lokalisiert. An der Charité zeichneten die neuen Idealvorstellungen vom Umgang mit dem Selbst den Wandel therapeutischer Kultur in den 1970er Jahren aus. Beim Schreiben übten die Patient:innen diese Werte im Umgang mit sich selbst ein. Beim Verfassen von Tagesberichten kam es letztlich darauf an, Formulierungen für das vermeintlich «wahre» seelische Geschehen zu finden und diese mit anderen zu teilen.

---

876 Vgl. Bruns 2012; Mary Fulbrook zufolge wurden über das Eingabewesen fast immer «individuelle Anfragen und Beschwerden» artikuliert, Fulbrook 2008a, S. 291.

877 Marietta Meier stellt beispielsweise heraus, dass die Emotion seit dem Ende der 1960er Jahre durch die Verbreitung von Therapie und Beratung «als Gefühl, über das man spricht», mehr Gewicht bekommen habe, vgl. Meier 2015, S. 44.

878 Vgl. Tändler 2016.

879 Vgl. Lehmbrock 2022, S. 6 f.

Wie wirkte schließlich das Schreiben auf die Patient:innen zurück? Die Tagesberichte fungierten als Beobachtungsmedium für die eigene Psyche, Emotionalität und Symptomatik sowie den Therapiefortschritt. Ein Patient explizierte:

> Sicher gibt es bestimmt kleine Fortschritte bei der Korrektur, beim Abschleifen der fehlerhaften negativen Verhaltensweisen. Manchmal wird einem das unmittelbar in der entsprechenden Situation bewußt, manchmal aus Bemerkungen der anderen Patienten oder beim Überdenken des Tagesablaufs und Schreiben des Tagesberichts.[880]

Eine solche Reflexion sollte therapeutisch wirken und zur Verhaltenskorrektur anleiten. Das Medium der Tagesberichte begünstigte, dass die Patient:innen im Verlauf der Therapie ein therapeutisches Wissen über ihr Selbst anhäuften. Dieses Wissen befähigte sie dazu, eigene Gefühle deutlicher wahrzunehmen, zu benennen, einzuordnen und ihre Wirkweisen im sozialen Gefüge zu deuten. Kurzum: Das Verfassen von Tagesberichten trainierte den therapeutischen Blick auf das Selbst und legte zugleich Rechenschaft über dessen Ausbildung ab. Dieser therapeutische Blick war konstitutiv für das therapeutische Subjekt und sollte über den Klinikaufenthalt hinaus das Selbstverhältnis der Patient:innen prägen. In diesem Sinne war die Prägung der therapeutischen Subjekte anschlussfähig an die Präventionspolitik der DDR und zugleich durchaus vergleichbar mit dem westlichen gesellschaftlichen Mainstream, der die Bevölkerung zur «präventiven Selbstbeobachtung» ihrer psychischen Verfasstheit aufrief.[881]

---

880 HPAC, 268/77M, Tagesbericht vom 27.07.1977.

881 Tändler 2016, S. 186.

6. Zwischen Autonomie und Autorität in der therapeutischen Gemeinschaft

Im Frühjahr 1974 machte ein Patient der Station 5 seinem Ärger über die Organisation des Küchendienstes Luft.[882] Sein Mitpatient habe im sogenannten Patientenrat vorschlagen wollen, «das Frühstück von 7 ½ auf 7 Uhr vorzuverlegen».[883] Das habe durchaus «für ihn gesprochen», doch schließlich «hat [er] es nicht getan». Überhaupt sei der Autor von der «Diskussion über den Küchendienst [...] im Patientenrat» enttäuscht. Nicht nur begännen die Patient:innen der Station 4 das Frühstück eher und seien dann auch zeitiger fertig. Seine Mitpatient:innen der Station 5 holten auch «den Eimerwagen manchmal zu spät (eben weil sie nicht rechtzeitig aufstehen)» und vergrößerten so «die Zeitdifferenz zwischen beiden Stationen». Dass sie alle «immer pünktlich zum Frühstück» kämen, wie es bei den Diskussionen geäußert worden sei, hielt er für eine unwahre Behauptung. Er insistierte, dass «diese komplexe Angelegenheit restlos» zu klären sei. Der Autor spekulierte einerseits, ob er angesichts seiner Ansichten «Opfer einer primären neurotischen Fehlentwicklung» sei und diese «Konflikte typisch für gewisse Neurosen» seien. Andererseits fragte er: «Wirft hier eine sich bereits abzeichnende antiautoritäre Gesellschaft v. Egoisten ihre Schatten voraus? Und wenn ja, ist es besser für mich, ‹mit diesem Strom zu schwimmen›???».

Sein Beispiel zeigt, wie Tagesberichte zum Sprachrohr sozialer Konflikte werden konnten, und verweist nebenbei darauf, wie Patient:innen medizinische Fachtermini auf sich selbst anwandten.[884] Mehr noch gibt der Bericht erste Einblicke, wie Patient:innen in den Stationsalltag eingebunden waren und mit welchen organisatorischen Elementen soziale Konflikte bewältigt wurden. Wir erfahren von Küchendiensten und von einem Gremium der Patient:innenvertretung, dem sogenannten Patientenrat. Abschließend problematisiert der Autor, wie sich die Organisation der Abteilung zu Autoritäten verhielt, und implizierte sogleich die Anschlussfrage, inwiefern dieser Umgang mit der sozialistischen Gesellschaftsordnung vereinbar sei.

882 Aspekte dieses Kapitels werden diskutiert in Voelker 2024.

883 Hier und im Folgenden: HPAC, 557/74M, Tagesbericht vom 18.04.1975.

884 Vgl. Kapitel 4.

Der Bericht adressiert die Kernfragen dieses Kapitels: Wie setzte man das Konzept der therapeutischen Gemeinschaft in einem sozialistischen Setting in die Praxis um? Und welche Anforderungen ergaben sich daraus an die Rolle der Patient:innen? Das Konzept der therapeutischen Gemeinschaft nach dem britischen Sozialpsychiater Maxwell Jones zirkulierte in den 1970er Jahren in West und Ost.[885] Es verband Reformer:innen beider Hemisphären im Bestreben um eine Humanisierung psychiatrischer Behandlungen.[886] In der DDR war das Konzept Referenzpunkt der sogenannten Brandenburger Thesen,[887] der psychiatrischen Reformambitionen der 1970er Jahre.[888] Diese zielten darauf ab, die stark hierarchischen Strukturen der psychiatrischen Krankenhäuser zu demokratisieren. Es sind Versuche überliefert, in Psychiatrien therapeutische Gemeinschaften einzurichten.[889] Gemeinhin geht man aber davon aus, dass die Brandenburger Thesen keine breitere Umwälzung der psychiatrischen Versorgungsverhältnisse in der DDR bewirkt haben. Daneben bestand eine enge Verknüpfung mit der dynamischen Gruppenpsychotherapie, die auch von Jones' Präsenz bei einem wichtigen Gruppenpsychotherapie-Symposium mit internationaler Beteiligung in Ostberlin 1966 herrührte.[890] Verschiedene Psychotherapieeinrichtungen nahmen für sich in Anspruch, ihre Praxis nach diesem Konzept auszurichten, darunter die Neurosenklinik in Berlin-Hirschgarten und die Psychotherapieabteilung in Berlin-Buch.[891] Es mag überraschen, dass das Konzept auch in der Psychotherapieabteilung der Charité rezipiert wurde, weil die Nervenklinik insbesondere aufgrund von Karl Leonhards Reserviertheit gegenüber früheren Reformansätzen zu den «sozialpsychiatrisch eher desinteressierten Universitätsnervenkliniken» gezählt wird.[892] Gleichwohl präsentierte sich die Abteilung in der medialen Öffentlichkeit als «therapeutische Gemeinschaft».[893]

Die räumlichen Dimensionen des sozialen Miteinanders explorierend erfahren wir zunächst, wie die Patient:innen in der Klinik zusammenlebten (Kapitel 6.1). Es wird sich zeigen, dass besonders die räumliche Enge für sozialen Zündstoff sorgte. Dann wenden wir uns jenen Elementen zu, mittels derer man Konflikte bewältigte, das Zusammenleben organisierte und eine therapeutische

885 Zur Geschichte therapeutischer Gemeinschaften vgl. Fussinger 2011.

886 Jones entwickelte das Konzept kurz nach Ende des Zweiten Weltkriegs am britischen Mill Hill Hospital bei der Arbeit mit psychisch versehrten Kriegsgefangenen. Zum Konzept vgl. Jones 1952; Jones 1953; Jones 1962; Jones 1968.

887 Vgl. Schirmer et al. 1974.

888 Vgl. u. a. Hess 2011e; Kumbier/Haack 2018a.

889 Zur Bezirksnervenklinik Brandenburg-Görden vgl. Späte/Otto 2011.

890 Vgl. Jones 1967.

891 Vgl. Höck/König 1976, S. 154; Eichhorn/Busch 1979.

892 Beyer 2022, S. 64.

893 Vgl. Stiftung Deutsches Rundfunkarchiv, DDR-Rundfunk, DRAB-H 004167, DEFA-Dokumentarfilm, «Neurosen – Krank durch Überforderung?», 09.03.1976.

Gemeinschaft hervorzubringen suchte (Kapitel 6.2). Es zeigen sich Bemühungen, unter den gegebenen Bedingungen eine soziale Haltung und therapeutische Kultur zu etablieren, die Patient:innen einband und den Abbau klinischer Hierarchien fokussierte. Inwiefern adaptierte man dabei das Konzept der therapeutischen Gemeinschaft an die sozialistische Gesellschaftsordnung? Eine therapeutische Gemeinschaft zeichnet sich neben organisatorischen Elementen durch eine veränderte Haltung des Personals aus. Wie entwickelte sich also das Verhältnis zwischen Patient:innen und Personal (Kapitel 6.3)? Die therapeutische Gemeinschaft gestand Patient:innen durch das veränderte soziale Gefüge therapeutische Kompetenzen zu. Inwiefern übernahmen sie an der Charité füreinander therapeutische Funktion (Kapitel 6.4)? Ausgehend von diesen Einblicken in den Abteilungsalltag wenden wir uns abschließend den ambivalenten Auswirkungen des Schreibens auf die Reformbemühungen und die Patient:innenrolle zu (Kapitel 6.5).

6.1 Räumliche Dimensionen des sozialen Miteinanders

Wie gestalteten sich die räumlichen Dimensionen des Zusammenlebens? Wie prägte Materialität die Erfahrungswelt der Patient:innen und definierte zugleich Schreiborte in der Klinik? Um diesen Fragen nachzugehen, schauen wir zunächst zurück auf die Entstehung des Gebäudes. Die Geschichte der Versorgung sogenannter Geisteskranker an der Charité reicht bis in das ausgehende 18. Jahrhundert zurück.[894] Die damals neu integrierte «Irrenanstalt» zog in den um 1800 fertiggestellten Dreiflügelbau, der später als «Alte Charité» bezeichnet wurde. 1835 wurde der Erweiterungsbau, die sogenannte neue Charité, eröffnet. Diese befand sich am späteren Standort der Nervenklinik und soll nach Aussagen von Zeitgenossen äußerlich eher einem Gefängnis denn einem Krankenhaus geglichen haben.[895] Dort brachte man nun auch die sogenannten Geisteskranken unter. Im Zuge des Neubaus der Charité zwischen 1897 und 1917 wichen die beiden Bauten und auf dem heutigen Charité Campus Mitte öffnete 1906 die von dem Architekten Georg Diestel (1854–1926) entworfene Psychiatrische und Nervenklinik ihre Tore.[896] Dabei bestimmte der Psychiater Friedrich Jolly (1844–1904) als Bauherr maßgeblich die Gestaltung des Neubaus mit und brachte so die fachlichen Entwicklungen der Psychiatrie im Kaiserreich in die Architektur ein.[897] Der Bau sollte männliche und weibliche Patient:innen entlang einer Längsachse trennen. Er verfügte über drei durch Gebäudeflügel separierte Bereiche für Neurolo-

894 Vgl. Hess 2016a.

895 Vgl. Hess 2016b, S. 84.

896 Vgl. Beddies et al. 2016, S. 137 f. Zur Entwicklung der Klinik vgl. Hess 2005. Für Innenansichten kurz nach Eröffnung des Neubaus vgl. Hess 2010a, S. 64–79.

897 Vgl. Kutscha 2023.

gie (inkl. Lehre und Forschung), Psychiatrie und sogenannte unruhige Patient:innen (vgl. Abb. 12).

Brandbomben zerstörten im Zweiten Weltkrieg Teile des Gebäudes, wobei der Westflügel und Männertrakt der Klinik besonders betroffen war. Nach dem Krieg wurde das Gebäude wieder von Psychiatrie und Neurologie genutzt. 1959 ließ Karl Leonhard die Psychotherapiestation in einem der hinteren, abgelegenen Gebäudeteile einrichten, die vormals für «unruhige» Patient:innen vorgesehen waren. Die Nervenklinik, und die Psychotherapiestation im Besonderen, befand sich unmittelbar am Grenzübergang nach Westberlin. Der Mauerbau im August 1961 vor den Fenstern der Klinik führte dies noch eindringlicher vor Augen. Bis 1972 befand sich außerdem das Ministerium für Gesundheitswesen gegenüber in der Invalidenstraße, bis es in die Rathausstraße neben dem Alexanderplatz umzog.

Wie wurden neue Patient:innen in dieses Setting eingeführt? Der Wandel zum stationären Patienten oder zur stationären Patientin begann mit dem Betreten des Klinikgeländes und festigte sich mit dem Durchschreiten der schweren Holztüren der Nervenklinik. Die Neuankömmlinge bekamen ein Bett in einem Zimmer mit anderen Mitpatient:innen zugewiesen und durchliefen ein Aufnahmegespräch. Es wurde ein Akte über sie angelegt und sogleich sollten die künftigen Patient:innen beginnen, diese Akte selbst mit einem Lebensbericht zu füllen. Der Eintritt in die Klinik – die Hospitalisierung als klassisches Beispiel eines *rite de passage*[898] – war in der Psychotherapieabteilung also keineswegs mit jenen Entwürdigungen verbunden, die etwa für «totale Institutionen» Goffman'scher Prägung beschrieben wurden.[899] Die Patient:innen wurden nicht genötigt, Anstaltskleidung zu tragen, und durften persönliche Habseligkeiten bei sich tragen. Allerdings erhielten alle einen Eintrag der Nervenklinik im Sozialversicherungsausweis. Dieser ließ manche eine Stigmatisierung befürchten und dürfte andere bereits im Vorfeld veranlasst haben, sich gegen die Behandlung zu entscheiden.

Der Schauplatz der vorliegenden Arbeit befand sich in einem abgeschiedenen Teil der Nervenklinik. Weil sich die Psychotherapie-Patient:innen vor allem dort aufhielten, kamen sie im Regelfall weniger mit den Patient:innen der psychiatrischen Stationen in Kontakt.[900] In der Psychotherapieabteilung gab es Bäder und eine Küche, Gemeinschafts- und Schlafräume sowie einen Gymnastikraum. Außerdem verfügte die Klinik über eine Patient:innenbibliothek.[901] Ein Patient lobte, sie habe «organisatorisch und inhaltlich einen sehr guten Eindruck» ge-

898 Vgl. Gennep 2005.

899 Vgl. Goffman 1973.

900 Ausnahmen waren arbeitstherapeutische Einsätze auf anderen Stationen und gemeinsame Veranstaltungen oder Sportgruppen mit Patient:innen der psychiatrischen Stationen.

901 Die Bibliothek verfügte über einen Bestand von über 10 000 Büchern, vgl. Humboldt-Universität zu Berlin 1973.

Tafel I.

Grundriss des Erdgeschosses.

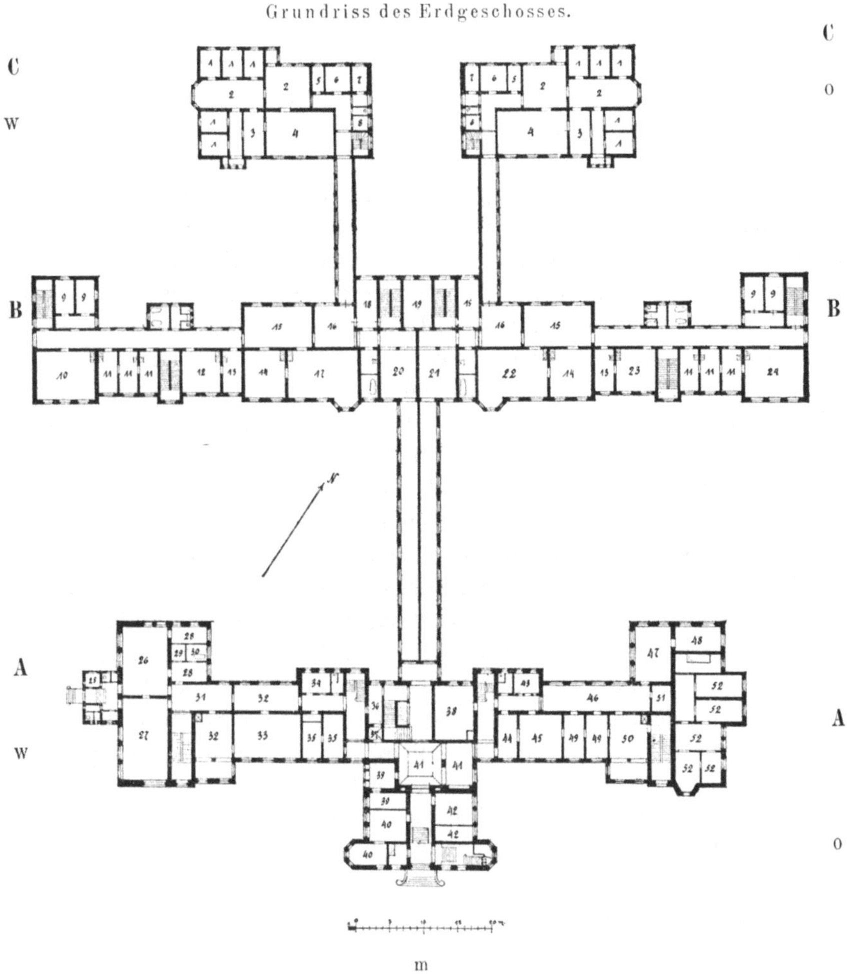

A. Gebäude für die Nervenabtheilung und für wissenschaftliche und Unterrichtszwecke.
B. und C. Gebäude für die psychiatrische Abtheilung.
o. Ostflügel. w. Westflügel. m. Mittelbau.

Abbildung 12: Grundriss der Psychiatrischen und Nervenklinik der Charité, aus: Friedrich Jolly: Erläuterungen zum Neubau der psychiatrischen und Nervenklinik der kgl. Charité, in: Charité-Annalen 26 (1902), S. 340.

macht und ihm ausreichend Literatur geboten, um einen Gemeinschaftsnachmittag «sinnvoll zu gestalten».[902]

Küche und Bäder waren neben funktionalen Orten auch Gegenstände arbeitstherapeutischer Renovierungsaufgaben, die durch die zunehmend verfallende Bausubstanz fällig wurden.[903] Außerdem kauften Patient:innen für die Abteilung ein, putzten gemeinsam die Schlaf- und Tagesräume und übernahmen Küchendienste, bei denen sie Essen vorbereiteten und den Abwasch erledigten.[904] Auch die Mahlzeiten nahmen sie gemeinsam ein. Kurz nach seinem Eintreffen in der Klinik berichtete ein Mann, «Mittag- und Abendbrot [seien] ganz normal – sicher nicht so eine Auswahl wie zu Hause, aber dennoch ganz gut».[905] Inwiefern sich Mitpatient:innen an solchen Diensten beteiligten, war – wie eingangs gezeigt – gelegentlich Gegenstand sozialer Spannungen.[906] Umgekehrt konnte Pflichtbewusstsein als Beitrag zur Gemeinschaftsbildung angesehen werden.

Deutlich mehr erfahren wir aus Standaufnahmen eines Dokumentarfilms zur Psychotherapie an der Charité über die nach Geschlecht getrennten Schlafräume.[907] Die Zimmer waren eng belegt. In einem Raum standen vier weiße Metallbetten, deren Kopfenden sich aufbocken ließen (vgl. Abb. 13 und 14). Sie waren weiß bezogen und es gab ein paar bunt gemusterte Wolldecken. Zu jedem Bett gehörte ein kleiner Nachtschrank mit einer Nachttischlampe und unter einer Schublade etwas Stauraum für private Gegenstände. Während die Betten den klinischen Charakter der Psychiatrie unterstrichen, verliehen wenige Bilder an den Wänden dem Raum eine wohnlichere Note. Gelbe Gardinen verdunkelten die Fenster und brachen das klinische Weiß der Wände. Ob Blumensträuße dauerhaft den Raum zierten oder ob sie gesondert für den Filmdreh angeschafft wurden, bleibt rückblickend unklar. Die Schlafräume erscheinen dennoch gleich in mehrfacher Hinsicht hybrid.[908] Sie vereinten klinische und häusliche Aspekte, versuchten, medizinisch und wohnlich zugleich zu sein. Zum einen erlaubten die offerierten Stauräume, die Gardinen und vielleicht auch die Decken, etwas Individualität und Rückzugsraum aufrechtzuerhalten, wohingegen die enge Belegung der Räume ohne Sichtschutz jeder Privatheit entgegenwirkte.

---

902 HPAC, 392/78M, Tagesbericht vom 15.09.1978.

903 Beispiel: «Habe Renovierungsarbeiten in der Toilette durchgeführt, dadurch Ablenkung erreicht, fühlte mich den ganzen Tag wohl», HPAC, 495/78M, Tagesbericht vom 21.01.1979.

904 Vgl. HPAC, 607/77F, Tagesbericht vom 24.11.1977; HPAC, 438/76M, Tagesbericht vom 30.08.1976.

905 HPAC, 351/76M, Tagesbericht vom 09.07.1976.

906 Vgl. HPAC, 468/77M, Tagesbericht vom 27.11.1977.

907 Vgl. Stiftung Deutsches Rundfunkarchiv, DDR-Rundfunk, DRAB-H 004167, DEFA-Dokumentarfilm, «Neurosen – Krank durch Überforderung?», 09.03.1976.

908 Diese Beobachtung machte Louise Hide hinsichtlich der Nutzung von TV-Geräten in psychiatrischen und pflegerischen Institutionen in Großbritannien, vgl. Hide 2020.

Abbildung 13: Stiftung Deutsches Rundfunkarchiv, DDR-Rundfunk, DRAB-H 004167, DEFA-Dokumentarfilm «Neurosen – Krank durch Überforderung?», 09.03.1976, Standbild mit Zeitstempel: 10:23:47:01.

Die Enge der Räume bedingte außerdem, dass sie jedes anderen Mobiliars entbehrten. Der Raum bot Patient:innen lediglich die Möglichkeit zum Aufenthalt in oder auf dem Bett. Sie kamen vor allem zum Schlafen und für das autogene Training hierher. Außerdem zwang die Beengtheit der Zimmer deren Bewohner:innen zum Austausch. Das Erleben dieses Raumes und der sozialen Interaktion stellte einen wichtigen Faktor im subjektiven Erleben des Klinikaufenthalts dar.

In ihren Tagesberichten bezogen sich die Patient:innen vor allem im Zusammenhang mit Problemen auf die Schlafräume. Einen Mann störten «die lauten knackenden Geräusche des nachts [sic], die von den Heizungsrohren herkommen».[909] Dieser Lärm sei eine «echte Schlafbehinderung». Auf eine Frau wirkte «sich die Überheizung der Zimmer, die Unruhe auf der Station [...] sehr störend aus».[910] Außerdem berichteten manche über den ersten Kontakt mit ihren Zimmerkamerad:innen oder über Unstimmigkeiten bei der Einhaltung der

909 Hier und im Folgenden: HPAC, 468/77M, Tagesbericht vom 20.12.1977.

910 HPAC, 126/78F, Tagesbericht, undatiert, März 1978.

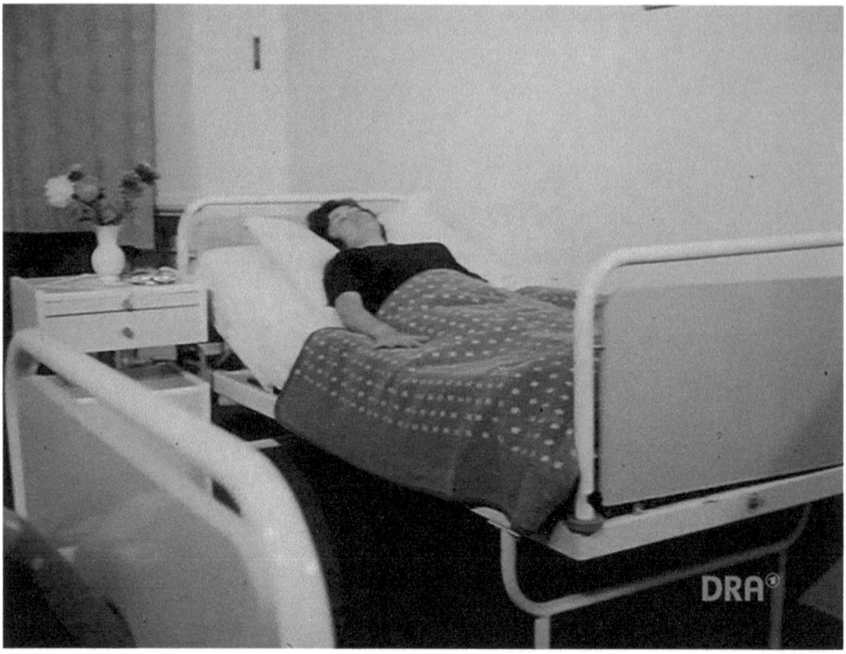

Abbildung 14: Stiftung Deutsches Rundfunkarchiv, DDR-Rundfunk, DRAB-H 004167, DEFA-Dokumentarfilm «Neurosen – Krank durch Überforderung?», 09.03.1976, Standbild mit Zeitstempel: 10:23:53:24.

Nachtruhe.[911] Eine Patientin sprach gar von einer «Qual» durch «das ‹Hausen› zu viert und die damit verbundene und gravierende Schlafminderung».[912] Wenig später schrieb sie allerdings auch, dass die Patient:innen untereinander eine zufriedenstellende Übereinkunft gefunden hätten.[913] Die Enge des Zusammenle-

911 Beispiel: «Seltsames Gefühl beim Betreten der Station. Die Zimmernachbarn sehr nett, der jüngere Patient macht einen sehr verklemmten Eindruck, [ein Mitpatient] ist mir zu geschwätzig und brüstet sich zu viel mit ‹unseren Brudereigenschaften›. Am besten würde ich wohl mit dem scheidenden Mut des neuen Patientenratsvorsitzenden auskommen», HPAC, 351/76M, Tagesbericht vom 09.07.1976; «Irgendwie fühle ich mich in der Klinik geborgen. Das einzige, wonach ich mich sehne, ist das physische Ausruhen. Das hat, glaube ich, noch nicht einen Abend gegeben, wo wir vier Weiblein vollzählig wirklich 22 h still in unseren Betten lagen. Von dem fehlenden Schlaf fühle ich mich sehr erschöpft», HPAC, 622/77F, Tagesbericht vom 20.12.1977.

912 HPAC, 622/77F, Tagesbericht vom 02.01.1978.

913 Ebd., Tagesbericht vom 11.01.1978.

bens konnte zu Reibungen unter den Patient:innen führen.[914] Nicht zuletzt verspürten einige ein «starkes Bedürfnis nach Alleinsein», das sich durch die Gedrängtheit auf der Station kaum und meist nur durch Spaziergänge in der Stadt realisieren ließ.[915] Räumliche Enge und fehlende Privatsphäre sind wiederkehrende Motive in den Schilderungen der Patient:innen.

Zum schreibenden Rekapitulieren des Tages bot das Zimmer kaum Möglichkeiten. Es gab keinen Stuhl oder Tisch, der einen Schreibort geboten hätte. Vielleicht schrieben einzelne Patient:innen sitzend im Bett, das Papier auf einer Unterlage. Wahrscheinlicher ist, dass sie einen der größeren und anders möblierten Aufenthalts- und Gruppenräume nutzten. Eine Patientin beschrieb, wie sie sich zum Schreiben dorthin zurückzog: «Es ist Nacht. Ich sitze im Aufenthaltsraum und kämpfe gegen das Einschlafen. Eigentlich wollte ich die Zeit nutzen und schreiben, ich brauche aber alle Gedanken und allen Willen, um nicht einzuschlafen.»[916] Dass ihnen am früheren Abend ein ruhiger Ort zum Schreiben fehlte, thematisierten auch andere.[917] Spätabends kämpften die Übriggebliebenen beim Schreiben auf der Couch des Gemeinschaftsraums nicht selten und manchmal vergebens gegen den Schlaf.[918]

Den Gemeinschaftsräumen kommt nicht nur als Schreibort, sondern auch als sozialer Raum und als Therapieraum Bedeutung zu. Hier fanden die Sitzungen der Gruppenpsychotherapie statt (vgl. Abb. 15). Therapeut:innen und Patient:innen saßen dazu im Stuhlkreis, wie die Abbildung zeigt. Zu sehen ist eine therapeutische Szenerie, deren medizinischen Charakter die weißen Wände unterstreichen. Gebrochen wird der Eindruck durch eine Reihe wohnlicher Elemente, etwa durch einen Wandteppich und die grünen gepolsterten Sessel des Stuhlkreises. Das Fernsehgerät auf der rechten Bildseite zeigt, dass sich der Raum auch für Freizeitaktivitäten nutzen ließ.[919] Die Kleidung der anwesenden Personen lässt kaum eine Unterscheidung zwischen Therapeut:innen und Patient:innen zu. Dass es sich bei der Person in dem schwarzen Jackett um Helmut Kulawik und bei der Person im grauen Kleid neben ihm um seine ärztliche Kollegin handelt, verraten eher die Blickrichtungen der Patient:innen. Sie alle tragen Alltagskleidung und keine weißen Kittel oder Anstaltskleidung zur funktionalen Diffe-

914 Beispiel: «Sein stundenlanges spaziergehen [sic] im Zimmer, auf und ab, kann einen fertig machen. Auch seine Anpassungsfähigkeit an die 15 % des Zimmers muß gefordert werden», HPAC, 249/78M, Tagesbericht vom 13.06.1978.

915 HPAC, 297/78F, Wochenendbericht vom 16.–18.06.1978. Mit Bezug auf das Bedürfnis, allein zu sein, vgl. auch HPAC, 444/77F, Tagesbericht vom 23.10.1977.

916 HPAC, 258/77F, Tagesbericht vom 08.–09.06.1977.

917 Beispiel: «Es gehen mir zwar sehr viele Gedanken durch den Kopf, aber ich finde nirgenswo [sic] Ruhe», HPAC, 438/76F, Tagesbericht vom 26.08.1976.

918 Vgl. HPAC, 599/76M, Tagesbericht vom 01.02.1977.

919 Zur Einbindung von Fernsehgeräten in der psychiatrischen Langzeitbehandlung vgl. Hide 2020.

Abbildung 15: Stiftung Deutsches Rundfunkarchiv, DDR-Rundfunk, DRAB-H 004167, DEFA-Dokumentarfilm «Neurosen – Krank durch Überforderung?», 09. 03. 1976, Standbild mit Zeitstempel: 10:23:15:05.

renzierung.[920] Ähnlich wie die Schlafräume war auch der Gemeinschaftsraum von hybrider Natur. Dabei scheint die wohnliche Atmosphäre therapeutisch gewollt. Zumindest markierte ein:e Therapeut:in mit rotem Fettstift auf einem Tagesbericht, dass eine Patientin «den Therapieraum ungemütlich» fand.[921]

920 Die legere Kleiderordnung galt offenbar vorrangig für Ärzt:innen. Alle anderen in der Klinik tätigen Professionen, die im Film gezeigt werden, trugen weiße Kittel. Dies waren vor allem Vertreter:innen der «neuen» Professionen, wie Psycholog:innen, Bewegungstherapeut:innen und Fürsorger:innen. Während der Verzicht der Ärzt:innen auf weiße Kittel in der oben beschriebenen Szene die Aufweichung traditioneller Hierarchien andeutet, verweist die Kleidung der anderen Berufsgruppen auf deren Professionalisierungsprozess. Sie mussten ihre Position in der klinischen Hierarchie erst festigen und der weiße Kittel stärkte ihre Position. Es deuten sich darin Gegensätzlichkeiten reformerischer Vorhaben an. Die Diversifizierung des therapeutischen Programms kam nicht ohne die Professionalisierung nicht ärztlicher Berufsgruppen und ihre Etablierung im medizinischen Raum aus. Dafür wiederum bedurften sie Strategien, die das reformerische Programm eigentlich zu überwinden suchte – in diesem Fall das Tragen eines weißen Kittels zur optischen Hervorhebung des professionellen Status und der Autorität als Vertreter:in der Institution.

921 HPAC, 413/78F, Tagesbericht vom 18. 07. 1978.

Abbildung 16: Stiftung Deutsches Rundfunkarchiv, DDR-Rundfunk, DRAB-H 004167, DEFA-Dokumentarfilm «Neurosen – Krank durch Überforderung?», 09.03.1976, Standbild mit Zeitstempel: 10:22:58:05.

Unklar ist, wie viele Gemeinschaftsräume den Patient:innen zur Verfügung standen. Die Äußerung eines Patienten, er habe den Nachmittag «mit Patienten der Station 4 im Aufenthalts- [und] Gruppenraum für Nichtraucher» verbracht und dort Schallplatten gehört, legt mehrere Räume nahe.[922] Abhängig von der Tageszeit wurde der Raum multifunktional genutzt, zum Teil auch für sogenannte bunte Patientennachmittage und den Patientenklub. Für deren Gestaltung waren die Patient:innen abwechselnd selbst verantwortlich, wobei sie häufig Musik- und Tanzveranstaltungen durchführten. Vermutlich auch aus diesem Grund äußerte ein Patient, die Station bräuchte seines Erachtens «wieder einen eigenen Plattenspieler».[923]

Wie wir bereits erfahren haben, waren Sport und Bewegung Teil der Therapie. In der Nervenklinik gab es einen kleinen Raum für Gymnastik und die Kommunikative Bewegungstherapie (vgl. Abb. 16). Der Boden darin war provisorisch mit Stoffbahnen hergerichtet worden. Unter dem Heizkörper schien der kahle

922 HPAC, 444/77F, Tagesbericht vom 21.10.1977.

923 HPAC, 339/78M, Tagesbericht vom 21.07.1978; vgl. auch HPAC, 351/76M, Tagesbericht vom 09.07.1976.

Boden durch. Eine Sprossenwand und eine Turnbank sowie ein weißer Holzschrank zur Aufbewahrung von Sportgeräten zeugten von der Zweckbindung des Raumes. Wenn es das Wetter zuließ, nutzten die Patient:innen auch die Grünflächen zwischen den Gebäudeflügeln für Federball, Volleyball oder Gymnastik in der Gruppe.

Abhängig von ihren Therapiezeiten konnten sich die Patient:innen tagsüber frei auf dem Gelände und auch in der Stadt bewegen. Der städtische Raum diente der individuellen Freizeitgestaltung, etwa wenn Patient:innen Bekannte trafen oder Einkäufe erledigten. Außerdem führten manche hier ihr individuelles Übungsprogramm durch. Manche Therapiegruppen unternahmen Ausflüge im Rahmen des Kulturprogramms. Vor allem Menschen aus dem weiteren Umland erschien Ostberlin allerdings als «Steinwüste»[924] und «meistens grau, stinkend, laut».[925]

Das materiell-räumliche Arrangement prägte das Erleben der Patient:innen und definierte die Schreibszenen. Gleichzeitig brachte das soziale Gefüge den psychotherapeutisch-medizinischen Raum als sozialen Raum hervor.[926] Die soziale Rolle der Patient:innen verband sich mit örtlichen Positionierungen. Man wies ihnen beispielsweise ein Bett in einem Schlafraum zu, aber es wurde von ihnen erwartet, nicht hinter dem Schreibtisch der Therapeut:innen Platz zu nehmen. Der Raum ordnete das soziale Gefüge und setzte Rahmenbedingungen für soziale Praktiken.

Die Patient:innen fanden sich durch die Beengtheit des Raumes ständig in Gruppensituationen wieder, denen sie sich kaum entziehen konnten. Dazu finden sich ambivalente Positionen. Während ein Patient betonte, dass ihm die Gruppe «viele Wochen etwas bedeutete»,[927] beklagten andere mangelnde Rückzugsmöglichkeiten. Ein Patient gab beispielsweise an, es fehle ihm «ein ruhiger Ort, wo [er] ab und zu ungestört allein sein» könne.[928] Ein anderer erlebte «den Zwang zu fast ständigem Gruppenkontakt» als «besonders unangenehm».[929] Das barg sozialen Zündstoff und erforderte eine umsichtige Organisation des Alltags. Wie regelte man vor diesem Hintergrund das soziale Miteinander?

924 HPAC, 248/78M, Tagesbericht vom 24.05.1978.
925 HPAC, 85/77F, Tagesbericht vom 20.02.1977.
926 Vgl. Lefebvre 1991.
927 HPAC, 449/74M, Tagesbericht vom 04.12.1974.
928 HPAC, 557/74M, Tagesbericht vom 13.03.1975.
929 HPAC, 339/78M, Tagesbericht vom 18.07.1978.

6.2 Organisatorische Elemente einer therapeutischen Gemeinschaft

Die Psychotherapieabteilung präsentierte sich öffentlich als therapeutische Gemeinschaft. Wir wenden uns nun den Praktiken zu, mittels derer man die Reformbestrebungen in den Alltag aufzunehmen und, im Sinne eines *doing community*, eine therapeutische Gemeinschaft hervorzubringen suchte. Inwiefern passte man dabei das Konzept den Vorgaben der sozialistischen Gesellschaftsordnung an? Zunächst betrachten wir die Gruppenvisite. Diese wurde in der DDR als maßgeblicher Schritt zur Etablierung therapeutischer Gemeinschaften gehandelt, denn sie versprach, den konzeptuellen Anspruch auf sozialen Umgang zu realisieren. Reformerische Umgestaltung suchte man außerdem mit institutionellen Regelungen zu erreichen, die den Individuen Chancen zur gesellschaftlichen (Re-)Integration boten. Wie partizipativ handhabte man Hausordnung, Ausgang, Urlaub, teilstationäre Modelle und Entlassungen? Inwiefern man Patient:innen organisatorische Eigenverantwortung übertrug, lässt sich anhand des Freizeitprogramms aufzeigen. Dabei wird einerseits die Ambivalenz von Rückzugsbedürfnis und Druck zu sozialer Integration deutlich. Andererseits spiegeln sich Ideale sozialistischer Subjektivität in den Anforderungen an die Kulturplangestaltung. Schließlich erinnern Gremien, mittels derer sich Patient:innen selbst organisieren sollten, an politisierte Routinen der sozialistischen Gesellschaft.

Gruppenvisite

Die sogenannte Gruppenvisite sollte die therapeutische Gemeinschaft etablieren helfen. Für die Charité finden wir nur Hinweise in Krankenakten. Harro Wendt, Direktor des Bezirkskrankenhauses für Psychiatrie und Neurologie in Uchtspringe und Mentor von Helmut Kulawik, publizierte hingegen 1975 wissenschaftlich über das Modell.[930] Das Vorgehen in Uchtspringe sollte für die DDR beispielhaft werden. Wendt thematisierte zunächst die bis dato üblichen Visiten, bei denen eine ganze Schar medizinischen Personals von Bett zu Bett schritt und den jeweiligen Behandlungsstand besprach, ganz so, als hörten in den Krankensälen nicht auch alle Mitpatient:innen mit. Ein Charité-Patient formulierte seine Erwartung daran bildlich als «‹Schwimmen in der Wolke› von Weißkitteln».[931] Die Patient:innen erschienen dabei, so kritisierte Wendt, lediglich als Objekte der Untersuchung und Behandlung. Neben mangelnder Vertraulichkeit und der Herabstufung von Patient:innen hatte diese Form der Visite in seinen Augen weitere

930 Vgl. Wendt 1975.

931 HPAC, 237/76M, Tagesbericht vom 15.07.1976.

Nachteile, etwa für die Fortbildung: Durch die gedrängte Aufstellung am Krankenbett hätten die hinten Stehenden wenig verstehen und lernen können.[932]

Seit 1968 setzte man in psychiatrischen Stationen und später auch in der Gruppenpsychotherapieabteilung in Uchtspringe daher auf die Gruppenvisite. Die Patient:innen lagen nun nicht mehr im Bett, sondern saßen mit bis zu 30 Personen im Tagesraum im Stuhlkreis. Bei diesen Treffen sollte neben den Ärzt:innen möglichst auch das gesamte Pflegepersonal anwesend sein. Die Patient:innen erfuhren, dass sie sich in dem Gesprächskreis gegenseitig besser kennenlernen sollten, da sie alle vergleichbare Anliegen und Schwierigkeiten hätten und sich gegenseitig helfen könnten. Gleichzeitig aber brauche niemand etwas berichten, was die anderen Patient:innen nicht hören sollten. Die Patient:innen sollten Fragen stellen, Beschwerden vorbringen und ohne Einschränkungen sprechen können – und «wer nicht einverstanden sei, könne die Gruppe verlassen».[933] Im Idealfall entstehe bei der Visite nach dem «‹Abfragen› anhand der Behandlungsdokumente» ein Gespräch unter den Patient:innen über gemeinsame Themen. Am Ende sollten die Therapeut:innen die Visite auswerten und sich selbst um Selbstreflexion bemühen.

Zu den Vorteilen dieser Methode zählte Wendt die Zeitersparnis, die gleichberechtigte Teilnahme aller Lernenden und den Abbau von Vorurteilen durch Gespräche unter Patient:innen. Außerdem könnten die Therapeut:innen zeiteffizient Kontakt zu allen Patient:innen herstellen und zugleich das Zusammenwirken der Gruppenmitglieder beobachten und steuern. Dass auch diese Visite nicht vertraulich war, gereiche vor dem Hintergrund früherer Praxis zumindest nicht zum Nachteil. Zudem lasse sich die Gruppenvisite in der Psychiatrie auch dort einsetzen, wo wegen Ausbildungsmangels keine Gruppenpsychotherapie möglich sei – denn auch in diesem Gesprächskreis könnten Patient:innen gegenseitig von ihren Darstellungen und Ratschlägen profitieren. Die Patient:innen könnten sich so selbst als Person erleben, die «trotz [...] Krankheit gefordert wird und anderen helfen» könne.[934]

Den Patient:innen therapeutische Kompetenz zu übertragen, gehörte zu den Kernanliegen der therapeutischen Gemeinschaft, wie später ausgeführt wird. Für Wendt war zentral, dass Patient:innen für eine erfolgreiche Therapie selbstverantwortlich handeln sollten und so zu funktionierenden Mitgliedern der Gemeinschaft würden. Gehe man mit der Gruppenvisite einen «wesentliche[n] Schritt zur therapeutischen Gemeinschaft», wirke sich das auf die Einstellung der Therapeut:innen zum übrigen Personal und die Interaktion der Patient:innen untereinander aus.[935] Ärzt:innen und Pflegepersonal sollten ihre Haltung zu den

932 Vgl. Wendt 1975, S. 134.

933 Hier und im Folgenden: ebd., S. 136.

934 Ebd., S. 137.

935 Ebd.

Patient:innen reflektieren. Ähnlich wie bei den westlichen Reformbemühungen sah Wendt Probleme hinsichtlich eines Abbaus autoritärer Verhaltensweisen vor allem beim Pflegepersonal. Dies war im Übrigen auch in anderen «therapeutischen Gemeinschaften» in der DDR, etwa in Berlin-Buch, der Fall. Doch auch Ärzt:innen sollten sich nicht etwa aus Angst zu autoritärem Verhalten verleiten lassen und so die Emanzipation der Patient:innen behindern. Gelinge dies, könne die Gruppenvisite Patient:innen, Therapeut:innen und Pflegepersonal miteinander in Austausch bringen und auf diese Weise über professionelle und Statusgrenzen hinweg gemeinschaftsbildend wirken.

Auch weil Wendt für die Synergieeffekte von Gruppenvisite und Gruppenpsychotherapie warb, können wir annehmen, dass die Intentionen in der Psychotherapieabteilung der Charité ähnlich aussahen. Die Gruppenvisite fand hier regelmäßig statt, der Turnus blieb im Rahmen der vorliegenden Untersuchung aber unklar. An ihr waren die ärztlichen Therapeut:innen beteiligt, über andere Berufsgruppen erfahren wir nichts. Im Gemeinschaftsraum sollten alle Patient:innen der Reihe nach ihre Beschwerden sowie anstehende organisatorische Aspekte vortragen.[936]

Die Einschätzungen der Patient:innen waren unterschiedlich. Einerseits gab es positive Resonanz. Aus einem anerkennenden Tagesbericht erfahren wir, dass ein «straff führender Oberarzt» die Visite geleitet und dabei «kurz, das wesentliche erörter[t]» habe.[937] Er rege die Patient:innen zum Sprechen an und kenne ihre individuellen Eigenarten gut.[938] Auch die Aufgeschlossenheit der anderen Ärzt:innen wurde positiv quittiert.[939] Dass sich die Patient:innen offen selbst einschätzten, gefiel einem Autor, der damit auf die therapeutische Funktion der Patient:innen verwies.[940] Die Patient:innen mussten sich allerdings nicht notwendigerweise offenbaren. Gaben Patient:innen an, sich in der Visite nicht richtig verstanden gefühlt zu haben, bot man ihnen manchmal Einzelgespräche an.[941]

Andererseits versetzte das Gruppensetting manche in Aufregung.[942] Wiederholt äußerten Patient:innen Hemmungen, weil sie fürchteten, als weinerlich oder arbeitsscheu angesehen zu werden und damit den therapeutischen Normen zu widersprechen. Eine Patientin wollte ihrer Verzweiflung in der Visite kein Ge-

936 Beispiel: «Bei der Visite kommt es mir so vor, daß keiner der Patienten irgendwelche Beschwerden oder Schmerzen hat. Es wird nur über organisatorische Dinge gesprochen. Ich schließe mich der Allgemeinheit an und sage auch nichts. Nur frage ich mich, ist das so richtig», HPAC, 468/77M, Tagesbericht vom 24.11.1977.

937 HPAC, 607/77F, Tagesbericht vom 25.11.1977.

938 Vgl. HPAC, 317/78M, Tagesbericht vom 14.07.1978; HPAC, 320/78M, Tagesbericht vom 14.07.1978.

939 Vgl. HPAC, 312/78M, Tagesbericht vom 03.–04.08.1978.

940 HPAC, 438/76M, Tagesbericht vom 27.08.1976.

941 Vgl. HPAC, 414/78F, Tagesbericht vom 24.07.1978.

942 Vgl. HPAC, 444/77F, Tagesbericht vom 29.09.1977.

hör verschaffen, denn sie befürchtete, «als ewiger ‹Jammerlappen› abgestempelt zu werden und daß [sie] nicht den Willen [habe,] etwas zu tun».[943] Andere bemängelten, dass ihr therapeutischer Fortschritt und damit implizit ihr Engagement öffentlich beurteilt und ihre Beschwerden als vorgeschobene «Wehwehchen» ausgelegt würden.[944]

Institutionelle Vorgaben zum Klinikaufenthalt

Das ursprüngliche Konzept der therapeutischen Gemeinschaft sah vor, Regelungen des Zusammenlebens grundsätzlich zwischen Therapeut:innen und Patient:innen zu debattieren. An der Charité bemühte man sich um die Integration reformerischer Elemente, die eine gesellschaftliche (Re-)Integration der Patient:innen begünstigen sollten. Dazu gehörten unter anderem die Möglichkeit, sich frei in der Stadt zu bewegen, Beurlaubungen, teilstationäre Behandlungsmodelle und zeitige Entlassungen. Inwiefern partizipierten Patient:innen an der Ausgestaltung solcher Regelungen?

Bei der Einführung in die Abteilung wurden die Patient:innen über die Hausordnung informiert. Sie setzte unter anderem die abendlichen Ausgangszeiten fest. Diese wurden in einem Buch dokumentiert und durften nicht überschritten werden.[945] Wollten Patient:innen länger ausgehen, mussten sie bei den Therapeut:innen um Erlaubnis bitten.[946] Gelegentlich kritisierten sie die Zeiten, doch die Handhabung der Hausordnung war nicht verhandelbar.[947] Das Regelwerk festigte die Rollenverteilung: Nicht zuletzt hingen Ausnahmen, die im sonstigen Leben von der Bewegungs- und Entscheidungsfreiheit der Patient:innen gedeckt waren, nun vom Wohlwollen der Therapeut:innen ab.

In Ausnahmefällen kam es zum disziplinarischen Entzug des Ausgangsrechts. Weil eine Patientin mit der Verlegung in ein anderes Zimmer nicht einverstanden war, kam es zu einem Konflikt mit den Therapeut:innen. Dem Verlauf ihrer Akte zufolge habe sie kurze Zeit später «demonstrativ die Station verlassen» wollen. Eine Rücksprache mit dem Klinikdirektor habe ergeben, dass

943 HPAC, 85/77F, Tagesbericht vom 21.04.1977; vgl. ähnlich HPAC, 477/77F, Tagesbericht vom 21.10.1977.

944 HPAC, 666/78F, Tagesbericht vom 26.01.1978; vgl. ähnlich HPAC, 468/77M, Tagesbericht vom 17.11.1977.

945 Vgl. 317/78M, Tagesbericht vom 04.08.1978.

946 Vgl. HPAC, 232/76M, Tagesbericht vom 24.05.1976.

947 Beispiel: «Mich stört nur noch, daß ich wenn ich 21 Uhr hier sein muß, mächtig rase, und mich [sic] Gedanken mache ob ich es bis zu der Zeit schaffe, da gehe ich dann den anderen auf den Geist, aber ich hoffe das sich das auch bald abstellen läßt», HPAC, 142/77M, Tagesbericht vom 27.04.1977.

der Patientin «kein Ausgang!» zu gewähren sei.[948] Dass sie in den folgenden Tagen «auch ständig an den stat[ionären] Zuständen, dem Verhalten der Mitpat[ient:innen], der Schwestern, den Anordnungen [des] Arztes» Kritik übte, verstand man nicht als therapeutisch erstrebenswertes Verhalten im Sinne der Selbstbehauptung, sondern als unzulängliche Bereitschaft, sich einzuordnen.[949] Nach drei Tagen gewährte man ihr schließlich wieder Ausgang.

Die Institution regelte außerdem Besuchszeiten und Beurlaubungen. Beides war therapeutisch legitimiert: Die Patient:innen sollten soziale Verbindungen in ihrem Lebensumfeld aufrechterhalten und verbessern. Die Besuchszeiten waren begrenzt und für alle Patient:innen gleich. Gelegentlich handelten diese die Zeiten mit den Therapeut:innen aus. Die meisten Patient:innen, insbesondere jene mit Verwandtschaft in und um Ostberlin, erhielten häufig Besuch.[950] Gerade zu Beginn der Therapie versuchten Therapeut:innen aber, den Kontakt zu Angehörigen zu begrenzen. Zwecks besserer Eingewöhnung bestand in den ersten Wochen des Klinikaufenthalts ein grundsätzliches Besuchsverbot.[951] Ein Patient beschrieb kurz nach seiner Aufnahme, der Oberarzt habe ihm geraten, «aus therapeutischen Gründen von einem Besuch der Familie am Wochenende abzusehen».[952] Der Ratschlag habe ihn in Unruhe versetzt und er entschied, sich darüber hinwegzusetzen.[953] Dies zog allerdings keine disziplinarischen Konsequenzen nach sich.

In Absprache mit den Therapeut:innen, aber erst nach einigen Wochen Klinikaufenthalt, gewährte man den Patient:innen Wochenendurlaub.[954] Gelegentlich dienten die Tagesberichte der Organisation der Heimatbesuche.[955] Die sogenannten Belastungsurlaube erhielten therapeutische Bedeutung, weil Patient:innen ihre Erkenntnisse aus der Therapie in ihrem Lebensumfeld erproben sollten.[956] Manche suchten dabei ihren Tagesrhythmus beizubehalten. Eine Pati-

948 HPAC, 414/78F, Verlaufsdokumentation, Eintrag vom 03.10.1978.

949 Ebd., Verlaufsdokumentation, Eintrag vom 06.10.1978.

950 Beispiel: «Ich habe mich riesig gefreut, das meine Frau sowie mein großer Sohn gestern zu Besuch bei mir waren. Ebendso [sic] das ich die Bestätigung bekommen habe, vom Oberarzt, das ich nächstes Wochenende nach Hause fahren kann, wegen der Einschulung», HPAC, 430/76M, Tagesbericht vom 25.08.1976.

951 Vgl. HPAC, 379/78M, Tagesbericht vom 05.09.1978.

952 HPAC, 479/76M, Tagesbericht vom 30.01.1976.

953 «Auf Grund des Vortages hatte ich eine absolute schlechte Nacht. Den Rat des Herrn OA habe ich nicht wahrgenommen u. habe meine Familie heute kommen lassen. Ich hatte mir vorgenommen, mit meiner Frau darüber zu sprechen. Völlig zerstört noch am Morgen war ich gegen Abend wesentlich ruhiger. Über diesen Tag möchte ich gern ein individuelles Gespräch mit Fr. Dr. K[...] führen», ebd., Tagesbericht vom 31.01.1976.

954 Vgl. HPAC, 338/78M, Tagesbericht vom 18.07.1978.

955 Vgl. HPAC, 181/76M, Tagesbericht vom 13.04.1976.

956 Vgl. HPAC, 430/76M, Epikrise vom 25.10.1976.

entin bat bei einem Wochenendurlaub etwa ihren Mann, «etwas Frühsport mitzumachen».[957] In den Tagesberichten reflektierten sie ihre Erlebnisse und bereiteten deren Integration in den Therapieprozess vor. Oft handeln sie von familiären Begegnungen und Konflikten. Selten gestalteten die Patient:innen sie auch als Urlaubsberichte mit Ausschnitten aus Fotografien und Postkarten.[958]

Ähnlich rehabilitativ sollte die teilstationäre Behandlung wirken. An der Charité entstand, anders als es etwa in der BRD durch die Psychiatrie-Enquête vorangetrieben wurde, zur DDR-Zeit keine Tages- oder Nachtklinik. Allerdings gab es Tagespatient:innen, die in das stationäre Abteilungsprogramm eingebunden waren. In der Regel wurden sie zunächst stationär therapiert und nach einigen Wochen teilstationär weiterbehandelt.[959] Das betraf nur Patient:innen aus Ostberlin und Umgebung, die die Nervenklinik einfacher erreichen konnten als Patient:innen aus entfernteren Bezirken. Tagesberichte schrieben sie weiter. Manche empfanden die teilstationäre Behandlung als besonders anstrengend. Da sie kein Bett mehr hatten, fehlte ein Ort für Ruhepausen und Rückzug. Hinzu kamen teils recht lange Pendeldistanzen. Dennoch erschien es einigen erstrebenswert, teilstationär behandelt zu werden, worauf sie entsprechend hinzuwirken versuchten.[960] Den Übergang in die teilstationäre Behandlung sahen sie meist als therapeutischen Fortschritt an, weil er der Reintegration in den Alltag diente.[961] Sowohl die Tagespatient:innen als auch die stationären Patient:innen bemängelten aber, dass sich die teilstationäre Behandlung Einzelner problematisch auf das Gruppenempfinden ausgewirkt habe.[962] Die Entscheidung über eine teilstationäre Behandlung lag bei den Therapeut:innen.

Anders als auf den psychiatrischen Stationen war die ungefähre Therapiedauer in der Psychotherapieabteilung festgesetzt. Zwar variierte sie im Detail, aber die Patient:innen wurden nicht jahrelang hospitalisiert oder aus wissenschaftlichen Gründen in der Klinik behalten. Außerdem konnten sie ihre Entlassung selbst beeinflussen. Grundsätzlich war es möglich, dass sie die Therapie gegen ärztlichen Rat abbrachen, was in Ausnahmefällen auch geschah. Manche wollten auch offiziell entlassen werden, weil sie keinen therapeutischen Erfolg

957 HPAC, 403/78F, Tagesbericht vom 19.08.1978.

958 Vgl. HPAC, 438/76F, Tagesbericht vom 21.–22.08.1976.

959 Entsprechende Vermerke finden sich auf den Fieberkurven am Ende der Krankenakten, vgl. HPAC, 607/77F, Fieberkurve.

960 Beispiel: «Trotz eines schwankenden Wohlbefindens ist die Stimmung zuversichtlich. Ich bitte noch einmal darum, zu prüfen, ob ich als Tagespatient eingestuft werden kann», HPAC, 207/76M, Tagesbericht vom 05.07.1976.

961 Vgl. HPAC, 652/76F, Tagesbericht vom 09.02.1977.

962 Vgl. HPAC, 288/78M, Tagesbericht vom 29.08.1978; HPAC, 41/78F, Tagesbericht vom 02.03.1978.

wahrnahmen.[963] Aber auch bei einem erfolgreich eingeschätzten Therapieverlauf brachten sich manche über die Tagesberichte in der Planung der Abschlussphase ein. Ein Patient wünschte sich, «baldmöglichst in [sein] Arbeitskollektiv zurückzukehren», da er sich inzwischen besser fühle.[964] Er bat um ein Gespräch, in dem er seinen «Standpunkt nochmals klar darlegen» wolle. Er sehe es zudem «als zweckmäßig» an, «die kommende verkürzte Woche als Test [...] hinsichtlich der Kontakte zur Arbeitsstelle und zur Klärung meines Wohnungsproblems» zu nutzen. Seine Entlassung erbitte er drei Wochen später. Er sehe sie «als akzeptable Lösung» für seinen Therapieabschluss an und werde den Vorschlag bei der kommenden Abteilungsvisite unterbreiten. Tatsächlich wurde daraufhin ein Abschlussgespräch vereinbart und der Patient zu seinem Wunschtermin arbeitsfähig geschrieben. Auch in Fällen, in denen Patient:innen Kinder versorgen mussten oder andere häusliche oder arbeitsbedingte Pflichten ihre Anwesenheit erforderten, finden sich entsprechende Entlassungsvereinbarungen. Im Fall einer Patientin, die der Epikrise zufolge «rasch eine völlige Verhaltenskorrektur» habe vornehmen können und deren «Leidensdruck [...] zu wenig ausgeprägt» erschien, entschlossen sich die Therapeut:innen «gemeinsam mit der Gruppe» zur Entlassung.[965]

Es gab allerdings auch Fälle, in denen der Ansicht der Patient:innen weniger Gewicht beigemessen wurde. Eine Patientin wollte nicht entlassen werden, weil sie auf weiteren therapeutischen Erfolg hoffte. Der Zeitdruck und ein plötzlicher Übergang in die teilstationäre Behandlung hätten sie innerlich blockiert. Sie äußerte Unverständnis darüber, dass sie entlassen werden solle, «bloß weil der Termin feststand»: «[Ich] sträube mich dagegen, daß es bei mir sinnlos gewesen wäre und ich beneide alle, die nach meiner Erkenntnis sogar noch die Gelegenheit hatten, dieses etwas auszuprobieren und praktisch zu festigen.»[966] Sie hatte zunächst versucht, «den Termin verlängern zu lassen», weil sie das Gefühl gehabt habe, dass sie «jetzt kurz vor dem sog. ‹Klick›» sei. Nun aber wolle sie Urlaub von der Arbeit nehmen, um «wenigstens als Gast teilzunehmen». Weil man ihr keine Verlängerung gewährte und ihr «als einziger gleich am Anfang ein Termin gesetzt wurde», komme sie sich «verscheißert» vor. Dass sie trotzdem unbedingt «erfolgreich hier raus kommen mußte», begründete sie vor allem mit dem «Stempel [...] im Ausweis». Die Entscheidung über die Entlassung lag letztlich bei den Therapeut:innen. Sie stand nur ausnahmsweise zur gemeinschaftlichen

963 Beispiel: «Ich habe lange nicht mehr geschrieben. Ich habe zur letzten Visite den Wunsch geäußert, hier bald herauszukommen. Das deshalb, weil ich nach 11-wöchigem Aufenthalt keine Linderung inbezug [sic] auf meine Beschwerden empfinde», HPAC, 179/77F, Tagesbericht vom 20.06.1977.

964 Hier und im Folgenden: HPAC, 430/76M, Tagesbericht vom 29.09.1976.

965 HPAC, 126/78F, Epikrise vom 19.04.1978.

966 Hier und im Folgenden: HPAC, 620 A/77F, Tagesbericht vom 06.01.1978.

Diskussion. Zudem ließ sich die Behandlung auf Wunsch der Patient:innen leichter verkürzen als verlängern.

Nach ihrer Entlassung verblieben die meisten in ambulanter Nachbetreuung durch die Nervenpoliklinik der Charité. Patient:innen aus weiter entfernten Regionen sollten wohnortnah weiter betreut werden. Manche blieben außerdem untereinander in Kontakt, zum Teil auch Patient:innen der Stationen 4 und 5.[967] Es finden sich gelegentlich Postkarten, auf denen ehemalige Patient:innen über gemeinsame Treffen noch Monate nach der Behandlung berichten. Im Laufe des Jahres 1978 veränderte man den Behandlungsmodus auf der Station 5. Es wurde vermehrt mit sogenannten geschlossenen Gruppen gearbeitet, bei denen alle Patient:innen gemeinsam aufgenommen und nach acht Wochen entlassen wurden.[968] Danach fanden regelmäßige Gruppentreffen zur Nachbetreuung statt. Beispielsweise traf sich eine Gruppe, die Ende Dezember 1978 entlassen wurde, bis Ende 1979 viermal wieder. Im Nachgang entschied sich die Gruppe «aus eigenem Interesse» für ein weiteres Treffen Anfang 1980 – «ohne Therapeut», allerdings in der Nervenklinik.[969] Offenbar schätzten die Therapeut:innen ein, dass die ehemaligen Patient:innen einander auch ohne das Zutun der Expert:innen eine therapeutische und präventive Stütze sein könnten.

Zusammenfassend lässt sich feststellen, dass einige institutionelle Vorgaben mit reformerischer Intention auf die gesellschaftliche Einbindung der Patient:innen abzielten. Dabei setzte man auf Strukturelemente wie eine Hausordnung mit Ausgangszeiten, Besuchszeiten und Urlaubsregulation. Man legte die Regelungen meist nicht übermäßig streng aus und setzte bei kleineren Verstößen kaum auf Disziplinarmaßnahmen. Allerdings beschränkte sich der Raum, der sich den Patient:innen zur Partizipation bot, vor allem auf Terminabsprachen. Größere Ordnungsstrukturen blieben unverhandelbar. Auch Entlassungen, die in therapeutischen Gemeinschaften im ursprünglichen Sinne eine gemeinschaftliche Entscheidung sein sollten, oblagen primär der Institution und seltener der Aushandlung durch die Patient:innen.

Freizeitgestaltung und Eigenverantwortung

Am Beispiel des sogenannten Kulturplans lässt sich zeigen, wie Patient:innen Verantwortung für die Alltagsgestaltung übernahmen. Die Gruppen organisierten eigenständig Ausflüge, was nach Einschätzung mancher das Zusammengehörigkeitsgefühl stärkte.[970] Die Therapeut:innen gaben Empfehlungen für Ausflugs-

967 Vgl. HPAC, 199/77M, Tagesbericht vom 25.–27.06.1977.

968 Einzelne Patient:innen bemängelten, dass die Zeit zu kurz sei, um eine Veränderung zu erreichen, vgl. HPAC, 414/78F, Tagesbericht vom 29.08.1978.

969 HPAC, 377/78M, Verlaufsdokumentation, Eintrag vom 16.11.1979.

970 Vgl. HPAC, 502/78F, Tagesbericht vom 12.09.1978.

ziele, begleiteten ihre Patient:innen aber nicht. Die Kulturpläne sind selten erhalten, sodass sich Hinweise vor allem aus Tagesberichten ergeben. Ein Einzelfall ist ein Wochenendplan für die Station 5, der einem Tagesberichtkonvolut beigelegt war (vgl. Abb. 17). Er beschreibt die geplanten und realisierten Programmpunkte mit den jeweiligen Endzeiten. Darunter waren Kino-, Theater- und Opernbesuche sowie ein Ausflug ins Kunstgewerbemuseum im Köpenicker Schloss. Neben der auffallend hohen Dichte an kulturellen Veranstaltungen zeigt der Plan den «Stationsdienst», bei dem die Patient:innen die Räume der Station reinigten. Ein solches Kulturprogramm war nicht nur an der Charité etabliert. Beate Mitzscherlich stellte fest, dass «Kultur als Therapeutikum [...] in der DDR-Psychiatrie in einem Ausmaß selbstverständlich [gewesen sei], das selbst bei westlichen Partnerkliniken Neid oder Bewunderung» erzeugt habe.[971]

Gewiss bot sich Ostberlin im Vergleich zu anderen Psychiatriestandorten, gerade den ländlich gelegenen psychiatrischen Bezirkskrankenhäusern, besonders für kulturelle Freizeitaktivitäten an. Viele Patient:innen berichteten über Besuche von Museen, Sehenswürdigkeiten, Aufführungen aller Art, des Fernsehturms oder des Tierparks. Manche zogen an den Wochenenden auch allein oder zu zweit durch die Stadt. Eine Patientin berichtete sogar, dass solche Programmpunkte für sie «sonst nur ein Urlaubsereignis» gewesen seien.[972] Später machte sie mit einer Mitpatientin eine «Kaffeefahrt» in Köpenick.[973] Sie leistete ihrer Mitpatientin gern Gesellschaft, denn diese habe «einen Menschen, um abzuschalten» gebraucht und sei ihr manchmal «isoliert, oder gemieden» vorgekommen. Um ihr etwas Aufwind zu verschaffen, bat die Autorin die Therapeut:innen außerdem, die Mitpatientin «zur großen Visite [zu] loben», da sie «sehr schön die Fußgymnastik» leite. Insofern trug die Freizeitgestaltung zur Vertiefung persönlicher Bindungen bei. Bei Ausflügen in größeren Gruppen führten sich Patient:innen gelegentlich wechselseitig. Dabei brachten sie eigene Interessen und Expertisen ein, etwa beim Besuch einer Bauausstellung[974] oder bei der Besichtigung von Kinotechnik.[975] Dass die Patient:innen die umfangreichen Ausflüge selbst bezahlen mussten, führte manche in die Bredouille.[976] Offenbar setzte man eine gute ökonomische Situierung der Patient:innen voraus, was sich mit der Untersuchung der Sozialstruktur deckt.[977]

---

971 Mitzscherlich 2006, S. 26. Der Zeitzeug:innen-Band, den sie gemeinsam mit Thomas R. Müller herausgab, verdeutlicht auch die unterschiedliche Rezeption des Kulturprogramms durch die Patient:innen.

972 Hier und im Folgenden: HPAC, 439/76F, Tagesbericht vom 04.08.1976.

973 Hier und im Folgenden: ebd., Tagesbericht vom 08.08.1976.

974 Vgl. ebd., Tagesbericht vom 14.08.1976.

975 Vgl. hier und im Folgenden: HPAC, 469/77M, Tagesbericht vom 17.11.1977.

976 Vgl. ebd., Tagesbericht vom 28.11.1977; ähnlich HPAC, 354/78M, Tagesbericht vom 06.09.1978.

977 Vgl. Kapitel 3.

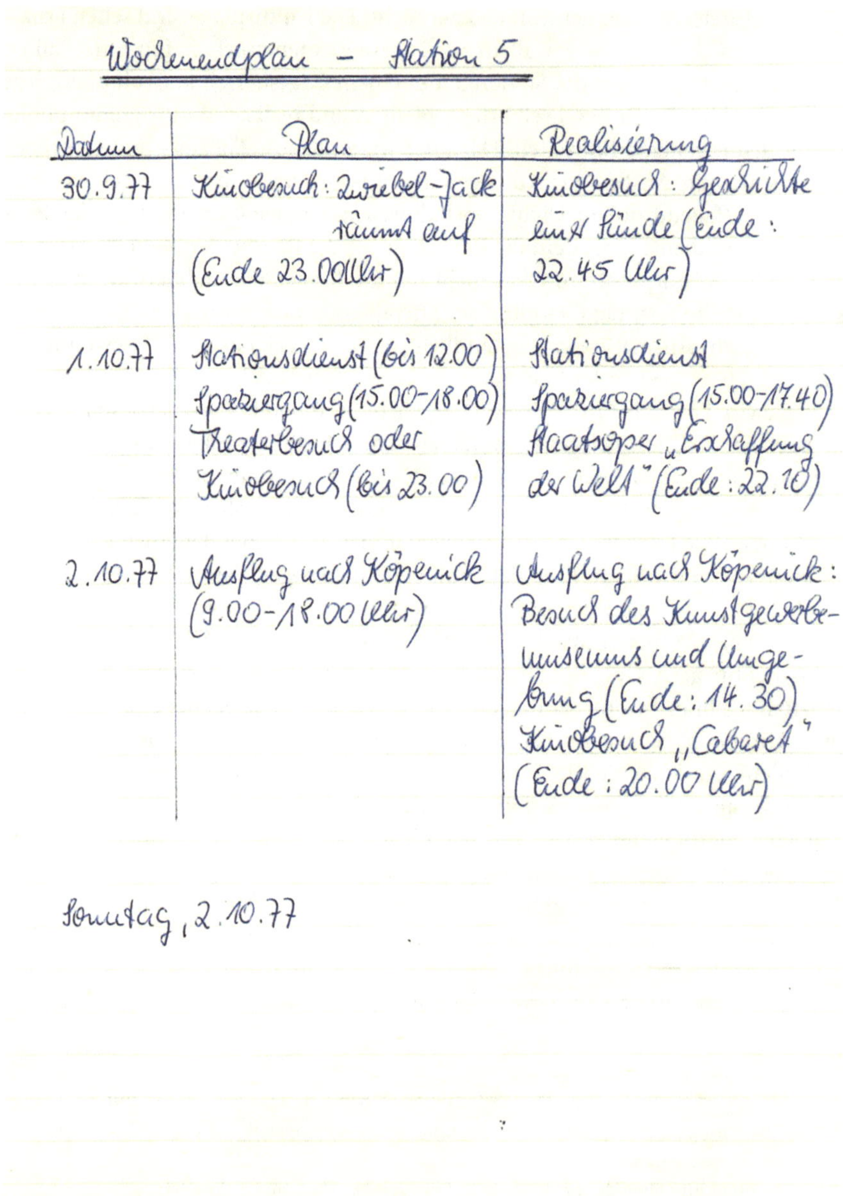

Wochenendplan – Station 5

Datum	Plan	Realisierung
30.9.77	Kinobesuch: Zwiebel-Jack räumt auf (Ende 23.00 Uhr)	Kinobesuch: Geschichte einer Sünde (Ende: 22.45 Uhr)
1.10.77	Stationsdienst (bis 12.00) Spaziergang (15.00–18.00) Theaterbesuch oder Kinobesuch (bis 23.00)	Stationsdienst Spaziergang (15.00–17.40) Staatsoper „Erschaffung der Welt" (Ende: 22.10)
2.10.77	Ausflug nach Köpenick (9.00–18.00 Uhr)	Ausflug nach Köpenick: Besuch des Kunstgewerbemuseums und Umgebung (Ende: 14.30) Kinobesuch „Cabaret" (Ende: 20.00 Uhr)

Sonntag, 2.10.77

Abbildung 17: HPAC, 477/77F, Wochenendplan der Station 5, Tagesbericht vom 02.10.1977.

Für die meisten bedeutete das kulturelle Programm Abwechslung vom Klinikalltag und es wurde daher positiv aufgenommen.[978] Den verschiedenen Interessenlagen entsprechend gefiel das Kulturprogramm nicht allen gleichermaßen.[979] Ein Kritikpunkt war außerdem der implizite Druck, sich an Gruppenaktivitäten zu beteiligen, auch wenn sich die Betreffenden Privatsphäre wünschten. 1974 berichtete ein Patient vom Besuch der Staatsoper:

> Wie beim letzten Opernbesuch fielen mir vor Müdigkeit die Augen zu. Ich war überhaupt nicht aufnahmefähig. Beide Male war ich mitgegangen, um mich nicht zu isolieren. Da ich sowieso nie gut schlafe und außerdem vorher nicht weiß, ob ich Mittagsruhe halten werden kann, bin ich in solchen Fällen am folgenden Tag noch müder, was meine Stimmung nicht gerade verbessert. Daher sehe ich diese unfreiwillige ‹Unterordnung› als sinnlos an. Der Preis, den ich dafür nochmal habe zahlen müssen, ist zu hoch.[980]

Die moralische Verpflichtung zur Teilnahme an Gruppenaktivitäten war durchaus institutionell vermittelt. Das lässt sich mancher Verlaufsdokumentation entnehmen. Über eine Patientin hieß es beispielsweise, sie habe «sich vor gemeinsamem Kinobesuch mit der Gruppe» gedrückt.[981]

Doch nicht alle Formen der Freizeitgestaltung fanden außerhalb der Klinik statt. 1977 publizierte die *Neue Zeit*, das Zentralorgan der Ost-CDU, den Artikel «Tanz als Therapie verordnet. Patientenklub der Charité – Stätte der Begegnung und der Lebensfreude». Darin hieß es:

> Die behaglich ausgestatteten Räume in einer der Charité-Kliniken bieten etwa 60 Personen Platz. Den größten Teil des Tages über dienen sie der ambulanten Behandlung und Gruppentherapie von Patienten. Zweimal in der Woche aber [...] sind sie den Zusammenkünften der Patienten vorbehalten. All jene, die aufstehen können, dürfen dann den Klub aufsuchen und ein paar gesellige Stunden verbringen. Hier gibt es eine Vielzahl von Büchern und Zeitschriften; es stehen Spiele zur Verfügung, ein Plattenspieler sowie Vorführungsgeräte für Dias und Filme sind vorhanden. Selbst eine Diskoanlage fehlt nicht, denn gerade Tanzen ist so recht dafür geeignet, Lebensfreude zu vermitteln, und gerade die sollte als Therapie nicht zu kurz kommen.[982]

Der Artikel liefert einen bildlichen Eindruck von der regelmäßigen Zusammenkunft. Er spart aber aus, dass die Veranstaltung in der Nervenklinik stattfand und von Psychotherapie-Patient:innen ausgerichtet wurde.[983] Beim Patientenklub trafen die Psychotherapie-Patient:innen nicht nur auf Patient:innen anderer Charité-Kliniken, sondern sie begegneten auch ihren Therapeut:innen außerhalb der

978 Vgl. HPAC, 599/76M, Tagesbericht vom 05.12.1976.
979 Vgl. HPAC, 438/76F, Tagesbericht vom 14.–15.08.1976.
980 HPAC, 557/74M, Tagesbericht vom 30.01.1975.
981 HPAC, 514/78M, Verlaufsdokumentation, Eintrag vom 02.02.1979.
982 «Tanz als Therapie verordnet», in *Neue Zeit*, 11.08.1977, Jg. 33, Ausg. 189, S. 8.
983 Vgl. HPAC, 369/76F, Tagesbericht vom 10.07.1976.

eigentlichen Behandlung. Dass solche Begegnungen auf Augenhöhe möglich seien, merkte ein Patient positiv an.[984] Die Patient:innen organisierten innerhalb der Psychotherapieabteilung zusätzlich sogenannte Patientennachmittage mit Musik oder Vorträgen. Häufig wählten sie ein Oberthema wie «Hobbys», zu dem verschiedene Patient:innen sprechen sollten.[985] Wie bei allen Formen der Freizeitgestaltung gingen auch hierzu die Meinungen auseinander.[986]

Häufig waren die Veranstaltungen nicht nur als geselliger Zeitvertreib gedacht, sondern mit therapeutischer Bedeutung versehen. Dabei sollten sich die Patient:innen überwinden, vor anderen zu musizieren, Vorträge zu halten oder beim Tanzen in engeren Kontakt mit ihren Mitmenschen zu treten. Ein Mann berichtete in diesem Zuge davon, wie er sich erfolgreich überwand, mit einer Mitpatientin zu flirten.[987] Eine andere Patientin fühlte sich bei Tanzveranstaltungen dagegen anhaltend unwohl. Sie schrieb, «Tanzvergnügen» lägen ihr «überhaupt nicht», weil sie im sozialen Kontakt enttäuscht werde und ihre «Minderwertigkeitsgefühle» daher stärker würden.[988] Sie habe sich bei einer Faschingsveranstaltung daher zurückgezogen, doch die Psychologin habe sie entgegen ihrem Willen wieder zur Gruppe geschickt. Bei solchen Veranstaltungen liefen die gemischtgeschlechtliche Behandlung und ein therapeutisch gedachtes Programm durchaus mit geschlechterstereotypen Verhaltensweisen zusammen.

Der Kulturplan und die Nachmittagsveranstaltungen standen im Zeichen progressiver Bemühungen um gesellschaftliche und soziale Integration, einen abwechslungsreichen Alltag und offene Türen in der Psychiatrie. Außerdem schlossen sie an den verhaltenstherapeutischen In-vivo-Ansatz an, indem sie Konfrontation mit und Gewöhnung an bislang gemiedene Situationen forcierten. Hinsichtlich des Gruppenprozesses konnten gemeinsame Aktivitäten das Gemeinschaftsgefühl stärken. Die Freizeitgestaltung zeigt, wie Patient:innen Verantwortung für die Organisation, Gestaltung und Entscheidung von Alltagsangelegenheiten übernahmen. Die therapeutisch intendierte Eigenverantwortung ließ dabei ihre untergeordnete Position in der Krankenhaushierarchie erodieren. Zugleich wurde den Patient:innen der Rückzug in die Privatsphäre verwehrt, was dem Konzept einer sozialistischen Gemeinschaft entsprach. Die aktive Freizeitgestaltung mit kulturellem Schwerpunkt lässt zudem Anleihen bei dem Ideal der «allseitig gebildeten sozialistischen Persönlichkeit» vermuten.

---

984 Vgl. HPAC, 449/74M, Tagesbericht vom 11.12.1974.

985 Vgl. HPAC, 338/78M, Tagesbericht vom 20.07.1978.

986 HPAC, 351/76M, Tagesbericht vom 10.07.1976.

987 Vgl. HPAC, 348/78M, Tagesbericht vom 14.08.1978.

988 Hier und im Folgenden: HPAC, 66/76F, Tagesbericht vom 18.02.1976.

Das Politische im Kleinen. Gremien zur Patient:innenbeteiligung

Ein besonderes Element der Alltagsorganisation bildeten die verschiedenen Formen der Selbstorganisation. Verpflichtend für alle war die sogenannte Patientenvollversammlung, auch «PVV» abgekürzt.[989] Was dort besprochen wurde, wissen wir nur aus wenigen Tagesberichten. Ein Mann beschrieb beispielsweise Reibungen bei einer «Diskussion zum Problem Küchenbenutzung durch die Patienten».[990] Eine andere Patientin schrieb, sie habe in der Vollversammlung den Hinweis erhalten, dass sie sich «um mehr Eigenständigkeit bemühen» solle.[991] Demnach diskutierten die Patient:innen dort also vorrangig konfliktbehaftete Themen des Zusammenlebens und ihren alltäglichen Umgang miteinander.

In der organisatorischen Hierarchie der Abteilung stand der sogenannte Patientenrat über der Vollversammlung. Aus einzelnen Berichten erfahren wir, dass hier organisatorische Alltagsangelegenheiten innerhalb der Klinik verhandelt wurden.[992] Ein Patient schilderte anschaulich, wie sich dieses Gremium zusammensetzte. Er selbst habe sich «bereit erklärt, für die folgende Wahlperiode für das Zimmer 225 im Patientenrat mitzuarbeiten», doch habe er es «von vornherein [abgelehnt], das Amt des Vorsitzenden zu übernehmen».[993] Nun hätten aber «alle neu ernannten Zimmervertreter ebenfalls das Amt des Vorsitzenden» abgelehnt und für alle sei «eine sehr unangenehme Situation» entstanden. Weil er «Ausflüchte und Ausreden» vorgebracht habe, «um nur nicht Vorsitzender zu werden», machte er sich im Nachhinein Vorwürfe. Als der Kelch an ihm vorbeiging und sich eine andere Person dazu bereit erklärte, «den Vorsitzenden zu machen», habe er sich geschämt. Der Patientenrat entsprach somit einem demokratisch gewählten Gremium, dessen Spielregeln sich alle Mitglieder verpflichtet fühlten. Wenige verdeutlichten aber auch ihre Ablehnung, die in genereller Skepsis gegenüber der Klinik gründete.[994]

Im Sinne der therapeutischen Gemeinschaft sollten diese Gremien die Beteiligung der Patient:innen stärken.[995] Allerdings erfahren wir auch, dass die Therapeut:innen die Vorsitzenden des Patientenrates bisweilen in Disziplinarmaßnahmen einbanden. Eine Patientin hatte eigenmächtig eigene Medikamente genommen und daraufhin das Bewusstsein verloren. Dem Verlauf ihrer Krankenakte zufolge bestimmte eine «Festlegung», dass die Patientin in Anwesenheit

989 Vgl. HPAC, 461/78M, Tagesbericht vom 10.–12. 11. 1978.

990 HPAC, 268/77M, Tagesbericht vom 28. 07. 1977.

991 HPAC, 413/78F, Tagesbericht vom 04. 08. 1978.

992 Vgl. bspw. HPAC, 392/78M, Tagesbericht vom 14. 09. 1978.

993 Hier und im Folgenden: HPAC, 468/77M, Tagesbericht vom 01. 12. 1977.

994 Hier und im Folgenden: HPAC, 636/74F, Tagesbericht vom 06. 02. 1975.

995 Ähnliches ist bekannt über den Patientenrat der sozialpsychiatrischen Abteilung der Universitätsnervenklinik in Leipzig. Dieser hatte zwar zunächst wenig Einfluss auf die Behandlung, aber Patient:innen konnten stationäre Abläufe mitgestalten, vgl. Mitzscherlich 2006, S. 26.

eines Arztes und einer Schwester alle Medikamente abgeben musste; sie hatte zu einer Urinkontrolle zu erscheinen und schließlich sollte sie bis zur Vollversammlung den «Vorsitzenden des Pat.-rates» über ihren Verstoß unterrichten.[996] Dieses Vorgehen erinnert entfernt an Konfessionsrituale im sozialistischen Kollektiv, wie die «Kritik und Selbstkritik» im sowjetischen Marxismus-Leninismus.[997] Die Patientin empfand das gesamte Vorgehen als existenzielle Bedrohung: Sie befürchtete, sie werde am nächsten Tag bei der «Patientenversammlung an die Wand gestellt und erschossen», und glaubte, sie «stehe das nicht durch».[998] Ob die anderen Patient:innen ihre Instrumentalisierung als institutionelle «Exekutive» goutierten oder als unsolidarischen Akt empfanden, wissen wir nicht. Die Einordnung und Sanktionierung des Verstoßes hatten die Therapeut:innen allerdings bereits geleistet und beteiligten die übrigen Patient:innen nicht an diesem Ordnungsprozess. Jedoch spricht ihr Vorgehen dafür, dass sie davon ausgingen, dass ihre Maßnahme von der Patient:innengruppe akzeptiert werden würde.

Die beschriebenen Gremien nahmen psychiatriereformerische Elemente auf. Sie erlaubten den Patient:innen, an Alltagsorganisation und Konfliktlösungen zu partizipieren. Ähnlich sah Maxwell Jones für die Mitglieder der therapeutischen Gemeinschaft regelmäßige Zusammenkünfte in einer Vollversammlung vor. In Jones' Modell sollten sie über alle Belange der Therapie und des Zusammenlebens gemeinsam und gleichberechtigt entscheiden. An der Charité aber blieben die beschriebenen Gremien der therapeutischen Autorität unterstellt. Sie dienten eher als Diskussionsplattform für untergeordnete Anliegen und im Konfliktfall allenfalls als Korrektiv. Abseits dessen korreliert die Praxis der Gremien mit Elementen der sozialistischen Gesellschaftsordnung. Politische Elemente wie Ratssitzungen und Versammlungen waren den Patient:innen aus ihrem Alltag in einer politisch durchdrungenen Gesellschaft wohlvertraut. Dass man in der Therapie von ihnen erwartete, Ämter in Gremien zu übernehmen, korrelierte zudem mit politisch vermittelten Erwartungen an das gesellschaftlich engagierte Subjekt.

---

996 HPAC, 121/77F, Verlaufsdokumentation, Eintrag vom 16.03.1977.

997 Wolfgang Leonhard (1921–2014) beschreibt in einer autobiografischen Erzählung seine Erfahrungen an der Kominternschule 1942. Parteimitglieder sollten sich gegenseitig kritisieren und sich öffentlich vermeintlicher ideologischer Verfehlungen schuldig bekennen. Ihre Anklagen gingen mit der «Gleichsetzung nebensächlicher und unbedeutender Äußerungen mit politischen Konzeptionen und Handlungen» einher und zielten auf die innere Haltung und Identität des Angeklagten ab, Leonhard 1955, S. 203. Seine Erfahrungen mit diesem Ritual schildert Leonhard als Ausgangspunkt seiner Zweifel am Stalinismus, mit dem er 1949 brach. Nach Klaus-Georg Riegel fungierte diese rituelle Praxis als «symbolische Reinigung und Läuterung der gesamten revolutionären Glaubensgemeinschaft» und habe damit eine existenzsichernde Funktion für den Bolschewismus gehabt, Riegel 1987, S. 139. Weiterführend, insbesondere in Hinsicht auf öffentliche Schuldgeständnisse in den Moskauer Schauprozessen der 1930er Jahre, vgl. Riegel 1985.

998 HPAC, 121/77F, Tagesbericht vom 16.03.1977.

Hier spiegelt das Zusammenleben im Kleinen die gesellschaftliche Ordnung im Großen wider; und das nicht zuletzt, weil demokratische Mitbestimmung inszeniert, aber in letzter Konsequenz nicht zugelassen wurde.[999]

6.3 Ambivalente Anforderungen an das Personal

In der Psychotherapieabteilung kombinierte man die Konzepte der therapeutischen Gemeinschaft und der dynamischen Gruppenpsychotherapie. Doch diese Konzepte richteten widerstreitende Anforderungen an die Haltung der Therapeut:innen. Das Miteinander in der therapeutischen Gemeinschaft sollte Therapeut:innen und Patient:innen auf die gleiche hierarchische Stufe stellen. Ihre Rolle sollte sich dabei eher an Zuwendung und offener Kommunikation orientieren. Die dynamische Gruppenpsychotherapie hingegen forderte ein spezifisches therapeutisches Kalkül, das den Patient:innen nicht offenbart werden sollte. Die Therapeut:innen sollten die Erwartungen der Patient:innen an Führung und Hilfestellung enttäuschen und deren Auflehnung durch ihre distanzierte Haltung gezielt provozieren. Im gruppendynamischen Prozess offerierten sich die Therapeut:innen als zu überwindende Autoritätsfiguren und ermöglichten damit die symbolische Selbstermächtigung der Patient:innen. Wie wirkten sich die konfligierenden Ansprüche auf das Verhältnis zwischen Therapeut:innen und Patient:innen aus?

Tatsächlich finden sich in manchen Fällen Belege eines äußerst ausgeprägten Vertrauensverhältnisses. Viele dieser Patient:innen drückten ihren Therapeut:innen in Briefen am Ende ihres Aufenthalts und manchmal noch lange nach ihrer Entlassung ihre Dankbarkeit aus.[1000] Dabei schätzten Einzelne sogar ein, dass ihnen die Therapeut:innen mit ihrer Behandlung das Weiterleben überhaupt erst ermöglicht hätten. Gelegentlich findet sich auch ein informeller Austausch, etwa Geburtstagsglückwünsche oder Gratulationen zur Hochzeit. Die meisten schätzten einen wohlwollenden Umgang und die Zuwendung ihrer Therapeut:innen. Ihnen war an regelmäßigem Austausch gelegen und sie wollten über das Abteilungsgeschehen, wie personelle Änderungen oder Urlaube ihrer Bezugspersonen, im Bilde bleiben. Entsprechende Kritiken verweisen vor allem implizit auf den Regelfall. Ein Patient beschwerte sich beispielsweise, dass die Patient:innen nicht über eine Personalveränderung informiert worden waren.[1001] Ein anderer erfuhr über den «Buschfunk» vom anstehenden Urlaub einer Ärztin

---

999 Trotz dieser Korrelation wäre es verfehlt anzunehmen, dass es allen therapeutischen Gemeinschaften jenseits sozialistischer Staaten gelungen wäre, Autoritäten abzubauen und egalitäre Partizipation vollends zu erreichen.

1000 Vgl. u. a. HPAC, 228/77F, Brief vom 20. 11. 1977.

1001 Vgl. HPAC, 288/78M, Tagesbericht vom 19. 07. 1978.

und fragte sich, wie die Zeit in der Therapie überbrückt werden würde.[1002] Wenige Wochen später kritisierte er, die Ärztin habe sich von den Patient:innen zu stark distanziert: «Sie können, oder wollen sich ganz einfach nicht ein bißchen mehr ‹zeigen›.»[1003] Ähnlich fehlte auch einer anderen Patientin «der Kontakt mit dem Arzt unheimlich».[1004]

Stellungnahmen des Oberarztes, den viele im Klinikjargon als «OA» bezeichneten, galten vielen als Inspiration und Hilfestellung. Manche lobten seine eloquenten Denkanstöße.[1005] Ein enges Vertrauensverhältnis dokumentiert der Fall eines Patienten, der in einer Lebenskrise drei Jahre nach seiner Entlassung an den Oberarzt schrieb. Er bat um eine Konsultation und schrieb, «wie sehr» er ihn «als Mensch und als Arzt» schätze und dass er davon überzeugt sei, er könne ihm «als Mensch» helfen.[1006] Kulawik beantwortete seine Briefe und legte der Akte Kopien bei. Wegen mehrmonatiger krankheitsbedingter Arbeitsunfähigkeit konnte er ihm aber keine Konsultationen anbieten.

Auf der anderen Seite hielten einige Patient:innen das Verhältnis zu ihren Therapeut:innen – als Konsequenz des gruppentherapeutischen Konzepts – für stark hierarchisch. Das Verhalten des Oberarztes erschien manchen als autoritär, was aber nicht nur provokativ gedeutet wurde. Während einige wenige seine «strenge Führung» lobten, äußerten andere Skepsis oder Furcht. Unter den Patient:innen waren Gespräche im Zimmer des Oberarztes in Anwesenheit anderer Ärzt:innen – der «‹elektrische Stuhl› beim OA»[1007] – zeitweilig berüchtigt. Als respekteinflößende Autoritätsfigur versetzte der Oberarzt einige Patient:innen mit seiner Anwesenheit in Spannung.[1008] Unterstreichungen in entsprechenden Berichten machen deutlich, dass Therapeut:innen demgegenüber eine stärkere Selbstbehauptung der Autor:innen für notwendig hielten. Daran anschließend bedauerten sie in einer Epikrise beispielsweise, dass eine Patientin ihre «Musterschülerhaltung» trotz therapeutischer Erfolge bis zuletzt nicht habe ablegen können.[1009]

Außerdem kam es durch die ambivalente Rolle der Therapeut:innen immer wieder zu Konflikten. Kritik richtete sich unter anderem auf mangelnde therapeutische Transparenz gegenüber den Patient:innen.[1010] Es zeigt sich, dass viele Autor:innen von ihren Therapeut:innen eine Behandlung auf Augenhöhe erwar-

1002 Ebd., Tagesbericht vom 31.05.1978.

1003 Ebd., Tagesbericht vom 22.08.1978.

1004 HPAC, 121/77F, Tagesbericht vom 11.04.1977.

1005 Vgl. HPAC, 348/78M, Tagesbericht vom 18.08.1978.

1006 HPAC, 615/76M, Brief vom 05.02.1979.

1007 HPAC, 237/76M, Tagesbericht vom 15.07.1976.

1008 Vgl. HPAC, 477/77F, Tagesbericht vom 23.11.1977; ähnlich HPAC, 620 A/77F, Tagesbericht vom 06.01.1978; HPAC, 65/77M, Tagesbericht vom 27.02.1977.

1009 Ebd., Epikrise vom 16.12.1977.

1010 Vgl. HPAC, 249/78M, Tagesbericht vom 30.05.1978.

teten. Dass die Therapeut:innen ihren Patient:innen Vertrauen abverlangten, ihnen dieses nach Einschätzung mancher aber nicht in gleicher Weise entgegenbrachten, stieß daher auf Kritik. Ein Patient schätzte ein, ein solches Verhalten gezieme sich «mehr einer ehemaligen Verrücktenanstalt» denn einem Therapeuten, der sicher wisse, dass die Menschen seiner Gruppe «in ihrem bisherigen Leben keine unwichtigere Arbeit geleistet haben als er».[1011]

Dass manche verängstigt reagierten, lässt sich mit einer Kritik in Verbindung setzen, die der dynamischen Gruppenpsychotherapie nach der Wende häufiger entgegenschlug. Demnach habe man zugunsten der provokativen Haltung die psychische Dekompensation einzelner Patient:innen in Kauf genommen.[1012] Dies habe die Selektion weniger psychisch labiler Patient:innen begünstigt und die psychotherapeutische Versorgungssituation für andere tendenziell verschlechtert. Weitere Fälle machen auf die sozialen Kehrseiten der therapeutischen Provokation aufmerksam. 1992 wandte sich ein Patient an die Klinik, weil er Unterlagen für einen Antrag auf Schwerbeschädigung benötigte. Darin beschwerte er sich unter anderem, dass man bei der Behandlung seine «Probleme [...] heruntergespielt» habe.[1013] Tatsächlich stellt seine Akte zum Teil herabwürdigend fest, der Mann leide «nicht unter sich», gebe sich «als Gockel» und würge «Gefühle ab».[1014] Schwerwiegende Vorwürfe erreichten die Klinik darüber hinaus von einem Witwer. Seine Frau und ehemalige Patientin habe in ihrem Abschiedsbrief darauf hingewiesen, dass die «Fehleinschätzung» einer Therapeutin und die disziplinarische Entlassung aus der Psychotherapie weitreichende negative Konsequenzen für ihr Leben gehabt und zu ihrer Entscheidung zum Suizid beigetragen habe.[1015] Auf der Station besprach man den Fall, die betreffende Therapeutin arbeitete aber nicht mehr an der Charité und wurde offenbar nicht kontaktiert.

Andere begehrten – wie therapeutisch intendiert – gegen die therapeutische Autorität auf.[1016] Weil die Ansprüche an die Therapeut:innen zwiespältig waren und sich die Gruppendynamik fortentwickelte, changierte der Eindruck von den Therapeut:innen bei den Patient:innen zum Teil im Laufe der Therapie. Einem Patienten kam der Oberarzt im Gruppengespräch «irgendwie verwandelt» vor und weniger «bedrückend» als zuvor: «nicht so sehr Oberarzt, sondern mehr guter Bekannter».[1017]

1011 HPAC, 320/78M, Tagesbericht vom 25.07.1978.

1012 Vgl. Gallistl et al. 2022, S. 432.

1013 HPAC, 377/78M, Brief des Patienten an die Psychiatrische und Nervenklinik der Charité vom 24.08.1992.

1014 Ebd., Verlaufsdokumentation, Eintrag vom 08.12.1978.

1015 HPAC, 240/76F, Brief des Witwers von 1980.

1016 Vgl. bspw. HPAC, 72/78F, Tagesbericht vom 01.–02.03.1978.

1017 Hier und im Folgenden: ebd., Tagesbericht vom 05.03.1977.

Neben den Therapeut:innen war auch Pflegepersonal in der Abteilung tätig.[1018] Wie oben bereits angeführt wurde, stand das Pflegepersonal im Kontext reformerischer Ambitionen häufig unter Verdacht, unangemessen zu handeln. Im Vorlauf der bundesrepublikanischen Psychiatrie-Enquête etwa bezichtigte man Pfleger:innen des autoritären Verhaltens gegenüber den Klinikinsass:innen.[1019] Bei der Betrachtung der Gruppenvisite klang bereits an, dass auch Reformer:innen in der DDR das Verhalten von Pfleger:innen problematisierten und ihnen geringe Offenheit für Konzepte attestierten, die Krankenhaushierarchien nivellieren sollten.

An der Charité erscheint die Rolle des Pflegepersonals auch wegen der konkreten Aufgaben, die man ihm übertrug, ambivalent. Nur selten beschreiben Tagesberichte Begegnungen der Charité-Patient:innen mit den Pflegekräften. Dies mag darin gründen, dass nur wenig Pflegepersonal in der Psychotherapieabteilung beschäftigt war, da viele ihrer Aufgaben hier entfielen. Wir erfahren kaum etwas über die Einbindung der Pflegekräfte in den Stationsalltag oder deren Teilnahme an der Gruppenvisite. Wir haben hingegen Hinweise darauf, dass man den Pflegekräften explizit jene Aufgaben zuwies, bei denen sie die institutionelle Autorität durchzusetzen hatten – beispielsweise die Kontrolle des abendlichen Ausgangs und der Schließzeiten der Klinik. Erwartungsgemäß kam es dabei häufiger zu Reibungen.

Ein Patient verspätete sich beim abendlichen Ausgang. Er hatte sein Jackett für einen anstehenden Theaterbesuch aus seinem Wohnheim holen wollen. Wegen einer kaputten U-Bahn habe er die Schließzeiten der Klinik um eine Viertelstunde überschritten und die Kliniktür sei bereits abgeschlossen gewesen.[1020] Zwar ließ ihn eine Schwester herein, doch es kam zu einem Konflikt um seine Glaubwürdigkeit. Eine andere Patientin schilderte die Kritik einer Schwester, weil sie für den abendlichen Besuch bei ihrer jungen Tochter ein Taxi hatte rufen wollen.[1021] Weil die Autorin im Konflikt weinen musste, habe ihr die Schwester die Fahrt nach Hause versagen wollen. Sie sei dennoch gefahren. Den Therapeut:innen schlug sie vor, den Patient:innen in Zukunft einen Urlaubsschein auszustellen, um ihren Ausgang nicht mehr mit den Schwestern verhandeln zu müssen und künftig Konflikte zu vermeiden. Ein Patient beschrieb außerdem, wie er versuchte, sich mit den Schwestern zu arrangieren. Er habe während des bisherigen Aufenthalts nicht gelernt, sich auf eine «hochbetagte, rüstige Schwes-

1018 Erste Forschungsliteratur zur Geschichte der psychiatrischen Pflege liegt inzwischen vor, wobei die Entwicklung in der DDR bisher Randthema geblieben ist, vgl. Schädle-Deininger 2021.

1019 Vgl. bspw. Hemprich/Kisker 1968.

1020 HPAC, 142/77M, Tagesbericht, undatiert, April 1977.

1021 Hier und im Folgenden: HPAC, 369/76F, Tagesbericht vom 30. 06. 1976.

ter einzustellen».[1022] Zwar sei er von ihrer Aktivität und Standhaftigkeit im Alter beeindruckt, doch seiner Ansicht nach stehe sie trotz «ihrer autoritären Stellung» nicht angemessen «hinter dem [...], was sie sagt».[1023]

Das Miteinander von Patient:innen und Pflegepersonal der Psychotherapieabteilung lässt sich kaum als gleichberechtigt bezeichnen. Dennoch steht ihr Verhältnis in Kontrast zu manifesten Autoritätskonflikten, die sich beim impliziten Blick auf die kinderpsychiatrische Station zeigen. Eine Patientin beschrieb ihren dortigen zweistündigen arbeitstherapeutischen Einsatz. Ein 14-jähriger Patient habe sich wohl danebenbenommen.[1024] Die Stationsschwester habe ihn daraufhin mit dem Satz angeherrscht: «Du Schweinehund, scher Dich in dieses Zimmer, Du weißt warum.» Weil sich die Autorin davon befremdet fühlte, kam es wenig später zu Differenzen in der Stationsküche. Die Schwester habe ihr erklärt: «Wir müssen so sein, hier sind schwer erziehbare Kinder. Wenn der Junge Sie angehen sollte, schreien Sie schnell um Hilfe.» Weil ihr dieses Umfeld nicht bekam, bat die Patientin um eine andere Arbeit. Dazu kam es offenbar nicht mehr. Jedenfalls vermerkte die Epikrise wenig später, die Patientin habe die Therapie gegen ärztlichen Rat abgebrochen.[1025] Dieses Beispiel mag die These unterstreichen, dass es sich auch bei Psychotherapieabteilungen um «Inseln» innerhalb einzelner Institutionen handeln konnte.[1026]

Zusammenfassend zeigt sich, dass die Einschätzungen der Patient:innen eng mit den konfligierenden methodischen Anforderungen an das Personal verbunden waren. Sie sollten schon allein deshalb nicht für eine moralische Bewertung der Therapeut:innen in dieser Arbeit herangezogen werden. Insgesamt lässt sich feststellen, dass das Verhältnis zwischen den Patient:innen und ihren Therapeut:innen von der Ambivalenz zwischen bewusster autoritärer Provokation, Zurückhaltung im Sinne des Ermächtigungsansatzes und fürsorglicher Zuwendung geprägt war. Insofern wirkte der konzeptuelle Gegensatz der Auflösung einer hierarchischen sozialen Ordnung eher entgegen.

6.4 Patient:innen in therapeutischer Funktion

In der therapeutischen Gemeinschaft sollte die Erosion klinischer Hierarchien die Funktionszuschreibungen ihrer Mitglieder aufweichen, sodass sie sich möglichst auf Augenhöhe begegnen könnten und alle ein ähnliches Mitspracherecht erhalten würden. Das bedeutete in der Idealvorstellung eine tiefgreifende Transformation der Beziehungen und Begegnungen zwischen Patient:innen und Per-

1022 HPAC, 15/76M, Tagesbericht vom 08.03.1976.

1023 Ebd., Tagesbericht vom 09.03.1976.

1024 Vgl. hier und im Folgenden: HPAC, 414/76F, Tagesbericht vom 11.08.1976.

1025 Vgl. ebd., Epikrise vom 14.09.1976.

1026 Vgl. Kapitel 3.

sonal sowie der Rolle der Patient:innen. Für diese ging es neben einer verantwortlicheren Rolle im Stationsalltag vor allem darum, ihre eigene therapeutische Kompetenz zu erkennen und zur Geltung zu bringen. Mit Blick auf ihre Rolle zeigen sich also deutliche Synergieeffekte zwischen den Konzepten der therapeutischen Gemeinschaft und der dynamischen Gruppenpsychotherapie. Inwiefern übernahmen die Patient:innen an der Charité füreinander eine therapeutische Funktion?

Im Laufe des Gruppenprozesses beschworen viele Patient:innen aufkommende Zugehörigkeitsgefühle.[1027] Die Patient:innennachmittage stärkten zudem Verbindungen zwischen den Therapiegruppen der beiden Stationen.[1028] Zugehörigkeitsgefühle waren auch Anliegen der Therapiestunden.[1029] Kritik von Patient:innen richtete sich häufig auf Grüppchenbildung innerhalb der Stationsgruppe.[1030] Besonders nach Ausflügen berichteten Patient:innen von mangelndem Gruppenzusammenhalt.[1031] Eine Patientin kritisierte dabei, dass «gerade die Mitglieder, die am lautesten über den Kollektivgeist reden, von Toleranz sprechen und Disziplin zu üben meinen, niemals bereit sind auch Rücksicht zu nehmen auf die, die aus objektiven Gründen nicht so schnell sind oder auch bestimmte Veranstaltungen nicht besuchen können».[1032] Ein anderer Patient sah sich in der Gruppenstunde dem Vorwurf ausgesetzt, dass er sich von der Gruppe abgewendet habe und sich «Einzelpersonen zuwende».[1033] Er sah sich zu Unrecht kritisiert und gab an, er wolle sich stets der «gesamte[n] Gruppe» anschließen. Viele hatten also eine normative Vorstellung davon, dass Gemeinschaft in der Großgruppe zu kultivieren und Grüppchenbildung oder individueller Rückzug zu vermeiden seien.

Inwiefern fungierten die Patient:innen selbst therapeutisch? Insbesondere Zimmergenoss:innen machten sich Gedanken darüber, wie ihren Mitpatient:innen zu helfen sei. Eine Patientin fühlte sich durch das Problem ihrer Zimmergenossin nicht nur an «eigene Phasen von Mißtrauen, verschließen, Kraftlosigkeit» erinnert. Sie folgerte, dass ihr mit Empathie zu begegnen sei, und

1027 Beispiele: HPAC, 288/78M, Tagesbericht vom 21.07.1978; HPAC, 297/78F, Tagesbericht vom 13.06.1978; HPAC, 415/78F, Tagesbericht vom 18.07.1978.

1028 Vgl. HPAC, 337/78M, Tagesbericht vom 14.08.1978.

1029 Vgl. HPAC, 475/78F, Tagesbericht vom 09.10.1978; HPAC, 414/78F, Tagesbericht vom 24.08.1978.

1030 Beispiele: HPAC, 184/78F, Tagesbericht vom 01.05.1978; HPAC, 304/78F, Tagesbericht vom 05.06.1978; HPAC, 145/78M, Tagesbericht vom 01.05.1978; HPAC, 433/78F, Tagesbericht vom 09.10.1978; HPAC, 487/78F, Tagesbericht vom 04.10.1978.

1031 Vgl. bspw. HPAC, 186/78F, Tagesbericht vom 26.04.1978; HPAC, 413/78F, Tagesbericht vom 01.08.1978.

1032 HPAC, 183/78F, Tagesbericht vom 26.05.1978.

1033 Hier und im Folgenden: HPAC, 247/78M, Tagesbericht vom 06.06.1978.

verbalisierte zugleich ihre «Angst vor Aufdringlichkeit».[1034] Auf ähnliche Weise artikulierten viele ihre Einfühlung in die Lebenssituationen ihrer Mitpatient:innen.[1035] Außerdem ließ sich erleben, wie die eigene Präsenz in der Gruppe therapeutische Wirkung entfaltete. Ein Patient erkannte etwa, dass er helfen könne, «helfen durch ein Wort, ein persönliches Gespräch, [seine] aktive Teilnahme bei allen möglichen Maßnahmen».[1036] Es befriedige ihn, dass seine «Aktivität in Gruppengesprächen, Arbeitstherapie und anderen Maßnahmen» nicht nur seinem eigenen «Erkenntnisprozeß» diene, sondern auch anderen geholfen habe, «sich zu erkennen». Des Weiteren konnten die Patient:innen ihre Therapeut:innen mithilfe der Tagesberichte auf Suizidgefährdungen hinweisen.[1037] Die Patient:innen erhielten also durch das Gruppensetting therapeutische Kompetenz und waren sich dieser auch bewusst.

Andererseits entpuppten sich die Tagesberichte streckenweise als Medium sozialer Kontrolle unter den Patient:innen. Sie beschwerten sich etwa über die mangelnde Bereitschaft von Mitpatient:innen, Hilfe anzunehmen oder sich aktiv in die Therapie einzubringen.[1038] Zwar sei es das erklärte Ziel der Therapie, «Fehler und Schwächen [...] mit Hilfe der Gruppenmitglieder zu beseitigen», doch einer Patientin zufolge ließe sich sagen, dass «dieser Aufenthalt» für manch andere «zum Vergnügen oder Erlebnis oder Trost für etwas Fehlgelaufenes» geworden sei.[1039] Sozialer Druck unter Patient:innen wirkte auf das therapeutische Engagement der Einzelnen hin, das wiederum für den therapeutischen Fortschritt der anderen unabdingbar schien.

Trotz aller Konflikte wird offenbar, dass die meisten um gegenseitige Fürsorge bemüht waren und Hilfsangebote ihrer Mitpatient:innen annahmen. Durch die eigenen Beiträge zur Therapie und den sozialen Kontakt innerhalb der Gruppe übernahmen die Patient:innen füreinander therapeutische Funktionen.

6.5 Ambiguitäten des Schreibens

Wie wirkte sich die Implementierung von Praktiken, die eine therapeutische Gemeinschaft hervorbringen sollten, auf die Patient:innenrolle aus? In der Gemeinschaftsbetonung lässt sich eine Reminiszenz an sozialistische Kollektivvorstellungen sehen, die eine gemeinsame Identität und gesellschaftliche Zielsetzungen der vereinten Individuen anstrebten. Außerdem erinnern Organisationselemente zur Beteiligung der Patient:innen an die gesellschaftlichen Erwartungen an die DDR-

1034 HPAC, 18/77F, Tagesbericht vom 14.01.1977.
1035 Vgl. bspw. HPAC, 185/78F, Tagesbericht vom 06.04.1978.
1036 Hier und im Folgenden: HPAC, 322/78M, Tagesbericht vom 18.07.1978.
1037 Vgl. HPAC, 401/76F, Tagesbericht vom 31.08.1976.
1038 Vgl. HPAC, 416/78F, Tagesbericht vom 27.07.1978.
1039 HPAC, 475/78F, Tagesbericht vom 11.10.1978.

Bürger:innen. Grundsätzlich verband sich damit eine gestärkte Patient:innenrolle, die tradierte Krankenhaushierarchien erodieren ließ. Allerdings verzichtete die Institution nicht auf ihre Autorität. Man wollte die Patient:innen in der Therapie zwar zur Selbstbehauptung führen, doch vermittelte man zugleich Druck zur Einordnung in die Gruppenstruktur.

Diese Ambivalenzen verweisen auf den politischen und Fachdiskurs um die therapeutische Gemeinschaft, der sich um die Stellung von Autorität und Demokratie im Sozialismus entspann. 1974 erschienen in der Fachzeitschrift *Psychiatrie, Neurologie und medizinische Psychologie* «Neun Thesen zur Therapeutischen Gemeinschaft».[1040] Sie forderten einen Abbau der Klinikhierarchien und eine gemeinschaftliche, partizipative Zusammenarbeit zwischen Behandelnden, Pflegenden und Patient:innen.[1041] Außerdem kritisierten sie Lebens- und Arbeitsbedingungen in der DDR, die als «soziale Störfaktoren» psychische Folgeerscheinungen haben könnten. Der Medizinhistoriker und -ethiker Achim Thom (1935–2010) diskreditierte die Forderungen öffentlich als linksradikal und antipsychiatrisch, auch weil sie an bundesrepublikanische Entwicklungen erinnerten.[1042] Im Anschluss an ein biologisches Krankheitsmodell argumentierte er gegen soziale pathogene Faktoren. Zudem entgegnete er auf Forderungen nach gleichberechtigter Teilhabe der Patient:innen, so Balz und Klöppel, dass «Autorität und Disziplin [...] nicht grundsätzlich, sondern nur unter kapitalistischen gesellschaftlichen Bedingungen problematisch» seien. Im Umkehrschluss brauche eine therapeutische Gemeinschaft im sozialistischen System nicht auf Autorität und Disziplin zu verzichten, weil diese der gesellschaftlichen Fortentwicklung des Sozialismus dienten. Als Reaktion auf diesen Einwand wurden die Brandenburger Thesen 1976 in einer entschärften Fassung publiziert. Nun forderten sie lediglich noch therapeutische Gemeinschaften in Abhängigkeit von dem gesellschaftlichen System.

Blicken wir schließlich zurück auf die Praxis der Abteilung, lässt sich erkennen, dass die Ambivalenz zwischen angestrebter Demokratisierung und der Aufrechterhaltung institutioneller Autorität auch in der Schreibpraktik selbst verankert ist. Einerseits wirkte das therapeutische Schreiben mit den Reformbemühungen zusammen. Die Tagesberichte lassen sich als materieller Ausdruck einer Diversifizierung therapeutischer Zugänge verstehen. Sie erfüllten selbst eine therapeutische Funktion, indem sie Selbstreflexion und Bewusstwerdung förderten. Zur Stärkung ihrer Eigenverantwortung konnten die Patient:innen schreibend auf ihren therapeutischen Fortschritt zuarbeiten und Kritik verbalisie-

1040 Vgl. Schirmer et al. 1974.

1041 Vgl. Kumbier/Haack 2017; Kumbier/Haack 2018a.

1042 Hier und im Folgenden: Balz/Klöppel 2015, S. 560.

ren.[1043] Die Berichte begleiteten außerdem die soziale Reintegration, wenn Patient:innen über die Anwendung ihrer Erkenntnisse außerhalb der Klinik reflektierten und sie so vertieften. Darüber hinaus stärkte das Schreiben die Stimme der Hospitalisierten. Die Praktik versinnbildlichte das gestiegene Interesse der Therapeut:innen an der Lebenswelt ihrer Patient:innen. Weil man sie nun als therapeutisch relevant erachtete, adressierte man sie mit der Schreibpraktik. So traten die Ansichten der Patient:innen in der Dokumentation als «zweite Stimme» neben die der Institution. Dies ließ die Patient:innen in die vormalige Kompetenzsphäre der Therapeut:innen eintreten. Der Vorgang lässt sich als Aufwertung der Ansichten von Patient:innen lesen. Gleichzeitig macht der Prozess die Selbsterkundung der Patient:innen über die Akte für das medizinische Personal öffentlich und erscheint damit auch als Entprivatisierung.

In anderer Hinsicht wirkte das Schreiben reformerischen Ambitionen entgegen. Zunächst dürfte es die Selektion einer bildungsbürgerlichen Klientel begünstigt haben, weil man von ihr stärkere reflexive Fähigkeiten erwartete.[1044] Dass sich Selbstreflexion und interpersonelle Kommunikation im Schreiben verbanden, empfanden einige als Eindringen in einen privaten Bereich und verweigerten die Abgabe von Berichten.[1045] Doch auch die Schreibenden waren von institutionellen Erwartungen an Engagement, Einpassung in die Gruppe, Arbeitseifer oder sportliches Engagement beeinflusst. Diese liefen – gewollt oder ungewollt – mit sozialistischen Idealen zusammen, die außerhalb der Behandlung an die DDR-Bürger:innen herangetragen wurden. So verdeutlichen die Berichte auch einen Zwiespalt der Patient:innengeschichte.[1046] Einerseits stehen sie geradezu emblematisch für die Stimmen von Patient:innen, die es in Porter'scher Lesart ernst zu nehmen und hervorzuholen gilt.[1047] Auf der anderen Seite ist das Geschriebene institutionell überformt und strukturell determiniert. Dabei prägten das gesellschaftliche System, der soziale Kontext und der medizinische Raum mit den ihn durchziehenden Machtstrukturen die Niederschriften. Selbstzeugnisse erscheinen vor diesem Hintergrund als «beeindruckend unfrei», und es ließe

1043 Aus den Akten erfahren wir nur wenig darüber, ob Kritik als therapeutisch gewollt angesehen wurde und inwiefern man auf sie reagierte.

1044 Dagegen spräche allerdings, dass man in der DDR gerade Arbeiter:innen zum Schreiben ermutigte, vgl. Sokoll 2021.

1045 Andere hielten ihre Gedanken für unwesentlich oder befürchteten, von den Therapeut:innen belächelt zu werden, vgl. bspw. HPAC, 439/76F, Tagesbericht vom 30.09.1976; HPAC, 184/78F, Tagesbericht vom 20.04.1978; HPAC, 323/75M, Tagesbericht vom 11.06.1976. Manche schrieben nicht, wenn sie keine Klarheit über ihre Gedanken gewinnen konnten oder emotional belastet waren, vgl. bspw. HPAC, 438/76F, Tagesbericht vom 16.09.1976; HPAC, 439/76F, Tagesbericht vom 10.08.1976; HPAC, 66/76F, Tagesbericht vom 04.03.1976; HPAC, 304/78F, Tagesbericht vom 04.07.1978; HPAC, 607/77F, Tagesbericht vom 12.12.1977.

1046 Vgl. Bacopoulos-Viau/Fauvel 2016.

1047 Vgl. Porter 1985.

sich mit Osten fragen, inwiefern das Schreiben erst repressive Mechanismen psychiatrischer Institutionen wirksam machte.[1048] Tatsächlich lässt sich die Schreibpraktik auch als kontinuierliche Performanz von Hierarchie auffassen. In ihrer Gerichtetheit erinnern die Tagesberichte weniger an Briefe denn an Elemente einer Verwaltungstechnik. In der öffentlichen Verwaltung legen Berichte übergeordneten Verwaltungseinheiten gegenüber Rechenschaft ab und bewegen sich dabei entlang einer Hierarchie. Eine solche Abhängigkeitsbeziehung lässt sich auch an den Tagesberichten beobachten, bei denen der Informationsfluss stets einseitig von Patient:innen zu Therapeut:innen verlief. Die Therapeut:innen entschieden allein, inwiefern sie reagierten. Unterdessen akkumulierten sie das Wissen der Kommunikationsprozesse, die für die jeweils anderen Patient:innen uneinsichtig blieben. Das wiederum verstärkte das hierarchische Gefälle und den Effekt sozialer Kontrolle.

Schließlich fanden sich die Patient:innen also in einer widersprüchlichen Lage wieder. Einerseits erwarteten die Therapeut:innen von ihnen, dass sie Eigenverantwortung übernahmen, sich in die Alltagsgestaltung einbrachten und Selbstbestimmung übten. Andererseits hatten sie sich in die Therapiegruppe einzuordnen. Besonders paradox erscheint die Anforderung an ihre Haltung gegenüber institutioneller Autorität. Hier galt es, nicht *per se* deren Regelungen infrage zu stellen, sondern auszuloten, welche Formen des Aufbegehrens therapeutisch gewollt waren und welche nicht. Insofern mussten Patient:innen stets im Spannungsfeld zwischen Emanzipation und Einordnung navigieren.

1048 Osten 2010, S. 8.

7. Gefühl und Geschlecht in der Psychotherapie

Im Hochsommer 1978 notierte ein Patient in einer emotionalen Krise, er empfinde «Neid auch auf [zwei Mitpatientinnen], daß sie sich, wie [er] schon ewig nicht mehr (solch ‹unmännlicher› Wunsch! ...?), durch Weinen entlasten können; Hoffnungslosigkeit, je etwas anderes als In-[sich]-Hineinfressen leisten zu können».[1049] Sein Bericht befasst sich mit männlichen Verhaltensstereotypen im Umgang mit Emotionen und macht auf diese Weise «Geschlecht» zum Thema. Viele Autor:innen taten es ihm aus unterschiedlichen Perspektiven gleich. So durchzogen Fragen zur Konstitution von Geschlecht den Subtext der Tagesberichte: «Wie darf ich als Mann fühlen?», «Wie kann ich mich als Frau verhalten?» oder gar «Bin ich überhaupt ein Mann, so wie ich bin?».

Noch immer regeln Stereotype, «wie sich Frauen und Männer in ihrem emotionalen Erleben und Verhalten unterscheiden».[1050] Diese «kulturell bedingten Überzeugungssysteme»[1051] fußen auf diskursiven Zuschreibungen, die besagen, dass Frauen «gefühlvoller» dächten, empfänden und agierten als Männer.[1052] Die historische Forschung hat unterdessen den Wandel von Geschlechterkonstruktion und Emotionalität herausgearbeitet.[1053] In der BRD der 1970er Jahre seien die vormals «harten und kalten Männlichkeitsentwürfe» aus-

1049 HPAC, 339/78M, Tagesbericht vom 19.07.1978.

1050 Lozo 2010, S. 46. Erzählungen über das «schwächere» und zugleich «gefühlvollere» Geschlecht finden sich in der Geschichte von Platon über Rousseau bis in die Gegenwart, Fries 2000, S. 29 f.

1051 Lozo 2010, S. 46.

1052 Transgeschlechtliche Menschen werden dabei in der Regel ausgeklammert.

1053 In der Aufklärung wurde ein «polares Geschlechtermodell» formuliert, wonach Männlichkeit mit Rationalität und emotionaler Unnahbarkeit assoziiert wurde, Weiblichkeit hingegen mit Einfühlungsvermögen und Emotionalität, insbesondere mit Liebe und Mitleid, vgl. Borutta/Verheyen 2010, S. 12. Nichtsdestotrotz waren auch unvermittelte Ausbrüche von Wut und Zorn im Sinne eines «hydraulischen» Emotionsverständnisses mit Männlichkeit verbunden. Auch wenn dieses große Narrativ von Emotion und Männlichkeit insbesondere nach Praxisfeldern und sozialen Gruppen zu differenzieren ist, zeichnet sich ab, dass sich an eine eher «sanfte» Phase bürgerlichen Experimentierens die «harten und kalten Männlichkeitsentwürfe des Kaiserreichs, der Weimarer Republik und des Dritten Reiches» anschlossen, ebd., S. 20 f. Tändler weist allerdings auch darauf hin, dass bei der psychologischen Offiziersauswahl im Nationalsozialismus Emotionalität ein Kriterium gewesen sei und «Gefühlsbetontheit nicht notwendig mit demokratischen Überzeugungen einhergeht», Tändler 2016, S. 60.

gehend von einem linksalternativen Milieu zunehmend durch die nun «wieder eher weichen und warmen Männlichkeitskonstrukte» abgelöst worden.[1054] Das Narrativ der Emotionalisierung von Männlichkeit ist überwiegend westlich und im deutschsprachigen Raum bundesdeutsch geprägt. Die 1968er-Bewegung sei mit einer «epochalen Verschiebung von männlichen zu weiblichen Werten» einhergegangen, bei der traditionell weiblich codierte psychologische Qualitäten, wie «Zuneigung, Gefühl und Vorstellungskraft» [«affection, sentiment and imagination»], als Teil des politischen Handelns aufgewertet wurden.[1055]

Dass die Psychotherapie in der DDR durchaus mit dieser westdeutschen Entwicklung zusammenhängen könnte, lässt sich in Anlehnung an Eva Illouz überlegen. Sie sieht die Aufweichung der Geschlechterstereotypien im Zusammenhang mit der sprunghaften Verbreitung der Psychologie und psychotherapeutischer Methoden, insbesondere seit Ende der 1960er Jahre. Sie argumentiert, dass die Psychologie als solche verbale Kommunikation und Emotionen betonte und so Fähigkeiten privilegierte, die «gesellschaftlich als typisch weiblich definiert waren».[1056] Dazu zählt sie die emotionale Selbstbeobachtung und das Sprechen über Gefühle. Diese Aufforderungen richteten sich an Frauen und Männer gleichermaßen, sodass die Psychologie eine «Verweiblichung der Gefühlskultur schlechthin» gefördert und Männer bewegt habe, «artikuliert, reflexiv und emotional» zu werden.[1057] Mithilfe der Psychologie sei eine «typisch weibliche Einstellung zum Selbst als Speicher von Gefühlen und zu intimen Beziehungen als Produkt mitgeteilter Gefühle» gesellschaftlich aufgewertet und seien «die kulturellen und emotionalen Grenzzäune zwischen Männern und Frauen» weiter abgetragen worden.[1058]

Es liegen bisher nur vereinzelt Studien zu Männlichkeit und Emotionalität in der DDR vor. Sylka Scholz zeigte, dass sich auf der diskursiven Ebene am sozialistischen Arbeiterheldendiskurs eine hegemoniale Männlichkeit rekonstruieren lässt.[1059] Diese habe Männern eine stark regulierte Emotionalität nahegelegt. Schon in den 1970er Jahren hätten sich aber, etwa in Illustrierten wie der *Für Dich*, erste Anzeichen eines neuen Idealtyps des «zärtlichen Vaters» gezeigt. Diese Männlichkeitskonstruktion bezog sich auf den bis dahin ausgeklammerten Bereich der Familie und trat seit Mitte der 1980er Jahre im öffentlichen Diskurs mit der auf die Erwerbsarbeit fokussierten Leitmännlichkeit in «Paradigmenkonkurrenz». Scholz deutete bereits an, dass es Männern jenseits des hegemonialen Männlichkeitskonstrukts im Privaten schon früher möglich war, eine offenere

1054 Borutta/Verheyen 2010, S. 20 f.
1055 Studer 2011, S. 52.
1056 Illouz 2011, S. 214.
1057 Ebd.
1058 Ebd.
1059 Vgl. hier und im Folgenden: Scholz 2010.

Haltung zu emotionalem Ausdruck zu leben. Untersuchungen aus entsprechenden Praxisfeldern sind für die DDR allerdings rar. Das gilt auch für den Bereich der Psychotherapie, wobei Jan Arend herausstellte, dass der aufkommende Diskurs um Stress in der DDR der 1970er Jahre auch Männern psychische Vulnerabilität als Symptom beruflicher Überlastung zugestand.[1060] Auch das Verhältnis von emotionalen Normen und Weiblichkeit in der DDR ist bisher noch kaum erforscht.

Inwiefern war die an der Nervenklinik psychotherapeutisch vermittelte Haltung zum Selbst mit geschlechtsspezifisch codierten Fühl- und Verhaltensweisen verbunden?[1061] Lässt sich in diesem Praxisfeld für die DDR eine den westlichen Gesellschaften vergleichbare Tendenz aufzeigen? Zu diesem Zweck explorieren wir Textpassagen aus verschiedenen Bestandteilen der Krankenakten, die sich explizit der Frage nach Geschlechtlichkeit zuordnen lassen. Um die Übertragung des eigenen Gender Bias auszuschließen, ließen sich implizite Zuordnungen und Verhaltensweisen nur durch eine weitergehende sozialwissenschaftlich fundierte Auswertung untersuchen.[1062] Zunächst stellen wir die institutionelle Perspektive in den Fokus (Kapitel 7.1). Auf welche Weisen war der psychiatrische Blick auf die Patient:innen geschlechtsspezifisch normiert? Dann wenden wir uns den Inhalten der Tagesberichte zu und arbeiten einige Modi heraus, wie Patient:innen «Geschlecht» in ihren Tagesberichten thematisierten (Kapitel 7.2). Davon ausgehend, dass sich die Frauenbewegung westlicher Gesellschaften psychotherapeutische Methoden angeeignet hat, wird dabei auch diskutiert, inwiefern die Tagesberichte einen Reflexionsraum für die geschlechtsspezifische gesellschaftliche Position der Schreibenden boten. Der folgende Abschnitt ist der Interaktion von Therapeut:innen und Patient:innen gewidmet (Kapitel 7.3). Im Mittelpunkt stehen verschiedenartige Interventionen gegenüber Patient:innen, deren Verhaltensweisen nicht den stereotypen Erwartungen entsprachen. Abschließend wendet sich das Kapitel den Implikationen der Schreibpraktik zu (Kapitel 7.4). Welche geschlechtsspezifisch codierten Fühl- und Verhaltensweisen privilegierte die Schreibpraktik und implizierte sie damit als Anforderungen an das therapeutische Subjekt?

1060 Vgl. Arend 2019.

1061 Vgl. Illouz 2011, S. 214. Dazu legt diese Arbeit die Annahme zugrunde, dass zwischen biologischem Geschlecht und sozialem Geschlecht («gender») unterschieden werden kann, vgl. de Beauvoir 1951. Geschlecht ist performativ und als unvermeidbare Struktur zu verstehen, vgl. bspw. Butler 2002. Damit geht das Kapitel davon aus, dass soziales Geschlecht durch entsprechend codierte Praktiken hervorgebracht wird.

1062 Die Untersuchenden sind stets selbst durch bestimmte Überzeugungssysteme geprägt. Die Auswahl aussagekräftiger Textpassagen ließe sich daher schwerlich objektivieren. Die Untersuchung liefe somit Gefahr, dass durch sie vor allem «stereotypes Wissen [...] produziert und verstärkt» würde, vgl. Lozo 2010, S. 52. Eine Alternative wäre die Codierung größerer Textmengen, bspw. mit Software zur qualitativen Datenanalyse wie atlas.ti.

7.1 Institutionelle Blicke auf Geschlecht und sexuelle Orientierung

Die Aktenführung und Archivierungspraxis der Psychotherapieabteilung folgte erwartungsgemäß einem traditionellen binären Geschlechtsverständnis.[1063] Männer und Frauen waren in getrennten Zimmern untergebracht, teilten sich aber – im Gegensatz zur traditionellen Separation in psychiatrischen Kliniken – die Gemeinschaftsräume.[1064] Das quantitative Verhältnis aufgenommener Männer und Frauen war ausgeglichen. Kurzfristige Schwankungen waren den Renovierungsarbeiten der Schlafräume geschuldet. Offenbar wurde auf eine gemischtgeschlechtliche Gruppenzusammensetzung geachtet. Es ist allerdings möglich, dass – ähnlich den Umständen am HdG – mehr Frauen als Männer auf einen Therapieplatz an der Charité warteten.

Offensichtlich ist der Gender Bias in den diagnostischen Zuschreibungen. In den diagnostischen Beschreibungen von Frauen häuften sich Attribute wie «hysterisch» (N = 16) oder «depressiv» (N = 8).[1065] Männer wurden seltener mit diesen Kategorien bedacht (N = 3 bzw. N = 2) und es fanden sich weniger Label, die auf explizit psychiatrische Diagnosen verweisen.[1066] Stattdessen litten sie an «Selbstwertkrisen» (N = 8; dagegen Frauen: N = 2), «Schreibkrämpfen», Stottern, Sexual- und Schlafstörungen.[1067] Der Erkenntnisgewinn dieser Gegenüberstellung erscheint allerdings gering: Die erste Auszählung offenbart wenig Über-

1063 Angaben zur Trans- oder Intergeschlechtlichkeit von Patient:innen finden sich erwartungsgemäß in der institutionellen Dokumentation des Samples nicht. Zum Umgang mit dem Geschlechtsstatus inter- und transsexueller Menschen in der DDR und insbesondere an der Charité vgl. Klöppel 2010, S. 554–562.

1064 Der Bauplan der Nervenklinik war ursprünglich darauf ausgelegt. Der Grundriss war achsensymmetrisch und sah die Trennung eines Frauen- und Männertraktes entlang einer Längsachse vor.

1065 Bei der Hysterie handelt es sich um einen Begriff, der – wenngleich er wie viele psychiatrische Krankheitsbegriffe einem starken historischen Wandel unterlag – in meist diffamierender Weise auf Frauen bezogen war. Die Ursprünge liegen in der antiken Medizin, die die Hysterie als Gebärmutterkrankheit verstand. Die Hysterie blieb noch bis ins 20. Jahrhundert eine wissenschaftlich und praktisch relevante psychopathologische Kategorie. Karen Nolte ergänzte die Ideengeschichte der Hysterie um eine Erfahrungsgeschichte am Beispiel des Alltagserlebens von Frauen mit dieser Diagnose in der Landesheilanstalt Marburg um 1900, vgl. Nolte 2003. Der Hysteriebegriff an der Charité war noch von Karl Leonhard geprägt, der sich damit wiederum an Karl Bonhoeffer orientierte. Dieser bezeichnete mit der Hysterie einen vermeintlichen «Willen» der Betroffenen «zur Krankheit», der Männer nicht grundsätzlich ausschloss.

1066 Depressionen wurden häufiger bei Frauen diagnostiziert, da sie mit internalisierendem Problemlösungsverhalten in Verbindung gebracht wurden, während bei Männern häufiger eine Tendenz zur Externalisierung unterstellt wurde, vgl. Schwamm 2018, S. 21.

1067 Mit diesen Diagnosen wurden im Sample keine Frauen belegt. Schlafstörungen nannten allerdings viele Frauen in der Anamnese als Symptom.

raschendes. Die Diagnosen waren zudem zu stark individualisiert und im Verhältnis hierzu ist das Sample (N = 174) zu klein, um zu tragfähigen Aussagen für die Klinik oder gar die Psychotherapie in der DDR zu kommen.

Eine Diagnose, die an dieser Stelle Beachtung finden soll, ist die der «Homosexualität». Wenngleich homosexuelle Handlungen in der DDR seit 1968 nicht mehr strafbewehrt waren, stießen sie insbesondere im Arbeiter:innenmilieu oft auf Ablehnung.[1068] Auch war die Entpathologisierung der Homosexualität in den 1970er Jahren noch nicht abgeschlossen. Erst seit 1990 wird Homosexualität im ICD nicht mehr als psychische Störung aufgeführt.[1069] In der Nervenklinik der Charité wurden bis in die späten 1970er Jahre homosexuelle Patient:innen in Diagnose und Therapie diskriminiert.[1070] Auf der hier untersuchten Station 5 wurde 1977 beispielsweise ein Mann mit der Diagnose «Homosexualität» aufgenommen. Dieser willigte ein, sich zweieinhalb Wochen lang einer stationären Aversionstherapie zu unterziehen.[1071] Er schrieb keine Tagesberichte und war auch ansonsten nicht in den Ablauf auf der Station eingebunden. Die Epikrise berichtete, der Patient stehe «wegen seiner abnormen Triebrichtung» schon seit Längerem in ambulanter Behandlung und sei jetzt «für kurze Zeit aufgenommen, um die Behandlung zu intensivieren». Das meinte «vorwiegend [...] verhaltenstherapeutische Sitzungen, in denen das ehemals erregende Bild des Mannes durch Aversionstherapie neutralisiert und das Bild der Frau, vor dem zuerst Angst und Hemmungen bestanden, desensibilisiert und positiv bekräftigt wurde. Dazu kamen praktische Beratungen in seinem Lebensalltag.»[1072] Welches aversionstherapeutische Konzept hier verfolgt wurde, geht aus der Krankenakte nicht weiter hervor.

Wie lange Aversionstherapien an der Charité praktiziert wurden und ob sie wie im obigen Fall stets im Einvernehmen mit den Betroffenen passierten, ließe

1068 Vgl. Scholz 2010, S. 216. Eine Form gesetzlicher Diskriminierung gleichgeschlechtlicher Sexualität gab es in der DDR allerdings: § 151 stellte homosexuelle Handlungen mit 16- bis 18-Jährigen unter Strafe, während heterosexuelle Handlungen mit über 16-Jährigen legal waren. Weiterführend zu Lebenswelten homosexueller Menschen in der DDR vgl. Borowski 2017; Froböse 2009; Soukup 1990. Außerdem erschien 2020 der Dokumentarfilm *Uferfrauen* von Barbara Wallbraun über lesbisches Leben in der DDR.

1069 Die Liste trat 1993 in Kraft.

1070 Zu sprachlicher Diskriminierung in den 1950er und 1960er Jahren vgl. Somann 2017.

1071 Später wurde belegt, dass psychotherapeutische Methoden, die entgegen der sexuellen Orientierung der Patient:innen die Ausbildung von Heterosexualität zum Ziel haben, den Betroffenen psychisches Leid zufügen und zur gesellschaftlichen Diskriminierung von nicht heterosexuell orientierten Menschen beitragen können, vgl. u. a. Bundesstiftung Magnus Hirschfeld 2019. Inzwischen verbietet das «Gesetz zur Durchführung von Konversionstherapien» von 2020 deren Anwendung bei Minderjährigen und bei Erwachsenen, die nicht aktiv eingewilligt haben.

1072 HPAC, 102/77M, Epikrise vom 19.05.1977.

sich nur durch eine gezielte Durchsicht der Krankenakten unter Einbezug der 1980er Jahre bestimmen. Dies wäre auch eine Voraussetzung, um die lokale Praxis der Aversionstherapie in deren internationalen Kontext im Kalten Krieg einbetten zu können.[1073] Die vergleichende Durchsicht der Krankenakten der 1960er und 1970er Jahre legt aber nahe, dass Homosexualität immer seltener als Diagnose vergeben wurde. Mit der Normalisierung von Homosexualität wurden homosexuelle Patient:innen wegen anderer psychiatrischer Diagnosen behandelt.[1074]

Auch unter den schreibenden Patient:innen finden sich homosexuelle Menschen. Der Dokumentation zufolge richtete sich die Therapie nicht darauf, ihre sexuelle Orientierung zu beeinflussen. Die Verfasser:innen der Krankenakten maßen der Homosexualität dennoch Bedeutung für die Einschätzung der Patient:innen bei, was sich darin ausdrückt, dass sie sie in der Epikrise hervorhoben. Im Fall eines schwulen Patienten wurden beispielsweise der «erste homosexuelle Kontakt» und seine «feste Bindung» zu einem Mann notiert.[1075] Bei Patient:innen in heterosexuellen Beziehungen finden sich in den Epikrisen in der Regel keine Angaben über ihre sexuelle Orientierung. Die in den späten 1970er Jahren aufgenommene Sexualanamnese zu Beginn des Aufenthalts wurde allerdings bei Patient:innen aller sexueller Orientierungen erhoben.

Geschlechtsspezifische Vorstellungen von Arbeit und Sorgearbeit zeigen sich auch im psychiatrischen Blick. Der Imperativ zur Eingliederung in die Erwerbstätigkeit vonseiten der Klinik ist für Männer wie Frauen deutlich erkennbar. Die arbeitsfähige Entlassung stand in der Regel im Mittelpunkt des stationären Aufenthalts. Es wurde Wert darauf gelegt, dass die Patient:innen danach ihre vorige Arbeit wieder aufnahmen. Alternativ sollten sie ein neues Anstellungsverhältnis eingehen. Arbeit galt als wichtiger Faktor der Salutogenese. Das kam der im Staatssozialismus verankerten Pflicht zur Arbeit entgegen.

Die Institution zeigte sich dennoch familiären Konstellationen gegenüber aufgeschlossener, in denen Mütter keiner Erwerbstätigkeit nachgingen, sondern Kinder und Haushalt betreuten. Es wurde eher problematisiert, wenn Männer diese Position einnehmen wollten. Beispielsweise wollte ein Mann, der sich bei seiner beruflichen Tätigkeit unwohl fühlte, künftig die Kinderbetreuung übernehmen, während seine Frau arbeitete. Dem Verlauf zufolge sollte er eine «Arbeitscharakteristik» anfertigen, da er anhaltend über Konzentrations- und Merkfähigkeitsstörungen klagte. Die Therapeut:innen vermuteten, diese seien auf

1073 Vgl. Davison 2020.

1074 An dieser Stelle ist ausschließlich von Homosexualität die Rede, da die meisten Hinweise zu sexuellen Orientierungen in den Akten lediglich zwischen Hetero- und Homosexualität unterschieden und andere Orientierungen, insbesondere Bisexualität, weitgehend ausblendeten.

1075 HPAC, 566/78M, Epikrise vom 04.03.1979.

«Angst vor Überforderung auf der Arbeit» zurückzuführen.[1076] Mit dieser Begründung kündigten sie an, sie würden im Rahmen der ambulanten Nachbetreuung bei weiter bestehenden Schwierigkeiten «mit dem Betrieb Kontakt aufnehmen, um zu erforschen, in welchen Bereichen sich der Pat. überfordert ist [sic]». Der Patient sei aber, so die Akte, «mit diesem Vorschlag gar nicht recht einverstanden» gewesen und habe erwogen, wenn «seine Frau ein weiteres Kind bekommt, [...] später evtl. das Kind zu betreuen [und] seine Frau arbeiten zu lassen (!)». Das Ausrufezeichen artikuliert das Unverständnis für die Haltung des Patienten, der gegen die Rollenerwartung des Ernährers der Familie und gegen das traditionelle Familienbild, das Frauen die Sorgearbeit für Kinder und Angehörige zuwies, verstieß.

Die Erwartung an die Berufstätigkeit beider Geschlechter und an die Sorgearbeit von Frauen war in der DDR verbreitet und findet sich entsprechend in der Nervenklinik wieder. Zwar sollten Frauen in den Betrieben arbeiten, das entband sie aber nicht von der «zweiten Schicht» – also von der Kinderbetreuung, der Pflege von Angehörigen und den Haushaltstätigkeiten. Auch wenn sich Männer jüngerer Generationen vermehrt an der Hausarbeit beteiligten, blieb die ungleiche Verteilung überwiegend bestehen.[1077]

7.2 Patient:innenperspektiven auf Geschlechterrollen

In den Tagesberichten spiegelt sich die zeitgenössische Bandbreite an Geschlechterrollen. Manche Darstellungen lesen sich als Abbild heteronormativer Geschlechtervorstellungen, gelegentlich auch als Zeugnisse einer patriarchalen Vorstellung von Gesellschaftsordnung. Dazu zählen beispielsweise Berichte, in denen sich Männer teils stark sexualisierend und objektifizierend über Frauen äußerten, bevor sie diese Berichte den Therapeut:innen zum Lesen übergaben. Beachtenswert ist allerdings, dass die betreffenden Personen nicht selten ihre Haltung im Laufe der Zeit zu überdenken begannen und diese in den später folgenden Berichten zumindest in Ansätzen problematisierten.[1078] Einem betreffenden Patienten seien etwa durch andauernde Gruppengespräche über die Beziehungen «zwischen Mann und Frau [...] unheimlich viele Fehler und Schwierigkeiten» im eigenen Verhalten klar geworden, die er auch nach der Entlassung zu bearbeiten beabsichtigte.[1079] Der Austausch mit anderen Gruppenmitgliedern und den The-

1076 Hier und im Folgenden: HPAC, 429/76M, Verlaufsdokumentation, Eintrag vom 01.02.1977.

1077 Vgl. Scholz 2010. Sie verweist unter anderem auf Keiser 1997.

1078 Vgl. bspw. HPAC, 599/76M, Tagesberichte vom 03.02.1977 und 10.02.1977; HPAC, 615/76M, Tagesberichte vom 26.01.1977 und 31.01.1977.

1079 HPAC, 599/76M, Tagesbericht vom 10.02.1977.

rapeut:innen bot hier offenbar Anlass zur Reflexion geschlechtsspezifischer Machtpositionen.

Im Zuge ihrer Ausbreitung entwickelte die sogenannte Zweite Frauenbewegung in den USA, aber auch in der BRD eine enge Verbindung zu den Psy-Wissenschaften. Zwar übten viele ihrer Vertreter:innen seit Ende der 1960er Jahre Kritik zunächst «an der sexistischen und patriarchalischen Verfasstheit von Psychoanalyse, Psychotherapie und Psychiatrie»,[1080] doch erwiesen sich Feminismus und Psychologie als «ultimative Verbündete».[1081] Der Feminismus zielte auf die Subjektwerdung von Frauen ab und darauf, Raum zur Erkundung der gesellschaftlichen Umstände und des Selbst zu schaffen.[1082] Es ging darum, die unterdrückte gesellschaftliche Position von Frauen und die eigene Betroffenheit zu realisieren. Dies sollte politische Subjekte und ein neues Selbstverständnis formen. In diesem Zusammenhang fanden sich Techniken wie Consciousness-Raising- und Encounter-Gruppen. Das Consciousness-Raising wurde erstmals 1967 von einer feministischen Gruppe in New York angewendet und nutzte persönliche Erfahrungen und damit verbundene Emotionalität als politische Ressource. Allein in Westdeutschland soll es 1976 zwischen 300 und 500 dieser Gruppen gegeben haben.[1083] Ging es zunächst darum, Bewusstsein über die unterdrückte Position als Frau in der Gesellschaft zu erlangen, verschob sich der Fokus zunehmend hin zur Erkundung der eigenen Emotionalität, wobei die (von vielen Gruppen verneinte) Vermischung mit dem Therapeutischen auch eine gewisse Entpolitisierung der Praktiken bewirken konnte.[1084] Therapie und Feminismus überschnitten sich hingegen in der Vorstellung, dass «eine Selbsterforschung etwas Befreiendes haben konnte, daß die Privatsphäre Gegenstand der Bewertung und Veränderung sein konnte und auch sollte und daß Gefühle, deren Platz in der Privatsphäre war, öffentlich zur Schau gestellt werden mußten».[1085]

Früher als die BRD hatte die DDR für die rechtliche Gleichstellung von Frauen und Männern gesorgt. Dass dies nicht zur Auflösung patriarchaler Gesellschaftsstrukturen führte, ist inzwischen bekannt.[1086] In der DDR formierte sich seit den frühen 1980er Jahren eine nicht staatliche Frauenbewegung mit verschiedenen Strömungen. Dazu zählten insbesondere die Frauen für den Frieden, kirchliche Frauen- und Lesbengruppen.[1087] Inwiefern sie psychotherapeutische

1080 Tändler 2016, S. 140.

1081 Illouz 2011, S. 208 f.

1082 Vgl. hier und im Folgenden: Studer 2011, S. 53 f. Studer bezeichnet Consciousness-Raising außerdem als «Technologie des Selbst» (Foucault), die zur «Selbst-Kreation und Politisierung» genutzt wurde, vgl. S. 59.

1083 Vgl. ebd., S. 56.

1084 Vgl. Tändler 2016, S. 145.

1085 Illouz 2011, S. 209 f.

1086 Eine umfassende Frauengeschichte der DDR erschien mit Kaminsky 2016.

1087 Vgl. Gerhard 2012, S. 118; Ilsen/Leiserowitz 2019.

Techniken rezipierten, ist bislang unbekannt; Hinweise fanden sich nach ersten Sondierungen keine.[1088]

Christa Ecke, eine Therapeutin, die in der DDR praktizierte, beschrieb hingegen, dass das HdG eine besonders große Nachfrage von Frauen nach Psychotherapie erlebte. Dem begegnete man seit Ende der 1970er Jahre mit ersten Therapiegruppen für Frauen mit einer weiblichen Therapeutin.[1089] Seit 1981 seien regelmäßig ambulante und stationäre Frauengruppen angeboten worden. Zwar hatte dies eher effizienzökonomische denn feministische Hintergründe, doch Ecke stellte retrospektiv heraus: «Wesentliches Merkmal einer Frauengruppe ist die Suche nach der selbstbestimmten Subjektivität und die Arbeit daran. Als ein Beispiel weiblicher Identität provoziert die Therapeutin in jedem Fall die Auseinandersetzung der Patientin mit weiblicher Selbstverwirklichung.»[1090] Außerdem habe oft erst dieses Format erlaubt, über Erfahrungen sexueller Gewalt zu sprechen und die Gewaltbereitschaft beider Geschlechter zu thematisieren.

Spiegelten sich emanzipative Ideen auch in den Reflexionen der schreibenden Frauen, wie es die Verbreitung psychotherapeutischer Methoden in der Zweiten Frauenbewegung nahelegt? Viele der Frauen waren in ihren Dreißigern, als sie die Behandlung an der Charité begannen. Das durchschnittliche Alter von Erstgebärenden lag in der DDR bei etwa 20 Jahren.[1091] Diese Patient:innen hatten damit die Phase schwerster Doppelbelastung durch Kinderbetreuung und Berufstätigkeit bereits hinter sich gebracht. Dies habe Einfluss auf die angesprochenen Themen gehabt, die häufig mit einer veränderten Rolle in einer neuen Lebensphase korrelierten.

Gelegentlich schrieben Frauen in den Tagesberichten kritische Reflexionen über ihre Rolle in Familie und Beruf nieder. Einige von ihnen waren im persönlichen Lebenskontext mit Fragen der Emanzipation befasst und verfolgten diese im Rahmen der Psychotherapie. Eine Patientin äußerte beispielsweise, sie habe ihre «Souveränität» gegenüber ihrem Mann verloren und er habe ihr die Rolle «des ‹Weibchens›, nicht der Frau» zugedacht, die sie zukünftig nicht mehr spielen könne.[1092] Eine andere verbalisierte Zukunftssorgen, denn ihr «Ehrgeiz [lasse] ein Hausfrauendasein nicht zu».[1093] In seltenen Fällen stellten Frauen bei dieser Form der Selbstreflexion einen Zusammenhang zum Klinikaufenthalt her:

1088 Zu den Frauengruppen vgl. Bock 2020. Für die vorliegende Untersuchung wurden bspw. die Bestandsliste des Archivs der DDR-Opposition der Robert-Havemann-Gesellschaft und das Online-Findbuch des Frauenforschungs-, Frauenbildungs-, und Fraueninformationszentrums FFBIZ durchgesehen.

1089 Vgl. hier und im Folgenden: Ecke 2011. Ab 1986 habe es am HdG außerdem tagesstationäre Behandlungen speziell für alleinerziehende Frauen gegeben, vgl. ebd., S. 442.

1090 Ebd., S. 443.

1091 Vgl. ebd., S. 442.

1092 HPAC, 126/78F, Wochenendbericht, undatiert, März 1978.

1093 HPAC, 607/77F, Tagesbericht vom 04.01.1978.

> In mir sind Wünsche geweckt worden, die ich bisher ausgeschlossen hatte. Ich habe mich verändert, darüber freue ich mich sehr. Der Gedanke[,] meinem Leben, außer Arbeit und Kinder, auch wieder einen anderen Sinn zu geben, ist mir erst in den letzten Tagen gekommen. Die große Frage ist nur, ob meine Courage ausreicht, diesen Gedanken auch zu verwirklichen.[1094]

Ob die Frauen solche Gedanken bereits zuvor hatten, sie diese wegen oder trotz der stationären Therapie artikulierten und ob diese Teil der Gruppengespräche wurden, lässt sich den Akten nicht zweifelsfrei entnehmen. Plausibel erscheint aber, dass der Klinikaufenthalt manchen Frauen erlaubte, Distanz zu ihrer Lebenssituation aufzubauen. Im Zuge ihrer Selbstreflexion konnten sie aus dieser distanzierten Position heraus ihre eigene Rolle in Familie und Beruf einfacher hinterfragen – und womöglich Gegenentwürfe entwickeln. Es ließ sich den Akten andererseits nicht entnehmen, dass solche emanzipatorischen Bestrebungen vonseiten der Therapeut:innen besonders gefördert worden wären.

Einschränkend ist festzuhalten, dass sich die hier angeführten kritischen Positionen von Frauen stets auf ihren eigenen Lebenskontext bezogen. Breitere gesellschaftskritisch angelegte Übertragungen auf die Geschlechterverhältnisse in der Gesellschaft der DDR finden sich in den Tagesberichten nicht. Sie waren eher auf das Individuum bezogen und bildeten weniger eine feministisch politisierte Denkströmung ab. Dennoch entfalteten die Tagesberichte, gerade weil sie in räumlicher Distanz zum Alltag verfasst wurden, einen Reflexionsraum für Schreibende, der emanzipatorische Prozesse katalysierte.

Einen anderen Modus, Geschlechterrollen zu thematisieren, eröffneten Debatten über romantische Beziehungen und heterosexuelle Sexualität. Den Tagesberichten zufolge wurden diese Gespräche häufig und auch in informellen Gruppen jenseits der eigentlichen therapeutischen Sitzungen geführt. Diese Beobachtung entspricht der gesellschaftlichen Tendenz zur sexuellen Liberalisierung in der DDR seit den späten 1960er Jahren, die trotz parteilicher Restriktionen und staatlich vermittelter Idealbilder bisweilen auch als revolutionär angesehen wird.[1095] Die Patient:innen vertraten jedoch deutlich divergierende Ansichten zur moralischen Angemessenheit des Austauschs über sexuelle Intimität. Ein Patient fand beispielsweise die «Offenheit» der Gespräche «schockierend» und berichtete über «Tabus» in seiner Erziehung und seinem Familienleben.[1096] Manche thematisierten in diesem Kontext die eigenen Wertvorstellungen in Bezug auf Liebe und Sexualität und setzten sie mit ihrer Perspektive als Mann

1094 HPAC, 318/78F, Tagesbericht vom 26.08.1978.

1095 Die Liberalisierung war aber auch von repressiver Politik und ablehnenden gesellschaftlichen Haltungen begleitet, insbesondere hinsichtlich des Umgangs mit Homosexualität, gleichbleibenden Geschlechterrollen in der Ehe und rassistischen Elementen der DDR-Sexualpolitik, vgl. McLellan 2011. Zur ČSSR vgl. Lišková 2018.

1096 HPAC, 625/76M, Tagesbericht vom 18.01.1977.

oder Frau in Zusammenhang. Hintergrund war dann meist, dass sie in den Gesprächen Differenzen zu den Ansichten anderer festgestellt hatten und die eigenen Auffassungen zu überdenken begannen.[1097]

Ein weiteres Gebiet, in dem Geschlechterrollen thematisiert wurden, waren Reflexionen über Stereotype zum geschlechtsspezifischen Umgang mit Emotionen. Besonders deutlich wird das am Gefühlsausdruck durch Weinen. Eine Patientin vermutete, dass es eher einem Stereotyp weiblichen Verhaltens entspreche, in An- oder auch in Abwesenheit anderer zu weinen, und es für Frauen daher «einfacher» sei, auf diese Weise Emotionen auszudrücken.[1098] Der Patient, dessen Äußerungen zur Einleitung in dieses Kapitel angeführt wurden, kritisierte, dass diese stereotype Erwartungshaltung Einfluss auf die eigenen Handlungs- und Fühlweisen haben könne. Der Schreiber meinte Neid auf zwei Mitpatientinnen zu verspüren, die sich durch Weinen emotionale Entlastung verschaffen könnten, und erkannte darin einen «unmännlichen Wunsch». Sich gegen die gesellschaftlich geprägte Erwartungshaltung zu behaupten, dass Männer nicht weinen sollten, war eine Herausforderung – und das Handeln wider die Norm eine «Leistung», die im Kontext der Psychotherapie zu erbringen war. Die Epikrise derselben Akte unterstreicht, dass die Psychotherapie die Erwartung an den Patienten herantrug, er solle entgegen den verinnerlichten Geschlechternormen emotional expressiv sein und die eigene Vulnerabilität annehmen. Sie vermerkte «die Weichheit und erhöhte Verletzlichkeit des Pat. [...], die er selbst zu wenig akzeptierte», als neurosenrelevant.[1099]

In den Tagesberichten artikulierten sich folglich die einflussreichen wie bekannten Stereotype, denen zufolge Frauen emotional expressiver seien als Männer. Bemerkenswert ist, dass sich manche Patient:innen im Rahmen der Therapie dagegen wehrten. Auch wenn sie eher eine Ausnahme blieben, gab es auch von Männern gleich zu Beginn der Gruppensitzungen verfasste Einträge wie den folgenden: «Ich habe mich gefreut, daß ich zum Gruppengespräch meine Gefühle zum Ausdruck bringen konnte.»[1100] Einige Männer artikulierten jenseits des Weinens, dass sie gesellschaftlich weiblich codiertes Verhalten oder Eigenschaften zeigten, gern zeigen würden oder als Teil ihrer Geschlechtsidentität ansahen. Dabei ging es ihnen meist darum, eigene Emotionen anzuerkennen und zu artikulieren. Ein Patient befand:

1097 Vgl. bspw. HPAC, 515/76M, Tagesbericht vom 12.11.1976.

1098 HPAC, 182/78F, Tagesbericht vom 30.03.1978.

1099 HPAC, 339/78M, Epikrise vom 21.11.1978.

1100 HPAC, 312/78M, Tagesbericht vom 28.07.1978.

> Am Abend saß unsere Gruppe noch gemütlich beisammen und dabei kam das Gespräch u. a. auf Sexualität. [...] Im Laufe des Gesprächs hatte ich mehrmals den Gedanken mich als biologisch normalen Mann mit stark ausgeprägter Psyche einer Frau betrachten zu müssen.[1101]

Der Eintrag in seiner Krankenakte zum Entlassungsgespräch zeigt beispielhaft, wie Therapeut:innen Männern gelegentlich zur Akzeptanz einer inneren «Weiblichkeit» rieten und das Ausleben weiblich codierter Verhaltens- und Fühlweisen förderten. Man riet diesem Patienten abschließend, dass es «im Leben [...] darauf ankommen [werde], best. Bedürfnisse u. Wünsche zuzulassen, anstatt in ‹perfektionist[ischer] Weise› nach Vollkommenheit zu streben». Im Gespräch machten die Therapeut:innen deutlich, «es gehe auch nicht darum[,] gegen die ‹Weiblichkeit› im eigenen Ich anzugehen, vielmehr darum, sich mit der Weiblichkeit anzunehmen», und der Patient solle sich künftig «offen zur eigenen Weiblichkeit bekennen».[1102]

In der Psychotherapie wurden folglich traditionelle Auffassungen von Maskulinität in Gefühl, Wort und Verhalten infrage gestellt. Während diese Stoßrichtung auf die Innerlichkeit zielte, richtete sich die Aufmerksamkeit der Frauen stärker auf die Gestaltung ihrer Lebenssituationen durch Selbstermächtigung. Sie thematisierten seltener, explizit «männliche» Verhaltensweisen zeigen zu wollen oder anzustreben. Ihre Reflexionen bezogen sich eher darauf, ein selbstbestimmteres Leben innerhalb ihrer Beziehungen sowie jenseits von Arbeit und Familie führen zu wollen. Frauen und Männern war dabei aber gemein, dass sie ihre Beobachtungen stets auf ihre unmittelbare Lebenssituation bezogen und nicht in einen größeren gesellschaftskritischen Zusammenhang stellten.

7.3 Therapeutische Interventionen

Die Auseinandersetzung mit Geschlechterrollen war kein ureigenes Anliegen der Patient:innen. Der Umgang mit Emotionen konnte auch aus therapeutischer Sicht mit der Frage nach sozialer Geschlechtlichkeit verbunden werden. Insofern machten auch Therapeut:innen gelegentlich Geschlechtsidentität und als geschlechtsspezifisch deklarierte Verhaltensweisen zum Thema. Im Folgenden soll anhand einiger Beispiele der therapeutische Umgang mit männlicher Weiblichkeit sowie weiblicher Männlichkeit veranschaulicht werden.

Ab und an regten Therapeut:innen ihre Patienten dazu an, das eigene Selbstverständnis als Mann zu hinterfragen. Ein Patient schrieb etwa, der Ober-

1101 HPAC, 515/76M, Tagesbericht vom 12.11.1976.

1102 Ebd., Verlaufsdokumentation, Eintrag zum Entlassungsgespräch vom 03.02.1977. Die Unterstreichung erfolgte im Original.

arzt habe ihm gegenüber geäußert, dass er sich als Mann nicht annehme, und fragte:

> Darf ich mich so annehmen wie ich bin? Ich werde ja auch so nicht angenommen. Ich muß weg vom Perfektionismus und über Veränderung meiner Haltung zur Veränderung der Situation kommen damit ich mich annehmen kann.[1103]

Manchem erschienen solche Denkanstöße provokativ. So schrieb ein anderer, der Oberarzt habe ihm gesagt, er wolle «gerne ein Mann sein», sei aber «ein Kind» und habe «nicht das Rückgrat ein Mann zu sein».[1104] Die Verunsicherung in der Rolle als Mann löste bei ihm Ängste darüber aus, ob er künftig an ihn gestellte Erwartungen erfüllen könne. Er fragte, ob er – wenn er es «geschafft habe so zu sein», wie er tatsächlich sei – «überhaupt noch in der Lage [wäre,] einer Frau ein Mann und einem Kind ein Vater zu sein». Das therapeutisch gesetzte Ziel des «Sich-als-Mann-Annehmens» verband er in seiner Äußerung außerdem mit der Idealisierung von Authentizität. Dabei scheint der Zweifel aber zu implizieren, dass mit dem «Mann sein» hier weniger Stereotype wie Rationalität, Unnahbarkeit und Überlegenheit gemeint sind, sondern die Annahme eigener Fehler, Verletzlichkeiten und Eigenheiten. Wie sich diese Auseinandersetzung weiterentwickelte, ließ sich der Akte leider nicht entnehmen.

Eine therapeutische Strategie konnte auch darin bestehen, Männer zur Akzeptanz ihrer Gefühle zu ermutigen. In einem Verlauf notierte Kulawik über einen Patienten: «Pat. erlebt bewußt, daß schizoide Einstellungen und der ‹souveräne› Habitus Kompensationsmechanismen seiner [eigentlich] emotional-weichen Verfassung sind. Muß mehr die eigene Emotionalität bejahen!»[1105] Die Epikrise derselben Akte befand, dass die Strategie aufgegangen sei, weil der Patient «seine eigene Weichheit» schließlich «erkannt[e] und vertrat» und «seine Leistungshaltung in Frage stellen» konnte.[1106] Es galt als therapeutischer Erfolg, wenn Männer im Laufe der Therapie einen anerkennenden Umgang zur eigenen Emotionalität entwickelten, «weibliche» Verhaltens- und Fühlweisen an sich selbst akzeptierten und lernten, ihre Empfindungen in den Tagesberichten und Gruppengesprächen zu artikulieren. Besonders deutlich wird diese therapeutische Haltung am Beispiel der folgenden Epikrise:

> In der Therapie wurde die Zurückgezogenheit und das Selbstmitleid des Patienten als besonderer Wunsch nach Zuwendung und Beachtung erlebbar. Als er schließlich seine Haltung zu reflektieren begann, kam es zu einer eindrucksvollen Katharsis, bei der er das

1103 HPAC, 582/76M, Tagesbericht vom 11.01.1977. Ein ähnlicher Fall findet sich in HPAC, 377/78M, Wochenendbericht vom 24.11.–26.11.1978.

1104 Hier und im Folgenden: HPAC, 615/76M, Tagesbericht vom 10.02.1977; das Blatt befindet sich in HPAC, 18/77F.

1105 HPAC, 337/78M, Verlaufsdokumentation, Eintrag vom 16.08.1978.

1106 Ebd., Epikrise vom 24.10.1978.

> Nichtakzeptieren eigener Weichheit verbalisierte. Es geht dabei nicht nur um Weichheit schlechthin, sondern um eine homophile Tendenz, gegen die er sich vergeblich sträube. Als der Patient Identifikation und Verständnis in der Gruppe vorfand, konnte er sich adäquat engagieren, gewann an Wertschätzung und Vertrauen.[1107]

Es scheint, als sei aus therapeutischer Sicht sowohl die Selbstannahme als Mann als auch die erstrebenswerte Akzeptanz eigener «weiblicher» Anteile sowie homosexueller Neigungen mit der Akzeptanz von Emotionalität und Vulnerabilität verbunden gewesen. Aufseiten der Therapeut:innen lässt sich eine gewisse Feminisierung der Männlichkeitsvorstellung folgern. Vor diesem Hintergrund schilderten sie auch die Hingezogenheit zum eigenen Geschlecht in der Epikrise als legitim. Die Akte legt allerdings kein Zeugnis darüber ab, inwiefern der Patient ermutigt wurde, seine «homophile Tendenz» auch zu erforschen.

Die Tendenz, dass Patient:innen zu einer ausgeprägten Emotionalität stehen sollten, lässt sich auch bei Frauen beobachten. Wie bei ihren Mitpatienten stand dieser Imperativ in engem Zusammenhang mit der Anerkennung eigener «Weiblichkeit». Eine Patientin empfand ihren eigenen Körper als nicht weiblich genug und beschrieb, dass sie sich daher nicht als «vollwertige Frau» fühlte. Das Entlassungsgespräch bemerkte kritisch, dass «ihr Verhältnis zur eigenen ‹Weiblichkeit› [...] unentschieden» sei, da die Patientin geäußert habe: «Wenn man die zeigt, hat man nur Nachteile.»[1108] Ihre Einschätzung erscheint uns nicht illegitim, verweist sie doch auf die schwierige Position von Frauen in patriarchal verfassten Gesellschaften. Explizite Anerkennung fand ihre Haltung allerdings nicht. Da die Patientin wisse, dass ihre Magenbeschwerden aufträten, wenn sie wütend sei, sie aber diese Emotion nicht äußerte, erhielt sie den Hinweis, sie solle «Gefühle nicht ‹unterdrücken› zugunsten von Geltungsansprüchen».[1109] Dies ließe sich als Entwicklung hin zur «Weiblichkeit» mittels emotionaler Expressivität lesen, zumal die Patientin «Geltungsansprüche» zurückstellen sollte. Bemerkenswert ist allerdings, dass man die Artikulation von Aggression und Wut – traditionell mit Männlichkeit assoziiert – hier der anzustrebenden Gefühlsäußerung zuordnete.

Zeigten Frauen ein eher männlich codiertes Auftreten, finden sich in den Krankenakten nicht selten pejorative Formulierungen oder pathologisierende Argumentationen. Eine Patientin wurde als «Vorsitzende des Patientenrates» gewählt und in diesem Zusammenhang in der Verlaufsdokumentation als «resolut, exakt, konstruktiv» charakterisiert, wobei sie aber «recht maskulin» wirke.[1110] Kurze Zeit später suchte ein:e Therapeut:in ein «ausführl[iches] Einzelgespräch»

1107 HPAC, 246/78M, Epikrise vom 05.08.1978.

1108 HPAC, 620 A/77F, Entlassungsgespräch vom 10.01.1978.

1109 Ebd., Entlassungsgespräch vom 10.01.1978.

1110 HPAC, 83/76F, Verlaufsdokumentation, Eintrag vom 19.04.1976.

mit der Patientin, das die Hintergründe ihres vermeintlich zu männlichen Auftretens aufklären sollte:

> Pat. hat Bedürfnis nach Wärme u. Geborgenheit, zeigt dieses nicht → burschikoses Verhalten wird von ihr selbst als ‹Schutzpanzer› bezeichnet. Mutter habe ihr Bedürfnis nach Zärtlichkeit immer abgewiesen. Sie möchte gerne ihre Zartheit u. Verletzlichkeit zeigen → Furcht = Sperre. Umwelt habe falsche Bilder von ihr: robust, sicher – ‹die kann man mit allen Problemen belasten›, maskulines Erscheinen bewirkt Angebote lesbischer Frauen (Pat. negiert lesbische Neigungen).[1111]

Die Patientin habe «verlernt weich u. weiblich zu sein». Eine Freundin habe sich erst nach Alkoholgenuss der Patientin im Kreise vertrauter Freunde «ganz erstaunt» geäußert: «Du bist ja ganz weiblich.» Der Verlaufsdokumentation zufolge habe dieses Gespräch die Patientin zur «Erkenntnis des eig[enen] Problems (unsicher, wenig vertrauensvoll, da mangelnde Risikobereitschaft, in der zw[ischen]menschl[ichen] Begegnung, bewußtes Reflektieren des eig. Bedürfnisses nach Geborgenheit – was früher verdrängt wurde)» geführt. Sich nicht maskulin zu verhalten (und das galt hier als therapeutisch erstrebenswert), implizierte demnach, das Bedürfnis nach sozialer Nähe sichtbar zu machen und die eigene Verletzlichkeit offen zu kommunizieren.

Die Therapie sah als «weiteren Weg» vor, die Patientin solle «neue Verhaltensweisen erproben (in Kleidung, Vertrauen haben [also] eig. Probleme in Gruppe besprechen, als Prüfstein der Tragfähigkeit anderer Menschen, auf andere zugehen und aktiv Kontakt herstellen)».[1112] Weiblichkeit sollte demnach auch durch das äußere Erscheinungsbild und emotionale Kommunikation hergestellt werden.

Die Verlaufsdokumentation verfolgte die weitere Entwicklung des Geschlechterrollenverständnisses der Patientin aufmerksam. Einige Patient:innen hatten den Klinikregularien zum Trotz abends eine Gaststätte aufgesucht und Wein getrunken, einige Flaschen mitgebracht und den Abend damit gemeinsam auf der Station ausklingen lassen. Die Akte der oben Genannten verzeichnet eine «strenge Verwarnung» und die Androhung, die Patientin werde bei «erneutem Disziplinverstoß entlassen». Notiert wurde aber auch, dass ein Mitpatient berichtet habe, «er habe [die Patientin] erstmals als sehr weiblich empfunden u. ihr Sympathie entgegengebracht».[1113] Der Oberarzt befand dann nach einem Einzelgespräch, die Patientin lehne womöglich ihre «Mütterlichkeit» ab, und kommentierte: «eigene Weiblichkeit».[1114] Hier wurde die Rolle als fürsorgliche Mutter mit der Vorstellung einer zu bejahenden Weiblichkeit verknüpft.

1111 Hier und im Folgenden: ebd., Verlaufsdokumentation, Eintrag vom 29.04.1976.
1112 Ebd., Verlaufsdokumentation, Eintrag vom 29.04.1976.
1113 Ebd., Verlaufsdokumentation, Eintrag vom 13.05.1976.
1114 Ebd., Verlaufsdokumentation, Eintrag vom 13.05.1976.

Auffällig ist, dass die Patientin ihre eigene «Weiblichkeit» in ihren Tagesberichten zunächst nicht von sich aus als etwas Bedenkliches schilderte. Erst etwa sechs Wochen, nachdem ihr «Problem» in den Notizen der Therapeut:innen definiert wurde, habe sich die Patientin im Gruppengespräch selbst dazu geäußert und gefragt, «was sie tun könne, um weiblicher zu wirken».[1115] Hinweise der Gruppe auf Äußerlichkeiten habe sie abgewehrt. Die Gruppe habe geäußert, dass sie ein «eigenes inneres Bedürfnis bei der Pat.» vermisse, und dazu vermutet, die Patientin könne «evtl. Furcht vor Erwartungen an ihre Weiblichkeit» haben und die «Maske des Mannes» tragen, «um [die] Frau zu verbergen».[1116] Zwar könne die Gruppe ihre «Weiblichkeit» trotz dieser Maske erkennen, sie «habe aber 2x hinsehen müssen». Der folgende Eintrag im Verlauf dokumentiert die Vorstellung beim Oberarzt, der den Eindruck gehabt habe, «sie finde sich in ihrer kurzen, prägnanten Weise gut».[1117] An diesen Notizen wird offenbar, dass die Zurückhaltung der Patientin, an der eigenen Weiblichkeit zu arbeiten, sich nicht mit den Erwartungen der Therapeut:innen und Mitpatient:innen deckte. Der Epikrise zufolge sei zur Sprache gekommen, ob die Patientin «evtl. die eigene Weiblichkeit ablehnt. Die Pat. erkannte, daß sie eigentlich gern ein vollkommener Mensch sein wolle, und sich dies nicht realisieren lasse.»[1118] Männliche und weibliche Seiten könne sie demnach nicht gleichermaßen zulassen.

Sowohl bei Männern als auch bei Frauen konnte die Ablehnung eigener «Weiblichkeit» in die Erzählung einer Pathologie integriert werden. So wurde über eine andere Frau in der Epikrise berichtet: «In der Gruppe erkannte die Pat. ihre unsichere, ichbezogene und umweltabhängige Fehlhaltung, welche sie bisher mit einem betont burschikosen Auftreten zu übertünchen suchte und damit rasch andere vor den Kopf stieß.»[1119] «Burschikoses Auftreten» und «maskuline» Außenwirkung erschienen eher nicht als legitime Aneignung ansonsten positiv konnotierter Eigenschaften («resolut, exakt, konstruktiv»). Vielmehr wurden diese Verhaltens- und Fühlweisen als pathologisches Verdrängen einer darunterliegenden und freizulegenden Emotionalität perspektiviert. Damit galt auch für Frauen die Akzeptanz von «Weiblichkeit» und «Weichheit» als therapeutischer Erfolg:

> Sie erkannte die eigene passive, unsichere, umweltabhängige und ichbezogene Fehlhaltung, die sie am Zupacken bei der Lösung ihrer Probleme behinderte. Sie erkannte auch, daß sie bisher in vielen Dingen nicht recht zur eigenen Weiblichkeit gestanden hatte und oft herb und burschikos wirkte, dabei doch aber ganz weich war.[1120]

1115 Ebd., Verlaufsdokumentation, Eintrag vom 04.06.1976.
1116 Hier und im Folgenden: ebd., Verlaufsdokumentation, Eintrag vom 04.06.1976.
1117 Ebd., Verlaufsdokumentation, Eintrag vom 17.06.1976.
1118 Ebd., Epikrise vom 02.10.1976.
1119 HPAC, 369/76F, Epikrise vom 25.10.1976.
1120 HPAC, 503/75F, Epikrise vom 12.01.1977.

Die Aneignung oder Akzeptanz eigener «Männlichkeit» dagegen blieb durch den therapeutischen Blick verstellt.

7.4 Schreiben und geschlechtsspezifische Normen zur Emotionalität

Es zeigte sich sowohl bei der Betrachtung von Patient:innenperspektiven als auch bei den angeführten therapeutischen Interventionen, dass «Weiblichkeit» in der Psychotherapie eng mit emotionaler Expressivität, offen zu zeigender und zu akzeptierender Vulnerabilität und bei Frauen mit «Mütterlichkeit» und fürsorglicher Hinwendung zum Gegenüber assoziiert wurde. Diese Aspekte von Weiblichkeit fanden sich zum Teil auch in den Männlichkeitsimaginationen der Therapeut:innen wieder. Sie galten als erstrebenswerte Ziele, an denen sich das Individuum in der Psychotherapie orientieren sollte. Eine letzte Betrachtung soll an diese Beobachtungen anschließen. Welchen Einfluss hatte das selbstreflexive Schreiben auf die Imagination von Geschlecht? Und auf welche Weise prägte das das jeweilige Selbstverhältnis der Akteur:innen?

Die therapeutische Rationalität der Tagesberichte erforderte von den Schreibenden, dass sie ihre Erlebnisse bewusst mit der eigenen Emotionalität in Verbindung setzten und diese Zusammenhänge für eine weitergehende Erkenntnis über die eigenen Verhaltensmuster abstrahierten. Die Schreibenden sollten also nicht nur einen Zugang zur eigenen Emotionalität entwickeln, sondern ihre Überlegungen auch kommunizieren. Dieses Vorgehen widersprach der stereotypen Verbindung von Männlichkeit und emotionaler Unnahbarkeit.

Berichte zu schreiben, forderte von Männern genau jene Eigenschaften im Umgang mit eigenen Emotionen, die sonst eher weiblich codiert waren. Die therapeutische Praktik kratzte damit an jenen präskriptiven Normen, wie Geschlechter fühlen und ihre Emotionen zum Ausdruck bringen sollten. Sie begünstigte weiblich codierte Fühl- und Verhaltensweisen und wirkte auf diese Weise traditionellen Männlichkeitsvorstellungen entgegen. Frauen hingegen könnten durch die tägliche Praktik möglicherweise in geschlechtsspezifischen Erwartungen, die ohnehin stereotyp an sie gestellt wurden, bestätigt worden sein. Die Anforderungen an die kontinuierliche Performanz weiblich codierten Verhaltens und Fühlens erschwerten es, sich männlich codierte Fühl- und Verhaltensweisen anzueignen oder sie aufrechtzuerhalten. Dafür boten sie Raum für die Reflexion der individuellen Position als Frau in Familie, Beruf und Gesellschaft.

Insofern scheint sich das Schreiben nicht mit der Vorstellung des *doing gender* im Sinne der Herstellung von Differenzkategorien fassen zu lassen.[1121] Zum einen sollten Frauen und Männer gleichermaßen schreiben. Zum anderen ließ

1121 Vgl. bspw. Gildemeister 2010.

die Praktik sie alle den Zugang zu eigenen Emotionen sowie deren Artikulation und Reflexion trainieren und praktizieren. Eher verwischte das tägliche Berichten traditionelle Grenzziehungen im Umgang mit Emotionen zugunsten einer Feminisierung, als dass es zur Abgrenzung von Männlichkeit und Weiblichkeit beigetragen hätte.

Die Beobachtung, dass es für Frauen dadurch ungleich schwerer war, sich männlich codierte Verhaltensweisen anzueignen, deckt sich mit einem Befund von Maik Tändler zur Verschiebung von Gefühlsnormen im linksalternativen Milieu der BRD in den 1970er Jahren. Mit Bezug auf einen Artikel in der linken Zeitschrift *Konkret* befand er, dass Männern eine gewisse «Feminisierung» zugestanden wurde und «Weichheit» und «Zärtlichkeit» kultiviert werden sollten. Umgekehrt wurde Frauen die «Maskulinisierung etwa durch Aneignung eines rationalitätsbetonten, leistungsorientierten oder aggressiven Habitus letztlich abgesprochen».[1122] In dieser Vorstellung sollte die Lebenswelt letztlich weiblicher werden. Im Rahmen der stationären Psychotherapie an der Charité zeigt sich, dass sich im therapeutischen Mikrokosmos im Sozialismus westlichen Gesellschaften vergleichbare Tendenzen wiederfinden. Dabei lässt sich mit der Psychotherapie ein Praxisfeld aufzeigen, in dem alternative Entwürfe zur von Scholz ausgemachten hegemonialen rationalen Männlichkeit in der DDR kultiviert wurden.[1123]

Die psychotherapeutische Kultur in der DDR veränderte sich in den 1970er Jahren zugunsten einer Strategie, die auf die Formation eines psychologisch informierten und emotional reflektierten Subjekts abzielte. Um mit Illouz zu sprechen, waren die Psychotherapie und das therapeutische Schreiben an der Charité darauf ausgerichtet, dass die Patient:innen «eine im wesentlichen weibliche Haltung zum eigenen Selbst» einnehmen sollten.[1124] Die «kulturellen und emotionalen Grenzzäune» zwischen den Geschlechtern wurden den Befunden dieser Untersuchung nach nur durchlässiger, aber nicht abgebaut.[1125] Passender erscheint das Bild eines Drehkreuzes: Die emotionalen Normen der Psychotherapie, legitimiert, transportiert und verstärkt durch die Schreibpraktik, begünstigten im Rahmen der Abteilung die «Feminisierung der Gefühlskultur» für Männer *und* Frauen. Zugleich versperrten sie Frauen Wege der Maskulinisierung.

1122 Tändler 2016, S. 143.

1123 Bemerkenswert ist die Diskrepanz zwischen Theorie und Praxis. Die Therapeutin Christa Ecke betont, dass in der Konzeption nach Höck ein «kämpferisch-dominantes Männerbild im Vordergrund» gestanden habe, Ecke 2011, S. 441 f. In der Praxis an der Charité hat sich dies wenig ausgedrückt. Möglicherweise schlugen sich hier auch die Versuche weiblicher Therapeut:innen nieder, einen alternativen Umgang zu etablieren, worauf Ecke auch hinweist.

1124 Illouz 2011, S. 214.

1125 Ebd.

8. Politik und Ideologie in der Psychotherapie

Im April 1975 nahm ein Mann an einer Gruppensitzung teil, in deren Nachgang er über seinen christlichen Glauben und seine Einstellung zum Staat grübelte und daraus therapeutische Erkenntnis zu generieren suchte. Zunächst befasste er sich mit seinem Verhältnis zum Atheismus und resümierte: «Wenn ich als Christ den Atheismus ablehne, so bedeutet das für mich nicht, daß ich von vorn herein den atheistischen Menschen in seinem Wert herabsetzen kann bzw. wollte.»[1126] In einem zweiten Absatz schloss er an, er habe wegen seiner «christlichen Einstellung» befürchtet, seine «Mitmenschen» könnten an seinem «Bekenntnis zu unserem sozialistischen Staat» zweifeln. Diese Sorgen hätten sich nicht bestätigt, aber er schätzte ein, seine «teilweise zu kritischen Äußerungen über bestehende Mängel lassen solche Zweifel aufkommen». Er dürfe «nicht nur das Negative sehen», sondern wolle sich angewöhnen, «erst einmal die positiven Ergebnisse der Entwicklung aufzuzeigen». Erst dann könne er «ohne Bedenken auf negative Erscheinungen hinweisen, die noch verändert werden müssen». Dass er Positives «als etwas Selbstverständliches» hinnahm und ihm stets die «Mängel ins Auge» fielen, sei seiner Einschätzung nach nicht nur eine politikbezogene, sondern eine «grundsätzliche Erkenntnis, die für mich auf allen Gebieten Gültigkeit besitzt».

Die Schilderungen dieses Mannes erlauben erste Einblicke in den Umgang mit dem Politischen in der Psychotherapie. Wir wissen bereits, dass Spiritualität in der Anamnese keine Rolle spielte (Kapitel 4). Anhand dieses Beispiels erfahren wir, dass sich Glaube in Selbstzeugnissen dennoch thematisieren ließ; und das, obwohl der Patient selbst bemerkte, dass aus seinem Glaubensbekenntnis Zweifel an seiner Staatstreue erwachsen könnten. Damit nahm er implizit Bezug auf das spannungsreiche Verhältnis von Kirche und Staat in der DDR.[1127] Er kommunizierte offen, seine Kritik am Staat im Regelfall schwerer zu gewichten als dessen Vorzüge, und offenbarte damit, dass er sich in politischer Hinsicht zumindest ein Stück weit auf eine Vertrauensbasis der psychotherapeutischen Kommunikation verließ. Und doch legitimiert sein Statement erst die Willensbekundung, sich in Zukunft primär dem Positiven zuzuwenden. In diesem Beispiel bemessen sich die Grenzen des Sag- und Schreibbaren an den vermeintlich unbegründeten Zweifeln anderer an der Staatstreue des Patienten. Daran wird bereits

1126 Hier und im Folgenden: HPAC, 92/75M, Tagesbericht vom 20.04.1975.

1127 Zu den vielgestaltigen Konfliktfeldern vgl. bspw. Ehm 2007.

deutlich: An der Charité bot die Psychotherapieabteilung weder einen absoluten politischen Freiraum noch war sie gänzlich von staatlichen Repressionsmechanismen durchdrungen. Wie gestaltete sich also der Umgang mit dem Politischen in der Psychotherapie? Indem wir dieser Frage nachgehen, nähern wir uns auch den bisher unterbeleuchteten indirekten Auswirkungen staatlicher Repression auf die Psychotherapie.

Um den Möglichkeitsraum politischer Aussprache zu erkunden, folgen wir Spuren des Politischen in den Tagesberichten (Kapitel 8.1).[1128] Fanny Le Bonhomme hat auf der Grundlage von psychiatrischen und psychotherapeutischen Krankenakten der 1960er Jahre herausgearbeitet, wie die Pathologisierung des gesprochenen Wortes in der Nervenklinik Raum für politisch Tabuisiertes generierte.[1129] Dieses Phänomen der «diagnostischen Zirkularität»[1130] habe bewirkt, dass Patient:innen ihre Stimme dort erheben konnten, wo sie sonst von Diktatur oder Selbstzensur erstickt worden wäre. Wie veränderte sich die Situation in den 1970er Jahren, zumal vor dem Hintergrund einer parteitreuen Klinikdirektion und des zunehmenden Ausbaus des Überwachungsapparates? Wie und mit welchen Schwerpunkten thematisierten Patient:innen vor diesem Hintergrund politisch-ideologische Aspekte in Selbstzeugnissen? Von diesem Einblick ausgehend, wenden wir uns jenen Faktoren zu, die den Umgang mit dem Politischen auf institutioneller und individueller Ebene bestimmten (Kapitel 8.2). Diese Überlegungen rekurrieren implizit auf mögliche Zugriffsversuche der Staatssicherheit auf den psychotherapeutischen Raum. Doch wie gestalteten sich etwaige Verbindungen zwischen dem MfS und der Psychotherapie an der Charité (Kapitel 8.3)? Abschließend fragt das Kapitel, wie sich das Dilemma von überwachungsstaatlicher Drohkulisse auf der einen Seite und psychotherapeutischem Anspruch auf authentische Kommunikation auf der anderen Seite auf die Selbstbildung der Schreibenden auswirkte (Kapitel 8.4).

8.1 Das Politische in Selbstzeugnissen

Wie standen die Patient:innen beruflich und biografisch zu den staatlichen Strukturen der DDR? Einige Patient:innen arbeiteten für staatliche Organe, sei es für das Ministerium des Inneren, für das Präsidium oder die Bezirksdirektion der Volkspolizei, für die NVA oder für andere staatliche Verwaltungs- und Wirtschaftsorgane. Nicht zwangsläufig hatten sie dort zentrale Ämter inne, aber viele

1128 Die Lebensberichte wurden nicht systematisch nach politischen Einflüssen durchsucht.

1129 Vgl. Le Bonhomme 2016.

1130 Vgl. Majerus 2013. Daraus zitiert Le Bonhomme: «Words [of patients] are locked in a diagnostic circularity: they are a further sign of their illness and their illness is a reason to not consider their words», Le Bonhomme 2017, S. 241.

trugen in ihren Positionen zum Funktionieren des Staates bei.[1131] Andere waren als Lehrer:innen oder Journalist:innen in staatlichen oder staatsnahen Bereichen tätig. Aus den Lebensläufen vieler Patient:innen erfahren wir, dass sie eine oder mehrere Funktionen in den großen Organisationen wie beispielsweise der FDJ, der DSF oder dem Demokratischen Frauenbund Deutschlands (DFD) innehatten. Solche Funktionen korrelierten aber nicht zwangsläufig mit einer SED-Mitgliedschaft.[1132] Weder eine solche Funktion noch eine berufliche Tätigkeit für Staatsorgane musste eine ideologische Verbundenheit zum Sozialismus bedingen. Trotzdem waren viele Patient:innen, wie ein großer Teil der DDR-Gesellschaft, «irgendwie, fast selbstverständlich, in das System verwickelt».[1133]

Wie sich Lebensgeschichten und gesellschaftliche Positionierungen verbanden, ließe sich bei einer Untersuchung von «Patient:innenkarrieren» aus den Lebensberichten herausarbeiten. Jenseits der Klinik wissen wir über das Medium der Eingaben, dass die Darstellung einer «‹richtigen Biographie› [...] zu den wiederkehrenden Stilmitteln» gehörte, die den vorgebrachten Anliegen zum Erfolg verhelfen sollten.[1134] Daran anschließend ließe sich fragen, inwiefern für bestimmte Patient:innen die Präsentation der eigenen Biografie nach Kriterien sozialistischer Werte eine Rolle gespielt haben könnte. Wo Patient:innen in ebendiesem System aneckten, vielleicht auch Repression erfuhren, zeigt sich an den Lebensberichten allerdings nur selten. Anders als in den 1960er Jahren ist aus den Anamnesen auch nicht bekannt, dass explizit nach politischen Unstimmigkeiten etwa zwischen Eheleuten als «potenzielle[r] Konfliktquelle» gefragt worden wäre.[1135] Doch inwiefern artikuliert sich die Gretchenfrage eines repressiven Systems – Wie hältst du es mit der Politik? – in der täglichen Kommunikation? Welche Spuren politischer Inhalte und Positionierungen finden sich in den Tagesberichten? Auf welche Weise und mit welchen Schwerpunkten thematisierten Psychotherapie-Patient:innen in ihren Berichten ideologische und politische Aspekte?

Tagespolitik

1978 flog der vogtländische Jagdflieger Sigmund Jähn (1937–2019) als erster Deutscher ins All und wurde damit zu einem «späten Helden» der DDR stili-

1131 Fulbrook zufolge waren etwa zehn Prozent der erwachsenen Bevölkerung der DDR auf diese Weise in das staatliche Funktionieren eingebunden, vgl. Fulbrook 2008a, S. 254. Weitere drei Prozent besetzten Schlüsselpositionen bei der «Ausübung und Sicherung der Macht».

1132 Die Parteimitgliedschaft wurde in den Krankenakten nicht formalisiert erfasst und lässt sich meist nur Schilderungen in den Lebensberichten entnehmen.

1133 Fulbrook 2008a, S. 254.

1134 Bruns 2012, S. 347.

1135 Le Bonhomme 2017, S. 227.

siert.[1136] Sein Raumflug war Teil des sowjetischen Interkosmos-Programms, und auch wenn er nicht mehr in die heiße Phase des «space race»[1137] fiel, war er ein Prestigeprojekt der DDR mit internationaler Strahlkraft. Ein solch außergewöhnliches tagesaktuelles Ereignis nutzte ein Patient, um patriotische Neigungen auszudrücken: «Sehr befriedigt bin ich über die Tatsache, daß ein DDR-Bürger jetzt im Kosmos weilt. Allen Nachrichten widme ich große Aufmerksamkeit.»[1138] Dies mag ebenso seinem tatsächlichen Empfinden entsprochen haben wie der Vorstellung, sich in der Klinik staatstreu präsentieren zu müssen. Nur äußerst vereinzelt tauchen allerdings vergleichbare Notizen auf, die sich dem tagesaktuellen politischen Geschehen widmen und implizit auf die Systemkonkurrenz rekurrieren. Angesichts der zunehmenden internationalen Integration der DDR veranlasste das politische Verhältnis zwischen «Ost» und «West» die Patient:innen kaum zum Schreiben. Die vorhandenen Referenzen auf die Tagespolitik waren eher prosozialistisch und eröffneten einen Weg, sich niedrigschwellig als staatstreue Patient:innen zu positionieren und etwaigen Zweifeln an der eigenen Systemtreue vorzubeugen.

Blicke gen Westen

Nur selten richtete sich der Blick der Patient:innen gen Westen. Geschickt positionierte sich eine Patientin kritisch zur politischen Einschränkung der Reisefreiheit, indem sie Wunschdestinationen und etwaige Verbindungen zu ihrem psychischen Leiden aussparte. Ein Lichtbildvortrag im Rahmen des «Patientennachmittags» habe, so schreibt sie, ihre «‹geheimsten› Wünsche geweckt: das Reisen».[1139] Für eine andere Patientin stand die «Mauererfahrung» jedoch im Fokus ihrer Ängste. Da ihr früherer Ehemann nach Westberlin geflohen war, befürchtete sie nicht unbegründet, er könne ihre gemeinsamen Kinder nachholen und ihr durch die ihr versperrte Ausreise dauerhaft entziehen:

> Ungeheuer belastend ist auch noch das Problem meines geschiedenen Mannes. Er hat am Wochenende die Kinder heimlich in der Schule besucht und wollte sie mitnehmen. Er hatte sie schon zweimal heimlich mit über die Grenze nach Westberlin genommen, wovon ich später durch die Staatssicherheit erfuhr. Ich habe Angst, daß er sich an mir rächt und mir die Kinder wegnimmt. Sind sie einmal drüben, bekomme ich sie nie wieder.[1140]

In ihrem Narrativ erscheint die Patientin als treue DDR-Bürgerin, die keine Übersiedlung gen Westen anvisierte. Auch hier bleibt unklar, ob Überzeugung

1136 Vgl. Hirte 2002.
1137 Vgl. Launius 2019.
1138 HPAC, 320/78M, Tagesbericht vom 27.07.1978.
1139 HPAC, 477/77F, Tagesbericht vom 14.11.1977.
1140 HPAC, 179/77F, Tagesbericht vom 24.05.1977.

oder Selbstschutz ihre Darstellung motivierte. Jedenfalls ermöglichte ihr diese Stellungnahme, die erschütternden Erfahrungen zu kommunizieren, die ihr aus der innerdeutschen Teilung erwuchsen. Die Belastung einer Scheidung, die Angst vor dem Verlust ihrer Kinder durch die Entführung in einen Staat, den sie nicht bereisen konnte, und der Kontakt mit der Staatssicherheit waren eindrückliche Erlebnisse, die psychisch schwer bewältigbar erscheinen. Hieran wird auch deutlich, wie sich staatliche Repression und Familienschicksale in psychischen Krisen verbinden konnten.

Angesichts ihrer Situation läge es nahe, dass sich die Patientin ihre Sorgen häufiger von der Seele geschrieben und sich die Therapie explizit mit der Bewältigung dieser Belastungen befasst hätte. Dokumentiert ist davon allerdings kaum etwas. Nur dieses eine Mal rang sich die Patientin dazu durch, ihre Ängste schriftlich abzufassen. Möglich ist auch, dass durch therapeutische Selektion nur dieser eine Bericht zum Thema Eingang in die Krankenakte fand. Ob ihr geraten wurde, politisch Verbindliches aus der Therapie herauszuhalten, oder ob ihre Sorgen gerade mit der Verlagerung ins persönliche oder Gruppengespräch aufgegriffen wurden, bleibt dem historischen Zugriff verschlossen. Weitere Referenzen auf die deutsche Teilung und die eingeschränkte Bewegungsfreiheit fanden sich bei der Durchsicht der Krankenakten nicht. Dennoch zeigen die Beispiele der beiden Frauen, wie sich Leiden an den Politiken der DDR mittels Aussparungen und politischer Positionierung formulieren ließ.

Des Weiteren ließe sich fragen, wie es um den Medienkonsum der Patient:innen in der Psychotherapieabteilung stand. Immerhin bezog ein relevanter Anteil der DDR-Bevölkerung regelmäßig Informationen aus dem sogenannten Westfernsehen und von westdeutschen Radiosendern. Das Wissen, welche Sender auf den Rundfunkgeräten der Abteilung eingestellt werden durften, hätte Aufschluss über die Handhabung des Politischen in der Abteilung geben können. Eine institutionelle Regelung hierzu ist allerdings nicht bekannt.

Glaube und Spiritualität

Vereinzelt thematisierten Patient:innen in den Tagesberichten ihren Glauben. Ein Patient schrieb, am Vortag zur Beichte gegangen zu sein.[1141] Kurze Zeit später beschrieb er sein Verhältnis zu Erziehungseinflüssen, zum Glauben und zur Vergebung durch Gott:

> Von den negativen Einflüssen meiner Erziehung her, die sich besonders im täglichen Leben in z. T. zwanghaften, bzw. unfreien, egozentrischen Verhalten bemerkbar machen, habe ich mich nur ungenügend befreit; die in der Bibel aufgestellten Normen kann ich – wie jeder Mensch nicht voll erfüllen, erkenne sie aber als richtig an, habe aber noch nicht

1141 HPAC, 55/76M, Tagesbericht vom 10.03.1976.

> genügend Glauben an Gott, um an die volle Vergebung zu glauben (an die Normen muß man ja nicht glauben). Aber ich glaube, daß ich noch richtig glauben lerne.[1142]

An seiner Darstellung fallen psychoanalytisch informierte Vorstellungen davon auf, dass Versäumnisse in der kindlichen Erziehung das Erleben und Verhalten im Erwachsenenalter beeinflussten. Außerdem bekannte sich der Autor offen zu den Normen der Bibel und stellte sein Streben nach tieferem Glauben dar. Damit schuf er kommunikativen Raum für Spiritualität, die keinen festen Platz im Raster der Lebensberichte oder der Anamnese hatte. Während der Patient sich gegen den Einfluss des Elternhauses aufzulehnen begann, ordnete er sich biblischen Normen, transportiert durch die Kirche, unter und versuchte, dies durch vertieften Glauben zu untermauern. Es finden sich keine Hinweise darauf, dass sich die Therapie aus politischer oder konzeptueller, das heißt autoritätskritischer Motivation heraus gegen dieses Verhältnis zu Autoritäten gerichtet hätte und sich der Patient im Rahmen der Behandlung von seinem Glauben distanzierte. Einiges spricht dafür, dass man religiöse Aspekte weder als Quelle von Resilienz noch als Stoßrichtung der Autoritätskritik in die Therapie einband und gläubigen Patient:innen gegenüber nicht ideologisch intervenierte, sondern ihre Spiritualität weitgehend unbeachtet ließ.

Parteizugehörigkeiten

Nur in einem Fall thematisierte ein Patient seinen Beitrittswunsch zu einer Blockpartei.[1143] Dabei handelte es sich um den anfänglich angeführten Mann, der sich aufgrund seines christlichen Glaubensbekenntnisses darum sorgte, dass Zweifel an seiner Staatstreue entstehen könnten. Seine Tagesberichte zeigen, dass er seine Krankheitserzählung auf das Modell der Psychogenese aufbaute. In diesem Sinne hatte er psychische Spannungen auf Konflikte an seinem Arbeitsplatz als wissenschaftlicher Mitarbeiter zurückgeführt. Er hoffte, die Spannungen an seinem Arbeitsplatz durch einen Beitritt zur CDU zu reduzieren – möglicherweise, weil die Menschen in seinem Arbeitsumfeld sich politisch in diese Richtung orientierten. Schließlich sollte sein Parteibeitritt auch einen positiven Effekt auf sein psychisches Befinden entfalten: In einem Bericht über die Feiertage zum Jahreswechsel schrieb er, er habe seine Eltern in deren Heimatort besucht und weniger Muskelkrämpfe erlebt als noch in den Wochen zuvor. Nun sei er «davon überzeugt, daß die Krämpfe psychologische Ursachen haben». Außerdem habe

1142 Ebd., Tagesbericht vom 22.03.1976.

1143 Vgl. u. a. Wunnicke 2014. Zu den Blockparteien zählten die Christlich-Demokratische Union Deutschlands und die Liberal-Demokratische Partei Deutschlands. Die Sowjetische Militäradministration initiierte zudem die Gründung der Demokratischen Bauernpartei Deutschlands und der Nationaldemokratischen Partei Deutschlands.

er sich «entschlossen, Mitglied der CDU zu werden». Er hoffe, sich «dadurch einige Erleichterungen auf [seiner] Dienststelle» zu schaffen und «die Ursachen für mögliche Muskelkrämpfe» zu mindern.[1144] Auf diese Weise verband er politische Positionierung und Genesungswunsch.

Zweifel an den sozialistischen Versprechungen

Nur in wenigen Akten finden sich Zweifel daran, dass es der Regierung gelingen würde, die Versprechen der sozialistischen Gesellschaftsordnung einzulösen. Offene Kritik findet sich hingegen nicht. Ein junger Wehrdienstleistender beschrieb seine Unterbringung bei der NVA[1145] in der Ostberliner Frankfurter Allee und befand, «das politische Klima» sei «nicht das[,] was es sein soll».[1146] Es bestehe «aus ständigem Haschen nach dem nächsten Dienstrang» und ein «parteilich offenes Klima» habe er «noch nie erlebt».[1147] Darunter habe «tüchtig» seine «Überzeugung gelitten» und er frage sich «manchmal[,] ob das der richtige Weg ist». Dem Rückblick einer Psychotherapeutin zufolge, die zur DDR-Zeit in Herzberge tätig war, sorgten die «Verhältnisse in der Armee» auch bei anderen für psychotherapiebedürftige Krisen.[1148] Allerdings sei es kaum möglich gewesen, die dortigen Missstände offen und eindeutig zu benennen. In einem anderen Fall schrieb eine Frau: «Heute war für mich die Gruppenstunde am beeindruckendsten. Ich war recht arg erschüttert über die Wirklichkeit des Sozialismus. Die Menschen sind wohl doch nicht gut?!»[1149] Auch sie äußerte ihre Enttäuschung über das sozialistische System nur punktuell und reicherte ihre Darstellung nicht mit Details an. Das Vorgehen beider steht beispielhaft für den Umgang mit Gesellschaftskritik in den Tagesberichten: Einige Patient:innen ließen Zweifel und Unsicherheiten anklingen, aber niemand gab eine klare politische Oppositionshaltung zu erkennen. Ihre Andeutungen lassen sich außerdem kaum zu zusammenhängenden Argumentationen oder Geschichten kondensieren. Die Schreibenden bewegten sich hier in Grenzgebieten politisch-ideologischer Sagbarkeit.

1144 HPAC, 92/75M, Tagesbericht vom 20.12.1974–02.01.1975.

1145 Seit 1962 galt eine Wehrpflicht von 18 Monaten für Männer zwischen 18 und 26 Jahren, vgl. Froh 2010. Außerdem erfolgte in der Ära Honecker eine «weitere Militarisierung der DDR-Gesellschaft», darunter die Einführung des obligatorischen Wehrkundeunterrichts ab 1978, Mählert 1998, S. 121; vgl. kritisch zum subjektiven Erleben des Wehrdienstes Ullrich 2013.

1146 Hier und im Folgenden: HPAC, 249/78M, Tagesbericht vom 07.06.1978.

1147 Parteiliches Handeln meint hier, die Interessen der SED und des Sozialismus zu vertreten und sich selbst nach ihren Prinzipien zu richten.

1148 Simon 2022, S. 218.

1149 HPAC, 294/78F, Tagesbericht vom 09.06.1978.

Staatliche Eingriffe in die berufliche Vita

In einem Fall setzte sich das Klinikpersonal für den weiteren beruflichen Werdegang einer Frau ein, die einen über zehn Jahre zurückliegenden negativen Eintrag in ihrer Kaderakte[1150] hatte.[1151] Vor dem Mauerbau hatte sie als Lehrerin gearbeitet. 1961 war sie dann wegen weltanschaulicher Konflikte wiederholt zu «Aussprachen» vor den Kreisschulrat zitiert worden. Sie empfand diese Vorladungen als Schikane und kündigte das Arbeitsverhältnis auf. Ihre Kündigung wurde in eine fristlose Kündigung umgewandelt und der Vorfall in ihre Kaderakte eingetragen. In den folgenden Jahren konnte sie wegen dieses Eintrags keine ihrer Qualifikation angemessene Stelle mehr finden. Die Patientin, die nun Mitarbeiterin eines Industriebetriebs war, litt bis in die Gegenwart der Behandlung unter den Auswirkungen ideologisch motivierter Repression auf ihr Berufsleben. Während der Behandlung machte die Patientin deutlich, dass sie sich beruflich umorientieren wolle. Dabei habe sie einige Probleme, sich zu entscheiden. Vor allem aber stehe ihr der beschriebene negative Eintrag in ihrer Kaderakte im Weg. Für die Beratung in beruflichen Fragen war der Fürsorger der Abteilung zuständig. Tatsächlich engagierte er sich in besonderer Weise für die Patientin und erwirkte so gemeinsam mit den Therapeut:innen einen positiven Eintrag in die Kaderakte, der ihr bei der Stellensuche helfen sollte.[1152] Wie sich in einem späteren Tagesbericht herausstellte, lag dieses Engagement nicht primär in einer etwaigen politischen Opposition des Personals begründet, sondern vor allem in der privaten Bekanntschaft zwischen der Patientin und dem Fürsorger: Sie war 20 Jahre zuvor seine Lehrerin gewesen.[1153] Ihr Fall ist ein mögliches Beispiel dafür, wie sich politische Repression auf Lebensläufe auswirken und psychisches Leid bedingen konnte. Es bleibt unklar, ob solche Zusammenhänge nur aufgrund des einzigartigen Vertrauensverhältnisses zwischen Patientin und Fürsorger thematisierbar waren. Im übrigen Klinikalltag jedenfalls klammerte man die politische Dimension ihrer Situation weitgehend aus. Man setzte sich für einen Ausgleich in ihrer Kaderakte ein, weil ihre berufliche Neuorientierung therapeutisch notwendig erschien. Die Handlungsweise der Klinik wurde hier pragmatisch durch professionelle Argumente legitimiert, nicht durch politisch-ideologische.

1150 «Die Kaderakte spielte in der DDR eine besondere Rolle. Sie begleitete die Beschäftigten durch ihr ganzes Arbeitsleben und entzog sich weitgehend ihrer Einsicht. In einem Dossier wurde alles über die Person gesammelt und interpretiert. Politisch negative Einträge in die Kaderakte konnten den Betroffenen ‹unauffällig› von ganzen Berufszweigen und Funktionen ausschließen», Bundeszentrale für Politische Bildung 2006.

1151 Vgl. HPAC, 420/76F.

1152 Vgl. ebd., Verlaufsdokumentation, Eintrag vom 12.11.1976.

1153 Vgl. ebd., Tagesbericht vom 14.–15.08.1976.

Internalisierung parteilicher Normen

Ganz anders gestaltete sich die Lage für den Direktor einer Parteischule. Über ihn schrieben die Therapeut:innen, er sei «sehr verklemmt [und] verspannt», er könne sich «nicht mal in Ruhe anlehnen».[1154] In den Gruppengesprächen sei er «sehr introvertiert», gebe «kaum seine Meinung kund» und offenbare sich doch «als emotiver, weichherziger Mensch mit zu hohem Selbstanspruch». Schließlich verwechsle er «in seiner Funktion als Dir[ektor] d[er] Parteischule den Anspruch d[er] Partei mit dem Anspruch an sich selbst». Indem sie zwischen dem Anspruch der Partei und dem Anspruch des Patienten an sich selbst differenzierten, passten die Therapeut:innen seine Problemlage in das Konzept des «neurosenpsychologisch relevanten Konfliktes» (zwischen überhöhtem Anspruch und unzureichender Möglichkeit der Realisierung) ein. Damit entbanden sie den Konflikt tendenziell von seiner politischen Dimension und verschoben ihn in einen persönlichen Bereich, den das Individuum zu bearbeiten vermochte. Während sich die Ansprüche der Partei kaum kritisieren, geschweige denn ändern ließen, konnte der Patient an der Haltung zu sich selbst Arbeit verrichten. Den Therapeut:innen ermöglichte dieser Umgang außerdem, das Leiden an schwerlich erfüllbaren sozialistischen Normen therapierbar zu machen, ohne dabei selbst politisch Stellung beziehen zu müssen.

Nur zweieinhalb Wochen später verkündete der Patient im Tagesbericht, er habe seinen Arbeitskolleg:innen mitgeteilt, «aus gesundheitlichen Gründen» nicht mehr als Parteisekretär kandidieren zu wollen: «Das ist mein fester Entschluß und scheint mir eine unbedingte Notwendigkeit[,] um die Lebenserwartungen mit meinen Möglichkeiten in Übereinstimmung zu bringen.»[1155] Weil sich die äußeren Erwartungen des Amtes kaum beeinflussen ließen, trat er von seinem politischen Engagement ein Stück zurück. Wenig später fügte er hinzu, dass es sich nicht um eine grundsätzliche Wendung gegen die Partei, sondern eher um eine Neueinschätzung privater Möglichkeiten gegenüber politischen Erwartungen handelte. Er gebe die Funktion nicht ab, weil er «krank» sei, «sondern bewußt[,] weil das Ausüben der ‹Macht› [ihm] Schwierigkeiten» bereite, und diese Schwierigkeiten schließlich lägen «in [seinem] Verhalten, in [seinen] Möglichkeiten [und] nicht in der Funktion als solche begründet!».[1156] Er formulierte aber keine Kritik an den Anforderungen, die die Partei mit dieser Position verband. Es ist außerdem beachtlich, dass die Therapie dem Patienten eine kritische Auseinandersetzung mit Autoritätspositionen und Machtausübung ermöglichte,

1154 Hier und im Folgenden: HPAC, 625/76M, Verlaufsdokumentation, Eintrag vom 23.12.1976.

1155 Ebd., Tagesbericht vom 12.01.1977.

1156 Ebd., Tagesbericht, undatiert, zwischen 27.01.1977 und 06.02.1977.

diese aber nicht in eine Systemkritik, sondern in ein individuelles Arrangement mit der Situation mündete.

Ähnlich gestaltete sich der Fall eines Patienten, über den es im Verlauf hieß: «Im Gruppengespräch Problematik der hohen Anforderungen an sich selbst, die bis zur Neurasthenie führen[,] geschildert → Perfektionismus angestrebt. Starkes Rationalisieren.»[1157] Fünf Tage später habe ein Einzelgespräch zwischen Patient und Oberarzt eine Verbindung zu den von der SED vermittelten Ansichten hergestellt:

> Einzelgespräch mit OA Dr. Kulawik: [Patient] habe erkannt, daß er teilweise eine zu große Intoleranz gegenüber ‹von unseren sozialistischen Normen abweichenden› Meinungen habe. Er werde dann innerlich sehr erregt und könne nicht mehr sachlich argumentieren. Im weiteren Verlauf des Gespräches wehrt er immer wieder ab[,] unter diesen u. ähnlichen psychischen Dingen zu leiden. → Ein Mensch mit so hohen Normen an sich selbst leidet nicht unter psychischen Störungen.[1158]

Der Therapeut habe seine Auffassung infrage gestellt, worauf der Patient «mimisch u[nd] vegetativ erstmalig eine affektive Reaktion» gezeigt habe. Die abschließende Vermutung «Neuralgischer Punkt = Perfektionismus?» zeigt, wie auch hier das therapeutische Konfliktkonzept angelegt wurde. Erneut klammerte man die politische Dimension des Leids aus: Nicht die Ansprüche sozialistischer Normen seien zu hoch, sondern die auf ihnen basierenden Ansprüche des Patienten an sich selbst. Er habe also primär unter der übermäßigen Verinnerlichung parteilicher Normen gelitten. Zugleich übernahm der Patient die unter Parteifunktionär:innen verbreitete Haltung, dass psychisches Leid sozialistischen Gesellschaften wesensfremd sei und die Anhänger:innen des Sozialismus folglich nicht betreffe.[1159] Nun galt es, selbst eine distanziertere Haltung zu den verinnerlichten Ansprüchen zu entwickeln.

Am darauffolgenden Tag problematisierte der Patient in einem Tagesbericht selbst seinen Umgang mit sozialistischen Normen. Der Oberarzt habe ihn «beim Puppenspiel» herausgefordert und ihn zum Nachdenken darüber gebracht, welche seiner Verhaltensweisen «die nervliche Erschöpfung begünstigt haben».[1160] Anschließend an die Bemerkungen des Oberarztes scheine ihm das eine «oftmals zu starke Intoleranz gegenüber von unseren sozialistischen Normen abweichenden Meinungen sowie Zuständen zu sein». Er resümierte: «Ergo: Ich muß es lernen, mehr zwischen auseinandersetzungswürdigen und unwesentlichen Tatbeständen zu unterscheiden, ich muß den Dingen gelassener gegenübertreten.»

1157 HPAC, 261/75M, Verlaufsdokumentation, Eintrag vom 17.07.1975.

1158 Hier und im Folgenden: ebd., Verlaufsdokumentation, Eintrag vom 22.07.1975.

1159 Vgl. bspw. Grashoff 2020.

1160 Hier und im Folgenden: HPAC, 261/75M, Tagesbericht vom 23.07.1975.

Bereits Le Bonhomme beobachtete anhand von Krankenakten der Nervenklinik der 1960er Jahre, dass einzelne Patient:innen den disziplinarischen Druck der SED so stark verinnerlichten, dass er psychisches Leid auslöste. Sie beschrieb eine wiederkehrende Form von Ängsten, Enttäuschung und Leiden, die sie als «Parteiweh» charakterisierte und bei denen Mitglieder der SED unter der Verinnerlichung und strengen Selbstanwendung der parteilichen Normen litten.[1161] Solche «Genossen-Patienten» finden sich in den 1970er Jahren weiterhin. Man sah den beschriebenen Mechanismus noch immer als pathogen an, sodass sich auch unter Karl Seidels Direktorat problematische Einflüsse der SED auf ihre Angehörigen benennen ließen. Die therapeutische Reaktion bedingte allerdings eine gewisse Entpolitisierung der Konflikte: Man kritisierte nicht spezifische Aspekte der Parteipolitik oder gar die generelle Vorherrschaft der SED. Vielmehr zielte die Therapie darauf ab, das Individuum zu befähigen, Disziplinarmechanismen stärker zu filtern und die eigene Ausrichtung an äußeren Ansprüchen selbst zu regulieren. Dies ließe sich durchaus als systemstabilisierendes Element interpretieren.

Le Bonhomme macht in den Krankenakten der Nervenklinik der 1960er Jahre vier Cluster des Politischen aus.[1162] Dazu zählt sie innere und soziale Konflikte mit einer politischen oder ideologischen Dimension,[1163] die Partei «im Kopf», Mauererfahrungen und Perspektiven auf den Kalten Krieg «von unten». Inwiefern erscheinen diese Cluster für die 1970er Jahre anschlussfähig? Das Politische in den Tagesberichten lässt sich unter die Themen Tagespolitik, Reisefreiheit, Mauererfahrungen, Glaube, Mitgliedschaft in Blockparteien, Zweifel an der gesellschaftlichen Einlösung sozialistischer Versprechen und «Parteiweh» subsumieren. Deutliche Überschneidungen mit Le Bonhommes Clustern zeigen sich also hinsichtlich der Folgen des Mauerbaus und im Fall der «Genossen-Patienten».[1164] Die Themen sind breit gestreut, aber jeweils nur in wenigen Akten zu finden. Zudem sind die Spuren meist knapp: Innerhalb relevanter Konvolute finden sich nur wenige Zeilen, aus denen Aufschluss zu gewinnen ist. Nicht selten waren sie eingebettet in längere Berichte mit diversen Themen und erscheinen eher als Randnotizen denn als zentrale Reflexionsgegenstände. Die Fälle der «Genossen-Patienten» sind davon allerdings ausgenommen.

1161 Le Bonhomme 2016, S. 462.

1162 Vgl. ebd.

1163 Vgl. auch Le Bonhomme 2017.

1164 Die von Le Bonhomme ausgemachten Nachwirkungen des Zweiten Weltkriegs in die Zeit des Kalten Kriegs hinein, insbesondere die Vergewaltigung von Frauen durch später staatlich glorifizierte Rotarmisten, treten im Kontext der Psychotherapie der 1970er Jahre kaum zutage. Dass die Thematik nicht explizit behandelt wurde, mag an der Altersstruktur der weiblichen Patientinnen liegen, die die Zeit des Zweiten Weltkriegs entweder gar nicht oder aber als Kinder erlebt hatten.

Räume und Grenzen des Schreibbaren

Was lernen wir über die Möglichkeitsräume politischer Debatten im Kontext der Psychotherapie? Ihren Tagesberichten zufolge waren sich die Patient:innen selbst nicht einig darüber, wie viel Gesellschaftskritik im sozialen Gefüge der stationären Psychotherapie Platz finden könnte. Ein Patient schrieb: «Die am Freitag angesprochenen Probleme von [einem Mitpatienten] berührten mich kaum. Sie berührten auch unausgesprochen den gesellschaftlichen Bereich, daß mir eine gewinnbringende Erörterung hier schwer möglich erscheint.»[1165] Er sah die Diskussion der Leidenshintergründe durch politische Tabuisierung versperrt. Ein anderer dagegen stellte dar, wie er sich auf hitzige Diskussionen über politische Themen einließ. Wenige Tage zuvor habe er eine längere Diskussion mit einem Mitpatienten geführt:

> Wir sprachen über alle möglichen gesellschaftlichen Probleme, über sog. große Politik. Nach etwa 1 Stunde wurde mir ganz plötzlich bewußt, daß ich mich wieder in eine stark negativ betonte, kritizistische Diskussion hineingesteigert hatte. Es ist mir völlig klar, daß so eine Diskussion nichts ändert und keinem hilft.[1166]

In seinem Bericht verbinden sich eine kritische politische Haltung unklarer Couleur mit Ohnmacht gegenüber politisch starren Strukturen. Es scheint, dass der nachgeschobene Wille zur Anpassung das Gesagte legitimieren sollte.

Beiden Patienten waren amorphe Grenzen der Sagbarkeit bewusst und wir erfahren, dass diese unsichtbaren Zwänge sich auf persönliche Gespräche im sozialen Gefüge der Abteilung auswirkten. Doch dem historischen Zugriff entziehen sich mündliche Gesprächsinhalte weitgehend. Im Geschriebenen finden sich überwiegend Patient:innen, die sich als DDR-treue Bürger:innen zeigen. Diese Prämisse erlaubte, implizite Kritik an politisch geprägten Rahmenbedingungen ihres Lebens anklingen zu lassen, die im Kontext der Psychotherapie relevant erschienen, etwa an den Folgen des Mauerbaus oder an den Auswirkungen strikter sozialistischer Normen. Eine therapeutische Bearbeitung dieser Themen lässt sich allerdings nicht belegen.

8.2 Institutioneller und individueller Umgang mit dem Politischen

Wie sich an einzelnen Berichten zeigen ließ, fanden manche Aspekte von politisch-ideologischer Relevanz Eingang in die Krankenakten. Wie kam die oben beschriebene Quellenlage zustande? Was definierte die Grenzen des Sag- und

1165 HPAC, 515/76M, Tagesbericht vom 25. 10. 1976.
1166 HPAC, 268/77M, Tagesbericht vom 11. 07. 1977.

Schreibbaren in der Psychotherapie? Auf der einen Seite ist nach institutionellen Faktoren zu fragen: Gab es Maßgaben über den Umgang mit dem Politischen? Welche Rolle spielte die Dokumentationspraxis der Therapeut:innen? Auf der anderen Seite stehen persönliche Faktoren zur Diskussion: Inwiefern zensierten Patient:innen ihre Tagesberichte selbst? Wie prägte der Umstand, dass Psychotherapien gesellschaftlich zunehmend «normaler» und damit weniger pathologisierend erschienen, das politische Bewusstsein über die eigenen Äußerungen?

Institutionelle Regelungen

Aus anderen Psychotherapieeinrichtungen ist bekannt, dass institutionelle Regelungen den Umgang mit politischen Aspekten vorgaben. Im HdG wurden beispielsweise in den 1980er Jahren Patient:innen mit laufendem Ausreiseantrag nicht stationär behandelt.[1167] Die Direktive sei nicht auf die Anweisung einer politischen Dienststelle, sondern auf die ärztliche Leitung des HdG zurückzuführen gewesen. Sonja Süß stellt die Vermutung an, dass man damit «politische Turbulenzen in den Therapiegruppen zu vermeiden suchte».[1168] In Reaktion auf die Schlussakte der Konferenz über Sicherheit und Zusammenarbeit in Europa in Helsinki von 1975, die das Recht auf freie Wahl des Aufenthaltsortes und auf Verlassen des eigenen Landes festsetzte, hatten stetig mehr Menschen den sogenannten Antrag zur ständigen Ausreise aus der DDR gestellt. Antragsteller:innen mussten mit politischer Repression rechnen, die zum Ausgangspunkt für psychisches Leid werden konnte. Besondere Schwere entfaltete das Thema seit Ende der 1970er Jahre, als sich eine «Ausreisebewegung» formierte.[1169] Adrian Gallistl et al. vermuten, dass es zu einer psychotherapeutischen Unterversorgung systemkritischer Personen gekommen sei, die einer Behandlung angesichts staatlicher Repression umso mehr bedurft hätten.[1170] Es ist denkbar, dass man auch an der Charité auf die Behandlung Ausreisewilliger verzichtete, weil sich in den Krankenakten keine Hinweise auf die Auseinandersetzung mit Ausreiseanträgen finden.[1171] Gleiches gilt für Menschen, die unter den schwerwiegenden psychischen Folgen politischer Haft und Repressionen durch das MfS litten.[1172] Auf solch

1167 Vgl. Süß 1999, S. 312.

1168 Ebd.

1169 Vgl. Eisenfeld 1995; Wolle 1999, S. 285 ff.

1170 Vgl. Gallistl et al. 2022.

1171 Für eine genauere Einschätzung wäre die systematische Sichtung der Krankenakten der Folgejahre hinsichtlich des Vorliegens eines Ausreiseantrags unabdingbar. Ob etwaige Ausreiseanträge überhaupt dokumentiert wurden, bleibt aber auch auf diese Weise nicht zu klären.

1172 Zu den langanhaltenden psychischen Traumata politischer Gefangener vgl. Müller/Stephan 1997; Freyberger 2003; Plogstedt 2010; Beer/Weißflog 2011; Bomberg 2018. Bedeutend seltener widmeten sich Längsschnittuntersuchungen den größeren Zusammenhängen zwischen

drastische Weise vom politischen System betroffene Menschen fanden sich nicht in der Psychotherapie an der Charité der 1970er Jahre oder sie legten darüber nicht Zeugnis ab. Eine offizielle Regelung zur Handhabung solcher Fälle ist nicht überliefert. Hinweise wären vor allem in den Krankenakten der 1980er Jahre zu erwarten, die unter diesem Gesichtspunkt durchgesehen werden müssten. Michael Geyer berichtete hingegen über die Leipziger Universitätsklinik, dass hier in den 1980er Jahren gerade Menschen behandelt worden seien, die unter dem politischen System der DDR litten, darunter insbesondere Lehrer:innen mit Berufsverboten und Menschen, die einen Ausreiseantrag gestellt hatten. Er betont überdies, dass das «politische Klima» in den Einrichtungen in der Regel von den Vorgesetzten und deren Identifikation mit der SED-Politik abgehangen habe.[1173]

Aus dem Diakoniekrankenhaus Halle – als kirchliche Einrichtung gewiss eine Institution mit Sonderstatus – wissen wir, dass es zu Beginn der Gruppentherapie eine «Routine-Information» darüber gab, «dass natürlich das Arztgeheimnis streng beachtet werde, dass [die Therapeut:innen] immer aber damit rechnen, dass aus den Gruppen etwas auch an die Stasi übermittelt werden könnte, dass jeder also seine Mitteilungen selbst verantworten müsse, zugleich aber ein hoher Grad von Offenheit und Ehrlichkeit eher vor missbräuchlicher Erpressung durch den Staatssicherheitsdienst schützen könne».[1174] Diskussionen über politische Positionen seien in Halle außerdem grundsätzlich nicht Gegenstand therapeutischer Arbeit gewesen. Vielmehr sollten intrapsychische und beziehungsdynamische Vorgänge im Vordergrund stehen, die dem dortigen Chefarzt Hans-Joachim Maaz (*1943) zufolge nicht auf politische Fragen projiziert werden sollten. In vielen Einrichtungen, etwa in der Neurosenklinik in Hirschgarten, an der Universitätsklinik in Jena oder in der Psychotherapieabteilung in Berlin-Buch, sei auf das «hic et nunc»[1175] Wert gelegt worden, also auf das gegenwärtige soziale Miteinander, um politische Diskussionen zu umgehen und weltanschauliche Konflikte zu vermeiden.[1176] Ähnliche Aussparungen politisch-ideologischer Inhalte beschreibt Inge Frohburg in Aus- und Weiterbildungsgruppen in der Gesprächspsychotherapie. Man habe vereinbart, die «‹Selbsterfahrung› situativ auf die therapeutischen Anforderungen zu fokussieren».[1177]

---

dem Leben im politischen System der DDR und der psychischen Gesundheit der Bevölkerung. Aus psychoanalytischer Richtung wurden beispielsweise die Auswirkungen der Frühtrennung auf Krippenkinder problematisiert, vgl. Israel/Kertz-Rühling 2008.

1173 Vgl. Geyer 2022.

1174 Maaz 2011a, S. 568.

1175 Der Bezug auf das «Hier und Jetzt» stellt im Übrigen eine Parallele zur bundesrepublikanischen gruppendynamischen Praxis etwa in der Fortbildung von Lehrer:innen dar, vgl. Tändler 2016, S. 420.

1176 Vgl. bspw. Venner 2011, S. 202; Brüll 2011, S. 399.

1177 Frohburg 2022, S. 235.

Auch über mögliche Einstiegsroutinen, die über den Umgang mit politischen Aspekten im stationären Aufenthalt informierten, ist aus der Charité bislang nichts bekannt. Es läge nahe, dass auch hier ein Umgang gepflegt wurde, der die Kommunikation bei aufkommenden politischen Inhalten auf andere Lebensbereiche und das gegenwärtige Geschehen im Gruppenzusammenhang lenkte. Vieles spricht dafür, dass institutionelle Regelungen von Psychotherapieeinrichtungen politische Konfrontation zum Schutze aller Beteiligten zu vermeiden suchten. Die Quellenlage legt nahe, dass die Charité hier keine Ausnahme bildet. Ob eine solche etwaige Richtlinie bereits in den 1970er Jahren entwickelt oder erst mit der Verschärfung der Regierungskrise seit Mitte der 1980er Jahre verfolgt wurde, bleibt ebenfalls unklar.[1178]

Selektive Dokumentationspraktiken

Ein weiteres Element des institutionellen Umgangs mit dem Politischen ist die mögliche selektive Dokumentationspraxis der Therapeut:innen. Im Universitätsklinikum Jena, wo man Patient:innen, die von politischer Repression betroffen waren, nicht von der Therapie ausschloss, vermied man so Konflikte mit dem MfS:

> Da einige unserer Patienten auch Schwierigkeiten mit dem Staatssystem hatten (z. B. laufender Ausreiseantrag), mussten wir bei der Arbeit mit ständiger Überwachung durch die Staatssicherheit rechnen. Es versteht sich von selbst, dass die Krankenakten keine belastenden Aussagen und Daten enthalten durften und auch die Gesprächsführung besonders gestaltet werden musste.[1179]

Befragt nach ihrem «Dokumentationshandeln» angesichts des stets zu befürchtenden Zugriffs der Staatssicherheit auf Patient:innendaten, äußerten sich drei Therapeut:innen aus Berlin, Jena und Leipzig kürzlich recht ähnlich.[1180] Alle drei betonten, die Krankenakten so verfasst zu haben, dass sie «keine kompromittierenden Dinge» über die Patient:innen enthielten. Dabei achteten sie vor allem auf politische Inhalte, insbesondere in Bezug auf etwaige Ausreisepläne. Dass sich das MfS aber gerade auch für persönliche Konfliktlagen interessieren könnte, war einer der Berichtenden weniger bewusst. Unterschiedliche Angaben machten die Referent:innen dahingehend, ob sie selbst die Herausgabe von Krankenakten an das MfS in der eigenen Institution beobachtet hätten. Während das in der Uni-

1178 Bisher fanden sich keine entsprechenden internen Schreiben oder Anweisungen.

1179 Misselwitz 2011, S. 570.

1180 Eigene Mitschrift der Diskussion auf dem Symposium «Seelenarbeit im Sozialismus» des gleichnamigen BMBF-geförderten Verbundprojekts am 05.05.2021. Es äußerten sich Annette Simon (Berlin-Herzberge), Irene Misselwitz (Universitätsklinik Jena) und Michael Geyer (Universitätsklinik Leipzig).

versitätsklinik in Leipzig nicht der Fall gewesen sei, war die Präsenz des MfS in der Jenaer Universitätsklinik den Mitarbeiter:innen bekannt und veranlasste sie, ihre Dokumentation über die Patient:innen zu zensieren. Ein ähnliches Vorgehen ist für die Charité denkbar: Die Therapeut:innen hatten nicht nur in der Hand, was sie über die Patient:innen notierten, sondern auch, welche Tagesberichte ihren Weg in die Krankenakten fanden. Es ist möglich, dass sie verfängliche Berichte zum Schutz ihrer Patient:innen der Ablage vorenthielten und über etwaige Gespräche politischen Inhalts nichts notierten.

Die vorliegenden Angaben über andere Psychotherapieeinrichtungen deuten darauf hin, dass institutionelle Faktoren die Überlieferungslage des Politischen in den Krankenakten beeinflusst haben könnten. Die Möglichkeiten reichten von der Ablehnung politisch Missliebiger wie Ausreiseantragsteller:innen über die Vermeidung politischer Gesprächsinhalte bis hin zur selektiven Aktenführung. Auch an der Nervenklinik der Charité versteckten Mitarbeiter:innen Krankenakten vor Spitzeln des MfS. Michael Seidel, der seit 1977 als Psychiater an der Nervenklinik tätig war und Verantwortung für das Krankenblattarchiv trug, habe manches Mal wahrgenommen, «dass die Staatssicherheit über Patienten Bescheid wissen wollte».[1181] In einem Interview beschreibt er, wie er selbst oder seine Mitarbeiterin im Archiv Krankenakten verschwinden ließ, wenn sich ein Zugriff des MfS anbahnte. Es liegt daher nahe, dass Mitarbeiter:innen der Psychotherapieabteilung ähnlich handelten.

Selbstzensur und «diagnostische Zirkularität»

Jenseits offizieller Instruktionen wird den Berliner Patient:innen grundsätzlich bewusst gewesen sein, dass Informationen aus Gruppengesprächen nach außen dringen und im Zweifelsfall gegen sie verwendet werden konnten. Spätestens während des Ausbaus des Überwachungsstaats in den 1970er Jahren verinnerlichten viele Bürger:innen die Selbstzensur. Sich abseits der politischen Norm zu positionieren, vielleicht sogar über allzu Privates Auskunft zu geben, konnte routinisierten Gewohnheiten zuwiderlaufen. Es erscheint plausibel, dass eine gewisse manifeste oder latente Furcht vor Verrat und Denunziation durch Therapeut:innen oder Mitpatient:innen im therapeutischen Raum wirkte und Patient:innen beim Sprechen in der Gruppe und beim Schreiben zur Selbstzensur anhielt. Schließlich konnte man nicht nur durch das eigene geschriebene Wort Probleme bekommen. Äußerte man sich in Gesprächen regimekritisch, hatte man auch mit Hinweisen in den Tagesberichten anderer zu rechnen. Schriftliche Dokumente hatten hier ein besonderes Gewicht, denn sie ließen sich potenziell

1181 Atzl/Hess 2005, S. 97.

an Dritte weiterreichen und grundsätzlich besser als Druckmittel verwenden als mündliche Aussagen.

Diesem Mechanismus steht das von Le Bonhomme aufgegriffene Phänomen der «diagnostischen Zirkularität» entgegen. Der verinnerlichten Selbstzensur zum Trotz befreite die Pathologisierung des Wortes in der Psychiatrie die Sprache. Weil die Aussagen der Patient:innen als Ausdruck einer Erkrankung verstanden und inhaltlich damit weniger ernst genommen wurden, trat ein Schutzeffekt für politisch-ideologisch gefärbte Stellungnahmen ein. Zwei Aspekte sind für die vorliegende Untersuchung allerdings anzumerken: Zum einen behandelte man auf der Psychotherapieabteilung ausschließlich Neurosen, die man als weniger tiefgreifende psychische Störungen ansah als beispielsweise Psychosen. Außerdem verortete man psychotherapiebedürftige Krisen zunehmend, wenngleich nie umfassend, im Alltäglichen.[1182] Die im vierten Kapitel angeführte Kritik Leonhards, die sich auf die Therapeutisierung vermeintlicher «Alltagsprobleme» nicht «kranker» Menschen richtete, mag dies unterstreichen. Die Pathologisierung des gesprochenen oder geschriebenen Wortes war in der Gruppenpsychotherapie sicherlich weniger weitreichend als auf psychiatrischen Stationen – von denen wiederum bedeutend weniger Selbstzeugnisse überliefert sind. Es war grundlegend für die Therapie, dass man den Patient:innen eine willentliche Steuerung, Reflexion und Änderung des eigenen Verhaltens zugestand. Das war die Voraussetzung dafür, dass sich Patient:innen zu therapeutischen Subjekten transformieren konnten. Wurde das Leid der Patient:innen aber stärker im Alltäglichen verortet und ihnen selbstbestimmtes und reflektiertes Handeln zugetraut, verlor sich ein Stück weit der «Schutz» der Pathologisierung und die Patient:innen mussten für ihre Aussagen verantwortlich zeichnen. In diesem Sinne ist davon auszugehen, dass Selbstzensur und «diagnostische Zirkularität» im Wechselspiel zum Zustandekommen der Aktenlage beitrugen.

Nicht zuletzt ist denkbar, dass viele Patient:innen von sich aus politische Aspekte nicht mit ihrem Leid in Beziehung setzten. Immerhin fällt der Untersuchungszeitraum in die «Goldenen 70er», die als erfolgreichste Dekade der DDR gelten.[1183] Die erste Hälfte der 1970er Jahre war von einer Aufbruchstimmung geprägt. Die nach der Machtübernahme Honeckers eingeleitete Wirtschafts- und Sozialpolitik verband sich mit einer Steigerung des Lebensstandards (Verfügbarkeit von Konsumgütern, Wohnraum und medizinischer Versorgung). Man hatte sich hinter der Mauer eingerichtet – und die DDR erfuhr international Anerkennung, auf dem Sportfeld wie auf dem diplomatischen Parkett. So fand der Staatssozialismus durchaus Resonanz im globalen Süden,[1184] während der Westen an wirtschaftlichen und sozialen Schwierigkeiten laborierte (Ölkrisen, Vietnam-

1182 Zu vergleichbaren Prozessen in westlichen Gesellschaften vgl. Hitzer 2011b.

1183 Vgl. insbesondere kontrastierend zu den 1980er Jahren Horten 2021.

1184 Hier und im Folgenden: Mählert 1998, S. 122.

krieg).[1185] 1975 war, wie Mary Fulbrook betont, nicht nur das Jahr, in dem die Zahl der IM ihren Höhepunkt von 180 000 Mitarbeitenden erreichte, sondern auch «ironischerweise [...] das Jahr, in dem die DDR vielleicht am besten abschnitt in Bezug auf die ziemlich nebulöse ‹Unterstützung durch breite Bevölkerungsschichten›».[1186] Die zehnten Weltfestspiele der Jugend 1973 zeigten allerdings auch Grenzen auf. Westlichen Gästen und einer Öffnung der Diskussionskultur stand ein «Großaufgebot» des MfS und der NVA gegenüber.[1187]

Die aufsteigende Tendenz erlebte mit der Ausbürgerung des Liedermachers Wolf Biermann im November 1976 eine Kehrtwende. Insbesondere die neuen Einschnitte in zuvor noch gewährte kulturelle Freiheiten senkten die Bereitschaft vieler, sich mit der DDR zu identifizieren.[1188] Tatsächlich fanden sich die meisten kritischen Äußerungen in den beiden letzten Jahren des Untersuchungszeitraums. In dieser Zeit wurden auch insgesamt mehr Tagesberichte geschrieben, sodass die Korrelation schon allein aufgrund der geringen Zahl relevanter Äußerungen tentativ bleiben muss. Dennoch korreliert die geringfügige Häufung zeitlich mit einem Stimmungsumschwung in der DDR-Bevölkerung. Möglicherweise erklärten sich Patient:innen in den frühen 1970er Jahren im Schnitt ihr Leid tatsächlich weniger mit Auswirkungen des gesellschaftlichen Systems als ihre Mitpatient:innen in den vorangegangenen und in den folgenden Jahren.

8.3 Verbindungen zwischen dem MfS und der Psychotherapie an der Charité

Wie stand es um den Einfluss der SED auf die Psychotherapieabteilung? Um dieser Frage nachzugehen, richten wir den Blick zunächst auf die Organisation der SED an der Charité. Andreas Malycha geht davon aus, dass 1964 an der Charité 642 Parteimitglieder in 14 Grundorganisationen[1189] organisiert waren, davon 18 Personen in der Grundorganisation der Nervenklinik.[1190] Jutta Begenau schätzt außerdem, dass über 95 Prozent der Charité-Mitarbeitenden im FDGB organi-

1185 Aus den Krankenakten der 1960er Jahre konnte Le Bonhomme verschiedene Repräsentationen des Westens herausarbeiten, als Traumobjekt, Angstquelle, Hoffnungsfaktor oder «mögliches Anderswo», vgl. Le Bonhomme 2016, S. 466. In den hier untersuchten Akten werden die BRD und das restliche westliche Ausland dagegen fast nie thematisiert. Hinweise auf Ausreisewilligkeit oder Verhandlungen über den Status des «Invalidenrentners», der eine Ausreise in den Westen ermöglicht hätte, finden sich nicht.

1186 Hier und im Folgenden: Fulbrook 2008a, S. 258.

1187 Mählert 1998, S. 121.

1188 Vgl. Richter 2009, S. 73.

1189 Darunter waren fünf Grundorganisationen der jeweiligen Studienabschnitte.

1190 Vgl. Malycha 2016, S. 222. Die Zahl der gesamten Beschäftigten gibt er als Vergleichswert allerdings nicht an.

siert waren.[1191] Wie alle Kliniken hatte die Nervenklinik eine Abteilungsgewerkschaftsleitung und später eine Betriebsgewerkschaftsleitung, die einerseits der Zentralen Betriebsgewerkschaftsleitung der Charité untergeordnet war und andererseits mehrere Gewerkschaftsgruppen unter ein Dach stellte.[1192] Für Einzelne bot das dortige Engagement Schutz vor etwaigen weiteren politisch-ideologischen Erwartungen und konnte Karrierechancen verbessern.[1193] Für manche Beschäftigte auf niedrigeren Karrierestufen boten die Gewerkschaftsgruppen auch Optionen auf organisatorische Teilhabe.

1989 waren rund 14 Prozent der Charité-Beschäftigten in der SED organisiert.[1194] Allerdings habe die Mehrzahl der Mediziner:innen der Partei kritisch gegenübergestanden und sich weiter dem «traditionellen akademischen Milieu» zugehörig gefühlt.[1195] Den Versuch, «über die SED an der Charité eine weltanschauliche Erziehungsfunktion auszuüben», betrachtet Malycha als «weitgehend gescheitert». Dennoch habe sich ein «fast kleinbürgerliches Milieu voller Konformität» herausgebildet, in dem sich die Mehrheit des Personals «mit den Verhältnissen arrangiert» habe. Michael Seidel, der seit 1977 als Psychiater an der Nervenklinik tätig war, schätzt den Einfluss der SED-Parteigruppe[1196] an der Klinik rückblickend ambivalent ein.[1197] Einerseits sei dieser stark gewesen und habe ihn am beruflichen Fortkommen behindert. Andererseits habe er im Stationsalltag keinen unmittelbaren Einfluss der Partei erfahren. Es sei schwierig, das «eigentümliche Spannungsverhältnis» zwischen Klinik und Partei in Worte zu fassen. Er und andere Parteilose an der Klinik konnten, von der Klinikdirektion geduldet, politische Veranstaltungen umgehen oder nur *pro forma* besuchen – etwa die als «Rotlichtbestrahlung» bekannten politischen Schulungen. Für ihn spielten «in der kollegialen Zusammenarbeit im Dienste der Patienten [...] die politischen Dinge im Allgemeinen keine erkennbare Rolle».

Das Klinikpersonal stand folglich durchwachsen zur SED, der es trotz des exponierten Klinikdirektors nicht gelang, ein politisch-ideologisches Regime an der Nervenklinik durchzusetzen. Schwieriger ist es, die weniger sichtbare Einflussnahme des MfS abzuschätzen. Nur indirekt klang bislang die Wirkung der

1191 Vgl. Begenau, S. 226.

1192 Darin arbeiteten unter anderem Bevollmächtigte für Kultur, Sozialversicherung, Wettbewerb, Frauen oder Arbeitsschutz. Die Gewerkschaft war außerdem zuständig für Arbeitsschutz und Plandiskussion, aber auch für die Bewilligung von Kuren, die Vergabe von Ferienplätzen und die Veranstaltung von Festen. Sie sollte Mitarbeitende zu «sozialistischem Wettbewerb» anspornen, die Arbeits- und Lebensbedingungen der Beschäftigten verbessern und eine ideologische und Bildungsfunktion übernehmen.

1193 Vgl. hier und im Folgenden: Begenau 2016a, S. 228.

1194 Vgl. Malycha 2016, S. 222.

1195 Hier und im Folgenden: ebd., S. 223.

1196 Zur Organisation der Partei an der Klinik vgl. Le Bonhomme 2016.

1197 Vgl. hier und im Folgenden: Atzl/Hess 2005, S. 97 f.

«Stasi» auf die Behandlung an: als unausgesprochene Bedrohung, die das Kommunikationsverhalten einschließlich der Selbstzensur bestimmte. Welche direkten Eingriffe oder Zugriffsversuche auf den psychotherapeutischen Raum finden sich in den Quellen? Welche personellen Verbindungen zwischen Personal und MfS sind bekannt und wie tangierten sie die therapeutische Beziehung sowie die Schweigepflicht?

Psychiatrie, Psychotherapie und MfS

Ausgehend von den Befunden zum politischen Missbrauch der Psychiatrie in der Sowjetunion stand in der Aufarbeitung der MfS-Verbrechen der vergangenen drei Dekaden die Psychiatrie stärker im Blick der Forschung als die Psychotherapie.[1198] Auf die gesamte Ärzt:innenschaft der DDR gesehen ist aus Francesca Weils Untersuchung bekannt, dass Psychiater:innen überproportional von IM-Ärzt:innen infiltriert waren.[1199] Die Psychiatrie war für das MfS interessant, da eine gerichtliche Unterbringung – im Unterschied zur BRD – in der Regelversorgung erfolgte.[1200] Schweigepflichtverletzungen stellten keine Seltenheit dar, Spitzeltätigkeiten zielten allerdings eher auf Kolleg:innen denn auf Patient:innen ab.[1201] Inhaltlich hätten Berichte über Patient:innen «Aussagen zum Gesundheitszustand, zu persönlichen wie beruflichen Belangen und politischen Auffassungen» sowie «Empfehlungen für die Behandlung» und «für den sozialen Umgang» mit den Patient:innen enthalten.[1202] Sonja Süß zufolge lässt sich ein systematischer politischer Missbrauch der Psychiatrie hingegen nicht bestätigen.[1203]

Süß widmete IMs in der Psychotherapie nur einen geringen Teil ihrer umfassenden Studie.[1204] Sie zeichnet ein ambivalentes Bild, das keine allgemeine Aussage erlaubt: Manche Psychotherapeut:innen stellten sich «trotz massiver Einwirkungsversuche der örtlichen MfS-Kreisdienststelle schützend und stär-

1198 Zum Umgang mit dem politischen Missbrauch der Psychiatrie in der Sowjetunion vgl. Erices 2020.

1199 Vgl. Weil 2008, S. 41.

1200 Ebd.

1201 28 Prozent der von Weil untersuchten ärztlichen IM hätten ihre Schweigepflicht verletzt, unter den Psychiater:innen lag der Anteil allerdings bei 77 Prozent (N = 31), was den höchsten Wert unter den von ihr untersuchten Fachgruppen darstellt, vgl. ebd., S. 187.

1202 Ebd., S. 189.

1203 Vgl. Süß 1999.

1204 Sie verweist auf methodische Probleme, aus dem umfangreichen Bestand der Stasiunterlagen all jene Fälle zu extrahieren, die zeitgleich zu einer laufenden Psychotherapie angelegt wurden, vgl. ebd. Es gebe außerdem weder einen eigenen Aktenbestand zur Psychotherapie noch seien psychotherapeutische Institutionen in den Karteien einschließlich der Objektkartei des MfS verzeichnet.

kend» vor Menschen, «die durch ‹operative Bearbeitung› des MfS in Bedrängnis geraten waren».[1205] Andere Psychotherapeut:innen bespitzelten jedoch ihre Patient:innen; manche hätten sogar deren Verhaftung oder Abschiebung zu verantworten.[1206] Offen bleibt auch, «wie weitgehend psychologische Beratungsstellen und psychotherapeutische Institutionen in der DDR von Zuträgern des Staatssicherheitsdienstes durchsetzt waren».[1207] Dennoch sieht Süß eine «nur geringe Präsenz des MfS in der DDR-Psychotherapie», zumal «der Anteil inoffizieller Mitarbeiter des MfS unter leitenden Psychotherapeuten niedriger lag als der für Ärzte in Führungspositionen ermittelte». Der Staatssicherheitsdienst habe über «keine systematischen Informations- oder gar Einflußmöglichkeiten im Bereich der Psychotherapie» verfügt.[1208] Weil sich nur wenige Akten fanden, folgert Süß, «daß sich das MfS für den Bereich der Psychotherapie nicht sonderlich interessiert hat».[1209]

Unter den von ihr recherchierten bekannteren Vertreter:innen der DDR-Psychotherapie seien keine IMs gewesen. Allerdings seien einige von ihnen «operativ bearbeitet» worden. Hinsichtlich der versuchten Anwerbung einer Psychologin als IM äußerte Süß die Überlegung:

> Die Befürchtung des MfS-Offiziers, von der Psychologin durchschaut zu werden und ihr womöglich gar ungewollt als psychologisches Studienobjekt zu dienen, könnte eventuell eine Erklärung für den Befund sein, daß Psychotherapeuten seltener als nicht psychotherapeutisch ausgebildete Ärzte für inoffizielle MfS-Dienste angeworben wurden.[1210]

Im Vergleich zur Psychiatrie stand der untergeordnete psychotherapeutische Bereich also weniger im Fokus des MfS. Dennoch war es für Patient:innen schwer, Psychotherapeut:innen in nicht repräsentativen Positionen einzuschätzen. Einige Patient:innen vertrauten sich ihnen an, «gerade weil sie sie als nichts anderes denn als Therapeuten wahrnehmen konnten».[1211] Folglich war ein «Generalverdacht [...] unausweichlich, solange aus Sicht der Patienten die schwarzen Schafe in der weißen Herde nicht erkennbar» waren.[1212] Ein bekanntes Beispiel ist die Zusammenarbeit einer Oberärztin aus dem HdG mit dem MfS, die Ende der 1980er Jahre die Schweigepflicht über Patient:innen der dynamischen Gruppenpsychotherapie brach.[1213] Bei ihren Berichten an das MfS handelte es sich aller-

1205 Süß 1999, S. 302.
1206 Vgl. ebd., S. 304.
1207 Ebd., S. 305.
1208 Ebd.
1209 Ebd., S. 306.
1210 Ebd., S. 309.
1211 Ebd., S. 319.
1212 Ebd.
1213 Als IMS «Charlotte Lorenz» traf sie sich zwischen 1987 und 1989 15-mal mit Führungsoffizieren der MfS-Kreisdienststelle Berlin-Mitte. Die Berichte hätten sich vorrangig mit den

dings um solche über abgeschlossene Psychotherapien. Eine Einmischung des MfS in laufende Psychotherapien habe es am HdG nicht gegeben und es sei auch «keinerlei Interesse des MfS daran zu erkennen» gewesen.[1214] Aus diesen Untersuchungen geht hervor, dass vermutlich in Einzelfällen und auch im Kontext der dynamischen Gruppenpsychotherapie personenbezogenes Material an das MfS weitergegeben wurde. Und an der Charité?

Das MfS an der Charité

Rosemarie Stein hat bereits 1992 die Präsenz des MfS in der Charité exploriert.[1215] Auch Süß zufolge unternahm das MfS langanhaltende Versuche, die Charité zu infiltrieren.[1216] Unlängst untersuchte Begenau am Beispiel des IM «Harald Schmidt» dezidiert das Wirken der Staatssicherheit am Berliner Universitätsklinikum. Sein Auftrag war, «an der Charité eine geheimdienstliche Parallelwelt zu errichten, inoffizielle Mitarbeiter einzubinden, enge Kontakte zum Rektorat der Humboldt-Universität und zum Ministerium für Hoch- und Fachschulwesen zu knüpfen».[1217] Zu einer zunehmenden Institutionalisierung der Observierung der Charité kam es seit Anfang der 1960er Jahre.[1218] Laura Hottenrott stellt die Vermutung an, dass die Überwachungsstruktur seit Ende der 1960er Jahre systematisch ausgebaut wurde.[1219] Diese richtete sich vorrangig auf Mitarbeitende. Die primären Ziele der MfS-Tätigkeiten an der unmittelbar an der Mauer liegenden Charité waren, so Begenau, einen sogenannten «staatsfeindlichen Menschenhandel» und ungesetzlichen Grenzübertritt zu verhindern, also dafür zu sorgen, dass das medizinische Personal sich nicht nach Westberlin absetzte, und seit Mitte der 1970er Jahre auch, die Personalpolitik an der Charité

Ansichten von Arbeitskolleg:innen befasst, aber auch ausführlicher mit vier Patient:innen. Dabei soll es sich zum einen um zwei MfS-Mitarbeiter:innen oder Verwandte von solchen gehandelt haben. Die anderen beiden Personen hätten «sicherlich zu den vom MfS Überwachten und Verfolgten» gehört. «Charlotte Lenz» verletzte die ärztliche Schweigepflicht durch Weitergabe von «Informationen über Diagnosen, Persönlichkeitsstruktur, persönliche Probleme und Therapieverläufe», wobei Süß keine Weitergabe von Selbstzeugnissen erwähnt, ebd., S. 311 ff. Eine damalige Kollegin beschreibt, dass die betreffende Oberärztin «wegen zunehmender politischer Gespräche in den Gruppen in Ängste um ihre Position» geraten sei und daher Angaben über Patient:innen an das MfS weitergab, vgl. Hess 2011b, S. 378.

1214 Süß 1999, S. 313.

1215 Vgl. Stein 1992, S. 219 ff.

1216 Vgl. Süß 1999, S. 199.

1217 Begenau 2017, S. 7. Harald Schmidt war ab 1972 und bis zu seinem Tod 1987 für das MfS an der Charité tätig.

1218 Vgl. Begenau 2016b, S. 224.

1219 Vgl. Hottenrott 2010, S. 194.

unter ideologischen Vorzeichen zu beeinflussen.[1220] 1971 gab es an der Charité um die 20 IMs und gesellschaftliche Mitarbeiter:innen für Sicherheit (GMS), die einem steuernden Mitarbeiter unterstanden. Aufbauend auf die Befunde von Stein und Süß weist Begenau darauf hin, dass es ab Mitte der 1970er Jahre zu einer «Weichenstellung hin zu einer verbesserten Observierung der Charité» kam, und fragt, inwiefern diese «geheimdienstlich durchherrscht» war.[1221] Nach dem Ausbau der Überwachungsstruktur in den 1970er Jahren verstärkte das MfS Anfang der 1980er Jahre nochmals seine Präsenz an der Charité.[1222] 1986 hatte sich die Zahl der IMs mit mindestens 80 bereits vervierfacht.[1223] Begenau betont demgegenüber aber auch die Wirkmächtigkeit der etwa 15 hauptamtlichen Mitarbeitenden des MfS an der Charité.

Das MfS an der Nervenklinik

Wie gestaltete sich die Lage in der Nervenklinik als kleinerer Einheit der Charité? Für die 1960er Jahre ist bislang nur die Tätigkeit des IM «Mertens» an der Nervenklinik bekannt. Seine Observationen richteten sich nicht auf die Überwachung von Patient:innen.[1224] Trotz der Ausweitung des Spitzelsystems ist aus dem Untersuchungszeitraum kein IM mit beruflicher Tätigkeit in der Psychotherapieabteilung bekannt. Eine Ausnahme stellt Klinikdirektor Karl Seidel dar, der zwischen 1967 und 1978 – also auch während seiner Amtszeit – inoffiziell unter dem Decknamen «Fritz Steiner» und danach von 1978 bis 1989 «offiziell» mit dem MfS zusammenarbeitete. Als Ordinarius für Psychiatrie sei Seidel in den 1970er Jahren «nicht selten von Professorenkollegen und anderen prominenten Persönlichkeiten wegen psychischer Probleme um Rat gefragt» worden.[1225] Seidel habe die ärztliche Schweigepflicht verletzt, als er seinem Führungsoffizier Namen und Details aus diesen Konsultationen nannte. Es ließen sich aber auch «wiederholte Versuche erkennen, sein Prestige als Fachmann und seinen guten Kontakt mit [seinem Führungsoffizier Eberhard] Jaekel dafür zu nutzen, Patienten vor weiteren mißtrauischen Nachstellungen oder MfS-Werbungsversuchen mit dem Hinweis zu schützen, daß die Betreffenden dies psychisch nicht verkraften würden».[1226] Auch wenn Seidel wohl ein «besonderes Interesse» an der Psychothera-

1220 Vgl. Begenau 2016b, S. 226. Erich Mielke hatte 1975 die ideologische Engführung des gesamten Gesundheitswesens gefordert.

1221 Begenau 2017, S. 10.

1222 Vgl. Begenau 2016b, S. 225.

1223 Vgl. Hottenrott 2010, S. 196.

1224 Vgl. Le Bonhomme 2016, S. 460.

1225 Süß 1999, S. 319.

1226 Ebd.

pie hatte, sei er «mehr Funktionär des SED-Staates als Therapeut» gewesen.[1227] Diesen Eindruck bestätigt auch die Auswertung des vorliegenden Samples. Seidel ebnete zwar der Einführung der dynamischen Gruppenpsychotherapie den Weg und bemühte sich gemeinsam mit Kulawik um die stärkere Beachtung des Unbewussten im Kontext der Psychotherapie.[1228] Als Therapeut trat Seidel auf der gruppenpsychotherapeutischen Station allerdings nicht in Erscheinung und es ist fraglich, ob er über die Behandlung der dortigen Patient:innen überhaupt detailliert im Bilde war.

Seidel habe 1976 zudem darauf verwiesen, dass es notwendig sei, ein «psychiatrisches Sonderkrankenhaus» einzurichten, damit Psychotherapeut:innen durch das Vertrauensverhältnis zu ihren Patient:innen nicht an politisch sensible Informationen von leitenden Partei- und Staatsfunktionären gelangten.[1229] Nur eine solche Einrichtung könne Sicherheitsaspekte und Vertraulichkeit garantieren. Offenbar hatte auch Seidel ein Interesse an der Trennung politischer und psychotherapeutischer Sphären, allerdings weniger, um die Patient:innen vor Zugriffen des Staatsapparates zu schützen, als vielmehr, um eine mögliche Veröffentlichung parteilicher Vorgänge durch Therapeut:innen zu verhindern.

Die Akteneinsicht bei der BStU gab außerdem Einblick in die Aktivitäten des IM «Horst» aus dem Frühjahr 1980.[1230] Seine Aufmerksamkeit richtete sich nicht auf Patient:innen der Klinik. Sein einmaliger Bericht galt dem «Reisekader für das kapitalistische Ausland» und gibt Einblicke in das soziale Gefüge der Klinik: Der Direktor Schulze sei dem Klinikpersonal eine «Vaterfigur», die Kinderkrippe der Klinik fungiere als «Klatsch- und Tratschküche».[1231] Zum Teil wird herabsetzend über Klinikmitarbeiter:innen berichtet, eine politische Einschätzung der Personen findet sich aber kaum.

Ende Dezember 1982 wurde ein ärztlicher Mitarbeiter Helmut Kulawiks, der laut Personalkartei der Charité seit 1977 in der psychotherapeutischen Abteilung tätig war,[1232] unter dem bezeichnenden Decknamen «Sigmund Freud» «zu einer inoffiziellen Tätigkeit für die Hauptabteilung XX/7 verpflichtet».[1233] Laut IM-Personalakte traf er sich zwischen 1983 und 1985 regelmäßig im zweiwöchigen Abstand mit seinen Führungsoffizieren. Die Zusammenarbeit wurde 1987 auf eigene Bitte beendet. Er sollte eine Psychologin bespitzeln, mit der er im Rah-

1227 Ebd.

1228 Vgl. Seidel/Kulawik 1978.

1229 Süß 1999, S. 318.

1230 Vgl. BArch, MfS, BV Berlin, Abt. XX, Nr. 9882.

1231 Vgl. ebd., «Bericht über meine Kenntnisse von der Charité, Klinik für Psychiatrie und Neurologie, Leipzig», 08.03.1980.

1232 Vgl. Geyer 2011e, S. 473; HPAC, Vorl. Nr. 4,59, Personalkartei der Psychiatrischen und Nervenklinik der 1970er und 1980er Jahre, Planstelle: 1110/B/24. Demnach wurde sein Arbeitsverhältnis an der Charité 1991 aufgelöst.

1233 Süß 1999, S. 310.

men seiner Psychotherapieausbildung eine Selbsterfahrungsgruppe besucht hatte.[1234] Dabei sollte er sie dazu bewegen, sich von ihrem Ehemann – einem vom MfS bekämpften Schriftsteller – zu trennen. Das MfS bemängelte allerdings, dass der IM nicht «in die Offensive zu bringen» sei und Auseinandersetzungen gescheut habe.[1235] Ansonsten habe er lediglich den Auftrag erhalten, über die Meinungen von Arbeitskolleg:innen zu gesellschaftspolitischen Ereignissen zu berichten. Vorbehaltlich dessen, dass nur die IM-Personalakte, nicht aber die IM-Berichts- bzw. Arbeitsakte überliefert sei, resümiert Süß: «Auf ärztliche Schweigepflichtverletzungen bezüglich Patienten gibt es keinen Hinweis.»[1236]

Auch der spätere Klinikdirektor und Neurologe Heinz A. F. Schulze arbeitete von 1978 bis zu seiner Emeritierung 1987 als IMS «Schumann» mit dem MfS zusammen.[1237] Anfang 1989 waren 254 Personen an der Nervenklinik der Charité beschäftigt.[1238] Unter ihnen waren acht aktive IMs des MfS, vier davon als Ärzt:innen, die anderen vier gehörten zum «mittleren medizinischen Personal». Sechs von ihnen waren auf «Ziele und Personen außerhalb der Charité» angesetzt und zwei arbeiteten innerhalb der Nervenklinik als IM. Ihre Tätigkeit an der Nervenklinik lässt sich zweifelsfrei belegen, doch wenig deutet darauf hin, dass Inhalte aus den Gruppentherapien in der Charité an das MfS gelangt sein könnten. Ein blinder Fleck dieser Untersuchung ist sicherlich, dass auch Patient:innen als IM tätig sein konnten. Allerdings waren auch in den bekannten Konstellationen, in denen Patient:innen als IM tätig waren, die Therapeut:innen und nicht andere Patient:innen Ziel ihrer Observation.[1239] Lücken in den Tagesbericht-Konvoluten sind schließlich kaum damit zu erklären, dass Berichte mit politisch verfänglichem Inhalt an das MfS gelangt wären. Dennoch konnten sich Patient:innen nie gänzlich vor Denunziation sicher fühlen. Allein die Drohkulisse, die gefühlte und angenommene Präsenz der Stasi, spielte bekanntlich im Alltag vieler Menschen eine zentrale Rolle für die Anpassung ihres Verhaltens.[1240]

1234 Zur Bespitzelung unter Psychotherapeut:innen vgl. bspw. Geyer 2011b, S. 210.

1235 Süß 1999, S. 310.

1236 Ebd., S. 311.

1237 Vgl. Kumbier 2020b, S. 152 f.

1238 Vgl. hier und im Folgenden: Süß 1999, S. 247.

1239 Michael Geyer berichtete von Bespitzelung durch Psychotherapie-Patient:innen und ging davon aus, dass statistisch etwa jede:r hundertste Patient:in IM gewesen sei. Nur nach explizitem Auftrag hätten sie aber Therapeut:innen bespitzelt, vgl. Geyer 2022, S. 195. Um den Schutz der Patient:innendaten zu gewährleisten und weil eine Personenüberprüfung anhand der MfS-Akten unzulässig ist, lässt sich dieser Bereich für die Charité nicht weiter untersuchen.

1240 Vgl. Kowalczuk 2013.

8.4 Politisches Bewusstsein in der therapeutischen Selbsterzählung

Fragen wir nach dem politischen Bewusstsein in der therapeutischen Selbsterzählung, sollten wir den Blick wieder etwas weiten, um das Ineinandergreifen von Psychotherapie und Gesellschaftspolitik in den Blick zu nehmen. In der BRD zeichnete sich der «Psychoboom» in seiner frühen Phase dadurch aus, dass psychotherapeutische Ansätze vor allem im linksalternativen Milieu wurzelten und diese sich mit politischen Verheißungen verbanden. Im Zuge einer weitreichenden Rezeption psychoanalytischer und freudomarxistischer Literatur rückte der «subjektive Faktor» in den Fokus sozialer Umwälzungsvorstellungen.[1241] Mit der Therapeutisierung verband sich eine «Politisierung der Subjektivität» im Sinne einer Politik der ersten Person.[1242] Angehörige der Neuen Linken versprachen sich von der Adaption therapeutischer Ansätze die «Emanzipation von bürgerlichen Gefühlszwängen». Auch die spätere Rezeption in breiteren Gesellschaftsschichten betrachtete die Psychotherapie als «Projekt der Demokratisierung».[1243] Erst mit der Professionalisierung der Psy-Wissenschaften folgte eine Entpolitisierung. Zudem diffundierte der psychotherapeutische Imperativ im Sinne einer «Optimierung als Gemeinwohlpflicht» im Laufe der 1970er Jahre in die bildungsbürgerlichen Schichten.[1244] Langfristig verband sich das Therapeutische vermehrt mit ökonomischen Rationalitäten.[1245] Diese Entpolitisierung barg «im Extremfall» jedoch die Gefahr, dass «nicht mehr nach den sozialen und ökonomischen Ursachen, sondern mehr nach der ‹Gefühlsschuld› des Individuums gefragt» wurde.[1246]

Was hat diese Entwicklung in der BRD mit der DDR zu tun? Ein einfacher Vergleich scheint angesichts des eingeschränkten öffentlichen Diskurses in der DDR unpassend. Es gab in der DDR keine vergleichbaren Milieus, die in ähnlich breiter Weise therapeutische Konzepte rezipierten. Gerade die dynamische Gruppenpsychotherapie stand nach der Wende jedoch im Mittelpunkt einer fachinternen Debatte um eine vermeintliche politische Grundierung der Therapie. Manche Therapeut:innen verstehen sich rückblickend als Teil einer «Ost-68er»-Bewegung, die von dem oben beschriebenen Zeitgeist westlicher Genese sowie den humanistischen Idealen des Sozialismus beeinflusst gewesen sei.[1247] Andere

1241 Vgl. Tändler 2016, S. 247 f.

1242 Vgl. ebd., S. 216 ff.

1243 Hitzer 2011a, S. 18.

1244 Ebd., S. 19.

1245 Vgl. Elberfeld 2010.

1246 Hitzer 2011a, S. 19; vgl. weiterhin Bettinger et al. 2016.

1247 Diese Ost-68er-Generation habe nach eigenen Angaben die humanistischen Ideale des Staatssozialismus ernst genommen und sich im Laufe der Zeit gerade deswegen zunehmend von der DDR entfremdet. Vgl. Gallistl et al. 2022, S. 435.

sahen bei den DDR-Psychotherapeut:innen seit den 1968er Jahren ein «eigenständiges Interesse an psychodynamischen Zusammenhängen und ein Bedürfnis nach Selbstverwirklichung und Selbsterfahrung» entstehen.[1248] Gerade unter Therapeut:innen wird eine systemkritische Ausrichtung der dynamischen Gruppenpsychotherapie diskutiert.

Ganz grundsätzlich finden sich in Ost und West seit den späten 1960er Jahren autoritätskritische Ansätze in der Psychotherapie. Anders als in der BRD rezipierte man in der DDR kaum freudomarxistische Literatur und versuchte, einen «klinisch-empirischen Gehalt der Psychoanalyse von Metatheorie und Gesellschaftstheorie» zu trennen.[1249] Retrospektiv erweist sich aber das zentrale Anliegen der dynamischen Gruppenpsychotherapie, nämlich einen kritischen Umgang mit Autoritäten zu etablieren, als ein ambivalent diskutierter Aspekt. Lässt sich der «Kippprozess», das zentrale autoritätskritische Moment der dynamischen Gruppenpsychotherapie, als eine auf das gesellschaftliche System der DDR bezogene Metapher lesen? In einer solchen Metapher stünde die Therapiegruppe stellvertretend für die autoritär regierte Bevölkerung. Diese sollte sich ihrer Situation bewusst werden, sich solidarisieren und gegen die wenigen Autoritären rebellieren, wobei die Therapeut:innen stellvertretend für die Parteielite standen. Ein solches Verständnis des therapeutischen Konzepts trug zur retrospektiven Identitätsbildung mancher Psychotherapeut:innen bei.[1250]

Andere warfen der Psychotherapie vor, sie sei gerade darauf ausgerichtet gewesen, Menschen zu angepassten Bürger:innen zu formen.[1251] Ihre Resilienz zu steigern, habe die Patient:innen länger in einem Unrechtssystem funktionsfähig gehalten. Das politische Großvorhaben der 1970er Jahre, junge Menschen zu «sozialistischen Persönlichkeiten» zu formen, spreche für eine staatssozialistische Politisierung der Psychotherapie. Um die Subjektivität der DDR-Bürger:innen zu formen, habe die SED versucht, verschiedene gesellschaftliche Instanzen zu mobilisieren, darunter maßgeblich pädagogische Institutionen. Außerdem war der theoretische Diskurs um die Persönlichkeit nicht nur in Philosophie, Soziologie und Pädagogik, sondern auch in der Psychologie präsent und eng mit politischen «Idealsetzungen der ‹sozialistischen Persönlichkeit›» verwoben.[1252] Wie Mary Fulbrook darstellt, beschrieb diese Vision Menschen, die sich für den Aufbau des Sozialismus einsetzten und «sich auf umfassendere kollektive Einheiten und Kräfte stützten, sich engagierten und zu ihnen beitrugen».[1253] Auch wenn viele DDR-Bürger:innen Spuren eines sozialistischen Idealismus verinnerlicht hätten,

1248 Bernhardt/Lockot 2000b, S. 25 f.

1249 Geyer/König 2011, S. 479.

1250 Vgl. Leuenberger 2001.

1251 Zu dieser Debatte vgl. zusammenfassend Gallistl et al. 2022.

1252 Busse 2004, S. 227.

1253 Fulbrook 2008a, S. 157.

sei die SED mit diesem Vorhaben gescheitert. Individualismus, Konsumorientierung und globale kulturelle Einflüsse seien auch in der DDR zum Tragen gekommen.

Die SED einigte sich bis zuletzt nicht auf eine einheitliche Haltung gegenüber der Psychotherapie. Viele Funktionär:innen hielten an der simplifizierenden ideologischen Ansicht fest, dass sich eine psychotherapeutische Bedürftigkeit mit der Entwicklung des Sozialismus ohnehin auflösen werde.[1254] Offenbar trugen andere die Forderung nach Formung sozialistischer Persönlichkeiten aber an Gruppenpsychotherapeut:innen heran, deren prominentester Vertreter Kurt Höck war. Er selbst verstand sich als Sozialist, war aber – wie die Mehrzahl der Mitarbeiter:innen der Psychotherapie am HdG – kein Mitglied der SED. Retrospektiv betrachtete er sich selbst weder als Widerstandskämpfer noch als in besonderem Maße korrumpiert.[1255] Die Aufforderung, die Psychotherapie im parteilichen Sinne einzusetzen, wies Höck bereits Mitte der 1970er Jahre mit aller Deutlichkeit zurück. Es sei «ausdrücklich nicht die Aufgabe der Psychotherapie, einen neurotisch gestörten Patienten zu einer sozialistischen Persönlichkeit zu erziehen».[1256] Allerdings merkte er auch an, dass dies die «Aufgabe der Kollektive und Institutionen verschiedenster Art» sei. Ziel der Therapie sei es stattdessen, dass sich die Patient:innen schließlich wieder den für die sozialistische Gesellschaft «spezifischen Anforderungen» stellen könnten. Seiner Ansicht nach forme die Psychotherapie «nicht einen Menschen in Verhaltensschemen, [lege] ihn auch nicht auf Werte und Entscheidungen fest», sondern solle ihn zu Kommunikation, Entscheidungen und Bewertungen befähigen. Abschließend betont Höck, «daß die Psychotherapie nicht bereits gesellschaftliche Normen vermittelt, sondern den Patienten in den Stand setzt, sich mit ihnen auseinanderzusetzen, sie rational und erlebnismäßig wahrnehmen zu können, zu ihnen Stellung zu nehmen und sie aktiv mitzugestalten».

Damit standen Höcks Auffassungen aber nicht im Kontrast zu den Lehren des Marxismus. Tatsächlich sei das «marxistische Menschenbild» eines «selbstkontrollierten, freien, emanzipierten Individuum[s]» stets Bezugsgröße der Psychotherapeut:innen gewesen.[1257] Aktive, reflektierte und kritische Gestaltung und Teilhabe am gesellschaftlichen Leben entsprachen durchaus sozialistischen Grundvorstellungen. Möglicherweise verwies die Therapie mit ihrer emanzipativen Ausrichtung gerade darauf, dass die Parteidiktatur den humanistischen Grundzügen sozialistischer Vorstellungen nicht gerecht wurde.

1254 Noch in den späten 1980er Jahren sträubten sich beispielsweise Parteivertreter:innen gegen den Ausbau einer Suizidprophylaxestruktur, vgl. Grashoff 2020.

1255 Vgl. Lockot 2000a, S. 294.

1256 Hier und im Folgenden: Höck/König 1976, S. 31 f.

1257 Geyer/Senf 2001, S. 234.

Im Rückblick kommen viele Zeitzeug:innen zu zweischneidigen Schlüssen: Die Psychotherapie habe die politische Wende gleichermaßen vorbereitet wie verzögert, da sie revolutionäres Potenzial im Kleinen ausagieren ließ. Zu dieser Bewertung kommt beispielsweise eine ehemals in Berlin-Buch tätige Psychotherapeutin, die das therapeutische Ziel als «sicher doppelbödig» beschreibt.[1258] Auf der einen Seite seien die Patient:innen durch ihre «flexiblere Abwehr» im SED-Regime «immer anpassungsfähiger» geworden. Andererseits hätten die Therapeut:innen sie «im Zusammenhang mit dem sog. Kippprozess unentwegt zu Minirevolten ermutigt und sie damit auf den Umbruch vorbereitet». Diese Debatte soll mit der vorliegenden Betrachtung nicht weitergesponnen werden. Allerdings lässt sich fragen, welche Berührungspunkte sich zwischen dem bundesrepublikanischen «Psychoboom» und der gruppenpsychotherapeutischen Praxis zeigten, welche Rolle politische Verheißungen für die therapeutische Praxis spielten und inwiefern Idealvorstellungen der sozialistischen Persönlichkeit in den therapeutischen Raum hineinwirkten.

Tatsächlich berühren sich die Geschichte der Therapeutisierung im linken Milieu der BRD und die Geschichte der Gruppenpsychotherapie an der Charité im Fall einer Patientin aus Westberlin.[1259] Die Soziologiestudentin lebte dort in einer Kommune, wo sie bereits umfassende Erfahrung in der Selbstanwendung therapeutischer Ansätze gesammelt hatte. Als sie 1975 ihre Therapie an der Charité begann, stieg sie ohne Verzögerung in die schreibende Selbstbeobachtung ein. Ihre Mitpatient:innen hingegen bildeten einen solchen therapeutischen Blick auf sich selbst erst mit der Zeit heraus. Hier spiegelt sich, dass therapeutisches Wissen und Subjektivierungspraktiken in der BRD stärker in der populären Sphäre kursierten als in der DDR und besonders im linksalternativen Milieu rezipiert wurden. Zu dem selbst gewählten Übungsprogramm der Patientin gehörte es, das *Kapital* durchzuarbeiten – einerseits, um «eine gute Genossin» zu sein, andererseits, um ihren Vorlesungen besser folgen zu können. Noch drei Jahre nach der Therapie wandte sie sich in einem Brief an die Klinik. In einer Phase, als im Westen die «psychopolitische[n] Verheißungen»[1260] psychoanalytischer Ansätze zu verblassen begannen, schrieb sie an die Charité:

> Bei der ganzen Vielfalt der Probleme, die Sie in der DDR haben, was wir hier in Berlin ja über das Fernsehen sehr gut verfolgen können, ist es mir ein Bedürfnis Ihnen zu sagen, daß für mich meine Therapie bei Ihnen ein Ausdruck der Errungenschaften des Sozialismus war u[nd] ist. Ich habe sie als human empfunden, was vielleicht nur nachvollziehbar ist, wenn man von den üblichen Selbstzerfleischungsprozessen in den Selbsterfahrungsgruppen bei uns ausgeht.[1261]

1258 Hier und im Folgenden: Brüll 2011, S. 399.

1259 Vgl. HPAC, 171/75F.

1260 Tändler 2016, S. 44.

1261 HPAC, 171/75F, Brief vom 20.12.1978.

Damit verweist sie implizit auf den «Charakter eines Zwangsrituals» mancher therapeutischer «Experimente» der Linken mit «mitunter verheerende[n] Folgen für die Teilnehmer».[1262] Diese wiederum hätten zirkulär neue Psychotherapiebedürftigkeit hervorbringen können. Dass die Teilnehmenden mit einer Therapie in der DDR aus diesem Kreislauf auszubrechen suchten, war aber wohl eher eine Ausnahme.

Anhand dieser Patientinnenbiografie lässt sich eine unmittelbare Verschränkung der Geschichte der westlichen Therapeutisierung und der Gruppenpsychotherapie an der Charité aufzeigen. Doch inwiefern spiegelten sich politische Verheißungen, die für den westlichen «Psychoboom» eine so zentrale Rolle spielten, in der therapeutischen Praxis in der DDR wider? Es ließ sich durch die vorliegende Untersuchung nicht belegen, dass therapeutische Inhalte in grundlegende Gesellschaftskritik übersetzt worden wären. Tatsächlich zeichnen die Krankenakten der Charité in dieser Hinsicht ein nüchternes Bild. Wie in Kapitel 5 bereits angeführt wurde, referierten die Verlaufsdokumentationen kaum auf den anvisierten «Kippprozess» oder andere Phasen des Gruppenstadiums, die sich gesellschaftspolitisch hätten deuten lassen. Gelegentlich beobachteten die Therapeut:innen explizit das Verhalten der Patient:innen gegenüber Autoritäten und brachten dies mit dem Therapiefortschritt in Verbindung.[1263] Einzelne Tagesberichte zeigen, wie sich Patient:innen den Therapeut:innen gegenüber behaupteten.[1264] Gesellschaftskritische Auslegungen bei Autoritätsfragen ließen sich jedoch nicht explizieren. Auch der Regierungsstil der SED oder die Gesellschaftsform selbst wurden nicht kritisiert und Ausreisewilligkeit, Mangelwirtschaft und die Auswirkungen staatlicher Repression und Überwachung kaum thematisiert. Erwartungsgemäß rahmten die Patient:innen ihre Therapieerfahrung kaum systemkritisch. Auch wenn die Therapie im Kleinen zur Autoritätskritik ermutigte, so lässt sich kaum von einer subversiven Politisierung der Psychotherapie an der Charité sprechen.

1262 Tändler 2016, S. 449.

1263 In einer Verlaufsdokumentation heißt es etwa, der Patient habe in der «gestrigen Gruppe» erlebt, «daß er es vermeidet, ‹Autoritäten› gegenüber aggressiv aufzutreten, daß das Zeigen aggressiver Regungen aber nicht – wie erwartet – zu schlimmen Folgen führt. Heute erschien er lockerer als sonst», HPAC, 337/78M, Verlaufsdokumentation, Eintrag vom 17. 08. 1978.

1264 Ein Patient schrieb zunächst, «das Verhalten von Herrn Kulawik» sei ihm «noch unklar». Er könne nicht unterscheiden, ob es «bewußt provozierend» und zur Therapie gehörig sei oder dessen «echtes Verhalten», HPAC, 464/77M, Tagesbericht vom 10. 11. 1977. Etwa anderthalb Wochen später betonte der Patient, dass ihn ein Gruppengespräch «nicht befriedigt» habe, da man zu viel «um das Problem herum» redete. «Befriedigung» habe er erst am Ende der Stunde erlebt, «als Herr Kulawik deutlich zeigte, daß ihn meine Äußerung betreffs ihn u. [Mitpatient] nicht gepaßt hat». Er werde diesem nun «direkt sagen», was ihm an dem Oberarzt nicht passe, und könne «nicht umhin festzustellen, daß [ihm] die ganze Sache Auftrieb und Bestätigung gegeben» habe, ebd., Tagesbericht vom 22. 11. 1977.

Andererseits verinnerlichten Patient:innen durch die psychotherapeutische Behandlung Normen, die sich mit den parteilich imaginierten Idealvorstellungen von Kreativität, kultureller Betätigung, Sport und körperlicher Gesundheitssorge sowie Arbeitsethos des sozialistischen Subjekts deckten. Dies trug sicherlich zur politischen Legitimierung psychodynamischer Praxis nach außen bei. Wie in Kapitel 5 dargelegt, gründeten diese Normvorstellungen in systemübergreifenden therapeutischen Annahmen. Sie korrelierten jedoch mit den politischen Idealen der DDR-Gesellschaft, die auf diese Weise in den therapeutischen Raum hineinwirkten. Es ist zu vermuten, dass diese Verschränkung therapeutischer und gesellschaftlicher Normen deren Wirkweise wechselseitig verstärkte. Einen Klassenstandpunkt, den die «sozialistische Persönlichkeit» verlangte, bildete die Psychotherapie allerdings nicht aus, wie die Beispiele der sogenannten Genossen-Patient:innen zeigen.[1265]

Angesichts dieser Befunde ist der Frage nach Politisierungsprozessen in der Psychotherapie der 1970er Jahre mit Zurückhaltung zu begegnen. Die Fokussierung auf die «sozialistische Persönlichkeit» war im Psychodiskurs stärker verankert als in der Praxis. Le Bonhomme schätzte mit Blick auf die 1960er Jahre ein, die Psychiatrie sei weder ein «Instrument zur Repression politischer Oppositioneller» noch ein «Ort aktiven Widerstands gegen die marxistisch-leninistische Ideologie» gewesen, sondern ein «Ort, der die Diversität und Komplexität der Beziehungen zwischen Individuen und dem Projekt der sozialen Transformation im sozialistischen Staat offenlegte».[1266] Diese Einschätzung lässt sich auch für die Psychotherapieabteilung der Folgedekade bestätigen.

Welche Konsequenzen ergaben sich aus diesem Umgang mit politisch-ideologischen Aspekten für die Selbsterzählung der Patient:innen? Die Therapie bot die Möglichkeit, sich auf die Suche nach einem authentischen Selbst zu begeben. Dies ist angesichts der kollektivierenden Therapie- und Gesellschaftsstrukturen bemerkenswert. Auch Geschlechterrollen wurden kritisch thematisiert und stellten die parteiseitig vermittelten Arbeiterhelden-Imaginationen infrage. Politisch Verfängliches wurde von therapeutischer Seite aber so weit wie möglich aus der Behandlung ausgeklammert.

Zugleich ist zu bedenken, dass der allgegenwärtige Überwachungsapparat insbesondere Patient:innen mit politischen Konflikten in ein kommunikatives Dilemma zwischen offener Kommunikation und politischem Selbstschutz stürzte. Die Therapie kultivierte das Ideal einer authentischen Kommunikation, die sich in den Ansprüchen der Schreibpraktik verdichteten. Maß ein Individuum politisch-ideologischen Aspekten therapeutische Bedeutung bei – allerdings auch nur dann –, hätte eine authentische Kommunikation eine politische Stellungnah-

---

1265 Ob einzelne Therapeut:innen dieses Ziel verfolgten, lässt sich rückblickend kaum erschließen. Die Quellenlage deutet in der Zusammenschau nicht darauf hin.

1266 Le Bonhomme 2017, S. 241; übersetzt durch die Verf.

me erfordert. Dieser therapeutische Anspruch lief der in der DDR ebenfalls allgegenwärtigen Haltung zuwider, sich zum Selbstschutz nicht offen politisch zu positionieren. Der Ausbau des Überwachungsapparates in den 1970er Jahren verstärkte die allgegenwärtige Drohkulisse. Gerade weil psychotherapeutische Behandlungen «normaler» wurden, Patient:innen als zurechnungsfähig galten und zu selbstverantwortlich handelnden Subjekten geformt werden sollten, bot der klinische Raum weniger verlässlichen Schutz denn je für eine etwaige gesellschaftskritische Kommunikation. Kurzum: Das therapeutische Setting erforderte Offenheit sowie Selbstverantwortung und setzte Authentizität als Ideal. Dies galt es aber stets gegen die Erfordernisse des Selbstschutzes abzuwägen.

Wie die oben angeführten Beispiele zeigen, wurden die Grenzen des Sag- und Schreibbaren beständig neu ausgelotet. Das schloss alternative Erklärungen für psychisches Leid ein, die diskutiert und durch wiederholtes Schreiben in die Selbsterzählung integriert wurden. Die meisten therapeutischen Narrative der Krankenakten waren «politikfrei».[1267] Die therapeutische Subjektivierung im Sozialismus zeichnete sich durch die Ambivalenz zwischen einer inneren Distanzierung von gesellschaftspolitischen Aspekten und einer äußeren Wendung gegen Autoritätsfiguren aus. Es wäre eine eigene Untersuchung wert, der wachsenden Politisierung des Alltags am Vorabend der Wende in ihrem psychotherapeutischen Spiegel nachzugehen.[1268]

Abschließend bleibt festzustellen, dass die Entpolitisierung im Kleinen ein produktives Moment entfaltete. Nur so ließen sich Gruppenpsychotherapien in den diversen sozialen Konstellationen mit jeweils eigenem politischen Konfliktpotenzial umsetzen. Wie es eine Therapeutin treffend formulierte, ließen sich durch «das strenge Prinzip des Verweisens [...] auf das Hier und Jetzt» einfacher «die realen sozialen und weltanschaulichen Unterschiede im Therapeutenteam und auch bei den Gruppenmitgliedern» überbrücken: «So konnte neben dem Professor der Akademie für Gesellschaftswissenschaften die LPG-Landfrau und daneben vielleicht ein religiöser Sektierer sitzen.»[1269]

1267 Eine Ausnahme mag das Beispiel der Patientin sei, die sich um die Entführung ihres Nachwuchses sorgte. Die nach DDR-Recht illegalen Grenzübertritte ihrer Kinder und das Leiden der Patientin an der Mauer tauchen allerdings nach einmaliger Erwähnung im Fortgang der Dokumentation wie auch in ihrer Selbsterzählung nicht mehr auf.

1268 Vgl. Strauß et al. 2022b.

1269 Brüll 2011, S. 399.

9. Entwicklungslinien der Psychotherapie bis zur deutschen Einheit

Am späten Donnerstagabend, kurz nachdem die Berliner Mauer gefallen war, setzte sich ein Patient der Nervenklinik zum Schreiben in einen Gemeinschaftsraum der Psychotherapieabteilung. Erst am vorangegangenen Montag hatte er eine dynamische Einzelpsychotherapie an der Charité begonnen. Nun schrieb er: «Die Öffnung der Grenzen hat mich irgendwie unruhig gemacht, wie alles[,] was in der Hinsicht zur Zeit läuft. Mit dieser Offenheit muß ich innerlich erst einmal fertigwerden.»[1270] Zwei Tage später fügte er auf demselben Blatt hinzu, dass er die Öffnung der Grenzen «so früh nicht erwartet hätte».[1271] Zwischenzeitlich habe er sich getraut, Westberlin zu besuchen, und dabei «nicht einmal Schuldgefühle» empfunden. Würde ihn in der DDR jemand mit seinem Besuch in Westberlin konfrontieren, wüsste er nicht, wie er regieren würde, er glaube aber, er «würde stark bleiben». Ungeachtet der politischen Umwälzungen führte er die Therapie noch drei Monate fort.

Auch wenn die vorliegende Arbeit bewusst nur den Zeitraum von 1974 bis 1978 untersucht, soll in diesem Kapitel das weitere Schicksal der Psychotherapiestation verfolgt werden. Das zitierte Beispiel belegt, dass noch in den Wendejahren Tagesberichte geschrieben wurden. Das ergab eine Sichtung der Krankenakten der Jahre 1982 bis 1991, die im Jahr 2022 in die Wissenschaftliche Sammlung des Instituts für Geschichte der Medizin und Ethik in der Medizin der Charité übernommen und der Forschung zugänglich gemacht wurden. Eine Stichprobe (N = 36) eröffnet einen Ausblick auf zentrale Entwicklungslinien der Psychotherapie in den 1980er Jahren.[1272] Das Material erlaubt es uns, den Entwicklungsbo-

1270 HPAC, 501/89M, Tagesbericht vom 09.11.1989.

1271 Hier und im Folgenden: ebd., Tagesbericht vom 12.11.1989.

1272 Es wurden zunächst die Krankenakten von 1979 ausgewertet. Die Krankenakten der Jahre 1980 und 1981 sind nicht überliefert. Hinzu kamen die Krankenakten der Jahre 1982 bis 1990. Insgesamt umfasst der neue Bestand 4113 Krankenakten aus Psychiatrie und Neurologie. Für das Jahr 1990 wurde geprüft, ob sich weiterhin Tagesberichte finden. Für 1983 wurden alle Psychotherapieakten von Frauen verzeichnet. Fast alle enthielten Selbstzeugnisse (Lebensberichte, Tagesberichte und häufig Tuschemalereien aus der Gestaltungstherapie). Ihr Anteil machte ca. neun Prozent (51/493) der Frauenakten des Jahres 1983 aus. Die Hochrechnung ergab ca. 370 Psychotherapie-Krankenakten im neu hinzugekommenen Bestand. Für eine repräsentative

gen der Psychotherapie in der DDR zu schließen und zugleich weiterführende Forschungsperspektiven aufzuzeigen.

Wie veränderten sich die Forschungsinteressen und der Schreibmodus in der Psychotherapieabteilung in den 1980er Jahren (Kapitel 9.1)? Im Anschluss hieran geht das Kapitel der Frage nach, wie eine psychoanalytisch orientierte Einzeltherapie Eingang in die Abteilungspraxis fand (Kapitel 9.2). Welche Rolle spielten Trauminhalte bei dieser Neuausrichtung auf eine psychoanalytisch orientierte Einzeltherapie (Kapitel 9.3)? Offenbar bestand ein Grundkonsens zwischen Therapeut:innen und Patient:innen, wie bei der Behandlung vorzugehen sei. Inwiefern trug die mediale Verbreitung psychotherapeutischer Inhalte hierzu bei (Kapitel 9.4)? Abschließend folgt ein Ausblick auf die dem Mauerfall folgenden Ereignisse. Wie verhielten sich die Patient:innen zum Zusammenbruch des Regimes? Inwiefern eignet sich dieses besondere Quellenmaterial für eine weiterführende erfahrungsgeschichtliche Untersuchung der Wende (Kapitel 9.5)? Und wie veränderten die politischen Umbrüche die Beschäftigungsverhältnisse und Arbeitsbedingungen für das Personal (Kapitel 9.6)?

9.1 Forschungsschwerpunkte und Dokumentationspraxis

Zwischen 1978 und 1987 hatte Heinz A. F. Schulze das Direktorat der Nervenklinik inne. Helmut Kulawik wurde 1979 zum Leiter der psychiatrischen Abteilung der Nervenklinik und zum ordentlichen Professor für Neurologie und Psychiatrie berufen. Spätestens 1988 übernahm Alexander Schulze die oberärztliche Funktion in der Abteilung für Psychotherapie.[1273] Ab 1989 wurden schließlich eigenständige Lehrstühle für Psychiatrie, Neurologie sowie Kinder- und Jugendpsychiatrie eingerichtet. Im Laufe der 1980er Jahre durchliefen eine Reihe von Stationsärzt:innen und Assistenzärzt:innen die Abteilung. Sie übernahmen für einen begrenzten Zeitraum auch die psychotherapeutische Behandlung und wurden damit Adressat:innen der Tagesberichte. Außerdem sind deutlich mehr Psycholog:innen als in den 1970er Jahren in therapeutischer Funktion zu finden, wenngleich der ärztliche Anteil im therapeutischen Team überwog.

Auch das Diagnosespektrum wandelte sich. Im Sample finden sich nun Diagnosen, die in den 1970er Jahren noch nicht vergeben wurden, wie die Borderline-Persönlichkeitsstörung (N = 3) oder die narzisstische Persönlichkeitsstörung (N = 7), für die sich Kulawik und Alexander Schulze besonders interes-

Durchsicht wurden 36 Krankenakten der Psychotherapieabteilung zufällig gezogen. Die Akten des Jahres 1989 hingegen wurden spezifisch nach dem Behandlungszeitraum über den Mauerfall hinweg selektiert. Dabei entfielen vier Krankenakten auf jedes Jahr und davon jeweils zwei auf Frauen und Männer.

1273 Vgl. HPAC, 286/89M, Epikrise vom 15.08.1988.

sierten.[1274] Die Konjunktur dieser Diagnosen verlief parallel zur Entwicklung in der BRD.

Überraschend häufig wurde die Diagnose «Torticollis spasmodicus» (N = 7) vergeben, der sogenannte Schiefhals. Im Fach wurde lange eine psychogene Genese der Störung diskutiert.[1275] Heute geht man davon aus, dass diese neurologische Störung durch ihre äußerst belastende Symptomatik sekundär psychisches Leid nach sich zieht. Das war damals umstritten. Alexander Schulze untersuchte beispielsweise den Zusammenhang mit Suchtverhalten.[1276] In den Krankenakten wurde der Torticollis spasmodicus häufig mit einem «psychosomatischen Beschwerdekomplex» in Verbindung gebracht. Die offene Handhabung psychosomatischer Konzepte ist bezeichnend für die damalige Entwicklung der Abteilung und verdient historiografische Aufmerksamkeit.[1277] Das intensivierte Interesse fand schließlich Ausdruck in Kulawiks 1991 publiziertem Leitfaden *Psychosomatische Medizin.*[1278]

In diesem Lehrbuch tauchen neben dem Torticollis spasmodicus auch «Störungen des Eßverhaltens» auf. Daher verwundert es wenig, dass sich die Diagnose «Anorexia nervosa» (N = 5) oder Magersucht ebenfalls häufig in der Stichprobe findet.[1279] Bereits in den 1960er Jahren wurden Patient:innen mit Magersucht und «Zwangserbrechen» individualtherapeutisch behandelt. In den 1980er Jahren stieg die Zahl der Anorexie-Patient:innen weiter an, ein Ausdruck der gesteigerten wissenschaftlichen Aufmerksamkeit.[1280] Besonders Gisela Ehle, ab 1988 Professorin für Medizinische Psychologie an der Charité und in der Psychotherapieabteilung beschäftigt, arbeitete zu dieser Zeit über Essstörungen.[1281] 1992 publizierte sie eine Monografie, worin sie die Erkrankung unter anderem aus Betroffenenperspektive darstellt. Hierfür nutzte sie Tagebuchaufzeichnungen, Ausschnitte aus Gesprächen und schriftliche Lebensläufe von Betroffenen aus der Abteilung.[1282] Dies ist der einzige bislang bekannte Fall, in dem Ausschnitte aus Lebensberichten und Tagesberichten aus der Charité wörtlich in Publikationen eingingen.

Mitte der 1980er Jahre veränderte sich der Modus, in dem die Tagesberichte geführt wurden. Zuvor ging jeder Bericht als einzelnes Blatt in den Verfügungsbereich der Therapeut:innen über. Nun allerdings schrieben die Patient:innen ihre Berichte zumeist auf DIN-A4-Blättern untereinander weg. Die täglichen Un-

---

1274 Vgl. Kulawik 1984a, S. 32–37; Schulze 1984.

1275 Für die DDR vgl. bspw. Wendt 1968.

1276 Vgl. Schulze 1988; Gorynia/Schulze 1988.

1277 Für jüngere Forschung zur Geschichte der Psychosomatik vgl. Geisthövel/Hitzer 2019.

1278 Vgl. Kulawik 1991.

1279 Vgl. bspw. HPAC, 289/85F.

1280 Vgl. Kerr-Boyle 2012.

1281 Vgl. Ehle/Ott 1981; Ehle et al. 1982.

1282 Ehle 1992, S. 34.

terschriften von Therapeut:innen zeigen, dass diese sie gelesen zurückgaben. Manchmal kommentierten die Therapeut:innen das Geschriebene, worauf die Patient:innen in den folgenden Berichten wiederum antworteten. Manche aufeinanderfolgenden Berichte zeichnet sogar eine Art Dialogstil aus.

Die Krankenakten der 1980er Jahre weisen noch eine Reihe weiterer Veränderungen auf. Beispielsweise findet sich häufig ein 16-seitiger sogenannter Erfassungsbeleg für Neurosenkranke.[1283] Einer Publikation von Alexander Schulze zufolge wurde das Formular seit 1981 in der Abteilung angewendet.[1284] Mit seiner Hilfe wurde die psychopathologische Befundung nach den Regeln des ICD 9 standardisiert. Neurosen wurde eine intrapsychische Konflikthaftigkeit zugrunde gelegt, wobei ein «symptomauslösender Hauptkonflikt» gesucht und auf eine sogenannte psychodynamische Kurzformel gebracht wurde.[1285] Daneben finden sich nun regelhaft die Auswertungsbögen des 566F-Tests.[1286] Leonhards Persönlichkeitstheorie verlor in den 1980er Jahren deutlich an Relevanz. Auch unter den vergebenen Diagnosen finden sich kaum noch Hinweise auf seine Systematik.

Zusammenfassend ist festzustellen, dass die Abteilung schon in den 1980er Jahren eine stärker psychoanalytisch gefärbte Ausrichtung erfuhr. Forschungsschwerpunkte wie die Borderline-Störung, die Psychosomatik und Essstörungen weisen auf den Anschluss an internationale Trends hin. Die Schreibpraktik führte man indessen fort. Wegen der darin enthaltenen Traumschilderungen fügte sie sich gut in die neue therapeutische Ausrichtung ein. Zudem lieferte sie eindrückliches Anschauungsmaterial für neuere Forschung im Bereich der Essstörungen, das empathische Einblicke in das Erleben der Patient:innen erlaubte.

9.2 Psychodynamische Einzeltherapie. Rückkehr der Psychoanalyse?

Bis mindestens 1990 wurden die Stationen 4 und 5 als psychotherapeutische Stationen betrieben. Während die Aufteilung unverändert blieb, gestaltete sich die Wahl therapeutischer Methoden im letzten Jahrzehnt vor dem Zusammenbruch der DDR eklektizistischer. Ein leicht verändertes Spektrum an Therapien orientierte sich weniger stringent an der Stationszuteilung und wurde stärker individualisiert als zuvor. Zu den Therapien gehörten weiterhin die dynamische Gruppenpsychotherapie, die Individualtherapie nach Karl Leonhard, Gestaltungstherapie, aktive und passive Musiktherapie, Psychodrama, die Kommunika-

1283 Vgl. bspw. HPAC, 81/83M.
1284 Vgl. Schulze 1985.
1285 Ebd., S. 657 f.
1286 Vgl. bspw. HPAC, 756/84F.

tive Bewegungstherapie, autogenes Training, diverse Sportgruppen und Arbeitstherapie. Hinzu kamen Verhaltenstherapie, themenzentrierte Gesprächsgruppen (auch «themenzentrierte Interaktion» oder «TZI»)[1287] und schließlich die «psychodynamisch orientierte Einzeltherapie».[1288]

Diese Einzeltherapie wurde in den Epikrisen unterschiedlich bezeichnet, etwa als «Einzelgespräche (persönlichkeitszentriert zur Aufdeckung der Psychodynamik)»,[1289] als Einzelgespräche zur «Aufarbeitung der hinter dem Symptom stehenden intrapsychischen Konflikte»,[1290] als «psychoanalytisch orientierte Einzeltherapie»[1291] oder «psychodynamisch orientierte Einzelbehandlung».[1292] Alle Varianten bezogen sich auf die 1984 von Helmut Kulawik publizierte «psychodynamische Kurztherapie».[1293] Diese Kurztherapie sollte sich auf zehn bis 50 Sitzungen bei einer Frequenz von wöchentlich ein bis zwei Gesprächen beschränken. Charakteristika seien «die mittelbare fokuszentrierte Bearbeitungsweise, eine psychodynamische Hypothesenbildung durch Einbeziehung der sogenannten ‹Flash-Technik› sowie [...] zielstrebiges, intensives und wiederholtes Bearbeiten der psychodynamischen Hypothesen».[1294] Es handelte sich hierbei also nicht um die (Wieder-)Aufnahme der klassischen Psychoanalyse in die klinische Praxis, sondern um ein Kurzverfahren auf Basis psychodynamischer Annahmen. Nach Kulawik könne die Therapie ausgewählte Aspekte der «intrapsychischen Konflikthaftigkeit» im Sinne eines Fokus bewusst machen. So stelle sie die Weichen dafür, dass die Patient:innen nach der Therapie ihre Haltung änderten.[1295] Die Therapie war also zeitlich und inhaltlich begrenzt und stellte aktuelle Konflikte sowie das gegenwärtige Erleben in den Mittelpunkt.

In den Krankenakten finden sich die Hypothesen häufig nicht ausformuliert, aber sie waren für die Einzelbehandlungen von Bedeutung. Bei einem Patienten mit Torticollis spasmodicus befand die Anamnese Einzelgespräche zur «Arbeit an der Psychogenese» für angemessen, mit dem Ziel, «später [einen] Fo-

---

1287 Dieses Verfahren wurde von Vertreter:innen der Psychoanalyse und der Humanistischen Psychologie entwickelt, darunter Ruth Cohn (1912–2010).

1288 Zur Einzeltherapie vgl. bspw. HPAC, 674 A/82F.

1289 HPAC, 582/82M.

1290 HPAC, 364/83M.

1291 HPAC, 554/89M; ähnlich HPAC, 272/89M.

1292 HPAC, 167/84M.

1293 Vgl. Kulawik 1984a.

1294 Ebd., S. 24. Die Arbeit mit dem «Fokus», der begrifflich synonym mit der «inneren Formel» und der «psychodynamischen Hypothese» gebraucht wurde, sollte «die unbewußte Bedeutung der Symptome verständlich» machen, ebd., S. 15. Den Patient:innen wurde die Formulierung aber nicht unmittelbar mitgeteilt, da sie «durch Selbsterforschung Einsicht erlange[n]» sollten.

1295 Ebd., S. 8.

kus [zu] formulieren».[1296] Da ein anderer Patient nur eine dezente Symptomatik gezeigt habe und es nicht gelungen sei, «mit dem Patienten eine psychodynamische Hypothese zu erarbeiten», habe man das Behandlungsziel begrenzen müssen.[1297] So griff man auf autogenes Training, Übungsaufgaben und themenzentrierte Gespräche zurück, in denen die Therapeut:innen «versuchten [...] ihn für psychoreaktive Faktoren zu sensibilisieren».

Kulawik unterstreicht, dass die Behandlung auf eine «Deutungstechnik» zurückgreife, «die dem Patienten einen neuen Einblick in Zusammenhänge über sich gibt».[1298] Die «Flash-Technik» für Diagnostik und Therapie meint ein «blitzartig aufleuchtendes Verstehen» und geht zurück auf einen Arbeitskreis um Michael Balint (1896–1970).[1299] Es gehe darum, sich in die Position der Patient:innen zu versetzen und hieraus Vorstellungen zu bilden, die den Patient:innen zur Überprüfung angeboten würden.[1300] Referenzen auf diese Technik ließen sich den Krankenakten nicht entnehmen. Zwar wurden in den 1980er Jahren deutlich mehr Einzelgespräche zum Teil auch sehr ausführlich dokumentiert, dabei handelt es sich aber meist um Zusammenfassungen. Insofern wird sich die Praxis der «Flash-Technik» – so sie an der Charité zur Anwendung kam – dem historischen Zugriff vermutlich weiter entziehen.

Kulawik zufolge ließ sich die Therapie ambulant und stationär anwenden und bei bestimmten Indikationen mit gruppentherapeutischen Verfahren kombinieren.[1301] Der Blick in die Krankenakten zeigt, dass Patient:innen in manchen Fällen ausschließlich mit dynamischer Gruppenpsychotherapie oder dynamischer Einzelpsychotherapie behandelt wurden, seltener auch ausschließlich verhaltenstherapeutisch.[1302] Die ergänzenden Therapien durchliefen Einzelpatient:innen dennoch. In vielen Fällen kombinierte man verschiedene Therapieansätze oder wechselte sie ab.[1303] Eine Patientin mit «Waschzwang» wurde beispielsweise in einer ersten Phase verhaltenstherapeutisch behandelt und in einer zweiten mit dynamischer Gruppen-

1296 HPAC, 64/86M, Anamnese vom 20.01.1986.

1297 Hier und im Folgenden: HPAC, 402/87M, Epikrise vom 16.01.1987.

1298 Kulawik 1984a, S. 19.

1299 Ebd., S. 18.

1300 Vgl. ebd. Der «Flash» sei nicht als Diagnose zu verstehen, sondern als «Ereignis, das ein besonderes Klima schafft, worin die weitere Diagnose und therapeutische Arbeit mit größerer Zielgenauigkeit und Intensität als sonst möglich vor sich gehen kann. Man könnte von einer ‹kontrollierten Intuition› sprechen, die berufsmäßig und bewußt eingesetzt werde», ebd., S. 19

1301 Vgl. auch Kulawik 1982.

1302 Dabei wurde zum Teil unterschieden zwischen von einer Patientin so bezeichneten «Einzelpatienten» und Gruppenpatient:innen, HPAC, 205/83F, Tagesbericht vom 18.04.1983. Sie wies darauf hin, dass Personalmangel immer wieder zu Ausfällen der Einzelsitzungen geführt habe.

1303 Vgl. bspw. HPAC, 229/89F; HPAC, 139/88F; HPAC, 415/89M; HPAC, 310/88M; HPAC, 427/89F.

psychotherapie.[1304] In einem anderen Fall wechselte man von «supportiven» Einzelgesprächen zu einer «zunehmend dynamisch orientiert[en]» Gesprächsführung.[1305] Zudem fand in der Regel eine ambulante Nachbetreuung statt, häufig in gruppentherapeutischem Format.

Tagesberichte schrieben die Patient:innen unabhängig von der Kombination ihrer Therapien.[1306] Gerade wenn Patient:innen einzelpsychotherapeutisch behandelt wurden, finden sich darin ausführliche Unterstreichungen, Hervorhebungen und oft auch Kommentare der Therapeut:innen. Bei Patient:innen, die nur im Gruppenformat behandelt wurden, blieben solche Reaktionen meist aus. Nachfragen nach ausgelassenen Berichten belegen, welchen besonderen Wert man darauf legte, dass die Patient:innen täglich schrieben.[1307] Manchmal ermutigten Kommentare zur Selbstreflexion oder fragten bei allgemein gehaltenen Formulierungen nach, zu welchen Einsichten beispielsweise die Schreibenden in den geschilderten Situationen konkret gekommen seien. Das Interesse an der Lebenswelt der Patient:innen, das bereits seit Mitte der 1970er Jahre angelegt war, intensivierte sich im veränderten Behandlungsmodus und fand in der Fortführung der Tagesberichte seine Entsprechung.

Einzelgespräche wurden in den 1980er Jahren ausführlicher dokumentiert als in den 1970er Jahren. Durch diese längeren Niederschriften geraten die Sichtweisen der Therapeut:innen stärker in den Blick. Zusätzlich fallen selbstreflexive Äußerungen über das eigene Empfinden in der Beziehung zu ihren Patient:innen ins Auge.[1308] Die Verwendung psychoanalytischen Vokabulars in den Akten blieb allerdings heterogen. Zu den häufiger verwendeten Begriffen gehören neben «Psychodynamik» (abseits der Therapiebezeichnung) unter anderem «Übertragung» und «Gegenübertragung», «Abwehr», «Projektion» und «das Unbewuss-

---

1304 Vgl. HPAC, 553/82F; ähnlich HPAC, 113/85M.

1305 Vgl. HPAC, 600/83F.

1306 Bei Gruppenpatient:innen finden sich gelegentlich Tagesberichte, in denen sie Mitpatient:innen und Therapeut:innen charakterisieren sollten, vgl. HPAC, 81/83M, Tagesbericht vom 25.–27.02.1983. Auffällig ist außerdem, dass die Verlaufsdokumentationen mehr Überlegungen zur Gruppendynamik berücksichtigten. In einem Verlauf heißt es etwa, die Patientin «Ist das ‹[Beta]› in der Gruppe, weicht damit Auseinandersetzungen aus», HPAC, 756/84F, Verlaufsdokumentation, Eintrag vom 04.01.1984.

1307 Vgl. HPAC, 139/88F, Tagesberichte vom 19.10.1988 und 24.10.1988.

1308 In einem Fall drückte ein Therapeut seinen Ärger in Kommentaren aus. Von einem Patienten nahm man an, er treibe «in erpresserischer Weise» ein «übles Spiel» mit seiner Ehefrau, HPAC, 167/84M, Verlaufsdokumentation, Eintrag vom 18.04.1984. Einige Male dokumentierte der behandelnde Therapeut seine negative Reaktion auf den Patienten. Er habe dem Patienten im Einzelgespräch auch «Ärger» signalisiert, ebd., Verlaufsdokumentation, Eintrag vom 15.05.1984. In einem späten Tagesbericht schrieb der Patient: «Den Nachmittag und Abend verbrachte ich in verhältnismäßig guter Laune. Ich hatte keine belastenden Gedanken, ließ sie auch nicht an mich herankommen», ebd., Tagesbericht vom 31.05.1984. Der Therapeut unterstrich den letzten Satz und fügte selbst hinzu, der Patient habe «nichts kapiert».

te».[1309] Dies hebt sich deutlich von den gruppenpsychotherapeutischen Akten der 1970er Jahre ab.

Zusammenfassend handelte es sich bei der psychodynamischen Kurztherapie um ein Verfahren, das auf «Einsicht durch Introspektion» setzte.[1310] Dieser Ansatz war stärker ausgeprägt als im therapeutischen Arrangement der 1970er Jahre, das eher auf einem «Sich-im-anderen-Erkennen» basierte. Beide Verfahren erhoben das therapeutische Schreiben zum Mittel der Introspektion für die Auseinandersetzung mit sich selbst. Insofern intensivierte sich die Thematisierung von Selbstverhältnissen eher noch. Auch das Traumerleben wurde einbezogen, wie unten ausgeführt wird.

Die Entwicklung an der Charité spiegelt die breitere Hinwendung zu psychoanalytisch orientierten Einzeltherapien in der DDR wider. Dazu dürfte sicherlich der psychoanalytisch ausgebildete Psychiater John Buckman (1922–2010) beigetragen haben, der 1978 als erster *western visiting professor* von der Virginia University in Charlottesville (USA) an die Charité kam. Er war ein Jahr lang als Supervisor in der Psychotherapieabteilung tätig. Kulawik zufolge ermöglichte Buckman, dort eine «kontrollierte psychodynamische Therapie» zu betreiben.[1311] Dies hat besondere Bedeutung, da es in der DDR keine psychoanalytischen Ausbildungsinstitute gab. Die Hinwendung zu psychoanalytisch orientierten Einzeltherapien nahm ihren Ausgang aber nicht in Ostberlin. Wie Bernhardt und Lockot betonen, gehörten zunächst vor allem Harro Wendt und Infrid Tögel (1927–2021) zu den «Protagonisten der psychodynamischen Einzeltherapie der DDR».[1312] Harro Wendt bot seit 1972 sogenannte Problemfallseminare in der Bezirksnervenklinik Uchtspringe an, in denen analytisch orientierte Therapiesitzungen diskutiert wurden. Auch Kulawik hatte sie besucht. Infrid Tögel war seit 1964 leitender Psychologe der Psychotherapieabteilung in Uchtspringe. Gemeinsam mit seinen Kolleg:innen habe er, so Tögel im Gespräch mit Margarete Meador, zur Gestaltung eines Krankenhauses beigetragen, «in dem analytisches Denken praktiziert wurde».[1313]

Die Problemfallseminare machten Uchtspringe zu einem «‹Wallfahrtsort› für Psychiater und Psychologen, die eine in der DDR sonst nicht übliche Art der Supervision suchten».[1314] Hierher brachen einige Therapeut:innen zu regelrechten «Pilgerfahrten» auf.[1315] Wendt habe sich bereits seit 1976 um Anerkennung

1309 Zum «Unbewussten» vgl. bspw. HPAC, 582/82M, Verlaufsdokumentation, undatierte OA-Visite; zur «Projektion» vgl. HPAC, 553/82F, Verlaufsdokumentation, Eintrag vom 16.08.1982.

1310 Hier und im Folgenden: Kulawik 1984a, S. 48.

1311 Kulawik 1990, S. 15.

1312 Bernhardt/Lockot 2000b, S. 24.

1313 Meador 2000, S. 269.

1314 Bernhardt/Lockot 2000b, S. 24 f.

1315 Meador 2002.

für seine Problemfallseminare als «Kernstück einer Ausbildung in analytisch orientierter Einzelpsychotherapie» bemüht.[1316] 1978 gab es einen Versuch aus Uchtspringe, eine GäP-Sektion «Psychotherapeutisches Gespräch» zu gründen. In der Vorstandssitzung der GäP im April 1979 sei darüber diskutiert worden, warum es bisher trotz der Bemühungen nicht zu einer Sektionsgründung für psychodynamische Einzeltherapie gekommen sei. Wendt habe dies mit einer verbreiteten «Angst vor Freud» begründet.[1317] Noch zwei Jahre später verlangte Achim Thom auf einer weiteren GäP-Tagung im Vorfeld der Sektionsgründung von Wendt und Kulawik eine «Abgrenzung zur Psychoanalyse».[1318] 1981 kam es dann zur Gründung der Sektion «Dynamische Einzelpsychotherapie» in der GäP. Bei der konstituierenden Sitzung übernahm Wendt die Leitung des Vorstands.[1319] 1984 übernahmen Kulawik und Maaz die Führung der Sektion.[1320]

War Uchtspringe lange eine «einsame Insel»,[1321] trugen die Aktivitäten der Sektion schließlich zur Verbreitung der psychodynamischen Einzeltherapie bei. Die erste Tagung mit sage und schreibe 350 Teilnehmenden widmete sich 1983 dem Thema «Psychotherapeutische Traumbearbeitung».[1322] Wendt, Kulawik und Maaz initiierten außerdem die ersten zentralen Ausbildungsgänge, die 1984 starteten.[1323] Bis zur Wende bildeten sie etwa 250 Personen aus.[1324] So entwickelten sich immer mehr Standorte, wobei Praxis und Vermittlung der psychodynamischen Einzeltherapie «keineswegs einheitlich» waren.[1325] Neben Uchtspringe und Halle war die Charité für Praxis und Vermittlung zentral. Es mag auch Kulawiks frühem Ableben geschuldet sein, dass sie in diesem Zusammenhang bisher kaum wissenschaftliche Aufmerksamkeit erfuhr.

Die organisatorischen Entwicklungen wurden vom Ausbau teils inoffizieller Westkontakte, einigen internationalen Konferenzen und einer inhaltlichen Öff-

1316 Meador 2000, S. 268.

1317 Bernhardt/Lockot 2000b, S. 24.

1318 Meador 2000, S. 268.

1319 Vgl. Geyer 2011e, S. 464.

1320 Vgl. Geyer/König 2011, S. 479.

1321 Bernhardt/Lockot 2000b, S. 24 f.

1322 Vgl. Geyer 2011e, S. 465.

1323 Vgl. Geyer/König 2011, S. 477.

1324 Vgl. ebd., S. 479.

1325 Ebd., S. 477. Zu den frühen Orten psychoanalytischer respektive neopsychoanalytischer Praxis gehörten die Leipziger Poliklinik Nord mit Beerholdt und das Haus der Gesundheit vor der Einführung der dynamischen Gruppenpsychotherapie. Harro Wendt in Uchtspringe fand bereits Erwähnung. Geyer und Maaz kamen aus der «Gruppierung, die als Erfurter Selbsterfahrungsgruppe die Psychotherapie in der DDR nachhaltig beeinflusste», ebd. Maaz wandte sich seit Anfang der 1980er Jahre im Hallenser Diakoniekrankenhaus der analytischen Körpertherapie zu. Geyer entwickelte Mitte der 1980er Jahre ein «psychodynamisches Konzept des ärztlichen Gespräches», das in die Fortbildung zur «Psychotherapeutischen Grundbetreuung» einging.

nung für psychoanalytische Inhalte begleitet. Bereits 1981 widmete sich eine Tagung anlässlich von Freuds 125. Geburtstag dem Thema «Die historische Stellung und die gegenwärtige Funktion der von Sigmund Freud begründeten Psychoanalyse im Prozess der Formierung einer wissenschaftlich fundierten Psychotherapie».[1326] 1984 initiierte das internationale Psychotherapie-Symposium in Dresden die Zusammenarbeit zwischen der GäP und der bundesrepublikanischen Deutschen Gesellschaft für Psychoanalyse, Psychotherapie, Psychosomatik und Tiefenpsychologie (DGPT).[1327] Manche Therapeut:innen aus der DDR betrachten eine Tagung in Erfurt von 1987 mit über 250 westdeutschen Teilnehmenden als «vorgezogene Wiedervereinigung» der Psychotherapeut:innen.[1328] Im gleichen Jahr gelang die Etablierung des Weiterbildungsgangs «Qualifizierung in Psychotherapie für Fachärzte klinischer Disziplinen», der der westlichen «Zusatzbezeichnung Psychotherapie» ähnelte und die spätere strukturelle Vereinigung erleichterte.[1329] Zum 50. Todestag Freuds 1989 veranstaltete die GäP dann ein Symposium, das schließlich «keinerlei politische Rücksicht mehr» genommen habe.[1330]

Seit Mitte der 1970er Jahre intensivierte sich die Debatte, ob bereits praktizierte psychoanalytisch orientierte Psychotherapieverfahren öffentlich als solche bezeichnet werden dürften.[1331] Bernhardt und Lockot erklären die ideologische Aufweichung und die damit verbundene Öffnung für psychoanalytische Denkweisen mit dem politischen Bruch zwischen den Amtszeiten von Ulbricht und Honecker, der zunehmenden Westanbindung im Zuge der internationalen Anerkennung des Staates und einem «Druck, der von ‹unten› auf die führenden Psychotherapiefunktionäre der DDR ausgeübt wurde».[1332] Auch Schmitt zufolge trug der intensivierte Austausch mit westdeutschen Wissenschaftler:innen durch die deutsch-deutsche Annäherung zur Öffnung für psychoanalytische Ideen bei.[1333] Die folgende «Rehabilitation Freuds»[1334] im Laufe der 1980er Jahre nahmen auch Kolleg:innen in der BRD wahr. Der inzwischen nach Westdeutschland emigrierte Dietfried Müller-Hegemann stellte 1984 in einem Brief an Karl Seidel fest, dass «sich auch in sozialistischen Ländern noch ein Einfluß Freuds» zeige: «Freudsche Begriffe wie ‹Übertragung› und ‹Widerstand›» würden «nicht selten

1326 Vgl. Geyer 2011e, S. 462.
1327 Vgl. Geyer/Böttcher 2011.
1328 Vgl. Geyer 2011 h, S. 460.
1329 Vgl. ebd.
1330 Ebd.
1331 Vgl. Strauß et al. 2022b, S. 6; bezogen auf Geyer 2011d, S. 252.
1332 Bernhardt/Lockot 2000b, S. 21 f.
1333 Schmitt 2018, S. 202.
1334 Koraus 2000; vgl. auch Bernhardt/Lockot 2000a.

benutzt».[1335] Außerdem beschränke sich diese Entwicklung nicht auf die DDR. In Ungarn und Jugoslawien sei die Psychoanalyse durch Sándor Ferenczi (1873–1933) respektive Stjepan Betlheim (1898–1970) schon länger verbreitet.

Die Psychotherapieabteilung der Charité war einer von mehreren Standorten, an denen man sich dem psychoanalytischem Denken wieder annäherte. Kulawik und seine Kolleg:innen waren bedeutsame Protagonist:innen dieser Entwicklung. Allerdings blieb die stark spezialisierte Abteilung innerhalb der Nervenklinik abgesondert. Außerhalb der Universitätskliniken zeigte sich diese Form der Segregation zwischen Psychiatrie und Psychotherapie noch sehr viel deutlicher. In den ehemaligen Anstalten offenbarte sich eine sich stetig verstärkende Diskrepanz zwischen den zunehmend verfallenden Einrichtungen mit vielerorts menschenunwürdigen Zuständen und sich spezialisierenden, abgekapselten Psychotherapieeinheiten. Bernhardt führt das sicherlich eindrücklichste Beispiel des ambivalenten Psychiaters Hans Eichhorn an, der sich in den 1980er Jahren in Ueckermünde um die Einrichtung der Psychotherapie bemühte, aber zugleich den entwürdigenden Umgang mit Menschen mit Behinderungen verantwortete, den der Journalist Ernst Klee (1942–2013) später in seinem Dokumentarfilm *Die Hölle von Ueckermünde* anprangerte.[1336] Im Vergleich zur BRD kam die Konjunktur der Psychoanalyse allerdings erwartungsgemäß zeitversetzt. Dabei blieb bisher offen, inwiefern die von Kulawik publizierte psychodynamische Kurztherapie in anderen Einrichtungen rezipiert wurde.

9.3 Träume, Traumforschung, Traumbearbeitung

Keine ganze Woche nach ihrer Aufnahme im Jahr 1979 notierte eine Patientin: «Traum: Bei mir zuhause wurde eine Party gegeben und als ich kam war das sämtliche Geschirr defekt.»[1337] Ein anderer schrieb zwei Tage nach seiner Aufnahme: «Traum: Ich hatte den Auftrag, zwei schwarze Riesenschlaufen in einen anderen Raum zu bringen.»[1338] In manchen Krankenakten desselben Jahres fanden sich vergleichbare Traumschilderungen. Wovon ihr Auftauchen abhing, ließ sich zunächst nicht ausmachen. Meist trennten die Patient:innen einen Teil ihres Blattes durch die Überschrift «Traum» ab und notierten darunter knapp die Szenen, die ihnen in der vergangenen Nacht erschienen waren. Schilderungen wie diese dokumentieren die zunehmende Bedeutung der Traumbearbeitung in Therapie und Forschung in der Psychotherapieabteilung. Dies gilt umso mehr vor

1335 Hier und im Folgenden: BArch, MfS, HA XX, Nr. 41, Brief von Dietfried Müller-Hegemann an Karl Seidel anlässlich des bevorstehenden 13. Internationalen Kongresses für Psychotherapie in Essen am 21.09.1984.

1336 Bernhardt/Lockot 2000b, S. 14.

1337 HPAC, 544/79F, Tagesbericht vom 03.07.1979.

1338 HPAC, 288/79M, Tagesbericht vom 04.07.1979.

dem Hintergrund, dass die Rehabilitation der Psychoanalyse zu diesem Zeitpunkt noch in den Anfängen steckte. Die erste psychotherapeutische Tagung in der DDR zur Arbeit mit Träumen sollte erst vier Jahre später abgehalten werden.

Träume finden sich nicht in allen Krankenakten der Abteilung, wenngleich diese alle Tagesberichte enthielten. Außerdem scheint ihr Auftauchen 1979 – entgegen der Erwartung, die die zu diesem Zeitpunkt noch vorherrschenden therapeutischen Schwerpunkte wecken – nicht an eine der Stationen und auch nicht an bestimmte Diagnosen gebunden gewesen zu sein. Es überrascht, dass sich diesen Krankenakten keine weitere Kontextualisierung der Träume entnehmen lässt. Am Ende der Anamnese fand sich keine Anweisung zum Verschriftlichen der Träume. Die durchgesehenen Verlaufsdokumentationen enthalten keine Verweise auf die Träume oder auf Gespräche, die diese zur Grundlage genommen hätten. Und korrelierend mit dem Dokumentationsverhalten der Therapeut:innen fanden sich auch keine Ergänzungen der Patient:innen, die Aufschluss über die Hintergründe hätten geben können.

Die zeitgenössische wissenschaftliche Literatur dagegen gibt uns Aufschluss über die Verwendung dieser Träume. Nur einzelne Publikationen zeugen von einem hintergründigen Interesse in früheren Jahren. Es bestand zunächst nur wenig Raum für Veröffentlichungen mit Bezug zu Träumen, wenngleich die folgende Übersicht keinen Anspruch auf Vollständigkeit erhebt. Karl Leonhard publizierte bereits in Frankfurt am Main eine Monografie über *Gesetze und Sinn des Träumens*[1339] und arbeitete während seiner Erfurter Zeit in den 1950er Jahren über das Phänomen des «Vorbeiträumens» – nicht ohne Kritik an einer «missbräuchlichen» Nutzung von Träumen durch die Tiefenpsychologie zu üben.[1340] Das «Gesetz des Vorbei-träumens» meint seiner Ansicht nach die «eigenartige Tatsache, daß der Traum mit seinen Gedanken das Erlebnis des Wachens wiederholt, das Traumbild aber regelmäßig daran vorbeigeht».[1341] Tatsächlich interessierte sich Leonhard vor allem für den Zusammenhang des Geträumten mit den Erlebnissen des Vortages, der häufig eine sehr lockere «assoziative Verbindung» darstelle. Diesem Ansatz folgend ging aus der Charité Ende der 1960er Jahre eine Untersuchung zum Einfluss akustischer Eindrücke vom Vortag auf das nächtliche Träumen hervor.[1342] 1972 referierte Leonhard an seine Vorarbeiten anknüpfend zur Funktion des Träumens für das Gedächtnis.[1343] Seine Mitarbeiterin Sieglinde von Trostorff antwortete darauf anlässlich seines 70. Geburtstags mit einer essayistischen Schrift über einen eigenen Traum.[1344]

1339 Vgl. Leonhard 1951.

1340 Vgl. Leonhard 1956.

1341 Hier und im Folgenden: ebd., S. 131.

1342 Vgl. Seidner 1968, S. 169 f.

1343 Vgl. Schulze 1972.

1344 Vgl. von Trostorff 1974.

Müller-Hegemann stellte noch 1968 dar, dass Träume mit Pawlow als «Ausdruck einer Hirnaktivität» zu verstehen seien, «bei der im Schlaf eine sehr weitgehende Hemmung der Großhirnrinden-Funktionen eingetreten ist».[1345] Dabei grenzte er sich dezidiert von Freud ab und meldete «ernste Bedenken» gegen das «freie Assoziieren» und «Abreagieren» an.[1346] Im gleichen Jahr referierten allerdings Burkhardt, Wendt und Klumbies auf einem «Weiterbildungslehrgang über Psychotherapie für Fortgeschrittene» über den «Traum als diagnostisches Hilfsmittel». Sie stellten die «Traumbearbeitung» dar, plädierten für eine «Traumbesprechung bei undogmatischer Anwendung», aber grenzten sich im gleichen Zuge von der «Traumarbeit zur symbolischen Verschlüsselung» im Sinne Freuds ab.[1347]

Zwischen 1978 und 1981 war der Psychologe Christfried Tögel (*1953), Sohn von Infrid Tögel, als Psychotherapeut an der Charité tätig.[1348] 1981 promovierte er an der Humboldt-Universität zu Berlin mit der Arbeit *Der Traum. Historische, philosophische und empirische Aspekte zum Thema.*[1349] Damit lieferte er die erste umfassendere Arbeit zum Thema in der DDR, wo Traumdeutung und Traumbearbeitung im Zuge der Diskreditierung der Psychoanalyse lange Zeit als unwissenschaftlich verdrängt worden waren. Seine Arbeit nahm stärker Notiz von tiefenpsychologischen Perspektiven. Zwar grenzte auch er sich – mutmaßlich den ideologischen Ansprüchen an eine solche Arbeit geschuldet – von der «hemmungslosen Deuterei» von Psychoanalytiker:innen im «Westen» ab, die «ausschließlich auf sexuellem Hintergrund» erfolge.[1350] Doch der nahezu gänzlichen Abkehr der Wissenschaftler:innen und Praktiker:innen von der Erforschung und Nutzung des Traumes wollte er entgegenwirken. Ein Teil seiner Arbeit basiert auf einer empirischen Untersuchung zur Traumerinnerung, die er in der Psychotherapieabteilung der Charité durchführte. Sein Interesse galt dem Einfluss der empfangenden Person auf die Traumerinnerung, deren Häufigkeit und Inhalt.[1351]

Für die Untersuchung erhielten drei Therapiegruppen unterschiedliche Angaben zur Empfangsperson der Traumerinnerungen. Die erste Gruppe erfuhr, dass ihr Therapeut ihre Träume in Empfang nehmen würde. Der zweiten Gruppe sagte man, ihre Träume seien für einen Doktoranden bestimmt, der Träume für seine Arbeit benötige. Eine dritte Gruppe richtete die Erinnerung ihrer Träume zwar an ihren Therapeuten, allerdings übernahm nach zwei Dritteln der Behand-

1345 Müller-Hegemann 1968, S. 169.
1346 Ebd., S. 170.
1347 Schaeffer 1968, S. 321.
1348 Er findet sich auch als Therapeut in den entsprechenden Krankenakten.
1349 Tögel 1981.
1350 Ebd., S. 1 f.
1351 Vgl. ebd., S. 115.

lungszeit ein:e andere:r Therapeut:in ihre Behandlung. Sie alle wurden gebeten, «von nun an jeden Morgen ihre Träume aufzuschreiben, soweit sie sich an sie erinnern» – das sei in der Abteilung so üblich.[1352] Sie sollten Schreibgerät auf dem Nachttisch platzieren, «damit sofort nach dem Wecken die Traumerinnerung aufgeschrieben werden» könne. Dann sollten die Blätter in einen «eigens dafür vorgesehenen Briefkasten» eingeworfen werden. Vor den Augen der ersten und dritten Gruppe leerte stets ihr Therapeut den Briefkasten, während die zweite Gruppe die Leerung durch eine diensthabende Schwester beobachtete. Die Untersuchung kam zu dem Ergebnis, dass die relative Häufigkeit und durchschnittliche Wortanzahl bei einem Therapeut-Patient-Verhältnis signifikant höher lagen als bei einem Versuchsperson-Versuchsleiter-Verhältnis.[1353] In der Psychotherapie selbst spielten die Träume allerdings «keine Rolle, es wurde nicht über sie gesprochen».[1354] Dies erklärt die kontextarmen Traumberichte von 1979, die mutmaßlich im Zuge dieser Untersuchung entstanden sind.

In der Abteilung blieb das Interesse an Träumen auch über Tögels Arbeit hinaus bestehen. Aus den Folgejahren sind viele Träume von Patient:innen erhalten, bei denen zunächst unklar blieb, welche Rolle sie in der Therapie einnahmen. Sie erschienen meist separat unter den Tagesberichten.

Besonders eindrücklich sind vereinzelte Träume mit politischem Inhalt.[1355] Ein Patient träumte von der Glienicker Brücke, die zwischen Berlin und Potsdam die Havel überspannt und im Kalten Krieg durch den «Agentenaustausch» einige Bekanntheit erlangte. Er erklärte: «Bis zum 13. 8. 1961 konnte man über die Glienicker Brücke in den Westsektor gelangen.»[1356] Im Traum sah er darauf «flüssigen Grenzverkehr von privaten Fahrzeugen, welchen es in Wirklichkeit nie gegeben hat». Der Übergang sei «nur für Fußgänger bzw. Radfahrer» und «nur die Militärmissionen» passierten ihn mit Fahrzeugen. In der Traumerinnerung ließ sich ein Zustand schildern, der politische Ereignisse antizipierte, aber 1984 jenseits der Traumschilderung kaum formulierbar schien.

Am häufigsten notierten Patient:innen, dass sie nichts geträumt hätten oder sich nach dem Aufwachen nicht mehr an ihre Träume erinnerten. In diesem Sinne waren Träume dennoch Thema. Längere Traumnotizen befassten sich nicht

1352 Hier und im Folgenden: ebd., S. 122.

1353 Vgl. ebd., S. 154 f.

1354 Ebd., S. 122.

1355 Ein Traum beschäftigte sich beispielsweise mit Gewalt durch die nationalsozialistische Herrschaft in den 1930er und 1940er Jahren: «Traum: lebte allein in einer Hütte im Wald (Gebirge), wurde dort von Männern in SS-Uniform aufgestöbert, verfolgt und in eine riesengroße Halle geschleppt. Dort waren viele Menschen u. gemeinsam mit ihnen wurde ich vergast. Der Tod wurde jedoch nicht als endgültig herbeigeführt. Als halbe Krüppel verließen wir die Gaskammer und traten einen strapaziösen Marsch an», HPAC, 756/84F, Tagesbericht vom 05. 12. 1984.

1356 Hier und im Folgenden: HPAC, 167/84M, Tagesbericht vom 02. 04. 1984.

selten mit der Therapie oder dem Verhältnis zu Therapeut:innen und Mitpatient:innen.[1357] In Einzelfällen begannen Patient:innen, ihr Traumverhalten selbst zu beobachten. Einer notierte beispielsweise:

> Je zeitiger ich einschlafe, umso mehr träume ich. Ich habe das Gefühl, daß ich die Erholung durch den Schlaf, die ich durch zeitiges Einschlafen erreiche, durch Träume wieder beseitige. Durch die Träume bin ich früh stets erschöpft und muß die Angst, die mir noch davon in den Gliedern steckt, erst einmal abschütteln. Da ich heute auch früh schlafen konnte, fühle ich mich jedoch trotz der Träume jetzt erholter.[1358]

Manchmal kommentierten Therapeut:innen die Träume auf den Blättern der Tagesberichte. Im Fall eines Patienten von 1984 versuchten sie zunächst, Einblicke in die Psychodynamik des Behandelten zu erlangen. Als dieser zu Beginn der Therapie einen Traum schilderte, kommentierte der behandelnde Therapeut mit dickem, blauem Filzstift in sehr großer Schrift: «Traum: Unglück Ohnmacht».[1359] Hier deutet sich eine diagnostische oder therapeutische Verwendung an, auf die sich aber in der Verlaufsdokumentation keine weiteren Hinweise fanden. Im Laufe der Therapie entwickelte sich ein stark angespanntes Verhältnis zwischen Patient und Therapeut, was auch unter einem späteren Bericht in dem Kommentar Ausdruck fand, ein notierter Traum sei «nichtssagend».[1360]

Vor allem bei Patient:innen in einer «dynamischen» oder «analytisch orientierten Einzelpsychotherapie» widmete man den Träumen Aufmerksamkeit. Beispielsweise wurde der folgende Traum, ohne dass sich weitere Kontextinformationen auffinden ließen, mit rosa Textmarker – vermutlich ein Westimport – hervorgehoben: «Ich träumte[,] ich hatte mit Ihnen eine kleine Auseinandersetzung. Denn ich träumte von Pflicht und Neigung. Denn Sie hatten tüchtig heute Nacht mit mir geschimpft.»[1361] Hier richtete sich das Interesse am Traum auf die bilaterale Beziehung zwischen Patientin und Therapeut:in.[1362] Während sich in solchen Fällen Unterstreichungen, Hervorhebungen und Kommentare auf den Berichtblättern finden, bleiben sie bei Patient:innen in Gruppentherapien meist aus.[1363] Insofern ähnelte der Umgang mit Träumen dem mit Tagesberichten generell.

Nur eine der durchgesehenen Krankenakten dokumentierte eine Exploration, die explizit auf die Äußerungen eines Patienten über seine Träume Bezug

1357 Vgl. bspw. HPAC, 553/82F.

1358 HPAC, 582/82M, Tagesbericht vom 03.03.1979.

1359 HPAC, 167/84M, Tagesbericht vom 27.03.1984.

1360 Vgl. ebd., Tagesbericht vom 11.04.1984.

1361 HPAC, 300/83F, Tagesbericht vom 02.11.1983.

1362 Das Geschlecht des gemeinten Therapeuten oder der gemeinten Therapeutin blieb unklar.

1363 Bspw. war eine Patientin 1984 ausschließlich in gruppenpsychotherapeutischer Behandlung und schrieb viel über ihre Träume. Die Therapeut:innen schrieben aber nicht auf den Berichtsblättern, vgl. HPAC, 87/84F.

nahm.[1364] Dort heißt es zur Frage nach dem Traum, es komme ihm meist so vor, als habe er nicht geträumt. Die Therapeut:innen schlossen an: «Keine Tagträume (?)». Hier bestand therapeutisches Interesse, doch die weitere Befragung ist nicht überliefert. Über die eigentliche Verwendung der Träume erfahren wir aus den stichprobenhaft durchgesehenen Krankenakten also nur wenig. Dennoch bestand das Interesse an der Sammlung und Verwendung von Träumen fort. Noch 1989 bat eine Therapeutin ihren Patienten, der nur einen abstrakten Überblick über seine Träume geschrieben hatte, auf demselben Tagesbericht: «Wenn es Ihnen möglich ist, schreiben Sie Ihre Träume bitte auf.»[1365]

Erneut lohnt ein Blick in die wissenschaftlichen Publikationen der 1980er Jahre. 1985 gab Harro Wendt einen Band mit dem Titel *Traumbearbeitung in der Psychotherapie* heraus, der die Beiträge zur Tagung der Sektion «Dynamische Einzelpsychotherapie» von 1983 publizierte.[1366] Zuvor hatten die Mitglieder der Sektion auf die lange aufgeschobene Vermittlung von Kenntnissen über die Traumbearbeitung in der Psychotherapie gedrängt.[1367] Dem Band zufolge stellte die Traumdeutung, auch wenn sich die dynamische Einzelpsychotherapie stärker als die klassische Psychoanalyse auf das «hic et nunc» konzentrieren solle, «eine wesentliche Hilfe in der Therapie» dar.[1368] Die Autor:innen wollten «Mut zur Handhabung eines bei uns wenig verwendeten, zu Unrecht vernachlässigten Instruments [...] machen und dazu einige praktikable ‹Gebrauchsanweisungen› [...] vermitteln», um Psychotherapie wirksamer zu machen.[1369] Daraus lässt sich entnehmen, welche diagnostischen und therapeutischen Anwendungsoptionen in der DDR gelehrt und praktiziert wurden.

Infrid Tögel beschreibt verschiedene Möglichkeiten, «Traummaterial» in der Psychotherapie zu verwenden. Es ermögliche eine «Orientierung über die Problematik des Patienten», könne der «Kontrolle von Diagnostik und Verlauf» dienen und die eigentliche «Traumbearbeitung» könne eine «Möglichkeit zur Überwindung von Stagnation in der Behandlung» darstellen.[1370] Von der «Traumbehandlung als entscheidende Behandlungsmethode», wie sie in der klassischen Psychoanalyse zur Anwendung komme, seien die «in der DDR angewandten Formen der persönlichkeitszentrierten Therapie» aber abzugrenzen.[1371] Methodisch ließen sich die Träume lediglich zur Kenntnis nehmen, man könne sie den Patient:innen gegenüber knapp beurteilen, sie bearbeiten oder den ka-

1364 Vgl. hier und im Folgenden: HPAC, 438/87M, Verlaufsdokumentation vom 20.08.1987.
1365 HPAC, 554/89M, Tagesbericht vom 10.12.1989.
1366 Vgl. Wendt 1985a.
1367 Vgl. Wendt 1985b, S. 7.
1368 Ebd., S. 9.
1369 Ebd.
1370 Tögel 1985, S. 44.
1371 Ebd., S. 49.

thartischen Effekt ihrer Schilderung nutzen, ohne eine eigentliche Deutung anzustreben.[1372] Es ist für alle hier geschilderten Vorgehensweisen denkbar, dass sie auch an der Charité Anwendung fanden.

Kulawik stimmte in seinem Beitrag zu, dass der manifeste Trauminhalt «wertvolle Hinweise» geben könne auf das Verhältnis der Patient:innen zu sich selbst, zu ihren Therapeut:innen sowie zu ihren Mitmenschen.[1373] Seine Deutung von Traumsymbolen grenzte Kulawik, ähnlich wie Christfried Tögel, von «angebliche[n] Sexualsymbole[n]» bei Freud ab.[1374] Er selbst habe 136 «Patiententräume» einer «unausgewählte[n] Stichprobe von 6 Frauen und 4 Männern» untersucht.[1375] Sie stünden stets im Kontext des Therapieprozesses und könnten «etwas von der Arzt-Patient-Beziehung» offenbaren. So ließen sich Träume nicht nur dafür nutzen, das Gegenüber zu verstehen, sondern sie ermöglichten auch, die gegenseitige Beziehung auf etwaige Beziehungsstörungen zu befragen.[1376] Außerdem verwies Kulawik auf sein separates Notizbuch, was erklären mag, dass sich selten Hinweise auf die Einbindung der Träume in Diagnostik und Therapie finden.

Außerdem interessierte Kulawik die Traumsymbolik, die er «über ihre Bedeutung im engeren Sinne hinaus unter Einschluß von Metaphern, Allegorien und Märchensymbolen analysiert» habe. Sie lieferten Hinweise auf die Neurosenstruktur, und Symbole «aus tiefenpsychologischen Traumtheorien» verwiesen auf individuelle Sinnzusammenhänge, die in der therapeutischen Traumbearbeitung deutlich würden. Traumdarstellungen ließen sich mit dem gegenwärtigen Erleben des Therapieprozesses in Zusammenhang bringen und gäben Aufschluss über die «neurotischen Grundängste».[1377] In der weiteren therapeutischen Bearbeitung könne den Träumenden die Bedeutung verständlich gemacht werden, indem sie alle Aspekte ihres (wachen) Erlebens besprächen, die sie mit dem Traum in Zusammenhang brächten.[1378]

Für die dynamische Kurztherapie habe sich bewährt, alle «in der Nähe des Fokus liegenden Träume» zu bearbeiten.[1379] Mit dieser Einschränkung des therapeutischen Interesses ließen sich die selektiven Hervorhebungen in den Akten von Einzelpatient:innen erklären. Allerdings stellte Kulawik auch dar, dass «die Arbeit mit den Träumen im diagnostisch-therapeutischen Prozeß» in der Charité «keineswegs zur Regel» gehörte. Die Träume wurden zwar regelhaft von den

1372 Ebd., S. 44.
1373 Kulawik 1985, S. 71.
1374 Ebd., S. 73.
1375 Hier und im Folgenden: ebd., S. 75.
1376 Hier und im Folgenden: ebd., S. 76.
1377 Ebd., S. 77.
1378 Vgl. hier und im Folgenden: ebd., S. 78.
1379 Hier und im Folgenden: Kulawik 1984a, S. 20.

Patient:innen erfragt, aber man griff nur in spezifischen Situationen auf sie zurück. Beispielsweise schrieb eine junge Frau mit einer «schizoiden Neurosenstruktur» routinemäßig Tagesberichte mit Traumaufzeichnungen.[1380] Nur so hätten die Therapeut:innen «aggressive Begebenheiten und Impulse» erkennen und «mit der Kranken [...] bearbeiten» können, «daß und inwiefern aggressive Impulse bei ihr abgespalten» gewesen seien.

Das Interesse an Träumen in der psychotherapeutischen Praxis an der Charité ist als Teil der progredienten Etablierung tiefenpsychologischer Ansätze in der DDR zu sehen. In den 40 Jahren des Bestehens der DDR entwickelte sich das Verfahren der Psychotherapieabteilung von der medikamentösen Schlaftherapie hin zur psychodynamischen Traumarbeit. Es wäre lohnend, diese Ergebnisse mit der Alltagspraxis anderer Institutionen zu vergleichen.

9.4 Jenseits der Klinik. Psychotherapie in Populärmedien

Es fällt auf, dass die Patient:innen kaum kritisch oder fragend auf die Frage nach ihren Träumen reagierten. Waren sie bereits im Vorfeld über den therapeutischen Zweck informiert? Das würde erklären, warum allem Anschein nach ein Konsens zwischen Therapeut:innen und Patient:innen über die Bedeutung der Träume für die Behandlung bestand.

Tatsächlich wurde auch in DDR-Medien über die therapeutische Arbeit mit Träumen berichtet. Beispielsweise fand Harro Wendt mit einem Beitrag zum Thema «Sind Träume Schäume?» 1987 Eingang in den Hörfunk beim Radio DDR II.[1381] Seinem Publikum erklärte er, dass sich die Pawlow'schen Ansätze der 1950er Jahre als therapeutisch unzureichend erwiesen hätten, weil «hinter dem Symptom [...] immer kompliziertere Dinge als eine einfache reflektorische Kopplung» stünden. Sigmund Freud dagegen habe den Sinn der Trauminhalte «für uns entdeckt». Nebenbei informierte er über die Ursprünge von Neurosen und psychosomatischen Störungen im Unbewussten und deren psychotherapeutische Behandelbarkeit. Außerdem setzte er das Publikum umfassend über das Vorgehen bei der Traumbearbeitung als wesentlichem Zugang zum Unbewussten in Kenntnis. Psychoanalytisch beeinflusstes Denken wurde also nicht nur im klinischen Raum rehabilitiert, sondern drang auch in die öffentliche Sphäre vor und begann damit, einer gesellschaftlichen Fundierung der Psychotherapie den Boden zu bereiten.

Bereits seit den späten 1960er, vor allem aber in den 1970er Jahren gestanden Populärmedien Psychotherapeut:innen immer mehr Möglichkeiten zu, öf-

1380 Ebd.

1381 Hier und im Folgenden: Stiftung Deutsches Rundfunkarchiv, DDR-Rundfunk, DRA 2008388, Radio DDR II, «Sind Träume Schäume?», 17.09.1987.

fentlich über Themen der psychischen Gesundheit zu berichten. Diese nutzten geschickt Argumentationsstrategien, um das vormals tabuisierte Thema salonfähig zu machen. Mit der internationalen Einbindung der DDR konnten sich Therapeut:innen beispielsweise auf Standards der Weltgesundheitsorganisation berufen. Einen Auftakt machte Christa Kohler, die 1968 im Radio DDR II über «Die wissenschaftlich-technische Revolution aus der Sicht des Psychotherapeuten» sprach.[1382] Während das Radio DDR I in den 1970ern unter anderem Sendungen über Schlafstörungen und Stress brachte,[1383] ertönten im Radio DDR II Beiträge zur Psychoanalyse («Ein alter Hut?») und zum Thema «Psychisches Training nach Herzinfarkt».[1384] Unterdessen strahlte das DDR-Fernsehen Folgen der *Umschau* und des *Berichts der neuen Fernseh-Urania* zu autogenem Training und Stress aus.[1385] Neben dem DEFA-Dokumentarfilm über Neurosen und ihre psychotherapeutische Behandlung, der in dieser Arbeit bereits Verwendung fand, zeigte das Fernsehen auch eine *Umschau* zur Musiktherapie.[1386] Außerdem finden sich nun in den Printmedien psychotherapeutische Inhalte. Nicht nur die ersten Infobüchlein zum autogenen Training fallen in diese Zeit.[1387] Auch populäre Printmagazine räumten dem weiteren Themenkomplex nun Raum ein: Zwischen 1977 und 1978 erschien etwa in der *Sibylle. Zeitschrift für Mode und Kultur* die zwölfteilige Serie «Psyche + Gesundheit», in der Fachvertreter:innen unter anderem über die Wirkweise verschiedener psychotherapeutischer Ansätze und Behandlungsangebote in der DDR informierten.[1388]

1382 Stiftung Deutsches Rundfunkarchiv, DDR-Rundfunk, DRA OMS02448, Radio DDR II, «Die wissenschaftlich-technische Revolution aus Sicht des Psychotherapeuten», 07.03.1968.

1383 Stiftung Deutsches Rundfunkarchiv, DDR-Rundfunk, DRA 2025203, Radio DDR I, «Schlafstörungen», 23.03.1974; Stiftung Deutsches Rundfunkarchiv, DDR-Rundfunk, DRA 2025205, Radio DDR I, «Streß – Salz des Lebens?», 25.01.1975.

1384 Stiftung Deutsches Rundfunkarchiv, DDR-Rundfunk, DRA OMS05666, Radio DDR II, «Psychoanalyse – Ein alter Hut?», 28.07.1977; Stiftung Deutsches Rundfunkarchiv, DDR-Rundfunk, DRA 2025248, Radio DDR II, «Psychisches Training nach Herzinfarkt», 21.10. 1978.

1385 Stiftung Deutsches Rundfunkarchiv, DDR-Rundfunk, DRAB-H 599417, Umschau, «Autogenes Training», 01.04.1975; Stiftung Deutsches Rundfunkarchiv, DDR-Rundfunk, DRAB-H 001613, Bericht der neuen Fernseh-Urania, «Gibt es übernatürliche Erscheinungen?», 08.10. 1975; Stiftung Deutsches Rundfunkarchiv, DDR-Rundfunk, DRAB-H 592766, Bericht der neuen Fernseh-Urania, «Streß – Tribut an den Fortschritt?», 15.02.1978.

1386 Stiftung Deutsches Rundfunkarchiv, DDR-Rundfunk, DRAB-H 592766, Umschau, «Musiktherapie», 07.02.1977.

1387 Vgl. König et al. 1976.

1388 Die Titel der Episoden lauten: «Krank sein ohne Befund» (1/1977), «Anspannung und Entspannung» (2/1977), «Gruppentherapie als Hilfe bei Ehekonflikten» (3/1977), «Wohlbefinden durch die Gruppe» (4/1977), «Herzinfarkt – ein zwischenmenschliches Problem?» (5/ 1977), «Partnerschaft» (6/1977), «Frühe Kindheit und Persönlichkeitsentwicklung» (1/1978), «Elterliche Liebe legt den Grundstein» (2/1978), «Kinder im Krankenhaus» (3/1978), «Jugend

Arend wies auf die gesteigerte Aufmerksamkeit für Stress als Schnittstelle zur Psychosomatik und die Verbreitung des autogenen Trainings hin, die sich hier bestätigt findet.[1389] Die Berichterstattung über Stress eigne sich in besonderem Maße dazu, eine Verbindung zwischen Fachwissen und der Lebenswelt des Individuums herzustellen. Wie Tändler betonte, ließen die neuen Ratgeber für autogenes Training außerdem durchaus «auf ein wachsendes Interesse an psychologischer und psychotherapeutischer Selbstführung in der Bevölkerung» schließen.[1390] Daneben fokussierten die hier durchgesehenen Medienbeiträge aber vor allem auf Einblicke und Informationen zu institutionalisierten Behandlungsangeboten durch primär ärztliche Expert:innen. Anders als beim autogenen Training waren diese Inhalte weniger zur Selbstanwendung geeignet.

Die mediale Präsenz psychologischer und psychotherapeutischer Inhalte intensivierte sich in den 1980er Jahren merklich. Das Radio DDR II sendete über die gesamten 1980er Jahre hinweg eine Reihe mit dem Titel *Psychologie in unserem Leben*, wobei Expert:innen der Psy-Wissenschaften ein breites Publikum in etwa 15-minütigen Gesprächen über ihre Schwerpunktthemen informierten: Beispielsweise diskutierten Kurt Höck und Helga Hess vom HdG 1980 mit zwei Kolleg:innen aus anderen Einrichtungen die Gruppenpsychotherapie.[1391] Ein Mitarbeiter in der psychologischen Hauptberatungsstelle des Magistrats von Berlin und der Leiter der Abteilung Psychologie und Psychotherapie in der Poliklinik des Magistrats von Berlin sprachen 1982 über «Neurotische Störungen bei Jugendlichen».[1392] Christoph Schwabe informierte 1987 über die Musiktherapie[1393] und 1989 sprach die Leiterin der Familien-, Ehe- und Sexualberatungsstelle in Treptow über «Methoden der Verhaltensänderung für Alkoholabhängige».[1394] Jenseits dieser Reihe finden sich etwa, ebenfalls beim Radio DDR II, ein «Gespräch über psychoanalytische Aspekte in der Medizin der Gegenwart» zwischen Ehrig Lange, Kurt Höck, Infrid Tögel und Horst Oertel oder ein Beitrag über «Psychotherapie für krebskranke Frauen».[1395]

– Freizeit – ein Problem?» (4/1978), «Pubertät» (5/1978), «Das chronisch kranke und behinderte Kind» (6/1978).

1389 Vgl. Arend 2019.

1390 Tändler 2019, S. 371.

1391 Stiftung Deutsches Rundfunkarchiv, DDR-Rundfunk, DRA OMS00898, Radio DDR II, «Gruppentherapie», 15.03.1980.

1392 Stiftung Deutsches Rundfunkarchiv, DDR-Rundfunk, DRA OMS06271, Radio DDR II, «Neurotische Störungen bei Jugendlichen», 29.11.1982.

1393 Stiftung Deutsches Rundfunkarchiv, DDR-Rundfunk, DRA 2023376, Radio DDR II, «Dr. Schwabe von der Musikhochschule ‹Carl Maria von Weber› über Musiktherapie», 15.06.1987.

1394 Stiftung Deutsches Rundfunkarchiv, DDR-Rundfunk, DRA 2024125, Radio DDR II, «Methoden der Verhaltensänderung für Alkoholabhängige», 13.10.1989.

1395 Stiftung Deutsches Rundfunkarchiv, DDR-Rundfunk, DRA 2023141, Radio DDR II, «Gespräch über psychoanalytische Aspekte in der Medizin der Gegenwart», 16.05.1987; Stiftung

Im Fernsehen widmeten die *Umschau*, die *Fernseh-Urania* und nun auch das Format *Mensch, bleib gesund! – Guter Rat für Leib und Seele* einzelne Folgen Themen aus den Bereichen Psychologie, Psychotherapie und psychische Gesundheit, wobei Stress ein populärer Schwerpunkt blieb.[1396] Bemerkenswert ist eine Sondersendung des Formats *AHA*, die autogenes Training zum Mitmachen präsentierte.[1397] Später debattierte man bei *AHA* unter anderem über die Hypnose und ihre Anwendungsfelder, etwa bei der Rauchentwöhnung.[1398] Die Fernsehbeiträge zeigen außerdem, wie psychotherapeutische Ansätze zunehmend in nicht therapeutische Kontexte eindrangen. Beispielsweise nahm sich das *Verkehrsmagazin* 1987 psychischer Belastungen sowie Auswirkungen von Stress und Tranquilizer-Konsum im Straßenverkehr an.[1399]

Aus dem Printbereich untersucht Tändler die Zeitschrift *Deine Gesundheit* in den 1980er Jahren. Dabei stellt er fest, dass sich «zumindest in Spuren» eine der BRD vergleichbare «ausgeprägte Emotionalisierung des Selbstbezugs» finde:

> So wurde etwa [die Bedeutung eines] von ‹Wärme›, ‹Verständnis› und ‹Offenheit› geprägten emotionalen ‹Familienklimas› für die Entwicklung von Kindern betont oder eine ‹Erziehung der Gefühle› gefordert, da Männer wie Frauen häufig ‹gehemmt oder sogar unfähig› seien, ‹ihre Gefühle oder entsprechende Bedürfnisse wahrzunehmen und zu äußern›.[1400]

Die Entwicklungen in der DDR ähnelten Tändlers Ansicht nach denen in der BRD, blieben allerdings geringer ausgeprägt und zeigten sich erst mit etwa einer Dekade Verzögerung. Die staatliche Behinderung habe bedingt, dass Gesundheitsratgeber weniger methodisch differenziert und alternativmedizinisch oder

Deutsches Rundfunkarchiv, DDR-Rundfunk, DRA 2023748, Radio DDR II, «Psychotherapie für krebskranke Frauen», 18.11.1988.

1396 Vgl. Stiftung Deutsches Rundfunkarchiv, DDR-Rundfunk, DRAB-H 589946, Umschau, «Psychologieforschung in Leipzig», 07.07.1980; Stiftung Deutsches Rundfunkarchiv, DDR-Rundfunk, DRAB-H 024397, Bericht der neuen Fernseh-Urania, «Urania Extra – Wie gefährlich ist Streß?», 15.07.1987; Stiftung Deutsches Rundfunkarchiv, DDR-Rundfunk, DRAB-H 525332, Mensch, bleib gesund!, «Studiogespräch und Tipps zum Umgang mit beruflichem Stress», 25.10.1987; Stiftung Deutsches Rundfunkarchiv, DDR-Rundfunk, DRAB-H 528427, Mensch, bleib gesund!, «Studiogespräch zum Thema Stress», 28.05.1989.

1397 Vgl. Stiftung Deutsches Rundfunkarchiv, DDR-Rundfunk, DRAB-H 025686, AHA, «AT – Autogenes Training», 24.08.1987.

1398 Vgl. Stiftung Deutsches Rundfunkarchiv, DDR-Rundfunk, DRAB-H 029148, AHA, «Hypnose – Magie oder Medizin?», 16.05.1989.

1399 Vgl. Stiftung Deutsches Rundfunkarchiv, DDR-Rundfunk, DRAB-H 553100, Das Verkehrsmagazin, «Stress – Folgen psychischer Belastungen im Straßenverkehr», 10.09.1987; Stiftung Deutsches Rundfunkarchiv, DDR-Rundfunk, DRAB-H 499502, Das Verkehrsmagazin, «Fahrverhalten – Stress im Stau», 06.02.1986.

1400 Tändler 2019, S. 372.

esoterisch durchdrungen blieben. Unterdessen hätten vor allem Mediziner:innen «das Feld der populären Aufklärungs- und Ratgeberliteratur» dominiert.[1401]

Diesem Befund ist auch für Hörfunk und Fernsehen zuzustimmen, wenngleich sich die Anfänge des Trends bereits auf die späten 1960er Jahre und dessen Intensivierung auf die 1970er Jahre datieren lassen. Sicherlich blieb das mediale Aufkommen quantitativ weit hinter dem der BRD zurück. Dennoch beschränkten sich die Beiträge nicht auf autogenes Training und Stress, sondern boten einem breiteren Themenspektrum von der Gruppentherapie über die Psychoanalyse bis hin zur Psychoonkologie Platz. Dies deckt sich mit der wachsenden methodischen Diversifizierung und Interdisziplinarität der Psychotherapie in den 1980er Jahren. Beispielsweise führte Heinz Henning in Halle das Kathatym-Imaginative Bilderleben ein und die GäP benannte sich 1989 schließlich in Gesellschaft für Psychotherapie, Psychosomatik und medizinische Psychologie um.[1402]

Die Radiosendung «Vorsicht Psychoboom» untermalt, dass im öffentlichen Umgang mit psychotherapeutischen Belangen bis zuletzt quantitative und qualitative Unterschiede zwischen den beiden deutschen Gesellschaften bestanden. Sie war die elfte Folge einer 19-teiligen Gesprächsreihe zwischen den Psychotherapeuten Hans-Joachim Maaz und Andreas Peglau (*1957), die zwischen März 1989 und April 1991 beim Jugendradio DT 64 auf Sendung ging.[1403] Nach eigenen Angaben sprachen sie in den Sendungen «über die Notwendigkeit von Selbsterkenntnissen und Selbstverwirklichung und darüber, welche Hilfe die Psychotherapie dabei sein kann».[1404] Sie stellten damit den Selbstbezug der Hilfesuchenden explizit in den Fokus. Beim Start der Reihe war noch kaum absehbar, dass die Sendungen die politischen Umbrüche der kommenden zwei Jahre begleiten würden. Im April 1990 erfuhren die Zuhörer:innen dann erstmals, «dass Psychotherapie auch eine Gefahr sein könnte». Bisher hätten die DDR-Bürger:innen nur wenige Möglichkeiten gehabt, sich behandeln zu lassen, sodass die Kehrseiten einer massiven Verbreitung von Psychotherapien nicht notwendigerweise zu diskutieren gewesen seien. Angesichts der politischen Wende aber antizipierten die Psychotherapeut:innen nun, dass sich diese Situation «in kürzester Zeit radikal ändern» werde:

> Der westdeutsche Psycho-Markt überschwemmt uns mit weit über 200 unterschiedlichen Therapieformen. Auch Psycho-Kulte, Gurus und Sekten bieten angebliche therapeutische Hilfe an. Vielleicht klingt das alles noch nicht so besonders bedrohlich. Aber: Unsere Seele ist ein sehr empfindlicher Bereich. Und in die falschen Hände geraten, können psychi-

1401 Ebd., S. 373.

1402 Vgl. Strauß et al. 2022b, S. 6 f.

1403 Vgl. Peglau 2011.

1404 Hier und im Folgenden: Stiftung Deutsches Rundfunkarchiv, DDR-Rundfunk, DRA 2028412, Jugendradio DT 64, «Vorsicht vor dem Psychoboom», 23.04.1990.

> sche Defekte bis hin zum Wahnsinn, dauerhafte Ängste, lebenslange Abhängigkeit oder gar Selbstmord die Folgen einer unverantwortlich durchgeführten Behandlung sein.

Damit unterstellten sie, dass die ostdeutsche Bevölkerung weniger für das stark ausdifferenzierte und esoterisch durchdrungene Psychoangebot der BRD sensibilisiert sei, weil kein vergleichbarer ostdeutscher «Psychoboom» sie trainiert habe. Inwiefern die Bevölkerung allerdings bereits durch die massive Rezeption von Westmedien über diese therapeutischen Ansätze im Bilde war, sparten sie aus. Bemerkenswert ist, dass erst in Erwartung der deutschen Vereinigung eine Therapeutisierungskritik laut wurde, die in der BRD bereits seit den 1970er Jahren Teil des therapeutischen Diskurses war.[1405] Vergleichbar ist aber die Funktion dieser Kritik: Sie legitimierte den Status der bisherigen Expert:innen und grenzte bestehende Angebote von der herannahenden und qualitativ vermeintlich durchwachsenen Methodenvielfalt ab.

Psycholog:innen und Mediziner:innen schufen in den 1970er Jahren in DDR-Medien einen Raum, in dem sich vor einem breiten Publikum über psychotherapeutische Belange berichten ließ. In den 1980er Jahren drang der Themenkomplex stärker als zuvor in die populäre Sphäre ein. Dabei eignete sich das vermittelte Wissen vermehrt zur Selbstanwendung und wurde auch auf nicht therapeutische Kontexte übertragen. Es ließe sich einerseits schließen, dass diese Entwicklung einem Grundkonsens zwischen Therapeut:innen und Patient:innen in den Kliniken zuträglich war. Allerdings blieb es, so stellt Sven Marquardt in seiner Autobiografie dar, für den gemeinen Menschen bis in die späten 1980er Jahre schwierig, sich gezielt über Psychotherapien und Psychosomatik zu informieren.[1406] Außerdem fehlte eine kritische Öffentlichkeit, die Veränderungen auch in der übrigen Psychiatrie hätte herbeiführen können.[1407] Andererseits ließe sich vermuten, dass der zunehmenden Thematisierung solcher «Psycho-Themen» auch die Rezeption westlicher Medien zugrunde lag. Hier verdiente der DDR-Quellenkorpus eine tiefergehende Untersuchung. Wie sich der öffentliche Umgang mit psychotherapeutischem Wissen nach der Wende in den sogenannten neuen Bundesländern entwickelte, ist eine weitere offene Forschungsfrage. Ein erster Anhaltspunkt mag sein, dass die 1990 für den ostdeutschen Markt gegründete *Super-Illu* im Vergleich zu anderen deutschen Illustrierten bis heute keine psychologisch informierten Tipps oder Selbsttests enthält.

1405 Vgl. Tändler 2016, S. 180 f.

1406 Vgl. Marquardt 2014, S. 55.

1407 Vgl. Müller et al. 2020.

9.5 Ein «historischer Tag»?[1408] Patient:innenperspektiven auf den Mauerfall

Inwiefern wirkten sich die politischen Ereignisse der Wende auf die Psychotherapieabteilung der Charité aus? Spiegeln sich die politischen Umbrüche in den Darstellungen der Patient:innen? Und inwiefern eignet sich das Material, um zur gegenwärtig intensivierten Erforschung der «erfahrungs- und mikrogeschichtlichen Dimension von Transformationsprozessen» beizutragen?[1409] Um sich diesen Fragen anzunähern, wurden einige Akten von Patient:innen ausgewählt, deren Behandlungszeitraum den Tag des Mauerfalls überspannte.[1410]

Im eingangs vorgestellten Fall zeigte sich der Autor verunsichert durch die Öffnung der Mauer. Er müsse mit der neuen Situation «innerlich erst einmal fertigwerden».[1411] Konkrete Erwartungen, Hoffnungen oder Ängste hinsichtlich der gesellschaftlichen oder seiner privaten Zukunft formulierte er nicht. Ein anderer reagierte in seinem Bericht vom Tag des Mauerfalls gar nicht auf die politischen Ereignisse. Lediglich in seinem Bericht über die folgenden Tage merkte er an, dass «ein ereignisreiches Wochenende» zu Ende gegangen sei.[1412] Inzwischen habe sich die «Aufregung [...] gelegt» und er habe «irgendwie ein gutes Gefühl».

Aus anderen Berichten lässt sich noch deutlicher ablesen, dass viele Patient:innen um die Fortsetzung der Therapie bemüht waren. Manche von ihnen betrachteten die politischen Ereignisse dabei geradezu als Störfaktoren. Der Versuch, die politischen Ereignisse auf Distanz zu halten, ließe sich als Hinweis darauf deuten, dass manche Patient:innen den Funktionseliten der DDR entstammten.[1413] Im Gegensatz dazu lässt er sich auch als Verweis auf die innere Distanzierung vieler DDR-Bürger:innen von der politischen Sphäre ansehen. Ein Patient berichtete recht unbeeindruckt, man habe am Freitag nach dem Mauerfall ein Gruppengespräch zum Thema «Was hindert mich[,] mein Ziel zu erreichen?» geführt.[1414] Den Sonnabend habe man in der Klinik mit einem «Faschingsabend» ausklingen lassen. Allerdings stellte er auch fest, dass «die Ereignisse in Berlin» für die Therapie «nicht sehr dienlich» seien und die Gruppe künftig «Schwierigkeiten [...] in Fortsetzung des Aufarbeitens [ihrer] Entwick-

1408 HPAC, 624/89F, Tagesbericht vom 10. 11. 1989.

1409 Hoffmann/Brunnbauer 2020, S. 11. Zu diesem Forschungstrend vgl. auch Brückweh et al. 2020.

1410 Bei dieser ersten Durchsicht wurden fünf Akten mit Tagesberichten ausgewählt, während sich die Zahl einschlägiger Akten im Gesamtbestand auf mindestens die doppelte Anzahl schätzen lässt.

1411 HPAC, 501/89M.

1412 Hier und im Folgenden: HPAC, 454/89M, Wochenendbericht vom 10.–12. 11. 1989.

1413 Dies ließe sich anhand einer Analyse der Lebensberichte in der Breite an Psychotherapie-Patient:innen überprüfen.

1414 Hier und im Folgenden: HPAC, 432/89M, Wochenendbericht vom 10.–12. 11. 1989.

lung in der Klinik» entwickeln würde. So sei es am Sonntagabend «in aller Schärfe» zu politischen Diskussionen unter den Patient:innen gekommen.

Im Fall einer anderen Patientin machten sich politische Herausforderungen bereits in der Anamnese bemerkbar. Sie arbeitete beim DDR-Rundfunk und beklagte die Auswirkungen von «Korruption» und «Hierarchie» in ihrem Arbeitsumfeld.[1415] Als Parteifunktionärin habe sie zunehmend «moralische Skrupel». Auf den Versammlungen sei zwar «viel geredet», aber «immer über die Köpfe der K[ader] hinweg entschieden» worden. Schließlich gab sie ihre Funktion auf ärztlichen Rat hin ab. Am Tag des Mauerfalls berichtete sie über Erfahrungen im Psychodrama. Der Verlauf notierte über den folgenden Tag, im therapeutischen Einzelgespräch habe sie geschwiegen.[1416] Sie selbst verfasste ihren letzten Bericht des Jahres über das Wochenende nach dem Mauerfall. Darin beschrieb sie ihr Heimweh und notierte, dass ihre «Einstellung zum Klinikaufenthalt durch ‹äußere› Probleme stark beeinflußt» werde».[1417] Das nächste Mal schrieb sie Anfang 1990 über die Verschlechterung ihrer «depressiven Phase».[1418] Noch im März verstärkten «die gegenwärtig stärkere innere Unruhe und Unsicherheit» ihren Drang, übermäßig «Tabletten» zu konsumieren.[1419] Schließlich berichtete sie von «Existenzängsten», die auch «mit und nach der Wahl» nicht abnähmen.[1420] Gemeint ist die erste freie Volkskammerwahl im März 1990, aus der das Wahlbündnis Allianz für Deutschland siegreich hervorging, was die Weichen für die Deutsche Einheit stellte.

Deutlicher nahm eine junge Patientin Notiz von der Grenzöffnung im November 1989. Ob es ein «historischer Tag» sei, fragte sie im Bericht des folgenden Tages.[1421] Die Ereignisse beurteilte sie distanziert und ambivalent. Sie beobachtete die «Menschenströme[,] die gen Westen ziehen, als wäre das das Höchste aller Hoffnungen und Möglichkeiten, als wäre dort das Ziel allen Seins», und beschwerte sich über eine «Hamster[-]Mentalität» ihrer Mitbürger:innen. In dieser «Völkerwanderung» sah sie gar ein «Armutszeugnis für diesen Staat». In der Therapie gab sie ihren Befürchtungen Raum, dass es nun vermehrt «Organisationsmöglichkeiten für Nazis und Faschos» geben könne. Außerdem sah sie hellsichtig «viele Funktionen des Staates [...] weg[fallen]»; jeder müsse «größere Verantwortung» übernehmen und der «DDR-Bürger» müsse sich schließlich «als mündig erweisen». Bei ihrem ersten Ausflug nach Westberlin freute sich die Autorin über die Möglichkeit, die «Kulturszene ‹drüben›» und «die anderen ¾

1415 Hier und im Folgenden: HPAC, 653/89F, Anamnese vom 01.11.1989.

1416 Ebd., Verlaufsdokumentation vom 10.11.1989.

1417 Ebd., Wochenendbericht vom 10.–12.11.1989.

1418 Ebd., Tagesbericht vom 09.01.1990.

1419 Ebd., Tagesbericht vom 19.03.1990.

1420 Ebd., Tagesbericht vom 21.03.1990.

1421 Hier und im Folgenden: HPAC, 624/89F, Tagesbericht vom 10.11.1989.

Wahrheit» kennenzulernen, «Auswahl zu haben» und «Weltbürger wirklich werden zu können». Außerdem könne sie nun nicht nur «Robin Wood erleben und die Grünen», sondern «auch andere Werke außerhalb der Zensur» lesen. Als sie dann aber einen Westberliner Buchladen betrat, fand sie dort neben Heine vor allem «ein Regal Yoga» vor, «ein Haufen Stuß».[1422] Überhaupt desillusionierte sie die «tütenbepackte gestreßte ‹Ostler›-Menge», die sich über den Kurfürstendamm wälzte. Gleich am nächsten Tag besuchte sie mit ihrem Vater erneut Westberlin. Der wäre «am liebsten in jedes Geschäft, jedes Kaufhaus gegangen».[1423] Ihr Resümee des Ausflugs war, dass sie «erst einmal nicht mehr mit dem Vater nach Westberlin» gehen wolle, da sie beide «mit den neuen Möglichkeiten» erst «umgehen lernen» müssten. Für diese Autorin war die gesellschaftliche Zukunft auch in der Therapie der folgende Woche Thema. Sie artikulierte «Angst vor dem offenen Austausch mit der BRD», denn dort «starben Dutschke und Ohnesorg», man «mordet […] apparatemäßig und restauriert […] den Faschismus».[1424] Währenddessen habe sich die DDR «nicht oder nur mangelnd damit auseinandergesetzt, der Bürger wuchs im Glashaus auf». Außerdem müssten die Bürger:innen nun mit der «Verlockung des Konsums» umgehen, wie mit den «konsumierbaren Wahr-, Halbwahr- und Falschheiten, nur durch die Größe der Schlagzeilen zu unterscheiden und erst durch Einordnung in vielleicht vorhandenes Wissen als solche erkennbar …».

Aus den Selbstzeugnissen lassen sich einerseits Hoffnungen auf verbesserte Konsummöglichkeiten, Pressefreiheit und internationalen Anschluss entnehmen. Andererseits äußerten die Patient:innen Sorgen bezüglich mangelnder Selbstbehauptungsfähigkeit der DDR-Bürger:innen, Überforderung durch die neue Konsumvielfalt und de bevorstehenden politischen Veränderungen, auch vor Rechtsradikalismus. Abhängig vom persönlichen Hintergrund und maßgeblich von der politischen Nähe zum Staat drückten die Patient:innen und ihre Angehörigen ambivalente Gefühle aus, die von Neugier über Anspannung, Verunsicherung und vereinzelt auch Hoffnung bis zu langanhaltenden Existenzängsten reichten. Dabei positionierte sich zumindest in diesem Ausschnitt zum unmittelbaren Zeitpunkt des Mauerfalls niemand uneingeschränkt positiv. Der erfahrungsgeschichtliche Zugang offenbart weniger jene «Novembergefühle», die in der Erinnerungskultur zum Mauerfall kultiviert wurden.[1425]

Auffällig ist, dass die meisten Beteiligten trotz aller Umwälzungen die therapeutischen Routinen weiterverfolgten. Vor den Mauern der Klinik zerbröselte die alte Weltordnung und die Therapeut:innen führten unterdessen Gruppengespräche zu Themen jenseits der politischen Geschehnisse. Einige ihrer Patient:innen

1422 HPAC, 624/89F, Tagesbericht vom 11.11.1989.

1423 Hier und im Folgenden: ebd., Tagesbericht vom 12.11.1989.

1424 Ebd., Tagesbericht vom 13.11.1989.

1425 Vgl. Brauer 2016.

befürchteten, die Ereignisse könnten sich negativ auf die Therapie auswirken. Es ist bemerkenswert, dass die Grenzöffnung nicht die Routinen der Abteilung unterbrochen zu haben scheint, sondern eher sekundär über veränderte Erwartungshorizonte der Patient:innen auf die Therapie einwirkte. Der Erfahrungsraum in den Transformationsprozessen bleibt dagegen im Dunkeln. Die Dokumentation bricht mit Therapieende ab. Der historische Zugriff bleibt auf eine Momentaufnahme der Sorgen und Hoffnungen der Patient:innen beschränkt. Dafür offerieren die Selbstzeugnisse Einblicke in die Unmittelbarkeit des Augenblicks, bei der die Erfahrungen der Transformation, die Aufarbeitung der staatlichen Repression und die aufblühende Erinnerungskultur die Niederschriften noch nicht überformten. Auch hier bleibt aber zu beachten, dass es sich nicht um Tagebücher,[1426] sondern um gerichtete Kommunikation handelte. Was war angesichts der politischen Umbrüche sag- und schreibbar? Diese Fragen wären für eine weiterführende Auswertung neu zu stellen. Gleichzeitig könnte sich eine zeitlich breiter angelegte Untersuchung der Selbstzeugnisse aus den Wendejahren lohnen, um eine erfahrungsgeschichtliche Perspektive des Transformationsgeschehens zu erschließen.

Dass sich nicht nur die Therapeut:innen, sondern auch ihre Patient:innen darum bemühten, die Behandlung von den äußeren Ereignissen zu trennen, unterschied die Psychotherapie von den Geschehnissen in anderen psychiatrischen Krankenhäusern. «Analog zur Bürgerbewegung», so stellt Clara Wiegmann heraus, «machte sich unter den Patienten, vornehmlich in Leipzig, eine Aufbruchstimmung breit».[1427] Sie hätten sich selbst entlassen und begonnen, die Öffentlichkeit für den rapiden Verfall und die prekären Zustände in den Psychiatrien zu sensibilisieren.

9.6 Die Charité im Umbruch

Dass der Betrieb in den Kliniken und Instituten über den Mauerfall hinweg zunächst wie gewohnt fortgesetzt wurde, ist auch aus anderen Teilen der Charité bekannt. Am darauffolgenden Wochenende habe beispielsweise auch am Institut für Pathologische und Klinische Biochemie niemand im Labor gefehlt: «Alle, die Dienst hatten, waren anwesend. Es war so, als wenn nichts passiert sei.»[1428] Wäh-

1426 In den 2010er Jahren wurden vermehrt Tagebücher überwiegend prominenter Persönlichkeiten aus der DDR öffentlich, wovon sich die historische und literaturwissenschaftliche Forschung «Aufschlüsse über ostdeutsche Mentalitäten» erhoffte, Dahlke 2016, S. 316, 329. Da in Tagebüchern «die grobe Unmittelbarkeit des Augenblicks» regiere, böten sie sich anders als Autobiografien zur Erforschung einer «Alltagsgeschichte des Politischen» in der DDR an, ebd., S. 316, 327.

1427 Hier und im Folgenden: Wiegmann 2018, S. 127.

1428 Gross 2016, S. 43.

rend sich nach dem Mauerfall auf Staatsebene die Ereignisse überschlugen, «gestaltete sich die Arbeit am Institut ganz normal».[1429]

Auf struktureller Ebene dagegen machten sich die politischen Veränderungen an der Charité unmittelbar bemerkbar. Am 10. November 1989 schilderte ein Bericht an die Hauptabteilung II des MfS einige «Aspekte zur aktuellen Situation in der Charité»:[1430] Aus den öffentlichen Partei- und Gewerkschaftsversammlungen sei hervorgegangen, dass in der vorangegangenen Woche «45 Ärzte (z. T. Spezialisten) und über 300 Mitarbeiter des medizinisch-technischen und Betreuungspersonal[s] der Charité für ständig aus der DDR ausgereist» seien. Als Beweggründe hätten sie «ungenügende finanzielle und soziale Anerkennung, mangelhafte Arbeitsbedingungen (zu wenig moderne Medizintechnik, fehlende Medikamente und elementare Hilfsmittel, ungenügender Zugang zu Spezialliteratur, hoher Aufwand an Verwaltungsarbeit) und lukrative Angebote aus der BRD und Westberlin» angeführt. Außerdem träten immer mehr Charité-Angehörige aus FDGB, FDJ und SED aus, da diese Organisationen «z. Z. wenig oder keine Ausstrahlungskraft» hätten. Dagegen seien Wünsche nach der Gründung eines «Ärzte-Verbandes in der DDR» mit weitreichenden Vollmachten geäußert worden. Außerdem formierten sich an der Charité «die verschiedensten politischen Gruppen». Diese bemängelten ein «völliges Versagen des MfS hinsichtlich der realistischen Lagebeurteilung und Information an die Partei und Staatsführung» und forderten einen «wesentliche[n] personelle[n] und strukturelle[n] Abbau des MfS».

Auf der einen Seite kämpfte die Charité mit Personalmangel. 1990 fehlten hier über 300 qualifizierte Arbeitskräfte.[1431] Die Universitätsklinik reagierte, indem sie auf Arbeitsangebote von Westberliner:innen einging, während das Ministerium für Gesundheitswesen rund 100 Stellen strich und den Lohnfonds drastisch reduzierte. Auf der anderen Seite hatte sich, nachdem das ZK der SED im Dezember 1989 zurückgetreten war, «die gesamte Atmosphäre an der Charité» rasch geändert.[1432] Der Kurs stand auf Erneuerung: In der Direktorenberatung noch im gleichen Monat legte man unter anderem die Erarbeitung einer Universitätsverfassung fest sowie Neuwahlen der Fakultät und des Rektors.[1433] Nach dem Ende der DDR fand an der Charité «ein erheblicher Austausch des Führungspersonals» statt, der vor allem mit personellen Verbindungen zum MfS

1429 Ebd., S. 44 f.

1430 Vgl. hier und im Folgenden: BArch, MfS, ZAIG, Nr. 15098.

1431 Vgl. hier und im Folgenden: Gross 2016, S. 47 f.

1432 Hier und im Folgenden: ebd., S. 47.

1433 Ende 1989 bildete der Dekan Heinz David eine Kommission zur Veränderung von Strukturen und Aufgaben der Medizinischen Fakultät. Deren Vorsitzender war Prof. Neumärker aus der Psychiatrischen und Nervenklinik, vgl. ebd., S. 79.

und zur obersten Parteiriege begründet wurde.[1434] Wie Begenau betont, ging kurz nach der Wende das «Gerücht von der besonderen MfS-Durchsetzung der Charité, der besonderen Nähe von Mitarbeitern zu Staat und Partei und deren Privilegierung durch besondere Leistungen für die Stasi» um.[1435] Mit dieser von Gross so bezeichneten «Stasi-Hysterie» hätten die Medien die «Begleitmusik» für den «Elitentausch» an der Charité geliefert. Vor diesem Hintergrund sollten alle Anträge für Berufungen neu überprüft werden. Ärzt:innen und Professor:innen mussten sich unabhängig von ihrer politischen Vergangenheit und ihrer fachlichen Expertise erneut auf ihre Stellen bewerben.

Die strukturellen Veränderungen an der Charité betrafen auch die Nervenklinik. Eine Arbeits- und Ergotherapeutin berichtet, es sei eine «unruhige Zeit» gewesen:[1436]

> Es war schön, dass die Wende kam, und es hat sich jeder gefreut, aber dann ging es sehr schnell mit der Umstrukturierung los. Es hieß: Die Charité wird zugemacht, dies und das wird geschlossen … Wir haben immer wieder gehört, dass unsere Abteilung dicht gemacht werden soll, und das hat uns beunruhigt. Vor allem die jüngeren Kollegen.

Eine Psychologin beschrieb, dass unter der Belegschaft Unsicherheiten über «die Beständigkeit des Personals, insbesondere der Ärzteschaft» bestanden.[1437] Viele hätten den guten Ruf der Charité als Sprungbrett in den Westen genutzt. Manche ließen sich in privaten Praxen nieder. Es kam zu einem Wechsel der Klinikleitung, die «mit den Einsatzmöglichkeiten psychologischen Personals nicht vertraut und deshalb wenig an [dessen] Mitarbeit interessiert» gewesen sei. Schließlich habe sie im Verwaltungsgebäude einen Anschlag an einer großen Tafel vorgefunden, auf dem stand, «dass Frauen, die sechzig werden, und Männer mit 65 Jahren, also jeder, der berechtigt war, die Altersrente in Anspruch zu nehmen, seinen Arbeitsplatz aufgeben muss, damit andere ihn übernehmen oder Einsparungen vorgenommen werden konnten». Darin sah sie «eine ganz unpersönliche, pauschale Kündigung». Ihr Antrag auf Weiterbeschäftigung sei daraufhin abgelehnt worden.

Die Umstrukturierungen machten sich auf vielerlei Weisen bemerkbar. Neben der eigenen Jobunsicherheit war eine weitere Facette, wie eine leitende Schwester beschrieb, dass vor der Wende je ein Facharzt für Neurologie und Psychiatrie als Stationsarzt «die Station über Jahre geleitet hat».[1438] Daneben gab es Assistenzärzt:innen. Nun aber gab es «nur noch Stationsärzte, die schnell wechselten». Ihrer Ansicht nach war das weder für das «Kollektiv» noch für die

1434 Ebd., S. 1.

1435 Begenau 2017, S. 11.

1436 Hier und im Folgenden: Atzl/Hess 2005, S. 108.

1437 Hier und im Folgenden: ebd., S. 47.

1438 Hier und im Folgenden: ebd., S. 55.

Patient:innen gut. Der Arbeits- und Ergotherapeutin zufolge veränderte sich auch die Zusammensetzung der Patient:innen, was sie als «gewöhnungsbedürftig» empfand.[1439] Es sei bei der Selektion der Patient:innen weniger auf die Forschungs- und Lehrschwerpunkte geachtet worden als zuvor, sodass nun auch «ganz viele Drogenabhängige und Alkoholabhängige» in die Behandlung kamen. Hinzu kamen fachliche Veränderungen. Ein Psychiater formulierte es rückblickend so: «1990 wurde die Welt anders und Neurologie und Psychiatrie durften plötzlich nichts mehr miteinander zu tun haben.»[1440] Es sei zu einer strengen Trennung gekommen, die die Ärzt:innen als Umstellung empfunden hätten. Zuvor hätten sie zwar alle eine persönliche Spezialisierung gehabt, doch sich für beide Bereiche verantwortlich gefühlt und «im Bereitschaftsdienst immer alles zusammen gemacht».

Zwischen Mai 1991 und September 1993 war der bundesrepublikanische Neurologe Hans Wolfgang Kölmel (*1944) an der Charité tätig und übernahm die kommissarische Leitung der Neurologie. In seinem autobiografischen Rückblick beschreibt er Eindrücke von seiner Tätigkeit an der Charité unmittelbar nach der Wende.[1441] Inzwischen hatte der Kinderchirurg Harald Mau (1941–2020), der als politisch unbelastet galt und kurz zuvor den Rudolf-Virchow-Bund initiiert hatte,[1442] nach Heinz David (1931–2019) 1990 das Dekanat der Charité übernommen.[1443] In der Klinik für Neurologie habe sich unterdessen seit 1989 ein «lähmender Zustand»[1444] eingestellt: Als Kölmel dort seinen Dienst antrat, gab es «niemanden, der über eine Befugnis für die Lehre der Studenten oder die Ausbildung der Assistenten verfüg[t]e, niemanden, der Promotionen oder Habilitationen begleiten» konnte, also auch keine habilitierten Mitarbeitenden.[1445] Seit dem Ausscheiden des vorigen Ordinarius für Neurologie 1987 sei auch die Professur nicht mehr in einem ordentlichen Verfahren besetzt worden.

Über den Umgang mit dem Personalmangel an der Charité weiß er zu berichten, dass seine Kolleg:innen vor der Wende nur «wenig Interesse» gehabt hätten, «die Charité von innen zu sehen».[1446] Auch kurz nach der Wende sei es vielen aus Ost und West noch «absolut unattraktiv» erschienen, sich hier um

1439 Ebd., S. 108.

1440 Hier und im Folgenden: ebd., S. 96.

1441 Vgl. Kölmel 2019.

1442 Mau ergriff bereits im September 1989 die Initiative zur Gründung eines freien Ärztebundes, der mit dem Ziel der Beseitigung der Missstände im Gesundheitswesen politischen Einfluss auf das Ministerium für Gesundheitswesen nehmen wollte. Der Rudolf-Virchow-Bund war darum bemüht, bei der Zusammenführung der Gesundheitssysteme je bewährte Elemente zu erhalten, vgl. Schleiermacher 2021, S. 489.

1443 Vgl. Gross 2016, S. 26.

1444 Kölmel 2019, S. 179.

1445 Ebd., S. 28.

1446 Ebd., S. 21.

eine Stelle, «selbst um die eines Oberarztes», zu bewerben.[1447] Nachdem er seine Stelle angetreten hatte, erlebte er aufgrund seiner Westberliner Herkunft allerlei Spannungen mit dem Klinikpersonal, die sich aber schließlich in gegenseitiges Wohlwollen aufgelöst hätten. Gelegentlich sei es dabei auch zu Spannungen zwischen den nun stärker getrennten Kliniken für Neurologie und Psychiatrie gekommen – etwa als er für die Neurologie neue Betten und Computer anschaffen ließ.[1448] Von seiner Belegschaft habe er gehört, dass «die Umwälzungen, die man dem Westen und der Wiedervereinigung zu verdanken hatte, [...] unzählige, wirklich unzählige, häufig existenzielle, oft Furcht, ja Angst und Schrecken einflößende Fragen aufkommen» ließen.[1449] Durch die Evaluierungsverfahren machte diese allgemeine Verunsicherung auch vor der Riege der Ärzt:innen und Professor:innen nicht halt.

Auch in der Psychiatrischen Klinik kam es durch Evaluierungsverfahren und Neubesetzungen zu einschneidenden Veränderungen. Helmut Kulawik wurde nicht als Ordinarius für Psychiatrie und Psychosomatik bestätigt. Er versuchte sich 1993 das Leben zu nehmen. Der *Berliner Zeitung* war zu entnehmen, der Suizidversuch sei der aus diesem hochschulpolitischen Vorgehen erwachsenen Krise geschuldet.[1450] Dem Prodekan Gross zufolge stand die versuchte Selbsttötung nicht mit einer etwaigen Stasivergangenheit in Verbindung. Auch war Kulawik kein SED-Mitglied; allerdings hatte er mit Karl Seidel Kontakt zum höchsten DDR-Gesundheitsfunktionär der Vorwendezeit. Keine drei Jahre nach dem Ende der DDR, am 15. August 1993, verstarb Helmut Kulawik im Alter von 52 Jahren an den Folgen des Suizidversuchs. Inwiefern sein Tod medizinisch hätte verhindert werden können, untersuchte 1997 ein Gerichtsprozess, bei dem zwei Mediziner wegen fahrlässiger Tötung angeklagt waren.[1451] Obwohl Kulawik nach seinem Suizidversuch nahezu umgehend um medizinische Hilfe nachgesucht und mehrfach mitgeteilt hatte, er habe eine tödliche Medikamentenüberdosis zu sich genommen, hätten die Mediziner nicht angemessen reagiert. Er fiel in ein Koma und verstarb nach wenigen Monaten an einer Lungenentzündung.

Kulawiks Suizid wirft ein grelles Schlaglicht auf jene Seiten der Wende, die selten beleuchtet werden. Im Vereinigungsprozess wurden die Leistungen und das Lebenswerk vieler DDR-Bürger:innen nicht angemessen gewürdigt, nicht nur aus Sicht der Betroffenen. Die historische Aufarbeitung dieser Seiten des Transformationsprozesses steht an. Auch zum Umbruch an der Charité besteht weiterer Forschungsbedarf, insbesondere im Hinblick auf die Evaluations- und Besetzungsverfahren.

1447 Ebd., S. 178.

1448 Ebd., S. 184 ff.

1449 Ebd., S. 195.

1450 Vgl. Gross 2016, S. 238.

1451 Vgl. Gross 2016, S. 237 f.

10. Fazit

> Bericht zu schreiben, heißt Nachdenken über sich und den abgelaufenen Tag. Ich tue nichts anderes, als über mich nachzudenken. Die Gedanken festhalten und niederschreiben bedeutet Ordnung in die Dinge zu bringen.[1452]

Wie gestaltete sich die psychotherapeutische Praxis in der DDR? Wie erlebten und erfuhren die Patient:innen sie? Aus Perspektive der in den Krankenakten der Nervenklinik der Charité überlieferten Tagesberichte der 1970er Jahre haben wir Patient:innen im psychotherapeutischen Alltag begleitet. Wie das oben angeführte Zitat einer Patientin zeigt, schloss dieses Erleben auch eine selbstreflexive Wende ein. Wir konnten sehen, wie Patient:innen sich im psychotherapeutischen Prozess mit sich selbst befassten und einen therapeutischen Blick auf ihre Lebenserzählung, ihre Gedanken, ihr Gefühlsleben und ihre sozialen Beziehungen entwickelten. Wir haben verfolgt, wie das Schreiben der Tagesberichte das Selbstverhältnis der Patient:innen prägte und sie zu therapeutischen Subjekten formte. Der vorliegenden Arbeit liegt ein praxeologisches Subjektverständnis zugrunde, das Schreiben mit der Figur des *doing patient* als Teil eines Subjektivierungsprozesses versteht.

Die Selbstzeugnisse von Patient:innen in den historischen Krankenakten des HPAC gaben in der vorliegenden mikrohistorischen Studie Aufschluss über vier Bereiche:

(1) die Etablierung psychodynamischer Ansätze im Mikrokosmos einer Universitätsklinik;
(2) die praktische Umsetzung der dynamischen Gruppenpsychotherapie und deren Wahrnehmung durch die Patient:innen;
(3) den Rollenwandel von Patient:innen im Gesundheitswesen der DDR seit den 1970er Jahren;
(4) die Therapeutisierung der Selbstverhältnisse schreibender Patient:innen.

Entlang dieser Vierteilung werden die Ergebnisse der Arbeit im Folgenden zusammengefasst und diskutiert.

1452 HPAC, 179/77F, Tagesbericht vom 28.06.1977.

(1) Das untersuchte Quellenmaterial dokumentiert die Etablierung psychodynamischer Therapieansätze an der Charité zur DDR-Zeit. Damit leistet die Arbeit einen Beitrag zur Geschichte der Psychotherapie in Ostdeutschland.

Eine erste Durchsicht entsprechender Krankenakten konnte zeigen, dass in den 1950er Jahren autogenes Training, suggestive Hypnose und medikamentöse Schlaftherapie zur Behandlung von Neurosen genutzt wurden. Dieses therapeutische Rüstzeug ging mit dem ideologischen Pawlowismus konform. Die lokale Praxis zwischen den späten 1950er und den 1960er Jahren war von Karl Leonhards Individualtherapie geprägt. Auf diese Weise avancierte die Charité zu einem der ostdeutschen Psychotherapiezentren mit spezialisierter stationärer Behandlung. Doch erst Leonhards Emeritierung eröffnete in den 1970er Jahren Raum für die Etablierung neuer psychodynamischer Ansätze.

Die untersuchten Tagesberichte waren Teil eines komplexen gruppenpsychotherapeutischen Arrangements. Sie dokumentieren, wie psychodynamische Ansätze zunehmend einbezogen wurden. Als Klinikdirektor protegierte Karl Seidel, entgegen den Erwartungen an einen SED-Funktionär, die Etablierung psychoanalytischer Denkansätze. Sein Oberarzt Helmut Kulawik führte erst die dynamische Gruppenpsychotherapie ein, in den 1980er Jahren folgte die psychodynamische Kurztherapie. Diese Entwicklung wurde dadurch erleichtert, dass man kurzzeitig einen psychoanalytisch ausgebildeten Supervisor aus den USA gewinnen konnte. Auf diesem Weg verschob sich die therapeutische Ausrichtung von der traditionellen Schlaftherapie hin zur psychodynamischen Traumbearbeitung.

Mit dieser konzeptuellen Verschiebung, die auch Weiterbildungen und Supervision einschloss, trug die Nervenklinik entscheidend zur Öffnung der Psy-Wissenschaften für psychoanalytisch orientierte Behandlungsansätze in der Honecker-Ära bei. Gewiss war die Charité bereits in der Ulbricht-Ära ein Ort des wissenschaftlichen Austauschs. In psychotherapeutischer Hinsicht jedoch isolierten Leonhards aufwendige und eigenwillige – wenngleich bewährte – Konzepte die Institution. Seit den 1970er Jahren hingegen partizipierte die Charité an den methodischen Trends in der DDR und trug *vice versa* zu ihnen bei. Dies gilt auch für die Rehabilitation psychoanalytisch orientierter Therapien.

Tatsächlich weist die psychotherapeutische Versorgungslandschaft der DDR in den 1970er Jahren einen starken Ausbau stationärer Behandlungsangebote auf. Angesichts eines gravierenden Süd-Nord- und Stadt-Land-Gefälles in der Versorgungsdichte sowie langer Wartezeiten für Therapieplätze ist nicht von einer Bedarfsdeckung auszugehen. Dies machte sich auch an der Charité bemerkbar. Die Patient:innen kamen zum Teil aus psychotherapeutisch schlechter versorgten Bezirken. Die meisten mussten lange Wartezeiten überbrücken. Bauarbeiten verschärften die Bettenknappheit. Dies wirft die Frage nach den Kriterien der Auswahl von Patient:innen auf. Formal war DDR-weit die Diagnose entscheidend. Zugang erhielten meist nur Patient:innen mit Neurosen. Ähnlich wie für die Entwicklung in der BRD gezeigt, richtete sich das begrenzte Angebot aber auch in der sozialistischen Gesellschaft überwiegend an eine junge, überdurchschnittlich gebildete Klientel. Es steht zu vermuten, dass psychodynamische Therapieansätze aufgrund ihres Anspruchs an Selbstreflexion – materiell repräsentiert durch die Tagesberichte – mit einer solchen Selektion in besonderer Verbindung standen.

(2) Mithilfe der Krankenakten, besonders der Selbstzeugnisse der betreffenden Patient:innen, gibt die vorliegende Arbeit Einblick in die lokalen Praktiken der Adaption dynamischer Gruppenpsychotherapie. Erwartungsgemäß zeigten sich Diskrepanzen zwischen Theorie und Praxis. Die Praxis der therapeutischen Behandlung war kein deckungsgleiches Äquivalent der theoretischen Vorgaben. Der Blick in den Mikrokosmos zeigte, wie Kulawik und seine Kolleg:innen die dynamische Gruppenpsychotherapie adaptierten und mit anderen therapeutischen Komponenten unterschiedlicher Genese kombinierten. Angesichts der aufgeladenen fachpolitischen Debatten um das Konzept ist dabei bemerkenswert, dass der sogenannte Kippprozess in der an der Charité praktizierten Form der dynamischen Gruppenpsychotherapie keine nachweisliche Rolle spielte.

Die Praxis der Institution wies stattdessen bemerkenswerte Verbindungen zwischen der Psychotherapieentwicklung in West und Ost auf. Zwar war die dynamische Gruppenpsychotherapie ein DDR-Spezifikum, das Gruppenformat erlebte in diesen Jahrzehnten aber international eine Konjunktur. Dies gilt auch für die reformerischen Organisationselemente und weitere methodische Ansätze, die auf die Selbsterfahrung der Patient:innen ausgerichtet waren. In Anlehnung an Verena Lehmbrocks Arbeit zum sozialpsychologischen Training lässt sich auch über das gruppenpsychotherapeutische Programm sagen, dass wir hier eine lokale Adaption eines transnational, zum Teil global zirkulierenden Wissens- und Praxiskomplexes vorfinden.[1453]

Einige Beispiele mögen dies erläutern. Zu den Grundlagen der dynamischen Gruppenpsychotherapie gehören Überlegungen zur Gruppendynamik, die auch in der BRD populär waren. Jenseits prozessualer Überlegungen im Konzept der dynamischen Gruppenpsychotherapie wandte man an der Charité die gruppendynamischen Überlegungen des österreichischen Psychiaters Raoul Schindler an. Diese gehen auf persönliche Kontakte im Rahmen eines Kongresses in Ostberlin 1966 zurück.[1454] Ähnliche *entanglements* lassen sich für die Rezeption des Konzepts der therapeutischen Gemeinschaft belegen. An jenem Kongress nahm auch der britische Psychiater Maxwell Jones teil, dessen Kongressbeitrag in der DDR auf Deutsch publiziert wurde und zur Verbindung der Gruppenpsychotherapie mit sozialpsychiatrischen Ansätzen beitrug. Die Grundsätze der therapeutischen

1453 Lehmbrock verwendet hierfür den Begriff *glocalization*, vgl. Lehmbrock 2022, S. 7.

1454 Vgl. Höck 1967.

Gemeinschaft gehörten zu dem in den 1970er Jahren transnational zirkulierenden Wissen.

Darüber hinaus zeigen sich einige Parallelen in der Entwicklung des psychotherapeutischen Methodenrepertoires. In erster Linie korreliert der Einsatz der hier untersuchten Schreibpraktik mit der Verbreitung fiktionaler wie nicht fiktionaler Schreibtherapien in der BRD und ist zugleich Beispiel für die transnationale Verbreitung therapeutischer Praktiken in den sozialistischen Staaten. Es bestand reger Austausch vor allem zwischen Psychotherapeut:innen aus der DDR und der ČSSR[1455] und es lässt sich zeigen, dass vergleichbare Schreibpraktiken auch in tschechoslowakischen Institutionen zur Neurosentherapie angewandt wurden. Das Psychodrama erlebte in beiden deutschen Staaten eine Konjunktur, wenngleich diese in der DDR geringer ausgeprägt gewesen sein dürfte. Auch hier sind persönliche Kontakt zwischen Jacob Levi Moreno und Psycholog:innen in der DDR bekannt.[1456] Der westliche «Psychoboom» sah eine Vielzahl methodischer Neuerungen. Manche etablierten sich nachhaltig, andere vergingen schon nach kurzer Zeit. Sicherlich steht diesem Phänomen in der DDR kein quantitativ vergleichbares Äquivalent gegenüber. Dennoch entstanden hier therapeutische Ansätze, die zu einer methodischen Diversifikation beitrugen und die Teil des internationalen therapeutischen Trends waren. Der Aufschwung sogenannter Körpertherapien mit der Verbreitung der Kommunikativen Bewegungstherapie in der DDR mag hierfür ein Beispiel sein. Ähnliches lässt sich über die Musiktherapie sagen.

Mit Blick auf die deutsch-deutsche Geschichte lässt sich die Nervenklinik der Charité mit Christoph Kleßmann als Schauplatz in einer «asymmetrisch verflochtenen Parallelgeschichte» verstehen.[1457] Damit wird greifbar, dass die therapeutische Praxis vielfach auf der Kenntnis westlicher Konzepte beruhte, die sich mit vor Ort entwickelten Ansätzen amalgamieren ließen. Dies geschah sicherlich stets in Anpassung an die zum Teil widrigen materiellen Umstände und die Gegebenheiten der sozialistischen Gesellschaft. In der BRD nahm man von diesen Entwicklungen hingegen kaum Notiz.

Trotz dieser Asymmetrie erlebten beide Länder in den 1970er Jahren eine Konjunktur von Gruppenverfahren. Auf beiden Seiten der Mauer wurden Gruppenmethoden mit individualisierenden Elementen und Techniken angereichert. Je nach gesellschaftlicher Verfasstheit galten die kollektivierenden respektive individualisierenden Elemente der Therapien in unterschiedlichem Maße als anstößig oder gesellschaftlich anschlussfähig. In der BRD nahm das Gruppenformat eine zentrale Stellung in der linksalternativen Rezeption therapeutischer Inhalte ein, die für den «Psychoboom» wegbereitend wurde. Gruppenformate rückten

1455 Vgl. Hausner et al. 1975.

1456 Vgl. Lehmbrock 2022.

1457 Zur empirischen Entwicklung von Christoph Kleßmanns Formel vgl. Brunner et al. 2013.

damit zunächst in die Nähe gesellschaftskritischer Auseinandersetzungen, bevor sie eine größere gesellschaftliche Breite erlangten. Allerdings machten Kritiker:innen später auch auf die anpassenden Effekte des Gruppensettings bei sozialpsychologisch grundierten Techniken wie dem *sensitivity training* aufmerksam. Demgegenüber richteten sich Elemente wie die therapeutische Selbsterkundung oder Selbstverwirklichung in der milieuspezifischen Rezeption zunächst vor allem gegen entfremdende gesellschaftliche Verhältnisse, in denen zu leben man annahm. Im Laufe der 1970er Jahre entwickelte sich diese therapeutische Haltung aber immer stärker zum gesellschaftlichen Mainstream.

In der DDR dagegen dürfte gerade das Gruppensetting die Entwicklung der psychotherapeutischen Kultur politisch legitimiert haben. Nicht zuletzt ließ es sich mit den kollektivierenden Gesellschaftsstrukturen kurzschließen. Zwar erfuhren Vorstellungen von Authentizität, Empathie, emotionaler Reflexivität und Expressivität in diesem Rahmen eine Aufwertung, was die therapeutische Neuausrichtung in der DDR mit dem Zeitgeist der westlichen Therapeutisierungswelle verbindet.[1458] Auch mit Blick auf die Auswirkungen lassen sich Parallelen beobachten, etwa hinsichtlich der in Kapitel 7 diskutierten Feminisierung der Gefühlskultur. Der Fokus auf die Selbsterkundung hingegen lief dem gesellschaftlich forcierten Kollektivismus zuwider. Die individualisierenden Effekte der Therapie artikulierten sich in der Erwartung, dass Patient:innen Verantwortung für ihren therapeutischen Prozess übernahmen und auf ihr künftiges Leben übertrugen. Eine explizite gesellschaftskritische Aufladung des therapeutischen Settings lässt sich in den Selbstzeugnissen der Patient:innen in der DDR – anders als im westlichen «Psychoboom» – nicht nachweisen.

(3) Die vorliegende Arbeit trägt zu einer Patient:innengeschichte der DDR bei. Die Untersuchung gibt den Stimmen von Psychiatrie-Erfahrenen Raum. Dennoch ist auch hier stets zu bedenken, dass institutionelle Erwartungen die formulierten Ansichten formten und filterten. Ähnlich wie aus Eingaben erfahren wir aus den Tagesberichten etwas über die Nachfrage nach medizinischen Angeboten, hier beispielsweise über die wiederkehrenden Bitten um Einbindung in das autogene Training. Wir erhalten Aufschluss darüber, wie Patient:innen ihre Krankheitserzählungen nach therapeutischen Gesichtspunkten rekonstruierten und welche Reibungen zwischen der eigenen Erzählung und dem Deutungsangebot der Therapeut:innen aufkamen. Auch die Erwartungen an Diagnostik und Therapie lassen sich nachvollziehen.

Heute wird die Psychiatrie in der DDR, gerne von Menschen ohne Ost-Erfahrung, vielfach mit Leid und Unrecht, oft auch mit systematischer politischer Repression assoziiert. Vor diesem Hintergrund mag das in dieser Arbeit beschrie-

---

1458 Seit Ende der 1960er Jahre gewannen Emotionen durch die Verbreitung von Therapie und Beratung an Gewicht, vgl. Meier 2015, S. 44.

bene Spektrum des Erlebens, der Erfahrung und des Alltags überraschen. Auch die Parallelität der Entwicklungen in Ost und West ist erstaunlich. In ihrer Polyfonie zeichnen die Stimmen der Psychotherapie-Patient:innen das Bild einer Abteilung, die eine beachtliche Veränderung therapeutischer Kultur und Haltung erreichte.

Nicht ausblenden sollte man jedoch die Unterschiede in Quantität und Breite: War der «Psychoboom» in der BRD ein gesellschaftliches Breitenphänomen, gibt die vorliegende Mikrostudie Einblick in institutionelle «Inseln». Dies zeigt sich umso deutlicher, wenn man das Stimmenspektrum der Psychotherapie-Patient:innen mit dem der zahlenmäßig weit überlegenen Psychiatrie-Patient:innen in der DDR ins Verhältnis setzt.[1459] Die Erfahrungen der Psychotherapie-Patient:innen heben sich deutlich von der oft eher kritisch eingeschätzten psychiatrischen Regelbehandlung oder der «Verwahrung» in einigen Bezirkskrankenhäusern ab. Anders als die meisten Psychiatrie-Patient:innen (soweit deren Erfahrungen bislang zugänglich sind) erlebten die Psychotherapie-Patient:innen die Behandlung großenteils als human, hilfreich, in aller Regel als freiwillig und von größerer Bewegungsfreiheit geprägt. Ein Großteil der Patient:innen sah seine Hoffnungen auf Besserung seiner Leiden zuletzt auch erfüllt.

Ähnliche Schilderungen liegen von Patient:innen der Sozialpsychiatrie in der Leipziger Universitätsnervenklinik vor. Diese wird in der Forschungsliteratur gelegentlich als einsamer Leuchtturm der Reform dargestellt, da in Leipzig bereits in den 1970er Jahren psychotherapeutische Ansätze in der Psychiatrie Anwendung fanden. Doch in psychotherapeutischer Hinsicht ist Leipzig nicht solitär, wie die vorliegende Arbeit zeigt. Vielmehr markieren beide Einrichtungen in Hinsicht auf Beteiligung der Behandelten sowie Handlungs- und Gestaltungsspielräume einen positiven Pol in einem weiten Feld.

Christoph Beyer bezeichnet die reformerisch ambitionierten psychiatrischen Abteilungen als «Inseln» der Psychiatrie in der DDR.[1460] Diese These lässt sich um die psychotherapeutischen Stationen erweitern. Die stationäre Psychotherapie war zum überwiegenden Teil in psychiatrische Einrichtungen eingebunden und fand nur in Ausnahmefällen in eigenen Einrichtungen (Hirschgarten) oder Kliniksanatorien (Potsdam-Neu Fahrland) statt. Diese Lokalisation galt sowohl für die besser ausgestatteten Universitätskliniken als auch für die Bezirksnervenkliniken. Die bauliche, materielle und oft auch personelle Ausgangslage in Universitätskliniken und Bezirkskrankenhäusern unterschied sich zum Teil dramatisch. Auch innerhalb der jeweiligen Institutionen ist von einem Gefälle zwischen Psychotherapiestationen und traditionell ausgerichteten psychiatrischen Abteilungen auszugehen. Psychotherapieabteilungen bildeten nicht nur in der psychia-

1459 Einen Referenzpunkt bieten die Zeitzeug:innen-Interviews mit Psychiatrie-Erfahrenen aus Sachsen, vgl. Mitzscherlich/Müller 2006.

1460 Vgl. Beyer 2022. Ähnlich Falk/Hauer 2007, S. 248.

trischen Landschaft der DDR, sondern auch innerhalb ihrer Heimatinstitutionen Inseln besserer Versorgung. Entsetzt äußerten sich daher manche Psychotherapie-Patient:innen über arbeitstherapeutische Einsätze auf anderen psychiatrischen Stationen. Diese Facette mag zur Differenzierung des Bildes der Psychiatrie in der DDR beitragen.

Wie in der Sozialpsychiatrie nahmen Psychotherapeut:innen stärker Anteil am Leben und Erleben der Patient:innen. Dies entsprach einem systemübergreifenden Zeitgeist.[1461] Die Ansichten der medizinischen Lai:innen sollten als diagnostische und therapeutische Werkzeuge dienen. Die Interaktion zwischen Ärzt:innen und Patient:innen sollte nicht mehr darauf abzielen, ein Objekt dem untersuchenden Blick zu unterziehen, sondern sie wurde als Begegnung zwischen zwei Subjekten begriffen.[1462] Das Beispiel des therapeutischen Schreibens zeigt, welche Resonanz das Interesse an den subjektiven Ansichten der Patient:innen im patriarchal verfassten Gesundheitswesen der DDR fand. Dies lässt sich als Ausdruck jenes «Wandlungsprozess[es] der DDR-Gesellschaft» verstehen, «der seit Anfang der 1970er Jahre zu einer erweiterten Sicht auf das Subjekt und die Individualität führte».[1463] Vergleichbare Tendenzen finden sich auch in anderen gesellschaftlichen Bereichen, etwa in der Literatur. Wie in der BRD entdeckten Lyrik und Prosa das Individuum wieder.[1464] Wie die Tagesberichte zeichnete sich die neue literarische Strömung durch eine Trennung zwischen der politischen Sphäre und der Erfahrungswelt individueller Subjektivität aus.

Diese Verschiebung verband sich mit einem Wandel der Patient:innenrolle in Teilbereichen des spätsozialistischen Gesundheitswesens. Dass die Patient:innen schreiben sollten, war allerdings nicht nur der Neugier progressiver Therapeut:innen geschuldet. Vielmehr motivierte eine veränderte Vorstellung von Verantwortlichkeit die neue Praktik. Anders als noch unter Karl Leonhard sollten die Patient:innen sich aktiv mit ihrem Innenleben auseinandersetzen, weil dies die Grundlage einer eigenverantwortlichen therapeutischen Intervention bildete. Die Selbstermächtigung, sich selbst als handelndes Subjekt erleben und definieren zu können, war durchaus Ziel der Therapie.

Nun steht diese Entwicklung mitnichten für sich. Auch in der Prävention wurde, vor allem nach dem Beitritt zur WHO, auf Eigenverantwortung gesetzt.[1465] Auch die Betroffenen verstanden sich selbst, dem internationalen Trend entsprechend, immer häufiger als «aktive Konsumenten von Gesundheitsleistun-

1461 Vgl. Armstrong 1987.

1462 Vgl. ebd., S. 203 f.

1463 Geyer/König 2011, S. 473.

1464 Vgl. Tändler 2016, S. 22. Die Strömung in der BRD wird mit Marcel Reich-Ranicki als «Neue Subjektivität» bezeichnet. Zu den Autor:innen aus der DDR zählt etwa Ulrich Plenzdorf.

1465 Vgl. Madarász-Lebenhagen 2015.

gen» und weniger als «passive Rezipienten».[1466] In Eingaben pochten sie, nicht selten mit Erfolg, auf das staatliche Fürsorgeversprechen. Beim therapeutischen Schreiben gab man solche Ansprüche allerdings an die Patient:innen zurück und unterstrich deren Eigenverantwortung im therapeutischen Prozess.

Im Kontext der internationalen Partizipation der DDR wurde den Menschen in zunehmend mehr Bereichen gesundheitliche Eigenverantwortung zugesprochen. Die Figur des *doing patient* steht gewissermaßen stellvertretend für diese Verschiebung: Auch in der DDR konstituierten sich Patient:innen mehr und mehr durch ihr eigenverantwortliches Handeln als therapeutische Subjekte. Der Zielkonflikt wurde aber nicht offen ausgetragen. So war das eigenverantwortliche Subjekt grundsätzlich anschlussfähig an die Maximen eines Gesundheitswesens, das die Selbstsorge zur Gemeinwohlpflicht erhob. Zugleich aber widersprach die Idee eines eigenverantwortlichen Subjekts dem umfassenden Macht- und Fürsorgeanspruch des Staates.

(4) Die Arbeit zeigt die subjektivierende Funktion des Schreibens therapeutischer Berichte. Die Patient:innen bildeten beim Verfassen von Lebensberichten eine therapeutische Biografie heraus, die konstitutiv für das Subjekt wurde. Wurden Patient:innen als neurotisch diagnostiziert, begannen sie, sich auf eine bestimmte Art und Weise selbst zu betrachten. Der eigene diagnostische Blick fügte biografische Erlebnisse, psychische Vorgänge und körperliches Empfinden zu einem für die Betroffenen schlüssigen Selbstbild zusammen. Im Laufe der Behandlung häuften die Patient:innen immer mehr therapeutisches Wissen an, das in ihre Selbstbeobachtung und Selbstregulation einfloss.[1467] Dieses Wissen verband sich mit einem therapeutischen Blick auf ihr Innenleben und ihre sozialen Beziehungen. Dieser Subjektivierungsprozess lässt sich als «Therapeutisierung des Selbst» verstehen.[1468]

Das Modell der Therapeutisierung wurde bislang vor allem zur Beschreibung einer spezifisch westdeutschen Entwicklung herangezogen. Dabei wurde der «Psychoboom», der sich unter anderem durch die milieuspezifische Rezeption eines therapeutischen Wissens- und Praxiskomplexes auszeichnete, diskursiv rekonstruiert.[1469] Eine Therapeutisierung in diesem strengen Sinne gab es in der DDR nicht. Insofern lässt sich auch eine vergleichbare «Therapeutisierungswelle», wie Tändler es formuliert, für die DDR nicht diskursanalytisch aufzeigen.[1470] Die Tabuisierung der Psychoanalyse, ideologische Einschränkungen des öffentli-

1466 Bruns 2022, S. 245.

1467 Dieser Prozess richtete sich auf das Seelenleben und lässt so Parallelen zur Beichte erkennen.

1468 Den Begriff nutzt u. a. Elberfeld 2020.

1469 Vgl. Tändler 2016.

1470 Vgl. Tändler 2019, S. 371.

chen Diskurses um Psychiatrie und Psychotherapie, die Drosselung der Studierendenzahlen durch die dritte Hochschulreform, die daraus resultierende Bindung von Psycholog:innen im Gesundheitswesen sowie das Fehlen eines «grauen Marktes» und etwaiger subkultureller Milieus verhinderten die Herausbildung eines ostdeutschen «Psychobooms» mit gesellschaftlicher Breitenwirkung.

Die vorliegende Arbeit fokussiert jedoch auf therapeutische Praktiken in den Institutionen des Gesundheitswesens, nicht auf die Verbreitung therapeutischer Ansätze jenseits professioneller Anbieter:innen.[1471] Die institutionellen Schreibpraktiken verweisen in Analogie zu der breiten Therapeutisierungswelle im Westen auf eine Therapeutisierung des Selbst, nämlich die Veränderung von Selbst- und Sozialverhältnissen unter therapeutischem Vorzeichen.

Schreibend wurden die Patient:innen Teil und Mitwirkende eines therapeutischen Regimes, verinnerlichten dessen Normen und perpetuierten dessen Ordnungsstrukturen. Mit Foucault lässt sich diese therapeutisch informierte Selbstbetrachtung und Verhaltensadaption durchaus als Praktik der Selbstführung («Technik des Selbst») verstehen.[1472] Sie war Element einer viel breiter gedachten «Selbstregierung» des Individuums. Da die therapeutisch informierte Selbstexploration und -regulation eine nachhaltige Veränderung von Selbstverhältnissen bewirkte, überführten die Patient:innen das therapeutische Regime in ihren Alltag und gaben ihr Wissen auch an andere weiter. Das war unter prophylaktischen Gesichtspunkten durchaus gewünscht. Ob aber auch eine Weiterverbreitung der selbstermächtigenden Komponente dieser Selbstregierung, die in mancher Hinsicht mit politisch-gesellschaftlich vermittelten Erwartungen konkurrierte, intendiert war, gesehen oder gar geduldet wurde, muss offenbleiben.

Die Techniken des Selbst spielen eine wichtige Rolle für die *governmentality studies*, die im Anschluss an Foucault auf eine Analyse (neo-)liberaler Regierungsrationalität abzielen. Der Liberalismus ist konzeptionell darum bemüht, die Freiheit des Einzelnen zu produzieren und zu organisieren. Als Regierungskunst macht er die Freiheit des Individuums zum Maßstab des Regierungshandelns. In diesem Feld gewinnen Techniken des «Sich-selbst-Regierens» an Bedeutung gegenüber politischen Herrschaftspraktiken. Auf dieser Grundlage zeigt Nikolas Rose, wie Psychotechniken als Teil (neo-)liberaler Gouvernementalität fungieren.[1473] So werden auch Therapeutisierungsprozesse bisher vorzugsweise als Elemente einer solchen Regierungsrationalität analysiert. Inzwischen wird Kritik an einer – von Rose selbst nicht beabsichtigten – theoretischen Verengung dieser Analysen auf (neo-)liberale Gesellschaften geäußert und eine Ausweitung auf so-

1471 Damit folgte sie den Anregungen von Geisthövel/Streng 2019.

1472 Vgl. Foucault 2005.

1473 Vgl. Rose 1996.

zialistische Gesellschaften angeregt.[1474] Welche Rolle spielten also psychotherapeutisch informierte Selbstführungstechniken in der spätsozialistischen DDR?

Die therapeutisch vermittelten Normen zeitigten einerseits individualisierende Tendenzen. Die Patient:innen sollten mittels Selbsterfahrung ihr Inneres explorieren. Dabei orientierten sich viele an einem Ideal des «authentischen Selbst». Möglicherweise entfaltete die psychotherapeutisch legitimierte Beschäftigung mit der eigenen Singularität besondere Anziehungskraft im Kollektivismus – oder mit Reckwitz gesprochen: in einer Gesellschaft, die in besonderem Maße durch eine «Logik des Allgemeinen» geprägt blieb.[1475] Dies galt offenbar besonders für Therapeut:innen. Manche geben in der Retrospektive als Studienmotivation an, dass sie Patient:innen bei der Selbstfindung helfen wollten.[1476] Auf der anderen Seite mag man in der Aufwertung der Bedürfnisse und der Wertschätzung des einzelnen Menschen, ähnlich wie Lehmbrock, Reminiszenzen an die Honecker'sche Sozial- und Wohlfahrtspolitik erkennen.[1477]

Den individualisierenden Tendenzen stand in unauflösbarer Ambivalenz der Druck zur Einpassung in die Gruppe entgegen. Diese individualisierenden Tendenzen des therapeutischen Settings kollidierten beständig mit den kollektivierenden Gesellschaftsstrukturen. Dieses Paradox charakterisiert auch das Schreiben als Individualpraktik in einem Gruppensetting. Andere therapeutische Normen passten mit althergebrachten sozialistischen Leitvorstellungen recht reibungslos zusammen. Dazu zählten beispielsweise die Arbeitsmoral, körperliche Ertüchtigung, kreative und kulturelle Bildung und Betätigung sowie die Erwartung, ein produktives und sozial angepasstes Gruppenmitglied zu werden. Diese Werte haben eine große Schnittmenge mit den politisch-ideologischen Vorstellungen von der sozialistischen Persönlichkeit. Es ist allerdings nicht festzustellen, dass der Therapie explizit politisch-ideologische Vorstellungen zugrunde gelegt worden wären. Vielmehr galten viele dieser therapeutischen Richtwerte bereits früher und gelten noch immer – das heißt systemübergreifend – als gesundheitsfördernd. Gleichzeitig wurden individuelle Gesundheitsentscheidungen innerhalb und außerhalb der Klinik, wie Mary Fulbrook formuliert, «stark [...] durch vorherrschende gesellschaftliche und kulturelle Erwartungen» beeinflusst.[1478] In dieser Hinsicht griffen das therapeutische und das gesellschaftliche Regime ineinander. Dennoch stellte die Psychotherapie an der Charité kein politisch intendiertes Programm zur Formung sozialistischer Persönlichkeiten dar.

Psychotherapeutische Angebote passten grundsätzlich mit dem humanistisch idealisierten Fürsorgeanspruch eines Staates zusammen, der um das ge-

1474 Vgl. Lišková 2018.

1475 Reckwitz 2017a, S. 27 ff.

1476 Vgl. bspw. Simon 2022, S. 211.

1477 Vgl. Lehmbrock 2022.

1478 Fulbrook 2008a, S. 118.

sundheitliche Wohlbefinden der Bürger:innen besorgt war. Das schloss den Erhalt ihrer Arbeitsfähigkeit und die Steigerung ihrer Produktivität ein. Diese Sorge wurde im Gesundheitswesen meist paternalistisch umgesetzt. Sie regulierte und begrenzte die Eigeninitiativen der Bürger:innen. Mit Blick auf die dynamische Gruppenpsychotherapie und das therapeutische Schreiben entstand ein Widerspruch: Der emanzipatorische Anspruch der Konzepte fügt sich nicht schlüssig in dieses Regulativ. Dieser Widerspruch rechtfertigte sich zum einen über den Zweck. Wirkte die Therapie etwa auf die Arbeitsfähigkeit der Patient:innen hin, fungierte dies legitimierend. Zum anderen war der Widerspruch dem Umstand geschuldet, dass die Partei nicht zu einer einheitlichen Linie im Umgang mit der Psychotherapie fand. Vielmehr oszillierte die Haltung der SED zwischen dem Anspruch einiger Parteikader, psy-wissenschaftliche Erkenntnisse für den Aufbau des Sozialismus nutzbar zu machen, und der – gewissermaßen paralysierenden – Ansicht anderer, dass Psychotherapie etwas Bourgeoises sei, das mit dem Fortschreiten des Sozialismus überwunden würde.

Der emanzipatorische Anspruch der Psychotherapie fügte sich hingegen in die politische Adjustierung des Gesundheitssystems, das dem Individuum in einigen Bereichen mehr Eigenverantwortung für seine Gesundheit übertrug. Der Rückgriff auf Selbstführungstechniken ging dabei mit einem präventionspolitischen Anspruch einher, der das Individuum im Sinne des Gemeinwohls zur Selbstsorge in die Pflicht nahm.[1479] Die Strukturanalogie zu (neo-)liberalen Regierungsmustern ist deutlich zu erkennen.

Die Selbstsorge kannte jedoch Grenzen: Das Individuum sollte nicht umfassend seiner Selbstanleitung überlassen werden. Daher versuchte man, die therapeutische Selbstführung weiterhin zu regulieren. Man räumte Patient:innen im Spätsozialismus mehr Freiräume ein, die der Selbstführung überlassen wurden. Zugleich aber bemühte man sich um eine weitgehend lückenlose Kontrolle ebendieser Räume, indem Therapeut:innen in einer hierarchisch übergeordneten Stellung und als institutionelle Autorität sogar schriftlich jeden Tag über das eigene Innenleben zu informieren waren. Diese paradoxe Konstellation war unauflösbar. Therapeutischer Rat war, wie Ratgeber, Rundfunk und Fernsehen betonten, bei Expert:innen in der Institution zu suchen. Selbsthilfebewegungen[1480] oder andere Organisationsformen einer «Emanzipation des Patienten»[1481] wurden bis zuletzt unterbunden.

1479 Die «Idee der kollektiven Gesundheit» hat eine längere Verankerung in der deutschen Geschichte und stand, wie Fulbrook betont, «paradoxerweise im Einklang mit früheren Traditionen einer ganz anderen ideologischen Richtung», wobei sie auf die nationalsozialistische Pervertierung der Idee hinweist, vgl. ebd., S. 109.

1480 Vgl. Balz 2020a, S. 248; Wahl 2020b, S. 242.

1481 Tändler nutzt diesen Begriff für die BRD, wo die Selbsthilfebewegung unterdessen eine Blüte erlebte, vgl. Tändler 2016, S. 164.

Die Implementierung von Selbstführungstechniken in ihrer ambivalent kontrollierten Form verweist auf Widersprüchlichkeiten im spätsozialistischen Gesundheitswesen. In vielen Bereichen wurden Patient:innen auf Fürsorgeleistungen empfangende Objekte reduziert, in anderen hingegen zu eigenverantwortlichen Subjekten ihrer eigenen Gesundheit (im Dienste des Allgemeinwohls) stilisiert. Diese inhärente Spannung lässt sich als Ausdruck breiterer gegenläufiger gesellschaftlicher Entwicklungen der Honecker-Ära betrachten. Ein sich ausbreitender Individualismus konterkarierte den tradierten Kollektivismus und das Idealbild der sozialistischen Persönlichkeit.[1482] Psychologisch informierte Selbstführungstechniken finden sich im Spätsozialismus dort, wo Kollektivismus und Individualismus miteinander in Konflikt gerieten. Und sie verweisen damit auf einen grundsätzlichen Widerspruch im spätsozialistischen Gesundheitswesen zwischen dem staatlichen Fürsorgeversprechen und der individuelle Selbstsorge als Gemeinwohlpflicht.

Mit dem Ansatz der Therapeutisierung lässt sich – nicht nur in (neo-)liberalen Gesellschaften – eine (Um-)Verteilung von Handlungsmacht im Gesundheitswesen abbilden.[1483] Die vorliegende Arbeit zeigt, wie sich in Teilen des DDR-Gesundheitswesens die Therapeutisierung von Selbstverhältnissen mit einer veränderten Rolle von Patient:innen verband. Dies war Teil einer internationalen Bewegung, den Menschen als Subjekt seiner Gesundheit stärker in die Eigenverantwortung zu nehmen. Diese Entwicklung setzt sich bis in die Gegenwart fort: Heute konfrontiert uns die Verbreitung moderner Informationstechnologien, etwa im Sinne eines quantifizierten Selbst beim Self-Tracking durch Wearables,[1484] mit wachsenden Anforderungen an die individuelle Gesundheitsverantwortung und Patient:innenkompetenz.

Meine Arbeit liefert der weiteren Forschung zwei Anstöße. Erstens lässt sich mit ihr die bislang oft auf westliche Narrative beschränkte Relevanz psychotherapeutischer Selbstführung systemübergreifend denken. In diesem Sinne plädiert sie für eine transnationale Historiografie der Therapeutisierung. Zweitens macht die Arbeit mit der Figur des *doing patient* ein methodisches Deutungsangebot, das das Potenzial praxeologischer Ansätze für die Patient:innengeschichte unterstreicht.

Die vorliegende Untersuchung hat gezeigt, dass sich Therapeutisierungsprozesse in der lokalen Praxis für die DDR beschreiben lassen. Damit stellt sich die Geschichte der Therapeutisierung im 20. Jahrhundert nicht allein als westliche, aber auch nicht hinreichend als deutsch-deutsche Geschichte dar. Schließlich war

1482 Vgl. Fulbrook 2008b.

1483 Vgl. Geisthövel/Streng 2019. Als Beleg ihrer Feststellung führen Geisthövel und Streng die Subjektivierung chronisch Kranker im Verlauf des 20. Jahrhunderts ins Feld, vgl. ebd., S. 304 f.

1484 Vgl. Mämecke 2021.

der Blick ostdeutscher Therapeut:innen nicht nur auf Westeuropa und Nordamerika gerichtet. Auch die Rolle der Psychotherapienetzwerke gen Osten, insbesondere in die ČSSR, war für die hier dargelegten Entwicklungen wichtig und wäre in einer transnationalen Geschichte der Therapeutisierung zu berücksichtigen.[1485]

Erweitert man die Perspektive auf die Folgezeit, sollten die Jahre 1989/90 nicht als Zäsur gelten. Vielmehr wäre der Wandel des Therapeutischen zwischen den 1980er und 1990er Jahren in den Blick zu nehmen. Über die DDR ist bekannt, dass die schnelle politische Abwicklung der Polikliniken zu einer «Niederlassungsschwemme auf dem Feld der Psychotherapie» führte.[1486] Wie reagierten Therapeut:innen und potenzielle Klient:innen auf diesen zeitversetzten «Psychoboom», von dem manche Therapeut:innen fürchteten, er würde die ostdeutsche Bevölkerung überrollen? Welche Funktion und Bedeutung kam den psychotherapeutischen Praktiken im Umgang mit enttäuschten Erwartungen und Hoffnungen, mit bisweilen traumatischen Erfahrungen im Prozess der wirtschaftlichen Umgestaltung und der Entwertung der früheren Lebensordnung zu? Und inwiefern floss psychologisches und psychoanalytisches Wissen in der ersten Hochphase der «Aufarbeitung» der DDR-Geschichte in Gesellschafts- und Sozialdiagnosen ein? Die Arbeit bietet hier einen Ausgangspunkt, um die Bedeutung des Therapeutischen in der Transformation der 1990er Jahre zu verstehen. In einer solchen Geschichte wären die Stränge aus BRD und DDR ebenso zusammenzuführen, wie es die Rolle internationaler fachlicher Verbindungen zu berücksichtigen gälte.

Das soziologisch grundierte praxeologische Subjektverständnis der vorliegenden Untersuchung bietet sich an, um die Patient:innenrolle im Nachgang der Psychiatriereformen in diversen gesellschaftlichen Kontexten historisch zu erforschen.[1487] Auch jenseits des Psy-Kontextes gewannen medizinische Selbstführungspraktiken in der zweiten Hälfte des 20. Jahrhunderts rapide an Bedeutung. Untersuchungen zur Subjektivierung von Patient:innen können damit einen wichtigen Beitrag zum Verständnis der historischen Entwicklung des Gesundheitswesens leisten und die Position von Patient:innen in der Medizingeschichte stärken. So ließen sich weitere Felder des DDR-Gesundheitswesens mit internationalen Entwicklungen in Verbindung setzen.

Auch in dieser Hinsicht steht eine Untersuchung der deutschen Transformationsgeschichte aus. Mit dem Einigungsvertrag übernahmen die sogenannten neuen Bundesländer das bundesrepublikanische Gesundheitssystem – trotz dessen ebenfalls bekannter Reformbedürftigkeit und des Beharrens ostdeutscher

---

1485 Anknüpfungspunkte bieten beispielsweise Savelli 2018; Marks 2018.

1486 Strauß et al. 2022b, S. 7.

1487 Zur soziologischen Forschung an der Subjektivierung von Psychiatrie-Erfahrenen aus der BRD seit den 1960er Jahren vgl. Bröckling/Korecky 2022.

Akteur:innen auf dem Erhalt bewährter Versorgungselemente. Für die Patient:innen änderte sich manches: Das veränderte Versicherungssystem forderte höhere Beitragssätze und Zuzahlungen, viele Leistungen wurden gar nicht mehr von den Kassen gedeckt; die Absicherung im Krankheitsfall und die Pflege erkrankter Kinder wurden neu geregelt; medizinische Versorgung fanden sie nun nicht mehr integrativ in Poliklinik oder Ambulatorium, sondern bei niedergelassenen Ärzt:innen. Wie erlebten Patient:innen diese Umbruchszeit? Mehr noch: Wie wirkten sich diese Transformationen im Gesundheitswesen auf das Selbstverständnis und Selbstverhältnis von (vor allem chronisch kranken) Patient:innen aus? Welche Bereiche eigenverantwortlicher Selbstsorge waren anschlussfähig an die neuen Strukturen? Und wie wirkten sich konfligierende Subjektideale aus, die Patient:innen mit chronischen Leiden nun herausforderten, Gesundheitsexpert:innen ihrer selbst zu werden? Eine ernsthafte Erforschung dieser Transformationsprozesse wird sich dem Erleben, den Erfahrungen und den Ansichten von Patient:innen nicht verweigern können.

Abkürzungsverzeichnis

BArch	Bundesarchiv
BFB	Beschwerdefragebogen
BMBF	Bundesministerium für Bildung und Forschung
BRD	Bundesrepublik Deutschland
BStU	Bundesbehörde für die Stasi-Unterlagen
DDR	Deutsche Demokratische Republik
DRA	Deutsches Rundfunkarchiv
DSF	Gesellschaft für Deutsch-Sowjetische Freundschaft
DSM	Diagnostic and Statistical Manual for Mental Disorders
FDGB	Freier Deutscher Gewerkschaftsbund
FDJ	Freie Deutsche Jugend
FPI	Freiburger Persönlichkeitsinventar
GäP	Gesellschaft für ärztliche Psychotherapie
GfP	Gesellschaft für Psychologie der DDR
GPN	Gesellschaft für Psychiatrie und Neurologie
HdG	Haus der Gesundheit (Ostberlin)
HPAC	Historisches Psychiatriearchiv der Charité
HU UA	Universitätsarchiv der Humboldt-Universität zu Berlin
ICD	International Classification of Diseases
IM	Inoffizieller Mitarbeiter des Ministeriums für Staatssicherheit
IMS	Inoffizieller Mitarbeiter zur politisch-operativen Durchdringung und Sicherung des Verantwortungsbereiches
MfS	Ministerium für Staatssicherheit
MMPI	Minnesota Multiphasic Personality Inventory

NVA	Nationale Volksarmee
PPKV	Psychopathologisches Kurzverfahren
SBZ	Sowjetische Besatzungszone
SED	Sozialistische Einheitspartei Deutschlands
VEB	Volkseigener Betrieb
VFB	Verhaltensfragebogen
WHO	Weltgesundheitsorganisation
ZK	Zentralkomitee der SED

Quellenverzeichnis

Behörde des Bundesbeauftragten für die Unterlagen des Staatssicherheitsdienstes der ehemaligen DDR, Berlin (BStU)

BArch, MfS, BV Berlin, Abt. XX, Nr. 9882
BArch, MfS, HA II, Nr. 25823
BArch, MfS, HA XX, Nr. 41
BArch, MfS, ZAIG, Nr. 15098

Bundesarchiv Berlin (BArch)

BArch, DQ123/19 (Gesellschaft für ärztliche Psychotherapie)
BArch, DQ123/21 (Gesellschaft für ärztliche Psychotherapie)
BArch, DQ1/23571 (Ministerium für Gesundheitswesen der DDR)

Stiftung Deutsches Rundfunkarchiv Potsdam-Babelsberg – DDR-Rundfunk

Radio:

DRA 2008388
DRA 2023141
DRA 2023376
DRA 2023748
DRA 2024125
DRA 2025203
DRA 2025205
DRA 2025248
DRA 2028412
DRA OMS00898
DRA OMS02448
DRA OMS05666
DRA OMS06271

Fernsehen:

DRAB-H 001613
DRAB-H 004167
DRAB-H 024397
DRAB-H 025686
DRAB-H 029148
DRAB-H 499502
DRAB-H 525332
DRAB-H 528427
DRAB-H 553100
DRAB-H 589946
DRAB-H 592766
DRAB-H 592766
DRAB-H 59941

Historisches Psychiatriearchiv der Charité, Berlin (HPAC)

Verwaltungsarchiv der Psychiatrischen und Nervenklinik der Charité:

HPAC, Konvolut Dr. Seige
HPAC, Vorl. Nr. 4,59, Personalkartei der Psychiatrischen und Nervenklinik

Krankenblattarchiv:

HPAC, Diagnosebuch M 01.15

Zitierte Krankenakten:

Jahr	Frauen	Männer
1952	HPAC, 422/52F	-
1957	HPAC, 746/57F	-
	HPAC, 765/57F	
	HPAC, 766/57F	
1973	HPAC, 390/73F	-
1974	HPAC, 356/74F	HPAC, 340/74M
	HPAC, 577/74F	HPAC, 449/74M
	HPAC, 581/74F	HPAC, 468/74M
	HPAC, 636/74F	HPAC, 557/74M
1975	HPAC, 171/75F	HPAC, 14/75M
	HPAC, 489/75F	HPAC, 92/75M
	HPAC, 503/75F	HPAC, 100/75M
	HPAC, 584/75F	HPAC, 150/75M
	HPAC, 647/75F	HPAC, 246/75M

		HPAC, 261/75M
		HPAC, 319/75M
		HPAC, 323/75M
		HPAC, 391/75M
		HPAC, 400/75M
		HPAC, 468/75M
1976	HPAC, 28/76F	HPAC, 15/76M
	HPAC, 42/76F	HPAC, 55/76M
	HPAC, 66/76F	HPAC, 105/76M
	HPAC, 83/76F	HPAC, 181/76M
	HPAC, 240/76F	HPAC, 201/76M
	HPAC, 315/76F	HPAC, 207/76M
	HPAC, 360/76F	HPAC, 232/76M
	HPAC, 369/76F	HPAC, 237/76M
	HPAC, 401/76F	HPAC, 320/76M
	HPAC, 414/76F	HPAC, 351/76M
	HPAC, 420/76F	HPAC, 429/76M
	HPAC, 438/76F	HPAC, 430/76M
	HPAC, 439/76F	HPAC, 435/76M
	HPAC, 479/76F	HPAC, 438/76M
	HPAC, 543/76F	HPAC, 479/76M
	HPAC, 579/76F	HPAC, 499/76M
	HPAC, 652/76F	HPAC, 503/76M
		HPAC, 515/76M
		HPAC, 582/76M
		HPAC, 599/76M
		HPAC, 615/76M
		HPAC, 625/76M
1977	HPAC, 18/77F	HPAC, 65/77M
	HPAC, 85/77F	HPAC, 102/77M
	HPAC, 121/77F	HPAC, 119/77M
	HPAC, 179/77F	HPAC, 142/77M
	HPAC, 228/77F	HPAC, 199/77M
	HPAC, 258/77F	HPAC, 252/77M
	HPAC, 288/77F	HPAC, 268/77M
	HPAC, 444/77F	HPAC, 464/77M
	HPAC, 477/77F	HPAC, 468/77M
	HPAC, 607/77F	HPAC, 469/77M
	HPAC, 620 A/77F	
	HPAC, 622/77F	
1978	HPAC, 41/78F	HPAC, 8/78M
	HPAC, 72/78F	HPAC, 20/78M
	HPAC, 126/78F	HPAC, 52/78M

	HPAC, 182/78F	HPAC, 145/78M
	HPAC, 183/78F	HPAC, 246/78M
	HPAC, 184/78F	HPAC, 247/78M
	HPAC, 185/78F	HPAC, 248/78M
	HPAC, 186/78F	HPAC, 249/78M
	HPAC, 293/78F	HPAC, 288/78M
	HPAC, 294/78F	HPAC, 312/78M
	HPAC, 297/78F	HPAC, 317/78M
	HPAC, 304/78F	HPAC, 320/78M
	HPAC, 318/78F	HPAC, 322/78M
	HPAC, 403/78F	HPAC, 337/78M
	HPAC, 410/78F	HPAC, 338/78M
	HPAC, 413/78F	HPAC, 339/78M
	HPAC, 414/78F	HPAC, 348/78M
	HPAC, 415/78F	HPAC, 354/78M
	HPAC, 416/78F	HPAC, 362/78M
	HPAC, 419/78F	HPAC, 377/78M
	HPAC, 433/78F	HPAC, 379/78M
	HPAC, 475/78F	HPAC, 391/78M
	HPAC, 487/78F	HPAC, 392/78M
	HPAC, 493/78F	HPAC, 402/78M
	HPAC, 500/78F	HPAC, 408/78M
	HPAC, 502/78F	HPAC, 409/78M
	HPAC, 666/78F	HPAC, 461/78M
		HPAC, 495/78M
		HPAC, 514/78M
		HPAC, 566/78M
1979	HPAC, 544/79F	HPAC, 288/79M
1982	HPAC, 553/82F	HPAC, 582/82M
	HPAC, 674 A/82F	
1983	HPAC, 205/83F	HPAC, 81/83M
	HPAC, 300/83F	HPAC, 364/83M
	HPAC, 600/83F	
1984	HPAC, 87/84F	HPAC, 167/84M
	HPAC, 756/84F	
1985	HPAC, 289/85F	HPAC, 113/85M
1986	-	HPAC, 64/86M
1987	-	HPAC, 402/87M
		HPAC, 438/87M
1988	HPAC, 139/88F	HPAC, 310/88M

1989	HPAC, 229/89F	HPAC, 272/89M
	HPAC, 427/89F	HPAC, 286/89M
	HPAC, 624/89F	HPAC, 415/89M
	HPAC, 653/89F	HPAC, 432/89M
		HPAC, 454/89M
		HPAC, 501/89M
		HPAC, 554/89M

Presse

Neue Zeit (1977)
Sibylle. Zeitschrift für Mode und Kultur (1977, 1978)

Universitätsarchiv der Humboldt-Universität zu Berlin (HU UA)

HU UA, Personalakten der Charité, Personalakte Helmut Kulawik
HU UA, Personalakten der Charité, Personalakte Karl Leonhard
HU UA, Personalakten der Charité, Personalakte E.
HU UA, Gesellschaft für Psychologie der DDR, GfP/198

Lautarchiv der Humboldt-Universität zu Berlin, «Biografie, Rudolf Thiele», https://www.lautarchiv.hu-berlin.de/objekte/-/17251/ (Stand: 02.02.2023).

Zeitzeug:innen

Zeitzeug:innen-Interview, anonymisiert, am 14.12.2021.

Literaturverzeichnis

Abu Zahra, Claudia: Die ambulante psychiatrisch-psychotherapeutische Versorgung in der DDR am Beispiel der Hauptstadt Ostberlin. Auswirkungen der Psychiatriereform der 1960er Jahre (Diss.: Charité Universitätsmedizin Berlin 2015).

Ankele, Monika: Alltag und Aneignung in Psychiatrien um 1900. Selbstzeugnisse von Frauen aus der Sammlung Prinzhorn, Köln 2009.

Anonym: Geehrt, in: Deutsches Ärzteblatt 93.3 (1996), S. 89.

Anonym: Prof. Dr. Heinrich Schulze. Auf Umwegen in die Charité, in: Perleberger Erinnerungsblättchen 40 (2017), o. S.

Arend, Jan: Ist Stress westlich? Zum zeitgeschichtlichen Ort der Belastungssorge, in: Geschichte und Gesellschaft 45.2 (2019), S. 245–274.

Armbruster, Jan / Jarisch, Anne: Im Spannungsfeld von individueller Rehabilitation und Missbrauch. Arbeitstherapie in der DDR-Psychiatrie am Beispiel des Bezirkskrankenhauses Stralsund, in: Schriftenreihe der DGGN 20 (2014), S. 353–384.

Armstrong, David: Sagen und Hören. Das Problem der Sicht des Patienten, in: Hahn, Alois / Kapp, Volker (Hg.): Selbstthematisierung und Selbstzeugnis. Bekenntnis und Geständnis, Frankfurt am Main 1987, S. 193–207.

Arndt, Melanie: Gesundheitspolitik im geteilten Berlin 1948 bis 1961, Köln 2009.

Atzl, Isabel / Hess, Volker: Zeitzeugen Charité. Arbeitswelten der Psychiatrischen und Nervenklinik 1940–1999 – Begleitbuch zur Ausstellung des Berliner Medizinhistorischen Museums der Charité, 3. März bis 12. Juni 2005, Münster 2005.

Bach, Otto / Plöttner, Günther / Schade, Maria / Weise, Hannelore: Epidemiologische Untersuchungen zum Psychotherapie-Bedarf, in: Psychiatrie, Neurologie und medizinische Psychologie 31 (1979), S. 589–596.

Bacopoulos-Viau, Alexandra / Fauvel, Aude: The Patient's Turn. Roy Porter and Psychiaty's Tales, Thirty Years on, in: Medical History 60.1 (2016), S. 1–18.

Balz, Viola: ‹Für einen Aktivisten wie mich muss es in einem sozialistischen Staat doch effektive Medikamente geben›. Psychopharmaka und Konsumenteninteresse in der DDR, in: NTM Zeitschrift für Geschichte der Wissenschaften, Technik und Medizin 21.3 (2013), S. 245–271.

Balz, Viola: Dietfried Müller-Hegemann oder psychophysische Medizin à la Pawlow, in: Geisthövel, Alexa / Hitzer, Bettina (Hg.): Auf der Suche nach einer anderen Medizin. Psychosomatik im 20. Jahrhundert, Berlin 2019, S. 211–221.

Balz, Viola: ‹Nur eine Cognacbohne›. Alkohol im Spiegel der Gesundheitsfilme des Deutschen Hygienemuseums Dresden, in: Kumbier, Ekkehardt (Hg.): Psychiatrie in der DDR II. Weitere Beiträge zur Geschichte, Berlin 2020a, S. 243–262.

Balz, Viola: Riskante Selbstverhältnisse. Alkohol im Spiegel des Gesundheitsfilms in der DDR, in: Balz, Viola / Malich, Lisa (Hg.): Psychologie und Kritik. Formen der Psychologisierung nach 1945, Wiesbaden 2020b, S. 165–186.

Balz, Viola / Klöppel, Ulrike: Wendung nach Innen. Sozialpsychiatrie, Gesundheitspolitik und Psychopharmaka in der Deutschen Demokratischen Republik, 1960–1989, in: Vierteljahreshefte für Zeitgeschichte 63 (2015), S. 539–567.

Beauvoir, Simone de: Das andere Geschlecht. Sitte und Sexus der Frau, Hamburg 1951.

Beddies, Thomas / Hulverscheidt, Marion / Baader, Gerhard: Kinder, Streik und neue Räume (1890–1918), in: Bleker, Johanna / Hess, Volker (Hg.): Die Charité. Geschichte(n) eines Krankenhauses, Berlin 2016, S. 126–146.

Beer, Kornelia / Weißflog, Gregor: Weiterleben nach politischer Haft in der DDR. Gesundheitliche und soziale Folgen, Göttingen 2011.

Begenau, Jutta: Betriebliche Gewerkschaftsarbeit an der Charité, in: Bleker, Johanna / Hess, Volker (Hg.): Die Charité. Geschichte(n) eines Krankenhauses, Berlin 2016a, S. 226–229.

Begenau, Jutta: Hauptamtliche Mitarbeiter des Ministeriums für Staatssicherheit an der Charité, in: Bleker, Johanna / Hess, Volker (Hg.): Die Charité. Geschichte(n) eines Krankenhauses, Berlin 2016b, S. 224–226.

Begenau, Jutta: Staatssicherheit an der Charité. Der IM ‹Harald Schmidt› und die ‹Sicherheitspolitik von Partei und Regierung› an der Charité 1972–1987, Berlin 2017.

Bergmann, Bärbelies: Kombiniert abnorme Wesenszüge in neurotischen Reaktionen, Jena 1961.

Bernhardt, Heike: Mit Sigmund Freud und Iwan Petrowitsch Pawlow im Kalten Krieg. Vom Untergang der Psychoanalyse in der frühen DDR, in: Diederichs, Peter (Hg.): Psychoanalyse in Ostdeutschland, Göttingen 1998, S. 11–50.

Bernhardt, Heike / Horn, Maren / Kaminsky, Uwe / Kleist, Cornelia von / Lockot, Regine / Ludwig-Körner, Christiane / Sommer, Petra: Chronik zur Psychoanalysegeschichte in Ostdeutschland, in: Bernhardt, Heike / Lockot, Regine (Hg.): Mit ohne Freud. Zur Geschichte der Psychoanalyse in Ostdeutschland, Gießen 2000, S. 380–406.

Bernhardt, Heike / Lockot, Regine (Hg.): Mit ohne Freud. Zur Geschichte der Psychoanalyse in Ostdeutschland, Gießen 2000a.

Bernhardt, Heike / Lockot, Regine: Zur Begleitung, in: Bernhardt, Heike / Lockot, Regine (Hg.): Mit ohne Freud. Zur Geschichte der Psychoanalyse in Ostdeutschland, Gießen 2000b, S. 11–28.

Bettinger, Frank / Schmidt-Semisch, Henning / Stehr, Johannes / Balzereit, Marcus / Anhorn, Roland (Hg.): Handbuch Therapeutisierung und Soziale Arbeit, Wiesbaden 2016.

Betz-Michels, Lydia: Im Fluss des Lebens. Methodologische Reflexionen über das Veränderungspotenzial kreativen Schreibens, in: Heimes, Silke / Haußmann, Renate / Rechenberg-Winter, Petra (Hg.): Praxisfelder des kreativen und therapeutischen Schreibens, Göttingen 2013, S. 235–248.

Beyer, Christof: Deutsch-deutsche ‹Reforminseln›. Sozialpsychiatrischer Austausch zwischen BRD und DDR, in: Strauß, Bernhard / Erices, Rainer / Guski-Leinwand, Susanne / Kumbier, Ekkehardt (Hg.): Seelenarbeit im Sozialismus. Psychologie, Psychiatrie und Psychotherapie in der DDR, Gießen 2022, S. 61–69.

Bock, Jessica: Frauenbewegung in Ostdeutschland. Aufbruch, Revolte und Transformation in Leipzig 1980–2000, Halle (Saale) 2020.

Böhme, Eberhard: Die Entwicklung der psychiatrischen Versorgung in Südbrandenburg von 1988 bis 2000 am Beispiel des damaligen Bezirksfachkrankenhauses Lübben (Diss.: Medizinische Hochschule Hannover 2010).

Bomberg, Karl-Heinz: Heilende Wunden. Wege der Aufarbeitung politischer Traumatisierung in der DDR, Gießen 2018.

Borowski, Maria: Parallelwelten. Lesbisch-schwules Leben in der frühen DDR, Berlin 2017.

Borutta, Manuel / Verheyen, Nina: Vulkanier und Choleriker? Männlichkeit und Emotion in der deutschen Geschichte 1800–2000, in: Borutta, Manuel / Verheyen, Nina (Hg.): Die Präsenz der Gefühle. Männlichkeit und Emotion in der Moderne, Bielefeld 2010, S. 11–39.

Bourdieu, Pierre: Entwurf einer Theorie der Praxis auf der ethnologischen Grundlage der kabylischen Gesellschaft, Frankfurt am Main 1979.

Brauer, Juliane: (K)Eine Frage der Gefühle? Die Erinnerungen an die DDR aus emotionshistorischer Perspektive, in: Führer, Carolin (Hg.): Die andere deutsche Erinnerung, Göttingen 2016, S. 77–96.

Bröckling, Ulrich / Korecky, Karina: Subjektivierung als Versprechen und Zumutung. Soziologische Erkundungen der Sozialpsychiatrie, in: Soziale Psychiatrie 178 (2022), S. 26–32.

Brückner, Burkhart / Röske, Thomas / Rotzoll, Maike / Müller, Thomas R.: Geschichte der Psychiatrie ‹von unten›, in: Medizinhistorisches Journal 54.4 (2019), S. 347–376.

Brückweh, Kerstin / Villinger, Clemens / Zöller, Kathrin (Hg.): Die lange Geschichte der ‹Wende›. Geschichtswissenschaft im Dialog, Berlin 2020.

Brüll, Inge: Die Psychotherapie-Abteilung des Klinikums Berlin-Buch, in: Geyer, Michael (Hg.): Psychotherapie in Ostdeutschland. Geschichte und Geschichten 1945–1995, Göttingen 2011, S. 398–400.

Brunner, Detlev / Grashoff, Udo / Kötzing, Andreas (Hg.): Asymmetrisch verflochten? Neue Forschungen zur gesamtdeutschen Nachkriegsgeschichte, Berlin 2013.

Bruns, Florian: Krankheit, Konflikte und Versorgungsmängel. Patienten und ihre Eingaben im letzten Jahrzehnt der DDR, in: Medizinhistorisches Journal 47.4 (2012), S. 335–367.

Bruns, Florian: Die gesundheitliche Versorgung in der DDR aus Patientensicht. Eine Untersuchung von Eingaben an die SED, in: Gesundheitswesen 78.5 (2016), S. 285–289.

Bruns, Florian: Kranksein im Sozialismus. Das DDR-Gesundheitswesen aus Patientensicht 1971–1989, Berlin 2022.

Bundesstiftung Aufarbeitung: Wer war wer in der DDR? Karl Seidel, 2009, https://www.bundesstiftung-aufarbeitung.de/de/recherche/kataloge-datenbanken/biographische-datenbanken/karl-seidel (Stand: 02.02.2023).

Bundesstiftung Magnus Hirschfeld (Hg.): Abschlussbericht. Wissenschaftliche Bestandsaufnahme der tatsächlichen und rechtlichen Aspekte von Handlungsoptionen unter Einbeziehung internationaler Erfahrungen zum geplanten «Verbot sogenannter ‹Konversionstherapien›» in Deutschland zum Schutz homosexueller Männer, Frauen, Jugendlicher und junger Erwachsener vor Pathologisierung und Diskriminierung, Berlin 2019.

Bundeszentrale für politische Bildung: Kontraste – Auf den Spuren einer Diktatur. Glossareintrag: Kaderakte, 2006, https://www.bpb.de/themen/deutsche-teilung/kontraste/42524/glossar/ (Stand: 02.02.2023).

Burkhardt, Johannes: Sport und Gymnastik in der psychotherapeutischen Behandlung, in: Das medizinische Bild 12.6 (1969), S. 172–173.

Burton, Arthur: The Use of Written Productions in Psychotherapy, in: Pearson, Leonard (Hg.): The Use of Written Communications in Psychotherapy, Springfiels (IL) 1965, S. 3–22.

Busse, Stefan: ‹Von der Sowjetwissenschaft lernen›. Pawlowismus und Psychologie, in: Psychologie und Geschichte 8 (1998), S. 150–173.

Busse, Stefan: Psychologie in der DDR. Die Verteidigung der Wissenschaft und die Formung der Subjekte, Weinheim/Basel 2004.

Butler, Judith: Performative Akte und Geschlechterkonstitution, in: Wirth, Uwe (Hg.): Performanz. Zwischen Sprachphilosophie und Kulturwissenschaften, Frankfurt am Main 2002, S. 301–320.

Campe, Rüdiger: Die Schreibszene. Schreiben, in: Zanetti, Sandro (Hg.): Schreiben als Kulturtechnik. Grundlagentexte, Berlin 2012, S. 269–283.

Cocks, Geoffrey: Psychotherapy in the Third Reich. The Göring Institute, New York / Oxford 1985.

Cordes, Christoph / Arnold, Wolf / Zeibig, Brigitte (Hg.): Physiotherapie. Psychiatrie – Psychotherapie, Berlin 1983.

Dahlke, Birgit: Die DDR im Tagebuch. Am Beispiel von Christa Wolf, Volker Braun, Erwin Strittmatter und Manfred Krug, in: Zeitschrift für Germanistik, Neue Folge 26.2 (2016), S. 316–331.

Davison, Kate: Cold War Pavlov. Homosexual Aversion Therapy in the 1960s, in: History of the Human Sciences 34.1 (2020), S. 89–119.

Dohrmann, Ole: Die Entwicklung der medizinischen Dokumentation im Charité-Krankenhaus zu Berlin am Beispiel der psychiatrischen Krankenakten von 1866 bis 1945, Husum 2015.

Donalies, Christian: Rudolf Thiele und Jean Paul (Zum 80. Geburtstag von R. Thiele), in: Psychiatrie, Neurologie und medizinische Psychologie 21.9 (1969), S. 355–357.

Dörre, Steffen: Wissenschaft und Ideologie. Der Pawlowismus in der frühen DDR, in: Kumbier, Ekkehardt (Hg.): Psychiatrie in der DDR II. Weitere Beiträge zur Geschichte, Berlin 2020, S. 95–117.

Drees, Ludwig: Bericht über die Tagung zum Thema ‹Psychotherapeutische Erfahrungen aus der Arbeit mit Suchtkranken› am 19. 11. 1986 in der Bezirksnervenklinik Uchtspringe, in: Psychiatrie, Neurologie und medizinische Psychologie 39.12 (1987), S. 764–767.

Dührssen, Annemarie / Körner, Jürgen / Rudolf, Gerd / Heigl-Evers, Annelise / Schultz-Dierbach, Elke / Kallinke, Dieter / Wirsching, Michael / Müller-Küppers, Manfred / Kleinsorge, Hellmuth / Rüger, Ulrich / Kind, Hans / Faber, Franz Rudolf / Haarstrick, Rudolf / Schepank, Hans / Rey, Eibe-Rudolf / Leidtke, Reinhard / Künsebeck, Hans-Werner / Freyberger, Hellmuth / Holm-Hadulla, Rainer / Moeller, Michael Lukas: Die Psychotherapie zum Ende des 20. Jahrhunderts im deutschsprachigen Bereich. Eine Übersicht, in: Zeitschrift für psychosomatische Medizin und Psychoanalyse 36.2 (1990), S. 101–185.

Ecke, Christa: Frauen in der Psychotherapie (1970–1990), in: Geyer, Michael (Hg.): Psychotherapie in Ostdeutschland. Geschichte und Geschichten 1945–1995, Göttingen 2011, S. 441–443.

Eghigian, Greg: Was There a Communist Psychiatry? Politics and East German Psychiatric Care, 1945–1989, in: Harvard Review of Psychiatry 10.6 (2002), S. 364–368.

Eghigian, Greg: The Psychologization of the Socialist Self. East German Forensic Psychology and its Deviants, 1945–1975, in: German History 22.2 (2004), S. 181–205.

Ehle, Gisela: Ich finde nicht mein Mass. Magersüchtig, eßsüchtig, eßbrechsüchtig?, Berlin 1992.

Ehle, Gisela / Ott, Jürgen: Das Syndrom der Anorexia nervosa, in: Psychiatrie, Neurologie und medizinische Psychologie 33.10 (1981), S. 577–588.

Ehle, Gisela / Wahlstab, Astrid / Ott, Jürgen: Psychodiagnostische Befunde bei Anorexia nervosa und post-pill-Amenorrhoe, in: Psychiatrie, Neurologie und medizinische Psychologie 34.11 (1982), S. 647–656.

Ehm, Martin: Die kleine Herde. Die katholische Kirche in der SBZ und im sozialistischen Staat DDR, Berlin/Münster 2007.

Eichhorn, Hans / Busch, K.-T.: Erfahrung über die Einrichtung einer therapeutischen Gemeinschaft für Psychotherapie im Bereich eines großstädtischen Klinikums, in: Schulze, Heinz A. F. / Poppe, W. (Hg.): Konzeptionen und Modelle der langfristigen Betreuung in der Nervenheilkunde. Ergebnisse des Kongresses der Gesellschaft für Psychiatrie und Neurologie der DDR vom 20.–22. Oktober 1977 mit 62 Beiträgen, Leipzig 1979, S. 143–144.

Eichhorn, Hans / Stern, Gisela: Zur Geschichte der Psychotherapie in Rußland und der Sowjetunion, in: Psychiatrie, Neurologie und medizinische Psychologie 29.10 (1977), S. 577–586.

Eisenfeld, Bernd: Die Ausreisebewegung. Eine Erscheinungsform widerständigen Verhaltens, in: Poppe, Ulrike / Eckert, Rainer / Kowalczuk, Ilko-Sascha (Hg.): Zwischen Selbstbehauptung und Anpassung. Formen des Widerstandes und der Opposition in der DDR, Berlin 1995, S. 192–223.

Elberfeld, Jens: Von der Befreiung des Individuums zum Management des Selbst. Die unheimliche Karriere von Therapie, Beratung und Coaching seit 1968, in: Recherche. Zeitung für Wissenschaft 3 (2010), S. 20–21.

Elberfeld, Jens: Das Ich und das Wir. Gruppentherapie zwischen Sozialisierung der Psyche, Gemeinschaftserfahrung und Regierungstechnik, in: Mittelweg 36 6.1 (2019/2020), S. 137–159.

Elberfeld, Jens: Anleitung zur Selbstregulation. Eine Wissensgeschichte der Therapeutisierung im 20. Jahrhundert, Frankfurt am Main / New York 2020.

Enke, Helmut: Gruppenpsychotherapeutisches System zur stationären Behandlung von ‹Somatineurotikern›, in: Höck, Kurt (Hg.): Gruppenpsychotherapie in Klinik und Praxis. Ergänzter Bericht des Internationalen Symposions über Gruppenpsychotherapie in Berlin vom 20. bis 22. 1. 1966, Jena 1967, S. 51–58.

Erices, Rainer: Der Missbrauch der Psychiatrie in der Sowjetunion und die Reaktion der DDR, in: Kumbier, Ekkehardt (Hg.): Psychiatrie in der DDR II. Weitere Beiträge zur Geschichte, Berlin 2020, S. 73–93.

Falk, Beatrice / Hauer, Friedrich: Brandenburg-Görden. Geschichte eines psychiatrischen Krankenhauses, Berlin 2007.

Falk, Oliver: Der Patient als epistemische Größe. Praktisches Wissen und Selbsttechniken in der Diabetestherapie 1922–1960, in: Medizinhistorisches Journal 53.1 (2018), S. 36–58.

Fischer, Wolfgang / Schmiedebach, Heinz-Peter (Hg.): Die Greifswalder Universitäts-Nervenklinik unter dem Direktorat von Hanns Schwarz 1946 bis 1965. Symposium zur 100. Wiederkehr des Geburtstages von Hanns Schwarz am 3. 7. 1998, Greifswald 1999.

Foucault, Michel: Dits et Écrits. Schriften in vier Bänden, Frankfurt am Main 2005.

Frances, Allen: Saving Normal. An Insider's Revolt Against Out-of-Control Psychiatric Diagnosis, DSM-5, Big Pharma, and the Medicalization of Ordinary Life, New York 2013.

Freyberger, Harald J.: Gesundheitliche Folgen politischer Haft in der DDR. Expertengutachten, Dresden 2003.

Fries, Norbert: Sprache und Emotionen, Bergisch Gladbach 2000.

Froböse, Ulrike: Drei Geschlechter, eine sozialistische Identität? Sex, gender und Begehren zwischen offizieller Politik und lesbischem (Er-)Leben in der DDR, in: Donat, Esther / Froböse, Ulrike / Pates, Rebecca (Hg.): Nie wieder Sex. Geschlechterforschung am Ende des Geschlechts, Wiesbaden 2009, S. 91–113.

Froese, Michael J.: Zur Wiederbelebung der analytischen Psychotherapie in der DDR. Eine Erwiderung an Roland Härdtle und Wolfgang Schneider, in: Forum der Psychoanalyse 15 (1999), S. 175–186.

Froh, Klaus: Chronik der NVA, der Grenztruppen und der Zivilverteidigung der DDR. 1956–1990, Berlin 2010.

Frohburg, Inge: Vergessene Daten. Zur Entwicklung der Psychotherapie in der DDR, in: Psychotherapeutenjournal 3 (2004), S. 231–234.

Frohburg, Inge: Lernen und Lehren von Psychotherapie an psychologischen Universitätsinstituten der DDR, in: Strauß, Bernhard / Erices, Rainer / Guski-Leinwand, Susanne / Kumbier, Ekkehardt (Hg.): Seelenarbeit im Sozialismus. Psychologie, Psychiatrie und Psychotherapie in der DDR, Gießen 2022, S. 223–240.

Fuchs, Petra / Rose, Wolfgang / Beddies, Thomas: Heilen und Erziehen. Die Kinderbeobachtungsstation an der Psychiatrischen und Nervenklinik der Charité, in: Hess, Volker / Schmiedebach, Heinz-Peter (Hg.): Am Rande des Wahnsinns. Schwellenräume einer urbanen Moderne, Köln/Weimar 2012, S. 111–148.

Fulbrook, Mary: Ein ganz normales Leben. Alltag und Gesellschaft in der DDR, Darmstadt 2008a.

Fulbrook, Mary: The People's State. East German Society from Hitler to Honecker, New Haven 2008b.

Fussinger, Catherine: ‹Therapeutic Community›, Psychiatry's Reformers and Antipsychiatrists. Reconsidering Changes in the Field of Psychiatry after World War II, in: History of Psychiatry 22.2 (2011), S. 146–163.

Gallistl, Adrian / Kirschner, Hariet / Paripovic, Gordana / Rauschenbach, Manuel / Storch, Monika / Strauß, Bernhard: Aufarbeitung der DDR-Psychotherapie als transdisziplinäres Forschungsfeld. Teil II: Fachpolitik – Vergangenheitsbewältigung – Sozialwissenschaft, in: Psychotherapie 5.67 (2022), S. 430–438.

Geertz, Clifford: Thick Description. Toward an Interpretative Theory of Culture, in: Geertz, Clifford (Hg.): The Interpretation of Cultures. Selected Essays, New York 1973, S. 3–30.

Geisthövel, Alexa: Karl Leonhard oder die Individualtherapie der Neurosen, in: Geisthövel, Alexa / Hitzer, Bettina (Hg.): Auf der Suche nach einer anderen Medizin. Psychosomatik im 20. Jahrhundert, Berlin 2019, S. 222–232.

Geisthövel, Alexa: Die Reform der ‹Psychopathie›. Forensisch-psychiatrische Begutachtung im geteilten Berlin, 1960–1980, in: Gesnerus 77.2 (2020a), S. 244–278.

Geisthövel, Alexa: Lokale Praxis einer ‹Leitinstitution›. Die Gerichtspsychiatrische Abteilung der Charité-Nervenklinik 1960 bis 1980, in: Kumbier, Ekkehardt (Hg.): Psychiatrie in der DDR II. Weitere Beiträge zur Geschichte, Berlin 2020b, S. 197–210.

Geisthövel, Alexa / Hess, Volker: Handelndes Wissen. Die Praxis des Gutachtens, in: Geisthövel, Alexa / Hess, Volker (Hg.): Medizinisches Gutachten. Geschichte einer neuzeitlichen Praxis, Göttingen 2017, S. 9–40.

Geisthövel, Alexa / Hitzer, Bettina: Auf der Suche nach einer anderen Medizin: Psychosomatik im 20. Jahrhundert, Berlin 2019.

Geisthövel, Alexa / Streng, Marcel: All you can treat. Therapeutisierungsprozesse im 20. Jahrhundert, in: Historische Anthropologie 27.2 (2019), S. 296–308.

Gennep, Arnold van: Übergangsriten, Frankfurt am Main / New York 2005.

Gerhard, Ute: Frauenbewegung und Feminismus, München 2012.

Geuter, Ulfried: Die Professionalisierung der deutschen Psychologie im Nationalsozialismus, Frankfurt am Main 1988.

Geyer, Michael: 1960–1969: Beginnende Institutionalisierung. Überblick, in: Geyer, Michael (Hg.): Psychotherapie in Ostdeutschland. Geschichte und Geschichten 1945–1995, Göttingen 2011a, S. 143–144.

Geyer, Michael: Die Erfurter Selbsterfahrungsgruppe und ihr Einfluss auf die Psychotherapie der DDR, in: Geyer, Michael (Hg.): Psychotherapie in Ostdeutschland. Geschichte und Geschichten 1945–1995, Göttingen 2011b, S. 203–214.

Geyer, Michael: Ostdeutsche Psychotherapiechronik 1960–1969, in: Geyer, Michael (Hg.): Psychotherapie in Ostdeutschland. Geschichte und Geschichten 1945–1995, Göttingen 2011c, S. 145–151.

Geyer, Michael: Ostdeutsche Psychotherapiechronik 1970–1979, in: Geyer, Michael (Hg.): Psychotherapie in Ostdeutschland. Geschichte und Geschichten 1945–1995, Göttingen 2011d, S. 245–256.

Geyer, Michael: Ostdeutsche Psychotherapiechronik 1980–1989, in: Geyer, Michael (Hg.): Psychotherapie in Ostdeutschland. Geschichte und Geschichten 1945–1995, Göttingen 2011e, S. 461–473.

Geyer, Michael (Hg.): Psychotherapie in Ostdeutschland. Geschichte und Geschichten 1945–1995, Göttingen 2011 f.

Geyer, Michael: Überblick, in: Geyer, Michael (Hg.): Psychotherapie in Ostdeutschland. Geschichte und Geschichten 1945–1995, Göttingen 2011 g, S. 243–244.

Geyer, Michael: Überblick, in: Geyer, Michael (Hg.): Psychotherapie in Ostdeutschland. Geschichte und Geschichten 1945–1995, Göttingen 2011 h, S. 459–461.

Geyer, Michael: Wie frei war ich als Psychotherapeut in der ‹Diktatur des Proletariats›? Oder: Man konnte keine DDR-Existenz führen, ohne Einschränkungen zu fühlen, in: Strauß, Bernhard / Erices, Rainer / Guski-Leinwand, Susanne / Kumbier, Ekkehardt (Hg.): Seelenarbeit im Sozialismus. Psychologie, Psychiatrie und Psychotherapie in der DDR, Gießen 2022, S. 183–209.

Geyer, Michael / Böttcher, Hermann F.: Das internationale Psychotherapie-Symposium in Dresden 1984 und der Beginn der Zusammenarbeit mit der DGPT, in: Geyer, Michael (Hg.): Psychotherapie in Ostdeutschland. Geschichte und Geschichten, Göttingen 2011, S. 616–620.

Geyer, Michael / König, Werner: Der Beginn der Reinstitutionalisierung der Psychoanalyse in der DDR, in: Geyer, Michael (Hg.): Psychotherapie in Ostdeutschland. Geschichte und Geschichten, Göttingen 2011, S. 473–480.

Geyer, Michael / Senf, Wolfgang: Gruppentherapie in der DDR. Michael Geyer im Gespräch mit Wolfgang Senf, in: Psychotherapie im Dialog 2 (2001), S. 232–235.

Gildemeister, Regine: Doing Gender. Soziale Praktiken der Geschlechterunterscheidung, in: Becker, Ruth / Kortendieck, Beate (Hg.): Handbuch Frauen- und Geschlechterforschung. Theorie, Methoden, Empirie, Wiesbaden 2010, S. 137–145.

Goffman, Erving: Asyle. Über die soziale Situation psychiatrischer Patienten und anderer Insassen, Berlin 1973.

Goldhan, Wolfgang: Vom Anfang der Musiktherapie im Wilhelm-Griesinger-Krankenhaus (WGK) Berlin, in: Geyer, Michael (Hg.): Psychotherapie in Ostdeutschland. Geschichte und Geschichten 1945–1995, Göttingen 2011, S. 323–325.

Gorynia, Inge / Schulze, Alexander: Veränderungen in der funktionellen zerebralen Lateralität von Patienten mit Torticollis spasmodicus, in: Psychiatrie, Neurologie und medizinische Psychologie 40.1 (1988), S. 57–62.

Grashoff, Udo: In einem Anfall von Depression. Selbsttötungen in der DDR, Berlin 2006.

Grashoff, Udo: Suizidprophylaxe in der DDR. Auf verlorenem Posten, in: Deutsches Ärzteblatt PP 9.4 (2010), S. 168.

Grashoff, Udo: Suizidforschung und -prävention in der DDR, in: Kumbier, Ekkehardt / Steinberg, Holger (Hg.): Psychiatrie in der DDR. Beiträge zur Geschichte, Berlin 2018, S. 173–190.

Grashoff, Udo: Suizidprävention per Anruf. Staatliche Telefone des Vertrauens und kirchliche Telefonseelsorge in der DDR, in: Kumbier, Ekkehardt (Hg.): Psychiatrie in der DDR II. Weitere Beiträge zur Geschichte, Berlin 2020, S. 53–72.

Gross, Johann: Wendezeit an der Charité. Eine Dokumentation zum sogenannten Elitenaustausch, Berlin 2016.

Guski-Leinwand, Susanne / Nussmann, Hannah Daria: Normative Grundlagen der Psychologie im SED-Parteistaat. Kontrollierte akademische Disziplin und instrumentalisierte Wissenschaft, in: Maercker, Andreas / Gieseke, Jens (Hg.): Psychologie als Instrument der SED-Diktatur. Theorien – Praktiken – Akteure – Opfer, Bern 2021, S. 109–126.

Haasis, Lucas / Rieske, Constantin (Hg.): Historische Praxeologie. Dimensionen vergangenen Handelns, Paderborn 2015a.

Haasis, Lucas / Rieske, Constantin: Historische Praxeologie. Zur Einführung, in: Haasis, Lucas / Rieske, Constantin (Hg.): Historische Praxeologie. Dimensionen vergangenen Handelns, Paderborn 2015b, S. 7–54.

Hacking, Ian: Menschenarten. Looping Effects of Human Kinds, Zürich 2012.

Hahn, Alois: Zur Soziologie der Beichte und anderer Formen institutionalisierter Bekenntnisse. Selbstthematisierung und Zivilisationsprozess, in: Kölner Zeitschrift für Soziologie und Sozialpsychologie 34 (1982), S. 408–434.

Hahn, Alois: Identität und Selbstthematisierung, in: Hahn, Alois / Kapp, Volker (Hg.): Selbstthematisierung und Selbstzeugnis. Bekenntnis und Geständnis, Frankfurt am Main 1987, S. 9–24.

Hanrath, Sabine: Zwischen «Euthanasie» und Psychiatriereform. Anstaltspsychiatrie in Westfalen und Brandenburg. Ein deutsch-deutscher Vergleich (1945–1964), Paderborn 2002.

Härdtle, Roland / Schneider, Wolfgang: Die Intendierte Dynamische Gruppenpsychotherapie als Paradigma der Psychotherapie in der DDR. Kontinuität oder Zäsur im Verhältnis zu psychoanalytischen Konzepten?, in: Forum der Psychoanalyse 15 (1999), S. 42–57.

Hausner, Milan / Kratochvil, Stanislav / Höck, Kurt (Hg.): Psychotherapie in sozialistischen Ländern. Bericht über das 1. Symposium sozialistischer Länder über Psychotherapie in Prag vom 13.03.–15.03.1973, Leipzig 1975.

Heimes, Silke: Kreatives und therapeutisches Schreiben, Göttingen 2015.

Helm, Johannes / Frohburg, Inge (Hg.): Psychotherapieforschung. Fragen, Versuche, Fakten, Berlin 1972.

Hemprich, Rolf Dieter / Kisker, Karl Peter: Die ‹Herren der Klinik› und die Patienten. Erfahrungen aus der teilnehmenden verdeckten Beobachtung einer psychiatrischen Station, in: Nervenarzt 10 (1968), S. 433–441.

Henckes, Nicolas: Magic Bullet in the Head? Psychiatric Revolutions and Their Aftermath, in: Greene, Jeremy A. / Condrau, Flurin / Watkins, Elizabeth S. (Hg.): Therapeutic Revolutions. Pharmaceuticals and Social Change in the Twentieth Century, Chicago 2016, S. 65–96.

Hennings, Lena: Die Entstehungsgeschichte der Rodewischer Thesen im Kontext von Psychiatrie, Sozialhygiene und Rehabilitationsmedizin der DDR (Diss.: Universität zu Lübeck 2015).

Herrn, Rainer: Wie die Traumdeutung durch die Türritze einer geschlossenen Anstalt sickert. Zum Umgang mit der Psychoanalyse an der Psychiatrischen und Nervenklinik der Chari-

té, in: Roelcke, Volker / Schmuhl, Hans-Walter (Hg.): ‹Heroische Therapien›. Die deutsche Psychiatrie im internationalen Vergleich, 1918–1945, Göttingen 2013, S. 69–99.
Hess, Helga: Gruppenpsychotherapie in soziometrischer Sicht, in: Das medizinische Bild 12.6 (1969), S. 166–167.
Hess, Helga: Die Gründung der Sektion Dynamische Gruppenpsychotherapie und die Ausbildung in Gruppenselbsterfahrung, in: Geyer, Michael (Hg.): Psychotherapie in Ostdeutschland. Geschichte und Geschichten 1945–1995, Göttingen 2011a, S. 276–286.
Hess, Helga: Die Herausbildung eines Institutes für Psychotherapie und Neurosenforschung (IfPN) mit Integration der Ambulanz, Klinik und Forschung, in: Geyer, Michael (Hg.): Psychotherapie in Ostdeutschland. Geschichte und Geschichten 1945–1995, Göttingen 2011b, S. 369–378.
Hess, Helga: Kurt Höck – seine Visionen und seine neoanalytische Sichtweise – Das Grundsatzreferat von Klink, in: Geyer, Michael (Hg.): Psychotherapie in Ostdeutschland. Geschichte und Geschichten 1945–1995, Göttingen 2011c, S. 165–169.
Hess, Helga: Psychotherapeutische Forschung im Haus der Gesundheit. Probleme, Anfänge und Entwicklung in den 1960er Jahren, in: Geyer, Michael (Hg.): Psychotherapie in Ostdeutschland. Geschichte und Geschichten 1945–1995, Göttingen 2011d, S. 172–176.
Hess, Volker: Von der Irrenanstalt zum neuropsychiatrischen Zentrum. Zur Geschichte der Psychiatrischen und Nervenklinik der Charité, in: Atzl, Isabel / Hess, Volker (Hg.): Zeitzeugen Charité. Arbeitswelten der Psychiatrischen und Nervenklinik 1940–1999 – Begleitbuch zur Ausstellung des Berliner Medizinhistorischen Museums der Charité, 3. März bis 12. Juni 2005, Münster 2005, S. 9–15.
Hess, Volker: Psychochemicals Crossing the Wall. Die Einführung der Psychopharmaka in der DDR aus der Perspektive der neueren Arzneimittelgeschichte, in: Medizinhistorisches Journal 42 (2007), S. 61–84.
Hess, Volker (Hg.): Die Charité in Berlin. Fotografien um 1910, Berlin 2010a.
Hess, Volker: Formalisierte Beobachtung. Die Genese der modernen Krankenakte am Beispiel der Berliner und Pariser Medizin (1725–1830), in: Medizinhistorisches Journal 45 (2010b), S. 293–340.
Hess, Volker: Patientenschicksale zwischen Aktendeckeln. Das historische Psychiatrie-Archiv der Charité, in: Nitz, Anja (Hg.): Wunderkammer Charité. Innenansichten einer Berliner Institution, Berlin 2010c, S. 22–25.
Hess, Volker: The Rodewisch (1963) and Brandenburg (1974) Propositions, in: History of Psychiatry 22 (2011e), S. 232–243.
Hess, Volker: Schreiben als Praktik, in: Brendecke, Arndt (Hg.): Praktiken der Frühen Neuzeit. Akteure – Handlungen – Artefakte, Köln/Weimar/Wien 2015, S. 82–99.
Hess, Volker: Die Alte Charité, die moderne Irrenabteilung und die Klinik (1790–1820), in: Bleker, Johanna / Hess, Volker (Hg.): Die Charité. Geschichte(n) eines Krankenhauses, Berlin 2016a, S. 44–69.
Hess, Volker: Fieberbehandlung und klinische Wissenschaft (1820–1850), in: Bleker, Johanna / Hess, Volker (Hg.): Die Charité. Geschichte(n) eines Krankenhauses, Berlin 2016b, S. 70–98.
Hide, Louise: The Uses and Misuses of Television in Long-Stay Psychiatric and ‹Mental Handicap› Wards, 1950s–1980s, in: Ankele, Monika / Majerus, Benoît (Hg.): Material Cultures of Psychiatry, Bielefeld 2020, S. 186–201.

Hirte, Ronald: Ein später Held. Sigmund Jähns Flug ins All, in: Satjukow, Silke / Gries, Rainer (Hg.): Sozialistische Helden. Eine Kulturgeschichte von Propagandafiguren in Osteuropa und der DDR, Berlin 2002, S. 158–172.

Hitzer, Bettina: Die Therapeutisierung der Gefühle. Eine Geschichte aus dem 20. Jahrhundert, in: Der Mensch 42/43.1/2 (2011a), S. 17–21.

Hitzer, Bettina: Emotionsgeschichte. Ein Anfang mit Folgen, in: H-Soz-Kult (2011b), o. S.

Höck, Kurt (Hg.): Gruppenpsychotherapie in Klinik und Praxis. Ergänzter Bericht des Internationalen Symposions über Gruppenpsychotherapie in Berlin vom 20. bis 22.1.1966, Jena 1967.

Höck, Kurt: 20 Jahre Psychotherapie in der DDR, in: Das medizinische Bild 12.6 (1969a), S. 161–163.

Höck, Kurt: Zur Bedeutung der Arbeitstherapie in Diagnostik und Behandlung der Neurosen, in: Das medizinische Bild 12.6 (1969b), S. 170–171.

Höck, Kurt: Zur Psychopathologie des endogenen Ekzems, in: Kleinsorge, Hellmuth / Linser, Karl (Hg.): Die Hochseeklimakur, Leipzig 1969c, S. 95–111.

Höck, Kurt: Zur Verwendung von Patientenzeichnungen in der Psychotherapie, in: Das medizinische Bild 12.6 (1969d), S. 174–177.

Höck, Kurt: Die intendierte dynamische Gruppenpsychotherapie innerhalb des abgestuften Systems der Diagnostik und Therapie neurotisch-funktioneller Störungen (Promotion B: Humboldt-Universität zu Berlin 1978).

Höck, Kurt / Hess, Helga: Zur Eignung des MMPI für die Effektivitätsforschung in der Psychotherapie, in: Helm, Johannes / Frohburg, Inge (Hg.): Psychotherapieforschung. Fragen, Versuche, Fakten, Berlin 1972a, S. 104–124.

Höck, Kurt / Hess, Helga: Zur Verwendung des MMPI in der Verlaufsforschung stationärer Gruppenpsychotherapie, in: Psychiatrie, Neurologie und medizinische Psychologie 24 (1972b), S. 465–474.

Höck, Kurt / Hess, Helga: Der Beschwerdenfragebogen (BFB). Ein Siebtestverfahren der Neurosendiagnostik für Ärzte und Psychologen, Berlin 1974.

Höck, Kurt / Hess, Helga: Der Verhaltensfragebogen (VFB). Ein ergänzendes Siebtestverfahren der Neurosendiagnostik für Ärzte und Psychologen, Berlin 1976.

Höck, Kurt / Hess, Helga / Schwarz, Erika: Beschwerdenfragebogen für Kinder (BFB-K). Ein neurosenpsychologisches Siebtestverfahren für Psychologen, Kinder- und Schulärzte, Berlin 1978.

Höck, Kurt / König, Werner: Neurosenlehre und Psychotherapie, Jena 1976.

Hoffmann, Christoph: Schreiben als Verfahren der Forschung, in: Gamper, Michael (Hg.): Experiment und Literatur. Themen, Methoden, Theorien, Göttingen 2010, S. 181–207.

Hoffmann, Dierk / Brunnbauer, Ulf: Einleitung, in: Hoffmann, Dierk / Brunnbauer, Ulf (Hg.): Transformation als soziale Praxis. Mitteleuropa seit den 1970er Jahren, Berlin 2020, S. 7–20.

Hoheisel, Matthias: Von der Suchtdroge zum Therapeutikum. Zur Bewertung von Beruhigungsmitteln an der Charité Nervenklinik von 1962–75, in: Medizinhistorisches Journal 47.1 (2012), S. 62–98.

Horten, Gerd: Don't Need No Thought Control. Western Culture in Germany and the Fall of the Berlin Wall, Oxford 2021.

Hottenrott, Laura: Die Charité als Observationsobjekt des MfS, in: Herrn, Rainer / Hottenrott, Laura (Hg.): Die Charité zwischen Ost und West (1945–1992). Zeitzeugen erinnern sich, Berlin 2010, S. 189–202.

Hübener, Christoph: Therapiekonzeption und erste Erfahrungen einer stationären Abteilung eines Kreiskrankenhauses zur Therapie von Alkoholkranken, in: Psychiatrie, Neurologie und medizinische Psychologie 41.2 (1989), S. 92–98.

Hulverscheidt, Marion / Baader, Gerhard / Beddies, Thomas: Syphilis in Therapie und Forschung (1918–1933), in: Bleker, Johanna / Hess, Volker (Hg.): Die Charité. Geschichte(n) eines Krankenhauses, Berlin 2016, S. 147–168.

Humboldt-Universität zu Berlin; Bereich Medizin (Charité): Statistischer Jahresbericht, Berlin 1968.

Humboldt-Universität zu Berlin; Bereich Medizin (Charité): Statistischer Jahresbericht, Berlin 1973.

Humboldt-Universität zu Berlin; Bereich Medizin (Charité): Statistischer Jahresbericht, Berlin 1978.

Humboldt-Universität zu Berlin, Psychodiagnostisches Zentrum: Verfahrenspublikationen des PdZ von 1982 bis 1986. Eine Dokumentation, in: PdZ-Informationen 4 (1986), o. S.

Illouz, Eva: Die Errettung der modernen Seele. Therapien, Gefühle und die Kultur der Selbsthilfe, Frankfurt am Main 2011.

Ilsen, Almut / Leiserowitz, Ruth (Hg.): Seid doch laut! Die Frauen für den Frieden in Ost-Berlin, Berlin 2019.

Israel, Agathe: Entwicklung der (analytischen) Kinderpsychotherapie III. Die 1970er Jahre, in: Geyer, Michael (Hg.): Psychotherapie in Ostdeutschland. Geschichte und Geschichten 1945–1995, Göttingen 2011, S. 437–440.

Israel, Agathe / Kertz-Rühling, Ingrid (Hg.): Krippenkinder in der DDR. Frühe Kindheitserfahrungen und ihre Folgen für die Persönlichkeitsentwicklung und die Gesundheit, Frankfurt am Main 2008.

Janssen, Wiebke: Medizinische Hochschulbauten als Prestigeobjekt der SED. Das Klinikum Halle-Kröllwitz, in: Deutschland Archiv 45.4 (2012), S. 703–712.

Jones, Maxwell: Social Psychiatry. A Study of Therapeutic Communities, London 1952.

Jones, Maxwell: The Therapeutic Community. A Treatment Method in Psychiatry, New York 1953.

Jones, Maxwell: Social Psychiatry in the Community, in Hospitals, and in Prisons, Springfield 1962.

Jones, Maxwell: Traditionelle Psychiatrie, Sozialpsychiatrie und die therapeutische Gemeinschaft, in: Höck, Kurt (Hg.): Gruppenpsychotherapie in Klinik und Praxis. Ergänzter Bericht des Internationalen Symposions über Gruppenpsychotherapie in Berlin vom 20. bis 22. 1. 1966, Jena 1967, S. 187–195.

Jones, Maxwell: Social Psychiatry in Practice. The Idea of the Therapeutic Community, Harmondsworth 1968.

Jung, Irene: Schreiben und Selbstreflexion. Eine literaturpsychologische Untersuchung literarischer Produktivität, Opladen 1989.

Kaminsky, Anna: Frauen in der DDR, Berlin 2016.

Kammer, Stephan: Autographien der Krankheit. Physiologie und Pathologie der Handschrift um 1900, in: Wübben, Yvonne / Zelle, Carsten (Hg.): Krankheit schreiben. Aufzeichnungsverfahren in Medizin und Literatur, Göttingen 2013, S. 225–247.

Keiser, Sabrina: Ostdeutsche Frauen zwischen Individualisierung und Re-Traditionalisierung. Ein Generationenvergleich, Hamburg 1997.

Kerr-Boyle, Neula: Food, Bodies and Anorexia Nervosa in the German Democratic Republic, 1949–1990 (Diss: University College London 2012).

Kleinsorge, Hellmuth / Klumbies, Gerhard: Psychotherapie in Klinik und Praxis, München/ Berlin 1959.

Kleinsorge, Hellmuth / Klumbies, Gerhard: Technik der Hypnose für Ärzte, Jena 1962a.

Kleinsorge, Hellmuth / Klumbies, Gerhard: Technik der Relaxation. Selbstentspannung, Jena 1962b.

Klöppel, Ulrike: Das historische Krankenakten-Archiv der Nervenklinik der Charité, in: Jahrbuch für Universitätsgeschichte 12 (2009), S. 267–270.

Klöppel, Ulrike: XX0XY ungelöst. Hermaphroditismus, Sex und Gender in der deutschen Medizin – Eine historische Studie zur Intersexualität, Bielefeld 2010.

Klöppel, Ulrike / Balz, Viola: Psychopharmaka im Sozialismus. Arzneimittelregulierung in der Deutschen Demokratischen Republik in den 1960er Jahren, in: Berichte zur Wissenschaftsgeschichte 33 (2010), S. 382–400.

Kohler, Christa: Kommunikative Psychotherapie, Jena 1968.

Kohler, Christa / Wilda-Kiesel, Anita: Bewegungstherapie für funktionelle Störungen und Neurosen, Leipzig 1972.

Köhler, Helmut / Rochow, Thomas / Schulze, Edeltraut: Bildungsstatistische Ergebnisse der Volkszählungen der DDR 1950 bis 1981, Berlin 2001.

Kölmel, Hans Wolfgang: Charité 91. Schritte in eine neue Zeit, Hamburg 2019.

König, Werner: Das abgestufte System der Diagnostik und Therapie neurotisch-funktioneller Störungen, in: Geyer, Michael (Hg.): Psychotherapie in Ostdeutschland. Geschichte und Geschichten 1945–1995, Göttingen 2011a, S. 256–260.

König, Werner: Der Weg zum Facharzt für Psychotherapie, in: Geyer, Michael (Hg.): Psychotherapie in Ostdeutschland. Geschichte und Geschichten 1945–1995, Göttingen 2011b, S. 260–271.

König, Werner: Von der Gründung der Gesellschaft für Ärztliche Psychotherapie 1960 zur 5. Jahrestagung von Bad Elster 1969, in: Geyer, Michael (Hg.): Psychotherapie in Ostdeutschland. Geschichte und Geschichten 1945–1995, Göttingen 2011c, S. 151–161.

König, Werner / di Pol, Gerhard / Scheffer, Gerhard: Fibel für autogenes Training, Jena 1976.

Koraus, Hans-Joachim: Freuds Weg nach Osten vor und nach der Wende. Von der heimlichen Infiltration zur öffentlichen Integration, in: Forum der Psychoanalyse 16 (2000), S. 177–185.

Kowalczuk, Ilko-Sascha: Stasi konkret. Überwachung und Repression in der DDR, München 2013.

Kratochvíl, Stanislav: Organisation und Erfahrung einer therapeutischen Gemeinschaft für Neurosentherapie, in: Höck, Kurt / Seidel, Karl (Hg.): Psychotherapie und Gesellschaft, Berlin 1976, S. 217–242.

Kratochvíl, Stanislav: Das Ehepaar mit funktionellen Sexualstörungen in der sexuellen Lerntherapie, in: Psychiatrie, Neurologie und medizinische Psychologie 34.5 (1982), S. 282–290.

Krause, Wolf-Rainer: Hypnose und Autogenes Training 1945–1979, in: Geyer, Michael (Hg.): Psychotherapie in Ostdeutschland. Geschichte und Geschichten 1945–1995, Göttingen 2011, S. 332–339.

Krauss, Christa / Scholz, Vera / Knöpfel, Maria: Konfliktspiel und dessen Modifizierung im Behandlungsverlauf von Kindern, in: Psychiatrie, Neurologie und medizinische Psychologie 29.10 (1977), S. 606–609.

Krusenstjern, Benigna von: Was sind Selbstzeugnisse? Begriffskritische und quellenkundliche Überlegungen anhand von Beispielen aus dem 17. Jahrhundert, in: Historische Anthropologie 2.3 (1994), S. 462–471.

Kruska, Wolfgang: Haus der Gesundheit (HdG) Ostberlin und Klink Hirschgarten (Higa), in: Geyer, Michael (Hg.): Psychotherapie in Ostdeutschland. Geschichte und Geschichten 1945–1995, Göttingen 2011a, S. 112–114.

Kruska, Wolfgang: Kommunitäten oder ‹Lassen Sie sich ein, Widerstand ist zwecklos!›, in: Geyer, Michael (Hg.): Psychotherapie in Ostdeutschland. Geschichte und Geschichten 1945–1995, Göttingen 2011b, S. 281–286.

Kruska, Wolfgang / Kruska, Barbara: Psychotherapie im Griesinger-Krankenhaus Wuhlgarten, in: Geyer, Michael (Hg.): Psychotherapie in Ostdeutschland. Geschichte und Geschichten 1945–1995, Göttingen 2011, S. 178–181.

Kulawik, Helmut: Der Suizidversuch. Zur Psychopathologie und Therapie der Suizidalität (Promotion B: Humboldt-Universität zu Berlin 1976).

Kulawik, Helmut: Kombination der dynamischen Gruppenpsychotherapie mit der psychodynamischen Einzeltherapie, in: Psychiatrie, Neurologie und medizinische Psychologie 34 (1982), S. 222–228.

Kulawik, Helmut: Psychodynamische Kurztherapie, Leipzig 1984a.

Kulawik, Helmut: Psychotherapie bei somatischen Erkrankungen und Funktionsstörungen, Jena 1984b.

Kulawik, Helmut: Zu Problemen der Traumsymbolik, in: Wendt, Harro (Hg.): Traumbearbeitung in der Psychotherapie, Leipzig 1985, S. 71–79.

Kulawik, Helmut: Dynamische Psychotherapie an der Charité, in: Wissenschaftliche Zeitschrift der Humboldt-Universität zu Berlin 39.1 (1990), S. 14–17.

Kulawik, Helmut: Psychosomatische Medizin. Leitfaden für Studenten und Ärzte, Leipzig 1991.

Kulawik, Helmut / Schmaus, Claudia: Psychotherapie-Methoden-Kombination. Zwischenbilanz und Neubesinnung, in: Psychiatrie, Neurologie und medizinische Psychologie 34.11 (1982), S. 641–646.

Kulawik, Helmut / Weder, Hans-Christian: Die Gestaltungstherapie als wesentliche Methode der Komplexbehandlung von Neurosen, in: Psychiatrie, Neurologie und medizinische Psychologie 34 (1982), S. 671–677.

Kumbier, Ekkehardt: Alte Idee – neues Gewand? Helmut Rennert und die Universalgenese der endogenen Psychosen, in: Kumbier, Ekkehardt (Hg.): Psychiatrie in der DDR II. Weitere Beiträge zur Geschichte, Berlin 2020a, S. 293–312.

Kumbier, Ekkehardt: Schwieriger Neuanfang. Die Gründung der Fachgesellschaften für Psychiatrie und Neurologie in der DDR zwischen Autonomiebestrebung und staatlicher Ideologie, in: Kumbier, Ekkehardt (Hg.): Psychiatrie in der DDR II. Weitere Beiträge zur Geschichte, Berlin 2020b, S. 137–158.

Kumbier, Ekkehardt / Haack, Kathleen: Psychiatrie in der DDR zwischen Aufbruch und Stagnation. Die Brandenburger Thesen zur ‹Therapeutischen Gemeinschaft› (1974/76), in: Psychiatrische Praxis 44 (2017), S. 434–445.

Kumbier, Ekkehardt / Haack, Kathleen: Die Psychiatrie in der DDR zwischen Aufbruch und Stagnation. Die Brandenburger Thesen zur ‹Therapeutischen Gemeinschaft› (1974/1976), in: Kumbier, Ekkehardt / Steinberg, Holger (Hg.): Psychiatrie in der DDR. Beiträge zur Geschichte, Berlin 2018a, S. 247–260.

Kumbier, Ekkehardt / Haack, Kathleen: Psychiater im Spannungsfeld von Politik und Wissenschaft. Hochschullehrer an den Universitätsnervenkliniken in der SBZ und DDR bis 1961, in: Kumbier, Ekkehardt / Steinberg, Holger (Hg.): Psychiatrie in der DDR. Beiträge zur Geschichte, Berlin 2018b, S. 95–108.

Kumbier, Ekkehardt / Haack, Kathleen / Steinberg, Holger: 50 Jahre Rodewischer Thesen. Zu den Anfängen sozialpsychiatrischer Reformen in der DDR, in: Psychiatrische Praxis 40 (2013), S. 313–320.

Kutscha, Leonora: Der Psychiater als Baumeister. Friedrich Jolly und die Architektur psychiatrischer Kliniken zum Ende des 19. Jahrhunderts am Beispiel von Straßburg und Berlin (Diss.: Charité Universitätsmedizin Berlin 2023).

Landesklinik Teupitz (Hg.): Landesklinik Teupitz. Geschichte – Architektur – Perspektiven, Berlin 2003.

Launius, Roger D.: Reaching for the Moon. A Short History of the Space Race, New Haven 2019.

Le Bonhomme, Fanny: Psychiatrie et société en République démocratique allemande. Histoires de patients de la clinique psychiatrique et neurologique de la Charité, Berlin-Est, 1960–1968 (Diss.: Université Rennes 2, Universität Potsdam 2016).

Le Bonhomme, Fanny: Politics and Family Conflicts through the Psychiatric Lens. East Berlin's Charité in the early GDR, in: Karge, Heike / Kind-Kovács, Friederike / Bernasconi, Sara (Hg.): From the Midwife's Bag to the Patient's File. Public Health in Eastern Europe, Budapest / New York 2017, S. 219–241.

Ledebur, Sophie: Schreiben und Beschreiben. Zur epistemischen Funktion von psychiatrischen Krankenakten, ihrer Archivierung und deren Übersetzung in Fallgeschichten, in: Berichte zur Wissenschaftsgeschichte 34 (2011), S. 102–124.

Lefebvre, Henri: The Production of Space, Oxford 1991.

Lehmann, G.: Erfahrungen mit dem Stegreifmärchenspiel im Rahmen der klinischen Psychotherapie, in: Psychiatrie, Neurologie und medizinische Psychologie 20.10 (1968), S. 374–380.

Lehmbrock, Verena: Paying Attention to Each Other. An Essay on the Transnational Intersections of Industrial Economy, Subjectivity, and Governance in East Germany's Social Psychological Training, in: Journal of the History of Behavioral Studies Online (2022), S. 1–18, https://doi.org/10.1002/jhbs.22212.

Leonhard, Karl: Gesetze und Sinn des Träumens. Zugleich eine Kritik der Traumdeutung und ein Einblick in das Wirken des Unterbewußtseins, Stuttgart 1951.

Leonhard, Karl: Über das Vorbeiträumen und seine Bedeutung in der Psychotherapie, in: Psychiatrie, Neurologie und medizinische Psychologie 8.5 (1956), S. 131–134.

Leonhard, Karl: Aufteilung der endogenen Psychosen, Berlin 1957.

Leonhard, Karl: Individualtherapie und Prophylaxe der hysterischen, anankastischen und sensohypochondrischen Neurosen, Jena 1959.

Leonhard, Karl: Individualtherapie der Neurosen, Jena 1963.

Leonhard, Karl: Biopsychologie der endogenen Psychosen, Leipzig 1970.

Leonhard, Karl: Therapeutisches Versäumnis durch Unterlassung der Einzelbehandlung bei sekundären Fehlentwicklungen, in: Psychiatrie, Neurologie und medizinische Psychologie 31 (1979), S. 1411–1417.

Leonhard, Karl / Bergmann, Bärbelies: Normale und abnorme Persönlichkeiten, Berlin 1964.

Leonhard, Volkmar (Hg.): Professor Dr. med. Karl Leonhard (1904–1988). Meine Person und meine Aufgabe im Leben, Hildburghausen 1995.

Leonhard, Wolfgang: Die Revolution entläßt ihre Kinder, Köln 1955.

Leuenberger, Christine: Socialist Psychotherapy and Its Dissidents, in: Journal of the History of Behavioral Studies 37.3 (2001), S. 261–273.

Linek, Jenny: Gesundheitsvorsorge in der DDR zwischen Propaganda und Praxis, Stuttgart 2016.

Linsener, Johanna: Autogenes Training. Behandlungsmethode für neurotische Störungen, in: Das medizinische Bild 12.6 (1969), S. 163–165.

Lišková, Kateřina: Sexual Liberation, Socialist Style. Communist Czechoslovakia and the Science of Desire, 1945–1989, Cambridge 2018.

List, Eveline: Psychoanalyse. Geschichte, Theorien, Anwendungen, Wien 2014.

Littmann, Eckhard / Schmieschek, Hansgeorg: Analyse und Revision der Langform des Fragebogens zur Erfassung akzentuierter Persönlichkeitszüge im Sinne Leonhards, in: Psychiatrie, Neurologie und medizinische Psychologie 34 (1982), S. 32–45.

Litz, Patrick: Der Beitrag des Sports zur Entfaltung der sozialistischen Persönlichkeit in der DDR, Berlin 2007.

Lobeck, Gottfried: Psychodramaausbildung in der DDR. Erlebnisbericht über eine deutschdeutsche Begegnung, in: Psychodrama 3 (1990), S. 23–29.

Lockot, Regine: 1933–1945–1989. Gespräche mit Kurt Höck am 18.04.1990 und am 08.02.1999, in: Bernhardt, Heike / Lockot, Regine (Hg.): Mit ohne Freud. Zur Geschichte der Psychoanalyse in Ostdeutschland, Gießen 2000a, S. 283–314.

Lockot, Regine: Ehrig Warteggs Selbstverwirklichung in der Andeutung. Kurt Höck über seinen langjährigen Mitarbeiter Ehrig Wartegg, in: Bernhardt, Heike / Lockot, Regine (Hg.): Mit ohne Freud. Zur Geschichte der Psychoanalyse in Ostdeutschland, Gießen 2000b, S. 118–127.

Lockot, Regine: Erinnern und Durcharbeiten. Zur Geschichte der Psychoanalyse und Psychotherapie im Nationalsozialismus, Gießen 2002.

Loos, Herbert: Herzberge. Die Geschichte des psychiatrischen Krankenhauses Berlin-Herzberge von 1893 bis 1993, Berlin 2014.

Lozo, Ljubica: Emotionspsychologie. Emotionen der Geschlechter – Ein fühlbarer Unterschied?, in: Steins, Gisela (Hg.): Handbuch Psychologie und Geschlechterforschung, Wiesbaden 2010, S. 43–52.

Ludwig, Arndt: Untergang und Wiederkehr der Psychoanalyse zur Zeit der kommunistischen Diktatur in Ostdeutschland, in: Berger, Ágnes / Henningsen, Franziska / Hermanns, Ludger M. / Togay, János Can (Hg.): Psychoanalyse hinter dem Eisernen Vorhang, Frankfurt am Main 2010, S. 113–134.

Maaz, Hans-Joachim: Die Klinik für Psychotherapie und Psychosomatik im Diakoniewerk Halle. Ein Freiraum zur Integration von Methoden der Humanistischen Psychologie, in: Geyer, Michael (Hg.): Psychotherapie in Ostdeutschland. Geschichte und Geschichten 1945–1995, Göttingen 2011a, S. 565–568.

Maaz, Hans-Joachim: Zur Geschichte der Psychotherapie in der DDR, in: European Journal of Mental Health 6 (2011b), S. 213–238.

Madarász-Lebenhagen, Jeannette: Perceptions of Health after World War II. Heart Disease and Risk Factors in East and West Germany, 1945–75, in: Fulbrook, Mary / Port, Andrew I. (Hg.): Becoming East German. Socialist Structures and Sensibilities after Hitler, New York / Oxford 2015, S. 121–140.

Maercker, Andreas / Guski-Leinwand, Susanne: Psychologists' Involvement in Repressive «Stasi» Secret Police Activities in Former East Germany, in: International Perspectives in Psychology. Research, Practice, Consultation 7.2 (2018), S. 107–119.

Mählert, Ulrich: Kleine Geschichte der DDR, München 1998.

Majerus, Benoît: Parmi les fous. Une histoire sociale de la psychiatrie au XXe siècle, Rennes 2013.

Malach, Henry: Die Individualtherapie Karl Leonhards. Rekonstruktion und Vergleich mit verhaltenstherapeutischen Methoden der 50er und 60er Jahre (Diss.: Charité Universitätsmedizin Berlin 2009).

Malich, Lisa: Kurt Höck oder der verordnete Aufstand des neurotischen Körpers, in: Geisthövel, Alexa / Hitzer, Bettina (Hg.): Auf der Suche nach einer anderen Medizin. Psychosomatik im 20. Jahrhundert, Berlin 2019, S. 300–312.

Malycha, Andreas: Die Struktur der SED an der Berliner Charité 1945 bis 1989, in: Bleker, Johanna / Hess, Volker (Hg.): Die Charité. Geschichte(n) eines Krankenhauses, Berlin 2016, S. 220–223.

Mämecke, Thorben: Das quantifizierte Selbst. Zur Genealogie des Self-Trackings, Bielefeld 2021.

Marks, Sarah: Suggestion, Persuasion and Work. Psychotherapies in Communist Europe, in: European Journal of Psychotherapy and Counselling 20.1 (2018), S. 10–24.

Marquardt, Sven: Die Nacht ist Leben. Autobiographie, Berlin 2014.

McLellan, Josie: Love in the Time of Communism. Intimacy and Sexuality in the GDR, Cambridge 2011.

Meador, Margarete: Angst vor Freud. Gespräche mit Harro Wendt und Infried Tögel, in: Bernhardt, Heike / Lockot, Regine (Hg.): Mit ohne Freud. Zur Geschichte der Psychoanalyse in Ostdeutschland, Gießen 2000, S. 268–282.

Meador, Margarete: Pilgerfahrten nach Uchtspringe, in: Seidler, Christoph / Froese, Michael J. (Hg.): DDR-Psychotherapie zwischen Subversion und Anpassung, Berlin 2002, S. 110–124.

Mehl, Jürgen / Henning, B.: Untersuchungen der Tauglichkeit eines Kurzverfahrens zur Psychodiagnostik von Neurosen, in: Helm, Johannes / Kasielke, Edith / Mehl, Jürgen (Hg.): Neurosendiagnostik. Beiträge zur Entwicklung klinisch-psychologischer Methoden, Berlin 1974, S. 57–74.

Meier, Marietta: Ordnungsversuche und Grenzziehungen. Krankenakten in der Psychiatrie, in: Kaufmann, Claudia / Leimgruber, Walter (Hg.): Was Akten bewirken können. Integrations- und Ausschlussprozesse eines Verwaltungsvorgangs, Zürich 2008, S. 66–75.

Meier, Marietta: Endstation. Scheitern in der Psychiatrie, in: Werkstatt Geschichte 71 (2015), S. 27–44.

Ministerium für Gesundheitswesen der Deutschen Demokratischen Republik (Hg.): Handbuch der Internationalen Statistischen Klassifikation der Krankheiten, Verletzungen und Todesursachen auf der Grundlage der Empfehlungen der Neunten Revisionskonferenz 1975 und von der Neunundzwanzigsten Weltgesundheitsversammlung angenommen, Berlin 1983.

Ministerium für Volksbildung der Deutschen Demokratischen Republik (Hg.): Liste der auszusondernden Literatur, Berlin 1953.

Misgeld, Gerhard (Hg.): Nationales Symposion. Sozialismus, wissenschaftlich-technische Revolution und Medizin, Berlin 1969.

Misselwitz, Irene: Aufbau der Psychotherapie in der Klinik für Psychiatrie und Neurologie der Universität Jena, in: Geyer, Michael (Hg.): Psychotherapie in Ostdeutschland. Geschichte und Geschichten 1945–1995, Göttingen 2011, S. 568–571.

Mitzscherlich, Beate: Psychiatrie in der DDR – ein anderes Universum?, in: Mitzscherlich, Beate / Müller, Thomas R. (Hg.): Psychiatrie in der DDR. Erzählungen von Zeitzeugen, Frankfurt am Main 2006, S. 9–34.

Mitzscherlich, Beate / Müller, Thomas R. (Hg.): Psychiatrie in der DDR. Erzählungen von Zeitzeugen, Frankfurt am Main 2006.

Moreno, Jakob Levy: Gruppenpsychotherapie und Psychodrama. Einleitung in die Theorie und Praxis, Stuttgart 1959.

Müller, Klaus-Dieter / Stephan, Annegret (Hg.): ‹Die Vergangenheit lässt uns nicht los …›. Haftbedingungen politischer Gefangener in der SBZ/DDR und deren gesundheitliche Folgen. Erweiterte Berichte der gleichnamigen Fachtagung am 25.04.1997 in Hamburg für Ärzte, Psychologen, Gutachter, Juristen der Sozialgerichtsbarkeit und Mitarbeiter der Landesversorgungsämter, Magdeburg 1997.

Müller, Thomas R.: Zeitzeugenbefragung zur Psychiatrie. Ein Projekt des Sächsischen Psychiatriemuseums, in: Strauß, Bernhard / Erices, Rainer / Guski-Leinwand, Susanne / Kumbier, Ekkehardt (Hg.): Seelenarbeit im Sozialismus. Psychologie, Psychiatrie und Psychotherapie in der DDR, Gießen 2022, S. 71–102.

Müller, Thomas R. / Rotzoll, Maike / Beyer, Christof: ‹Flucht in die Wolken›. DDR-Psychiatrie in der Kritik, in: Kumbier, Ekkehardt (Hg.): Psychiatrie in der DDR II. Weitere Beiträge zur Geschichte, Berlin 2020, S. 21–36.

Müller-Hegemann, Dietfried: Über die Neurosenauffassung in der Lehre von der höheren Nerventätigkeit, in: Psychiatrie, Neurologie und medizinische Psychologie 20.5 (1968), S. 168–170.

Neumärker, Klaus-Jürgen: Die ‹Individualtherapie der Neurosen› von Karl Leonhard in der Psychiatrischen und Nervenklinik der Charité Berlin, in: Geyer, Michael (Hg.): Psychotherapie in Ostdeutschland. Geschichte und Geschichten 1945–1995, Göttingen 2011, S. 99–105.

Nolte, Karen: Gelebte Hysterie. Erfahrung, Eigensinn und psychiatrische Diskurse im Anstaltsalltag um 1900, Frankfurt am Main 2003.

Nolte, Karen: Einführung Pflegegeschichte. Fragestellungen und Perspektiven, in: Medizinhistorisches Journal 47.2/3 (2012), S. 115–128.

Oechel, Siegbert: Die Rolle des Buches bei der Betreuung stationärer geropsychiatrischer Patienten, in: Psychiatrie, Neurologie und medizinische Psychologie 30.3 (1978), S. 159–165.

Offermann, Stefan: Socialist responsibilization. The government of risk factors for cardiovascular diseases in the German Democratic Republic in the 1970s, in: The Journal of Theory and Practice 23.2 (2019), S. 210–232.

Osten, Philipp (Hg.): Patientendokumente. Krankheit in Selbstzeugnissen, Stuttgart 2010.

Ott, Jürgen / Geyer, Michael: Bericht über eine Selbsterfahrungsgruppe nach 16 Monaten, in: Psychiatrie, Neurologie und medizinische Psychologie 24.4 (1972), S. 210–215.

Ott, Jürgen / Geyer, Michael: Die Weiterentwicklung der Selbsterfahrungs- und Therapiegruppen, in: Geyer, Michael (Hg.): Psychotherapie in Ostdeutschland. Geschichte und Geschichten 1945–1995, Göttingen 2011, S. 490–491.

Peglau, Andreas: Psychoanalyse im DDR-Rundfunk. Eine (Vor)Wendegeschichte, in: Geyer, Michael (Hg.): Psychotherapie in Ostdeutschland. Geschichte und Geschichten 1945–1995, Göttingen 2011, S. 648–657.

Petersen, Henriette: Das Selbst zu sein, das man in Wahrheit ist. Persönliche Reflexionen über die Ausbildungsanfänge der Gesprächspsychotherapie in der DDR, in: Langer, Inghard

(Hg.): Menschlichkeit und Wissenschaft. Festschrift zum 80. Geburtstag von Reinhard Tausch, Köln 2001, S. 107–111.
Petzold, Hilarion / Orth, Ilse (Hg.): Poesie und Therapie. Über die Heilkraft der Sprache – Poesietherapie, Bibliotherapie, literarische Werkstätten, Paderborn 1985.
Platonov, Konstantin: Suggestion und Hypnose im Lichte der Lehre I. P. Pawlows. Populärwissenschaftlicher Abriß, Berlin 1953.
Plogstedt, Sibylle: ‹Knastmauke›. Das Schicksal von politischen Häftlingen der DDR nach der deutschen Wiedervereinigung, Gießen 2010.
Porter, Roy: The Patient's View. Doing Medical History from below, in: Theory and Society 14.2 (1985), S. 175–198.
Reckwitz, Andreas: Das hybride Subjekt. Eine Theorie der Subjektkulturen von der bürgerlichen Moderne zur Postmoderne, Weilerswist 2006.
Reckwitz, Andreas: Subjekt, Bielefeld 2008.
Reckwitz, Andreas: Auf dem Weg zu einer praxeologischen Analyse des Selbst, in: Eitler, Pascal / Elberfeld, Jens (Hg.): Zeitgeschichte des Selbst: Therapeutisierung – Politisierung – Emotionalisierung, Bielefeld 2015, S. 31–45.
Reckwitz, Andreas: Die Gesellschaft der Singularitäten. Zum Strukturwandel der Moderne, Berlin 2017a.
Reckwitz, Andreas: Subjektivierung, in: Gugutzer, Robert / Klein, Gabriele / Meuser, Michael (Hg.): Handbuch Körpersoziologie. Grundbegriffe und theoretische Perspektiven, Wiesbaden 2017b, S. 125–130.
Richter, Hedwig: Die DDR, Paderborn 2009.
Riegel, Klaus-Georg: Konfessionsrituale im Marxismus-Leninismus, Graz/Wien/Köln 1985.
Riegel, Klaus-Georg: Öffentliche Schuldbekenntnisse im Marxismus-Leninismus. Die Moskauer Schauprozesse 1936–1938, in: Hahn, Alois / Kapp, Volker (Hg.): Selbstthematisierung und Selbstzeugnis. Bekenntnis und Geständnis, Frankfurt am Main 1987, S. 136–148.
Roelcke, Volker: Politische Zwänge und individuelle Handlungsspielräume. Karl Bonhoeffer und Maximinian de Crinis im Kontext der Psychiatrie im Nationalsozialismus, in: Schleiermacher, Sabine / Schagen, Udo (Hg.): Die Charité im Dritten Reich. Zur Dienstbarkeit medizinischer Wissenschaft im Nationalsozialismus, Paderborn 2008, S. 85–104.
Röhrborn, Helmut: 50 Jahre stationäre Psychotherapie im Erzgebirgswald, in: Ärzteblatt Sachsen 2 (2006), S. 76–78.
Rose, Niklas: Inventing our Selves. Psychology, Power, and Personhood, Cambridge 1996.
Rösler, Hans-Dieter: Zur Geschichte der Klinischen Psychologie in der DDR, in: Report Psychologie 36.11/12 (2011), S. 492–493.
Rutz, Andreas: Ego-Dokument oder Ich-Konstruktion? Selbstzeugnisse als Quellen zur Erforschung des frühneuzeitlichen Menschen, in: zeitenblicke 1.2 (2002), o. S.
Rzesnitzek, Lara: ‹Psychologische Mitarbeit› in der Psychiatrie. Die Etablierung der Klinischen Psychologie am Beispiel von Lilo Süllwolds diagnostischen Bemühungen um die beginnende Schizophrenie, in: Medizinhistorisches Journal 50 (2015), S. 357–392.
Rzesnitzek, Lara: ‹Schocktherapien› und Leukotomie in der DDR-Psychiatrie, in: Kumbier, Ekkehardt / Steinberg, Holger (Hg.): Psychiatrie in der DDR. Beiträge zur Geschichte, Berlin 2018, S. 289–300.
Rzesnitzek, Lara: ‹Vorkämpferin fürs Kollektiv› oder ‹Zersetzerin der Seele›? Zur klinischen Psychologie in der DDR, in: Kumbier, Ekkehardt (Hg.): Psychiatrie in der DDR II. Weitere Beiträge zur Geschichte, Berlin 2020, S. 161–182.

Sauer, Bettina / Steinitz, Jan: Die Intendierte Dynamische Gruppenpsychotherapie mit Jugendlichen im stationären Setting, in: Seidler, Christoph / Misselwitz, Irene (Hg.): Die Intendierte Dynamische Gruppenspychotherapie, Göttingen 2001, S. 203–220.

Savelli, Mat: ‹Peace and happiness await us›. Psychotherapy in Yugoslavia, 1945–85, in: History of the Human Sciences 31.4 (2018), S. 38–57.

Schädle-Deininger, Hilde: Der Geschichte eine Zukunft geben. Psychiatrische Pflege 1960 bis 1990, Köln 2021.

Schaeffer, Gerhard: Tagungsbericht. Weiterbildungslehrgang über Psychotherapie für Fortgeschrittene vom 17. bis 19. April 1968, in: Psychiatrie, Neurologie und medizinische Psychologie 21.8 (1968), S. 318–321.

Schaeffer, Gerhard / Freytag-Klinger, Heidrun: Zur Objektivierung der Wirkung des autogenen Trainings auf die gestörte Ventilation beim Asthma bronchiale, in: Psychiatrie, Neurologie und medizinische Psychologie 27.7 (1975), S. 400–408.

Schagen, Udo / Schleiermacher, Sabine: Charité in Trümmern (1945–1949), in: Bleker, Johanna / Hess, Volker (Hg.): Die Charité. Geschichte(n) eines Krankenhauses, Berlin 2016, S. 188–203.

Schirmer, Siegfried / Müller, Karl / Späthe, Helmut F.: Neun Thesen zur Therapeutischen Gemeinschaft, in: Psychiatrie, Neurologie und medizinische Psychologie 26 (1974), S. 50–54.

Schirmer, Siegfried / Müller, Karl / Späthe, Helmut F.: Brandenburger Thesen zur Therapeutischen Gemeinschaft, in: Psychiatrie, Neurologie und medizinische Psychologie 28 (1976), S. 21–26.

Schleiermacher, Sabine: Die Transformation des DDR-Gesundheitswesens. Historische Voraussetzungen, Akteure und Interessen, in: Kowalczuk, Ilko-Sascha / Ebert, Frank / Kulick, Holger (Hg.): (Ost)Deutschlands Weg. 45 Studien & Essays zur Lage des Landes – Teil I: 1989 bis heute, Bonn 2021, S. 477–506.

Schmieschek, Hansgeorg: Zur besonderen Stellung der Individualtherapie unter den symptomzentrierten Behandlungsmethoden, in: Wissenschaftliche Zeitschrift der Humboldt-Universität zu Berlin 39.1 (1990), S. 7–13.

Schmitt, Sandra: Das Ringen um das Selbst. Schizophrenie in Wissenschaft, Gesellschaft und Kultur nach 1945, Berlin 2018.

Schofield, William: Psychotherapy. The Purchase of Friendship, Englewood Cliffs (NJ) 1964.

Scholz, Sylka: Vom starken Helden zum zärtlichen Vater? Männlichkeit und Emotionalität in der DDR, in: Borutta, Manuel / Verheyen, Nina (Hg.): Die Präsenz der Gefühle. Männlichkeit und Emotion in der Moderne, Bielefeld 2010, S. 203–228.

Schubert, Helga: Das Konfliktspiel als Hilfsmethode der Gruppenpsychotherapie, in: Das medizinische Bild 12.6 (1969), S. 168–170.

Schultz, Johannes Heinrich: Das autogene Training (konzentrative Selbstentspannung). Versuch einer klinisch-praktischen Darstellung, Leipzig 1932.

Schultz, Johannes Heinrich: Geschlecht, Liebe, Ehe, München 1940.

Schultz, Johannes Heinrich: Die seelische Gesunderhaltung unter besonderer Berücksichtigung der Kriegsverhältnisse, Berlin 1942.

Schulze, Alexander: ‹Borderline› und narzißstische Persönlichkeitsstörung. Modebegriffe oder Ansätze für ein ätiopathogenetisches und therapeutisches Verständnis?, in: Psychiatrie, Neurologie und medizinische Psychologie 36.5 (1984), S. 278–286.

Schulze, Alexander: Erste Erfahrungen bei der Erfassung psychodynamischer Konflikte, in: Psychiatrie, Neurologie und medizinische Psychologie 37.11 (1985), S. 656–661.

Schulze, Alexander: Torticollis spasmodicus und Sucht, in: Psychiatrie, Neurologie und medizinische Psychologie 40.12 (1988), S. 724–730.

Schulze, Heinz A. F.: Wissenschaftliche Sitzungen in der Berliner Gesellschaft für Psychiatrie und Neurologie, in: Psychiatrie, Neurologie und medizinische Psychologie 24.3 (1972), S. 166–170.

Schulze, Winfried: Ego-Dokumente. Annäherung an den Menschen in der Geschichte? Vorüberlegungen für die Tagung ‹Ego-Dokumente›, in: Schulze, Winfried (Hg.): Ego-Dokumente. Annäherung an den Menschen in der Geschichte, Berlin 1996, S. 11–30.

Schwabe, Christoph: Erfahrungen mit der Singtherapie als Teil einer Psychotherapie von Neurosen, in: Psychiatrie, Neurologie und medizinische Psychologie 16 (1964), S. 385–390.

Schwabe, Christoph: Untersuchungen über Entwicklung und Stand der Musiktherapie (Diss.: Martin-Luther-Universität Halle-Wittenberg 1967).

Schwabe, Christoph: Musiktherapie bei Neurosen und funktionellen Störungen, Jena 1969.

Schwabe, Christoph: Die Methodik der Gruppenmusiktherapie bei Neurosen, in: Kohler, Christa (Hg.): Musiktherapie. Theorie und Methodik, Jena 1971a, S. 75–82.

Schwabe, Christoph: Drei methodische Varianten der gerichteten rezeptiven Einzelmusiktherapie, in: Kohler, Christa (Hg.): Musiktherapie. Theorie und Methodik, Jena 1971b, S. 19–26.

Schwabe, Christoph: Beschäftigungstherapie. Positionierung, Wurzeln und Widersprüche, in: Geyer, Michael (Hg.): Psychotherapie in Ostdeutschland. Geschichte und Geschichten 1945–1995, Göttingen 2011a, S. 229–234.

Schwabe, Christoph: Entwicklungsbedingungen und Entstehen des ersten klinisch orientierten musiktherapeutischen Methodensystems in der deutschen Psychotherapielandschaft 1960–1969, in: Geyer, Michael (Hg.): Psychotherapie in Ostdeutschland. Geschichte und Geschichten 1945–1995, Göttingen 2011b, S. 190–195.

Schwabe, Christoph: Von der Beschäftigungstherapie zur Gestaltungstherapie. Entwicklungslinien, das ‹Heilhilfspersonal› und andere Kuriositäten 1970–1979, in: Geyer, Michael (Hg.): Psychotherapie in Ostdeutschland. Geschichte und Geschichten 1945–1995, Göttingen 2011c, S. 339–344.

Schwabe, Christoph / Reinhardt, Axel: Der Aufbau und die Institutionalisierung musiktherapeutischer Aus- und Weiterbildungsangebote unter den realen Bedingungen der DDR-Situation, in: Geyer, Michael (Hg.): Psychotherapie in Ostdeutschland. Geschichte und Geschichten 1945–1995, Göttingen 2011, S. 321–323.

Schwamm, Christoph: Irre Typen? Männlichkeit und Krankheitserfahrung von Psychiatriepatienten in der Bundesrepublik, 1948–1993, Stuttgart 2018.

Schwanke, Michael: Wie die Gitter vor den Fenstern verschwanden, o. D., https://www.alexianer-berlin-weissensee.de/fileadmin/user_upload/Berlin-Weissensee/AA_UEbersicht_Anlagen_SJKW/PDF_s/Geschichte/Interview_Dr._Schwanke.pdf (Stand: 02. 02. 2023).

Seefeldt, Dieter: Vom Kliniksanatorium Heinrich Heine Potsdam/Neu Fahrland zur BfA-belegten psychosomatischen Rehabilitationsklinik, in: Geyer, Michael (Hg.): Psychotherapie in Ostdeutschland. Geschichte und Geschichten 1945–1995, Göttingen 2011, S. 821–829.

Seidel, Karl: Der Suicid im höheren Lebensalter unter sozialpsychiatrischem Aspekt, Dresden 1967.

Seidel, Karl / Kulawik, Helmut: Über das Verhältnis von Unbewusstem und Motivation bei der Festlegung von Therapiekonzepten, in: Psychiatrie, Neurologie und medizinische Psychologie 30 (1978), S. 65–73.

Seidel, Karl / Kulawik, Helmut: Zur Kombination der dynamischen Gruppenpsychotherapie mit symptomzentrierten Verfahren, in: Höck, Kurt / Ott, Jürgen / Vorwerg, Manfred (Hg.): Theoretische Probleme der Gruppenpsychotherapie, Leipzig 1981, S. 45–55.

Seidler, Christoph: Nachruf Kurt Höck (1920–2008), in: Gruppenpsychotherapie und Gruppendynamik 45 (2009), S. 68–78.

Seidner, Wolfram: Zur Frage der assoziativen Anregung akustischer Träume (Beobachtungen bei Musikern), in: Psychiatrie, Neurologie und medizinische Psychologie 20.12 (1968), S. 449–454.

Simon, Annette: Was bleibt? Prägungen und Verwerfungen – erlebte Psychotherapiegeschichte, in: Strauß, Bernhard / Erices, Rainer / Guski-Leinwand, Susanne / Kumbier, Ekkehardt (Hg.): Seelenarbeit im Sozialismus. Psychologie, Psychiatrie und Psychotherapie in der DDR, Gießen 2022, S. 211–221.

Simon, Hermann: Aktivere Krankenbehandlung in der Irrenanstalt, Berlin/Leipzig 1929.

Sokoll, Anne M. N.: Die schreibenden Arbeiter der DDR. Zur Geschichte, Ästhetik und Kulturpraxis einer ‹Literatur von unten›, Bielefeld 2021.

Somann, Laura: Sprachliche Gewalt und Pathologisierung von Homosexualität in Psychiatrischen Krankenakten der Charité (1951–1966), in: Bulletin Texte. Zentrum für Transdisziplinäre Geschlechterstudien der Humboldt-Universität zu Berlin 43 (2017), S. 141–181.

Sommer, Petra: Kurt Höck und die psychotherapeutische Abteilung am Haus der Gesundheit Berlin – Institutionelle und zeitgeschichtliche Aspekte der Entwicklung der Gruppenpsychotherapie in der DDR, in: Bernhardt, Heike / Lockot, Regine (Hg.): Mit ohne Freud. Zur Geschichte der Psychoanalyse in Ostdeutschland, Gießen 2000, S. 355–377.

Sonnemoser, Marion: Psychotherapie in der DDR. Revolte als Heilungschance, in: Deutsches Ärzteblatt PP 8.6 (2009a), S. 264.

Sonnemoser, Marion: Psychotherapie in der DDR. Versunkene Welt, in: Deutsches Ärzteblatt PP 8.3 (2009b), S. 115.

Soukup, Jean Jacques (Hg.): Die DDR. Die Schwulen. Der Aufbruch, Göttingen 1990.

Späte, Helmut F. / Otto, Klaus-Rüdiger: Irre irren nicht, Leipzig/Weißenfels 2011.

Sprung, Lothar / Sprung, Helga: Geschichte der Psychodiagnostik in der Deutschen Demokratischen Republik. Ausbildung, Weiterbildung, Forschung, Praxis, in: Psychologie und Geschichte 7 (1995), S. 115–140.

Starke, Hellmut: Das autogene Training im Rahmen der Therapie schizophrener Patienten, in: Psychiatrie, Neurologie und medizinische Psychologie 28.6 (1976), S. 343–351.

Stein, Rosemarie: Die Charité. 1945–1992. Ein Mythos von innen, Berlin 1992.

Steinmetz, Marie / Himmerich, Hubertus / Steinberg, Holger: Christa Kohlers ‹Kommunikative Psychotherapie›. Ein integratives Psychotherapiekonzept im biografischen, wissenschaftlichen und historischen Kontext, in: Kumbier, Ekkehardt / Steinberg, Holger (Hg.): Psychiatrie in der DDR. Beiträge zur Geschichte, Berlin 2018, S. 331–348.

Stolze, Helmuth: Die Geschichte der KBT. Konzentrative Bewegungstherapie ist eine Tat-Sache, o. D., https://www.dakbt.de/images/publikationen/pressemappe/Pressemappe_Geschichte_KBT.pdf (Stand: 02.02.2023).

Storch, Monika / Schneider, Nico / Kirschner, Hariet / Arp, Agnès / Gallistl, Adrian / Rauschenbach, Manuel / Strauß, Bernhard: Psychotherapienetzwerke in der Deutschen Demokratischen Republik. Zitationsanalyse von psychotherapeutischer DDR-Fachliteratur am Beispiel des Zeitschriftenbands Psychotherapie und Grenzgebiete, in: Psychotherapeut 65 (2020), S. 495–504.

Storch, Monika / Schneider, Nico / Kirschner, Hariet / Arp, Agnès / Gallistl, Adrian / Rauschenbach, Manuel / Strauß, Bernhard: Psychotherapeutische Fachliteratur der DDR und BRD. Eine vergleichende Zitationsanalyse, in: Psychotherapie, Psychosomatik, medizinische Psychologie.online (2022), o. S, https://doi.org/10.1055/a-1718-4071.
Strauß, Bernhard / Erices, Rainer / Guski-Leinwand, Susanne / Kumbier, Ekkehardt (Hg.): Seelenarbeit im Sozialismus. Psychologie, Psychiatrie und Psychotherapie in der DDR, Gießen 2022a.
Strauß, Bernhard / Kirschner, Hariet / Paripovic, Gordana / Storch, Monika / Gallistl, Adrian: Aufarbeitung der DDR-Psychotherapie als transdisziplinäres Forschungsfeld. Teil I: chronologisch/historische Perspektiven, in: Psychotherapeut online (2022b), S. 1–10, https://doi.org/10.1007/s00278-022-00599-6.
Streng, Marcel: ‹Sozialtherapie ist eine Therapie, die sozial macht›. Therapeutisierungsprozesse im westdeutschen Strafvollzug der langen 1970er Jahre, in: Elberfeld, Jens / Maasen, Sabine / Eitler, Pascal / Tändler, Maik (Hg.): Das beratene Selbst. Zur Genealogie der Therapeutisierung in den ‹langen› Siebzigern, Bielefeld 2011, S. 265–290.
Studer, Brigitte: ‹1968› and the Formation of the Feminist Subject, in: Twentieth Century Communism. A Journal of International History 3 (2011), S. 38–69.
Studer, Brigitte / Haumann, Heiko (Hg.): Stalinistische Subjekte. Individuum und System in der Sowjetunion und der Komintern, 1929–1953, Zürich 2006.
Süß, Sonja: Politisch mißbraucht? Psychiatrie und Staatssicherheit in der DDR, Berlin 1999.
Tändler, Maik: Das therapeutische Jahrzehnt. Der Psychoboom in den siebziger Jahren, Göttingen 2016.
Tändler, Maik: Ratgeber oder Anleitungen zur psychosomatischen Selbsthilfe, in: Geisthövel, Alexa / Hitzer, Bettina (Hg.): Auf der Suche nach einer anderen Medizin, Berlin 2019, S. 361–375.
Tögel, Christfried: Der Traum. Historische, philosophische und empirische Aspekte zum Thema (Diss.: Humboldt-Universität zu Berlin 1981).
Tögel, Infried: Über Erfahrungen mit einigen psychotherapeutischen Hilfsmethoden, in: Psychiatrie, Neurologie und medizinische Psychologie 16.11 (1964), S. 412–419.
Tögel, Infried: Praxis der Traumbearbeitung, in: Wendt, Harro (Hg.): Traumbearbeitung in der Psychotherapie, Leipzig 1985, S. 43–57.
Tögel, Infried: Psychotherapie an der Bezirksnervenklinik Uchtspringe (1964–1981), in: Geyer, Michael (Hg.): Psychotherapie in Ostdeutschland. Geschichte und Geschichten 1945–1995, Göttingen 2011, S. 196–198.
Trostorff, Sieglinde von: Über das Vorbeiträumen, in: Psychiatrie, Neurologie und medizinische Psychologie 26.3 (1974), S. 183–185.
Ulbrich, Claudia / Greyer, Kaspar von / Heiligensetzer, Lorenz: Introduction, in: Ulbrich, Claudia / Greyer, Kaspar von / Heiligensetzer, Lorenz (Hg.): Mapping the ‹I›. Research on Self-Narratives in Germany and Switzerland, Leiden/Boston 2015, S. 1–12.
Ullrich, Eckhard: Kulturschock NVA. Briefe eines Wehrpflichtigen, 1971–1973, Berlin 2013.
Ulrich, Bernd: Die Nerven- und Nervositätsdebatten vor 1914. Organische Schwäche oder traumatische Neurose, in: Gahlen, Gundula / Gnosa, Ralf / Janz, Oliver (Hg.): Nerven und Krieg. Psychische Mobilisierungs- und Leidenserfahrungen in Deutschland (1900–1939), Frankfurt am Main / New York 2020, S. 21–36.
Venner, Margit: Die Entwicklung der internistischen stationären Gruppenpsychotherapie in Jena, in: Geyer, Michael (Hg.): Psychotherapie in Ostdeutschland. Geschichte und Geschichten 1945–1995, Göttingen 2011, S. 201–203.

Voelker, Henriette: Fürsorge und Psychotherapie an der Charité. Berufspraxis im Wandel der 1960er und 1970er Jahre, in: Kumbier, Ekkehardt / Haack, Kathleen (Hg.): Psychiatrie in der DDR III. Weitere Beiträge zur Geschichte, Berlin 2023a, S. 301–315.

Voelker, Henriette: Therapeutisches Schreiben in der Charité. Alltagspraxis und Subjektivierung in der Gruppenpsychotherapie, 1974–1978, in: Medizinhistorisches Journal (2023b).

Voelker, Henriette: Writing Patients. Group Psychotherapy and Reform Efforts in 1970s GDR, University Psychiatry, in: Gahlen, Gundula / Hess, Volker / Scarfone, Marianna / Voelker, Henriette (Hg.): Doing Psychiatry in Post-War Europe. Practices, Routines and Experiences, Manchester 2024.

Vorholzer, Jörg / Rum, Klaus (Hg.): Psychologie in unserem Leben, Berlin 1966.

Wahl, Markus: Einleitung, in: Wahl, Markus (Hg.): Volkseigene Gesundheit. Reflexionen zur Sozialgeschichte des Gesundheitswesens der DDR, Stuttgart 2020a, S. 11–26.

Wahl, Markus: ‹Ich weiß, daß die Kur sehr hart wird …›. Die Anwendung der Aversionstherapie bei Patienten mit Alkoholabhängigkeit im Bezirkskrankenhaus für Neurologie und Psychiatrie in Arnsdorf in der DDR, 1966–1981, in: Kumbier, Ekkehardt (Hg.): Psychiatrie in der DDR II. Weitere Beiträge zur Geschichte, Berlin 2020b, S. 229–242.

Wahl, Markus (Hg.): Volkseigene Gesundheit. Reflexionen zur Sozialgeschichte des Gesundheitswesens der DDR, Stuttgart 2020c.

Weil, Francesca: Zielgruppe Ärzteschaft. Ärzte als inoffizielle Mitarbeiter des Ministeriums für Staatssicherheit, Göttingen 2008.

Weise, Gerlinde: Ambulante psychotherapeutische Komplextherapie am Modell einer Magdeburger poliklinischen Einrichtung. Zur Entstehungsgeschichte und Struktur der ambulanten psychotherapeutischen Behandlungsform im Rahmen der Organisation der Polikliniken, in: Geyer, Michael (Hg.): Psychotherapie in Ostdeutschland. Geschichte und Geschichten 1945–1995, Göttingen 2011, S. 402–405.

Weise, Klaus: Psychotherapie in der Psychiatrie, in: Thom, Achim (Hg.): Psychiatrie im Wandel. Erfahrungen und Perspektiven in Ost und West, Bonn 1990, S. 288–307.

Weise, Klaus / Thom, Achim: Zu einigen philosophischen und methodologischen Problemen der daseinsanalytischen und anthropologischen Bestrebungen in der neueren Psychiatrie, in: Psychiatrie, Neurologie und medizinische Psychologie 18 (1966), S. 296–304.

Wendt, Harro: Schlaftherapie als Hilfsmittel bei der Behandlung von Neurosen, Leipzig 1960.

Wendt, Harro: Therapeutische Hinweise aus der Symptomatik des Torticollis spasticus, in: Psychiatrie, Neurologie und medizinische Psychologie 20.1 (1968), S. 23–27.

Wendt, Harro: Die Gruppenvisite, in: Psychiatrie, Neurologie und medizinische Psychologie 27.3 (1975), S. 134–139.

Wendt, Harro (Hg.): Traumbearbeitung in der Psychotherapie, Leipzig 1985a.

Wendt, Harro: Zur Einführung, in: Wendt, Harro (Hg.): Traumbearbeitung in der Psychotherapie, Leipzig 1985b, S. 7–10.

Wendt, Harro / Höck, Kurt / Szewczyk, Hans (Hg.): Neurosen. Äthiopathogenese, Diagnostik und Therapie, Berlin 1971.

Werner, Anja: Hörgeschädigte Menschen als Patienten in der DDR. Eine Spurensuche aus medizinhistorischer Sicht, in: Wahl, Markus (Hg.): Volkseigene Gesundheit. Reflexionen zur Sozialgeschichte des Gesundheitswesens der DDR, Stuttgart 2020, S. 23–70.

Wiegmann, Clara Susanne: Die Diskussion über die Ausgestaltung der DDR-Psychiatrie anhand ostdeutscher medizinischer Fachzeitschriften 1946–1989 (Diss.: Eberhard Karls Universität zu Tübingen 2018).

Wilda-Kiesel, Anita: Kommunikative Bewegungstherapie, Leipzig 1986.
Wilda-Kiesel, Anita: Der Fachphysiotherapeut für funktionelle Störungen und Neurosen, in: Geyer, Michael (Hg.): Psychotherapie in Ostdeutschland. Geschichte und Geschichten 1945–1995, Göttingen 2011a, S. 331–332.
Wilda-Kiesel, Anita: Die Anfänge der Kommunikativen Bewegungstherapie, ein neuer gedanklicher Ansatz für die Gruppenbewegungstherapie im Rahmen der Kommunikativen Psychotherapie. Die Entwicklung von 1963 bis zum Bewegungstherapiesymposium in Leipzig 1967, in: Geyer, Michael (Hg.): Psychotherapie in Ostdeutschland. Geschichte und Geschichten 1945–1995, Göttingen 2011b, S. 187–190.
Wilda-Kiesel, Anita: Gruppengymnastik und ihre Ziele in der Abteilung für Psychotherapie der Universität Leipzig im Rahmen der Pawlow'schen Schlaftherapie von 1960 bis 1963, in: Geyer, Michael (Hg.): Psychotherapie in Ostdeutschland. Geschichte und Geschichten 1945–1995, Göttingen 2011c, S. 186–187.
Winkel, Heidemarie: Trauer als Biografiegenerator, in: Forum Quantitative Sozialforschung 9.1 (2008), o. S., https://doi.org/10.17169/fqs-9.1.328.
Wolle, Stefan: Die heile Welt der Diktatur. Alltag und Herrschaft in der DDR 1971–1989, Bonn 1999.
Woolner, Maria Isabelle: Psychographics and the Materials of Time Measurement in Modern French Psychiatry, in: Ankele, Monika / Majerus, Benoît (Hg.): Material Cultures of Psychiatry, Bielefeld 2020, S. 354–377.
Wulf, Stefan: The Piano in the Asylum and the Insanity of the Composer. Two Variations on a Theme (with Interlude), in: Ankele, Monika / Majerus, Benoît (Hg.): Material Cultures of Psychiatry, Bielefeld 2020, S. 256–281.
Wunnicke, Christoph: Die Blockparteien der DDR. Kontinuitäten und Transformation, 1945–1990, Berlin 2014.
Zeller, Uwe Frank: Psychotherapie in der Weimarer Zeit. Die Gründung der ‹Allgemeinen Ärztlichen Gesellschaft für Psychotherapie› (AÄGP) (Diss.: Eberhard Karls Universität zu Tübingen 2001).
Ziehen, Theodor: Die Prinzipien und Methoden der Intelligenzprüfung nach einem Vortrag auf dem Internationalen Kongress in Amsterdam im Jahre 1907, Berlin 1908.

Abbildungsverzeichnis

Abbildung 1 HPAC, 337/78M, Zeichnung, Tagesbericht vom 23.08.1978.

Abbildung 2 HPAC, 52/78M, Außenansicht dreier Oktavhefte, angefertigt im psychiatrischen Krankenhaus Großschweidnitz, 1977.

Abbildung 3 BArch, DQ123/21, Gesellschaft für ärztliche Psychotherapie, Karte psychotherapeutischer Beratungsstellen in der DDR, Stand 01.05.1962.

Abbildung 4 BArch, Bild 183-S91935, Heinz Funck, Die Psychiatrische und Nervenklinik der Charité, 11.01.1950.

Abbildung 5 HPAC, 409/78M, Übersandter Beschwerdefragebogen nach Höck und Hess, Seite 1, 01.11.1977.

Abbildung 6 HPAC, 66/76F, Aktendeckel.

Abbildung 7 HPAC, 391/76M, Auswertungskarte des Fragebogens zur Erfassung der akzentuierten Persönlichkeitszüge nach Karl Leonhard.

Abbildung 8 HPAC, 237/76M, Therapieplan von Station 5 von 1976.

Abbildung 9 HPAC, 52/78M, Wochenplan der Station 4 von 1978.

Abbildung 10 HPAC, 42/76F, Karte für das autogene Training, Vorderseite.

Abbildung 11 HPAC, 579/76F, Malerei einer Patientin aus der Gestaltungstherapie zu inneren Konflikten, angefertigt auf der Station 5 im Dezember 1976, kein Titel.

Abbildung 12 Grundriss der Psychiatrischen und Nervenklinik der Charité, aus: Friedrich Jolly: Erläuterungen zum Neubau der psychiatrischen und Nervenklinik der kgl. Charité, in: Charité-Annalen 26 (1902), S. 340.

Abbildung 13 Stiftung Deutsches Rundfunkarchiv, DDR-Rundfunk, DRAB-H 004167, DEFA-Dokumentarfilm «Neurosen – Krank durch Überforderung?», 09.03.1976, Standbild mit Zeitstempel: 10:23:47:01.

Abbildung 14 Stiftung Deutsches Rundfunkarchiv, DDR-Rundfunk, DRAB-H 004167, DEFA-Dokumentarfilm «Neurosen – Krank durch Überforderung?», 09.03.1976, Standbild mit Zeitstempel: 10:23:53:24.

Abbildung 15 Stiftung Deutsches Rundfunkarchiv, DDR-Rundfunk, DRAB-H 004167, DEFA-Dokumentarfilm «Neurosen – Krank durch Überforderung?», 09.03.1976, Standbild mit Zeitstempel: 10:23:15:05.

Anmerkung: Die Fotografien der Archivalien aus dem HPAC sind so retuschiert worden, dass Namen und persönliche Daten nicht zu erkennen sind.

Danksagung

Wie jede Dissertation ist auch diese nicht ohne Unterstützung entstanden. So haben mich auf meinem Weg zum Abschluss dieser Arbeit viele Menschen auf ganz unterschiedliche Weise begleitet, gefördert und gefordert, ermutigt und bereichert, wofür ich mich an dieser Stelle erkenntlich zeigen möchte.

Mein aufrichtiger Dank gilt Prof. Dr. Volker Hess, der die Erstellung meiner Dissertation ermöglicht und während des gesamten Prozesses in herausragender Weise betreut hat. Insbesondere danke ich für die Herausforderungen und Erfahrungen, die sich mir im Rahmen meiner Tätigkeit am Institut für Geschichte der Medizin und Ethik in der Medizin der Charité geboten haben. Diese haben maßgeblich zu meiner persönlichen und beruflichen Entwicklung beigetragen. Des Weiteren möchte ich Prof. a. D. Dr. Susanne Guski-Leinwand für die fachliche Beratung, die Diskussion meiner Arbeit sowie den unterstützenden Austausch meinen Dank aussprechen.

Allen Mitarbeitenden des Instituts für Geschichte der Medizin und Ethik in der Medizin der Charité gilt mein Dank für den exzellenten fachlichen Austausch und ein herzliches Miteinander, das meine Jahre am Institut sehr bereichert hat. Insbesondere sei an dieser Stelle Dr. Alexa Geisthövel, Dr. Gundula Gahlen, Prof. Dr. Viola Balz und Dr. Ketil Slagstad für die inhaltlichen Anregungen sowie die kritische Lektüre von Texten im Rahmen meines Promotionsprozesses gedankt. Carolin Pommert und dem Team aus Bibliothek und Sammlung bin ich für die praktische Unterstützung bei Recherche und Quellenarbeit zu großem Dank verpflichtet. Stephanie Voth danke ich herzlich für ihre Unterstützung in allen organisatorischen Belangen. Darüber hinaus danke ich dem Personal aus dem Bundesarchiv, dem Universitätsarchiv der Humboldt-Universität zu Berlin, der BStU sowie dem Deutschen Rundfunkarchiv für die Unterstützung bei meinen Recherchen für diese Arbeit. Der DFG danke ich für die finanzielle Förderung meiner Forschung. Schließlich möchte ich den Herausgeber:innen der Reihe *Medical Humanities* für die Aufnahme meiner Arbeit und die Stärkung interdisziplinärer Forschung an der Schnittstelle von Medizin und Geisteswissenschaften danken.

Angela Schnippering danke ich herzlich für das hervorragende Lektorat meiner Arbeit. Felix Wnuck, Aurel Eschmann und Jonas Feldt danke ich für die kritische Lektüre und Diskussion von Teilen meiner Arbeit und ihre freundschaftliche Unterstützung. Nicht zuletzt hat mich meine Familie auf dem Weg zur Promotion verständnisvoll begleitet. Mein herzlicher Dank gilt schließlich Robin Burgold, der den Abschluss dieser Arbeit mit viel Nachsicht und ausdauernder Unterstützung erst möglich gemacht hat.